北京市高等教育精品教材立项项目

北京大学经济学教材系列 | 核心课程系列

3rd Edition
Statistics for
Business and
Economics

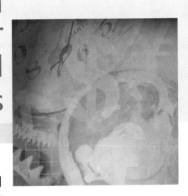

应用经济统计学

（第三版）

李心愉　袁诚　编著

北京大学出版社
PEKING UNIVERSITY PRESS

图书在版编目(CIP)数据

应用经济统计学/李心愉，袁诚编著. —3 版. —北京：北京大学出版社，2015.8
（北京大学经济学教材系列）
ISBN 978-7-301-26056-2

Ⅰ. ①应⋯ Ⅱ. ①李⋯ ②袁⋯ Ⅲ. ①经济统计学—高等学校—教材 Ⅳ. ①F222

中国版本图书馆 CIP 数据核字（2015）第 147527 号

书　　　名	应用经济统计学（第三版）
著作责任者	李心愉　袁　诚　编著
策 划 编 辑	郝小楠
责 任 编 辑	兰　慧
标 准 书 号	ISBN 978-7-301-26056-2
出 版 发 行	北京大学出版社
地　　　址	北京市海淀区成府路 205 号　100871
网　　　址	http://www.pup.cn
电 子 信 箱	em@pup.cn　　　QQ:552063295
新 浪 微 博	@北京大学出版社　@北京大学出版社经管图书
电　　　话	邮购部 62752015　发行部 62750672　编辑部 62752926
印 刷 者	三河市博文印刷有限公司
经 销 者	新华书店
	787 毫米×1092 毫米　16 开本　27.75 印张　641 千字
	1999 年 8 月第 1 版　2008 年 8 月第 2 版
	2015 年 8 月第 3 版　2022 年 11 月第 4 次印刷
定　　　价	56.00 元

未经许可，不得以任何方式复制或抄袭本书之部分或全部内容。
版权所有，侵权必究
举报电话：010-62752024　电子信箱：fd@pup.pku.edu.cn
图书如有印装质量问题，请与出版部联系，电话：010-62756370

总　序

当今世界正经历百年未有之大变局，新一轮科技革命和产业变革深入发展，国际力量对比深刻调整，各种经济活动和经济现象不是趋于简单化，而是变得越来越复杂，越来越具有嬗变性和多样性。面对党的二十大擘画的新时代新征程宏伟蓝图使命，如何对更纷繁、更复杂、更多彩的经济现象在理论上进行更透彻的理解和把握，科学地解释、有效地解决经济活动过程中已经存在的和即将面对的一系列问题，不断回答中国之问、世界之问、人民之问、时代之问，是现在和未来的各类经济工作者需要高度关注的重要课题。

北京大学经济学院作为教育部确定的"国家经济学基础人才培养基地""全国人才培养模式创新实验区""基础学科拔尖学生培养计划2.0基地"以及北京大学经济学"教材研究与建设基地"，一直致力于不断全面提升教学和科研水平，不断吸引和培养世界一流的学生，不断地推出具有重大学术价值的科研成果，以创建世界一流的经济学院。而创建世界一流经济学院，一个必要条件就是培养世界一流的经济学人才。我们的目标是让学生能够得到系统的、科学的、严格的专业训练，深入地掌握经济学学习和研究的基本方法、基本原理和最新动态，为他们能够科学地解释和有效地解决他们即将面对的现实经济问题奠定基础。

基于这种认识，北京大学经济学院在近年来深入总结了人才培养各个方面的经验教训，在全面考察和深入研究国内外著名经济院系本科生、硕士研究生、博士研究生的培养方案以及学科建设和课程设置经验的基础上，对本院学生的培养方案和课程设置等进行了全方位改革，并组织编撰了"北京大学经济学教材系列"。

编撰本系列教材的基本宗旨是：

第一，学科发展的国际经验与中国实际的有机结合。在教学的实践中我们深刻地认识到，任何一本国际顶尖的教材，都存在一个与中国经济实践有机结合的问题。某些基本原理和方法可能具有国际普适性，但对原理和方法的把握则必须与本土的经济活动相联系，必须把抽象的原理与本土鲜活的、丰富多彩的经济现象相联系。我们力争在该系列教材中，充分吸收国际范围内同类教材所承载的理论体系和方法论体系，在此基础上，切实运用中国案例进行解读，使其成为能够解释和解决学生遇到的经济现象和经济问题的知识。

第二，"成熟"的理论、方法与最新研究成果的有机结合。教科书的内容必须是"成熟"或"相对成熟"的理论和方法，即具有一定"公认度"的理论和方法，不能是"一家之言"，否则就不是教材，而是"专著"。从一定意义上说，教材是"成熟"或"相对成熟"的理论和方法的"汇编"，所以，相对"滞后"于经济发展实际和理论研究的现状是教材的一个特点。然而，经济活动过程及其相关现象是不断变化的，经济理论的研究也在时刻发生着变化，我们要告诉学生的不仅是那些已经成熟的东西，而且要培养学生把握学术发展最新动态的能力。因此，在系统介绍已有的理论体系和方法论基础的同时，本系列教材还向学生介绍了相关理论及其方法的创新点。

第三,"国际规范"与"中国特点"在写作范式上的有机结合。经济学在中国发展的"规范化""国际化""现代化"与"本土化"关系的处理,是多年来学术界讨论学科发展的一个焦点问题。本系列教材不可能对这一问题做出确定性的回答,但是在写作范式上,却争取做好这种结合。基本理论和方法的阐述坚持"规范化""国际化""现代化",而语言的表述则坚守"本土化",以适应本土师生的阅读习惯和文本解读方式。

为深入贯彻落实习近平总书记关于教育的重要论述、全国教育大会精神以及中共中央办公厅、国务院办公厅《关于深化新时代学校思想政治理论课改革创新的若干意见》,发挥好教材育人工作,我们按照国家教材委员会《全国大中小学教材建设规划(2019—2022年)》和教育部《普通高等学校教材管理办法》《高等学校课程思政建设指导纲要》等文件精神,将课程思政内容融入教材,以坚持正确导向,强化价值引领,落实立德树人根本任务。

本系列教材的作者均是我院主讲同门课程的教师,各教材也是他们在多年教案的基础上修订而成的。自2004年本系列教材推出以来至本次全面改版之前,共出版教材22本,其中有6本教材入选国家级规划教材("九五"至"十二五"),9本教材获选北京市精品教材及立项,多部教材成为该领域的经典,取得了良好的教学与学术影响,成为本科教材中的力作。

为了更好地适应新时期的教学需要以及教材发展要求,我们持续对本系列教材进行改版更新,并吸收近年来的优秀教材进入系列,以飨读者。当然,我们也深刻地认识到,教材建设是一个长期的动态过程,已出版教材总是会存在不够成熟的地方,总是会存在这样那样的缺陷。本系列教材出版以来,已有超过三分之一的教材至少改版一次。我们也真诚地期待能继续听到专家和读者的意见,以期使其不断地得到充实和完善。

十分感谢北京大学出版社的真诚合作和相关人员付出的艰辛劳动。感谢经济学院历届的学生们,你们为经济学院的教学工作做出了特有的贡献。

将本系列教材真诚地献给使用它们的老师和学生们!

北京大学经济学院教材编委会

目 录

应用经济统计学

第一章　导言 ··· (1)
　　第一节　统计学的概念 ··· (1)
　　第二节　统计学的产生和发展 ·· (3)
　　第三节　统计学的分类 ··· (4)
　　第四节　统计学在经济学和经济管理中的应用 ···························· (5)
　　第五节　Excel 与统计学 ·· (6)
　　第六节　统计学中的常用概念及统计研究的程序 ························ (7)
　　关键术语 ··· (9)
　　习题 ·· (9)

第二章　数据搜集 ··· (10)
　　第一节　原始数据搜集的方法 ·· (10)
　　第二节　次级资料搜集 ··· (23)
　　第三节　调查误差 ··· (24)
　　关键术语 ··· (25)
　　习题 ·· (25)

第三章　数据整理 ··· (26)
　　第一节　数据分组与次数分配 ·· (26)
　　第二节　品质次数分配的编制 ·· (29)
　　第三节　变量次数分配的编制 ·· (32)
　　第四节　统计指标 ··· (42)
　　第五节　统计表、统计图和 Excel 图示 ···································· (46)
　　关键术语 ··· (58)
　　习题 ·· (58)

第四章　集中趋势和离中趋势 ··· (61)
　　第一节　集中趋势的计量 ·· (61)
　　第二节　离中趋势的计量 ·· (75)
　　第三节　数据的分布形状 ·· (82)
　　关键术语 ··· (87)
　　习题 ·· (88)

第五章　概率和概率分布 ·· (91)
　　第一节　随机事件与概率 ·· (91)

目录

　　第二节　离散型随机变量与概率分布 …………………………………… (107)
　　第三节　连续型随机变量与概率分布 …………………………………… (120)
　　第四节　随机变量的数字特征 …………………………………………… (127)
　　第五节　正态分布 ………………………………………………………… (135)
　　第六节　联合概率分布 …………………………………………………… (142)
　　关键术语 …………………………………………………………………… (150)
　　习题 ………………………………………………………………………… (150)

第六章　参数估计 …………………………………………………………… (153)
　　第一节　样本及其分布 …………………………………………………… (153)
　　第二节　点估计 …………………………………………………………… (160)
　　第三节　参数的区间估计 ………………………………………………… (167)
　　第四节　总体期望值的区间估计 ………………………………………… (170)
　　第五节　总体比例的区间估计 …………………………………………… (178)
　　第六节　总体方差的区间估计 …………………………………………… (181)
　　第七节　样本容量的确定 ………………………………………………… (187)
　　关键术语 …………………………………………………………………… (189)
　　习题 ………………………………………………………………………… (190)

第七章　参数的假设检验 …………………………………………………… (193)
　　第一节　假设检验的基本原理和步骤 …………………………………… (193)
　　第二节　单个总体均值的假设检验 ……………………………………… (199)
　　第三节　两个总体均值之差的假设检验 ………………………………… (202)
　　第四节　总体比例的假设检验 …………………………………………… (208)
　　第五节　总体方差的假设检验 …………………………………………… (210)
　　第六节　统计检验力 ……………………………………………………… (214)
　　关键术语 …………………………………………………………………… (218)
　　习题 ………………………………………………………………………… (218)

第八章　方差分析 …………………………………………………………… (221)
　　第一节　方差分析的概念 ………………………………………………… (221)
　　第二节　单因素方差分析 ………………………………………………… (222)
　　第三节　有交互作用的双因素方差分析 ………………………………… (231)
　　第四节　无交互作用的双因素方差分析 ………………………………… (236)

关键术语 …………………………………………………………………… (242)
　　习题 ………………………………………………………………………… (242)

第九章　分类资料分析
　　——卡方(X^2, Chi-square)检验 ………………………………………… (246)
　　第一节　卡方检验的基本原理 …………………………………………… (246)
　　第二节　卡方检验的应用 ………………………………………………… (249)
　　关键术语 …………………………………………………………………… (260)
　　习题 ………………………………………………………………………… (260)

第十章　相关与回归分析 ……………………………………………………… (263)
　　第一节　简单线性相关分析 ……………………………………………… (263)
　　第二节　一元线性回归分析 ……………………………………………… (271)
　　第三节　多元线性回归与复相关分析 …………………………………… (294)
　　第四节　变量间非线性关系的回归 ……………………………………… (303)
　　关键术语 …………………………………………………………………… (305)
　　习题 ………………………………………………………………………… (306)

第十一章　时间序列分析 ……………………………………………………… (309)
　　第一节　时间序列分解 …………………………………………………… (309)
　　第二节　长期趋势分析 …………………………………………………… (310)
　　第三节　季节变动分析 …………………………………………………… (321)
　　第四节　循环波动分析 …………………………………………………… (324)
　　第五节　时间序列的自相关分析 ………………………………………… (326)
　　第六节　时间序列的动态分析指标 ……………………………………… (331)
　　第七节　景气循环分析 …………………………………………………… (335)
　　关键术语 …………………………………………………………………… (342)
　　习题 ………………………………………………………………………… (342)

第十二章　指数 ………………………………………………………………… (345)
　　第一节　指数的概念和类别 ……………………………………………… (345)
　　第二节　总指数的编制 …………………………………………………… (346)
　　第三节　消费价格指数 …………………………………………………… (357)
　　第四节　指数基期的改换 ………………………………………………… (360)
　　第五节　指数体系与因素分析 …………………………………………… (362)

目 录

　　关键术语 …………………………………………………………………（368）
　　习题 ………………………………………………………………………（368）

第十三章　统计决策 ……………………………………………………（371）
　　第一节　统计决策的概念和程序 ………………………………………（371）
　　第二节　风险型决策分析的资料准备 …………………………………（373）
　　第三节　风险型决策方法 ………………………………………………（379）
　　第四节　风险决策的敏感性分析 ………………………………………（390）
　　第五节　贝叶斯决策 ……………………………………………………（393）
　　第六节　完全不确定型决策方法 ………………………………………（397）
　　关键术语 …………………………………………………………………（401）
　　习题 ………………………………………………………………………（402）

附录　Excel 2010 统计函数一览 ………………………………………（404）

附表 ………………………………………………………………………（409）
　　附表一　正态分布表 ……………………………………………………（409）
　　附表二　t 分布双侧百分位数表 ………………………………………（411）
　　附表三　χ^2 分布上侧百分位数表 …………………………………（412）
　　附表四　F 分布上侧百分位数表 ………………………………………（413）
　　附表五　泊松分布表 ……………………………………………………（421）
　　附表六　二项分布表 ……………………………………………………（422）
　　附表七　统计检验力与 δ 和 α 的关系 ……………………（429）
　　附表八　相关系数检验表 ………………………………………………（430）

后记 ………………………………………………………………………（431）

再版后记 …………………………………………………………………（432）

第三版后记 ………………………………………………………………（434）

第一章　　导言

对于"统计"一词,人们并不陌生。在日常工作及生活中,人们经常看到、听到和用到这个词。例如:开会时主持人要统计出席会议的人数;球赛中教练员要统计各位队员的命中率和犯规次数;报刊上总是定期或不定期地公布诸如物价指数、人口增长率、国民生产总值等统计数据;每天的新闻广播里也不乏工农业生产速度、出口贸易额、居民生活费用指数等统计数字的报道……这里,人们所认识的"统计"主要是统计资料和统计数字,而统计学的含义远比这丰富得多,这是我们在学习统计学之前必须首先弄清楚的问题。

本章主要讨论以下问题:

1. 统计学的概念和特点;2. 统计学的产生和发展;3. 统计学的类别;4. 统计学在经济学和经济管理中的应用;5. Excel 与统计学;6. 统计学中的重要概念及统计的研究程序。

第一节　统计学的概念

关于什么是统计学有许多种解释,这里略举几种:

- 统计学是关于数据资料的搜集、整理、显示、分析和推论的科学,目的在于帮助人们做出更有效的决定。
- 统计学是一门关于大量数据资料的搜集、整理、描述和分析的学科,目的在于探索数据内在的数量规律性。
- 统计学是在面对不确定的情况下,提供给人们做出聪明决策的科学方法,其过程包括资料的搜集、整理、陈列、解释和分析,并可进而加以推论,从而可获得合理的判断与有效的结论。

……

如果继续列举的话,还有许多,但基本上大同小异。综合各种解释,本书将统计学定义如下:

统计学是一门对群体现象数量特征进行计量描述和分析推论的科学。

这个定义包括统计学的三个核心要点:

第一,统计学的研究对象是群体现象。

统计学有两个基本概念:总体和样本。总体指调研者研究对象的集合;样本指来自总体的部分对象的集合。统计学的研究对象就是这些集合,而不是组成这些集合的某一个个元素或个体。如果要知道一件物体的重量,只要把它放到秤上称一称;如果要知道一个人的身高,通过测量就可得知。而若要知道一批物件的重量、一群人的身高,就需要汇总和平均,采用一定的统计方法。若期望通过小小的样本信息了解总体,就需要抽样调查和估计检验,进行统计分析推论。虽然总体或样本的信息都表现在一个个元素或个体上,研究总体不能脱离个体,但统计学研究的不是个体现象,而是通过个体所载有的信息来研究和说明群体现象。

第二,统计学所探索的是群体现象数量表现的内在规律性。

这里有两个要点:数量性和规律性。

其一,数量性。统计学的英文是"statistics"。这个英文名词有两个含义:作为复数,指的是通过观察或调查所搜集到的一定时间、空间下反映客观现象的特征的数字资料;作为单数,指的则是作为一门科学的统计学。统计的这一名词特性,很直观地说明了统计学与统计数字之间紧密相连的特点。数字是统计的语言,统计学是用数字来说明群体现象的特征。作为特征,可以是数量特征,如人的身高、年龄等;也可以是属性特征,如人的性别、民族等。统计学研究群体现象的特征,总是用数字来计量、说明的。例如,统计学所探索的某人口群体的性别特征表现为不同性别的人口数量和比例;民族特征为各民族人口数量、所占比例等。

其二,规律性。统计学研究的是个体之间存在数量差异的群体现象。如果一批物件重量都一样、一群人身高都相同,是用不着统计的。然而现实中群体现象总是由许多数量特征各异的个体组成的,而这些千差万别的个体数量特征下却掩盖着群体现象的某一数量规律性。例如,就每一个家庭的新生儿的性别而言,在出生前是很难确定的,可能是男性,也可能是女性。但如果对大量的新生儿的性别进行观察,就会发现男女比例约为107:100,这个比例就是新生儿这个群体性别特征的数量规律。又如,掷硬币和骰子,谁都知道随机地掷一次是无法确定结果的,即每一次抛掷结果各异,但如果我们反复不断地掷,当抛掷次数足够多时就会发现规律,即硬币出现正面或反面、骰子出现任一点数的机会都是均等的,这就是掷硬币和骰子的数量规律。再如,关于证券投资,谁都知道收益和风险宛如一对孪生兄弟,可是谁又都希望能够在较低的风险下取得较高的收益,那么风险和收益之间究竟具有什么样的联系?通过大量的观察,根据大量的数据资料,就可以找出它们之间数量联系的规律性。这个可以通过建立一定的统计模型来获得,目前应用广泛的资本资产定价模型反映的正是这个规律。类似的例子还有很多。

第三,统计学研究的是对群体现象数量特征进行计量描述和分析推论的方法。

统计计量描述指收集、整理、计算并显示说明客观群体现象特征的统计数据资料;统计分析推论指通过随机抽样的样本特征对总体的特征进行推论。统计学研究的是科学地进行计量描述和分析推论的方法,即如何才能够准确、真实地收集到所需要的数据,如何科学地对这些数据进行分类和归总,进一步计算,如何在允许的误差范围内用样本数据推论总体数量特征,等等。

例如,指数是十分重要也是人们十分熟悉的统计数字。举个最简单的例子,假如去年北京市鲜牛奶的价格是每500克4元,鸡蛋的价格是每500克3元,今年牛奶下降为2元,而鸡蛋上升为6元,计算这两件消费品的物价指数。

方法一:以去年为基期。牛奶的价格降低了一半,为去年的50%,鸡蛋的价格上涨了一倍,为去年的200%,用50%加上200%再除以2,得出平均数125%,所以今年的平均物价比去年上涨了25%。

方法二:以今年为基期。去年的牛奶价格是今年的200%,鸡蛋的价格是今年的50%,用200%加上50%再除以2,得出平均数为125%,即去年的平均物价比今年高25%。

方法三：以去年为基期，将鸡蛋的价格指数乘以牛奶价格指数（50%×200%）后，开平方求根得出平均数100%，则物价既没有上升，也没有下降。

三种方法导致三种截然不同的结论，究竟哪一种方法才最真实地反映了物价的实际变动？这正是统计学研究的问题。

再如，有一家出版商根据过去的经验知道，出于财务上的考虑，要成功地发行某一种月刊，就要保证在它所针对的读者群中，至少有20%的读者会订阅此刊。现在一种月刊已设计好，出版商寄出了1 000份给1 000位可能的读者，其中有190位读者表示要订阅此刊。由于订阅的读者只占19%，出版商是否应该决定不出版此月刊了呢？或者这只是由于样本的原因，而对于全部可能的读者而言，订阅的比例不会小于20%？统计方法将帮助人们解决这个问题，而这也是统计学研究的众多方法之一。

统计学研究各种各样的统计方法，这些方法是分析认识客观现象的有力工具，帮助人们在各种不确定的或复杂的情况下做出明智的判断和决策。

第二节　统计学的产生和发展

一、统计学的产生

统计学形成于19世纪中叶，它的产生主要源于概率论、国势学和政治算术。

17世纪中叶起，在德国兴起的国势学派用记述的方法来研究一国的地理、人口、财政、军事、政治、法律制度等方面。18世纪中期，哥廷根大学教授戈特弗里德·阿亨瓦尔（Gottfried Achenwall）首次提出了"统计学"（statistik）这一名词，并定义为国家显著事项的学问，言下之意是通过这门科学，可了解国家理乱兴亡之迹。最初的"统计"只是文字记载，后来才发展出了数字和图表。

英国是资本主义发展较早的一个国家，也较早开始利用数字对人口、经济等方面进行记载和推断，其代表人物是约翰·格兰特（John Grant）。他于1661年出版了《对死亡表的自然观察和政治观察》一书，发表了对人口出生率研究的结果，并观察到一切疾病和事故在全部死亡原因中占有稳定的百分比。与格兰特同时代的英国经济学家威廉·配第（William Petty）的《政治算术》和对国民收入估算的方法，不仅对经济学，而且对统计学的发展也具有重大的意义。他们虽未创立"统计学"之名，但所用于探索社会和经济现象的数量规律性的方法，则具有"统计学"之实。

概率论的产生最早起源于对赌博中掷骰子的输赢问题的研究。在但丁的《神曲》中就记载了投掷三个骰子所可能出现的各种结果。伽利略也从事过这方面的研究。但直到1714年，瑞士数学家雅各布·伯努利（Jacob Bernoulli）的《推测法》问世，概率论才作为一种理论初具雏形。之后，概率的乘法运算法则、正态分布、先验概率、逆概率等理论相继问世，概率论逐渐发展起来。

将这三方面成果融为一体而创立了统计学的，是比利时统计学家阿道夫·凯特莱（Adolph Quetelet）。在统计研究方面，他先研究了天文、气象方面的统计资料，后又利用统计数字研究植物界和人类社会。他以概率论作为理论基础，用大量观察和综合平均的方法来进行研究，从而把概率论、国势学、政治算术观察群体现象进行数量分析的方法，融合为一门统计学。

二、统计学的发展

统计学的发展可大致划分为三个阶段:

第一阶段是统计学的初创阶段。从17世纪中叶开始到19世纪末,经过二百多年的漫长时间,描述统计和概率论的基本内容逐渐形成,研究的基本统计问题在于求得一套通用的数学公式来描述待研究现象的整体。

第二阶段是统计推断方法体系基本确定的阶段。从20世纪初"小样本t分布"的问世,到40年代末"统计决策函数"与"序贯抽样"的提出,在这个阶段,估计理论、样本分布理论、方差分析、非参统计、时间序列、随机过程等方面的研究都获得了重大进展,推断统计迅速发展,概率论体系也日臻完善。

第三阶段是统计方法与应用研究全面发展的阶段。从20世纪50年代起,统计学受计算机、信息论等现代科学技术的影响,新的研究领域层出不穷,如多元统计分析、探索性数据分析、现代时间序列方法、人工智能,等等。据美国学者统计,现代统计学是以指数式加速度发展,新的研究分支不断增加,统计应用的领域不断扩展。统计方法在各学科领域的应用则又进一步促进了统计方法研究的深入和发展。

这些阶段的划分只是大致的,其发展是渐进的、错综的,并没有明确的时间界限。

从现在统计理论研究的发展趋势看,统计理论研究的分支仍会不断增加,统计学将越来越具有交叉学科的性质,统计学应用的范围将更加广泛。一些过去与数字毫无联系的学科,如政治学、历史学、法学等,都已经在并将更多地应用统计方法进行研究和分析。目前阻碍统计方法推广应用的主要是定性资料的统计分析。这类问题包括国民经济的行业、部门等分类资料,不同的政治观点、思想准则,等等,如何对这些定性问题进行量化处理分析,是统计学家们正在研究的重大课题之一。探索性数据分析的应用前景也很广阔。这种方法重视数据直观的显示、原始数据中信息的提取及对特殊数据的识别和具体分析。贝叶斯统计理论研究在统计推断、预测、决策等领域将继续显示其强健的生命力,成为统计实践中十分有力的工具。

总而言之,统计学的发展在理论方面对现代数学理论的依赖越来越深,在数据处理和计算手段上对计算机硬件及软件技术的发展依赖越来越多,在应用方面其范围则不断增加,研究的对象从无穷大到无穷小,实非言过其实。

第三节 统计学的分类

与任何其他的科学一样,统计学随着对它研究的逐步深入而发展进步,必然会出现各个相互联系而又区别的分支。或出于不同的观察角度,或出于不同的研究重点,故常常有不同的分类,分出的各类别也难免有些重叠。一般而言,统计学大致有两种基本的分类:描述统计学和推论统计学;理论统计学和应用统计学。

一、描述统计学和推论统计学

从统计学的概念,我们已经知道统计学研究的一个方面是搜集、整理、描述数字资料的方法,这部分内容就形成了描述统计学。例如,要计量居民生活费用的变动,首先要通过一定的行之有效的调查方法,搜集反映居民生活费用的数字,然后对这些资料进行汇总、归纳和计算,将原始资料整理成为有条理的能够说明被研究现象特征的科学指标,最后再以相应的统计图和统计表将这些结果表现出来。

统计学研究的另一个方面是利用样本数据推断总体特征,这部分内容则形成了推论统计学。例如,要研究我国 13 亿人口的年龄构成、出生率、死亡率等人口特征,仅靠人口普查不够,因为人口普查需要大批训练有素的调查人员和大量的经费,不宜经常进行。在两次普查的中间年份所需的人口数据资料,通常是采用抽样调查的方法取得样本资料,依据样本资料所给予的信息来推算人口总体的上述特征。由于样本包含的总体信息必然不完备,用其推算总体难免有误差,为了使这种误差尽可能小或将其控制在可以接受的范围内,统计学就需要研究抽取样本和推算的方法,以使推算的结果尽可能准确,且失误的概率尽可能小。

二、理论统计学和应用统计学

理论统计学也即数理统计学,主要阐述统计学的数学原理,其理论基础是概率论。它所包括的主要内容有:概率理论、抽样理论、实验设计、估计理论、假设检验理论、决策理论、非参数统计、序列分析、随机过程等,着重于阐明统计方法的数学原理。

将理论统计学的基本原理应用于各个学科领域,就形成了各种各样的应用统计学。如社会统计学、经济统计学、教育统计学、生物统计学等。应用统计学着重研究统计方法如何应用于某个具体的领域内,如何解决具体领域内的具体问题。它除了包括各领域通用的方法,如参数估计、假设检验、方差分析等,还包括某领域特有的方法,如经济统计学中的指数法、现代管理决策法等,以及社会统计学中的反事实方法、针对社会网络的统计模型等。应用统计学着重阐明这些方法的统计思想和具体应用,而不是统计方法数学原理的推导和证明。

第四节 统计学在经济学和经济管理中的应用

自古以来,统计就服务于经济学或经济管理,在经济学和现代经济管理研究中,统计学发挥的作用更不容忽视。

一、统计学与经济学

经济学家的抱负是要告诉人们怎样利用有限的资源最大限度地满足人类的需要,由此引起对资源配置、市场供求、经济增长等许多问题的研究。对这些问题,不能只作定性的理论分析,还需要经验性的定量方法。例如,经济学研究有效需求不足的问题,显然研究消费与需求的数量关系将有助于对问题的深入了解和认识。而这样做既要有经济统计数据,还要有适当的统计方法。一般而言,构造一个复杂的模型并不太难,但要想出一个良好的方法获取数据以适当地估计模型,则是比较困难的事。数据获取的困难在于:① 某些变量无法直接测得,如消费者偏好、企业信心、技术进步等,只好用"替代变量",如何替代,难有完美的方法。还有些变量的数值属于保密范围,如有关个人财富的数字,财富持有人往往不愿透露。如何测算准确,需要完善的方法。② 数据缺落或不足,例如我国目前大部分宏观统计数据只提供到省市级,而县乡级的许多统计指标往往存在数据严重缺失的问题。③ 数据不准确。④ 数据的统计口径不同，尤其在涉及不同年份的纵向比较或不同地区的横向比较时，许多时候会发现不同的数据样本采用了不同的调查或处理方式，从而难以直接进行对比分析。要克服数据获取的困难，需要统计方法的突破。假如数据的问题已经解决，还有如何估计模型的参数问题。如凯恩斯在20世纪30年代曾提出总量消费函数的概念。为了测定这一消费函数，人们花了大量的精力估计一个看起来十分简单的边际消费倾向。虽说根据凯恩斯的理论，边际消费倾向平均而言稳定在一个大致不变的水平上，但并不排除每次估计都会有波动，如何考虑这个问题？并且，既然是估计，就有误差，如何考虑这个误差？又如何使误差保持在可以接受的范围内？这都需要统计学提供科学的统计方法。

二、统计学与经济管理

统计学无论在政府宏观经济管理还是在工商企业微观管理中的应用都是极其普遍的。

在宏观经济管理中，政府总是关注着当前的经济形势和未来的经济趋势。为此，政府进行大量的统计调查和统计分析预测：目前工农业的生产和销售数量、未来12个月的情况；每月的消费者价格指数及由此可反映出的通货膨胀情况；房屋动工数量、货币回笼速度等，这些只是许许多多统计指标中的几个而已。政府依据统计数据决定货币的投放，中央银行的利率等宏观经济政策，并利用统计数据评价、检查施政的绩效。

在工商企业微观管理中，管理人员经常需要在未来条件不确定的情况下做出牵涉金数额巨大甚至是有关企业生死存亡的重大经营决策问题，如企业的扩张、新项目的上马、新产品的研制和投产等。而在日常的经营管理中，管理人员更时时面临各种各样的决策问题。利用统计决策模型，则可降低决策的不确定风险，做出明智的选择。市场管理人员运用统计方法可以进行市场调查和预测；生产管理人员运用统计方法可以进行产品的抽样检验和质量控制；仓管人员应用统计方法可以确定库存量；会计人员应用统计方法可以进行财务预测、损益分析、投资分析、内部稽核等。统计方法的应用使得企业管理富于效率，增强了企业的竞争能力。

统计方法在经济生活和经济管理中的作用还可以无穷无尽地列举下去，它的事半功倍之效令无数人为之神往，要有效地从事经济研究和管理，统计学不可不学。

第五节　Excel 与统计学

随着统计学理论的发展，统计学能够刻画分析的数据规模越来越大，使用的分析工具也越来越复杂，渐渐超过了人们心算或笔算所能解决的范围。而计算机在数学工程学领域的广泛应用为统计学的发展提供了很多便利。现阶段，这种便利主要体现在两个方面。一方面，一些专业统计软件为统计学的专业学习和研究提供了更好的操作平台与实验环境，把统计学家从烦琐的计算中解放了出来；另一方面，一些非专业的统计软件为非统计学专业的各行各业人士应用统计学创造了更多的可能性。本书着重介绍的 Excel 软件就属于后者，该软件主要面向的客户群是商用客户而非科研人员，这也就决定了该软件不需要使用者具备太多的统计学专业知识和数理背景。相比较为专业的统计软件如 SAS 等，Excel 具有更富亲和力的人机界面，更简单直观的操作程序，对于缺乏统计学知识的使用者，也相对容易上手。尽管 Excel 显得并不十分专业，甚至在很多人眼里它的功能无外乎绘制表格，但是，该软件的功能事实上对于一般的商务管理工作甚至初级的统计分析来说已经足够强大了。

Excel 能够解决的统计学问题包括描述统计、基础推断统计、线性回归分析等，它不仅能够准确计算出统计公式的结果，绘制出清晰的图表，给出详细的统计分析报表，甚至还能通过 VBScript 编程实现更多复杂的任务。除了制表功能和统计功能之外，Excel 还有强大的财务计算能力。因此，目前 Excel 在商业和金融领域运用尤其广泛，世界顶尖的投资银行、咨询公司的第一线分析员往往都把 Excel 作为最主要的分析软件。

本书的主要逻辑是介绍概率论和统计学的基础概念，以及初级统计分析的原理，在可能的情况下尽量不涉及过多的数学推理，并且尽可能把相应的计算工作交给 Excel 完成。因此，掌握统计学原理和熟悉软件操作对本书读者有同等重要的意义。如果读者到目前为止，对 Excel 的基本功能和简单操作还不太了解的话，建议参阅一下相关的 Excel 入门教程，本书在后面的内容中将着重介绍 Excel 的统计功能。

第六节 统计学中的常用概念及统计研究的程序

一、总体、总体单位、样本

总体和样本是统计学中两个最基本的概念，统计学研究的目的就是达到对总体数量特征的认识，而在绝大多数情况下，这个任务是通过对样本的研究完成的。

总体是指调研者所感兴趣的全部观察对象，由客观存在的具有相同性质的多个个体所形成的整体。例如，如果我们要了解自己所在学校的学生的手机使用情况，那么学校全体学生的集合就组成为一个总体。

总体单位是组成总体的每个个体，是调查项目的访问对象。在上例中总体单位即学校里的每个学生。

从总体中选取部分个体，所得到的来自总体部分对象的集合，称为样本。从总体中选取若干个个体的过程称为抽样，抽样的结果称为样本，样本中所含个体的数量称为样本容量。构成统计样本的每一个个体称为样本单位。继续前面的例子，如果我们要了解自己所在学校的学生的手机使用情况，通常很难做到把每个学生的情况都调查到，因此通过问卷调查或访问的方式，找到部分学生的手机使用情况，调查到的这部分同学的集合称为样本，所调查的每一个学生称为样本单位。

我们还将在本书的数理统计部分，对总体和样本这两个概念进行更多、更深入的讨论。

二、统计标志、统计指标与统计变量

统计标志，简称为标志，是说明总体单位所具有的属性或特征的名称。在学生使用手机情况的例子中，总体为全体在校生的集合，单位为每个学生，每个学生都拥有以下这些特征或属性：性别、年龄、身高、体重、家庭收入、籍贯等，这些名称都称为标志。所以可以看到，标志总是依附和说明总体单位的。

一个总体单位在某种特征上的具体表现即对标志的描述或取值，称为标志值或标志表现。标志表现反映总体单位的量的特征时，这样的标志为数量标志，用数值来表示。

标志表现反映总体单位的质的特征或属性时,这样的标志为品质标志。显然,年龄、身高、体重和家庭收入为数量标志,性别和籍贯为品质标志。数量标志和品质标志这两类标志在统计研究中都很重要,是形成统计指标的基础。

统计指标,简称为指标,是说明统计总体综合数量特征的名称。统计指标按所反映的总体特征的不同性质,分为数量指标和质量指标。数量指标能够直接或间接地说明总体的规模大小和数量多少,如某省总人口和粮食总产量,前者说明了某省人口总体的总规模,后者说明了该省粮食生产成果总体的总规模。质量指标能够说明总体内部数量关系或总体单位某种数量标志的标志值水平,如产品合格率和市场占有率。这两个指标反映了总体内部的数量关系。我们把平均成绩称为质量指标,因为它代表各单位标志值的一般水平。

本书的第三章第二节对统计指标进行了更详细的讨论。

统计变量是统计指标、数量标志和品质标志的总称,是说明现象某种特征的概念。变量的具体表现称为变量值。变量按表现形式不同可分为数量型变量(或定量变量)和属性变量(或定性变量)。如住房面积和收入为数量型变量,而文化程度和性别为属性变量。数量型变量又可以分为离散型变量和连续型变量。如果变量的取值可以一一列举,在相邻的两个数值之间不再有其他的数值,这样的变量称为离散型变量,如在校学生人数和全国上市公司企业数。如果变量的取值不能一一列举,在任意两个数值之间都可以再取无限多的数值,这样的变量称为连续型变量,如人的年龄和股票的价格。

三、统计研究的程序

进行统计研究,是从调查与数据搜集开始的,经过数据的组织和整理,研究人员可以对数据进行列表和图示,从而对数据的总体情况进行描述统计分析。如果统计资料是作为总体搜集的,那么可以直接由对资料的分析得出关于总体的结论;如果统计资料只是作为样本搜集的,则在此基础上还需要进行推断统计分析,然后得出关于总体的结论。可以用图1.1来概括统计研究的程序。

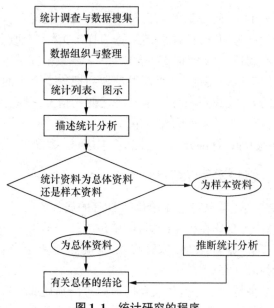

图1.1 统计研究的程序

通过图 1.1 可以看到,统计研究的目的就是达到对总体的认识。数据作为统计研究的出发点,它的性质决定了统计研究的方法,即对于总体数据,描述统计分析就足够了;而对于样本数据,还需要借助推论统计工具,达到通过样本来认识总体的目的。在本书后面的章节,我们也将遵循统计研究的程序,逐步介绍每一个步骤中的工具和方法。

关键术语

计量描述　分析推论　总体　样本　抽样　数量特征　数量关系　描述统计学　推论统计学　理论统计学　数理统计学　应用统计学　概率论　国势学　政治算术　统计规律性　统计误差　Excel　指标　标志

习题

1. 什么是统计学?统计学在研究对象和研究内容上有什么特点?

2. 试通过你所熟悉的事例谈谈搞经济理论研究的人为什么要学习统计学,从事经济工作的人又为什么要学习统计学。

3. 什么是描述统计学?什么是推论统计学?请各举一例说明。

4. "统计学研究的是现象的数量特征"这句话对吗?为什么?

5. 请你根据最近媒体中对某一热点问题的新闻调查,从统计学的角度回答下面的问题:

(1) 该调查感兴趣的研究对象是什么?

(2) 该调查对研究对象的哪些特征感兴趣?

(3) 该调查研究了样本单位的哪些属性和特征?

(4) 该调查有没有解释样本是如何得到的?

(5) 该调查有没有说明样本所包含的单位个数?

(6) 该调查构造或使用了什么指标?

(7) 该调查对总体特征做出了什么样的结论?

(8) 该调查有没有告诉你它所作推断的可信度?

6. 统计学目前已在多个学科领域得到极为广泛的应用和发展,你认为未来统计学会有哪些新的发展方向?还可能在哪些新的领域得到怎样的应用?

第二章　数据搜集

要利用统计数据进行统计分析和判断,首先要取得能够符合研究分析需要并能如实反映被研究总体特征的数据。获取统计资料有两种途径:一是通过统计调查获取第一手资料,即原始资料的搜集;二是利用其他统计学工作者公布的数据,即次级资料的搜集。

本章主要讨论以下问题:

1. 统计研究的程序;2. 统计调查的方式方法;3. 调查方案的设计;4. 问卷调查的方法;5. 调查数据的录入;6. 次级资料的来源;7. 调查误差。

在第一章,我们提到过,统计研究是从调查与数据搜集开始的,经过数据的组织和整理,研究人员可以通过描述统计分析和推断统计分析,达到对总体的认识。以数据来源的类型来区分,可以将数据搜集方法分类概括如图2.1所示。

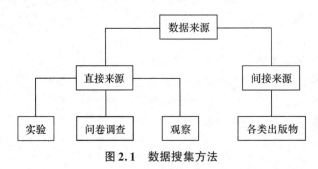

图 2.1　数据搜集方法

通过直接来源得到的数据称为一手数据或原始数据;通过间接来源得到的数据称为二手数据或次级数据。我们将在本章介绍原始数据和次级数据的搜集方法。

第一节　原始数据搜集的方法

一、统计调查的方式

原始数据可以通过组织多种形式的统计调查来获取。常用的统计调查方式有定期统计报表制度、普查、随机抽样调查和非随机抽样调查。

(一) 定期统计报表制度

定期统计报表制度是一种按国家有关法规的规定,自上而下地布置统一的报表,然后自下而上地逐级上报汇总报表资料的调查方式。因为它要求按规定的报表格式、内容,规定的报送程序、时间报送数据资料,所以是一种严格的报告制度。

定期统计报表是我国统计调查的一种重要的组织形式。与其他统计调查方式相比,具有如下优点:第一,在规定范围内的各单位必须填报,从而保证了数据资料的全面性和连续性;第二,由于从调查内容、表式到时间都是统一规定的,就保证了资料的统一性和及时性;第三,由于要求按原始记录填报,有利于基层单位建立起原始记录,使数据资料的来源和准确性有可靠基础。这种调查方式的不足之处在于:第一,在经济利益多元化的条件下,有些单位为了自身的利益可能会瞒报、虚报某些数据,影响资料的质量;第二,如果上级机关向下布置的报表过多,会增加基层负担,甚至引起某些混乱。

定期统计报表按填报周期的不同,分为日报、周报、旬报、月报、半年报和年报。填报周期的长短与报表内容的繁简、报送时间的快慢相联系。一般而言,报告周期越短的报表,内容越简明,越强调报送时间的迅速;报告周期越长的报表,内容越可以详尽一些,时间上越可以宽松一些。

(二) 普查

普查是专门组织的一次性全面调查。所调查的内容,既可以是一定时点下的现象(如人口的状况、固定资产的存量等),也可以是一定时期的过程性现象(如一年的生产量、销售量等)。调查的目的主要是搜集一些不能够或不适合用定期全面报表的数据资料,以搞清重要的国情国力和某些重要经济现象的全面情况。如我国于1977年进行了职工人数普查;1978年进行了科学技术和基本建设在建项目普查;2010年进行了第六次全国人口普查;等等。

普查的规模大、任务重、质量要求高,需要由政府动员组织各方面的力量配合进行。普查的一个最主要的优点是比任何其他调查方式所取得的资料都更全面、更系统、更详尽。例如,1985年我国举行的第二次全国工业普查,包括工业生产的全部要素和投入产出的全过程。这次普查资料,仅国家一级就出版了41册,2.23万页,并建立起了大型的数据库。一次重大的国情国力普查,需要花费较多的人力、财力、物力和时间,调查登记的时间虽然并不很长,但是复杂细微的准备工作和数量巨大的数据处理工作往往需要较长的时间。如人口普查和工业普查,准备工作需要三年或更长一些,数据处理还需要两年甚至两年多。所以,普查不宜经常进行,只能较长时期譬如十年举行一次。

(三) 随机抽样调查

随机抽样调查是一种非全面调查。它是在全部被调查的总体中随机抽选一部分单位进行观察,并根据从样本得到的数据来推算总体的数量特征。以概率理论为基础的抽样推断,不仅可以估计出抽样推断误差的大小,而且可以通过一定方法控制这些误差,所以这是一种既节省人力、财力、物力,又具备一定可靠性的科学方法。

与其他调查方式比较,抽样调查主要具有两个特点:一是按随机原则选样,这使它区别于其他非全面调查;二是调查目的是从数量上推算总体数量特征和数量表现,这使它可以起到全面调查的作用。所谓随机原则即样本单位的抽取不受主观因素及其他系统性因素的影响,每个总体单位都有均等的被抽中机会。需要特别注意的是,统计学的理论可以证明,如果抽样调查不遵守随机原则选样,从样本推断总体特征的调查目的就不可能达到。因此,保证抽样的随机性是进行抽样调查的第一要务。

何为随机抽样?不严格地说,就是任意地在总体中选取样本。打一个比方,如果总

体包含 N 个个体($N \in Z$),我们可以将这些个体按照从 1 到 N 的顺序依次编号。我们在随机抽样时就是掷一个 N 面的均匀的骰子,哪一面朝上则抽取对应编号的个体,抽多少次则掷多少次,直到达到需要的样本数为止。当然,实际调查过程中,我们不可能制作一个骰子进行上述的操作,甚至很多时候总体的大小也是未知的。这就要求调查人完全避免对调查对象的主观挑选,并且尽量避免其他可能造成抽样不随机的调查方法。在后面讨论调查误差时我们可以看到抽样不随机带来偏差的例子。

在具体操作时,为了保证抽样调查的随机性,调查人员经常采用下面抽样几种方法:

1. 简单随机抽样

简单随机抽样又称为纯随机抽样,是一种最基本的抽样方式,它是按照总体原有的状况,不加任何限制,保证总体的每一个个体都有同等被抽中机会的抽样方法。统计学中所讨论的抽样理论都是以这种方式为基础的。

简单随机样本的抽取可以有多种具体办法,抽签和摸球都是基本的做法。具体做法是用一个签或一个球代表总体的一个单位,总体的所有单位都要包括在内,将这些签或球放在一起搅匀后,按照重复抽样或不重复抽样的办法从中选出样本单位。也可以采用从随机数码表中随机点取数字的办法,具有与这些数字相同编号的总体单位就是被抽中的单位。

当总体很大即总体单位数很多时,采用简单随机抽样需要编写很多签或号,工作量很大,特别是在无限总体的情况下(如不断生产的产品),进行编号甚至是不可能的,因此,这种方式应用起来有一定的局限性。

调查人员可以使用随机数表、抽签等方式选取样本,也可以应用 Excel 中的随机函数 RAND( )或者 RANDBETWEEN(a,b)安排随机样本。下面我们就先演示一下 Excel 中 RAND( )函数的使用,作为本书 Excel 应用的第一个例子。

如图 2.2 所示,在 Excel 任意单元格中输入"= RAND( )"(= 的意义在于告诉 Excel,后面输入的内容是函数或者公式,不能直接显示出来),回车后会发现单元格内出现了一个[0,1]之间的小数,这个数就是 Excel 内部运算随机产生的,如图 2.3 所示。尽管在严

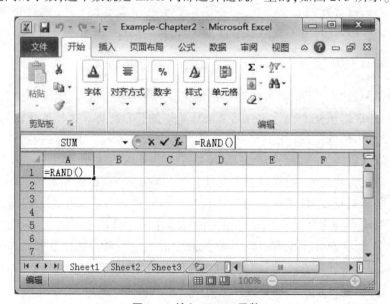

图 2.2　输入 RAND 函数

格的数学意义上,这个随机数只是一个"伪随机数",也就是说它仍然是通过某种算法模拟随机数得到的,并不是完全自然而随机地产生的,但是用于保证统计抽样的随机性,这样的精确度已经足够。

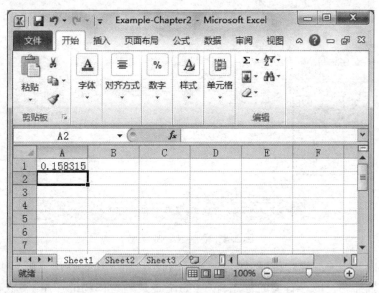

图 2.3　回车之后的结果

假设已知总体共有 2 500 个个体,我们在单元格内输入" = INT(RAND( ) * 2 500 + 1)"就可能得到 1 和 2 500 之间任何一个整数,以此为抽样编号,我们就可以完成一次抽样。这里 +1 的意义何在? 取整函数 INT 的意义又何在? 不妨留给读者自己思考或翻阅 Excel 帮助文件解决。

如果需要反复多次抽样,我们当然不必反复输入上述命令,注意选定 Excel 单元格后,单元格加粗的边框右下顶点处有一个小方格,当光标移动到小方格上时会变成"十"字形。此时,我们只需要按住这个小方格向下拖动,就可以把选定单元格的内容富有逻辑性地复制到下面的单元格中去(这种复制的变化还有很多,我们在以后使用 Excel 的过程中会慢慢接触到),如图 2.4 所示。

在 Excel 2007(含) 以上的版本,可以直接用 RANDBETWEEN(a,b) 的函数形式生成[a,b]区间(均为闭区间)内的随机整数,因此这里实际可以直接用" = RANDBETWEEN(1,2 500)"实现上述抽样。

2. 等距抽样

等距抽样又称为机械抽样或系统抽样,常用于电话调查等样本拥有天然编号的情况。等距抽样从总体中抽取样本时,是按照规定的间隔从已排成一定顺序的总体单位中抽取样本单位的。例如,从一所大学中抽取一个由 5% 的学生组成的样本,则可以以学生名册为序,首先在最前面的 20 人中按照纯随机的办法选出第一个人,然后每隔 20 人抽选一人,直到抽满所需的含 5% 学生的样本单位数目为止。

等距抽样的随机性表现在抽取第一个样本单位上,当第一个样本单位确定后,其余的各样本单位也就随之确定了。

等距抽样首先需要将总体单位进行排序。将总体单位排序有两种办法,一种是按照

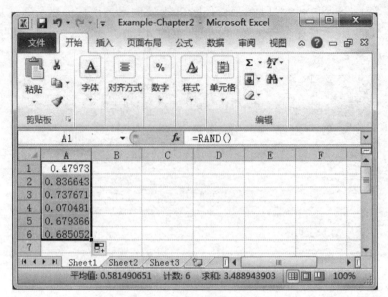

图 2.4 复制 RAND 函数

与抽样调查内容无关的标志排序,如调查人口的收入,将人口按姓氏笔画多少排列;另一种是按照与抽样调查内容有关的标志排序,如调查某种农作物的产量,将农作物按预估产量排序。按有关标志排队时,一般不是按随机原则选取第一个样本,而是尽量抽取在第一段中处于正中间位置上的单位,然后再以此为基准,每隔一定顺序抽选一个。这样做的理由是,既然排序与调查内容有关,那么处于中间位置上的单位的标志值就代表了这一段所有单位标志值的中间水平,因此最有代表性。如果排序标志的数值顺序与调查内容一致,则可以得到比较有代表性的样本。但是若总体的排列顺序呈现出某种周期性,则不宜采用等距抽样,尤其要注意避免抽样的间隔与总体的周期性节奏一致,以免引起系统性误差,从而影响样本的代表性。

等距抽样的抽样误差依赖于排队标志与调查标志之间关系的密切程度。它们的关系越密切,顺序越一致,抽样误差越小。总的来看,它比简单随机抽样简便、节省费用,所选的样本代表性也更高。

3. 类型抽样

类型抽样也叫分层抽样,是把总体分为满足互斥性(任何一个个体都只在一个群组中)、完备性(任何一个个体都在某一个群组中)和相似性(群组间有可比性)要求的群组,然后在组中随机选取样本。如前所述,总体内各单位之间的差异越小,则在同等条件下,所抽出的样本的代表性便会越高,抽样误差便会越低。例如,进行农产量抽样调查时,按山地、丘陵、平原加以分类,或按当年农作物成长的好坏划分为上、中、下三类,然后在各类之内分别进行随机抽选。由于每类之内差别较小,故从中抽选的样本单位就能更准确地代表该类水平。并且由于从每一类中都要抽选样本,就又保证样本中各种类型都包括到了,因此类型抽样会使样本的代表性大大提高。

在具体确定各类型中应选的样本数目时,常用的方法有两种:一种是按照各类型单位数目占总体单位数目的比例的大小,抽取同样比例的样本数目,称为类型比例抽样;另一种是根据各类型内部变异程度大小,变异程度大的类型组多抽些样本单位,变异程度小的类型组则少抽些样本单位。

4. 整群抽样

前面几种抽样方法都是一个个抽选样本单位，整群抽样则是首先将总体分为许多群，然后从所有的群中随机地抽取若干群作为样本，因此又称为聚类抽样。被抽中的群中每一个单位都无一例外构成样本的一分子，而没有被抽中的群则没有一个被选入样本。例如要了解某大城市每百户居民的移动电话拥有量，将全市的各市区作为群，从中抽取某一区域进行全面调查。

在实际生活中，当总体单位数目很多，而各单位在时间上或空间上的分布又很分散时，为便于调查，节省人力、物力和财力，有时可以利用总体现成的群，以群为单位进行抽选。其优点在于抽选的单位集中，不必编号或排序分类，省时省力。但从样本的代表性来看，由于同一群体往往彼此数量特征比较相近，偏高都偏高，偏低都偏低，因而，抽出的样本往往不够均匀，代表性比较低。特别是聚类选择的过程中很可能破坏调查的随机性原则，因此此类方法应该慎用。

随机抽样调查的特点决定了它的应用范围，其特点归纳起来有：① 对一些无法进行全面调查的现象，必须靠随机抽样调查的方式取得资料。例如，对于一些具有破坏性的产品质量检验，像显像管、电子管、汽车轮胎里程检验等，不能毁坏所有的产品来鉴定，必须应用随机抽样调查。② 对一些难以进行全面调查而又必须取得总体数据的现象。例如，对我国居民家庭收支情况的了解，如果对所有家庭逐一调查，客观上困难很大，也没有必要，采用随机抽样调查既方便又有效。③ 对普查资料做修正和补充。

（四）非随机抽样调查

非随机抽样也是一种非全面调查，也称为非概率抽样，这种抽样不按照概率均等的原则，而是根据人们的主观经验或其他条件来抽取样本。显而易见，它具有以下缺点：① 由于调查者的主观决策影响抽样的整个过程，因而不能保证样本是否重现了总体的分布结构，样本的代表性往往较小，用这样的样本推论总体极不可靠。② 误差有时相当大，而且无法估计。

但是非随机抽样在统计数据的搜集过程中，也经常被采用，其原因在于：① 很多情况下，严格的随机抽样几乎无法进行，例如调查对象的总体边界不清而无法制作抽样框。② 有些研究为了符合研究的目的，不得不按照需要从总体中抽取少数有代表性的个体作为样本。③ 随机抽样的操作过程要求严格，实施起来比较麻烦，费时费力，因此如果调查的目的仅是对问题的初步探索，获得研究的线索和提出假设，而不是由样本推论总体，采用随机抽样就不一定是必要的。总而言之，非随机抽样操作方便，省时省力，调查过程上也远较随机抽样简单，如果在抽样之前，研究者对调查总体和调查对象有较好的了解，非随机抽样也可获得相当的成功。

非随机抽样通常有以下几种方式：

1. 典型调查

典型调查是在调查对象中有意识地选出个别或少数有代表性的单位进行调查。典型调查的首要问题是如何挑选典型。一般来说，是根据调查目的，在对被调查对象进行分析研究的基础上有意识选择出来的，这是它与抽样调查之间最根本的区别。典型调查的目的一般主要在于了解与统计数字有关的生动的具体情况,如为了解某项经济政策的绩效,选出先进的、中等的和后进的典型,进行较深入的分析,当然这并不排除在特定的条件下,典型调查也可以用于对总体数据进行推算。例如,在研究一些消费品的需求量、农产品产量时,经常采用典型调查的方式推算总量。具体做法叫作"划类选点",即将消费品或农作物的地块划分为若干类型,然后在不同类型中选择若干个典型单位进行调查,取得资料后,先分别推算出各类型的总量,再推算总体总量。显然,典型调查的效果,在很大程度上取决于调查者的主观判断。如果调查者对情况熟悉,研究问题的态度又比较客观,便可以使典型调查取得较好的效果,反之则可能出现较大的偏差。

2. 重点调查

重点调查也是一种非随机调查,是在被调查总体中选出一部分重点单位进行调查,这些重点单位虽然只是总体中的一小部分,但它们在所调查的数量标志方面占有绝大部分比重。例如,对为数不多的一些大型钢铁企业进行调查,就可以对全国钢铁产品的品种、质量、产量等情况作出基本分析;对35个大中城市的零售物价的变化进行调查,就可以及时了解全国城市零售物价的变动趋势。

重点调查的优点在于花较少的人力、物力和时间就可获得总体基本情况的资料,可以用于不定期的一次性调查,也可以用于经常的连续性调查。一般说来,当调查目的只是了解发展趋势、水平或比例,而少数重点单位又具备所需数值时,便可采用重点调查。

3. 就近抽样

就近抽样又称为偶遇抽样、方便抽样、自然抽样,是指研究者根据现实情况,以自己方便的形式抽取偶然遇到的人作为调查对象,或者仅仅选择那些离得最近的、最容易找到的人作为调查对象。举例而言,为了调查某市的交通情况,研究者到离他们最近的公共汽车站,把当时正在那里等车的人选作调查对象。其他类似的偶遇抽样还有:在街口拦住过往行人进行调查;在图书馆阅览室对当时正在阅读的读者进行调查;在商店门口、展览大厅、电影院等公众场所向进出往来的顾客或观众进行调查;利用报纸杂志向读者进行调查;老师以他所教的班级的学生作为调查样本进行调查;等等。

4. 目标式和判断式抽样

目标式和判断式抽样又称为主观抽样、立意抽样,是指调查者根据研究的目标和自己主观的分析,来选择和确定调查对象的方法。研究者依据主观判断选取可以代表总体的个体作为样本。样本的代表性取决于研究者对总体的了解程度和判断能力。例如,在编制物价指数时,有关产品项目的选择和样本地区的决定等,常采用判断抽样。

5. 滚雪球抽样

当我们无法了解总体情况时,可以从总体中的少数成员入手,对他们进行调查,向他们询问还知道哪些符合条件的人;再去找那些人并询问他们知道的人。如同滚雪球一样,我们可以找到越来越多具有相同性质的群体成员。例如,要研究退休老人的生活,可以清晨到公园去结识几位散步老人,再通过他们结识其朋友。但是这种方法偏误也很大,那些不爱好活动、不爱去公园、不爱和别人交往、喜欢一个人在家里活动的老人,你就很难把"雪球"滚到他们那里去,而他们却代表着另外一种退休后的生活方式。

滚雪球抽样是在特定总体的成员难以找到时最适合的一种抽样方法。譬如对获得无家可归者、流动劳工、非法移民等的样本就十分适用。

6. 配额抽样

配额抽样也称为定额抽样,与分层抽样中的比例抽样相似,也是按调查对象的某种属性或特征将总体中所有个体分成若干层(类),然后在各层(类)中抽样,样本中各层(类)所占比例与它们在总体中所占比例一样。

进行定额抽样时,研究者要尽可能依据那些有可能影响研究变量的各种因素来对总体分层,并找出具有各种不同特征的成员在总体中所占的比例,然后依据这种划分以及各类成员的比例去选择调查对象,使样本中的成员在上述各种因素、各种特征方面的构成和在样本中的比例尽量接近总体情形。

例 2.1 设某高校有 2 000 名学生,其中男生占 60%,女生占 40%;文科学生和理科学生各占 50%;一年级学生占 40%,二年级、三年级、四年级学生分别占 30%、20%、10%。现要用定额抽样方法依上述三个变量抽取一个规模为 100 人的样本。依据总体的构成和样本规模,我们可得到下列定额表。

	男生(60)		女生(40)	
	文科(30)	理科(30)	文科(20)	理科(20)
年级	一 二 三 四	一 二 三 四	一 二 三 四	一 二 三 四
人数	12 9 6 3	12 9 6 3	8 6 4 2	8 6 4 2

配额抽样和分层抽样存在以下一些区别:

(1) 分层抽样对总体进行分层时,通常是依据一种特征或指标,分层的目的是照顾到某些比例小的层次,使得所抽样本的代表性进一步提高,误差进一步减少;而配额抽样则是依据多个特征,分层的目的是模拟出一个总体。

(2) 分层抽样在每层进行抽样时,按照一定的比例进行随机抽样;而配额抽样则是根据每一层中分配的数额进行抽样,抽样并不要求按照随机的原则进行。

(3) 分层抽样完全根据概率原则,排除主观因素,客观地、等概率地到各层中进行抽样;而配额抽样则是"按事先规定的条件,有目的地寻找"样本单位,在分层和抽样的过程中有很多的人为因素影响。

以上各种调查方式各有特点,应根据研究需要和实际条件灵活地结合应用各种调查方式。特别要指出的是,抽样调查广泛应用于各个领域,由于不同领域、不同总体的性质各具特点,研究目的和条件也都不同,因此实际进行抽样调查时,往往要针对不同的特点、要求和条件采取不同的组织方式,以便用最少的人力、物力和财力,取得最好的效果。

二、统计调查方案

统计调查方案是统计调查过程的指导性文件,只有制订周密详细的方案,才能保证调查顺利地进行,取得预期的效果。在设计调查方案时,应该考虑以下几个主要问题:

(一) 调查目的和任务

这是在调查方案中首先要考虑的问题。明确调查目的和任务,就是要搞清楚调查所要解决的问题是什么,有了目的才知道应该搜集什么样的资料。调查目的不明确,就好比无的放矢,会使得一项调查完全徒劳无益。

(二) 调查对象、调查单位和报告单位

调查对象是根据调查目的和任务而确定的被调查总体；调查单位是组成调查对象的个体，即调查对象中的一个个具体单位。例如，为研究某市居民家庭收支状况，该市所有居民户就是调查对象，其中每一个居民户便是调查单位。明确了调查对象和单位，才知道去哪里、向谁搜集资料。

报告单位是负责提交调查资料的单位。报告单位与调查单位是两个不同的概念。调查单位是调查内容的承担者，有时也可以是报告单位，有时却不是。如进行小学生健康状况调查，身高、体重、视力等健康指标都要从每一个小学生取得，调查单位是每一个小学生，负责向上提交调查资料的报告单位是小学校。而在工业普查中，调查单位是一个个工业企业，报告单位也是每一个企业。在调查方案中应确定好报告单位，这样才能如期取得所要搜集的资料。

(三) 调查内容和调查表

调查内容是根据调查目的和任务而确定的需要向调查单位了解的情况和问题，调查表是把所要调查的内容按照一定的结构和顺序排列成表格。

确定调查内容是调查方案设计时要考虑的重要问题，它关系到调查的成败，调查内容的考虑一定要周密、审慎。主要应注意以下几点：① 确定的内容应当是满足调查目的所必需的，可有可无或备而不用的内容不必列入。② 既要考虑需要又要兼顾可能，内容中只应包括确实能得到确切答案的项目。③ 内容的提法要确切、具体，不要模棱两可，使填报人能有一致的理解。

调查表是调查内容的表现形式，其作用在于能够条理清晰地填写资料，且便于调查后对资料进行整理。调查表由表头、表体、表脚三部分组成。表头在调查表的中间部位，标明调查表的名称，左上角填写有关报告单位的名称、地址、隶属关系等情况，右上角应注明表号、制表单位、批准备案文号等。表体是调查表的主体部分，表现为表格形式，调查的具体内容列于表格内。表脚一般填写调查人员或填报人员姓名、签章，单位负责人的姓名、签章等，如表 2.1 所示。

表 2.1　第三次全国人口普查百岁以上老人登记卡

编号_____

本户住址_____省、市、自治区_____县、市_____公社、镇、街道_____
户主姓名_____

姓名	性别	出生年月日	周岁	民族	文化程度	退休前职业
健康状况					生育情况(妇女填报) 生过(活产)_____个； 男_____,女_____	
个人简历						
长寿经验						
备注						

负责人签名_____年_____月_____日　　登记人(签名)_____年_____月_____日

调查表的形式有单一表和一览表两种。单一表每份只登记一个调查单位的情况，可以容纳较多的调查内容，且便于分类和整理（见表2.1）。一览表每份可登记多个调查单位的资料，却不能容纳较多的调查内容。如表2.2便是一览表，每张表可以登记五个人的资料。

表2.2 第三次全国人口普查登记表

本户地址_____省、市、自治区_____县、市_____公社、街道_____
生产大队、居委会_____生产队、居民小组_____集体户名称_____

每个人都填报					6岁及6岁以上的人填报	15岁及15岁以上的人填报				15岁至64岁的妇女填报	15岁至49岁的育龄妇女填报
一	二	三	四	五	六	七	八	九	十	十一	十二	十三
姓名	与户主的关系	性别	年龄	民族	常住人口的户口登记状况	文化程度	行业	职业	不在业人口状况	婚姻状况	生育子女总数和存活子女总数	1981年生育状况

（四）调查时间和期限

调查时间指调查资料所属的时间，调查期限指调查活动的起止时间。

确定调查时间是要明确规定资料所反映的内容的时间界限。如果调查的是时期指标，即反映现象在一段时期内发展变化的总量的指标，则应规定资料包括的起止时间。如产量、销售额等是从何年、何月、何日起至何年、何月、何日止。如果调查的是时点现象，即这种现象是无法累加的，如人口数、存款余额等，就应规定统一的标准时点，如我国人口普查时点一般为7月1日零点。确定调查时间，能够保证资料的统一和准确。

调查期限的确定是为了及时取得资料。任何一项调查都应在保证资料准确性的前提下，尽可能地缩短调查活动过程的时间。

（五）调查的空间标准

调查的空间标准指调查单位应在什么地点接受调查。若调查单位是不会流动的，这个问题就比较简单，但当调查单位处于流动状态或某些地区存在交叉状况时，就应该明确具体作出规定。例如，人口普查调查的是不断流动的人，就必须规定究竟是按户籍所在地登记、按常住人口登记，还是按现有人口登记。

（六）调查组织实施计划

调查的组织实施计划包括调查活动的组织机构确定、人员培训安排、文件准备、经费预算、调查方式方法、资料报送方法、是否要进行试查等问题。

总之，为了保证调查的顺利进行，在调查活动开始前，一定要认真研究，做好充分准备。

三、问卷调查法

这是以问卷形式提问、由被调查者自愿回答的一种搜集资料的方法,如运用得好,对了解民意有重要作用,故又称为民意测验。问卷调查法的关键问题是问卷的设计。问卷必须精心设计,问题要提得简明、准确,否则会影响问卷的回收率和答案的质量。表2.3是一份问卷调查表。

表 2.3 消费者调查

生 活 意 识

请在以下各项目中,从 1 到 5 里面选择一项和你的生活及思维方式最接近的,用○圈起来。

	非常相似	有一点相似	说不准	不太相似	一点不相似
(1) 比起个人的事,家庭的事优先。	1	2	3	4	5
(2) 自己的兴趣是很重要的。	1	2	3	4	5
(3) 非常喜欢体育活动。	1	2	3	4	5
(4) 喜欢外出游玩。	1	2	3	4	5
(5) 有自己的行为标准。	1	2	3	4	5
(6) 积极参加文化活动和社会公益活动。	1	2	3	4	5
(7) 与他人谈话感觉很快乐。	1	2	3	4	5
(8) 拥有很多信用卡。	1	2	3	4	5
(9) 为了将来,存钱是很重要的。	1	2	3	4	5
(10) 自己是最重要的。	1	2	3	4	5
(11) 追赶最新时髦。	1	2	3	4	5
(12) 非常喜欢西餐。	1	2	3	4	5
(13) 非常喜欢旅行。	1	2	3	4	5
(14) 很想买某件东西或想做某件事时能控制住自己。	1	2	3	4	5
(15) 即使不重要的东西也不随便扔掉,很珍惜东西。	1	2	3	4	5
(16) 对他人不关心。	1	2	3	4	5
(17) 对现在的生活很满足。	1	2	3	4	5
(18) 很关心环境问题。	1	2	3	4	5
(19) 认真地思考和设计自己的未来。	1	2	3	4	5
(20) 积极主动地搜集最新的信息。	1	2	3	4	5

购 买 行 为

请在以下各项目中,从 1 到 5 里面选择一项和你的生活及思维方式最接近的,用○圈起来。

	非常相似	有一点相似	说不准	不太相似	一点不相似
(1) 仔细比较商品价格。	1	2	3	4	5
(2) 认真确认商品质量。	1	2	3	4	5
(3) 喜欢到自己熟悉的商店购物。	1	2	3	4	5
(4) 经常冲动地购物。	1	2	3	4	5

(续表)

购 买 行 为

请在以下各项目中,从 1 到 5 里面选择一项和你的生活及思维方式最接近的,用○圈起来。

	非常相似	有一点相似	说不准	不太相似	一点不相似
(5) 很注意报纸的商品广告。	1	2	3	4	5
(6) 选购名牌商品的意识很强。	1	2	3	4	5
(7) 经常利用电视或其他通信手段购物。	1	2	3	4	5
(8) 自己喜欢的商店即使远点也会去。	1	2	3	4	5
(9) 购物是件很快乐的事。	1	2	3	4	5
(10) 在购买家用大件时利用购物指南认真比较。	1	2	3	4	5
(11) 经常在减价或特卖时购物。	1	2	3	4	5
(12) 经常买自然食品和健康食品。	1	2	3	4	5
(13) 需要的东西即使再贵也买。	1	2	3	4	5
(14) 并不在乎品牌。	1	2	3	4	5
(15) 制订购物计划。	1	2	3	4	5
(16) 对新商品和新奇商品很感兴趣。	1	2	3	4	5
(17) 经常买冷冻食品和方便食品。	1	2	3	4	5
(18) 购买高价商品时,要与家人商量。	1	2	3	4	5
(19) 经常购买"买一送一"的商品。	1	2	3	4	5
(20) 积极主动地搜集最新的信息。	1	2	3	4	5

最后想请您回答一些有关您个人及家庭状况的问题

F1	您的年龄	(	)岁
F2	性别　　　男　　　女		
F3	出生地　(	)	
F4	月收入		
	家里寄来的钱	(	)元
	奖学金	(	)元
	打工的收入	(	)元
	其他	(	)元
	计	(	)元
F5	全家一年的收入　　　约	(	)元

一般来说,在设计问卷时需要考虑以下几个方面的问题:

(1) 根据具体情况,确定问题的形式和调查的方法。有两种问话形式,一为选择法,即在各个问题项下列出问题的各种可能答案,以供被调查者选择。二为问答法,即只提问题,答案由被调查者根据自己的观点自由发挥。采用选择法便于填写以及问卷回收后资料的整理汇编,但必须注意所列答案应尽可能包括对问题的所有回答,并考虑各答案间应具有相互排斥性。若预计的答案考虑不全,或互相包含,被调查者将无法确定究竟该选哪一个,不是放弃就是随便勾画一项应付了事,必然影响所搜集资料的质量。例如,你经常参加的体育运动是:① 长跑;② 游泳;③ 冬泳;④ 球类;⑤ 体操和武术。显然上述答案并不完全,且②和③是互相包含的。采用问答法便于被调查者自由发表意见,可以搜集到广泛的资料,从中得到许多有益的启示,但当被调查者感到问题不好回答或嫌麻烦不愿花费时间时,就可能造成问卷回收率或有效率低的后果。另外,由于每个被调查者的答案往往五花八门,整理工作将相当繁杂。

从经验上来说,一份由选择性问题组成的问卷更容易获得被调查者的支持,尤其是非有偿性的调查中,大量的问答性问题非常容易引起被调查人的反感。因此在一般情况下,应该尽量采用选择性问题,这就需要问卷设计者有能力把问答性问题转化为选择性问题。比如,关于收入、花费之类涉及隐私的敏感数字问题,调查人可以设计一系列区间狭窄的选择问题代替直接的填空或者问答,可以得到更高的反馈率。再比如,调查人员可以设计部分含有问答性问题的问卷小范围散发,掌握了几类常见答案后就可以把原来的问答改为选择了。

调查方法有采访法和自填法。采访法是由调查人员提问,被调查者回答,调查人员再根据回答填入问卷。由于调查员现场询问,就可避免因理解失误而引起的资料不实,因嫌麻烦等原因而造成的回收率低等问题,使得调查结果比较理想,但这必须在调查力量允许的情况下采用。自填法是通过邮寄或其他方式把问卷送到被调查者手中,由被调查者自己填写,填好后寄回或通过其他方法收回。这种方法所费的时间较长且回收率较低。

(2)问题必须准确简洁。准确的问题才能保证每一个被调查者有同样的理解,因此一定要避免用词含糊和模棱两可的问话。比如,在住房情况调查中,"你的住房有多大"这个问题就不够清楚、明确,它既可以按房子的面积回答,也可以按间数回答。简洁扼要的问卷能够引起被调查者的兴趣,既不要耗费很多时间,又可以发表个人见解。为此,就要在设计问卷时,详细考虑哪些数据才是真正需要的,避免将可有可无的问题列入,却漏了必要问题。

(3)考虑问题的可行性。在确定了所需的理想数据之后,还要考虑根据需要所提出的问题是否都能得到真实的回答。有时被调查者会认为某个问题侵犯了个人隐私,因而不愿意提供真实答案,如个人收支、异性朋友等问题;有时被调查者认为某些问题会伤害个人尊严,故而不愿说真话,如文化程度、个人卫生习惯等,处理这类问题,可通过不记名问卷形式,或提供保密保证及改变问题的用词、语气的办法;有时,被调查者可能真的不知道准确答案,如关于个人消费支出中某些项目的消费额。至于一些根本得不到答案的问题,或根本不会得到真实回答的问题就不必提了,总之要兼顾需要和可能。

(4)避免诱导性的问题。有强烈暗示性答案的问题,容易诱导被调查者选择非自己真实想法的答案。比如,"难道你不认为购买国债是最保险的一种投资方式吗?"

此外,还要注意问题排列的逻辑顺序等。问卷的长度也应该严格控制,有时宁可增大页面宽度或者调小字号以减少总页数,因为一份很多页的问卷较容易让被调查者感到厌倦。

问卷设计好之后,为了检查问卷设计得是否合理,可以在正式调查之前先进行小范围的试查,根据试查结果及时修改调整。

四、调查数据的录入

在调查结束之后,必须将数据录入计算机才能利用软件对进一步分析。这一步骤看起来很简单,难度似乎也不大,但事实上却非常关键而且容易弄错。录入操作时,面对海量的数据,除了耐心细致、严肃认真的工作态度以外,必须严格按照规范格式进行,才能事半功倍。例如,某问卷以填空的形式问到被调查者使用的手机的价格是多少,被调查者的填写方式可能是:"2 000""2 200 元""1 000 元左右""800—900""不记得了",等等。此时,所有的录入人员必须就这个问题的输入形式做好约定,统一只输入一个数字,否则日后的数据分析工作将难以进行下去。类似地,对于选择题的答案,也应事先约定好统一使用大写或小写字母录入。此外,对于明显错误的调查结果或者由于被调查者不配合造成的废品问卷,在录入时要坚决舍弃。任何捏造、改动数据的做法都是有悖于统计学精神和思想的严重错误行为。

总之,录入人员都应该充分考虑一切可能影响以后分析的录入问题,事先建立录入规范,并尽力避免一切录入错误。事实上,纯粹在 Excel 中用填表格的方式输入大量调查数据容易出现错误,这时可以借助 FoxPro、Office Access 等数据库工具为每一个样本建立一个标签(Label)档案,在更友好的工作界面下按提示依次输入数据。关于这部分内容,有兴趣的读者可以自己研究相关资料,本书不再赘述。

第二节 次级资料搜集

数据的第二个来源是利用已发表的汇编资料,或者通俗地说,使用"二手"数据。和其他学科的研究工作者相比,经济学家尤其是宏观经济学家较多地利用已经整理汇编好的资料。目前,质量较高的汇编统计资料的提供者主要包括政府部门和非营利性的国际研究机构。此外,一些商业机构或研究所也会为了某种目的而研究和发布各种数据资料。

在我国,最权威的提供统计资料的部门是国家统计局,出版的统计资料汇编刊物主要有:《中国统计年鉴》《国民收入统计资料汇编》《中国物价统计年鉴》《全国城镇居民家庭收支调查》《中国农村统计年鉴》《中国劳动工资统计年鉴》《中国城市统计年鉴》等。而在国家统计局和各省市级统计局的网站上,还有较为详细的年度、季度、月度各类统计数据供免费下载。

除此之外,我国的一些非政府机构也提供了一些统计资料。为了方便查阅,这些统计资料一般都被制成数据库上网。其中国家统计局的"国家数据"网站、中国宏观经济数据库、香港中国资讯行(China Info Bank)经济商业数据库、中国经济数据库(CEIC)、知网统计数据库、国泰安 CAMAR 数据库、万德数据库……都是国内知名的统计数据库,从中可以查询到从宏观数据、地方数据、企业数据等各个层面的数据。这些数据库大部分采取 IP 限制或者登录口令限制,并不对公众开放。很多大学的图书馆都采购了其中部分数据库供本校师生在校园网内使用。

在汇编统计数据上,外国学者提供了许多更高质量的工作。世界银行(World Bank)、国际货币基金组织(International Monetary Fund)、经济合作发展组织(OECD)等都会定期公布大量的经济统计数据,除了在它们的网站上会有数据报表外,它们还定期出版数据光盘,这些数据都被经济学家们广泛应用在经济分析中。此外,很多国外统计学家、计量经济学家也乐于将自己的研究数据公开,供后续研究之用。在网络上检索有用的数据实际上已经成为一个出色的统计学工作者必不可少的素质之一了。

客观地说,通过查阅汇编的统计资料得到的二手数据和通过调查获得的一手数据在使用上各有利弊。一手数据是通过研究者自行设计的调查取得的,因此更能契合研究的计划,更有助于准确地反映研究结果。然而往往受限于研究的经费和研究者的精力,海量的一手数据的获得难度较大,因此也有可能影响统计分析的准确性。二手数据往往来自专业的统计机构,因此其准确性和权威性一般更高,而且获取二手数据的成本一般都会大大低于为获取一手数据的成本。但是使用二手数据进行研究前,一般要对数据进行提炼和组合才能更好地满足研究兴趣。

第三节 调查误差

不论采用哪种途径或方法,搜集到的数据资料总会由于种种原因而存在一定程度的误差。调查阶段发生误差的情况很多,这些误差主要可以分为两类:登记性误差和代表性误差。

调查人员登记过程的重复、遗漏、记录失误,调查人员提问不当或被调查者记忆不清而回答错误,甚至调查人员故意瞒报、虚报等原因导致的误差,都可以统称为登记性误差。登记性误差又分为:

(1) 偶然性登记误差。调查人员责任心不强、技术不高所造成的观察、测量、计算错误,笔误、错填、遗漏,以及被调查者回答有误、理解有误造成的登记误差称为偶然性登记误差,其特点是一般不具有倾向性,即在数量不会偏向某一方。

(2) 系统误差。系统误差具有明显的倾向性,在数量上往往偏向某一方,又称为偏差。其形成原因主要也有两个,一是调查人员的有意误差。他们出于某种目的故意虚报、瞒报、假报、编造、有意歪曲事实,这是一种性质非常严重的统计误差。二是非主观原因所引起的误差,例如测量工具不准确、调查方式安排不当等造成的误差就属于这样的系统误差。例如,使用非概率抽样方法进行的调查可能由于访问时的偏倚而出现误差。在1948年的美国总统选举中,盖洛普民意调查的主要负责人采用了配额抽样法(非概率抽样),结果就未能正确预测选举结果。杜鲁门出人意料地战胜杜威让民意调查机构大为尴尬。此后,民意调查机构多在选民调查中改用了概率抽样法。

登记性误差这类误差不论是全面调查还是非全面调查都可能存在,不过非全面调查一方面由于参加的人员少,调查员有条件接受比较细致的培训,另一方面涉及的调查对象也少,所以非全面调查的登记性误差相对少一些。

但非全面调查却存在全面调查所没有的代表性误差。所谓代表性误差,是指由于用部分代表整体所必然产生的误差。具体而言,在遵循了随机原则的条件下,当我们用样本指标代表总体指标时,产生的不可避免的误差,称为代表性误差,它不同于登记性误差。例如,由于总体平均数和总体比例都是唯一确定的,而样本平均数和样本比例是随机变量,因而抽样误差也是一个随机变量。抽样误差越小,说明样本的代表性越高;反之,样本的代表性越低。同时抽样误差还说明样本指标与总体指标的相差范围,因此是推断总体指标的依据。抽样误差是统计推断所固有的,虽然无法避免,但可以运用数学公式计算。因此,抽样误差也称为可控制的误差。事实上,抽样调查的代表性误差通常可以事先计算出来,调查人也可以采取措施将它控制在一定的范围内,具体的操作在此暂不介绍。

如何看待调查误差,应该从两方面分析。一方面,由于调查对象是有意识的人,或有意识的人的有意识的行为,并且调查人员也是有意识的人,计量手段和方法也受历史条件的约束,难免产生种种误差。另外,衡量误差是以客观事物准确值为标准的,而客观事物绝对的准确值很难取得,这也难免造成了误差,故有人称此为统计测不准原理。另一方面,统计数据的准确性是统计数据质量的核心问题,是人们进行研究、分析和决策的基础,而数据的准确性正是通过误差大小来衡量的,误差越小越好。因此,要正确地看待和利用统计数据。总的来看,调查误差在所难免,产生的机会和原因很多,主要是主观因素,可以通过主观努力加以控制。如加强调查前的人员培训、增加调查单位等。但这受到时间、人力、财力等条件的限制。如果多耗费30%的费用只能降低1‰的误差,而这样的降低又并非必需,就不必过分强调误差的降低。因为实际工作中,人们对数据的准确性要求并不是绝对的,而是相对的,如对于粮食产量的测量并不要求精确到克,因此,对数据的准确标准可以规定一个能够容许的最高界限,主要考虑不要引起数据使用者在应用时发生失误,然后在条件允许的有效范围内尽可能降低误差。

关键术语

> 原始资料　次级资料　调查方案　调查对象　调查单位　报告单位　调查项目
> 数量标志　属性标志　定期统计报表制度　全面调查　非全面调查　抽样调查　重点调查
> 典型调查　普查　问卷调查法　调查误差　统计误差　登记误差　代表性误差

习题

1. 统计调查有哪些种类和方法?这些种类和方法的特点是什么?请举例说明各种方法的应用,并请谈谈你认为我国的统计调查工作应以哪一种或哪几种调查方式为宜。
2. 针对你感兴趣的问题设计一个调查问卷。
3. 以你感兴趣的问题为例说明统计调查方案设计的全过程。
4. 某一文具商欲了解刚推出的一种新产品的使用效果,准备做一个市场调查。请问:(1)本调查中的对象应是什么?(2)调查单位应是什么?(3)报告单位可以是什么?(4)应采用什么调查方式为好?
5. 谈谈你对统计数据准确性的看法。
6. 试举例谈谈在你所见过的问卷中让人印象特别深刻的机智、精彩和糟糕的提问。

第三章　数据整理

得到原始资料或次级资料之后,按照具体的分析研究的要求对其进行加工整理或进一步的加工整理,是进行统计分析、判断的另一个重要步骤。经过这一步骤,搜集到的资料更加条理化、系统化,从而能够反映现象的总体特征。对数据进行统计整理包括以下几点:审核和订正原始数据,用合适的软件录入数据,由计算机对数据进行编辑、纠错、计算、制表和绘图,接着通过传输、存储和更新,可以实现数据资料的一源多用、信息共享。

本章主要讨论以下问题:

1. 统计指标的概念;2. 数据分组的方法以及运用 Excel 进行数据分组;3. 运用 Excel 制作统计图表。

第一节　数据分组与次数分配

一、分组的意义

分组是将总体所有单位按一定的标准区分为若干部分。通过分组,将具有某种共性的个体归入同一组,而将总体内部个体间的差异通过组别区分开来。例如,要研究人口的状况和问题,将人口总数按性别、民族、职业、文化等特征分成一个个的小组。

分组是数据整理的一个重要内容,其基本作用是把大量原始资料条理化,显现出现象的数量分布特征,揭示其内在的规律性。

例如,人口按收入分组,将各组收入比重分布与各组人口比重的分布联系起来,就能够得到著名的洛伦兹曲线,可用来研究和说明人口收入分配的均衡状况。将居民家庭的消费支出进行分组,计算各种支出所占比重,不仅可以反映居民消费的详细特征,而且利用食品支出比重还可以研究一国或地区的经济发展水平,联合国粮农组织就是以恩格尔系数来确定贫困、富裕等不同生活水平档次的。

又如,对于一群学生,可以将其按性别分组,也可以按年龄、文理科分组,还可以按使用的手机品牌甚至是按最常去的食堂、最喜爱的明星来分组。可以想见,对于同一组数据可以有若干种不同的分组方式,如何决定采用何种方法来分组,便是分组标准的选择问题。

二、分组标准的选择

在分组之前,首先要考虑的是要设立一些什么样的组。这需要根据研究的目的和任务来确定。如果要研究企业的经济效益,就要设计有利于反映和深入分析企业经济效益状况的分组,可以选择的标准即分组的标志有企业的经济类型、企业规模等;如果要研究工业产业内部结构,就要设计反映工业产业内部结构的分组,可供选择的分组标志有产品的经济用途、生产过程阶段性等。由于同一研究目的和任务并不是只有一个分组标志可以反映,因此就有一个选择分组标志的问题。只有选择最恰当的分组标志才能使分组的结果正确反映现象的本质特征。这是因为当选择某一分组标志时就突出了现象在这方面的差异,而忽视了现象在其他方面的差异,从而可能得出不同的结论。不过,什么是现象的本质特征,在不同的历史条件和经济条件下有不同的答案。如改革开放前,我们研究国民经济部门结构,一般只进行工业、农业、建筑业、交通运输业、商业服务业这样的部门分组,现在又增加了三次产业的分组,对工业企业增加了技术密集型工业、资金密集型工业、劳动密集型工业的分组等。又如,研究农业经营规模,在粗放经营时,选择耕地面积为分组标志很能说明问题,而当农业生产已发展成为集约化经营时,人们可以采用在土地上增加投资的办法扩大生产规模,此时依然选用耕地面积反映生产规模显然已不能反映现象的本质特征,必然影响分组的效果和分析的结论。

选择品质标志进行分组,当组与组之间的界限清楚明确、容易区分时,归类时比较简单,确定标准也比较容易,如人口按性别分组;而当组与组之间的界限难以界定时,就需要对现象进行深入分析,根据现象特点定出具体的划分标准,如人口的职业分类、工业企业的行业分类等。特别是对于一些重要的复杂的品质标志分组,常常需要制定统一的标准分类目录,如工业产品分类目录、职业分类目录等。

按数量标志分组,则需要确定分组的组数、每一组的数量界限、组限的表示等问题。如人口按收入额分组,企业按产值分组。

不论是按品质标志分组还是按数量标志分组,一个重要的原则是要保证总体中的任何一个单位或任何一个原始数据都能归于某一个组且仅能归于某一个组,即保证不重不漏。

当需要反映的内容比较多时,可以考虑选择两个或两个以上的标志进行复合分组,只按一个标志分组称为简单分组,如人口按性别分组,企业按经济类型分组;按两个或两个以上的标志层叠分组称为复合分组,如人口在按性别分组的基础上,再进一步对男女两个组分别按文化程度分组。这样层层进行分组有利于分析的深入、具体,但复合分组的组数会随着分组标志的增加而成倍增加,例如按第一标志分两组,按第二标志分四组,两个标志复合起来就是八组。组数太多,不仅增大工作量,而且容易冲淡主要特征,因此,在进行复合分组时应注意分清主次,先按主要标志分组,再辅以次要标志,避免过于繁杂。

如果需要全面系统地反映某一现象的全面情况,就要考虑设计统计分组体系。例如,人口可以同时按性别、年龄、民族、文化程度等多个标志进行分组,形成一个人口统计分组体系,反映人口的多方面特征。

在经济社会化和信息处理自动化迅速发展的条件下,为了便于对统计数据进行分类研究,实现资源共享,国家制定了一些重要的统计分组体系,如国民经济行业分类、职业分类、工农产品(商品、物资)分类等。这种分类标准与一般的分组体系相比,其特点在于它的统一性、强制性和稳定性。统一性指对现象的分类、定义、名称、计量单位和编码都由主管部门统一规定;强制性指分类标准一经发布实施,在规定的范围内强制执行;稳定性指分类标准一旦制定并发布,一般不轻易改动。

统计分类标准化是实现统计信息共享、深入开发利用统计资料、建立统计信息自动化系统的前提条件。只有在规定范围内共同遵照统一的分类标准和编码,才能使各种统计信息在计算机内得到科学处理和管理,建立起数据库及其网络,才能使各有关部门从不同方面、不同渠道搜集来的统计信息得到交流、互补和充分利用。正因如此,各国政府都十分重视这项工作,国际上也常常把统计分类标准化的程度作为衡量一个国家统计工作水平的重要标志之一。

三、次数分配

将总体资料按某个标志分成若干组,并统计出各组数据个数,称这种分组的结果为次数分配或次数分布。次数分配描述了总体的结构和分布特征,据此,可进行许多统计分析和研究。因此,次数分配是统计整理的一种主要形式和结果,也是统计描述和分析的一种重要方法。

根据分组标志不同,次数分布可以由品质标志分组形成,如表 3.1 所示,也可以由数量标志分组形成,如表 3.2 所示。

表 3.1　某班级学生按性别分组

按性别分组	人数(频数)	人数比重(频率)(%)
男生	30	60
女生	20	40
合计	50	100

表 3.2　某班级学生按年龄分组

按年龄分组	人数(频数)	人数比重(频率)(%)
17	6	12
18	14	28
19	18	36
20	9	18
21	3	6
合计	50	100

在次数分布中,次数又称为频数,指各组数据的个数。各组次数与总次数之比称为频率或比重。频率或比重与次数一样,都是说明各组的品质标志或数量标志值出现的频繁程度。按品质标志分组所形成的次数分配,只要确定了分组标志,组数也就确定了,编制起来相对比较容易。而按数量标志分组来编制次数分配时,还要考虑组数、组距、组限等问题,下面我们将讨论如何使用 Excel 进行这两种次数分配的编制,并以如何按数量标志编制次数分配为重点。为了讨论起来方便,我们把按数量标志分组所形成的次数分配叫作变量次数分配。

四、认识 Excel 的数据清单结构

在了解 Excel 中的数据整理工具之前,我们先来认识一下 Excel 的数据清单结构。我们统计调查或者是二手资料所搜集到的数据,首先要输入到 Excel 的数据清单中,并生成一个 Excel 数据文件。数据清单是指包含相关数据的一系列工作表的数据行,它可以作为数据库使用。在统计分析中,通常称列的名称为变量或标志、分组标志、标题或字段;行的名称为观测值,每一个单元格中包含一个变量所发生或观察到的数值。

图 3.1 便是一个数据清单,记录了 2014 年 500 家上市公司的基本情况。(有关该数据的具体说明请参阅本书课件中的"2014 年部分上市公司数据说明.doc"文件,全部数据

请见本章课件"2014年部分上市公司基本情况"。)

	A	B	C	D	E	F	G
1	编号	企业性质	注册地省份	地区	上市年数	董事会人数	捐赠数额（万元）
2	1	非民营企业	四川省	西南	19	11	0.0
3	2	非民营企业	福建省	华东	14	11	2.2
4	3	非民营企业	山东省	华东	17	11	239.6
5	4	民营企业	广东省	华南	11	9	0.0
6	5	民营企业	山东省	华东	13	9	0.0
7	6	民营企业	山东省	华东	9	7	0.0
8	7	民营企业	内蒙古自治区	华北	18	9	0.0
9	8	民营企业	山东省	华东	5	9	0.0
10	9	非民营企业	贵州省	西南	14	9	0.0
11	10	非民营企业	江苏省	华东	19	8	0.0
12	11	民营企业	北京市	华北	4	9	34.6
13	12	民营企业	江苏省	华东	16	9	450.4
14	13	民营企业	新疆维吾尔自治区	西北	18	11	1517.2
15	14	非民营企业	江苏省	华东	19	5	33.5
16	15	非民营企业	贵州省	西南	19	10	39.0
17	16	非民营企业	北京市	华北	4	11	110.8
18	17	非民营企业	四川省	西南	16	5	0.0
19	18	非民营企业	北京市	华北	9	7	22.0
20	19	非民营企业	广西壮族自治区	华南	15	11	0.0
21	20	民营企业	北京市	华北	5	9	3.0
22	21	非民营企业	江苏省	华东	14	9	84.2
23	22	非民营企业	宁夏回族自治区	西北	12	8	12.4
24	23	非民营企业	贵州省	西南	14	9	51.4
25	24	民营企业	江苏省	华东	9	7	39.5
26	25	非民营企业	广东省	华南	21	9	1201.0

图 3.1 Excel 的数据清单

在图 3.1 中，我们展示出来的变量有"编号""企业性质""注册地省份""地区""上市年数""董事会人数""捐赠数额"，这些变量的名称或者叫作标志，分别位于第 A 列至第 G 列的第一行，每个变量的观测值都记录在相应的每一列中。例如，单元格 F14 的数值为"11"，表示我们所记录的第 13 个上市公司的董事会人数为 11。

第二节 品质次数分配的编制

下面，我们以"2014 年部分上市公司基本情况"为例，讲解一下如何利用 Excel 进行品质次数分配的编制，主要用到了数据透视表工具以及一些常用函数。总的来说，数据透视表适合统计分类项目很多的大量数据，而简单函数适合统计项目比较少而单元格区域比较大的次数分配。

一、运用 Excel 的数据透视表

编制品质次数分配主要通过建立数据透视表来实现。首先，要输入建立数据透视表所需的基本参数。具体步骤如下：

（1）在菜单中选择"数据—数据透视表和数据透视图"。

（2）在数据源类型中，选择"Microsoft Office Excel 数据列表或数据库"；在报表类型中选择"数据透视表"。

（3）键入或选择需要分类的数据区域，包含标志名(即包含"企业性质""注册地省

份""地区"等)。

(4) 键入或选择数据透视表的输出区域。设定好以上几项参数,接下来便可以通过拖曳等方式建立数据透视表了。如果只需要统计某一个品质标志出现的频繁程度,可以用单变量表格实现。下面以统计上市公司的地区分布次数与频率为例,讲解一下操作过程。

我们需要分类的数据区域为 D2:D501,这个区域包含每个上市公司注册地地区的信息。建立起数据透视表后,将"数据透视表字段列表"中的"地区"拖到空白的数据透视表的左部(使之成为行标签),再将"地区"拖到"数值"区域,并单击"数值"区域中的"计数项:地区"字段,打开"值字段设置"对话框,在"计算类型"列表中选择"计数"。这样,我们便得到了一张统计上市公司地区分布频数的数据透视表,如图 3.2 所示。

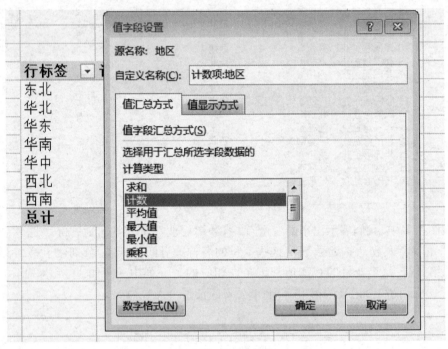

图 3.2　值字段设置

如果要希望得到的是频率而不是频数,则可以进行以下操作:单击"数值"区域中的"计数项:地区"字段,打开"值字段设置"对话框,选择"值显示方式",在"值显示方式"的下拉选项中确定"列汇总的百分比"选项,如图 3.3 所示。显然,如果之前在拖曳时将"地区"拖到了数据透视表的上部,即地区成了数据透视表的列标签,那么这一步中就应该选择"行汇总的百分比"。

如果不仅要进行某一个品质标志次数的统计,而且要分析两个用文字表示的品质变量之间的关系,可以采用交叉表即双变量表格。这种表格通常用于市场研究、进行市场细分分析等。操作过程与单变量表格相似,只是在使用"数据透视表和图表报告"功能时,需要同时选择两个计数项(注意,此两个计数项必须是相邻的两列或两行),然后分别拖动到行标签与列标签处。另外,如果要以百分比形式而不是次数形式显示统计结果的话,应注意区分"列汇总的百分比"和"行汇总的百分比"。

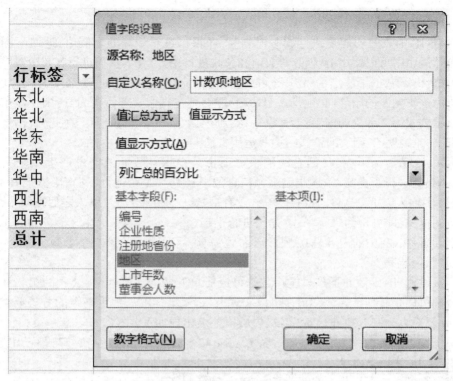

图 3.3 值字段设置——值显示方式

二、运用 COUNTIF 函数

Excel 在统计分析方面的功能并不仅限于此。除了数据透视表,我们还可以利用 COUNTIF 函数来计算区域中满足给定条件的单元格的个数,从而进行品质次数分配的编制。

COUNTIF 函数的语法结构为:COUNTIF(range,criteria)。其中,range 为需要计算其中满足条件的数目的单元格区域,即统计范围;criteria 为确定哪些单元格将被计算在内的条件,其形式可以为数字、表达式或文本。例如,条件可以表示为 32、"32"" >32"或"东北"。对于数值可以直接输入,也可以加引号,而对于表达式和文本则必须加上英文的引号。

下面仍以"2014 年部分上市公司基本情况"为例,来具体说明一下 COUNTIF 函数的具体操作。

如果我们要将上市公司按照是否捐赠进行分组,则:

没有捐赠的公司数目 = COUNTIF(G2:G501,"0")——意为捐赠金额为 0 的个数

有捐赠的公司数目 = COUNTIF(G2:G501," >0")——意为捐赠金额大于 0 的个数

三、运用逻辑函数(IF,AND,OR)

除了数据透视表,对于多个条件下的品质次数分配,我们可以先运用逻辑函数对分类数据进行初步的分类和整理,再统计其次数。下面为大家介绍的是最常用的三种——IF 函数、AND 函数和 OR 函数。

（一）IF 函数

功能：IF 函数的功能是执行真假值判断，并根据逻辑计算的真假值，返回不同的结果。实际运用中可以使用 IF 函数对数值和公式进行条件检测，从而进行初步分类。

语法：IF 函数的语法结构为 IF(logical_test,value_if_true,value_if_false)。公式的第一部分为逻辑判断的条件，必须是一个命题，能够判定真假。若命题为真，则在该单元格中将显示公式第二部分的内容；若命题为假，则返回第三部分的内容。在此，我们通过一个小例子，来说明 IF 函数的语法结构及运用方法。

运用：在这个例子中，我们希望能根据上市公司捐赠数额的信息产生一个新的变量——"是否进行了捐赠"。若捐赠数额信息位于 G 列，"是否进行了捐赠"位于 H 列，则可在 H2 中输入以下公式：= IF(G2 = 0,"没有捐赠","有捐赠")。输入之后按回车，并进行相应的拖曳，即可得到所有企业"是否进行了捐赠"一栏的信息。在这个实例里，G2 = 0 就是判断条件，G2 中的内容是 0，因此该命题为真，返回公式的第二个参数，即单元格中会显示"没有捐赠"。

高级运用：IF 函数并不是只能将数据分成简单的两类。实际上，公式的第二和第三个参数都可以是其他公式。它最多可以实现七层嵌套，能够处理更高级的分类要求。比如，如果要对百分制成绩进行 GPA 的转换，可能会出现如下公式：

= IF(A2 > 89,"4",IF(A2 > 84,"3.7",IF(A2 > 81,"3.3",IF(A2 > 77,"3",IF(A2 > 74,"2.7",IF(A2 > 71,"2.3",IF(A2 > 67,"2","学术警告")))))))

有兴趣的读者可以根据自己学校的 GPA 转换制度来编写一个转换公式，加深自己对 IF 函数的理解和掌握。

（二）AND 函数和 OR 函数

AND 函数和 OR 函数有些类似，都是通过对条件值进行逻辑判断来返回 TRUE 或者 FALSE 的函数，不过各自的判断逻辑有所不同。

AND 函数的语法结构为：AND(logical1,logical2,…),logical1,logical2,…表示待检测的各条件值，各条件值可为 TRUE 或 FALSE。Excel 最多可以处理含有 30 个条件值的 IF 函数。当且仅当这些条件值全部成立时，返回 TRUE；否则，返回值都为 FALSE。

OR 函数的语法结构与 AND 函数完全相同：OR(logical1,logical2,…)。当这些条件值有至少一个成立时，公式返回 TRUE；只有条件值全部不成立时，返回值才为 FALSE。

例如，把华南地区的民营企业和其他企业进行区分，用 AND 函数和 OR 函数都可以实现，但具体公式形式不同。若"企业性质"位于 B 列，"地区"位于 D 列，则至少可以有以下两种公式：

（1）AND(B2 = "民营企业",D2 = "华南")，此公式下华南地区的民营企业的返回值是 TRUE。

（2）OR(B2 < > "民营企业",D2 < > "华南")，此公式下华南地区的民营企业的返回值是 FALSE。

第三节　变量次数分配的编制

按数量标志编制次数分配，所形成的结果称为变量次数分配。排序、确定组距和每组的上下限是编制变量次数分配的重要前提。

一、排序

Excel 可以根据我们的要求对数据清单的行或列数据进行排序。排序时,Excel 将利用指定的顺序重新排列行、列或各单元格,从而使现象的规律性更加简洁地表现出来。

在进行排序操作时,我们首先要选中要进行排序的全部数据,但不包括标志。之所以要选中全部数据,是因为经过排序之后,所有的观测值的顺序都会按照某一列变量的大小顺序相应进行变化,但所有变量之间的一一对应关系不会发生改变,然后在菜单中选择"数据/排序/以当前选定区域排序",如图 3.4 所示。

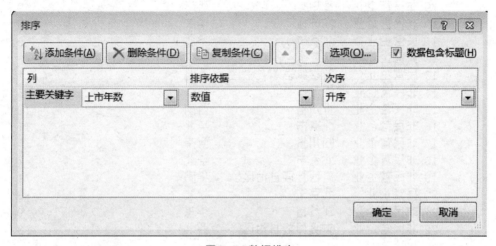

图 3.4　数据排序

如果我们现在想把 2014 年部分上市公司基本情况的全部数据按照上市年数进行排序。如果上市年数按照价格从低向高排,就选择"升序",否则为"降序"。经过排序之后,上市年数会呈现出一个一致的顺序,同时,其他变量也将按照与上市年数一一对应的关系,顺序发生相应的变化。图 3.5 就是我们根据上市年数由低向高得到的排序结果。

观察此排序结果可知,在 2014 年部分上市公司中,上市年数的波动幅度在 1—25。

二、确定组距及上下限

如果我们直接用单个变量值作为分组的数量标准,不但组数较大,而且每组中的数据数很少,次数分配的特征就难以显现,分组的效果不好。因此,一般对于离散型变量(即变量值是一一可列的)且变量值又比较少的情况,适宜编制单项变量次数分配;而对于连续型变量或变量值较多的离散型变量(如本例),就要考虑以一定的区间来作为分组的数量标准,编制组距次数分配。在这种编制方法中,每组区间的宽度叫作组距,区间的界限叫作组限,小的界限值为下组限(下限),大的界限值为上组限(上限),组距也就是上下组限之间的距离。

确定组数和组距有一个一般原则,即以是否能归纳出原始数据的分布特征为依据。在简单描述统计中,我们可以根据生活经验、研究需要和分析便利来大致确定组数和组距。如本例中,我们从 0 开始,以 5 为组距对数据进行分组,则需要在空白单元格中按升序输入每组的上限:5,10,15,20,25。也可以根据实际需要采取不等距分组。

另外,如果数据分布比较均匀、对称,即中间数值次数多、大小极端值次数少,可考虑

编号	企业性质	注册地省份	地区	上市年数	董事会人数
1	非民营企业	四川省	西南	1	11
2	非民营企业	福建省	华东	1	11
3	非民营企业	山东省	华东	1	11
4	民营企业	广东省	华南	1	9
5	民营企业	山东省	华东	1	9
6	民营企业	山东省	华东	1	7
7	民营企业	内蒙古自治区	华北	1	9
8	民营企业	山东省	华东	1	9
9	非民营企业	贵州省	西南	2	9
10	非民营企业	江苏省	华东	2	8
11	民营企业	北京市	华北	2	9
12	民营企业	江苏省	华东	2	9
13	民营企业	新疆维吾尔自治区	西北	2	11
14	非民营企业	江苏省	华东	2	5
15	非民营企业	贵州省	西南	2	10
16	非民营企业	北京市	华北	2	11
17	非民营企业	四川省	西南	3	5
18	非民营企业	北京市	华北	3	7
19	非民营企业	广西壮族自治区	华南	3	11
20	民营企业	北京市	华北	3	9
21	非民营企业	江苏省	华东	3	9
22	非民营企业	宁夏回族自治区	西北	3	8

图 3.5　排序结果

用以下公式帮助确定组数：

$$组数 = 1 + 3.322\log(n)$$

其中，n 表示总次数，log 表示以 10 为底的对数。例如，$n = 120$，则：

$$组数 = 1 + 3.322\log 30 = 7.9$$

可考虑分 8 组。组数确定后，就可进一步用以下公式确定组距：

$$组距 = (观测值中的最大数值 - 观测值中的最小数值) \div 组数$$

三、编制次数分配表

（一）利用直方图工具

选择"数据"—"数据分析"—"直方图"，完成对话框中的选择。（如果 Excel 工具中没有"分析"选项卡，可进行加载，方法是：选择"文件"—"选项"—"加载项"，然后转到"管理"Excel 加载项，勾选"分析工具库"进行添加。如果之前的 Excel 不是完全安装的，你可能会被要求放入 Office 光盘进行加载宏的安装。）

（1）在"输入区域"键入所有待分组数据的代码区域（本例中为 E2:E501）。

（2）在"接受区域"键入作为分组依据的代码区域，即每组上限（本例中为 I2::I6）。这里要注意的是，数值等于组上限的数据点被将包含在该组中并予以计数，而数值等于组下限的数据点则将不被包含在该组中。

（3）如果在上述两个区域的选择中包含标志名，则需要在标志复选框内打钩；反之，则不用选择标志。本例中,需要选择标志复选框。

(4) 如果选择了"柏拉图",则最终生成的输出表中会多生成两列,按降序显示数据。如果选择了"累积百分率",输出表中会多生成一列累积百分比值。选择"图表输出",则程序生成一个直方图。

(5) 在输出选项中,选择"输出区域",并键入你所选择的次数分布表的输出区域。

(6) 选择"确定",得到了一张以 5 为组距的直方图,如图 3.6 所示。

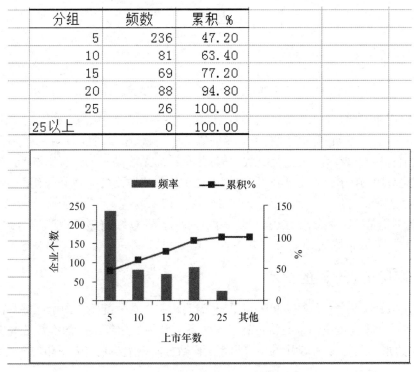

图 3.6 利用直方图进行变量次数分配

(二) 运用频数函数 FREQUENCY

我们也可以通过 FREQUENCY 函数进行分组。首先确定各组上限,由于 FREQUENCY 函数不能处理上限以外的数据,在本例中添加一个上限为最大值 25。然后选中输出的单元格区域,因为有五个组上限,所以选中五个相邻的单元格。

在输出区域中输入公式: = FREQUENCY(待分组的数据区域,组上限区域),本例中是 = FREQUENCY(E2:E501,I30:I36),然后同时按 Ctrl + Shift + Enter,这是对一数组输出区域的操作,区别于单独输出单元格的 Enter。

这样,我们也可以得到一张次数分配的编制表,如图 3.7 所示。

第一种方法和第二种方法中,我们对变量次数分配进行了编制。因为每一组的组距相等,这种分配称为等组距次数分配。有时,可以根据分析的需要按不相等的组距进行分组,得到不等距的次数分配。

选择等距分组还是不等距分组,主要根据研究的目的和观测值的特点而决定。如果研究目的是从数量上区分不同性质的类别,就必须根据被研究现象各类别在数量上的特

运用FREQUENCY函数	
分组	
5	236
10	81
15	69
20	88
25	26

图 3.7　利用 **FREQUENCY** 函数进行变量次数分配

点确定各组组距，这时就可能要采用不等组距分组。例如，按年龄划分人的一生的不同阶段：婴幼儿期、童年期、青少年期、中老年期等，就不应该采取等距分组。如果所搜集的原始数据中有极端值存在，为避免组数太多，分布特征无法显示的情况，这时也有可能要采用不等距分组，在分布密集之处用较短组距，在分布疏散之处采用较长组距，如对个人年收入数据进行的分组。

然而，不论是用哪种分组方法，其基本的原则仍是：较好地显示观测值分配的真相，归纳原始数据的分布特征。

四、变量次数分配的图示

为了使数据次数分配的特点更一目了然，需要绘制次数分配图。图示能够突出地显示出只靠阅读数据不易看出的重要特征和数量关系。常用的相等组距的次数分配图有条形图、次数多边形图和曲线图，常用的不等组距的次数分配图主要是直方图和密度曲线。

（一）相等组距的次数分配图

1. 条形图

也就是直方图，包括频数分配的条形图和频率分配的条形图，其主要特点是以矩形表示各组分配次数的多少，以纵轴表示次数，横轴表示变量。继续以上例说明，根据分组结果，以横轴表示变量（上市年数），纵轴表示企业个数，可以得到次数分配的直方图，如图 3.8 所示。而在很多情况下，次数分配表中的次数分配状况是以百分比即频率来表示的，那么此时直方图中的纵轴就表示频率，如图 3.9 所示。

如图 3.8 和图 3.9 所示，一般在直方图中各组之间都是不留间隙的，具体的做法是在直方图矩形中点击右键，将"设置数据系列格式"中的"分类间距"调整为 0。另外，直方图工具并不能直接得出每组次数所占总次数的百分比，需要另外一列自行通过公式计算，这里不再赘述。若遇组限是不连续的资料，则按实际组限来制图。

2. 次数多边形图

次数多边形图以直线连接各组组中值与次数相交的点。根据图 3.8 和例子中的次数分配结果可以绘出次数多边形图，如图 3.10 所示。

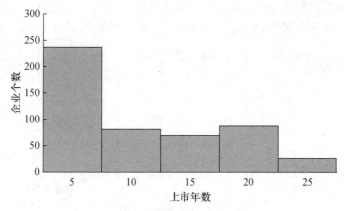

图 3.8 频数分配直方图

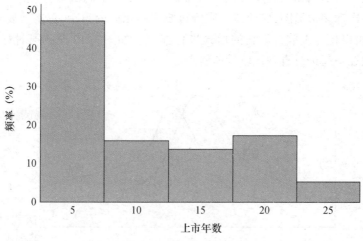

图 3.9 频率分配直方图

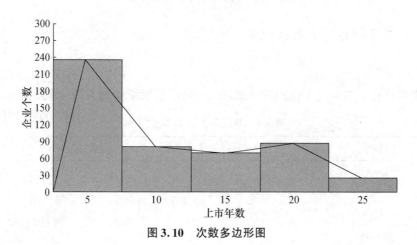

图 3.10 次数多边形图

3. 曲线图

对连续型变量,如果不断增大组数,减小组距,最终可以得到一条光滑的次数分配曲线图(又称为密度曲线)。曲线图在次数多边形图的基础上对其进行了修匀,更加光滑,能更加精确地反映数据的分配变化。在 Excel 具体操作中,可以通过各组上限和对应频率密度构造 X 与 Y 平滑散点图,根据本例画出的曲线图如图 3.11 所示。

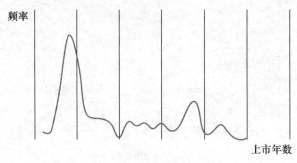

图 3.11 密度曲线图

运用次数多边形图和曲线图可以将两个甚至更多个不同次数分配资料进行直观比较。如果是用次数多边形图,应注意不同资料要采用相同的组距,总次数要相等;如果总次数不相等,可以化为次数百分比的形式进行编制。如图 3.12 是将某地区城乡居民收入分布曲线放在一起进行直观比较的曲线图。

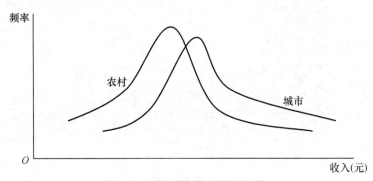

图 3.12 城乡居民收入分配比较

(二) 不等组距的次数分配图

1. 直方图

先来看这样一组经过了整理的数据(表 3.3)以及对应的直方图(图 3.13)。

表 3.3 某地区人口的年龄分布

年龄(岁)	人口数(万人)	人数密度(万人/年岁)
0—1	2	2.00
1—7	12.2	2.03
7—18	24	2.18
18—25	14.8	2.11
25—55	34.2	1.14
55 以上	16.3	0.54

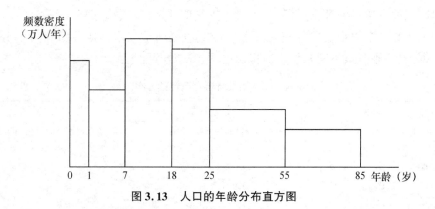

图 3.13 人口的年龄分布直方图

直方图以横轴表示变量值,此处的为年龄。当组距不全相等时,直方图的纵轴表示单位组距次数,即频数密度=频数÷组距,或者频率密度=频率÷组距。各组的次数不是由纵轴高度来表示的,而是由某组对应的区间上的面积来表示的:每个矩形的面积=该组组距×频数密度=该组组距×(该组次数/组距)=该组次数。对于不等组距的频数密度分配图,所有矩形面积之和为总次数;对于不等组距的频率密度分配图,所有矩形面积之和为 1。需要强调的是,在研究次数分配图时,不论是等组距还是不等组距的情形,都要把纵坐标与密度的概念联系在一起,而不要首先理解为次数。

2. 密度曲线

得到频数密度分配图(即不等组距的次数分配直方图)后,可以由之得到密度曲线。以图 3.14 这个密度曲线为例,我们来说明密度曲线的一些特征。

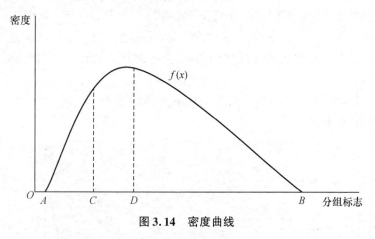

图 3.14 密度曲线

当 $f(x)$ 为频数密度函数时,次数可以写成其积分形式。例如在图 3.14 中,总次数的表达式可以写成 $\int_A^B f(x)\,dx$,$[C, D]$ 之间次数分配则可以相应地写成 $\int_C^D f(x)\,dx$。当 $f(x)$ 为频率密度函数时,积分形式表示的是对应区间或对应组的比重。

五、累积次数分配

如果想了解小于或大于某值的次数或频率共有多少,如"有多少企业上市年数大于 10 年"或"有多少企业上市年数小于 5 年",累积次数分配则为极有效的工具。累积制有向上累积和向下累积两种,分别指小于或大于某值的累积次数分配。

表 3.4 是一个累积次数分配的例子。最左边三列是某市商店月销售额的分组次数分配数据,右边则是按不同累积方法得出的累积次数分配情况。

表 3.4 某市商店月销售额分布

销售额 (百万元)	商店数 (个)	频率 (%)	累积次数		累积频率	
			向上累积	向下累积	向上累积	向下累积
5 以下	4	8	4	50	8	100
5—10	10	20	14	46	28	92
10—15	16	32	30	36	60	72
15—20	13	26	43	20	86	40
20—25	4	8	47	7	94	14
25 以上	3	6	50	3	100	6
合计	50	100	—	—	—	—

对于连续型的变量,在坐标图上将各组上组限(或下组限)及其累积次数绘点,然后将各点以直线相连,就可以得到累积次数分配图。一般用纵轴表示累积次数或累积次数百分比,也可以用左右两个纵轴将累积次数和累积次数百分比画在同一坐标图上,如图 3.6 所示。与次数分配类似,如果将组距不断缩小,增加组数,可以得到一条光滑的累积次数分布曲线(简称分布曲线)。

而对于离散型的变量,则不宜以直线连接各点,此时累积次数分配图应该是一阶梯函数图,即在各上限值处有一个跳跃值(如只有整数的离散变量)。

组距是否相等对编制累积次数分配表及图并没有太大的影响。而且,与次数多边形及曲线图类似,来自不同数据的累积次数分配也可以绘在同一坐标图上进行对比分析。由密度曲线 $f(x)$ 和分布曲线 $F(x)$ 的绘制方法及原理可以知道,密度曲线是分布曲线的导函数,即 $f(x) = F(x)$。

累积次数分配图的一个经典应用例子是洛伦兹曲线,用以衡量一国收入分配的不平衡程度,如图 3.15 所示。

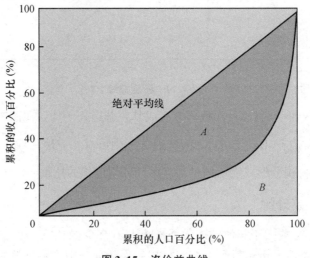

图 3.15 洛伦兹曲线

如果一个国家的收入完全按人头平均分配,那么同样的人口百分比,就应该占有同样的收入百分比,则同样的累积人口比重对应同样的累积收入比重,这时的分配曲线就如图3.15中的对角线,反映绝对平均的收入分配。如果一国收入是绝对不平均的,那么曲线就与横轴和右纵轴重合。一般来说,任何一个国家收入的分配既不可能是绝对平均的,也不可能是绝对不平均的,而是处于两者之间,如图中曲线,曲线越靠近绝对平均线,收入分配就越平均;曲线越远离绝对平均线,收入分配就越不平均。这种不平均的程度可以通过基尼系数来测算,用 A 表示曲线和绝对平均线所夹的面积,用 B 表示曲线和绝对不平均线之间所夹的面积,基尼系数的计算公式为:

$$基尼系数 = A \div (A + B)$$

尽管可根据收入分配的统计数据加以描绘,但人们至今却未能找到一种有效的方法,准确地拟合洛伦兹曲线方程并由此求出精确的基尼系数。目前常被使用的方法主要有三种:几何计算法、间接拟合法、曲线拟合法。

在此我们介绍几何计算法,即根据分组资料,按几何图形分块近似逼近计算的方法,具体过程如图3.16所示。

人口累积	收入累积	人口累积	收入累积	绝对平均累积
0	0	0	0	0
0.1	0.0109	10	1.09	10
0.2	0.0416	20	4.16	20
0.3	0.0921	30	9.21	30
0.4	0.1624	40	16.24	40
0.5	0.2525	50	25.25	50
0.6	0.3624	60	36.24	60
0.7	0.4921	70	49.21	70
0.8	0.6416	80	64.16	80
0.9	0.8109	90	81.09	90
1	1	100	100	100

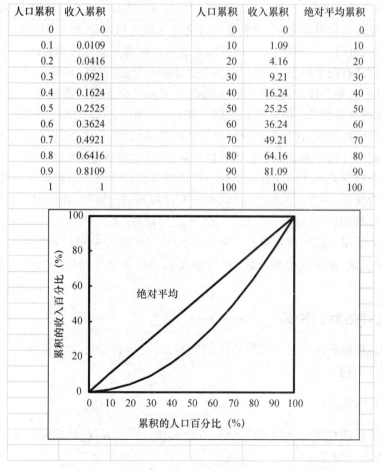

图 3.16　洛伦兹曲线作法

第四节 统计指标

经过统计汇总、分组后的数据不再是零散、杂乱无章、仅仅说明个别事物特征的资料,而是能够反映总体某些数量特征的规范有序的数据,即它们已是一些统计指标了。为了更全面地对总体特征进行描述,还需要进一步计算其他种类的统计指标。统计指标是统计学中最重要的基本概念之一。统计正是用统计指标来对总体的现状、发展变化、内部结构及与外部的数量关系进行计量描述和分析研究的,统计指标在经济分析和管理决策中占有中心地位。

一、统计指标的概念

统计指标不同于一般的数据,它是说明社会经济现象总体数量特征的名称和数值,是统计活动对客观存在的种种社会经济现象,按其具体名称(如人口总数、钢产量等),在一定空间、时间条件下,进行科学计量的数字结果。一个完整的统计指标应该包括两方面内容:一是指标的名称,二是指标的数值。不过对于指标也有另一种理解,即仅把说明总体数量特征的名称看作指标,一般是在讨论统计理论和进行统计指标设计时采用此概念,但在对数据进行加工整理、分析研究时所说的指标都是指名称和数值。

统计指标具有两个特点:一是可量性,也就是说形成指标的现象特征必须是可以用数量来表现的;二是总体性,即统计指标是由个体数量特征汇总或整理加工后得到的数值,说明总体的数量特征。统计指标与统计调查和分组中标志的概念不同。标志说明总体单位——个体的特征,这种特征可以是个体的品质特征,不可以量测,也可以是个体的数量特征。而统计指标反映的是总体的数量属性,总是可以量测的。

设计一个科学的统计指标首先要确定好指标名称和含义。指标含义要明确,如总人口的指标的含义是,在规定的时点,具有中华人民共和国国籍的、在国内一定地区居住一年以上的人口总和。指标含义的确定比较复杂,而指标名称则是它的表现形式。其次,要规定科学的计量方法和计量单位。科学的计量方法和计量单位是指标含义的量化规范,所谓科学是说,量化规范要合理,要能够真实地描述和计量所要反映与研究的总体现象。

二、统计指标的种类

统计指标根据具体内容和计量方法上的特点,一般可以分为总量指标、平均指标和相对指标三个类别。

(一) 总量指标

总量指标反映总体现象的规模水平,以绝对数的形式表现,故也称为绝对指标,如总人口、国民生产总值等。

总量指标按其所说明的总体内容的不同,又可以分为总体单位总量和总体标志总量。总体单位总量是总体内单位数目之和,说明总体本身规模的大小。总体标志总量是总体内各个单位具有的标志值之和,说明总体数量特征的规模。

假设一个生产班组共有 11 个工人，每人的日产量分别为 15、17、19、19、22、22、23、23、25、26、30。这里，总体单位总量是 11，因为有 11 个工人，它说明生产班组的规模；而总体总量是 242，是每个工人日产量之和。

不过一个指标究竟是总体单位总量还是总体标志总量并不是固定不变的，会因研究目的和研究对象的变化而变化。如果我们研究工业企业的生产情况，职工人数是一个标志总量指标；如果我们研究企业的职工收入状况，职工工资总额是一个标志总量指标，而职工人数则是总体单位总量指标。

总量指标按其所反映的时间状况不同，可以分为时点总量和时期总量。时点总量反映被研究现象在某一时刻的数量，如人口数、职工人数、库存量等。时点总量指标的特点是其数值在时间上不能累积。时期指标反映被研究现象在一段时期内的发展全过程的总数量，如生产量、产值、人口出生数等。时期指标的特点是可以连续累积。

总量指标是认识客观现象的起点，社会经济现象总体的基本情况通常表现为总量，它是实现宏观经济调控和企业经营管理的基本指标，还是统计计量描述的基础，将总量指标作进一步计算就可以得到其他统计指标。

（二）平均指标

将总体标志总量指标除以总体单位总量，就得到了平均指标，其计算公式可表示为：

平均指标 = 总体标志总量 ÷ 总体单位总量

例如，计算以上所假设的某生产班组 11 个工人的平均日产量，已知这 11 个工人总的日产量为 242，而总体单位数是 11，所以有：

平均日产量 = 242 ÷ 11 = 22

平均指标把总体各个单位某一数量标志值的差异抵消掉后，用一个一般水平来代表总体这一特征，所以它是一个代表指标。利用平均指标可以使原本不可比的现象变得可比。例如，由于可耕地面积不同，不同地区的粮食总产量不便直接对比说明两地的粮食生产情况，通过平均亩产量就可以进行对比；各国人口规模不同，不同国家的国民收入不能直接对比用于说明人民的生活水平，计算人均国民收入就可进行对比。平均指标还是统计推断的一个重要参数，关于平均指标我们将在下一章详细讨论。

（三）相对指标

除了平均指标外，两个有联系的指标对比所得到的指标都可以叫作相对指标。

将总体的部分标志总量与总体的标志总量相比较，或将总体的部分单位总量与总体全部单位数相比较，所得到的相对指标叫作结构相对指标。如男性人口或女性人口与总人口对比，得到人口的性别结构；各产业的增加值与国内生产总值对比，得到国内生产总值的产业构成；人口的职业构成、年龄构成、产量的品种构成等都是结构相对指标。

将总体内部的部分与部分对比所得到的指标称为比例相对指标。如人口总体中男性人口与女性人口对比，得到人口的性别比例；将第一产业的增加值与第二产业的增加值对比，得到第一产业和第二产业的增加值比例。

若将同一内容的指标在不同时间上的数值进行对比，就可以得到动态相对指标。例如，我国粮食产量 1987 年为 40 473 万吨，1983 年为 38 782 万吨。则 1987 年的粮食产量是1983年的1.045(40 473/38 782)倍,它说明现象在时间上的变化。

若将同一时期内容不同,但有一定联系的两个总量指标进行对比,可以得到强度相对指标。例如,粮食产量与人口总数相比得到的人均粮食产量;人口数与耕地面积相比得到的人均耕地面积等都属于强度相对指标。强度相对指标常被用来说明现象的密度、普遍程度等。

还可以进行其他的对比,得到各种内容的相对指标。例如,将某一指标的实际值与计划值对比,可以得到计划完成相对指标;将不同国家不同地区的同类指标对比得到比较相对指标;将相对指标与相对指标相比、平均指标与平均指标相比等,以说明不同方面的情况。

统计指标还可以从其他角度做出更多的分类。例如,按计量单位不同可以分为实物量指标和价值量指标;按用途不同分为观察指标和考核指标;按内容不同也可以分为数量指标和质量指标两类,总量指标即数量指标,平均指标和相对指标统称为质量指标。可见同一指标可以从不同角度理解,也就可以从不同角度分类,各种分类都不是孤立、绝对的,而是相互联系、交叉的。

三、统计指标体系

由相互联系的若干统计指标组成的一个指标系统称为指标体系。

客观总体现象往往是错综复杂的,若要全面反映总体的各个方面及发展变化的全过程,就需要把只能说明现象的一个方面的单个指标有机地结合起来,形成一个指标体系。如工业企业经济效益评价指标体系,由反映产品产量、产值、销售、利润等多方面情况的几十项统计指标组成。

指标体系与指标一样,也可以从不同角度进行多种分类。如按指标体系所反映的内容分为基本统计指标体系和专题统计指标体系,基本统计指标体系反映社会经济发展的基本情况,人口统计指标体系、科技统计指标体系等属于基本统计指标体系,专题统计指标体系是就某一专门问题而设置的,如企业经济效益评价指标体系等;按统计指标体系所实施的范围分为国家统计指标体系、地方统计指标体系、部门统计指标体系、基层统计指标体系等。

四、统计指标的应用

统计指标是统计分析决策的基础,具有广泛的用途。但是不同的指标具有不同的功能和特点,任一指标既能揭示说明某个问题,也能掩盖误导某个问题,只有正确的计算和应用才能发挥它们的作用。要真正发挥统计指标的作用,一定要注意以下两点:

第一,注意统计指标的内涵和可比性。

我们利用统计指标总是要进行某些分析比较,在分析比较时最关键的问题就是可比性,因此就不能只注意统计指标的名称,而要看它的内涵。内涵不同,即便名称相同,也是不可比的。

例如,国内生产总值这个总量指标说明的是一个国家或地区所有常住单位在一定时期生产和提供的最终产品的价值,它会因为对常住单位界定的不同而不同;它会因为对生产的理解和界定的不同而不同;如果它是按现行价格计算的,那么它还会因为受物价变动的影响而不同。至于平均指标和相对指标还要注意,用来对比的分子和分母指标的内容是否相适应,范围是否一致,计算方法是否相同,计量单位是否统一。如果你从某个渠道获悉,现在一个家庭的平均年收入为35 000元,那么,你一定要问问是什么样的家庭,两口之家还是三口、四口之家? 是单职工之家还是双职工之家? 是什么范围内家庭的平均收入? ……因为只有在同质总体的基础上计算的平均数才具有真实的现实意义。如果某企业称它的雇员周薪今年比去年增长了110%,而它的竞争对手企业雇员的周薪只增长了1%,那么,你一定要设法了解它的雇员今年和去年有无变化,如果去年雇员中包括大量半日制雇工,今年主要采用全日制雇工,或者今年辞退了去年雇用的大批低薪非熟练工,改用高薪的熟练工,这些因素都会引起工资的增长,而并非真正提高了工人工资。

因此,当我们看到或运用任何一个统计指标时,一定要考虑它的内涵和背景。

第二,注意多种指标结合应用。

与其他分析描述方法一样,任何一种统计指标都不是全能的,当它具有某一方面的优势时,在另一方面就可能具有劣势。总量指标在反映总规模方面起着特有的作用,但在很多情况下却不能直接对比;相对指标和平均指标将现象的绝对水平抽象化了,在比较分析方面起着特有的作用,却掩盖了现象的绝对水平,看不出现象之间绝对量上的差异。因此,在应用统计指标分析说明或做判断时,一定要注意将各种指标结合应用。

比如在对比国家或地区间的经济增长速度时,由于速度的快慢受对比基数大小的影响,一个很快的速度后面很可能隐藏着很小的生产总量,而一个很慢的速度后面却可能隐藏着一个很大的生产总量,因此研究比较经济增长状况时,总是既有增长率的比较,又有增长量的分析。

又如,假设来自某地的一篇报道说,虽然受到经济萧条的猛烈冲击,但加入该行业工会的工人工资却都提高了5%,这是他们去年被削减了20%的工资的25%。注意,20%的被削减工资是按原先领取的工资基数计算的,而所增加的5%的工资是按削减后的工资基数计算的,显然是一个比原先小的基数。如果原先的工资是每小时10元,降20%,剩下8元,再提高5%,8元的5%是0.4元,所以现在的工资是8.4元,0.4元不是被降工资的25%,而是20%(0.4/2×100%),工人工资不是比原先提高了,而是依然比原先少1.6元。

再如,假设有求职的两位大学毕业生,他们学的是同样的专业,修的是同样的课程,并且有同样的平均成绩——85分,那么仅从学习成绩看是否录取任何一个都是没有差别的? 不是的。虽然从平均分数看两人是一样的,但对于具体的每一科成绩而言就未必相同了。也许一个人的学习成绩比较均衡,门门都在80分左右;另一个人的学习成绩各门相差很大,有偏科的现象;也可能两人的成绩波动的程度差别不大,但成绩在各门课程上的分布不同,说明这两个人的兴趣和优势不同。因此除了看平均分,还要看具体分数。

第五节 统计表、统计图和 Excel 图示

一、统计表

统计表是系统表述统计数据的重要方式之一。它能够将大量统计资料加以合理组织安排,使资料表述得更加紧凑、简明、醒目、有条理,便于人们阅读和对照比较。

作为一个完整的统计表,要求有表号、表名、分组标志或说明、指标名称及数值。表号指表的顺序排号,一般放在表的左上角。表名即统计表的总标题,要求写明时间、地点及主要内容。从表的内容看,分为主词和宾词。主词是统计表所要说明的总体及分组,宾词是用来说明总体的各项指标,主词和宾词在表中的位置并不是固定的。从结构上看,统计表包括总标题、横行标题、纵列标题及纵横交错线条形成的格子里的数字。统计表的结构形式如表 3.5 所示。

(表号)   (总标题)
表 3.5   1990 年某市消费品零售额及构成

消费品零售额分组	金额(万元)	比重(%)	(纵列标题)
1. 城镇	1 377.1	47.5	
其中:售予居民	1 086.9	37.5	
售予社会集团	290.2	10.0	指标值
2. 乡村零售额	1 522.1	52.5	
其中:售予居民	1 487.6	51.3	
售予社会集团	34.5	1.2	
消费品零售额总计	2 899.2	100.0	

(横行标题位于左侧)   (主词栏)   (宾词栏)

如果需要说明资料来源、某些指标的计算方法等可在表的下方加以注释。注意,表中遇有相同数字不能用"同上""同下""同左""同右"等写法,而应写明具体数字。

二、统计图

统计图是统计资料的各种图示,它比统计表更直观,并且形象生动,见图知意,正如人们所说的"一张图胜似千言万语"。统计图示所用的图形种类繁多,这里只能介绍统计条形图、曲线图等基本图形的基本制作方法。这些图表类型都能在 Excel 中通过"插入"—"图表"然后选择其类型得出。

(一) 条形图/柱形图

条形图由平行的若干条相同宽度的矩形所构成,以矩形的长短代表统计数值的大小。图中的矩形排列可以是纵的,也可以是横的;可以表达正数,也可以表达负数;可以仅绘制一组数据的条形图,也可以将几组资料绘在同一图形中进行比较,如图 3.17 所示。

此外,还可以在同一矩形上分段表示可以加总的各项数值所占的比例,如图 3.18 所示,利用"百分比堆积图"可以清晰表示三大产业在不同年份所占比例的变化。但要注意的是这只是各比例在各年间的变化,而不是绝对数值的比较。

第三章 数据整理

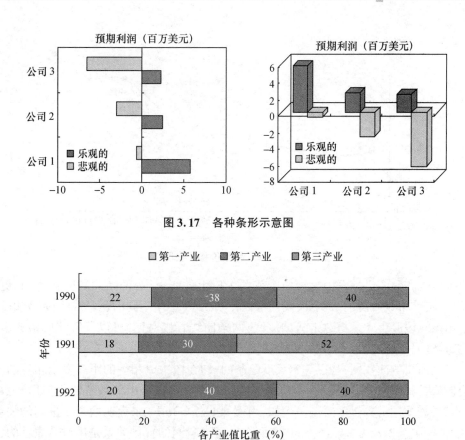

图 3.17 各种条形示意图

图 3.18 分段条形示意图

（二）线形图

线形图是最基本的图示方法，即将每一指标值在直角坐标所决定的平面上，点出位置，并连接各点成为线形。如据表 3.6 的资料可绘制线形图，如图 3.19 所示。

表 3.6 2007 年某 A 股股票价格

日期	股价(元)
1 月	17.17
2 月	16.09
3 月	17.38
4 月	19.47
5 月	21.72
6 月	24.58
7 月	29.81
8 月	38.03
9 月	38.27
10 月	45.47

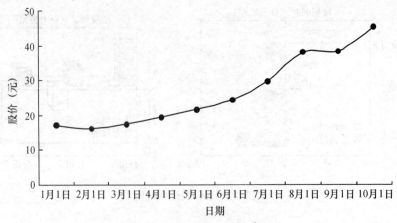

图3.19　股票价格走势图

也可以在一个坐标系中描绘两个或两个以上的线形图,两条曲线同在一图,更利于直接对比,非常直观鲜明。例如,我们可以在图3.19中用不同的色彩或线段(如虚线等)描绘出该时段股市大盘指数走势的曲线,两条曲线直接对比,可以了解该股票的表现以及与市场的相关性。

以上所讲的曲线图,是以算术尺度绘制的,即在图中以相等的距离表示相等的总量。但有时候,可能遇到用对数表示的数据资料,或需要将资料中的数值转化为用对数来表现,这时,需要用对数尺度绘图。例如,用模型 $\log Y = 3\log X$ 来表明两个变量间的关系,其中 Y 和 X 分别代表两个经济变量,这两个经济变量间的数量关系是用对数表示的,我们可以用对数尺度绘出上述模型的对数线形图。

用对数尺度制图,是指坐标轴尺度依照对数计算间隔,而以自然数标明,这样自然数虽标在坐标上,而相邻两自然数的距离按自然数的对数成比例,在对数图上,相等的距离表示相同的比例。

根据表3.7,用对数做坐标轴的刻度,用自然数标出,就可以得到对数坐标轴。如果需要继续标出10至100自然数的对数,只要重复1至10的尺度,即第二个循环,同样100至1 000自然数的对数即第三个循环。依此规律,可以根据需要绘出任意一个环的对数坐标尺度。图3.20是一个单循环对数坐标图,图3.21则是一个两循环对数坐标图,图中线形图是根据模型绘制的。

表3.7　自然数与常用对数之间的对应关系

自然数	对数	自然数	对数
1	0.00	6	0.78
2	0.30	7	0.85
3	0.48	8	0.90
4	0.60	9	0.95
5	0.70	10	1.00

我们知道,$Y = X^3$ 这一高次方程在算术尺度的坐标图上是一条曲线,而它的对数方程式 $\log Y = 3\log X$ 则是一个线性方程,因此若将 $Y = X^3$ 绘在对数图纸上就会成为一条直线,如图3.21中的直线。

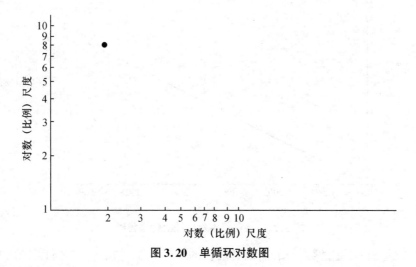

图 3.20 单循环对数图

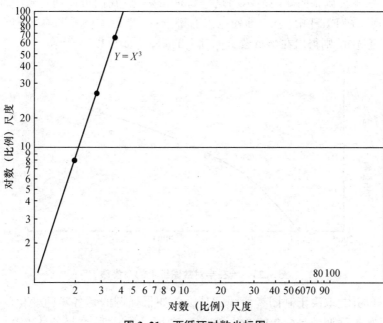

图 3.21 两循环对数坐标图

如果 X 轴用算术尺度表示，Y 轴用对数尺度表示，则可得到半对数坐标图纸，在这样的图纸上作出的线形图称为半对数图。半对数图在描述增长率方面具有特殊的作用。我们通过一个例子来说明如何利用 Excel 来制作此类图表，并说明它的作用。假设某公司 2010 年至 2015 年的销售额如表 3.8 所示。

表 3.8 某公司 2010 年至 2015 年年销售额(百万元)

年份	2010	2011	2012	2013	2014	2015
销售额	1	2	3	4	5	6

通过 Excel 的散点图工具，我们可以很容易地画出图 3.22。

表 3.8 和图 3.22 所显示的资料容易给人造成销售额是按稳定的比率增长的错觉。

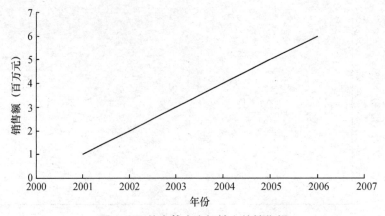

图 3.22 绘在算术坐标轴上的销售额

事实上销售额是按稳定的数额增加,而其增长的速率则是递减的。若将以上资料绘制在半对数图纸上,就可以很明显地显示出这一特征,这一点我们可以通过改变 Y 轴的坐标轴属性来实现。在 Excel 中,于 Y 轴处点击右键选择"坐标轴格式",在"刻度"卡内选择"对数刻度"复选框,则得出在半对数坐标轴上的图表,如图 3.23 所示。

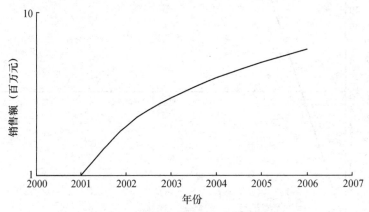

图 3.23 绘在半对数图纸上的销售额

用什么样的图,取决于制图者要强调什么。如果强调的是各年间变化的绝对量,则用算术尺度;如果强调的是各年间变化的速率,则用对数尺度,绘制半对数图。

(三)其他类型的统计图

除了上述的两种统计图外,Excel 还有许多类型的统计图可以用来表示统计资料。如饼状图、面积图、气泡图、枝叶图等,如图 3.24 至图 3.27 所示。

(四)绘制统计图应注意的一个基本问题

统计图的形式多种多样,但是如何能既生动形象又正确无误地表现统计资料的特征,却是任何时候都不能忽视的重要问题。虽然为此在制图时需要注意的问题很多,但有一个问题是基本的、在制作任何图形时都要注意的:恰当地确定图中的尺度和坐标。

例如,在算术尺度的平面坐标中绘制曲线图,数值的尺度应从 0 开始,这是简单的道理,但人们却往往忽视了这个问题,由此带来的后果如何?下面举两例说明。

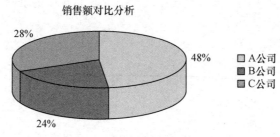

图 3.24 饼状图

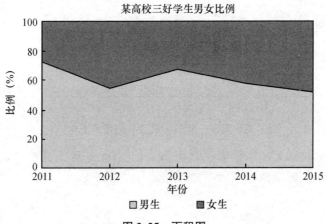

图 3.25 面积图

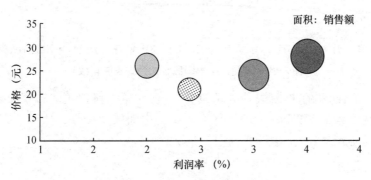

图 3.26 气泡图(可表达三维数据)

树茎	树叶	次数
2	8	(1)
3	1 2 8 9 9	(5)
4	0 0 2 5 8 9	(6)
5	2 2 2 3 4 6 7 8 8 8 8 9 9	(13)
6	0 0 1 2 2 5 8 9	(8)
7	1 2 2 2 3 5 6 7 9	(9)
8	1 1 3 8	(4)
9	0 3	(2)

图 3.27 枝叶图

假如有一组说明某个国家国民收入在一年中增加了10%的资料,将此资料绘制成曲线图,如图3.28所示。

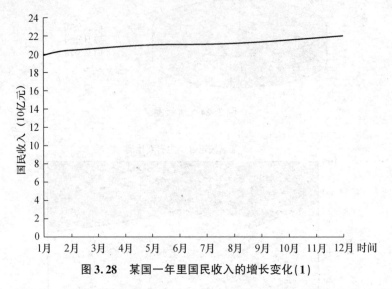

图3.28　某国一年里国民收入的增长变化(1)

曲线很清楚地显示了一年里国民收入的增长变化,这种上升趋势是真实的,虽然不太引人注目。如果砍掉纵轴18以下的部分,就会得到图3.29。

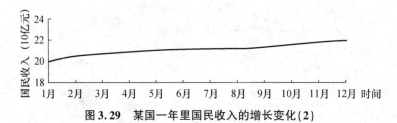

图3.29　某国一年里国民收入的增长变化(2)

同样的数值,同样的曲线图,什么都没有变,但它给人所造成的印象却变了,性急的读者现在看到的是在一年里从图的底部升到图的中间的国民收入曲线。如果这时再将纵轴的坐标尺度放大10倍,就会得到图3.30。

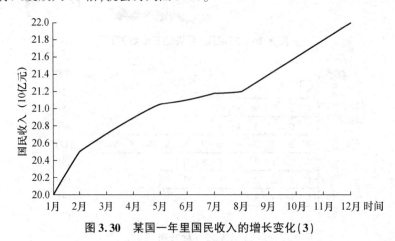

图3.30　某国一年里国民收入的增长变化(3)

这很引人注目,不是吗?还是同样的数值,同样的曲线图,所给人造成的印象却大不相同了。图 3.31 也是类似的问题,同样的数据,在两张图上显示出了完全不同的效果,可能导致完全不同的结论,仅仅是因为一张被截去了一部分,并略微放大了比例。

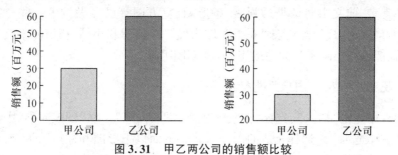

图 3.31　甲乙两公司的销售额比较

例如,比较两个国家制造业工人的每周工薪,甲国工人每周 150 美元,乙国工人每周 300 美元。为了增强吸引力,画手提钱袋的两个人,一个人提着一个钱袋,另一人提着两个钱袋,以此表示乙国工人工资是甲国工人的 2 倍(见图 3.32(a)),可以说是既生动又不失实。但若画一个钱袋表示甲国工人的 150 美元,另画一个有 2 倍高的钱袋来表示乙国工人的 300 美元,就会得到图 3.32(b)。这是按比例画的,不是吗?可是为什么效果却大不一样了呢?这是因为乙国工人的钱袋的高度是甲国工人的 2 倍,宽度也是 2 倍,这样它在纸上占的面积就等于甲国工人钱袋的 4 倍,而不是 2 倍,所以数值仍是 2∶1,直观印象却是 4∶1。

图 3.32　甲乙两国工人每周工薪比较

画立体图时也有类似的问题。统计图的特点就是它的直观效果,如果直观效果歪曲了真实情况,那么就有可能让人得出错误的结论,因为在很多时候,直观印象会起决定性的作用,当然我们自己应尽量避免仅凭直观印象做判断。

三、Excel 图示

在这一部分,我们将讲解如何运用 Excel 软件进行统计图的绘制。Excel 能制作的统计图种类非常多,前文中对数据透视表、条形图、直方图等已经做过了一些介绍。在这里,我们将对最常用、最具有代表性的几种图表做一个梳理和小结,相信能给读者以足够的启示,从而能够在实际中自如地运用 Excel 制图工具。

(一)使用"插入—图表"进行图示

在菜单栏中点击"插入",选择"图表",进入"图表向导"。在"图表向导"中,选择"图表类型"即"图表选项"来选择合适的图表形式。下面以条形图和柱形图为例,对制图过程及步骤进行简单介绍。

1. 条形图/柱形图

Excel 的条形图是指水平条形图,竖直条形图称为柱形图。这两种图都可以用来表示与一组或几组分类相关的数值,一般不用来表示数值变量。条形图和柱形图可用于不同现象的比较,也可以表达按时间顺序描述的现象发展的趋势,但有时时间段内特别多的变量发展并不适合用柱形图来表示(如股价折线图)。

例 3.1 民营企业与非民营企业地区分布的比较(继续运用"2014 年部分上市公司基本情况"数据)。

第一步:"图表类型"中选择柱形图,在右边"子图表类型"中选择"三维柱形图"。

第二步:"数据区域"中选择已经进行了分类次数分配整理的数据所在的区域,因为我们希望看到的是不同性质的企业在地区分布上有什么差异,而企业性质标志是按列排列的,所以"系列产生在"一项应当选择"行"。读者可以尝试一下选择"列",在预览图中看一下效果,加深对这个选项的理解。

第三步和第四步:主要是对图表的一些参数的调整,包括标题、坐标轴、颜色等。经过调整,我们可以得到如图 3.33 所示的柱形图,由此初步看出不同性质的企业在地区分布上有什么差异。

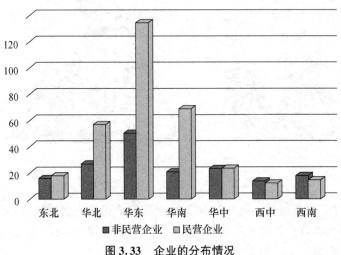

图 3.33 企业的分布情况

条形图的建立与柱形图基本相同,在此不再赘述。

2. 折线图

折线图一般用于描述某一变量在一段时期内的变动情况,或描述变量随类别的变化趋势。在折线图中,横轴是按照源数据的顺序刻画的,即不能自动按数据大小生成一条顺序的坐标轴,因此在画图前需要检验源数据是否经过排序。如图3.34所示的"某投资项目20年现金流对比图",就是折线图的一种典型应用。

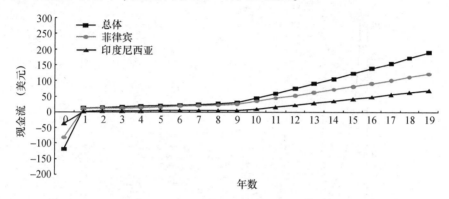

图 3.34 某投资项目 20 年现金流对比图

3. 饼形图/环形图

饼形图主要用来表示各个项目在项目总和中所占的比例。大多数情况下,一个饼形图只针对一个变量(即只有一个系列)。如果想对数据中的某一个重要元素进行突出和强调,或者分析某一变量的组成,饼形图是非常好的一种手段。需要的话,还可以通过调整参数设置使饼形图上显示每一部分所占的比例,如图3.35所示。

例 3.2 "北京市民出行方式选择"饼形图

图 3.35 很形象地给出了北京市民在 2010 年和 2014 年,出行时选择公共交通、自行车、小汽车和步行这四种方式的比例分布。

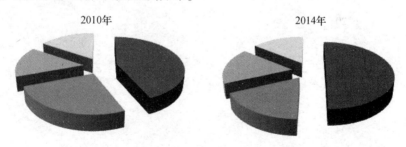

图 3.35 北京市民出行方式选择

如果需要表现多个系列分别的结构组成,可以通过"环形图"来表现,在此不再赘述。

4. 散点图

散点图又叫 XY 散点图,顾名思义,就是用于描述两个变量之间一一对应关系的工具。下面是几个具体的例子。

例3.3 函数在第一象限的图像。

函数关系是非常典型的一一对应的关系。在作函数图像时,我们先在定义域内给自变量赋值,为了使散点图作出来的函数图像更加精确,赋值时尽可能使自变量的变化连续,然后计算出相对应的因变量的结果,最后选择"平滑线散点图"工具,就可以作出函数图像了。在本例中,x 的取值从 0.1 开始,间隔为 0.1,一直取到 3.5。具体过程请参阅本章课件"Excel 图示"。作图结果如图 3.36 所示。

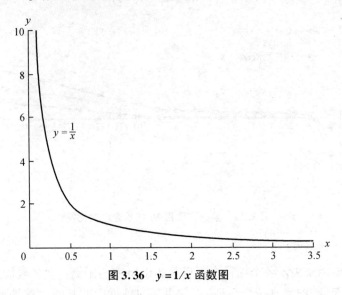

图 3.36 $y=1/x$ 函数图

例3.4 产量和总成本之间的关系。

产量(x)	成本(y)
1.05	1.52
4.21	13.73
5.10	13.07
6.20	22.81
8.75	30.58
2.38	9.32
1.49	5.52
4.71	15.23
7.21	22.33
4.86	18.96
9.98	27.66
9.20	27.06
8.33	24.28
2.86	9.90

运用散点图作出两者的关系图,如图 3.37 所示。

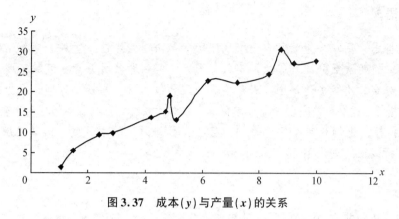

图 3.37　成本(y)与产量(x)的关系

需要注意的是,虽然散点图中各点分布在坐标轴的相应位置,但连接各散点的线是按照源数据的顺序连接的(即第一点连第二点,第二点连第三点,以此类推),如果要得到像图 3.37 那样的按产量从小到大连接而非按数据出现顺序连接的趋势线,则先需要在 Excel 中对上表数据进行 x 的升序或降序排列,然后再绘制散点图。

在本章的前面,我们介绍了洛伦兹曲线的概念,洛伦兹曲线反映的是累积的收入百分比与累积的人口百分比之间的对应关系,因此我们可以运用"散点图"工具对洛伦兹曲线进行绘图。

5. 气泡图

气泡图是在一张平面图上表达三个维度数据的工具,我们除了可以在纵轴与横轴确立相应的指标之外,还可以通过每个气泡的面积大小来表达数值的大小,如销售额、GDP、市场份额,等等。气泡图的优点是可以非常直观地看出几组数值的相互比较和所处的位置,在市场表现、市场定位等分析中非常有用。其做法也相当简单,跟散点图类似,每个气泡代表一个系列,只是在系列中多了一个"Size"的数据选项,把相应的数据填入就可以了。图 3.38 是一个例子。

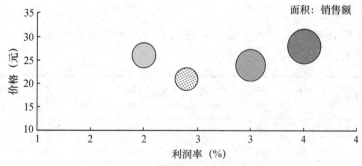

图 3.38　各品牌的销售表现气泡图

(二) 运用直方图工具,可编制等组距次数分配图

进行次数分配编制时,在"直方图"的对话框中选择"累积百分率"和"图表输出",便可以得到柱形图和类似折线图的累积分布曲线。在本章第三节我们介绍了这一工具。

关键术语

分组标志　简单分组　复合分组　组距　组限　组中值　次数　频数　频率
次数分配　组距次数分配　等组距次数分配　不等组距次数分配　频数密度　直方图
累积次数分布　次数多边形图　累积次数分配曲线　总量指标　时期总量指标
时点总量指标　总体标志总量　总体单位总量　相对指标　结构相对指标　比较相对指标
强度相对指标　比例相对指标　平均指标　指标体系　算术尺度　对数尺度　条形图
散点图　折线图　气泡图

习题

1. 已知某市49家贸易公司某年的营业额(单位:百万元)如下:

   16　12　8　15　16　25　15　5　22　10　25　26　2
   10　16　23　20　3　10　15　16　25　10　8　22　25　23
   15　20　20　25　3　14　35　20　24　25　15　20　20
   25　15　10　15　20　22　16

   (1) 编制上述资料的次数分配表,计算相对次数和相对累积次数。
   (2) 绘制上述次数分配的直方图、折线图及累积次数分配图。

2. 下面为40个人的血型资料:

   O　O　A　B　A　O　A　A　O　B　O　B　O　O
   A　O　O　A　A　A　A　A　B　A　B　A　A　O　O
   A　O　O　A　A　A　O　A　O　O　AB

   试编制其次数分配表,并绘制饼形图。

3. 下面是某班级25名学生的统计学期中考试成绩:

   56　77　84　82　42　61　44　95　98　84　93　62　96
   78　88　58　62　79　85　89　89　97　53　76　75

   试绘制其枝叶图。

4. 现有1987年我国某大城市家庭人均收入抽样调查的样本数据资料,经初步计算,得下表。

人均收入(元)	40以下	40—50	50—60	60—70	70—80	80—90	90—100	100—110	110以上
户数	3	10	17	26	24	12	11	11	6
累积户数	3	13	30	56	80	92	103	114	120
累积户数百分比	0.025	0.108	0.250	0.467	0.667	0.767	0.858	0.950	1.000
占有的收入	480	1 305	3 410	6 045	6 000	4 080	3 325	3 570	2 160
累积收入	480	1 785	5 195	11 240	17 240	21 320	24 645	28 215	30 375
累积收入百分比	0.016	0.059	0.171	0.370	0.568	0.702	0.811	0.929	1.000

试绘制以上资料的洛伦兹曲线图。

5. 我国1950—1984年人口发展变化的实际数字如下表所示。

年份	1950	1960	1970	1980	1983	1984
人口数(万人)	55 196	66 207	82 992	98 705	102 495	103 475

试利用半对数尺度比例绘制人口的增长线形图,并与以自然尺度绘制的增长线形图对比。

6. 若干国家的谷物产量及人口数资料如下表所示。

	1980年谷物产量 (万吨)	1990年谷物产量 (万吨)	1980年年中人口数 (万人)
美国	26 995	31 297	22 776
印度	14 049	19 470	66 250
法国	4 767	5 502	5 388
加拿大	4 148	5 859	2 404
巴西	3 322	3 247	12 192
英国	1 948	2 254	5 633

试就以上资料计算比较相对数(以美国为100)和强度相对数。

7. 统计指标与标志有什么区别与联系?试举例说明。

8. 什么是数量指标与质量指标?"质量指标是不能用数量表示的现象的属性特征"这句话对吗?为什么?

9. 为什么绘制统计图时数值的尺度应从0开始?请举例说明违反这条要求时可能出现的问题。

10. 请你运用"2014年部分上市公司基本情况数据",分析一下:
(1) 它们的注册地地区是怎样分布的?
(2) 它们的捐赠数额是怎样分布的?
(3) 在上市公司中,是民营企业还是非民营企业更喜欢捐赠?并根据Excel的输出结果,给出你对这个结果的解释与猜测。
(4) 分别运用两种方法,选择合适的分组条件,对上市公司董事会人数进行次数分配,并对结果给出一定的描述。

11. 某企业的资产负债表如下表所示,请作出图表,分别反映其资产构成、负债和所有者权益构成。

资产(万元)		负债和所有者权益(万元)	
现金	1 434	短期借款	5 400
应收账款	2 571	应付账款	1 735
存货	5 905	长期借款	13 000
固定资产	18 732	实收资本	6 000
长期投资	6 500	盈余公积	9 500
无形资产	3 012	未分配利润	2 519
合计	38 154	合计	38 154

12. 调查你所在的院系,并根据"专业""性别""城乡"和"政治面貌"为分组标志编制统计表。

13. 利用我国2010年人口普查数据,作出我国2010年的人口金字塔。

14. 利用散点图,作出在实数域的函数图像。

15. 找出我国某类资源的占有量及人均占有量,作出图表与其他国家进行对比分析。

第四章 集中趋势和离中趋势

统计数据经过分组整理之后,形成了次数分配的各种图表,这些图表基本上呈现了一组数据分布规律的类型和特点。从中我们可以发现,对于任一组数据,一方面各数据参差不齐,另一方面各数据又有聚集在某一值周围的趋势,这正是次数分配的两个重要特征:集中趋势和离中趋势。此外,对数据分布形状的研究可以帮助我们对数据分布特征认识得更深。

本章主要讨论以下问题:

1. 集中趋势的计量;2. 离散程度的计量;3. 偏态及峰度的计量。

我们对数据分布特征的描述,可以从集中趋势、离中趋势和分布形状三个方面来进行。图 4.1 给出了在这三个方面的研究中所用到的主要指标,本章的内容也将围绕着这些内容来展开。

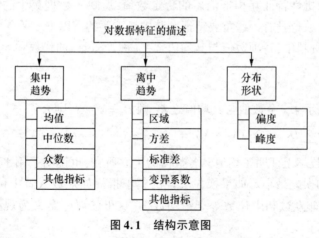

图 4.1 结构示意图

第一节 集中趋势的计量

集中趋势反映一组资料中各数据所具有的共同趋势,即资料中各数据聚集的位置。例如,全班同学的平均月生活费是多少?大家在食堂的选择上是更偏好于口味,还是价格?在学习完这节之后,相信你会对这些问题有清晰的答案。

一、算术平均数

算术平均数(mean)也称为均值,是数据集中趋势的最主要测度量。如一国的人均 GDP 是反映一国大体收入水平的重要指标;再如全班同学预期统计学成绩的平均数,也能很好地反映同学对这门课程成绩的平均预期。在算术平均数中也包含两类指标,即简单算术平均数和加权算术平均数。

(一) 简单算术平均数

1. 定义

设一组资料有 n 个数值,$x_1, x_2, x_3, \cdots, x_n$,令 $\bar{X}$ 代表其算术平均数,则:

$$\bar{X} = \frac{x_1 + x_2 + \cdots + x_n}{n}$$

例 4.1 某生产班组共有 11 个工人,日产零件数分别为:15、17、19、20、22、22、23、23、25、26、30。求该生产班组工人的平均日产零件数。

解 $\bar{X} = \dfrac{15 + 17 + 19 + 20 + 22 + 22 + 23 + 23 + 25 + 26 + 30}{11} = 22(件)$

这个结果是 11 个不同数值的日产量互相抵消的结果,说明了该班组生产的平均水平。从数据分布特征来看,各个数据围绕着均值 22 件上下分布,算术平均数是该组数据分布的中心值,说明了数据分配的集中趋势。

2. 性质

算术平均数是统计学中非常重要的内容。从统计思想上看,算术平均数是同质总体各数据偶然性、随机性特征互相抵消后的稳定数值,反映了数据集中的特征。从数学性质上看,算术平均数也具有一些重要特征。其中最重要的有以下三条:

(1) 任一组资料中,各项数值与其均值之差(称为离差)的代数和为零,即:

$$\sum_{i=1}^{n} (x_i - \bar{X}) = 0$$

证 令 D_i 表示第 i 个数值与其均值之差,则 $D_i = x_i - \bar{X}$,则有:

$$\sum_i D_i = \sum_i (x_i - \bar{X}) = \sum_i x_i - \sum_i \bar{X} = n\bar{X} - n\bar{X} = 0$$

这一性质从数学上证明了均值乃各数值的重心所在,也说明了用平均值来猜测所有的数值,所产生的误差最小。如果换作其他的集中指标如众数或者中位数来猜测,误差的和不等于 0,除非众数和中位数等于平均数。(这里的误差定义为观测值 x_i 与均值 $\bar{X}$ 之差 D_i。)

我们举个例子予以说明。已知数值 1、1、2、3 的平均数、中数、中位数分别为 1.75、1、1.5。若以平均数来预测,误差分别为 -0.75、-0.75、0.25、1.25,这四个数的误差总和等于零。如果以众数预测,误差为 0、0、1、2,误差总和为 3。以中位数来预测,误差为 -0.25、-0.25、0.5、1.5,误差总和为 1.5。

(2) 任一组资料中,各数据与均值离差的平方和为最小,即:

$$\sum_{i=1}^{n} (x_i - \bar{X})^2 = \min$$

证 令 $\text{SSE}_{\text{mean}} = \sum_i (x_i - \bar{X})^2$

设 A 为非 $\bar{X}$ 的任意值,则以 A 为中心的离差平方和为:

$$\text{SSE}_A = \sum_i (x_i - A)^2 = \sum_i (x_i - \bar{X} + \bar{X} - A)^2$$

$$= \sum_i [(x_i - \bar{X})^2 + 2(x_i - \bar{X})(\bar{X} - A) + (\bar{X} - A)^2]$$

$$= \sum_i (x_i - \bar{X})^2 + \sum_i 2(\bar{X} - A)(x_i - \bar{X}) + \sum_i (\bar{X} - A)^2$$

$$= SSE_{mean} + 2(\bar{X} - A)(x_i - \bar{X}) + n(\bar{X} - A)^2$$

$$= SSE_{mean} + n(\bar{X} - A)^2$$

由上式可以看出,SSE_{mean}为离差最小值。换句话说,用平均数来预测所有的数值,其误差的平方和最小。

(3) 平均数相比众数或中位数较不会受到抽样变动的影响。(我们将在稍后介绍众数和中位数。)

假设某研究机构想要调查某地区人口的平均寿命,从中抽取1个样本(100人),计算其平均数、众数、中位数。然后抽取第二个样本,再计算其平均数、众数、中位数。以此类推进行多次的抽样(如200次)就得到了200个平均数、众数、中位数。可以发现这些平均数非常集中(都集中在47岁到66岁),中位数介于41岁和74岁之间,而由于存在多个没有众数的样本,导致众数的分布更加分散(介于8岁和109岁之间)。具体过程可参考本章课件"平均值性质"。

(4) 若有K组资料,各组的项数为$f_1, f_2, \cdots, f_k$,均值分别为$\bar{X}_1, \bar{X}_2, \cdots, \bar{X}_k$,定义$K$组资料合并的项数为$f$,总平均数为$\bar{X}$,则有:

$$\bar{X} = \sum_{i=1}^{k} w_i \bar{X}_i$$

其中,

$$w_i = \frac{f_i}{\sum_{i=1}^{k} f_i}$$

为第i组的比重或权重,这个性质成为我们计算加权算术平均数的基础。

(二) 加权算术平均数

如果是根据分组资料计算算术平均数,由于分组资料中每个数值出现的次数不同,就需要用次数做权数,计算加权算术平均数。

假设某企业经理付给他的雇员的每小时工资分为三个等级:6.5元、7.5元、8.5元,那么,该公司雇员的每小时工资的均值是否等于7.5元(((6.5+7.5+8.5)/3))呢?

如果拿不同等级工资的雇员人数都相同,这个答案是对的。但如果有14人是6.5元,10人是7.5元,2人是8.5元,那么,就不能将三个数值简单相加求平均,因为每个数值出现的次数不同,而应该将各数值分别乘以其次数,然后相加求平均。因此,工人的平均工资应为:

$$\frac{6.5 \times 14 + 7.5 \times 7.5 \times 10 + 8.5 \times 2}{14 + 10 + 2} = 7.04(元)$$

于是,有加权平均数计算公式如下:

$$\bar{X} = \sum_{i=1}^{k} w_i \bar{X}_i, \quad w_i = \frac{f_i}{\sum_{i=1}^{k} f_i}$$

其中,i表示组数;$\bar{X}_i$为第i组变量值或组中值;f_i为第i组的次数;w_i为第i组次数比重。

例 4.2 若例 4.1 的资料已整理成分组资料如表 4.1 所示,试根据表中的资料计算工人的平均日产量。

表 4.1 某生产班组工人日产零件的情况

日产零件数(件)	组中值(件)	人数(个)	人数比重(%)
15—20	17.5	3	27.3
20—25	22.5	5	45.4
25—30	27.5	3	27.3
合计	—	11	100.0

解 $\bar{X} = 17.5 \times 27.3\% + 22.5 \times 45.4\% + 27.5 \times 27.3 = 22.5$(件)

从加权算术平均数的计算公式及以上例题的计算过程可以看出,均值的大小不仅受到各组数值大小的影响,而且受各组次数或频率大小的影响。在这里,次数和频率起权数的作用。我们还可以看到,在例 4.1 中直接对实际观测值计算的均值与例 4.2 中的加权算术平均值不同,这是因为例 4.2 是对各组中值加权平均。在组距分组的情况下,由于原来观测值的原始信息已无法在资料中显现,因此只能以组中值代表各组变量值,这实际上是假设各组中的诸观测值皆均匀分布于该组之内,即假设在任一组中,比组中值大和比组中值小的数值一样多,且大小数值互相抵消后正好等于组中值。显然这样计算的均值只是近似值。如果实际资料与此假设相差较远,则计算结果就会有较大的误差,特别是次数分配资料中有开口组时,一般用相邻组组距确定开口组的组中值,这时假设性就更大,计算结果误差也更大。

算术平均数是统计学中非常重要的内容,统计推断和分析几乎都离不开它。用它作为一组资料集中趋势的测度量时,它是一组数据的重心,是数据偶然性、随机性特征互相抵消后的稳定数值,是数据规律性的反映,是统计思想的体现;用它作为同质总体数量特征一般水平的代表值时,它符合客观现象中的个别现象与总体现象之间存在的数量关系,其概念和计算方法易被人理解、接受,被广泛地用于经济研究和管理;它又是对所提供信息运用最充分的指标,它最灵敏,适合代数方法处理,具有优良的数学性质。但是,它也有局限,主要在于其数值容易受极大值或极小值的影响,当一组资料存在极端值时,均值的代表性就会受到影响,这种情况统计上称为不稳健。

(三) 用 Excel 求算术平均数

1. 简单算术平均数:AVERAGE 函数

语法为 AVERAGE( ),括号中为待求平均数的数组或数据区域。

例 4.3 已知某商店一天 24 小时内不同时间点的顾客人数,试求该商店每小时平均到来的顾客人数。数据见本章课件"例题"。

解 用 Excel 求算术平均数的具体步骤如下:

第一步:按照实例文件中的数据,新建一个表格,如图 4.2(a)所示。

第二步:在单元格 B27 中输入公式: = AVERAGE(B2:B25),如图 4.2(b)所示。

第三步:按 Enter 键,计算得出单位小时内的平均顾客数目是 21.58333,如图 4.2(c)所示。

	A	B
1	时间	顾客
15	17	19
16	9	21
17	22	24
18	7	32
19	21	32
20	13	42
21	12	47
22	8	48
23	18	55
24	20	55
25	19	57
26		
27	平均数	

(a)

	A	B	C
1	时间	顾客	
15	17	19	
16	9	21	
17	22	24	
18	7	32	
19	21	32	
20	13	42	
21	12	47	
22	8	48	
23	18	55	
24	20	55	
25	19	57	
26			
27	平均数	=AVERGE(B2:B25)	

(b)

	A	B
1	时间	顾客
15	17	19
16	9	21
17	22	24
18	7	32
19	21	32
20	13	42
21	12	47
22	8	48
23	18	55
24	20	55
25	19	57
26		
27	平均数	21.58333

(c)

图 4.2　AVERAGE 函数操作

2. 加权算术平均数：运用 SUM( ) 函数和 SUMPRODUCT( ) 函数

SUM( ) 函数用于计算某一单元格区域中所有数字之和，SUMPRODUCT( ) 函数的功能是给出数组间对应元素的乘积之和。在计算加权算术平均数时，用 SUM 函数计算全体次数之和，用 SUMPRODUCT 函数计算分组次数与相应的组间均值乘积之和。下面我们来看一个例子。

例 4.4　使用 Excel 计算例 4.2 中的工人平均日产量。

解　具体操作步骤如下：

第一步：新建一个表格，并按照例 4.2 输入相应数据，如图 4.3(a) 所示。

第二步：在单元格 B5 中输入公式：=SUMPRODUCT(B2:B4,C2:C4)/SUM(C2:C4)，如图 4.3(b) 所示。

	A	B	C
1	日产零件数(件)	组中值	人数
2	15-20	17.5	3
3	20-25	22.5	5
4	25-30	27.5	3
5	平均日产量(件)		

(a)

	A	B	C	D	E
1	日产零件数(件)	组中值	人数		
2	15-20	17.5	3		
3	20-25	22.5	5		
4	25-30	27.5	3		
5	平均日产量(件)	=SUMPRODUCT(B2:B4,C2:C4)/SUM(C2:C4)			

(b)

	A	B	C
1	日产零件数(件)	组中值	人数
2	15-20	17.5	3
3	20-25	22.5	5
4	25-30	27.5	3
5	平均日产量(件)	22.5	

(c)

图 4.3　计算加权平均数

第三步:按 Enter 键,计算得出经加权平均后的工人平均日产量为 22.5 件,如图 4.3(c)所示。

二、中位数

1. 定义

设一组资料有 n 个数值,$x_1,x_2,\cdots,x_3$,若按大小顺序排列,处在数列的中点位置的数值,就是中位数(median)。中位数将全体数据分成项数相等的两部分,因此,它也是数据集中趋势的一个很好的测度值。

2. 计算

计算中位数,首先要找到中位数所在的位置。中位数的位置 $=(n+1)/2$,处于该位置上的变量数值即中位数,用 Md 表示。

例4.5 以例4.1 的资料为例。11 个工人日产零件数的序列为 15、17、19、20、22、22、23、23、25、26、30。

解 Md 的位置 $=(11+1)/2=6$,即中位数是第六个数据值。

$$Md = 22(件)$$

如果数据个数为偶数,应取中点位置的左右两个数值的平均数为中位数。假设上例生产班组的工人为 12 人,多出的那个工人的日产量为 31 件。这时,中位数的位置为 $(12+1)/2=6.5$,中位数应是第 6 个和第 7 个工人日产量的算术平均数,即:

$$Md = \frac{22+23}{2} = 22.5(件)$$

如果数据是组距分组的资料,无法直接对原始数据排队求其准确的中位数数值,只有利用公式近似计算,现将其计算原理简述如下。

设有一次数分配如下表所示。

组别	组界	次数	累积次数
1	L_1—U_1	f_1	F_1
2	L_2—U_2	f_2	F_2
…	…	…	…
$i-1$	L_{i-1}—U_{i-1}	f_{i-1}	F_{i-1}
i	L_i—U_i	f_i	F_i
$i+1$	L_{i+1}—U_{i+1}	f_{i+1}	F_{i+1}
k	L_k—U_k	f_k	F_k
		$\sum f = n$	$F = n$

要得到中位数,首先要找出中位数所在的位置,即看它是在哪一组。由于中位数是 $n/2$ 位置上的数值,设落于第 i 组,则根据线性比例的内插法即可求出中位数 Md。得到中位数的近似公式如下:

$$Md = L_i + \frac{n/2 - F_{i-1}}{f_i} \times (U_i - L_i)$$

例 4.6 现有某市公寓房租金的统计资料如表 4.2 所示,试求房屋租金的中位数。

表 4.2　某市公寓房屋租金资料

每周租金(元)	房屋套数(套)	累积房屋套数(套)
7.5—12.5	12	12
12.5—17.5	26	38
17.5—22.5	45	83
22.5—27.5	60	143
27.5—32.5	37	180
32.5—37.5	13	190
37.5—42.5	5	195
42.5—47.5	2	200

解　调查的房屋共 200 套,中位数应近似在全部资料依序排列的第 100 套,属第 4 组,第 4 组下限为 22.5 元,次数为 60,组距为 5 元,累积至第 3 组有 83 套,则:

$$100 - 83 = 17, \quad Md = 22.5 + \frac{17}{60} \times 5 = 23.9(元)$$

各组数据均匀分布在中位数组组界内的假设,是组距次数分配资料求中位数的特点,此假设在很多情况下尚适宜,但毕竟只是近似,为避免误差,如果可能应尽量采用原始数据。

3. 性质

(1) 中位数处于依序排列资料的中间位置,是位置平均数,不易受极端值的影响。当次数分配非对称或资料存在极端值时,中位数作为集中趋势的度量较好,是较稳健的集中趋势测度量指标。正因如此,许多国家的政府发布的个人所得和人口年龄的平均值,往往用中位数,这就是因为个人所得的分配和人口的年龄分配通常是非对称的,极少数的人有极高的收入,极少数的人有很大的年龄。与此类似,由于高档房屋的价格高、面积大、市场占有份额很小,按照算术平均数计算的平均房价容易受到高档房屋价格的影响。因此,在研究房价时,房价中位数是一个更有代表性、更稳健的指标。

(2) 中位数的不足之处在于它的确定只与中间位置的一两个数值有关,忽略了其他数值的大小,缺乏敏感性,并且不适合代数运算。

(3) 在 Excel 中,我们可以用 MEDIAN( ) 函数求中位数。

(4) 中位数的一个应用:中位投票人定理(median voter theorem)。

中位投票人定理是由英国北威尔士大学经济学教授邓肯·布莱克(Duncan Black)提出的,在公共选择学以及其他学科方面具有重要的应用,而布莱克本人也被尊为"公共选择理论之父"。他在 1948 年发表的《论集体决策原理》一文中提出,只要投票人的偏好都是单峰的,简单多数投票法就可以产生唯一的均衡解,这个均衡解将与中位投票人的第一偏好正好一致,换言之,中位投票人决定了投票结果。

其中,中位投票人是指如果把全体选民的偏好进行排序,其偏好位于全体选民偏好中间位置的投票人称为中位投票人,有时又称为中间投票人、中间选民。

例 4.7　每位同学愿意缴纳的班费从 1 元到 20 元不等,其中 8 元为中位数,愿意缴纳 8 元的同学为中位投票人。那么,如果班长让同学们在 5 元和 8 元之间进行投票,哪一个选项会得到多数支持？在12元和8元之间呢？在9元和15元之间呢？

解 我们首先看一下5元和8元之间的投票。因为每个同学会把选票投给最接近自己意愿的选项，因此，愿意缴纳8元以上班费的同学会选择8元，这部分同学就占到一半；缴纳意愿低于5元的同学会选择5元；而缴纳意愿在5元和8元之间的同学中，低于6.5元的会选择5元，高于6.5元的会选择8元。这样，8元就获得了多数选票。所以，我们看到，中位投票人的意愿总会得到一半以上选民的支持。

三、众数

1. 定义

众数(mode)是一组资料中出现次数最多的那个数值，因此也可以代表数据的集中趋势。假设有三组资料如下：

(1) 20、15、18、20、20、22、20、23。
(2) 20、20、15、19、19、20、19、25。
(3) 10、11、13、16、15、25、8、12。

第一组中20出现的次数最多，所以众数是20；第二组中20和19都出现了3次，众数为20和19；第三组中各数值皆出现1次，所以众数不存在。

根据以上讨论知，众数可能不存在或不止一个（这些是在平均数第三个性质验证时出现众多无效值的原因），因此，众数的应用是有条件的。

2. 计算

对组距分组资料，众数组的确定容易，众数的确定则不易，需利用公式近似计算。从常识看，如果变量值小于众数组的那个相邻组的次数多于变量值大于众数组的那个相邻组的次数，则众数将小于众数组的中点值；如果变量值小于众数组的那个相邻组的次数少于变量值大于众数组的那个相邻组的次数，则众数将大于众数组的中点值。设众数组为第 i 组，于是有如下的近似计算公式：

$$Mo = L_i + \frac{f_i - f_{i-1}}{(f_i - f_{i-1}) + (f_i - f_{i+1})} d_i$$

其中，Mo 代表众数；f_i 代表众数组次数；f_{i-1} 代表变量值小于众数组那个相邻组的次数；f_{i+1} 代表变量值大于众数组那个相邻组的次数；d_i 为众数组的组距。

例4.8 试以例4.6的资料计算其众数。

解 众数组为22.5—22.7组，因此有：

$$Mo = 22.5 + \frac{60 - 45}{(60 - 45) + (60 - 37)} \times 5 = 24.47$$

众数与中位数一样具有性质简单明了、容易计算和理解、不受极端值影响的优点。但是它的缺点也非常明显，即没有利用所有观测值、缺乏敏感性、不适合进一步的代数运算、容易受到分组和样本的影响。此外，当资料中各数值出现次数差不多时，众数具有不存在或不止一个的特点，这就使得其应用受到局限。

一般而言，在资料中有较多的数值向某一数值集中的情况下，采用众数较为合适。例如，为了掌握某日某集市上某种商品的价格水平，应采用该日市场上该商品的最普遍成交价，这种价格就是众数，它具有很好的代表性。如果某班级学生的统计学考试成绩有 70% 都是 80 分,那么用 80 这个众数就可以很好地说明该班级学生的统计学考试成绩。另外,特别当资料是按品质标志分组时,用众数颇为恰当。假设有某校经济系 40 位教师的血型资料如下:

血型	A	B	O	AB
人数	21	5	12	2

既然该系教师的血型以 A 型居多,则以众数 A 为集中趋势最恰当。

如果资料中有两个或多个众数,说明总体不是同质总体,将男、女混合计算身高,就会出现双众数的情况,为了避免这种情况,可以将资料按性别分组后再计算众数。

在 Excel 中,当存在多个众数时,可用 MODE.MULT( ) 函数求众数,请注意这是一个组函数,要按照组函数的操作规则操作:选定多个单元格,输入公式,同时按下 Ctrl + Shift + Enter 组合键。当众数最多有一个时,可用 MODE.SNGL( ) 函数求众数。

四、平均数、中位数、众数三者之间的关系

描述统计数据集中趋势最常用的测度量就是算术平均数、中位数和众数,它们各自的特点在前面都已讨论过了。下面我们根据次数分配曲线图进一步讨论三者的关系。我们知道,如果大量地增加观察项数,同时又缩小组距,次数分布的直方图就会近似地成为一条光滑的曲线,不同分布情况下的曲线分别如图 4.4(a)、(b)、(c)所示。

在密度分布图中,中位数位于将密度曲线下方的面积一分为二的位置,为什么?众数位于密度曲线的最高处,为什么?在一个对称的分布中,这三个测度量指标重合;在一个偏斜的分布中,三者分离。

这是因为在中位数两边的数值频数相等,从而位于密度曲线下方面积一分为二的位置,而众数则代表出现频数最多的数值,因此它对应密度曲线的最高处。可以想象,在一个对称的分布中,平均数 = 中位数 = 众数,而在一个偏斜的分布中,三者对应的数值则是不一样的。

我们从一个对称分布开始,然后在分布的上端加上几项极大值,这样会产生正偏斜,而这时众数保持不变,中位数位置向上端方向移动,中位数数值增大,均值则增大更多。相反,若在分布的下端加上几项极小值,就会产生负偏斜,这时众数依然保持不变,中位数将减小,均值将减小更多。显然,这是因为众数最不受极端值的影响,而中位数虽然不受极端值的直接影响,但极端值的加入会影响中位数的位置,进而影响到中位数的数值。至于均值,由于其对极端值最敏感,自然所受影响最大。我们有下面的结论:

(1) 当数据分布为轻度偏态时,中位数大约位于均值与众数之间的 1/3 处,公式如下:

$$\bar{X} - Mo = 3(\bar{X} - Md)$$

图 4.4 说明了这种关系。我们以例 4.6 的资料为例,说明可利用均值、中位数和众数三者中的任意两个数值,按以上公式推出另一个数值。若通过中位数和众数来推出均值,有:

$$\bar{X} = \frac{3Md - Mo}{2} = \frac{3 \times 23.9 - 24.47}{2} = 23.62$$

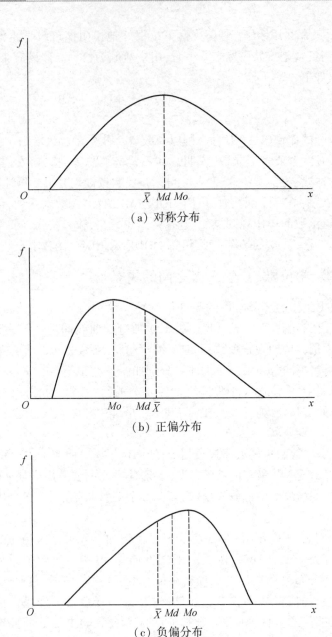

图 4.4 次数分配曲线图

(2) 算术平均数适用于定距变量(或数值型变量、定量变量);中位数适用于定序变量;众数则适用于定类变量(或定性变量)。例如我们要统计同学们最喜欢的食堂是哪一个,共列出五个选项,对于此定性变量来说,只能用众数来衡量。

(3) 算术平均数包含的信息是最多、最丰富的,所有观测值与算术平均数差的和等于0,所有观测值与算术平均数的平方和是最小的,在数学上容易计算。用平均数来猜测所有的数值,所产生的误差最小。(证明见第62—63页算术平均数的性质(1)、(2)。)

(4) 根据第63页算术平均数的性质(3),由于样本平均数在抽样中非常稳定,因此,它是总体均值的最佳估计式。

综上所述,由于均值是用代数定义的,同时具有比其他两个测度量指标更重要的优点,人们更多地采用均值作为集中趋势的测度值。当均值不易计算,或在某些特殊的情况下,则采用众数和中位数。在后面我们还会看到,对数据的分布形态进行判断时,我们需要了解这三种集中趋势指标,并进行对比分析。

五、集中趋势的其他测度量

(一)分位数

将中位数的概念推广,可得到各种分位数。分位数是顺序排列的一组数据被划分为若干相等部分的分割点的数值。常用的分位数有四分位数、十分位数和百分位数。

依据中位数定义,将资料按大小顺序排列,把资料分割成长度相等的两半的数值就是中位数。将此定义延伸,即可推出分位数的定义。

四分位数:将资料按大小顺序排列后,分割成四等分,得到三个分割点,每个分割点上的数值称为四分位数,用 Q_i 表示,$i=1,2,3$,Q_i 称为第 i 个四分位数。

在 Excel 中用 QUARTILE.INC( ) 函数来计算分位数,其语法结构为 QUARTILE.INC(array,quart),array 为需要求得四分位数值的数组或数字引用区域,quart 决定返回哪一个四分位值。如果 quart 取 0、1、2、3 或 4,则函数 QUARTILE.INC 返回最小值、第一个四分位数(第 25 个百分排位)、中分位数(第 50 个百分排位)、第三个四分位数(第 75 个百分排位)和最大数值。

十分位数:将资料按大小顺序排列后,分割成十等分,得到九个分割点,每个分割点上的数值称为十分位数,以 D_i 表示第 i 个十分位数,$i=1,2,\cdots,9$。

在 Excel 中没有直接计算十分位数的函数,但我们可以利用计算百分位数的函数进行计算。如第一个十分位数即第 10 个百分位数。

百分位数:将资料按大小顺序排列后,分割成 100 个等分,得到 99 个分割点,每个分割点上的数值称为百分位数,以 P_i 表示第 i 个百分位数,$i=1,2,\cdots,99$。

在 Excel 中用 PERCENTILE.INC 函数来计算百分位数,语法结构为 PERCENTILE.INC(array,k),array 为待排位的数组或数据区域,k 为数组中需要得到其百分位排位的点值。

分位数的计算一般可按以下步骤进行:

第一步:将资料按大小顺序排列。

第二步:求出分位数所在位置 i。

第三步:若 i 为整数,则所求分位数为该位置上的数值;若 i 为非整数,则取第 i 与第 $i+1$ 位置的两个数值的平均数为所求分位数。

例 4.9 在某一邻街住宅楼测量噪音水准,共记录了 49 个观测值,由小到大排列如下:

```
  8   12   17   19   20   21   24   25   27   28   30   32   35   38
 41   45   47   49   50   51   53   54   55   56   59   63   65   67
 69   70   72   75   79   85   88   93   99  101  105  110  115  118
120  123  127  135  140  142  150
```

试求:Q_1、Q_3、D_8、P_{30}、P_{90}。

解 计算方法为在 Excel 的 A1 到 A49 键入以上 49 个噪音值。

(1) 第 1 个四分位数 Q_1 的位置 $Q_i = 13$，因此：
$$Q_1 = \text{QUARTILE.INC}(A1:A49,1) = 35$$

(2) 第 3 个四分位数 Q_3 的位置 $Q_3 = 37$，因此：
$$Q_3 = \text{QUARTILE.INC}(A1:A49,3) = 99$$

(3) 第 3 个十分位数 D_3 的位置介于第 15 个数与第 16 个数之间，因此：
$$D_3 = \text{PERCENTILE.INC}(A1:A49,0.3) = 42.6$$

(4) 第 8 个十分位数 D_8 的位置介于第 39 个数与第 40 个数之间，因此：
$$D_8 = \text{PERCENTILE.INC}(A1:A49,0.8) = 107$$

(5) 第 30 个百分位数 P_{30} 的位置介于第 15 个数与第 16 个数之间，因此：
$$P_{30} = \text{PERCENTILE.INC}(A1:A49,0.3) = 42.6$$

(6) 第 90 个百分位数 P_{30} 的位置介于第 44 个数与第 45 个数之间，因此：
$$P_{30} = \text{PERCENTILE.INC}(A1:A49,0.9) = 123.8$$

我们容易看出，第 2 个四分位数、第 5 个十分位数和第 50 个百分位数就是中位数。

如果资料已经编制成次数分配，则各种分位数的近似值可通过公式推算。以四分位数为例：

$$Q_i = L_i + \frac{iN/4 - F_{i-1}}{f_i} \times d_i$$

其中，L_i 表示第 i 个四分位数所在组的下限；

f_i 表示第 i 个四分位数所在组的次数；

F_{i-1} 表示累积至第 i 个四分位数以前一组的累积次数；

N 为总次数；

d_i 为第 i 个四分位数所在组组距。

例 4.10 以例 4.6 的资料为例，计算 Q_1、Q_3。

解 首先，已知样本数 $n = 200$，可以计算出 Q_1 位于第 50 个数与第 51 个数之间，说明 Q_1 位于组 [17.5, 22.5] 中。根据公式计算得：

$$Q_1 = 17.5 + \frac{50 - 38}{45} \times 5 = 28.45$$

按照同样的方法，可计算出：

$$Q_3 = 27.5 + \frac{\frac{3}{4} \times 200 - 143}{37} \times 5 = 28.45$$

对于十分位数和百分位数也可以作类似的计算。

(二) 几何平均数

1. 定义

变量 X 的 n 项观测值 $x_1, x_2, \cdots, x_n$ 的乘积的 n 次根，其公式为：

$$G.M. = \sqrt[n]{x_1 x_2 \cdots x_n} = \left(\prod_{i=1}^{n} x_i\right)^{1/n}$$

对上式取对数有：

$$\log G.M. = (\log x_1 + \log x_2 + \cdots + \log x_n)/n$$

几何平均数有两个主要的用途:一是对比率进行平均;二是测定生产或经济变量时间序列的平均增长率。

2. 在 Excel 中,简单几何平均数的函数为 GEOMEAN( )

例 4.11 某国连续 4 年的通货膨胀率分别为 7.2%、8.6%、6.9% 与 9.8%。求这 4 年的平均通货膨胀率。

$$通货膨胀率 = 当年价格/上年价格 - 1$$

解法 1 $G = \sqrt[4]{7.2 \times 8.6 \times 6.9 \times 9.8} = \text{GEOMEAN}(7.2,8,6,6.9,9.8) = 8.4$

平均通货膨胀率 = 8.4%

解法 2 $G = \sqrt[4]{1.072 \times 1.086 \times 1.069 \times 1.098}$

$= \text{GEOMEAN}(1.072,1.086,1.069,1.098) = 1.0812$

平均通货膨胀率 = 1.0812 - 1 = 8.12%

思考:哪一种解法更合理?

例 4.12 设某建筑公司在四项工程的利润率分别是 3%、2%、4%、6%,问这四项工程的平均利润率是多少?

解 因为是对比率求平均,所以宜用几何平均法,有:

$$G = \sqrt[4]{3 \times 2 \times 4 \times 6} = \text{GEOMEAN}(3,2,4,6) = 3.46$$

即平均利润率为 3.46%。如果用算术平均法,则有:

$$\bar{X} = \frac{3\% + 2\% + 4\% + 6\%}{4} = 3.75\%$$

显然几何平均数提供了比较平稳的利润率,这里算术平均数之所以偏大,是因为资料中有一个偏大的观测值 6%。一般而言,对于同一资料,几何平均数总是等于或者小于算术平均数。

例 4.13 假设 G 公司 2007 年至 2012 年的年销售产值分别为 1 000 万元、2 000 万元、3 000 万元、4 000 万元、5 000 万元、6 000 万元,那么该公司年销售产值的平均增长率是多少?

解 G 公司各年销售产值的增长率如下表所示。

年份	2007	2008	2009	2010	2011	2012
增长率(%)	—	100	50	33	25	20

$$G = \sqrt[5]{200 \times 150 \times 133 \times 125 \times 120}$$

$$= \text{GEOMEAN}(200,150,133,125,120) = 143.03$$

因此,平均增长率为 143.03% - 1 = 43.03%

例 4.14 设 L 投资银行有一笔 20 年的长期投资,其利率是按复利计算的,有 1 年为 2.5%,有 3 年为 3%,有 5 年为 6%,有 8 年为 9%,有 2 年为 12%,有 1 年为 5%,求平均年利率。

解 与例 4.13 中求平均增长率一样,首先必须将各年利率加 100%,换算为各年本利率,然后以年数为权数计算加权几何平均数。

首先在 Excel 的 A1 到 A20 的位置上依次键入 102.5,103,103,103,106,…,105,有:

$$G = \sqrt[20]{102.5 \times 103^3 \times 106^5 \times 109^8 \times 112^2 \times 105}$$
$$= \text{GEOMEAN}(A1:A20) = 107.09$$

因此,年平均利率为 107.09% - 1 = 7.09%。

注意:当观测值有一项为零或负值时,不宜计算几何平均数。

(三) 调和平均数

1. 定义

调和平均数又称为倒数平均数,它的定义是,一组观测值的倒数的算术平均数的倒数,即:

令 H 表示 n 项观测值,$x_1, x_2, \cdots, x_n$ 的调和平均数,则有:

$$H = \frac{n}{\sum_{i=1}^{n}(1/x)}$$

加权调和平均数的函数:

$$H = \frac{\sum_i x_i f_i}{\sum_i (x_i f_i / x_i)}$$

2. 在 Excel 中,简单调和平均数的函数为:HARMEAN( )

其语法为 HARMEAN( ),括号中为待求调和平均数的数组式数据区域。

3. 应用

(1) 求相对指标的平均值时,如平均价格、平均成本、平均劳动生产率,多数情况下必须用调和平均数。

(2) 当算术平均数计算公式中的分母项——总体单位数未知时,无法直接应用算术平均数,应采用调和平均法计算。

(3) 当被平均的观测值属于具有倒数性质的变量时,适宜用调和平均数。

例 4.15 某人买了 4 只股票,各用去 100 元,每只股票的价格分别为 5.45 元、5.76 元、6.10 元、5.90 元,试计算平均价格。

$$H = \frac{400}{\frac{100}{5.45} + \frac{100}{5.76} + \frac{100}{6.10} + \frac{100}{5.90}} = 5.79(元/股)$$

或者使用 Excel,输入公式" = HARMEAN(5.45, 5.76, 6.10, 5.90)",结果为 5.79。

例 4.16 如下表所示,某水果店销售苹果,三天的价格和销售量不同,试计算平均价格。

苹果零售	每斤价格(元)	销售额(元)
第一天	5.00	2 500
第二天	5.50	2 200
第三天	6.50	2 600

$$H = \frac{2\,500 + 2\,200 + 2\,600}{\frac{2\,500}{5} + \frac{2\,200}{5.5} + \frac{2\,600}{6.5}} = 5.62(元/斤)$$

例 4.17 某人开车,前 10 千米以时速 50 千米驾驶,后 10 千米以时速 30 千米驾驶。若问此人行驶这 20 千米的平均时速,则以调和平均数为宜,即:

$$H = \frac{10 + 10}{\frac{10}{50} + \frac{10}{30}} = 37.5(千米/小时)$$

如果资料中含有零项,则无法计算调和平均数。

第二节 离中趋势的计量

在学习了集中趋势之后,我们就可以对一组数值的平均水平有一个大体的把握,但是,仅仅用集中指标来描述数据远远不够。如果忽略了数据点的分散情形,则可能会作出错误的判断。

与集中趋势相反,离中趋势反映的是一组资料中各观测值之间的差异或离散程度。举例来说,假设有下列三组学生的成绩:

```
第一组:   50    80    95    100   100
第二组:   75    82    85    88    95
第三组:   85    85    85    85    85
```

三组学生的平均成绩虽然都是 85 分,但各组成绩的差异与分布情形显然有很大差别。第一组 5 人的成绩,最高达 100 分,最低只有 50 分;第二组 5 人的成绩虽有差别,但差别不大;第三组 5 人的成绩均为 85 分,毫无差别。可见,平均数相同的资料,却可能由于其差异情形的不同,而使得平均数的代表性不同,资料的分布状态也不同。因此,为了解一群数值的较完整的特性,除了测定集中趋势外,还必须测定其离中趋势。下面我们就来介绍一些能够反映数据分散情况的指标。

一、全距

1. 定义

全距(range)又称为极差,指一组资料中最大的数值与最小的数值之差,通常用 R 表示。

$$R = 最大值 - 最小值$$

例如在上面所举学生成绩的例子中,各组学生成绩的全距分别为:

$$R_1 = 100 - 50 = 50$$
$$R_2 = 95 - 75 = 20$$
$$R_3 = 85 - 85 = 0$$

2. 性质

以全距来计量资料的离中趋势,最大的优点在于意义明确易懂,计算简单方便。而其缺点在于仅考虑了最大和最小两个数值,一组资料的所有差异完全由这两个个别值之间的

差异来决定,而没有考虑中间各观测值之间的离散情形。例如,设有两组数据资料如下:

第一组:　　3　4　5　6　7　9　10　12　15
第二组:　　3　8　8　9　9　9　10　15

两组数据的全距均为12,第一组的均值和中位数皆为8,组内数值分散在3和15之间,第二组的均值和中位数皆为9,但组内各数值大部分紧密地分布在中心值9周围。

虽然全距并非理想的计量离中趋势的量,但由于其简单易测,故而在实际中仍然被较多采用。如在工业产品的质量控制方面,以全距规定产品规格的上下限,当产品差异超出全距时,立即采取矫正行为。另外,在有关证券行情的报道中,记录各股票的当天最高价和最低价,用全距来说明当天成交价的变动范围,既简捷又明了。一个地区在某段时间之内,最高温度与最低温度的差距为这一段时间内的温差,温差也是一个全距的概念,可以反映该地区在该时间段的气温变化特征。

3. 在 Excel 中,可以用 MAX 函数和 MIN 函数来计算一组数值的全距

$$全距 = MAX(\ ) - MIN(\ )$$

二、平均差

1. 定义

一组数据值与其均值之差的绝对值称为平均差(average deviation),以 A.D. 表示,其计算公式为:

$$A.D. = \frac{\sum_{i=1}^{n} |x_i - \bar{x}|}{n} \quad 或 \quad A.D. = \frac{\sum_{i} |x_i - \bar{x}| f_i}{\sum_{i} f_i}$$

第一个公式是未分组数据的计算公式,第二个公式是分组数据资料的计算公式。从以上计算公式可以看出,平均差实际上是对离差进行平均,为避免正负离差抵消、总离差为零反映不出差异程度的情况,故而对各离差取绝对值。显然,数据越分散,离差的绝对值就越大,平均差也就越大。

以本节开始时所举的学生成绩的例子计算第一组和第二组的学生成绩平均差。已知两组均值均为85,则:

第一组平均差: $A.D. = \frac{|50-85|+|80-85|+|95-85|+|100-85|+|100-85|}{5}$

$= 16$

第二组平均差: $A.D. = \frac{|75-85|+|82-85|+|85-85|+|88-85|+|95-85|}{5}$

$= 5.2$

比较这两个平均差,第一组大于第二组,说明第一组学生的成绩差异较第二组大,也说明了两组学生的平均成绩虽然同是85分,但由于第二组各数值之间差异小,因此第二组的均值相对来说更有代表性。

如果资料已经分组,则要以次数对各个离差进行加权。

例 4.18 某企业100名工人的每周工资资料如表4.3所示。

表 4.3　100 名工人每周工资资料

按工资分组	工人数	组中值	离差	离差绝对值	离差绝对值×次数
100—200	10	150	-170	170	1 700
200—300	30	250	-70	70	2 100
300—400	40	350	30	30	1 200
400—500	20	450	130	130	2 600
合计	100	—	—	—	7 600

（资料栏）　　　　　　　　　（计算栏）

则：

$$\bar{x} = \frac{\sum_i x_i f_i}{\sum_i f_i} = \frac{3\,200}{100} = 320(元)$$

$$A.D. = \frac{\sum_i |x_i - \bar{x}| f_i}{\sum_i f_i} = \frac{7\,600}{100} = 76(元)$$

平均差充分考虑了每一个数值离中的情况，完整地反映了全部数值的分散程度，在反映离中趋势方面比较灵敏，计算方法也比较简单。它的缺陷在于，作为一种算术平均数，它具有明显的敏感性，使得自身易受极端值影响，特别是绝对值运算给数学处理带来很多不便。

2. 在 Excel 中用 AVEDEV 函数来计算平均差

其语法为 AVEDEV( )，括号中为待求平均差的数组式数据区域。

三、方差与标准差

方差（variance）与标准差（standard deviation）是测度离中趋势的最重要、最常用的量。

（一）总体方差与总体标准差

总体方差是一组总体资料中各数值与其算术平均数离差平方和的平均数，通常用 σ^2 表示。总体标准差则是总体方差的平方根，用 σ 表示。

$$\sigma^2 = \frac{\sum_{i=1}^{n}(x_i - \bar{x})^2}{n}, \quad \sigma = \sqrt{\frac{\sum_{i=1}^{n}(x_i - \bar{x})^2}{n}}$$

对于分组数据资料，则以次数加权，有：

$$\sigma^2 = \frac{\sum_{i=1}^{k}(x_i - \bar{x})^2 f_i}{\sum_{i=1}^{k} f_i}, \quad \sigma = \sqrt{\frac{\sum_{i=1}^{k}(x_i - \bar{x})^2 f_i}{\sum_{i=1}^{k} f_i}}$$

从方差与标准差的定义和计算公式可以看出，它与平均差都是以离差来反映一组数据的差异程度的，不同之处在于对离差的处理方式不同。方差和标准差是通过对离差进行平方来避免正负离差的互相抵消，这使得它不仅考虑了所有数据的情况来反映数据离散程度的大小，而且避免了绝对值计算，使得数学上的处理更加方便。此外，方差在统计推断上也具有较佳的统计与数学性质。这些都使得方差成为最重要的离中趋势测度量。

例 4.19 设有甲、乙两班组工人日产量如下：

甲班组： 8　9　10　11　12

乙班组： 4　7　10　13　16

试计算其方差和标准差，并做比较。

解 此二组资料的均值均为 10，则：

$$\sigma_1^2 = \frac{1}{5} \times [(8-10)^2 + (9-10)^2 + (10-10)^2 + (11-10)^2 + (12-10)^2]$$

$$= 1/5(4+1+0+1+4) = 2$$

$$\sigma_1 = \sqrt{2} = 1.414$$

$$\sigma_2^2 = \frac{1}{5} \times [(4-10)^2 + (7-10)^2 + (10-10)^2 + (13-10)^2 + (16-10)^2]$$

$$= 1/5 \times (36+9+0+9+36) = 18$$

$$\sigma_2 = \sqrt{18} = 4.243$$

计算结果表明，虽然甲、乙两班组工人的平均日产量相同，但甲班组的方差和标准差小于乙班组，说明甲班组各工人日产量之间的差别不如乙班组大，其平均日产量 10 比较有代表性。

（二）方差的简便运算

在计算方差和标准差的过程中，由于要计算各个离差的平方和，因此计算起来比较麻烦，为简化计算，可对公式作如下变换：

$$\sigma^2 = \frac{\sum_{i=1}^{n}(x-\bar{x})^2}{n} = \frac{\sum_{i=1}^{n}x_i^2 - 2\bar{x}\sum_{i=1}^{n}x_i + n(\bar{x})^2}{n} = \frac{\sum_{i=1}^{n}x_i^2 - 2n(\bar{x})^2 + n(\bar{x})^2}{n}$$

$$= \frac{\sum_{i=1}^{n}x_i^2 - n(\bar{x})^2}{n} = \frac{\sum_{i=1}^{n}x_i^2}{n} - (\bar{x})^2$$

这样，直接计算数据值的平方和就简便多了。利用带统计功能的计算器，将数据直接输入，就可以得到所需的各个数值。如对例 4.19 可作以下计算：

$$\sigma_1^2 = \frac{8^2 + 9^2 + 10^2 + 11^2 + 12^2}{5} + 10^2 = 102 - 100 = 2$$

$$\sigma_1 = \sqrt{2} = 1.414$$

$$\sigma_2^2 = \frac{4^2 + 7^2 + 10^2 + 13^2 + 16^2}{5} - 10^2 = 118 - 100 = 18$$

$$\sigma_2 = \sqrt{18} = 4.243$$

关于分组资料，可用下式计算：

$$\sigma^2 = \frac{\sum_{i=1}^{k} x_i^2 f_i}{\sum_{i=1}^{k} f_i} - (\bar{x})^2$$

例 4.20 就表 4.4 的资料计算其方差和标准差。

表 4.4 假设的分组资料

组限	组中值	次数
0—14	7	23
15—29	22	8
30—44	37	3
45—59	52	2
60—74	67	0
75—89	82	1
合计	—	37

解
$$\frac{\sum_{i=1}^{6} x_i^2 f_i}{\sum_{i=1}^{6} f_i} = \frac{21\,238}{37} = 574, \quad \frac{\sum_{i=1}^{6} x_i f_i}{\sum_{i=1}^{6} f_i} = \frac{634}{37} \approx 17$$

$$\sigma = 574 - 17^2 = 285$$

(三) 样本方差与样本标准差

样本方差是一组样本资料中各数值与其算术平均数离差平方和的平均数。通常用 S^2 表示。样本标准差则是样本方差的平方根,用 S 表示。

$$S^2 = \frac{\sum_{i=1}^{n}(x_i - \bar{x})^2}{n-1}, \quad S = \sqrt{\frac{\sum_{i=1}^{n}(x_i - \bar{x})^2}{n-1}}$$

当样本数据个数很大时,n 与 $n-1$ 很接近,从而样本方差与总体方差也很接近。

注意,样本方差的分母为 $n-1$,总体方差的分母为 n。

(四) 用 Excel 求方差和标准差

(1) 总体方差 σ^2 = VAR.P( );总体标准差 σ = STDEV.P( )。
(2) 样本方差 S^2 = VAR.S( );样本标准差 S = STDEV.S( )。

如果数据是总体数据,则应该使用 VAR.P 函数与 STDEV.P 函数计算方差和标准差;如果样本数据,则应该使用 VAR.S 函数与 STDEV.S 函数计算方差和标准差。

四、切比雪夫定理与经验法则

方差和标准差是较重要的离中趋势测度量,其大小说明各数值在均值周围的分布情况,当一组资料的标准差较小时,说明大多数的数值集中于均值附近。那么,究竟有多少个数值落在均值附近的某一个区间内?关于此问题,19 世纪俄国数学家切比雪夫(Chebyshev)提出了一个著名的定理:

(一) 切比雪夫定理

对任何一组资料,观测值落于均值左右 k 个标准差的区间内的比例,至少为 $(1 - 1/k^2)$。

例如,有一组关于顾客购物付账等候时间的资料,已知等候时间的均值为4分钟,标准差为0.9分钟,则根据切比雪夫定理,当$k=2$时,至少有$1-(1/2)2=3/4$或75%的观测值落在均值左右两个标准差的区间内,即区间$[4\pm2\times0.9]$内。也就是说,等候时间介于2.2分钟和5.8分钟之间的顾客至少占75%。

根据需要,可以求出各种不同k值所对应的区间,如表4.5所示。

表4.5　各种不同k值所对应的观测值落入的区间

k	区间	落在该区间内的比例
1	$(\bar{x}-\sigma, \bar{x}+\sigma)$	至少为0
2	$(\bar{x}-2\sigma, \bar{x}+2\sigma)$	至少为3/4(75%)
3	$(\bar{x}-3\sigma, \bar{x}+3\sigma)$	至少为8/9(89%)
4	$(\bar{x}-4\sigma, \bar{x}+4\sigma)$	至少为15/16(94%)

注意,当$k=1$时,此定理无法告诉人们有意义的信息,因为按照切比雪夫定理,此时至少有0%比例的观测值在区间$(\bar{x}-\sigma, \bar{x}+\sigma)$内。

切比雪夫定理适用于任何形状的次数分布资料,但按其得到的估计区间是一个比较保守的估计值,只说明了至少有多少比例在某一区间内,至于确切的比例仍不得而知。在统计学中有一个性质与切比雪夫定理很相似的法则,能够回答观测值落在均值左右k个标准差的区间内的比例大致是多少,此即经验法则。

(二) 经验法则

当资料分布形状呈对称时,则有:
(1) 约有68%的观测值落于区间$(\bar{x}-\sigma, \bar{x}+\sigma)$内。
(2) 约有95%的观测值落于区间$(\bar{x}-2\sigma, \bar{x}+2\sigma)$内。
(3) 约有97%的观测值落于区间$(\bar{x}-3\sigma, \bar{x}+3\sigma)$内(如图4.5所示)。

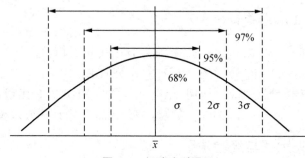

图4.5　经验法则图示

假如上例顾客等候付账的时间是对称分配,则有95%的顾客需等候2.2分钟至5.8分钟。

五、相对离中趋势

前述各种度量离中趋势的量,都带有与原资料相同的计量单位,属于绝对数。凡性质相同、计量单位相同、均值相同的统计资料,都可用绝对离中趋势量来比较。但是,如果资料的性质不同、单位不同、均值不同,就要考虑用相对离中趋势量来进行比较,因为此时绝对离中趋势的测度量已不能反映各组资料差异程度的区别和大小。

例如,两组资料都是测量同一批钢条长度的观测值,第一组以厘米为计量单位,第二组以米为单位,具体数据如下:

第一组: 0　　200　　300　　400　　500
第二组: 1　　2　　3　　4　　5

分别计算其方差和标准差,可得出:

$$\sigma_1^2 = 20\,000, \quad \sigma_1 \approx 141$$
$$\sigma_2^2 = 2, \quad \sigma_2 \approx 1.414$$

若因此认为第一组的离散程度大于第二组,显然没有道理。

再如,假设某企业非熟练工人每周的平均工资为105元,标准差为10元,技术工人每周的平均工资为800元,标准差为50元,若因此就简单下结论,认为非熟练工人工资变异程度小于技术工人,也未免不够慎重。因为我们不能不考虑两组差异悬殊的均值所起的作用。为解决这类问题,可以通过将绝对离中趋势量转化为相对离中趋势量,从而使得度量值与原资料的计量单位和平均水平高低无关。

最常用的相对离中趋势测度量是变异系数。变异系数又叫离散系数,是标准差与均值的比值,以 C.V. 表示,其计算公式为:$C.V. = \dfrac{\sigma}{\mu}$ 或 $\dfrac{S}{\bar{X}}$,即要么是总体标准差除以总体均值,要么是样本标准差除以样本均值。

代入以上所举例的数字可得到两组钢条长度的变异系数分别为:

$$C.V._1 = \frac{141}{300} = 0.47 = 47\%$$

$$C.V._2 = \frac{1.41}{3} = 0.47 = 47\%$$

计算结果表明两组资料的变异程度无异。再代入数字可得到非熟练工人和技术工人工资的变异系数分别为:

$$\text{非熟练工人工资的变异系数} = \frac{10}{105} = 0.095 = 9.5\%$$

$$\text{技术工人工资的变异系数} = \frac{50}{800} = 0.0625 = 6.25\%$$

计算结果表明,非熟练工人工资的变异程度比技术工人工资的大。

六、离中趋势的其他测度量

(一) 四分位差

四分位差是第三个四分位值与第一个四分位值之差的1/2,以 Q.D. 表示,其计算公式为:

$$Q.D. = \frac{Q_3 - Q_1}{2}$$

其中,Q_3 与 Q_1 之差称为四分位距(interquartile range),四分位差即为四分位距的1/2,

它实际上是一组资料中间一半观测值的全距,仅与50%的数值有关,而不考虑一组资料前后各占25%的数值,这样就避免了全距容易受极端值影响的缺陷。四分位差常和中位数配合用以说明数据分布的特征。因为当一组数据为对称分布时,第一分位值至中位数的距离等于中位数至第三分位值的距离,此性质可用于判断分析某一资料是否对称。

(二) 异众比率

异众比率指非众数值的次数之和占总次数的比重,以 V_{Mo} 表示,其计算公式如下:

$$V_{Mo} = \frac{N - f_{Mo}}{n}$$

其中,f_{Mo} 为众数值次数,n 为总次数。异众比率数值越大,说明众数的代表性越小,也即观测值的差异较大;异众比率数值越小,众数的代表性越大,即观测值的差异较小。

(三) 平均差系数

平均差系数测度的是相对离中趋势,是平均差与均值之比,以 V_{AD} 表示,其计算公式为:

$$V_{AD} = \frac{A.D.}{\bar{X}}$$

第三节 数据的分布形状

一、问题的提出

英国著名统计学家卡尔·皮尔逊(Karl Pearson)在对概率分布的研究中,发现了一组后来被他称为"偏斜分布"的一组分布函数,他认为这组函数可以描述数据的任何分布类型,而它们的分布则取决于四个参数:① 平均数,测量数据的中间和集中状态。② 标准差,测量数据的分散程度以及偏离均值的程度。③ 对称性,测量数据在均值一边的堆积程度。④ 峰度:测量个别的观测值偏离均值有多远。

在第一节和第二节中,我们学习了如何来衡量一组数据的集中趋势和离中趋势,那么是否能说具有相同平均数和方差的数据其分布形状是一样的?根据皮尔逊的发现,答案是否定的,因为数据的分布形状还取决于对称性和峰度的情况。

假设有两组数据资料如表 4.6 所示,其均值都是 5,标准差都是 2.287,但将两组资料绘在同一坐标图上,实线代表第一组的次数分布,虚线代表第二组的次数分布,由图 4.6 可以看到,第一组的高峰在第二组高峰之右。

表 4.6 假设的两组数值资料

数值	1	2	3	4	5	6	7	8	9
第一组的次数	1	2	0	2	3	0	4	0	1
第二组的次数	1	0	4	0	3	2	0	2	1

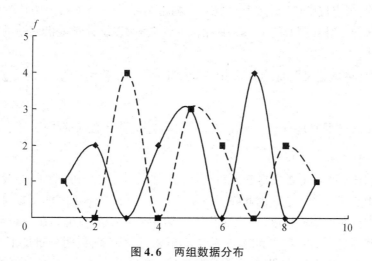

图 4.6 两组数据分布

可见,两组资料虽然平均数与标准差都相同,但却形状却不同。因此,我们需要学习能够用来描述数据形状的新指标——偏斜度和峰度。

二、偏斜度

1. 定义

偏斜度是刻画次数分配形状的一个指标,反映的是在平均数两侧次数分配的对称程度。可以用皮尔逊偏态系数来反映一组数据的偏斜度。

2. 皮尔逊偏态系数

皮尔逊偏态系数以均值与中位数的差对标准差之比率来衡量偏斜的程度,用 Sk 表示,其计算公式为:

$$Sk = \frac{3(\bar{x} - Md)}{S}$$

当资料的偏斜程度不大时,且众数存在时,可以用公式 $Sk = \frac{(\bar{x} - Mo)}{S}$。

以之前所举两组假设的数据资料为例,计算其各自的偏态系数为:

$$Sk_1 = \frac{\bar{x}_1 - Mo_1}{\sigma_1} = \frac{5-7}{2.287} = -0.87 < 0$$

$$Sk_2 = \frac{\bar{x}_2 - Mo_2}{\sigma_2} = \frac{5-3}{2.287} = +0.87 > 0$$

第一组的偏态系数小于零,因为平均数在众数的左边,是一种左偏的分布,又因为偏态系数是负数,所以又称为负偏;第二组的偏态系数大于零,因为均值在众数的右边,是一种右偏的分布,又因为偏态系数是一正数,所以又称为正偏。从以上讨论可以看出,皮尔逊偏态系数是根据众数、中位数与均值各自的性质,通过比较众数或中位数与均值来衡量偏斜度的。

3. 动差法求偏态系数

动差法又叫矩法。矩是力学的概念,用以表示力与力臂对中心的关系,如果在重心左右的力相等,则出现平衡,正向力与负向力相抵为零。这个关系与统计学中所讨论的随机变量数据分布对其均值的关系具有相似的性质,所以统计学就借用矩的概念说明数据分布的特性。

统计学中,将矩定义为原点矩和中心矩,将 $\sum_i x_i^k / n$ 称为变量 X 的 k 阶原点距;当 $k=1$ 时,一阶原点距就是均值。$\dfrac{\sum_i (x_i - \mu)^k}{n}$ 称为变量 X 的 k 阶中心距,记作 m_k。当 $k=2$ 时,二阶中心距就是方差。

利用它们还可以研究数据分布的偏倚特性。假如数据分布完全对称,我们将会看到所有奇数阶中心矩都等于零。因此除了一阶中心矩外,任一不为零的奇数阶中心矩都可用来衡量数据分布的偏倚程度,而在其中以三阶中心矩最为简单。在一组数据中,当其正的差数之和超过负的差数之和时,三阶中心矩之值大于零,说明分布是正偏的,当其负的差数之和超过正的差数之和时,说明分布是负偏的。为了定义一个无量纲的数量以便比较不同数据分布的偏倚特征,定义偏倚系数为:

$$a_3 = \frac{m_3}{\sigma^3} = \frac{\dfrac{\sum_i (x_i - \mu)^3}{n}}{\sigma^3}$$

其中,m_3 为三阶中心矩,也叫三阶动差,σ^3 为标准差的立方。通过 a_3 的符号可以判断是正偏还是负偏,同时 a_3 的绝对值越大,说明数据偏斜程度越大。很高的偏斜度提醒我们极端值或异常值的存在。

对例 4.16 的资料计算偏倚系数,有:

第一组:

$$m_3 = \frac{(1-5)^3 + 2 \times (2-5)^3 + 2 \times (4-5)^3 + 4 \times (7-5)^3 + 1 \times (9-5)^3}{13}$$

$$= -1.864$$

$$\sigma = 2.287$$

$$a_3 = -1.864/2.287^3 = -0.15$$

第二组:

$$m_3 = 1.847$$

$$\sigma = 2.287$$

$$a_3 = 1.847/2.287^3 = 0.15$$

两组的偏倚程度一样,但第一组是负偏,第二组是正偏。偏倚系数 Sk 的值没有一定界限,一般当大于 2 时,就算偏倚程度很大了。

4. 偏斜度的计算

在 Excel 中用 SKEW 函数计算样本数据的偏斜度,计算公式为:

$$Sk = \frac{n^2}{(n-1)(n-2)} \times \frac{\hat{m}_3}{\sigma^3} = \frac{n^2}{(n-1)(n-2)} a_3$$

其中,$\dfrac{n^2}{(n-1)(n-2)}$ 为计算样本资料偏斜度时的调整系数。

例 4.21 计算两组数据{22,23,29,19,38,27,25}和{16,15,19,17,15,14,16}的偏斜度。

解 第一组数据的偏斜度 = SKEW(22, 23, 29, 19, 38, 27, 25) = 1.211

第二组数据的偏斜度 = SKEW(16, 15, 19, 17, 14, 13, 16, 12, 9) = -0.517

第一组数据的均值为 26.143,偏斜度为 1.211,表明数据呈现右偏,数据的极端值 38 出现在大于平均值的方向,多数的数据小于均值,观察结果的确如此。第二组数据的均值为 14.556,偏斜度为 -0.517,表明数据呈现轻微的左偏,数据的极端值 9 出现在小于平均值的方向,多数的数据大于均值。

三、峰度

(一) 定义

峰度是刻画次数分配形状的另一指标,指的是次数曲线的高峰或低峰形态。

我们先来看一个例子,假设有三组次数分布如表 4.7 所示。

表 4.7 假设的三组次数

数值	1	2	3	4	5	6	7	8	9	合计
第一组的次数	0	0	3	4	4	4	3	0	0	18
第二组的次数	0	1	1	3	8	3	1	1	0	18
第三组的次数	1	0	0	0	16	0	0	0	1	18

三组资料的平均数都是 5,标准差都是 1.33,偏倚系数都是 0,但将三组资料绘制成图,却发现三个图形不一致,如图 4.7 所示。

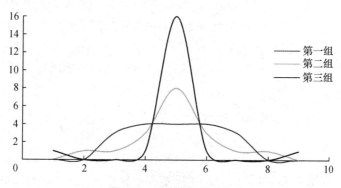

图 4.7 三组资料的分布

第一组高峰最低,第三组高峰最高,第二组居中。可见,均值、标准差与偏倚系数都相同的次数分布,并不一定是相同的分布,峰度也是次数分布的一个特征。

比较以上三组资料的次数分布图,我们看到:第一组的峰度又低又阔,这样的峰度称为低阔峰,具有低阔峰的次数分配数据分布比较分散;第三组的峰度又高又窄,这样的峰度称为高狭峰,具有高狭峰的次数分配数据分布比较集中;第二组的峰度比较适中,称为常态峰。峰度的大小可以用动差法来测定。

(二) 峰度系数

1. 定义

定义峰度系数为：

$$K = a_4 = \frac{m_4}{\sigma^4}, \quad m_4 = \frac{\sum_i (x_i - \mu)^4}{n}$$

我们是用四阶中心矩来计量峰度的,当 $K = a_4 = 3$ 时,我们说峰度适中,称为常态峰; $K = a_4 > 3$,称为高狭峰或尖峰; $K = a_4 < 3$,称为低阔峰或扁峰。

将例 4.17 的资料代入以上公式计算,得到第一组的四级动差(四阶中心矩)为：

$$m_4 = \frac{3 \times (3-5)^4 + 4 \times (4-5)^4 + 4 \times (5-5)^4 + 4 \times (6-5)^4 + 3 \times (7-5)^4}{18}$$

$$= 5.78$$

$$K = \frac{m_4}{\sigma^4} = \frac{5.78}{1.33^4} = 1.85$$

同样的方法可得第二组资料 $m_4 = 11.11, K = 3.55$;第三组资料 $m_4 = 28.44, K = 9.09$。

2. 对峰度系数的进一步解释

峰度本质上所描述的是数据分布的"肥尾"程度,为什么? 我们来观察一下四阶中心距 $\sum (x_i - \mu)^4/n$。四阶中心距中包含的是观测值与总体均值差的 4 次方,通过 4 次方,远离均值的观测值与均值之间的距离被放大了。因此当方差一定时,四阶中心距越大,表明远离均值的极端观测值越多,分布曲线的两侧就显得越"肥",称为"肥尾"。同时当方差一定时,如果出现了"肥尾",那么就会有更多的观测值聚集在均值附近,从而使数据分布呈现出明显的"峰度"。在多数情况下,分布曲线的尾部越宽,它的"峰度"会越明显。

所以,峰度可以告诉我们,观测数值的方差在多大程度上是由于极端值的出现造成的。峰度值越大,表明该分布的极端值比重越大,或者极端值的极端程度越大。

3. 在 Excel 中计算峰度函数 KURT

Excel 中计算样本峰度的函数 KURT 采用的计算公式为：

$$K = \frac{n^2(n+1)}{(n-1)(n-2)(n-3)} \times \frac{\hat{m}_4}{S^4} - \frac{3(n-1)^2}{(n-2)(n-3)}$$

我们根据计算结果来判断峰度大小时,是和零相比,正态分布的峰值为零。也就是说,如果结果大于零,说明分布比同方差的正态分布尖锐,负峰值则表示相对平坦的分布。

例 4.22 已知某大型商场 9 月份的日销售额资料如下(单位:万元),试计算这组销售数据的偏斜度和峰度,并对结果进行解释。

236　238　240　249　252　257　258　261　263　265　267　268　269
271　272　273　274　276　278　280　281　284　291　292　295　297
301　303　310　322

解 偏斜度 $Sk = \text{SKEW}(B41:B70) = 0.195$

峰度 $K = \text{KURT}(B41:B71) = -0.212$

计算结果表明,该商场9月份的日销售额分布比较对称,略微有些偏斜,且偏斜方向为正,说明有个别几天的销售额格外偏高,大多数日子的销售额比平均值偏低,这非常符合零售业的特点。同时,负的峰度结果表明,该商场9月份的日销售额的分布较为平坦,也就是说,引起日销售额有差异的主要因素不在于极端值,因为极端值出现的次数并不多,而是处于中间状态的日销售额高低分布比较分散。

四、Excel中的描述统计分析工具

到此为止,我们介绍了描述数据的集中趋势、离中趋势和分布形状的各种指标。Excel中有专门的"描述统计分析工具",用于计算数据的集中趋势、离中趋势、偏度、峰度等有关的描述性统计指标。这个工具的具体操作如下:选择"文件"菜单,然后通过"选项/加载项"加载"分析工具库"和"分析工具库——VBA";此时"数据"菜单最右侧出现"数据分析"选项。

当我们输入待分析的数据区域后,将得到下面的输出结果,每个指标的解释如下:

平均	平均数或均值,$\bar{X}$
标准误差	$S/\sqrt{n}$,用于求总体均值的置信区间
中值	中位数,Md
模式	众数,Mo
标准偏差	样本标准差,S
样本方差	样本方差,S^2
峰值	峰度,K
偏斜度	偏斜度,Sk
区域	极差,R
最小值	最小值
最大值	最大值
求和	所有观测值之和
计数	总体单位数,或样本容量,n

当我们对一组样本或总体资料进行描述统计分析时,就可以直接使用"描述统计分析工具",通过一次操作,迅速得到有关描述性统计指标的结果。在本章课件"例题"中,我们给出了对例4.22某大型商场9月份的日销售额数据的描述统计工具的分析结果,读者可以参考。

▍关键术语▍

算术平均数　均值　众数　中位数　调和平均数　倒数平均数　几何平均数
四分位数　十分位数　百分位数　离散程度　离差　变异程度　全距　平均差
标准差　方差　变异系数　离散系数　异众比率　偏态　正偏　负偏　左偏　右偏
偏态系数　动差法　矩法　原点矩　中心矩　峰度系数　常态峰　高狭峰　低阔峰

习题

1. 某公司雇员年龄如下：

   53　23　42　31　37　46　59　27　32　20　28　35　52
   45　40　38　26　42　36　30　56　28　31　39　25

   （1）计算年龄数据的均值、中位数、众数、全距、方差、标准差和四分位数。

   （2）对上述资料分组，然后利用分组数据计算均值、中位数、众数和四分位数。

   （3）对比分组前和分组后计算的结果，说明两个同一数量特征值差异的原因。

2. 某班学生150人，统计学的平均成绩为78分，标准差为8分；经济学的平均成绩为72分，标准差为7.5分。试比较该班学生在统计学与经济学两个科目上的成绩。

3. 自某校随机抽出1 080位学生，得出其IQ的平均数为120，标准差为8。（1）试利用切比雪夫定理求出至少包含810个学生IQ的区间，并指出包含的学生数不超过120人的IQ值区间。（2）设学生的IQ呈钟形分布，则在（1）中指出的两个区间内，各约有多少个学生？

4. 据统计，中国国民生产总值指数（以上年为100）从1978年至1993年依次为：111.7、107.6、107.9、104.4、108.8、110.4、114.7、112.8、108.1、110.9、111.3、104.4、104.1、108.2、113.4、113.2，试求该时期我国经济年平均增长率。

5. 设两种等级的某商品的单价与销售额资料如下表所示。

商品等级	商品单价（元/斤）	商品销售额（元）
一级	1.6	8 000
二级	1.2	6 000

   求该商品的平均价格。

6. 随机抽取某地区20家旅馆，记录每家旅馆的房间数如下：

   　80　　99　100　107　120　125　139　142　154　160
   202　214　247　254　255　264　308　320　332　400

   （1）计算皮尔逊偏态系数和动差法偏态系数，并说明此资料的偏态系数的正负号说明什么。

   （2）计算动差法峰度系数。

7. 验货员报告老板，50个红烧肉罐头的平均重量为16.80盎司，标准差为0.25盎司。老板问他重16.3—17.3盎司的大约有多少罐，因为原始记录丢失，他答不出来。你是否可以帮他忙呢？说出一个下限就可以了。

8. 两种水稻分别在五块田地上试种，其产量如下表所示。

品种甲		品种乙	
地块面积（亩）	产量（斤）	地块面积（亩）	产量（斤）
1.2	1 200	1.5	1 680
1.1	1 045	1.3	1 300
1.0	1 100	1.3	1 170
0.9	810	1.0	1 208
0.8	840	0.9	630

问：哪个品种更值得推广？

9. 今有两个企业的职工人数及工资额资料如下表所示。

企业甲		企业乙	
工资(元)	人数	工资(元)	人数
450	4	400	5
550	8	600	10
700	15	750	24
850	20	870	15
950	7	970	2
1 150	3	1 200	1
合计	57	合计	57

（1）比较哪个企业的平均工资高。

（2）计算标准差及离散系数，并说明哪个单位的平均工资更具有代表性。

（3）试就上述资料计算偏态系数（分别用两种方法）和峰度系数。

10. 请你对下面 A 组至 G 组的数据，运用 Excel 计算它们的方差和峰度，并通过对结果的观察，谈谈你对方差和峰度的理解。

X 取值	freq A	freq B	freq C	freq D	freq E	freq F	freq G
5	20	20	20	10	05	03	01
10	00	10	20	20	20	20	20
15	20	20	20	10	05	03	01
方差							
峰度							

11. 举两个现实中的现象，它们的分布分别为左偏和右偏。最好能找到相关的数据验证你的判断。

12. 找出 2010 年我国各省人均 GDP，进行描述统计，并分析。

13. 某班 50 名学生的统计学课程成绩如下：

52 80 50 61 74 62 54 72 66 73 80 96 63 89 94
86 68 69 56 56 58 94 72 97 68 57 63 90 59 69
61 91 99 96 84 84 82 70 54 51 89 93 89 51

计算这 50 名学生统计学成绩的均值、中位数、众数、标准差和偏态系数。

14. 200 名吸烟者的年龄分布如下表所示，请计算这 200 名吸烟者的平均年龄。

年龄(岁)	人数
20 岁以下	5
20—25	20
25—30	45
35—40	75
40—45	40
45—50	15
合计	200

15. 某国 2005 年至 2012 年的服务出口额(单位:亿美元)为 3 563、3 987、4 544、5 126、4 805、5 225、5 780、6 212.2,其服务进口额(单位:亿美元)分别为 2 717、3 083、3 356、3 702、3 450、3 670、3 906、4 111.1,求其服务进出口各自的平均增长率。

16. 某企业购进五批同种原材料,每批的单价和购进量如下表所示,求这五批原材料的平均价格。

原材料	单价(元/吨)	购进量(吨)
第一批	1 500	2 000
第二批	1 600	2 300
第三批	1 650	1 800
第四批	1 800	1 500
第五批	2 950	2 400
合计	9 500	10 000

17. 举一个现实中的现象,它们的分布为尖峰或偏峰,并找到相关的数据,计算其峰度,从而验证你的判断。

第五章　概率和概率分布

在前面几章中,我们介绍了统计学的一些基本概念以及对数据进行收集、整理和显示的基本方法,这些方法构成了描述统计学的基本内容。如果我们收集整理的数据是描述总体特征的数据,那么,我们已经达到了对总体数量特征的认识。但是,如果我们收集整理的只是总体中某一样本的数据,就需要根据样本提供的信息对总体数量特征进行推算。从本章开始,我们将逐渐深入推论统计的领域。这一章我们首先讨论与统计推论密切相关的、构成推论统计理论基础的概率和概率分布的基本理论,以便为后面的统计推论方法打下基础。

本章主要讨论以下问题:

1. 随机事件与概率;2. 随机变量与概率分布;3. 随机变量的数字特征。

第一节　随机事件与概率

一、随机事件

（一）随机现象、随机试验、样本空间与随机事件

1. 随机现象

概率论所研究的是随机现象的数量规律性。随机现象是一种可能发生也可能不发生,可能这样发生也可能那样发生的不确定现象。在随机现象中,可能结果不止一个,且事前无法预知确切的结果,有时随机现象又称为偶然现象。在自然界,在生产生活中,随机现象十分普遍,也就是说随机现象是大量存在的。例如,高考的结果,掷骰子的结果,消费者对手机品牌的选择,随机抽取的交作业名单,今天来上统计学课的学生人数。这类现象是即使在一定的相同条件下,结果也是不确定的。举例来说,同一个工人在同一台机床上加工同一种零件若干个,它们的尺寸总会有一点差异。在同样的条件下,进行小麦品种的人工催芽试验,各颗种子的发芽情况也不尽相同,有强弱和早晚的分别等。

为什么会有随机现象？或者说,为什么在同样的条件下,多次进行同一试验或调查同一现象,所得结果会不完全一样？这是因为我们说的"相同条件"是指一些主要条件,除了这些主要条件外,还会有许多次要条件和偶然因素又是人们无法事先一一掌握的。正因如此,我们在这一类现象中,就无法用必然性的因果关系,对个别现象的结果事先得出确定的答案。事物间的这种关系是属于偶然性的、随机性的。随机现象这种结果的不确定性,是由于一些次要的、偶然的因素影响所造成的。

随机现象从表面上看,似乎是杂乱无章的、没有什么规律的现象。但实践证明,如果同类的随机现象大量重复出现,它的总体就呈现出一定的规律性。大量同类随机现象所

呈现的这种规律性,随着我们观察次数的增多而越发明显。比如掷硬币,每一次投掷很难判断是哪一面朝上,但是如果多次重复地掷这枚硬币,就会越来越清楚地发现它朝上的次数大体相同。我们把这种由大量同类随机现象所呈现出来的集体规律性,叫做统计规律性。概率论和数理统计就是研究大量同类随机现象的统计规律性的数学学科。

例 5.1 生日的巧合。

根据数学中的抽屉定理,我们可以预言,在 366 个人当中,一定有 2 个人的生日相同。但是,根据概率论的计算,在 k 个人群中,至少有 2 个人生日一样的概率 p 如下表所示。

k	p	k	p
5	0.027	25	0.569
10	0.117	30	0.706
15	0.253	40	0.891
20	0.411	50	0.970
22	0.476	60	0.994
23	0.507	…	…

概率 p 的计算过程是这样的:

(1) 计算 k 个人群的生日搭配一共有 365^k 种可能的情况。

(2) 计算 k 个人群中,没有任何 2 个人生日一样的可能情况有:

$$365 \times 364 \times \cdots \times (365-k+1) = 365!/(365-k)! \text{ 种}$$

(3) 计算 k 个人群中,没有任何 2 个人生日一样的概率为:

$$\frac{365!/(365-k)!}{365^k}$$

(4) 计算在 k 个人群中,至少有 2 个人生日一样的概率为:

$$1 - \frac{365!/(365-k)!}{365^k}$$

根据上面的计算结果,我们看到,当人数达到 23 时,有 2 个人生日相同的概率超过了 50%;当人数达到 40 时,有 2 个人生日相同的概率就接近 90%;当人数达到 60 人时,我们有 99% 的把握相信,这 60 个人中有 2 个人的生日相同。这个结果与我们从前学过的抽屉定理的结果看起来有很大的不同。

2. 随机试验

为了找出不确定现象的数量规律性,就需要在相同的条件下,对不确定现象进行重复的观察或试验。虽然每次试验的结果事先无法确定,但在足够多次的试验后,结果就会呈现出一定的规律性。例如,把一枚质地均匀的硬币垂直上抛到一定高度,任其自由落下,观察硬币落地后哪一面朝上。显然,究竟哪一面朝上在落地之前是无法预知的,但有两种可能却是事先明确的。如果重复地将这枚硬币抛掷足够多次,经验表明,其结果就会呈现出一定的规律性,即正面朝上和反面朝上的机会是均等的。在这里,硬币质地均匀,抛掷到一定高度任其自由下落,就是一组相同的确定条件,抛掷硬币观察落地后哪一面向上就是试验。此外,对销售网点进行的销售情况观察,检验一批产品,记录某电话站在一分钟内接到的呼唤次数等都是试验的例子。我们把这一类试验称为随机试验,把试验的结果称为随机事件。

从严格意义上说,一个试验如果满足下列条件,就称为随机试验:

(1) 试验可以在相同条件下重复进行。

(2) 试验的结果不止一个,而且所有可能的结果都是明确可知的。

(3) 每次试验总是恰好出现这些可能结果中的一个,但在试验之前不能肯定究竟出现哪一个结果。

从上面所举的随机试验的例子,我们看到在社会经济实践中有许多试验是不可能在完全相同的一组确定条件下重复进行的。因此,一般来说,从某一研究目的出发,对随机现象进行的观察均可称为随机试验,一次观察称为一次试验,足够多次的观察称为大量试验。

3. 样本空间与随机事件

试验中所产生的各种可能结果称为随机事件。在抛掷硬币的试验中有两种可能结果,即可能发生两个事件,正面向上是一个事件,反面向上是另一个事件。

随机试验的各种可能结果的集合,称为样本空间,用 S 或 Ω 代表。样本空间内的每一个元素称为样本点。

例 5.2 同时抛掷两枚硬币,记正面朝上为 H,反面朝上为 T,则有样本空间如下:
$$S = \{(H,H),(H,T),(T,H),(T,T)\}$$
共有 4 个样本点,样本点 (H,H) 表示两个都是正面朝上。

例 5.3 从一批产品中取两件检验,记合格为 A,不合格为 B,有样本空间如下:
$$S = \{(A,A),(A,B),(B,A),(B,B)\}$$
共有 4 个样本点,样本点 (B,A) 表示两个产品一个合格,另一个不合格。

以上两例的样本空间都只包含有限个样本点,称包含有限个样本点的样本空间为有限样本空间,称包含无限个样本点的样本空间为无限样本空间。

例 5.4 观察某一灯管的使用寿命,T 表示寿命时间,则其样本空间为:
$$S = \{T | T > 0\}$$
S 为一个无限样本空间。

例 5.5 检验生产线上不断产出的产品,直到发现不合格品为止,记录检查的产品数,则其样本空间为无限样本空间:
$$S = \{1,2,\cdots,n,\cdots\}$$

用样本空间的概念来定义随机事件,随机事件就是样本空间的部分集合,即样本空间的子集。每一个样本点都是样本空间的一个子集,都是随机事件,称这样的只包含一个样本点的事件为基本事件,称含有两个及两个以上样本点的事件为复合事件。

例如,袋中装有 8 个编号为 $1,2,\cdots,8$ 的大小相同的小球,每次取出一个球,记录编号,则有样本空间 $S = \{1,2,3,4,5,6,7,8\}$,基本事件为 $\{1\},\{2\},\cdots,\{8\}$,随机事件"编号为奇数"为一个复合事件,记为 $A,A = \{1,3,5,7\}$;"编号为偶数"为另一个复合事件,记为 B,则 $B = \{2,4,6,8\}$。

例 5.6 连续掷两枚质地均匀的骰子观察落地点数,问:(1) 事件 A = "第一枚骰子出现 i 点,第二枚骰子出现 j 点" $(1 \leq i \leq 6, 1 \leq j \leq 6)$ 是什么事件?(2) 事件 B = "第一枚骰子出现偶数点,第二枚骰子出现奇数点"是什么事件?(3) 事件 C = "两枚骰子出现点数之和为 10"是什么事件?(4) 用样本点组成的集合表示给出的随机事件。

解 事件 A、B、C 都是复合事件,有:

$A = \{(1,1),(1,2),(1,3),(1,4),(1,5),(1,6),$
$\quad\quad (2,1),(2,2),\cdots$
$\quad\quad (3,1),(3,2),\cdots$
$\quad\quad \cdots$
$\quad\quad (6,1),(6,2),(6,3),(6,4),(6,5),(6,6)\}$

$B = \{(2,1),(2,3),(2,5)(4,1),(4,3),(4,5)(6,1),(6,3),(6,5)\}$

$C = \{(4,6),(5,5),(6,4)\}$

例5.7 在一个圆周长为3的陀螺上均匀地刻上刻度,当陀螺停止转动时,观察它的圆周与桌面的触点的刻度。请写出这个随机试验的样本空间、基本事件和样本点。

解 样本点: $x, 0 \leq x < 3, x$ 为实数。

基本事件: $\{x\}, 0 \leq x < 3$。

样本空间: $S = \{X | 0 \leq x < 3\}$。

我们称不可能发生的事件为不可能事件,称必然发生的事件为必然事件。在例5.6中,出现点数小于2是一个不可能事件,出现点数大于等于2或小于等于12是一个必然事件。根据集合与事件的定义,空集和样本空间都是特殊的子集,空集由于不包含任何样本点,因此是不可能事件,记作 $\varnothing$,而样本空间包含所有的样本点,则这个事件必然发生,所以是一个必然事件。

将随机事件表示成由样本点组成的集合,就可以将事件间的关系及运算归纳为集合之间的关系和运算,这不仅对于研究事件之间的关系和运算很方便,对于概率的运算也十分有益。

(二) 事件之间的关系

1. 子事件与包含关系

如果事件 A 的发生必然导致事件 B 发生,则称事件 A 是事件 B 的子事件,或称事件 B 包含事件 A,记作 $A \subseteq B$。用集合表示,则 A 是 B 的子集,可用文氏图(Venn Diagram)表示事件间的包含关系,如图5.1(a)所示。

在例5.6中,记事件 E 为"第1个骰子出现2,第2个骰子出现5",则事件 E 是事件 B 的子事件,事件 B 包含事件 E。

2. 事件间的等价关系

如果事件 A 的发生必然导致事件 B 的发生,事件 B 的发生也必然导致事件 A 的发生,即有 $A \subseteq B$ 且 $B \subseteq A$,则称事件 A 与事件 B 相等,用 $A = B$ 表示,如图5.1(b)所示。

例如,掷两枚硬币,事件 A 为"至少出现一个正面",事件 B 为"最多出现一个反面",则有 $A = B$。

3. 和事件

若事件 C 为"事件 A 与事件 B 中至少有一个发生",则称事件 C 为事件 A 与事件 B 的和事件,记作 $C = A \cup B$,若用集合表示则称和事件 C 为集合 A 与集合 B 的并,如图5.1(c)所示。

例如,掷一枚骰子,事件 A 为"出现点数 1",事件 B 为"出现点数 6",则有和事件 $C = A \cup B =$ "出现点数 1 或 6"。

事件的和可以推广到有限个或可数个事件的情况。用 $A_1 \cup A_2 \cup \cdots \cup A_n$ 或 $\bigcup_{i=1}^{n} A_i$ 表示 $A_1, A_2, \cdots, A_n$ 中至少发生其一这一事件;用 $A_1 \cup A_2 \cup \cdots$ 或 $\bigcup_{i=1}^{\infty} A_i$ 表示 $A_1, A_2, \cdots$ 中至少发生其一这一事件。

4. 积事件

若事件 D 为"事件 A 与事件 B 同时发生",则称事件 D 为事件 A 与事件 B 的积事件,记作 $D = A \cap B$ 或 $D = AB$。用集合的概念,则积为集合 A 与集合 B 的交,如图 5.1(d) 所示。

例如,掷一枚骰子,事件"出现点数 1 或 2"与事件"出现奇数点"的积事件为"出现点数 1"。与和事件类似,也可以将事件的积推广到有限个或可数个事件的情况。用 $A_1 \cap A_2 \cap \cdots \cap A_n$ 或 $\bigcap_{i=1}^{n} A_i$ 表示 $A_1, A_2, \cdots, A_n$ 同时发生这一事件,用 $A_1 \cap A_2 \cap \cdots$ 或 $\bigcap_{i=1}^{\infty} A_i$ 表示 $A_1, A_2, \cdots$ 同时发生这一事件。

5. 差事件

若事件 E 为"事件 A 发生而事件 B 不发生",则称事件 E 为事件 A 与事件 B 的差事件,记作 $E = A - B$,如图 5.1(e) 所示。

例如,掷一枚骰子,事件 A 为"出现奇数点",事件 B 为"出现点数 3 或 2",则事件 A 与事件 B 的差为 $A - B = \{1, 5\}$。

由差事件的定义可推知,对于任意事件 A, $A - A = \varnothing$, $A - \varnothing = A$, $A - S = \varnothing$。

6. 互不相容事件

如果事件 A 与事件 B 不可能同时发生,则称事件 A 与事件 B 是互不相容事件或称互斥事件,记作 $A \cap B = \varnothing$,若用集合的概念,称集合 A 与集合 B 是不交的,如图 5.1(f) 所示。

例如,掷一枚骰子,事件"出现奇数点"与事件"出现偶数点"就是互不相容事件。

如果 n 个事件 $A_1, A_2, \cdots, A_n$ 中任意两个都是互不相容的,则称 $A_1, A_2, \cdots, A_n$ 是互不相容的。在任意一个随机试验中,基本事件都是互不相容的。

7. 逆事件(对立事件)

若在一次试验中,事件 A 与事件 B 中必然有一个发生且仅有一个发生,即事件 A 与 B 满足条件: $A \cup B = S$,且 $A \cap B = \varnothing$,则称事件 A 与事件 B 互逆,又称事件 A 是事件 B 的对立事件或逆事件,记作 $A = \bar{B}(B = \bar{A})$,显然, $\bar{B} = S - B$,如图 5.1(g) 所示。

例如,掷一枚骰子,事件 A 为"出现奇数点",事件 B 为"出现偶数点",则事件 A 与事件 B 互逆。若两事件互逆,则这两事件必互不相容,但反之不真。例如,事件 A 为"出现点数 1,3",事件 B 为"出现偶数",则事件 A 与事件 B 不可能同时发生,事件 A 与事件 B 互不相容,但并不对立,因为在试验中可能出现点数 5,这时,事件 A 与事件 B 满足条件 $A \cap B = \varnothing$,但不满足条件 $A \cup B = S$。

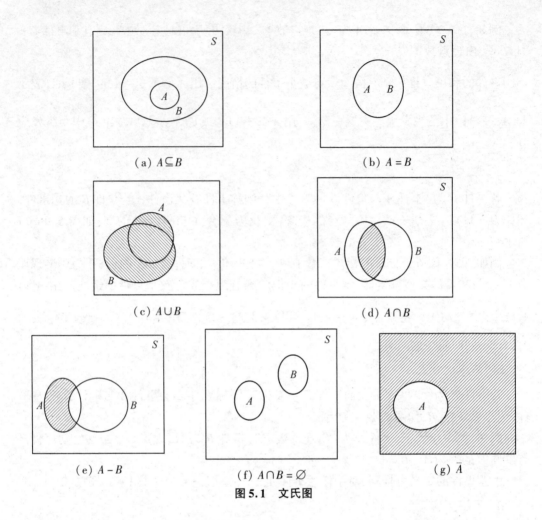

图5.1 文氏图

(三) 事件间的运算法则

事件之间的运算满足以下法则:

(1) 交换律: $A \cup B = B \cup A$; $A \cap B = B \cap A$
(2) 结合律: $A \cup (B \cup C) = (A \cup B) \cup C$; $A \cap (B \cap C) = (A \cap B) \cap C$
(3) 分配律: $A \cap (B \cup C) = (A \cap B) \cup (A \cap C)$
$A \cup (B \cap C) = (A \cup B) \cap (A \cup C)$
(4) 德·摩根(De Morgan)定律(对偶原则): $\overline{A \cup B} = \overline{A} \cap \overline{B}$, $\overline{A \cap B} = \overline{A} \cup \overline{B}$
(5) $A - B = A \cap \overline{B}$
(6) $\overline{\overline{A}} = A$

例5.8 设A、B、C为三个事件,请用A、B、C的运算关系表示下列事件:(1) A发生,B与C不发生;(2) A与B都发生,C不发生;(3) A、B、C都发生;(4) A、B、C中至少有一个发生;(5) A、B、C都不发生;(6) A、B、C中不多于一个发生;(7) A、B、C中不多于两个发生;(8) A、B、C中至少有两个发生。

解 (1) $A\overline{B}\overline{C}$ (2) $AB\overline{C}$
     (3) ABC (4) $A \cup B \cup C$

(5) $\overline{A}\,\overline{B}\,\overline{C}$ 或 $\overline{A \cup B \cup C}$ (6) $\overline{A}\cup \overline{B} \cup \overline{C}\cup A\,\overline{C}$

(7) $\overline{A\cup B\cup C}$ (8) $AB\cup AC\cup BC$

例 5.9 在经济学院中任选一名学生,A = "被选学生是男生",B = "被选学生是二年级学生",C = "被选学生是学生会干部"。(1) 事件 $AB\overline{C}$ 的含义是什么？(2) 在什么条件下 ABC = C 成立？(3) 什么时候关系式 $C \subseteq B$ 正确？(4) 什么时候 $\overline{A}$ = B 成立？

解： (1) 被选学生是二年级男生,并且不是学生会干部。

(2) 在学生会全体干部都是二年级男生时,关系式 ABC = C 成立。

(3) 在学生会干部全是二年级学生时,关系式 $C\subseteq B$ 正确。

(4) 当二年级学生全是女生且其他年级学生全是男生时,关系式 $\overline{A}$ = B 成立。

二、随机事件的概率

（一）概率的定义

对于随机试验,除了要知道它的所有可能结果以外,更重要的是要了解各种可能结果出现的可能性大小。一个优秀的篮球运动员站在罚球线处投篮一次,投篮命中是一个随机事件;一个初学篮球者站在同样位置投篮一次,投篮命中也是一个随机事件。显然这两个随机事件发生的可能性有很大的区别,而概率就是描述随机事件发生的可能性大小的数量。

1. 概率的统计定义

随机事件发生的可能性大小仅通过一次试验是无法判断的,在一次投篮中,可能优秀运动员刚好未投中,而初学者却碰巧投中了,不能因此得出"优秀篮球运动员的投篮命中可能性小于初学者"的结论。可能性的大小要通过大量观察才能确定。

考虑重复进行抛掷硬币的试验,记正面向上为随机事件 A,抛掷总次数为 n,出现正面向上的次数为 m,比值 F = m/n 为事件 A 出现的频率,所得结果如表 5.1 所示。

表 5.1 抛掷硬币试验的数据

n = 5		n = 50		n = 500	
m	F	m	F	m	F
2	0.4	22	0.44	251	0.502
3	0.6	27	0.54	249	0.498
1	0.2	21	0.42	256	0.512
4	0.8	26	0.52	245	0.490
1	0.2	24	0.48	251	0.502

我们看到,当 n = 5 时,事件 A 发生的频率波动相当剧烈,无规律可循;当 n = 50 时,频率波动明显减小,大致围绕 0.5 上下波动;当 n = 500 时,频率波动已相当小,可明显看出其波动中心为 0.5。不难想象当试验次数再增大时,频率会更加稳定在 0.5 附近。这种频率随着试验次数增多而趋于稳定的情况称为频率的稳定性。历史上曾有不少数学家做过这类试验,试验结果都证明了频率稳定性的客观存在,如表 5.2 所示。著名的数学家拉普拉斯观察了伦敦、彼得堡、柏林等城市在十年间新生儿的性别分布,发现男婴出

生数和女婴出生数的比值总摆动于数值 22/43 的左右。

表 5.2　历史上数学家们抛掷硬币的试验数据

试验者	试验次数(n)	正面向上次数(m)	频率($f=m/n$)
蒲丰	4 040	2 048	0.5069
K. 皮尔逊	12 000	6 019	0.5016
K. 皮尔逊	24 000	12 012	0.5005

频率的稳定性是通过大量的试验所得到的随机事件的规律性,这种规律性因此称为统计规律性。由此我们给出概率的统计定义:

在不变的一组条件 S 下,重复做 n 次试验,m 是 n 次试验中事件 A 发生的次数,当试验次数 n 很大时,如果频率 m/n 稳定地在某一数值 p 的附近摆动,且随着试验次数的增多,摆动的幅度越来越小,则称数值 p 为事件 A 在条件组 S 下发生的概率,记作:

$$P(A) = \lim_{n \to +\infty} \frac{m}{n} = p$$

由以上定义给出的事件 A 的概率 p 就称为统计概率。

上述抛掷硬币试验中,事件"正面向上"的概率为 1/2,而拉普拉斯试验中,"生男婴"事件的概率为 22/43。

概率的统计定义是在总结统计资料的基础上给出的,反映了概率的统计性质,只有通过大量观察才能得到概率值,不便于计算。

2. 概率的古典定义

古典概率最早是在 17 世纪从赌博的问题中提出来的。例如,掷一枚质地均匀的骰子出现点数 2 的可能性是多少? 大家能直观地判断出来是 1/6。但在比较复杂的情况下,就难以直观地判断。比如同时掷三枚骰子,出现次数最多的是多少点这个问题就很难直接给出答案。这引起了许多数学家的兴趣,他们终于研究出了解决某些特殊类型概率问题的计算模式。我们先来看两个例子。

例 5.10　从装有 20 个形状大小都相同但编号不同的零件的箱子中随机取出一个零件,每个零件被取出的可能性都是相同的,都等于 1/20。注意:这里有 20 个基本事件,每个基本事件发生的可能性都是相同的。

例 5.11　掷一枚质地均匀的硬币,观察落地后哪一面朝上。这个试验有两个结果,即样本空间中有两个样本点,且两个样本点发生的可能性是一样的,都是 1/2。

类似上面两个例子的随机试验是很常见的,它们都具有以下特点:(1)试验结果的个数是有限的,即样本空间中只有有限个样本点;(2)基本事件两两互不相容;(3)基本事件发生的可能性相等。具有以上特点的概率问题称为古典概型。其中,等可能的结果与概率总和为 1 是古典概率的核心思想。由此,给出概率的古典定义:

在古典概型中,事件 A 所包含的基本事件个数 m 与样本空间中基本事件个数 n 的比值称为事件 A 的概率,记作:

$$P(A) = \frac{m}{n}$$

例 5.12　袋中有 10 个小球,4 个红的,6 个白的。分别按放回抽样(每次取一个,看后放回袋中)和不放回抽样(每次取一个,取出后就不再放回)的方法随机地连续从袋中取 3 个球,试分别按两种取法求下列事件的概率:(1) A = "3 个球都是白的";(2) B = "2 个是红的,1 个是白的"。

解 (1) 放回抽样。由于每次取出的小球看过颜色后都放回袋中,因此,每次都是从 10 个小球中抽取。从 10 个小球中取 3 个的所有可能取法有 1 000 种。

若 A 发生,即 3 次取的都是白球,则 $m = 6^3$,所以:$P(A) = 6^3/10^3 = 0.216$;若 B 发生,即 3 次抽取中有 2 次是红球,1 次是白球。考虑到红球与白球出现的次序,$m = C_3^2 \times 4^2 \times 6$,则有:

$$P(A) = \frac{m}{n} = \frac{C_3^2 \times 4^2 \times 6}{10^3} = 0.288$$

(2) 不放回抽样。第一次从 10 个小球中取出 1 个,有 10 种可能的取法,由于不放回,第二次取时是从 9 个小球中取 1 个,有 9 种可能取法,第三次有 8 种取法,因而样本空间中基本事件个数为 $n = A_{10}^3 = 10 \times 9 \times 8$,$A$ 事件所包含的基本事件个数 $m = A_6^3 = 6 \times 5 \times 4$,$B$ 事件所包含的基本事件个数 $m = C_3^2 \times 4 \times 3 \times 6$,所以有:

$$P(A) = \frac{6 \times 5 \times 4}{10 \times 9 \times 8} ? 0.167$$

$$P(B) = \frac{C_3^2 \times 4 \times 3 \times 6}{10 \times 9 \times 8} = 0.3$$

例 5.13 一批产品共有 N 个,其中 M 个是次品,以不重复的方式从中随机抽取 n 个,求恰好有 m 个次品的概率。

解 从 N 个产品中抽取 n 个,共有 C_N^n 种可能,因而样本空间的样本点个数为 C_N^n;从 M 个次品中取 m 个共有 C_M^m 种取法;剩下的 $n - m$ 个要从 $N - M$ 个中取。设所求事件为 A,则有利于事件 A 的基本事件个数为 $C_M^m \times C_{N-M}^{n-m}$,于是有:

$$P(A) = \frac{C_M^m \times C_{N-M}^{n-m}}{C_N^n}$$

例 5.13 的概率计算模式可用于这一类概率问题的计算。例如,一批灯管共 100 根,其中有 5 根废品,从中任取 50 根,恰有两件是废品的概率可用上式计算如下:

$$P(A) = \frac{C_{95}^{48} \times C_5^2}{C_{100}^{50}} = \frac{\dfrac{95!}{48!47!} \times \dfrac{5!}{2!3!}}{\dfrac{100!}{50!50!}} = 0.32$$

例 5.14 在电话号码簿中任取一个号码,求后面 4 位数全不相同的概率(设后面的 4 个数字中的每一个都可能取自 0,1,…,9)。

解 电话号码可以重复,因而全部的基本事件数为 $10 \times 10 \times 10 \times 10$;设这 4 位数全不相同的事件为 A,则有利于事件 A 的基本事件数为 $10 \times 9 \times 8 \times 7$,于是有:

$$P(A) = \frac{10 \times 9 \times 8 \times 7}{10 \times 10 \times 10 \times 10} = 0.504$$

3. 几何概率

古典概率只限于有限个基本事件的情况,当试验结果有无穷多个可能时,古典概率不再适用。例如,前面所谈到的转动陀螺的试验,我们无法利用古典概率公式来计算陀螺触点刻度在某一区间的概率。这种情况下,可以利用几何概率计算公式来计算概率。

设区域 G 的长度(或面积、体积)为 D,质点可以等可能地落在区域 G 中的任何一点,设事件 A = "质点落在区域 G 内一个长度(区域面积、体积)为 d 的区域 g 内",定义 A 的概率为:

$$P(A) = \frac{d}{D}$$

称这样定义的概率为几何概率。

例 5.15 考虑例 5.7 转动陀螺的试验,求概率:(1) A = "触点刻度落在区间[1,2]内"。(2) B = "触点刻度落在区间[1,2)内";C = "触点刻度落在 1 处";D = "触点刻度落在区间(0,3)内"。

解 区间[1,2]和[1,2)的长度均为 1,1 所对应的区间长度为 0,区间(0,3)的长度为 3,于是有:

$$P(A) = 1/3, \quad P(B) = 1/3, \quad P(C) = 0, \quad P(D) = 1$$

例 5.16 甲乙两人约定上午七点到八点在某地约会,先到者可等 20 分钟,过后就离去。试求这两人能会面的概率为多大。

解 设甲乙两人的到达时间分别为 X 和 Y(x 和 y 以小时为单位),$0 \leq X \leq 1, 0 \leq Y \leq 1$,甲乙两人会面的充要条件是 $|x-y| \leq 1/3$,样本空间为 $S = \{(x,y) | 0 \leq X \leq 1, 0 \leq Y \leq 1\}$;事件 $A = \{(x,y) | (x,y) \in S \text{ 且 } |x-y| \leq 1/3\}$。

S 是边长为 1 的正方形(如图 5.2 所示),面积是 1,A 是夹在 $y = x + (1/3)$ 和 $y = x - (1/3)$ 之间的部分,A 的面积为:

$$1 - \frac{2^2}{3} = \frac{5}{9}, \quad P(A) = \frac{5}{9} \Big/ 1 = \frac{5}{9}$$

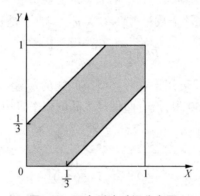

图 5.2 两人到达时间分布图

从以上两个例子我们看到:

(1) 事件 A 是事件 B 的子事件且两事件不相等,但有可能存在 $P(A) = P(B)$,如例 5.15 中的事件 A 与事件 B。

(2) 不可能事件的概率为零,但概率为零的事件(称为零概率事件)不一定是不可能事件。如例 5.15 中的事件 $P(C) = 0$,但 $C \neq \varnothing$。

(3) 必然事件的概率为 1,但概率为 1 的事件不一定是必然事件。如例 5.15 中 $P(D) = 1$,但 D 不是必然事件。

这些性质都与样本空间是无限的有关,在古典概型中不会有此种情况出现。

4. 主观概率

根据以上我们所讨论的几种概率定义来确定随机事件的概率值,要么是根据随机试验特殊的形式,要么是经过大量重复试验而得出,这些都是客观的概率,要求试验可以在相同条件下重复进行。而实际中有很多事件不是重复发生的,而是只发生一次或者一次也不发生。例如,在保险业中,要研究每一个年龄组人口的死亡概率借以确定人寿保险费的收取标准。如果说 40 岁的男子在 41 岁死亡的概率是 0.002,这是指对所有的 40 岁的男子来说有 0.2% 的人可能在 41 岁死亡。若有一位张先生今年正好 40 岁,不能说他明年死亡的概率是 0.2%,因为对于一个具体的人,41 岁是不能重复的,我们无法对张先生作大量重复试验以得到他的死亡概率。由此就产生了主观概率。

主观概率是指面对不确定性,由个人判断某事件发生的可能性大小。例如某位经济学家判断下一年的通货膨胀率为 4% 的可能性为 90%;某企业决策者认为某种新产品上市后畅销的可能性是 50%,销售状况良好的可能性是 40%,滞销的可能性是 10%。凡是这样由个人判断而得到的概率估计,都是主观概率。主观概率有两个特点:一是对于同一事件,不同的人可能给出不同的概率值,二是个人的经验、知识,前人的经验等是个人判断概率值的依据。这两个特点说明,主观概率取决于个人的判断,但并不是个人随意确定、胡编乱造的,而是建立在个人对所研究问题的认识即一定的依据之上。否则,主观概率将没有任何意义。

(二) 概率的性质

对于概率的三个定义(不包括主观概率),概率具有下述四条性质:

性质 1 对于任一随机事件 A,有:
$$0 \leq P(A) \leq 1$$

性质 2 必然事件发生的概率为 1,不可能事件发生的概率为零,即:
$$P(S) = 1, \quad P(\emptyset) = 0$$

性质 3(有限可加性) 设事件 $A_1, A_2, \cdots, A_n$ 互不相容,则:
$$P\left(\bigcup_{i=1}^{n} A_i\right) = \sum_{i=1}^{n} P(A_i)$$

性质 4(完全可加性) 设 $A_1, A_2, \cdots, A_i, \cdots$ 为可列无限多个互不相容事件,则:
$$P\left(\bigcup_{i=1}^{\infty} A_i\right) = \sum_{i=1}^{\infty} (A_i)$$

例 5.17 已知 10 个灯泡中有 3 个次品,现从中任取 4 个,取出的 4 个灯泡中至少有 1 个次品的概率是多少?

解法一 设 A_i = "有 i 个次品"($i = 1, 2, 3$),B = "至少有 1 个次品",则:
$$P(A_1) = \frac{C_3^1 \times C_7^3}{C_{10}^4} = \frac{1}{2}, \quad P(A_2) = \frac{C_3^2 \times C_7^2}{C_{10}^4} = \frac{3}{10}, \quad P(A_3) = \frac{C_3^3 \times C_7^1}{C_{10}^4} = \frac{1}{30}$$

所以
$$P(B) = \frac{1}{2} + \frac{3}{10} + \frac{1}{30} = \frac{5}{6}$$

解法二 事件 B 的逆事件 $\bar{B}$ 为"一件次品也没有",则:
$$P(B) = 1 - P(\bar{B}) = 1 - \frac{C_7^4}{C_{10}^4} = 1 - \frac{1}{6} = \frac{5}{6}$$

显然解法二比解法一的计算量要小得多。

例 5.18 设有一枚质地不均匀的骰子,其偶数点出现的可能性为奇数点的 2 倍。若掷此骰子一次,令 $A_i=$"出现 i 点"$(i=1,2,\cdots,6)$;$A=$"出现点数小于 4",试求出事件 A 的概率 $P(A)$。

解 可知这一试验的样本空间为 $S=\{1,2,3,4,5,6\}$,事件 A 所包含的样本点有$\{1,2,3\}$。令 $P(A_1)=P(A_3)=P(A_5)=k$,则:

$$P(A_2)=P(A_4)=P(A_6)=2k$$

因为 $P(S)=P(A_1)+P(A_2)+\cdots+P(A_6)=k+2k+k+2k+k+2k=1$,所以 $k=1/9$,于是

$$P(A)=P(A_1)+P(A_2)+P(A_3)=\frac{1}{9}+\frac{2}{9}+\frac{1}{9}=\frac{4}{9}$$

(三) 概率运算法则

1. 概率加法法则

定理 5.1 对于任意事件 A 和事件 B,有:

$$P(A+B)=P(A)+P(B)-P(AB)$$

证 首先将事件 A 和事件 B 的和事件表示成互不相容事件之和。

$$A\cup B==A\bar{B}\cup\bar{A}B\cup AB$$

根据概率的性质,对于互不相容事件有:

$$P(A\cup B)=P(A\bar{B})+P(\bar{A}B)+P(AB)$$

又因为 $A\bar{B}\cup AB=A$,所以

$$P(A)=P(A\bar{B})+P(AB),\quad P(A\bar{B})=P(A)-P(AB)$$

同理可得 $P(\bar{A}B)=P(B)-P(AB)$,于是有:

$$P(A\cup B)=P(A)-P(AB)+P(B)-P(AB)+P(AB)$$
$$=P(A)+P(B)-P(AB)$$

以上定理还可以推广到 n 个事件 $A_1,A_2,\cdots,A_n$ 的情形。

推论 5.1 n 个事件的和事件 $A_1,A_2,\cdots,A_n$ 的概率为:

$$P\left(\bigcup_{i=1}^{n}A_i\right)=\sum_{i=1}^{n}P(A_i)-\sum_{i<j}P(A_iA_j)+\sum_{i<j<k}P(A_iA_jA_k)-\cdots$$
$$+(-1)^{n-1}P(A_1A_2\cdots A_n)$$

例如,当 $n=3$ 时,

$$P\left(\bigcup_{i=1}^{3}A_i\right)=\sum_{i=1}^{3}P(A_i)-P(A_1A_2)-P(A_1A_3)-P(A_2A_3)+P(A_1A_2A_3)$$

定理 5.1 和推论 5.1 适用于一般情况。对于互不相容事件,上述计算公式就简单得多。

如果事件 A 和事件 B 互不相容,则:

$$P(A+B)=P(A)+P(B)$$

如果 n 个事件 $A_1,A_2,\cdots,A_n$ 互不相容,则:

$$P\left(\bigcup_{i=1}^{n}A_i\right)=\sum_{i=1}^{n}P(A_i)$$

由此,我们还可以得到以下推论:

推论 5.2 任一随机事件 A 的概率恒等于 1 减去其对立事件的概率：
$$P(A) = 1 - P(\bar{A})$$

证 因为 $A \cup \bar{A} = S$，且 $A\bar{A} = \varnothing$，所以：
$$P(A \cup \bar{A}) = P(A) + P(\bar{A}) = 1$$

于是
$$P(A) = 1 - P(\bar{A})$$

例 5.19 一副不包括王牌的扑克 52 张，从中随机抽取 1 张，问抽出红桃或抽出 K 的概率。

解 设 A = "抽出红桃"，B = "抽出 K"；已知事件 A 和事件 B 为相容事件，则：
$$P(A) = \frac{13}{52}, \quad P(B) = \frac{4}{52}, \quad P(AB) = \frac{1}{52}$$

所以
$$P(A \cup B) = P(A) + P(B) - P(AB) = \frac{13}{52} + \frac{4}{52} - \frac{1}{52} = \frac{4}{13}$$

例 5.20 一名学生数学考试及格的概率为 2/3，英语考试及格的概率为 4/9，两门中至少有一门及格的概率为 19/27，试求两门都及格的概率。

解 设 A = "数学考试及格"，B = "英语考试及格"

因为
$$P(A \cup B) = \frac{19}{27}, \quad P(A) = \frac{2}{3}, \quad P(B) = \frac{4}{9}$$

$$P(A \cup B) = P(A) + P(B) - P(AB)$$

所以
$$P(AB) = P(A) + P(B) - P(A \cup B) = \frac{2}{3} + \frac{4}{9} - \frac{19}{27} = \frac{11}{27}$$

例 5.21 有 100 件产品，其中 10 件是次品。任取 10 件，至少有一件是次品的概率是多少？

解 设 A_i = "有 i 件次品"（$i = 1, 2, \cdots, 10$），显然 $A_i A_j = \varnothing, i \neq j, A$ = "至少有一件次品"，$\bar{A}$ = "取出的 10 件中没有一件次品"，则：

$$P(A) = 1 - P(\bar{A}) = 1 - \frac{C_{10}^{0} \times C_{90}^{10}}{C_{100}^{10}} = 0.6695$$

例 5.22 5 位同学每人有 1 支笔，放在同一个文具袋里。现把笔随机分发给这些同学。求大家拿到的笔都不是自己的笔的概率。

解 设 A_i = "第 i 位同学恰好拿到自己的笔"，$i = 1, 2, \cdots, 5$，显然 $P(A_i) = 1/5$，事件 A = "大家拿到的都不是自己的笔"，则 $P(A) = 1 - P\left(\bigcup_{i=1}^{5} A_i\right)$。

由推论 5.1 可得：

$$P\left(\bigcup_{i=1}^{5} A_i\right) = \sum_{i=1}^{5} P(A_i) - \sum_{i<j} P(A_i A_j) + \sum_{i<j<k} P(A_i A_j A_k) - \cdots + (-1)^4 P(A_1 A_2 \cdots A_5)$$

$$= 1 - C_5^2 \times \frac{1}{C_5^1} \times \frac{1}{C_4^1} + C_5^3 \times \frac{1}{C_5^1} \times \frac{1}{C_4^1} \times \frac{1}{C_3^1} - \cdots + \times \frac{1}{A_5^5} = \frac{19}{30}$$

所以
$$P(A) = 1 - P\left(\bigcup_{i=1}^{5} A_i\right) = \frac{11}{30}$$

2. 概率乘法法则

（1）条件概率。先考虑下述问题：

某公司打算招聘1位大学毕业生,共有20人前来应聘,其中15位是工商管理专业毕业生,5位是经济学专业毕业生;并且其中12位是男性,这12位男性中有10位是工商管理专业毕业生。假设每位应聘者被录取的机会相同,试求:(1) 被录取者为男性的概率;(2) 被录取者为男性且是工商管理专业毕业生的概率;(3) 已知被录取者为男性且是工商管理专业毕业生的概率。

第一个问题很容易解答,设 $M=$ "被录取者为男性", $P(M)=12/20=3/5$。

我们也可以很容易求出其他各类别被录取的概率。令 $W=$ "女性", $A=$ "工商管理专业毕业生", $B=$ "经济学专业毕业生", 则:

$$P(W) = 8/20, \quad P(A) = 15/25 = 3/4, \quad P(B) = 5/20 = 1/4$$

第二个问题是要我们求积事件(MA)的概率,已知有10位男性工商管理专业毕业生,所以 $P(MA)=10/20=1/2$。同样的方法,我们也可以求出(MB)、(WA)、(WB)的概率:

$$P(MB) = 2/20 = 1/10, \quad P(WA) = 5/20 = 1/4, \quad P(WB) = 3/20$$

第三个问题的前提条件是"已知被录取者为男性",求他是工商管理专业毕业生的概率。我们可以把所求事件写为 A/B。这时,所需考虑的样本空间由原先的20人变为只考虑男性12人,而在此12人中,工商管理专业毕业生是10人,所以被录取的男性是工商管理专业毕业生的概率是 $P(A/B)=10/12=5/6$。这个结果显然不同于 $P(A)=3/4$, 事件"A/B"指在事件 B 已经发生的条件下事件 A 发生的概率,这就是条件概率。

定义 设事件 A 和事件 B 是两个随机事件,且 $P(A)>0$,我们称

$$P(B/A) = \frac{P(AB)}{P(A)}$$

为事件 A 发生条件下事件 B 的条件概率。

例 5.23 盒内有10支晶体管,其中7支是一等品,3支是二等品。以不放回的方式连续从中取2支,问:(1) 在第一次抽到一等品的条件下,第二次抽到一等品的概率;(2) 在第一次抽到二等品的条件下,第二次抽到一等品的概率。

解 设 $A=$ "第一次抽到一等品", $B=$ "第二次抽到一等品", 则:

$$P(B/A) = \frac{6}{9}, \quad P(B/\bar{A}) = \frac{7}{9}$$

这个例子进一步说明了条件概率的意义。

例 5.24 设某动物从出生算起活到20岁以上的概率为0.8, 活到25岁以上的概率为0.4。如果一只动物现在已经20岁, 它能活到25岁的概率是多少?

解 设 $A=$ "活到20岁", $B=$ "活到25岁"。

因为 $B \subseteq A$(B 的发生必然导致 A 的发生), 活到25岁的一定是活到20岁的, 所以

$$P(AB) = P(B) = 0.4$$

$$P(B/A) = \frac{P(AB)}{P(A)} = \frac{0.4}{0.8} = 0.5$$

(2) 乘法法则。由条件概率很容易得到积事件的概率, 即乘法法则。

定理 5.2(乘法公式) 对于任意的事件 A、B, 若 $P(A)>0$, 则:

$$P(AB) = P(B/A) \times P(A)$$

乘法公式可以推广到多个事件的情况。

推论 5.3 设 n 个随机事件 $A_1, A_2, \cdots, A_n$ 满足 $P(A_1, A_2, \cdots, A_{n-1}) > 0$，则：
$$P(A_1, A_2, \cdots, A_n) = P(A_1)P(A_2/A_1)P(A_3/A_1A_2)\cdots P(A_n/A_1A_2\cdots A_{n-1})$$

在某些问题中，条件概率是已知或比较容易求出的，可以利用乘法公式求出积事件的概率。

例 5.25 已知 10 支晶体管中有 3 支是次品，现从中不放回地连续依次取出 2 支，求 2 次都是次品的概率。

解 设 A＝"第一次抽到次品"，B＝"第二次抽到次品"，则：
$$P(A) = \frac{3}{10}, \quad P(B/A) = \frac{2}{9}$$

所以
$$P(AB) = P(A)P(B/A) = \frac{3}{10} \times \frac{2}{9} = \frac{1}{15}$$

3. 事件的独立性

现在我们考虑在例 5.23 中，将不放回抽样改为放回抽样，同样是求两次都抽到次品的概率。根据例题所给的条件，很容易求出这时的积事件 AB 的概率为：
$$P(AB) = P(A) \times P(B) = \frac{3}{10} \times \frac{3}{10} = 0.09$$

这时我们称事件 A 和事件 B 是互相独立的随机事件。

定理 5.3 如果 $P(A) > 0$，则事件 A 和事件 B 相互独立的充分必要条件是：
$$P(B/A) = P(B)$$

证 因为
$$P(B/A) = \frac{P(AB)}{P(A)}$$

若事件 A 和事件 B 相互独立，则 $P(AB) = P(A) \times P(B)$，所以
$$\frac{P(B/A) = P(A) \times P(B)}{P(A)} = P(B)$$

这就证明了必要性。反之若 $P(B/A) = P(B)$，则：
$$\frac{P(AB)}{P(A)} = P(B/A) = P(B)$$

于是
$$P(AB) = P(A) \times P(B)$$

这就证明了充分性。

若 $P(B) > 0$，同样可以证明事件 A 和事件 B 相互独立的充要条件是：
$$P(A/B) = P(A)$$

例 5.26 某人向一圆形靶射击，假设不会脱靶，且击中圆形靶各处的机会均等。记 A＝"击中左半部"，B＝"击中下半部"。事件 A 和事件 B 是否相互独立？

解 按几何概型 $P(A) = \frac{1}{2}, P(B) = \frac{1}{2}, P(AB) = \frac{1}{4}$，有：
$$P(A/B) = \frac{P(AB)}{P(B)} = \frac{1}{4}\bigg/\frac{1}{2} = \frac{1}{2}, \quad P(B/A) = \frac{P(AB)}{P(A)} = \frac{1}{4}\bigg/\frac{1}{2} = \frac{1}{2}$$

所以事件 A 和事件 B 是相互独立的。

这里要特别提醒读者注意切勿将"互斥事件"与"独立事件"混淆，它们是完全不同的概念。当事件 A 和事件 B 的交集为空集时，即 $P(A \cap B) = \varnothing$ 时，事件 A 与事件 B 为互斥事件；而独立事件指 $P(A \cap B) = P(A) \times P(B)$。

(4) 全概公式。

定理 5.4 若事件 $A_1, A_2, \cdots, A_n$ 为一完备事件组,即满足条件:
(1) $A_1, A_2, \cdots, A_n$ 互不相容,且 $P(A_i) > 0 (i = 1, 2, \cdots, n)$。
(2) $A_1 \cup A_2 \cup \cdots \cup A_n = S$。

则对任一事件 B 都有:

$$P(B) = \sum_{i=1}^{n} P(A_i) P(B/A_i)$$

证 因为 $\quad B = BS = BA_1 \cup BA_2 \cup \cdots \cup BA_n$

又因为 $BA_1, BA_2, \cdots, BA_n$ 是 n 个互不相容事件,所以

$$P(B) = P(BA_1) + P(BA_2) + \cdots + P(BA_n)$$
$$= P(A_1) \times P(B/A_1) + P(A_2) \times P(B/A_2) + \cdots + P(A_n) \times P(B/A_n)$$

例 5.27 甲、乙、丙三人向同一飞机射击。设甲、乙、丙击中飞机的概率分别为 0.4、0.5、0.7;又假设若只一人击中,飞机坠毁的概率为 0.2;若两人击中,飞机坠毁的概率为 0.6;若三人击中,飞机必坠毁。求飞机坠毁的概率。

解 设 B = "飞机坠毁",A_i = "有 i 个人击中" $(i = 0, 1, 2, 3)$,
显然,A_0, A_1, A_2, A_3 是完备事件组,运用概率乘法和加法定理,

$$P(A_0) = 0.6 \times 0.5 \times 0.3 = 0.09$$
$$P(A_1) = 0.4 \times 0.5 \times 0.3 + 0.6 \times 0.5 \times 0.3 + 0.6 \times 0.5 \times 0.7 = 0.36$$
$$P(A_2) = 0.6 \times 0.5 \times 0.7 + 0.4 \times 0.5 \times 0.7 + 0.4 \times 0.5 \times 0.3 = 0.41$$
$$P(A_3) = 0.4 \times 0.5 \times 0.7 = 0.14$$
$$P(B/A_0) = 0, \quad P(B/A_1) = 0.2, \quad P(B/A_2) = 0.6, \quad P(B/A_3) = 1$$

利用全概公式,则:

$$P(B) = \sum_{i=0}^{3} P(A_i) P(B/A_i) = 0.09 \times 0 + 0.36 \times 0.2 + 0.41 \times 0.6 + 0.14 \times 1 = 0.458$$

例 5.28 某企业有甲、乙、丙三个车间生产同一种产品,各车间的产量分别占全厂总产量的 20%、30%、50%。根据过去产品质量检验记录知道甲、乙、丙车间的次品率分别为 4%、3%、2%,从该厂产品中随机抽选一件产品为次品的概率是多少?

解 令 $A_1、A_2、A_3$ 分别表示甲、乙、丙车间的产品,B 表示产品为次品,则有:

$$P(A_1) = 0.2, \quad P(A_2) = 0.3, \quad P(A_3) = 0.5$$
$$P(B/A_1) = 0.04, \quad P(B/A_2) = 0.03, \quad P(B/A_3) = 0.02$$

由全概公式有:

$$P(B) = \sum_{i=1}^{3} P(A_i) P(B/A_i) = 0.2 \times 0.04 + 0.6 \times 0.03 + 0.5 \times 0.02 = 0.027$$

(五) 贝叶斯定理

定理 5.5 设 $A_1, A_2, \cdots, A_n$ 为一完备事件组,且 $P(A_i) > 0 (i = 1, 2, \cdots, n)$;则对任一事件 $B, P(B) > 0$,有:

$$P(A_i/B) = \frac{P(B/A_i) P(A_i)}{\sum_{j=1}^{n} P(B/A_j) P(A_j)} \quad (i = 1, 2, \cdots, n)$$

证 由条件概率公式和乘法公式有：

$$P(A_i/B) = \frac{P(A_iB)}{P(B)}, \quad P(A_iB) = P(A_i) \times P(B/A_i)$$

由全概公式有：

$$P(B) = \sum_{j=1}^{n} P(A_j)P(B/A_j)$$

于是

$$P(A_i/B) = \frac{P(B/A_i)P(A_i)}{\sum_{j=1}^{n} P(B/A_j)P(A_j)} \quad (i = 1,2,\cdots,n)$$

以上公式是英国数学家托马斯·贝叶斯(Thomas Bayes)在二百多年以前提出的，又称为逆概公式。

在例5.27中，现在假设飞机坠毁了，问它是由两人击中的概率。已知两人击中飞机导致飞机坠毁的概率 $P(B/A_2) = 0.6, P(A_2) = 0.41$。现在反问事件 B 发生了，它是由事件 A_2 引发的概率是多少，称为逆概。由贝叶斯公式，可以得到：

$$P(A_i/B) = \frac{P(B/A_2)P(A_2)}{\sum_{j=1}^{3} P(B/A_j)P(A_j)} = \frac{0.41 \times 0.6}{0.458} = 0.5371$$

例 5.29 发报台分别以概率 0.6 和 0.4 发出信号"·"和"—"。由于通信系统受到干扰，当发出信号"·"时，收报台未必收到信号"·"，而是分别以概率 0.8 和 0.2 收到信号"·"和"—"；而当发报台发出信号"—"时，收报台分别以概率 0.9 和 0.1 收到信号"—"和"·"。求当收报台收到信号"·"时，发报台确实发出信号"·"的概率。

解 设 A = "发出信号'·'"，B = "收到信号'·'"，所要求的是：

$$P(A/B) = \frac{P(AB)}{P(B)}$$

已知 $P(A) = 0.6, P(B/A) = 0.8, P(B/\bar{A}) = 0.1$，所以

$$P(A/B) = \frac{P(AB)}{P(B)} = \frac{P(A)P(B/A)}{P(A)P(B/A) + P(\bar{A})P(B/\bar{A})}$$

$$= \frac{0.6 \times 0.8}{[(0.6 \times 0.8) + (0.4 \times 0.1)]} = 0.923$$

这里，$P(A/B)$ 是事件 B 已经发生条件下事件 A 发生的概率，而 $P(B/A)$ 则是在事件 B 还未发生时对事件 B 在事件 A 发生条件下发生的概率的估计，所以它也叫作先验概率，而 $P(A/B)$ 则称为后验概率。

第二节　离散型随机变量与概率分布

一、随机变量

在第一节我们讨论了随机事件和事件的概率，为了更好地研究随机现象，需要将随机事件与变量联系起来，把随机事件看作某个随机变量在试验中可能取得的不同数值。

考虑产品检验的例子。如果有 100 件产品，其中有 10 件次品，从中随机抽取 10 件，我们可以用事件 A_i 表示"抽得的次品件数"($i = 1,2,\cdots,10$)。若我们将抽得的次品件数

看作是一个随机变量 X,可能取值为 $x=1,2,\cdots,10$,则这个随机变量取各种可能值的概率可以表示为:
$$P(X=0),P(X=1),\cdots,P(X=10)$$

定义 用随机变量 X 表示某个随机事件,它是定义在样本空间 Ω 上的取值为实数的函数,样本空间指的是所有随机事件构成的集合。

以掷一个骰子为例,$\Omega=\{1,2,3,4,5,6\}$。令随机变量 X 为一次掷骰子的点数,X 可以取值 1,2,3,4,5,6。令随机变量 X 表示"点数为奇数",当点数为 1,3,5 时,$X=1$;当点数为 2,4,6 时,$X=0$。这样,随机事件可通过随机变量的取值来表示。

随机变量与一般变量不同,它的特点是:① 变量的取值是随机的(或变量出现什么值是随机的);② 变量出现某个数值的概率值是确定的。人们一般用大写字母 $X,Y,Z,\cdots$ 表示随机变量,而用小写字母 $x,y,z\cdots$ 表示随机变量出现的具体数值。

很多随机现象的试验结果都可以用数值表示,因此用随机变量来表示事件是没有问题的。但也有一些随机试验的结果似乎与数量无关,或不易用数量描述。例如,观察一台机床在 8 小时内连续工作是否发生故障;观察某种新产品是否受用户欢迎;产品质量检验的结果是否合格;等等。这些试验的结果都不是数值。不过我们还是可以想办法用随机变量来描述它们,办法就是人为地给试验结果赋值。我们可以规定:

$$X=\begin{cases}1,\text{代表产品受欢迎}\\0,\text{代表产品不受欢迎}\end{cases},\quad Y=\begin{cases}1,\text{代表检验合格}\\0,\text{代表检验不合格}\end{cases},\quad Z=\begin{cases}1,\text{无故障}\\0,\text{出现故障}\end{cases}$$

经赋值后的随机事件就可以用随机变量来进行进一步分析了。因此,一个随机试验的可能结果(这里特指基本事件)都可以用数值来描述,我们用随机变量来表示随机事件是没有问题的。

随机变量的概念在统计学中是基本的,又是十分重要的。根据随机变量取值的特点,可以将所有的随机变量分为两类:一类是离散型的随机变量,其所有取值只有有限个或可列无穷个;另一类统称为非离散型的随机变量。在非离散型的随机变量中有一类最重要的常见的随机变量称为连续型随机变量,这类随机变量的取值不仅无穷多,而且充满一个区间而无法一一列举。下面我们就分别进行讨论。

二、离散型随机变量

如果随机变量 X 的所有取值可以逐一罗列,则称 X 是离散型随机变量。例如我们所熟悉的掷骰子出现的点数,一批产品中抽到的次品的个数,某射手连续向一目标射击直至击中所需射击的次数等都可以用离散型随机变量来描述。

(一) 离散型随机变量的概率分布

如前所述,随机变量与一般的变量不同,其取值是不确定的,但它取各数值的概率却是确定的。所以,随机变量总是与其概率相伴随。说随机变量 $X=6$,总是伴随着 $X=6$ 的概率,即考虑 $P(X=6)$。设 X 是一个离散型随机变量,且其可能取值为 $x_1,x_2,\cdots x_i,\cdots$,记:

$$p_i=P(X=x_i)(i=1,2,\cdots)$$

将 X 的可能取值和相应的概率列表如下:

X	x_1	x_2	x_3	...	x_i	...
p_i	p_1	p_2	p_3	...	p_i	...

称上表为随机变量 X 的概率分布。

随机变量的概率分布清楚地描述了随机变量 X 的取值及其相应概率全貌。我们也可以用一系列等式来表示随机变量的概率分布：

$$p_i = P(X = x_i)(i = 1,2,\cdots)$$

由概率的性质可知，随机变量 X 的概率分布应满足以下条件：① $p_i \geq 0 (i=1,2,\cdots)$；② $\sum_i p_i = 1$。

例如，描述掷一枚骰子的结果的随机变量 X 的概率分布如下表所示。

X	1	2	3	4	5	6
p_i	1/6	1/6	1/6	1/6	1/6	1/6

又如 10 件同样的产品中有 2 件次品，从中任取 2 件，取出的 2 件产品中次品数这个随机变量的概率分布可以表示如下：

$$p_0 = P(X = 0) = \frac{C_8^2}{C_{10}^2} = \frac{28}{45}$$

$$p_1 = P(X = 1) = \frac{C_2^1 \times C_8^1}{C_{10}^2} = \frac{16}{45}$$

$$p_2 = P(X = 2) = \frac{C_2^2}{C_{10}^2} = \frac{1}{45}$$

可以看出，离散型随机变量的概率分布与描述统计中的次数分配非常相似。同样，与累积次数分配相对应，对于离散型随机变量，还有累积概率分布。

(二) 离散型随机变量的概率分布函数

通常用 $F(X = x_i)$ 表示随机变量 X 的取值小于等于 X_i 的概率，即：

$$F(X = x_i) = P(X \leq x_i) = \sum_{i=1}^{i} p_i = \sum_{i=1}^{i} P(X = x_i)$$

$F(X)$ 也称作 X 的累积概率分布函数。

如果将 X 看作数轴上的随机点的坐标，那么 $F(x)$ 在 x 处的函数值就表示点 X 落入区间 $(-\infty, x)$ 的概率。对于任意实数 $x_1 < x_2$，随机点落入 $(x_1, x_2]$ 的概率为：

$$P\{x_1 < X \leq x_2\} = F(x_2) - F(x_1)。$$

于是，只要知道了随机变量 X 的分布函数，就可以描述 X 的概率特性了。

例 5.30 袋中有 5 个小球，2 个红球，3 个白球。任取 3 个球，设随机变量 X 代表取到的红球数。(1) 写出 X 的分布函数并画图。(2) 求：$P(X \leq 0.5)$；$P(0.5 < x \leq 1.5)$；$P(1/3 < x \leq 1/2)$。

解 根据题意，可以得到 X 的概率分布如下表所示。

$X = x$	0	1	2	3
p_i	0.1	0.6	0.3	0.0

(1) 求 X 的分布函数：

(a) 当 $x < 0$ 时，$(X \leq x)$ 是不可能事件，有：
$$F(x) = P(X \leq x) = 0$$

(b) 当 $0 \leq x < 1$ 时，有 $(X \leq x) = (X = 0)$，因而
$$F(x) = P(X \leq x) = P(X = 0) = 0.1$$

(c) 当 $1 \leq x < 2$ 时，$(X \leq x) = (X = 0) \cup (X = 1)$，因为事件 $(X = 0)$ 和事件 $(X = 1)$ 互不相容，所以
$$F(x) = P(X \leq x) = P(X = 0) + P(X = 1) = 0.1 + 0.6 = 0.7$$

(d) 当 $x \geq 2$ 时，事件 $(X \leq x)$ 是必然事件，有：
$$F(x) = P(X \leq x) = 1$$

于是，得到 X 的分布函数如下：
$$F(x) = \begin{cases} 0, & x < 0 \\ 0.1, & 0 \leq x < 1 \\ 0.7, & 1 \leq x < 2 \\ 1, & x \geq 2 \end{cases}$$

$F(x)$ 在 0、1、2 处有跳跃点，跳跃高度分别是 0.1、0.6、0.3。

(2) $P(X \leq 0.5) = F(0.5) = 0.1$

$P(0.5 < x \leq 1.5) = F(1.5) - F(0.5) = 0.6$

$P(1/3 < x \leq 0.5) = F(0.5) - F(1/3) = 0$

以上例题的讨论可以说明已概括出的以下规律：对于离散型随机变量，如果其概率分布如下表所示。

X	a_1	a_2	$\cdots$	a_n
p_i	p_1	p_2	$\cdots$	p_n

其中，$a_1 < a_2 < \cdots < a_n$，则 X 的分布函数可表示为：
$$F(x) = \begin{cases} 0, & x < a_1 \\ \sum_{i=1}^{k} p_i, & a_k \leq x < a_{k+1} \ (k = 1, 2, \cdots n-1) \\ 1, & x \geq a_n \end{cases}$$

$F(x)$ 是阶梯形的曲线，$x = a_1, a_2, \cdots, a_n$ 为 $F(x)$ 的跳跃点，其高度是 $p_1, p_2, \cdots, p_n$，其图形如图 5.3 所示。

若 X 取值为可数个，即 $a_1 < a_2 < \cdots < a_n$ 时，X 的分布函数为：
$$F(x) = \begin{cases} 0, & x < a_1 \\ \sum_{i=1}^{k} p_i, & a_k \leq x < a_{k+1} \ (k = 1, 2, \cdots) \end{cases}$$

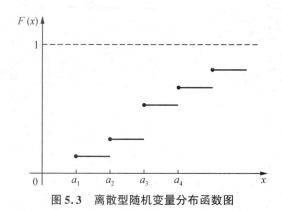

图5.3 离散型随机变量分布函数图

我们还将在第三节详细讨论分布函数的特性。

三、几种重要的离散型随机变量及其概率分布

(一) 两点分布

1. 定义

如果随机变量 X 的概率分布为：

$$P(X = a) = p(0 < p < 1)$$
$$P(X = b) = 1 - p$$

则称 X 服从参数为 p 的两点分布。特别地，当 $a=1, b=0$ 时，称 X 服从 0—1 分布。

在许多试验中，对每次试验而言，试验结果只有两种可能。如抛掷硬币、产品检验、新生儿性别等试验。这种一次试验只有两种结果的试验称为伯努利试验。若把伯努利试验中某事件出现的结果记为事件 A，则另一种结果就是事件 A 的对立事件 $\bar{A}$，记事件 A 出现的概率为 $P(A)=p$，事件 $\bar{A}$ 出现的概率为 $P(\bar{A})=1-p$，令试验结果为随机变量 X 并对其赋值为 $X=1$(当事件 A 出现)或 $X=0$(当事件 A 不出现)，则 X 的概率分布为：

$$P(X = 1) = p(0 < p < 1)$$
$$P(X = 0) = 1 - p$$

这就是当 $a=1, b=0$ 时的两点分布，即 0—1 分布，又称为伯努利分布。

可以求出，伯努利分布的累积分布函数为：

$$F(x) = \begin{cases} 0, & x < 0 \\ 1-p, & 0 \leq x < 1 \\ 1, & x \geq 1 \end{cases}$$

2. 对伯努利分布的试验观察

运用 Excel 中的"随机数发生器工具"，生成 10 个服从伯努利分布、参数 $p=0.3$ 的随机数。"随机数发生器工具"可以产生符合我们研究需要的随机数。具体做法是，选择"数据"—"数据分析"—"随机数发生器"，在"变量个数"的对话框中，输入我们所需要的随机数组数"1"，在"随机数个数"的对话框中，输入每组随机数的个数"10"，然后在"分布"对话框中选择"贝努里分布"，并在"参数"对话框中输入所设定的 p 值 0.3。10 次伯努利试验的结果如下表所示。

实验	结果
1	0
2	1
3	0
4	0
5	0
6	0
7	0
8	0
9	1
10	0

这组随机数的含义为:在第一次试验中,我们观察到的结果为"失败",即 $X=0$;在第二次试验中,我们观察到的结果为"成功",即 $X=1$;在第三次试验中,$X=0$。

3. 例子

例 5.31 100 件产品中有 95 件正品,5 件次品。从中随机取一件,抽到正品的概率为 0.95,抽到次品的概率为 0.05。求抽样结果的概率分布。

解 令 $X = \begin{cases} 1, 当取得正品时 \\ 0, 当取得次品时 \end{cases}$,则有:

$$P(X=1)=0.95,\quad P(X=0)=0.05$$

即 X 服从参数为 0.95 的两点分布。

两点分布是一种最简单的分布,当一组条件下只有两种可能结果且都有正概率时,就能确定一个服从两点分布的随机变量。

(二) 二项分布

1. 背景

下面我们考虑这样一种试验。假如罐中装有红、白两色球,分别占 2/3 和 1/3。现随机地从中摸取 3 次,每次取后放回,求恰好取到 2 个红球的概率。

对于每一次摸球试验,摸到红球的概率都是 2/3,显然这个试验符合伯努利试验的条件,每次摸球都相当于进行了 1 次伯努利试验,3 次摸球就相当于进行了 3 次试验,n 次摸球相当于进行了 n 次,称为 n 重伯努利试验。n 重伯努利试验即意味着在相同的条件下独立地进行多次同样的试验,对于每次试验而言,试验的结果只有两个:成功或失败。成功的概率为 p(在这个例子中即为摸到红球的概率 2/3),失败的概率为 $1-p$,且每次试验结果是互不影响的。现在我们再回到 3 次摸球的试验。在 3 次摸球的试验中,红球出现的可能次数是 0、1、2、3。设 A = "摸到红球",B = "恰好两个红球",则:

$$B = A A \bar{A} \cup A \bar{A} A \cup \bar{A} A A, P(B) = P(A A \bar{A}) + P(A \bar{A} A) + P(\bar{A} A A)$$

因为 $P(A A \bar{A}) = P(A \bar{A} A) = P(\bar{A} A A) = \frac{2}{3} \times \frac{2}{3} \times \frac{1}{3}$,于是有:

$$P(B) = 3 \times \frac{2}{3} \times \frac{2}{3} \times \frac{1}{3} = C_3^2 p^2 q^1$$

如果上述试验中不是摸取 3 次,而是 4 次,不难推知事件 B 发生的概率为:

$$P(B) = C_4^2 p^2 q^2 = C_4^2 (2/3)^2 (1/3)^2$$

一般地,在 n 重伯努利试验中,事件 A 发生的概率为 p,则 A 在 n 次试验中发生 x 次的概率为:

$$P(X = x) = C_n^x p^x q^{n-x}, \quad x = 0, 1, 2, \cdots, n$$

类似的例子还有:一批五件产品中合格品的个数,在 33 个考试题中回答正确的题数,100 位进入店内的顾客中买东西的顾客人数,等等。

2. 二项分布的定义

如果随机变量 X 的分布如下:

$$P(X = x) = C_n^x p^x q^{n-x} (x = 0, 1, 2, \cdots, n, 0 < p < 1, q = 1 - p)$$

则称 X 服从参数为 (n, p) 的二项分布,用记号 $X \sim B(n, p)$ 表示,n 和 p 分别为二项分布的两个参数。

显然,$P(X = x) \geq 0$,且

$$\sum_{i=0}^n P(X = x) = \sum_{i=0}^n C_n^x p^x q^{n-x} = C_n^0 p^0 q^n + C_n^1 p^1 q^{n-1} + \cdots + C_n^n p^n q^0 = (p + q)^n = 1$$

二项分布的累积分布函数为:

$$F(X = x; n, p) = P(X \leq x) = \sum_{x=0}^x C_n^x p^x (1 - p)^{n-x}$$

例 5.32 掷一枚质地均匀的硬币,重复地掷 5 次,记正面向上的次数为随机变量 X,(1) 求 $X = 2$ 的概率;(2) 若硬币质地不均匀,出现正面的概率为 2/3,求重复掷 5 次时 $X = 2$ 的概率。

解 (1) $P(X = 2) = C_5^2 (1/2)^2 (1/2)^3 = 5/16 = 0.3125$。

(2) $P(X = 2) = C_5^2 (2/3)^2 (1/3)^3 = 40/243 = 0.165$。

不难发现,当 $n = 1$ 时,随机变量 X 服从两点分布。可见,参数为 p 的两点分布是二项分布的一个子类。

3. 二项分布图形的特征

服从二项分布的随机变量的概率分布受 n 和 p 的影响,所以 n 和 p 是二项分布的两个参数。二项分布的图形就由这两个参数确定。

当 $p < 0.5$ 时,二项分布呈正偏,这表明在 n 重伯努利试验中,成功次数小于期望(平均)次数的概率较大;$p > 0.5$ 时,二项分布呈负偏;当 $p = 0.5$ 时,二项分布呈对称分布。虽然当 $p \neq 0.5$ 时,二项分布是不对称的。但是,二项分布会随着 n 的增加而趋向对称,n 越大,图形越对称。作图过程可参见本章课件"二项分布",结果如图 5.4 所示。

4. 二项分布值的计算

我们可以运用 Excel 中的函数 BINOM.DIST 来求二项分布的概率值和累积概率,其语法结构如下:

$$\text{BINOM.DIST}(x, n, p, \text{false}) = P(X = x) = C_n^x p^x (1 - p)^{n-x}$$

得到 $P(X = x)$ 的二项分布概率值;

$$\text{BINOM.DIST}(x, n, p, \text{true}) = P(X \leq x) = \sum_{x=0}^x C_n^x p^x (1 - p)^{n-x}$$

得到 $P(X \leq x)$ 的二项分布累积概率值。

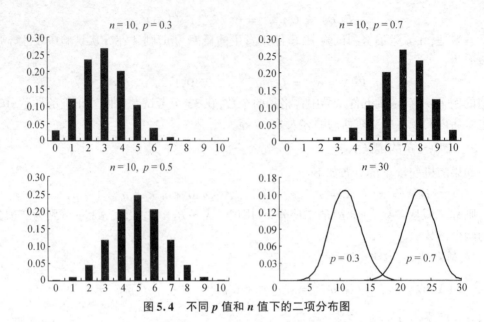

图 5.4 不同 p 值和 n 值下的二项分布图

TRUE 或者 FALSE 是对"输出结果是否为累积概率"的逻辑判断,也可以用 1 和 0 代替 TRUE 和 FALSE。

在后面,我们还会接触到更多的 Excel 中后缀为". DIST"的概率函数,语法结构与 BINOM. DIST 都很相似,特别是 TRUE 或者 FALSE 的逻辑判断适用规则都是一样的,TRUE 表明输出累积分布概率;FALSE 表明输出概率值或概率密度。

例 5. 33 某商店饮料的销售量中 40% 为果汁类饮料。现随机调查 5 位顾客,有 2 人购买果汁饮料的概率是多少?2 人以上购买果汁饮料的概率是多少?

解 设随机变量 X 为购买果汁饮料的顾客人数,显然 $X \sim B(5,0.4)$,

$$P(X = 2) = C_5^2 0.4^2 0.6^{5-2} = \text{BINOM. DIST}(2,5,0.4,\text{false}) = 0.3456$$

$$P(X > 2) = 1 - P(X \leqslant 2) = 1 - F(X = 2)$$

$$= 1 - \sum_{x=0}^{2} C_5^x p^x (1-p)^{n-x} = 1 - \text{BINOM. DIST}(2,5,0.4,\text{true}) = 0.31744$$

(三) 泊松分布

1. 二项分布的极限

我们来看一个中彩票的例子。一般而言,彩票的中奖率很低,每次彩票发售前,中奖的人数是给定的。假设某期彩票的购买人数为 n,中奖人数为 λ,其中:

(1) n 很大,λ 很小,每个人的情况是要么中,要么没中;但没有人会中两次或两次以上。

(2) 每个彩民中彩票的概率为 λ/n,λ/n 很小,而且随着 n 的变化而变化。

(3) 每个彩民是否中彩票是独立的。

由二项分布理论可知,n 个人中有 x 个人中彩票这一随机事件符合 n 重伯努利试验的条件,因此有:

$$X \sim B\left(n, \frac{\lambda}{n}\right), P_n(X = x) = C_n^x \left(\frac{\lambda}{n}\right)^x \left(1 - \frac{\lambda}{n}\right)^{n-x}$$

当 n 很大时,$P_n(x) \xrightarrow{n \to \infty} \dfrac{e^{-\lambda}\lambda^x}{x!}$,证明如下:

$$P_n(X=x) = C_n^x \left(\dfrac{\lambda}{n}\right)^x \left(1 - \dfrac{\lambda}{n}\right)^{n-x} = \dfrac{n!}{x!(n-x)!}\left(\dfrac{\lambda}{n}\right)^x \left(1 - \dfrac{\lambda}{n}\right)^{n-x}$$

$$= \dfrac{1}{x!} \times \dfrac{n(n-1)(n-2)\cdots(n-x+1)}{n^x}\lambda^x \dfrac{(1-\lambda/n)^n}{(1-\lambda/n)^x}$$

当 $n \to \infty$ 时,

$$\dfrac{n(n-1)\cdots n(n-x-1)}{n^x} = \dfrac{n}{n} \times \dfrac{n-1}{n} \cdots \dfrac{n-x+1}{n} \to 1$$

$$\left(1-\dfrac{\lambda}{n}\right)^x \to 1, \quad \left(1-\dfrac{\lambda}{n}\right)^n \to e^{-\lambda}$$

这样得到当 $n \to \infty$ 时,$P_n(x) \to \dfrac{e^{-\lambda}\lambda^x}{x!}$。

在现实中,有很多现象的产生符合类似于上述彩票例子中的三个条件,尽管形式各不相同,我们把这类稀有现象产生的机制称为泊松过程。

2. 泊松过程与泊松分布

考虑随机事件在一段时间内发生的次数,以 X 表示随机事件发生的次数,并将这段时间分割成无穷多不重复的小区间,各区间长度为 Δt,如果在一段连续时间内事件发生的次数满足以下条件:

(1) 在该时间段内的事件发生的平均次数 λ 为已知。

(2) 各不重复小区间内事件发生的次数是相互独立的。

(3) 各区间内事件发生的次数与区间的长度成比例,即随机事件发生的次数与起点无关,只与区间长度有关。

(4) 在一段充分小的区间内事件发生两次或两次以上的概率与事件发生一次的概率相比非常小,小到可以忽略不计。

则称事件发生次数这一随机现象符合泊松过程,称 X 为泊松随机变量,其概率分布为泊松分布。当我们把一段连续单位时间进行无限次分割后,得到无穷个小区间,在每个区间内,事件要么发生,要么不发生,从而所有这些无穷个小区间内事件发生的次数 X 服从二项分布,进而通过求极限得到:

$$P(X=x;\lambda) = \dfrac{e^{-\lambda}\lambda^x}{x!} \quad (x=0,1,2,\cdots,\lambda>0 \text{ 为常数})$$

这就是泊松分布的数学表达式,其中 $\lambda > 0$,为常数,是一连续时间段内事件发生的平均次数。泊松分布满足概率的基本性质:$P(X=x) \geq 0$;并且

$$\sum_{x=0}^{\infty} \left(\dfrac{\lambda^x}{x!}e^{-\lambda}\right) = e^{-\lambda}\sum_{x=0}^{\infty}\dfrac{\lambda^x}{x!} = e^{-\lambda} \times e^{\lambda} = 1$$

因为 $\sum_{x=0}^{\infty}\dfrac{\lambda^x}{x!}$ 是一个无穷级数,收敛于 e^{λ}。

泊松分布的累积分布函数为:

$$F(X=x;\lambda) = \sum_{k=0}^{x}\dfrac{e^{-\lambda}\lambda^k}{k!}$$

上述"一段时间"也可以改为"一定空间",因此这一类现象在客观世界中是很普遍

的。例如,在一段时间内电话交换台接到的呼唤次数。假如分析 5 分钟内接到的呼唤次数,我们可以把 5 分钟分割为 3 000 个小区间,$\Delta t = 0.1$ 秒,显然,各 0.1 秒的时间区间内,是否接到呼唤是互不影响的,0.1 秒内接到一次呼唤的概率当然是 0.05 秒内接到一次呼唤概率的两倍,并且在 0.1 秒内接到两次呼唤的概率很小,可以忽略不计。因此,以呼唤次数为随机变量,它满足泊松过程,是一个泊松随机变量。这样的例子还有很多,如一段时间内机器出现故障的次数,车站候车的乘客人数,商店接待的顾客人数,医院急诊的人数,银行接待的客户人数,数字通信中传输数字时发生误码的个数,一页文稿打错的字数,一块布匹上的疵点数,显微镜下某区域内的血球数和微生物,等等。

3. 泊松分布图的特征

从图 5.5 可以看出,泊松分布为右偏分布,并随着 λ 的增加逐渐趋于对称。

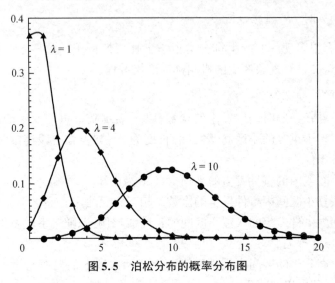

图 5.5　泊松分布的概率分布图

4. 泊松分布值的计算

运用函数 POISSON.DIST 或泊松分布表(见书后"附表五　泊松分布表")。POISSON.DIST 函数的语法结构为:POISSON.DIST $(x, \lambda, \text{false}) = P(X = x; \lambda) = \dfrac{e^{-\lambda} \lambda^x}{x!}$,得到 $P(X = x)$ 的泊松分布概率值;POISSON.DIST $(x, \lambda, \text{true}) = P(X \leq x) = \sum\limits_{x=0}^{x} \dfrac{e^{-\lambda} \lambda^x}{x!}$ 得到 $P(X \leq x)$ 的泊松分布累积概率值。

例 5.34　用抽样调查检查某地人口普查的质量,抽查了 1 000 户的登记卡片,发现某些卡片有 1 个错误,少数有 2 个错误,极少数有 3 个错误。总的来看,错误的多少与卡片的数目成比例,这 1 000 张卡片共有 30 个错误。试求随机抽取 10 张卡片而没有发现错误的概率。

解　每张卡片错误的概率是未知的,只知道平均有 0.03 个错误,这和泊松分布的条件比较近似,所以可以用泊松分布计算。根据题意,10 张卡片中平均的错误为 0.3,即 $\lambda = 0.3$,则有:

$$P(X = 0; 0.3) = \dfrac{\lambda^x}{x!} e^{-\lambda} = \dfrac{(0.3)^0 e^{-0.3}}{0!} = \text{POISSON.DIST}(0, 0.3, 0) = 0.7408$$

在求解泊松分布的问题时,找到正确的 λ 是解题的一个关键,λ 为所考察的时间段中事件平均发生的次数。

例 5.35 某超市平均每小时 72 人光顾,那么在 3 分钟之内达到 4 名顾客的概率是多少?

解: 我们要考察的时间段长度为 3 分钟,根据题意,平均每分钟进入超市的人数为 72/小时 = 1.2/分钟,所以 λ = 3.6/3 分钟。

$$P(x;\lambda) = P(X = 4;3.6) = \frac{e^{-3.6}(3.6)^4}{4!} = \text{POISSON.DIST}(4,3.6,0) = 0.1912$$

例 5.36 若平均每分钟有 2 辆车通过收费站,一个人在收费站停留 5 分钟,会有 6 辆车通过的概率为多少? 会有少于 6 辆的车通过的概率为多少? 会有 6 辆以上(不含 6 辆)的车通过的概率为多少?

解 因为平均每分钟通过 2 辆车,所以平均 5 分钟就会有 10 辆,这样 $\lambda = 10$

$$P(x;\lambda) = P(X = 6;10) = \text{POISSON.DIST}(6,10,\text{false}) = 0.06$$
$$F(x;\lambda) = P(X \leq 5;10) = \text{POISSON.DIST}(5,10,\text{true}) = 0.067$$
$$P(X > 6;10) = 1 - P(X \leq 6;10)$$
$$= 1 - \text{POISSON.DIST}(6,10,\text{true}) = 1 - 0.13 = 0.87$$

5. 泊松分布与二项分布

从泊松分布背景的推导过程可以看出,泊松分布是当 $n \to \infty$ 同时 $np \to \lambda$(λ 很小)时二项分布的极限分布,因此在 n 很大而 p 较小的情况下,可以利用泊松分布来作二项分布的近似计算。经验上,当 $p \leq 0.25, np \leq 5$ 时,近似计算的效果良好。表 5.3 给出了由 Excel 计算的当 $p = 0.001$、$n = 2\,000$ 和 $p = 0.05$、$n = 100$,X 取值变化时,按照二项分布和泊松分布得到的概率值。计算过程参见本章课件"二项与泊松分布"。可以看出,两个结果非常接近。

表 5.3 $p = 0.01$、$n = 2\,000$ 和 $p = 0.05$、$n = 100$ 的二项分布值与泊松分布值

X	$p = 0.01, n = 2\,000$		$p = 0.05, n = 100$	
	二项分布值	泊松分布值	二项分布值	泊松分布值
0	0.135199925	0.135335283	0.005920529	0.006737947
1	0.270670521	0.270670566	0.03116068	0.033689735
2	0.270805992	0.270670566	0.081181772	0.084224337
3	0.180537328	0.180447044	0.139575678	0.140373896
4	0.090223485	0.090223522	0.178142642	0.17546737
5	0.036053268	0.036089409	0.180017827	0.17546737
6	0.011999711	0.012029803	0.150014856	0.146222808
7	0.003421625	0.003437087	0.106025537	0.104444863
8	0.000853266	0.000859272	0.064870888	0.065278039
9	0.000189045	0.000190949	0.034901296	0.036265577
10	3.76766E-05	3.81899E-05	0.016715884	0.018132789
11	6.82286E-06	6.94361E-06	0.007198228	0.008242177
12	1.13202E-06	1.15727E-06	0.002809834	0.00343424
13	1.73285E-07	1.78041E-07	0.001001075	0.001320862
14	2.46188E-08	2.54345E-08	0.000327419	0.000471736
15	3.26279E-09	3.39126E-09	9.88002E-05	0.000157245

例 5.37 某纺织厂纺织车间有 800 只纱锭,在 1 分钟内每只纱锭断头的概率为 $p = 0.005$。求:(1) 全车间 800 只纱锭在 1 分钟内有 8 只断头的概率;(2) 断头次数不超过 10 的概率。

解 设断头数为 X,则 $X \sim B(800, 0.005)$。

因为 n 很大,p 很小,且 $p \leq 0.25$,$np = 4 \leq 5$,所以可用泊松分布近似。

$\lambda = np = 800 \times 0.005 = 4$,查泊松分布表得:

(1) $P\{X = 8\} = 0.029770$。

(2) $P\{X \leq 10\} = 0.99716$。

(四) 超几何分布

1. 超几何分布的定义与性质

在离散型随机变量中,还有一类经常遇见的随机变量,它的分布可描述如下:

设一堆同类产品共 N 个,其中有 M 个次品,现从中任取 n 个(假设 $n \leq N - M$),则这 n 个产品中所含次品数 X 是一个离散随机变量,其概率分布为:

$$P(X = k) = \frac{C_M^k \times C_{N-M}^{n-k}}{C_N^n} (k = 0, 1, 2, \cdots, m, m = \min(M, n))$$

这个分布称为超几何分布,记作 $X \sim H(n, M, N)$。

显然,$P(X = k) \geq 0$;且

$$\sum_{k=0}^{m} P(X = k) = \sum_{k=0}^{m} \frac{C_M^k \times C_{N-M}^{n-k}}{C_N^n} = 1$$

因为 $\sum_{k=0}^{m} C_M^k \times C_{N-M}^{n-k} = C_N^n$,等式两边分别是等式:$(1+x)^M (1+x)^{N-M} = (1+x)^N$ 两边 x^n 的系数,当然是相等的。

以上分析说明了超几何分布满足概率的基本性质。

2. 超几何分布值的计算

运用函数 HYPGEOM.DIST,其语法结构为:

$$\text{HYPGEOM.DIST}(k, n, M, N, \text{false}) = P(X = k) = \frac{C_M^k \times C_{N-M}^{n-k}}{C_N^n}$$

$$\text{HYPGEOM.DIST}(k, n, M, N, \text{true}) = P(X \leq K) = \sum_{k=0}^{K} \frac{C_M^k \times C_{N-M}^{n-k}}{C_N^n}$$

3. 超几何分布与二项分布的关系

如果产品数量 N 很大,产品中的次品率随着 N 的增加而趋于常数 p,则有:

$$\frac{C_M^k \times C_{N-M}^{n-k}}{C_N^n} = \frac{M!}{(M-k)!k!} \times \frac{(N-M)!}{[N-M-(n-k)]!(n-k)!} \times \frac{n!(N-n)!}{N!}$$

$$= \frac{n!}{k!(n-k)!} \left(\frac{M(M-1)\cdots(M-k+1)}{NN\cdots N} \right)$$

$$\times \left(\frac{(N-M)(N-M-1)\cdots(N-M-(n-m)+1)}{NN\cdots N} \right)$$

$$\times \left(\frac{N \times N \cdots N}{N(N-1)\cdots(N-n+1)} \right)$$

当 $N \to \infty$ 时, $M/N \to p$, 这时, 第一个括号 $\to p^k$; 第二个括号 $\to (1-p)^{n-k}$; 第三个括号 $\to 1$, 则:

$$\frac{C_M^k \times C_{N-M}^{n-k}}{C_N^N} \to \frac{n!}{k!(n-k)!} p^k (1-p)^{n-k}$$

由此可见, 当 $N \to \infty$ 时, 超几何分布以二项分布为极限。因此, 当超几何分布中的 N 很大, 而 n 又比较小时, 即只要 $n/N < 0.10$, 就可以用二项分布作为超几何分布的近似。

例5.38 设200件产品零件中有20个次品, 现从中抽取20个, 求正好抽到一个不合格品的概率。

解 因为 N 比较大, 而且 $n/N < 0.1$, 可以用二项分布近似计算,

$$P(X=1) = C_{20}^1 (0.1)^1 (0.9)^{19} = 0.2702$$

即正好抽到一个不合格品的概率为0.2702。

(五) 负二项分布与几何分布

通过前面的讨论, 我们已经知道, 在 n 重伯努利试验中成功的次数 X 服从二项分布, 现在如果反过来求事件成功 k 次时所需的试验次数, 这时试验次数就是一个随机变量, 它的取值可能是 $1, 2, \cdots$, 直到第 k 次成功。这样的例子很多。例如, 某射手每次射击的命中率为 p, 直到第3次射中时射击的次数; 某血库需要AB型阴性血液, 不断地有志愿者前来献血, 直到遇到2位AB型阴性血型的志愿者之前, 所检验的献血人数; 某人把赌注押在不同颜色的赌盘上的某一种颜色上, 直到赌赢为止的赌博次数; 等等。现在要解决的问题是, 这样的随机变量服从什么分布。

若以 p 表示每次试验中事件 A 发生(或成功)的概率, 令事件 A 成功 k 次时, 试验失败的次数为随机变量 X, 则事件 A 在第 $x+k$ 次时成功 k 次的概率为:

$$P(X=x;k,p) = C_{x+k-1}^{k-1}(1-p)^x p^k \quad (x=1,2,\cdots)$$

这个概率分布就称为负二项分布, 当 $k=1$ 时, 上面的概率就表示试验失败 x 次后, 首次成功的概率, 即 $P(X=x,p) = (1-p)^x p$, 此时, 该分布成为几何分布。

在 Excel 中, 负二项分布函数为 NEGBINOM.DIST, 其语法结构为:

$$\text{NEGBINOM.DIST}(x,k,p,\text{false}) = P(X=x;k,p) = C_{x+k-1}^{k-1}(1-p)^x p^k$$

$$\text{NEGBINOM.DIST}(x,k,p,\text{true}) = P(X \leq x;k,p) = \sum_{k=0}^{K} C_{x+k-1}^{k-1}(1-p)^x p^k$$

例5.39 某人打靶击中的概率为0.7, 现在此人连续向一目标射击, 求此人需要射击4次才能中靶(即在第4次时中靶)的概率。

解 此题为几何分布的一个例子, 在首次中靶之前, 失败的次数为3, 即 $x=3, k=1$, 所以:

$$P(X=4) = (0.3)^3 \cdot 0.7 = 0.0189$$

或运用 Excel 计算得到:

$$P(X=4) = \text{NEGBINOM.DIST}(3, 1, 0.7, \text{false}) = 0.0189$$

几何分布是一个随着 X 的不断增加而概率递减的函数。它还有一个无记忆性的特性。即前 m 次试验中 A 一直没有发生, 在此条件下, 为了等到 A 发生所再需要等待的次数仍然服从几何分布。

例 5.40 在学校食堂里,愿意接受调查访问的学生比例大约为 3/10。如果取得 10 份有效的调查问卷,需要询问 30 名在食堂就餐的学生的可能性为多大?需要询问 30 名以上学生的可能性是多少?

解 如果询问 30 名学生,取得 10 份有效的调查问卷,表明有 20 名学生会拒绝调查访问,此时,$X=20, k=10, p=0.3$,得到:

$$P(X=20; k=10, p=0.3) = \text{NEGBINOM.DIST}(20,10,0.3,0) = 0.0472$$

计算需要询问 30 名以上学生的可能性,可以先计算需要询问 30 名以下学生的可能性,然后用 1 减去后者即可。

$$\begin{aligned}
P(X>20; k=10, p=0.3) &= 1 - P(X \leq 20; k=10, p=0.3) \\
&= 1 - \sum_{X=0}^{20} P(X; k, p=0.3) \\
&= 1 - \text{NEGBINOM.DIST}(20,10,0.3,1) \\
&= 1 - 0.4112 = 0.5888
\end{aligned}$$

第三节 连续型随机变量与概率分布

一、连续型随机变量的概率密度函数

对于离散型随机变量,我们可以用一系列等式来描述其概率分布的情况,而对于非离散型的随机变量,由于变量的可能取值是某一区间内的所有值,例如第一节中的转动陀螺试验及两人约会的例子,这时,我们考察事件 $X=a$ 的概率显然没有什么意义,而必须了解事件 $a \leq X \leq b$ 的概率,为此,引进概率密度函数的概念。

定义 对于随机变量 X,如果存在非负可积函数 $f(x)(-\infty < x < +\infty)$,使对任意实数 $a, b (a<b)$,都有:

$$P(a \leq x \leq b) = \int_a^b f(x) \, dx$$

则称 X 为连续型的随机变量,并称 $f(x)$ 为 X 的概率密度函数。

显然,对于任何实数 $a, P(X=a)=0$,且有:

$$P(a<X<b) = P(a<X \leq b) = P(a \leq X<b) = P(a \leq X \leq b)$$

所以当我们讨论连续型随机变量落入某一区间的概率时,不必区分是否包括区间端点。从图形上看,随机变量落入某一区间 (a,b) 的概率等于曲线 $y=f(x)$ 在区间 (a,b) 上的面积。

作为概率密度函数,应该满足以下两条概率的基本性质:

性质 1 $f(x) \geq 0$。

性质 2 $\int_{-\infty}^{+\infty} f(x) \, dx = 1$。

性质 1 是显而易见的,对于性质 2 可作如下证明:

记 $A_n = \{n < x \leq n+1\}, n = \cdots, -1, 0, 1, \cdots$。

易知 $\bigcup_{n=-\infty}^{+\infty} A_n$ 是必然事件,故其概率为 1。另外,根据概率的完全可加性知:

$$P\left(\bigcup_{n=-\infty}^{+\infty} A_n\right) = \sum_{n=-\infty}^{+\infty} P(A_n) = \lim_{k \to \infty} \sum_{n=-k}^{k} P(A_n) = \lim_{k \to \infty} \sum_{n=-k}^{k} \int_n^{n+1} f(x) \, dx$$

$$= \lim_{k\to\infty} \int_{-k}^{k+1} f(x)\,dx = \int_{-\infty}^{\infty} f(x)\,dx = 1$$

二、连续型随机变量的概率分布函数

对于连续型随机变量 X,我们仍然定义分布函数 $F(x) = P(X \leq x)$, $-\infty < x < +\infty$,此时分布函数 $F(x)$ 与密度函数 $f(x)$ 有如下关系:

$$F(x) = \int_{-\infty}^{x} f(t)\,dt$$

用微积分的术语,分布函数 $F(x)$ 是概率密度函数 $f(x)$ 的可变上限的定积分。

分布函数具有如下性质:

性质 1 $0 \leq F(x) \leq 1 \ (-\infty < x < +\infty)$。

性质 2 $F(x)$ 是非减函数;若 $x_1 < x_2$, $F(x_1) \leq F(x_2)$。

性质 3 $\lim_{x\to -\infty} F(x) = 0$, $\lim_{x\to +\infty} F(x) = 1$。

性质 4 $F(x)$ 右连续。

以上 4 条性质从直观上看是很明显的。对于性质 1,$F(x)$ 表示 $P(X \leq x)$,当然大于零;对于性质 2,$F(x_2) - F(x_1) = P(x_1 < X \leq x_2) \geq 0$,因此,$F(x_1) \leq F(x_2)$;性质 3 是说明当 $x \to -\infty$ 时,X 落入 $(-\infty, x]$ 内的概率趋于零;当 $x \to +\infty$ 时,X 落入 $(-\infty, x]$ 的概率趋于 1。性质 4 是因为定义为 $F(x) = P(X \leq x)$,如果定义 $F(x) = P(X < x)$ 则为左连续。对于连续变量,这两种定义是相同的,对于离散变量,两种定义的差别在于是否包括 x 这一点。

图 5.6 说明了分布函数 $F(x)$ 与概率密度函数 $f(x)$ 的关系:分布函数是通过 y 轴上的长度来表示 X 落入某个区间的概率;而密度函数则是通过密度曲线在某个区间上的面积来表示该概率的。

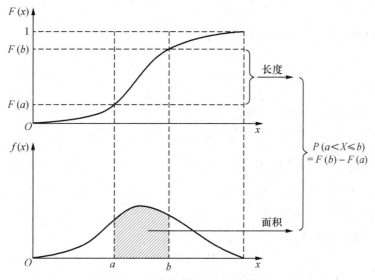

图 5.6 分布函数与密度函数关系

通过对离散型随机变量概率分布函数的比较,我们发现,概率分布函数可以作为统一的方式来描述所有随机变量的概率分布特性。即对于任一随机变量 X,函数 $F(x) = P(X \leq x)(-\infty < x < +\infty)$,称作 X 的概率分布函数。如果将 X 看作数轴上的随机点的坐

标,那么 $F(x)$ 在 x 处的函数值就表示点 X 落入区间 $(-\infty,x]$ 上的概率。对于任意实数 $x_1<x_2$,随机点落入 $(x_1,x_2]$ 上的概率为:

$$P(x_1<X\leqslant x_2)=F(x_2)-F(x_1)$$

于是,只要知道了随机变量 X 的分布函数,就可以描述 X 的概率特性了。

例 5.41 已知 X 的概率密度函数为:

$$f(x)=\frac{1}{\sqrt{2\pi}\sigma}e^{-\frac{1}{2\sigma^2}(x-\mu)^2}(-\infty<x<+\infty,\sigma>0)$$

试求其分布函数。

解 对 $f(x)$ 积分,可得:

$$F(x)=\frac{1}{\sqrt{2\pi}\sigma}\int_{-\infty}^{x}e^{-\frac{(x-\mu)^2}{2\sigma^2}}dx$$

在后面我们将会学到,这样的分布形式称为正态分布,记作 $X\sim N(\mu,\sigma^2)$。当参数 $\mu=0$,$\sigma^2=1$ 时,$X\sim N(0,1)$,有分布函数:

$$\Phi(x)=\frac{1}{\sqrt{2\pi}}\int_{-\infty}^{x}e^{-\frac{t^2}{2}}dt$$

三、几种重要的连续型随机变量的概率分布

(一) 均匀分布

一个质点在某个区间做均匀运动,以等可能性落在区间内的任意一点,这就是均匀分布的由来。如果随机变量 X 在区间 $[a,b]$ 内每一点取值的概率都是均等的,那么 X 就服从均匀分布。

1. 定义

如果随机变量 X 的概率密度函数为:

$$f(x)=\begin{cases}\dfrac{1}{b-a}, & a\leqslant x\leqslant b(a<b)\\ 0, & 其他\end{cases}$$

则称 X 服从区间 $[a,b]$ 上的均匀分布,记作 $X\sim U[a,b]$。

如果 $X\sim U[a,b]$,显然对于任意满足 $a\leqslant c<d\leqslant b$ 的 c 和 d 有:

$$P(c<x<d)=\int_{c}^{d}f(x)dx=\frac{d-c}{b-a}$$

这说明服从均匀分布的随机变量 X 取值于区间 $[a,b]$ 中任一小区间的概率与该小区间的长度成正比,而与该小区间的具体数值无关。

均匀分布的分布函数为:

$$F(x)=\begin{cases}0, & x<a\\ \dfrac{x-a}{b-a}, & a\leqslant x<b\\ 1, & x\geqslant b\end{cases}$$

2. 均匀分布的图形

均匀分布的图形如图 5.7 所示,左边为密度图,右边为概率图。

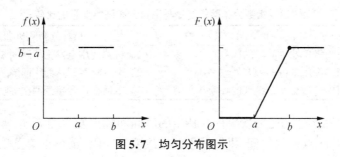

图 5.7 均匀分布图示

例 5.42 若 $X \sim U[0,10]$，试求下述概率：(1) $X<3$；(2) $X>6$；(3) $3<X<8$。

解 (1) $P(X<3) = \int_0^3 \frac{1}{10}\mathrm{d}x = \frac{3}{10}$。

(2) $P(X>6) = \int_6^{10} \frac{1}{10}\mathrm{d}x = \frac{4}{10} = \frac{2}{5}$。

(3) $P(3<X<8) = \int_3^8 \frac{1}{10}\mathrm{d}x = \frac{5}{10} = \frac{1}{2}$。

例 5.43 某人要搭乘一列 6:00 发出的火车，他打算乘出租车于 5:40 出发，从他家乘汽车到火车站，在最顺利的情况下要 10 分钟，在交通最拥堵时要 50 分钟，到火车站后上火车要 5 分钟。假设从他家到火车站，汽车的行驶时间 X 在区间 $[10,50]$ 服从均匀分布，问此人能赶上火车的概率。

解 要赶上火车，汽车的行驶时间不能多于 15 分钟，则：

$$P(X \leq 15) = \int_{10}^{15} \frac{1}{50-10}\mathrm{d}x = \frac{15-10}{50-10} = 0.125$$

即此人在 5:40 出发能赶上火车的概率为 0.125。

(二) 指数分布

1. 定义

如果连续型随机变量 X 的概率密度为：

$$f(x;\lambda) = \lambda \mathrm{e}^{-\lambda x} \begin{cases} x \geq 0, & \lambda > 0 \\ 0, & x < 0 \end{cases}$$

则称 X 服从参数为 λ 的指数分布。

不难验证，$f(x) \geq 0$，且

$$\int_{-\infty}^{\infty} f(x)\mathrm{d}x = \int_{-\infty}^{\infty} \lambda \mathrm{e}^{-\lambda x}\mathrm{d}x = 1$$

指数分布的分布函数为：

$$F(x) = \begin{cases} 0, & x < 0 \\ 1 - \mathrm{e}^{-\lambda x}, & x \geq 0 \end{cases}$$

指数分布所描述的现象恰与泊松分布相反，在泊松分布中随机变量 X 描述的是在一段时间中某事件发生的次数，而指数分布中的随机变量描述的则是两次事件发生的时间间隔，虽然两种分布有同样的参数，但描述时间间隔的指数分布随机变量是连续型随机变量，并且由于时间间隔总是一个大于零的正数，因此当 $x<0$ 时，概率密度为零。表 5.4 所列举的即这两种分布在描述对象方面的区别的具体实例。

表5.4 指数分布随机变量与泊松分布随机变量的比较

泊松分布随机变量	指数分布随机变量
（1）一段时间内机器发生故障的次数	（1）机器使用至发生故障间隔的时间
（2）一段时间内商店接待的顾客人数	（2）两位顾客到达商店间隔的时间
（3）一段时间内电话交换台接到的呼唤次数	（3）电话交换台接到两次呼唤间隔的时间

由于指数分布描述的是两次事件在特定的时间间隔内发生的概率，常被用来描述电子元件的寿命、病人候诊的时间、机器发生两次故障的间隔、银行自动提款机支付一次现金所花费的时间等现象，是一种应用很广的连续型分布。其中，参数 λ 表示在单位时间内事件发生的次数。

根据指数分布的分布函数形式：$F(x) = 1 - e^{-\lambda x}$，可以看出指数分布的一个特性：无记忆性。也就是说，若已知某种元件已正常工作了 T 单位时间，那么它再工作 S 单位时间而不损坏的概率与已工作的 T 单位时间无关。假如，某人在公用电话亭等着打电话，两个电话亭都有人，一个已通话10分钟，另一个刚开始通话，如果通话时间服从指数分布，则根据指数分布的无记忆性，可以认为必须等待的时间的概率对两个电话亭都是一样的，所以只需任选一个电话亭等待即可。

2. 指数分布图形

图5.8 和图5.9 分别给出了 $l = 1, 2, 3$ 时的概率密度曲线和概率分布曲线。

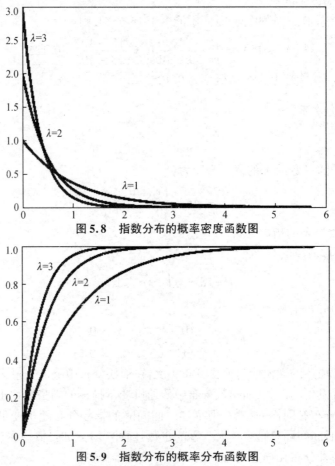

图5.8 指数分布的概率密度函数图

图5.9 指数分布的概率分布函数图

3. 用 Excel 求指数分布的值

运用 EXPON.DIST 函数,其语法结构为:

EXPON.DIST(x, λ, cumulative);

EXPON.DIST(x, λ, true) = $\int_{-\infty}^{x} \lambda e^{-\lambda t} dt$,是一个概率分布值;

EXPON.DIST(x, λ, false) = $\lambda e^{-\lambda x}$,是一个概率密度值。

例 5.44 在自动化生产线上某工序平均每分钟装配 4 件产品。任意两件产品间隔时间不超过半分钟的概率是多少(已知间隔时间 T 服从指数分布)?

解 令间隔时间为 T,根据题意知 $\lambda = 4$,则:

$$P(T \leq 0.5) = \int_0^{0.5} 4e^{-4t} dt = -e^{-4t} \Big|_0^{0.5} = 0.8647$$

或者 $\qquad P(T \leq 0.5) = \text{EXPON.DIST}(0.5, 4, \text{true}) = 0.8647$

例 5.45 已知某工厂生产的笔记本电池的使用寿命 X 服从参数 $\lambda = 0.4$ 的指数分布。厂家承诺,如果电池在半年之内不能使用的话,可以免费更换。已知能够正常使用的电池的平均利润为每个 200 元,更换电池的成本为每个 600 元。请问,该厂家最终的平均利润为多少?

解 我们首先需要计算一下电池的使用寿命在半年以内的概率:

$$P(X < 0.5) = \text{EXPON.DIST}(0.5, 0.4, 1) = 0.1813$$

这表明,该厂生产的电池有 18.13% 需要更换,每个发生费用 600 元,另外的 91.87% 不需要更换,每个带来利润 200 元,因此一个电池的平均(期望)利润为:

$$200 \times 0.9183 - 600 \times 0.1813 = 74.88(元)$$

(三) 伽玛分布

指数分布和伽玛分布都可以用来计算等候时间、产品可靠度、排队问题等。不同的是,在指数分布中,随机变量 X 是等待第一个成功事件所需的时间,而在伽玛分布中,X 则是等待第 n 个成功事件所需的时间。

1. 定义

如果随机变量 X 概率密度函数为:

$$f(x; \alpha, \beta) = \begin{cases} \dfrac{1}{\beta^\alpha \Gamma(\alpha)} x^{\alpha-1} e^{-x/\beta}, & x \geq 0 \\ 0, & \text{其他} \end{cases} \quad (\alpha > 0, \beta > 0)$$

$\Gamma(\alpha)$ 是伽玛函数:

$$\Gamma(\alpha) = \int_0^{+\infty} y^{\alpha-1} e^{-y} dy, \quad \alpha > 0$$

则称 X 服从参数为 α 和 β 的伽玛分布。

2. 伽玛分布的图形

图 5.10 给出了 $\beta = 1$ 时,α 分别取值为 1、2、3、4 时的伽玛分布的密度曲线图。可以看出,当 $\alpha = 1$ 时,伽玛分布退化为指数分布。随着 α 变大,伽玛分布方差越来越大,也越来越趋于对称。

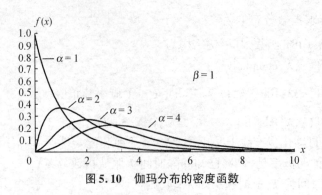

图 5.10 伽玛分布的密度函数

3. 用 Excel 求伽玛分布的值:GAMMA.DIST 函数

语法结构:GAMMA.DIST(x, alpha, beta, cumulative)。

4. 应用

伽玛分布可以用来计算等候时间或作排队分析。在泊松过程中,单位时间成功次数为 λ,那么等候第一个成功事件出现的时间平均需要 $b = 1/\lambda$,若要等候第 n 个成功事件,则 $a = n$。可以看出,指数分布是伽玛分布当 $a = 1$ 时的特殊情形。

例 5.46 某个淘宝热门小铺平均每分钟的点击人数达到 2,那么第 50 个访问者会在半小时内出现的概率是多少?

解 该网站第一位访问者出现的平均时间 $b = 1/2$ 分钟,$a = 50$,$x = 30$,根据伽玛分布,得到:

$$F(X = 30; a = 50, b = 1/2) = \text{GAMMA.DIST}(30, 50, 1/2, 1) = 0.9156$$

例 5.47 小张每天早上 7 点半左右搭乘公交车上班,一般而言,平均每 10 分钟有一班公交车。今天早上他等了 20 分钟还没有公交车到达,请问今天的情况是否属于偶然。

解 公交车抵站可以视为泊松过程,因此等候的时间服从伽玛分布。在这个例子中,等候第一辆公交车出现的时间平均需要 $b = 10$ 分钟,小张在这 20 分钟的时间里等待下一辆公交车到达,所以 $a = 1$。

等候 20 分钟尚无公交车到达的概率为:

$$1 - \text{GAMMA.DIST}(20, 1, 10, \text{true}) = 1 - 0.8647 = 0.1353$$

由于概率达到 0.1353,因此该事件不属于小概率事件,今天的情况不算是偶然。

在这个例子中,由于 $a = 1$,因此我们还可以使用指数分布来求解,即两班公交车的时间间隔服从指数分布,此时 $l = 1/10$。该时间间隔大于 20 分钟的概率为:

$$1 - \text{EXPON.DIST}(20, 0.1, \text{true}) = 1 - 0.8647 = 0.1353$$

结果与伽玛分布的计算结果一样。

5. 伽玛分布与泊松分布的关系

首先,泊松分布是一种离散型随机变量分布,描述的是在一个连续的时间或空间中,事件发生 n 次的概率。伽玛分布则是连续型随机变量分布,描述的是在一个泊松过程中,事件发生 n 次所需一定时间的概率。两种分布都是从泊松过程中产生的。那么它们之间是否存在某种对应关系?答案是肯定的。

在例 5.46 中,我们用伽玛分布计算了第 50 个访问者会在半小时内出现的概率,现在对于这一事件,我们也可以用泊松分布来计算在半小时内出现至少 50 个访问者的概率,由题意可知 $\lambda = 2 \times 30 = 60$,其概率值为:$1 - \text{POISSON}(49, 60, 1) = 0.9156$,结果与我们用伽玛分布计算的完全一样。

因此在求解泊松过程的概率问题时,这两种分布都可以使用,对于每一种分布,一定要找到正确的参数大小。

在重要的连续随机变量的分布中,除了上面介绍的三种分布外,还有正态分布 χ^2 分布、F 分布等。我们将在第八章中详细介绍 F 分布,在第九章中详细介绍 χ^2 分布。在这些分布当中,正态分布无疑是统计学中最重要和最常用的一个,因此,我们专门用一小节的内容来介绍它。

第四节　随机变量的数字特征

随机变量的分布函数完整地反映了随机变量的统计规律。由于在实际问题中,人们感兴趣的常常仅是随机变量的某些统计特性,因此还需要了解反映随机变量某些重要特性的一些数字特征。在前面我们看到,对于离散型的随机变量,可以作出它的概率分布图;对于连续型随机变量,可以作出它的概率密度图,这些都非常类似于我们在描述统计中学到的频率或频数分布图。这意味着对于随机变量,我们也可以来研究类似于平均数、方差这样的数字特征。

与平均数相对应的概念是数学期望,反映随机变量取值的平均,另一个仍然是方差,反映随机变量分布偏离期望的分散程度。数学期望和方差是最常用随机变量的数字特征

一、随机变量的数学期望

(一) 定义

定义　设 X 是离散型随机变量,X 取值 $x_1, x_2, \cdots, x_i, \cdots$,其相应的概率为 $p_1, p_2, \cdots, p_i, \cdots$,则称

$$E(X) = \sum_i x_i p_i$$

为 X 的数学期望。若 X 是连续型随机变量,有概率密度函数 $f(x)$,则称

$$E(X) = \int_{-\infty}^{+\infty} x f(x) \, dx$$

为 X 的数学期望。

离散型随机变量的数学期望公式容易理解,下面我们简要说明一下连续型随机变量的数学期望公式的由来。

如图 5.11 所示,令 ξ_i 为无限分割后区间 $[x_{i-1}, x_i]$ 的组中值 $\Big($ 回忆一下运用分组资料计算平均数的情形:$\bar{X} = \sum_{i=1}^{k} \bar{X}_i w_i \Big)$,有:

$$E(X) \approx \sum_i \xi_i p_i = \sum_i \xi_i [\Delta x_i f(\xi_i)]$$

当 $\Delta x_i \to 0$ 时,$\xi_i \to x_i$,对上式求极限得到:

$$E(X) = \lim_{\Delta x_i \to 0} \sum_i \xi_i f(\xi_i) \Delta x_i = \int_{-\infty}^{+\infty} x f(x) \mathrm{d}x$$

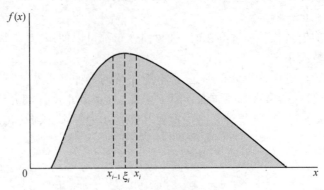

图 5.11　数学期望图示

从随机变量数学期望的定义看出,随机变量的数学期望就是随机变量所有可能取值的加权平均数,类似于我们前面学过的一组数字的算术平均数。从形式上看,确实如此,只不过数学期望是用概率加权,而一般平均数用频率加权,但它们实质上是不同的。一般平均数说明的是实际存在的平均水平,数学期望反映的则是预期的平均结果。因为概率是一种事前的预期,所以用概率加权得到的数学期望是事前预期的平均数,而非实际存在的平均水平。

例 5.48　某国际旅行团规定每位旅客须参加意外险,保险赔付额是每位旅客 10 000 美元。假如每次旅游发生事故的概率为 1/200,则平均的保费应是多少?

解　保险公司付给每位旅客 10 000 美元的概率是 0.005(1/200),令 X 代表保险公司付给旅客的赔付金,则 X 的概率分布为:

X	0	10 000
p_i	0.995	0.005

则 X 的数学期望值为:

$$E(X) = 0 \times 0.995 + 10\,000 \times 0.005 = 50(\text{美元})$$

即保险公司预期每位旅客的给付是 50 美元,如不考虑别的因素,长期或大量地来看,保险公司收取每人 50 美元的保费正好不赚不陪。当然,保险公司还要考虑各种管理费、利润等,实际上所收的保费要高于这个数字。

例 5.49　设 X 为某种产品的使用寿命(小时),其概率密度为:

$$f(x) = \begin{cases} \dfrac{20\,000}{x^3}, & x > 100 \\ 0, & \text{其他} \end{cases}$$

试求该产品使用寿命的数学期望。

解　$E(X) = \int_{100}^{\infty} x \times \dfrac{20\,000}{x^3} \mathrm{d}x = 20\,000 \int_{100}^{\infty} \dfrac{1}{x^2} \mathrm{d}x = 200$ (小时)

（二）随机变量函数的数学期望

1. 随机变量的函数

我们常常会遇到这样的问题，例如，用 X_1、X_2、X_3 分别代表三次测验的成绩，显然这是三个随机变量，若用 $Y = X_1 + X_2 + X_3$ 代表总成绩，则 Y 仍是一个随机变量，并且它是 X_1、X_2、X_3 的函数。由此，引进随机变量的函数的概念。

若 X 是一个随机变量，而 $Y = g(X)$ 是这样一个随机变量：当 X 取值 x 时，Y 取值为 $y = g(x)$，则称 $Y = g(X)$ 为随机变量 X 的函数。

对于离散随机变量的函数当然也是离散随机变量，而且其概率分布很容易求出。例如，X 的分布为：

X	0	1	2	3	4	5
$P(X = x_i)$	1/12	1/6	1/3	1/12	2/9	1/9

现有一随机变量 $Y = (X - 2)^2$，这时 Y 的概率分布为：

$g(0) = g(4) = 4$，$g(1) = g(3) = 1$，$g(2) = 0$，$g(5) = 9$
$P(Y = 0) = P(X = 2) = 1/3$
$P(Y = 1) = P(X = 1) + P(X = 3) = 1/6 + 1/12 = 1/4$
$P(Y = 4) = P(X = 0) + P(X = 4) = 1/12 + 2/9 = 11/36$
$P(Y = 9) = P(X = 5) = 1/9$

则 Y 的分布率如下表所示。

Y	0	1	4	9
$P(Y = y_i)$	1/3	1/4	11/36	1/9

对于连续随机变量的函数当然也还是一个连续随机变量，不过其概率密度的求解需要用到较多的数学知识，我们可以利用以下定理：

定理 5.6 将随机变量 X 和随机变量 X 的函数 $Y = g(X)$ 的密度函数分别记作 $f_X(x)$ 和 $f_Y(y)$，如果 $g'(x) > 0$，则有：

$$f_Y(y) = f_X[r(y)] r'(y)$$

其中，$x = r(y)$ 为 $y = g(x)$ 的反函数。

例如，若 X 的密度为 $f_X(x)$，则 $Y = kX + b$ 的密度函数 $f_Y(y)$ 为：

$$f_Y(y) = f_X\left(\frac{y - b}{k}\right) \times \frac{1}{k}$$

因为 $g(x)$ 为 $kx + b$，它符合定理条件，且 $y = kx + b$ 的反函数为 $x = (y - b)/k$。

关于求解随机变量函数的概率密度的具体方法和定理证明，可查阅有关的概率统计书，这里由于篇幅和内容所限，恕不详述。

2. 随机变量函数的数学期望

定理 5.7 设 $g(X)$ 为连续实函数，$Y = g(X)$ 是随机变量 X 的函数，

（1）若 X 是离散型随机变量，其概率分布律为：

$$P\{X = x_k\} = p_k, \quad k = 1, 2, \cdots$$

若 $\sum_{k=1}^{\infty} g(x_k)p_k$ 绝对收敛,则:

$$E(Y) = E[g(X)] = \sum_{k=1}^{\infty} g(x_k)p_k$$

(2) 若 X 是连续型随机变量,其密度函数为 $f(x)$,若积分 $\int_{-\infty}^{+\infty} g(x)f(x)\mathrm{d}x$ 绝对收敛,则:

$$E(Y) = E[g(X)] = \int_{-\infty}^{+\infty} g(x)f(x)\mathrm{d}x$$

例 5.50 设 X 为一离散随机变量,其概率分布如下:

X	0	1	2	3
$f(x)$	1/3	1/2	0	1/6

求 $Y = (X-1)^2$ 的期望值。

解
$$\begin{aligned}
E[(X-1)^2] &= \sum_{x=0}^{3}(x-1)^2 f(x) \\
&= (-1)^2 f(0) + (0)^2 f(1) + (1)^2 f(2) + (2)^2 f(3) \\
&= 1 \times \frac{1}{3} + 0 \times \frac{1}{2} + 1 \times 0 + 4 \times \frac{1}{6} = 1
\end{aligned}$$

例 5.51 已知 $X \sim N(0,1)$,求 $E(X^2)$。

解 因为 $Y = g(X) = X^2$,所以

$$\begin{aligned}
E(X^2) &= \int_{-\infty}^{+\infty} x^2 \frac{1}{\sqrt{2\pi}} \mathrm{e}^{-\frac{x^2}{2}} \mathrm{d}x = -\int_{-\infty}^{+\infty} x \mathrm{d}\left(\frac{1}{\sqrt{2\pi}} \mathrm{e}^{-\frac{x^2}{2}}\right) \\
&= -\left[x \frac{1}{\sqrt{2\pi}} \mathrm{e}^{-\frac{x^2}{2}}\right]_{-\infty}^{+\infty} + \int_{-\infty}^{+\infty} \frac{1}{\sqrt{2\pi}} \mathrm{e}^{-\frac{x^2}{2}} \mathrm{d}x = 1
\end{aligned}$$

上式第一项当 $x \to \infty$ 时,$x\mathrm{e}^{-\frac{x^2}{2}} \to 0$,第二项是标准正态分布密度函数在定义域内的积分为 1。

(三) 数学期望的性质

数学期望具有如下性质:

性质 1 $E(C) = C$。
性质 2 $E(kX) = kE(X)$。
性质 3 $E(X + b) = E(X) + b$。
性质 4 $E(kX + b) = kE(X) + b$。
性质 5 $E(X + Y) = E(X) + E(Y)$。
性质 6 若 X、Y 相互独立,则 $E(X \times Y) = E(X) \times E(Y)$。

其中,b、k 和 C 都是常数。下面我们对前面 4 条性质给出证明,第 5、6 条需学完联合概率分布才能够证明。

证 (1) 常数 C 作为随机变量只有一个可能值 C,且其概率为 1,

$$E(C) = C \times 1 = C$$

(2) 若 X 是离散随机变量,则:

$$E(Y) = E(kX) = \sum_{i=1}^{\infty} kx_i p_i = k\sum_{i=1}^{\infty} x_i p_i = kE(X)$$

若 X 是连续随机变量,则:

$$E(Y) = E(kX) = k\int_{-\infty}^{+\infty} xf(x)\mathrm{d}x = kE(X)$$

(3) 我们直接证明性质 4,因为证明了性质 4,也就等于证明了性质 3。若 X 是离散随机变量,则:

$$E(kX + b) = \sum_i (kx_i + b)p_i = \sum_i kx_i p_i + \sum_i bp_i = kE(X) + b$$

若 X 是连续随机变量,则:

$$E(kX + b) = \int_{-\infty}^{+\infty}(kx + b)f(x)\mathrm{d}x = k\int_{-\infty}^{+\infty} xf(x)\mathrm{d}x + b\int_{-\infty}^{+\infty} f(x)\mathrm{d}x = kE(X) + b$$

后面我们将会看到数学期望的这些性质将使得计算简化,而且有助于推算某些抽样分布的特征。

二、随机变量的方差

(一) 方差的定义和性质

1. 定义

设 X 是一随机变量,若 $E\{[X - E(X)]^2\}$ 存在,则称它为 X 的方差,记作 $D(X)$,即 $D(X) = E\{[X - E(X)]^2\}$,称 $\sqrt{D(X)}$ 为均方差或标准差。

从方差定义知,若 X 为离散随机变量,其分布律为 $P(X = x_i) = p_i (i = 1, 2, \cdots)$,则:

$$D(X) = \sum_i [x_i - E(X)]^2 p_i$$

若 X 为连续随机变量,其密度函数为 $f(x)$,则:

$$D(X) = \int_{-\infty}^{+\infty} [x - E(X)]^2 f(x)\mathrm{d}x$$

从方差的计算可以看出,它反映的是随机变量偏离数学期望的程度,是随机变量所有可能取值与其数学期望的离差平方的数学期望,即用概率加权的平均离差。在前面的描述统计学中,我们学过的总体方差是一组资料中各数值与其算术平均数离差平方的平均数,即:

$$\sigma^2 = \frac{\sum_{i=1}^{n}(x_i - \bar{x})^2}{n}$$

在概率论中,方差则是通过概率加权对离差进行平均的。

为了计算简便,可由下式计算方差:

$$D(X) = E(X^2) - [E(X)]^2$$

证 $D(X) = E\{[X - E(X)]^2\} = E[X^2 - 2XE(X) + (E(X))^2]$
$= E(X^2) - 2E[XE(X)] + E[E(X)]^2 = E(X^2) - 2E(X)E(X) + [E(X)]^2$
$= E(X^2) - [E(X)]^2$

为方便,常常将$[E(X)]^2$写成$E^2(X)$,于是有:
$$D(X) = E(X^2) - E^2(X)$$

从方差的计算可以看出,方差反映的是随机变量偏离数学期望的程度,是随机变量所有可能取值与其数学期望的离差平方的数学期望,即用概率加权的离差平方。随机变量的方差反映的是风险和不确定性的大小。在这里,我们再对风险作一个解释。

风险是指人们预期的收益与实际收益之间的差异,这种差异既来自客观世界的不确定性(即外在的不确定性),也来自人们对客观世界的认识能力的局限性(即内在的不确定性)。不确定性是指事物运行过程中随机性、偶然性的变化或不可预测的趋势。

例5.52 现有股票A与股票B在未来不同经济状况下的可能报酬率如下表所示。

经济状况	各种状况发生的概率p_i	可能的报酬率(%)	
		R_A	R_B
景气过热	0.1	30	-45
繁荣	0.2	20	-15
正常	0.3	10	15
衰退	0.3	0	45
萧条	0.1	-10	75

试比较两种股票的预期报酬率和标准差。

解 (1) $E(R_A) = 0.3 \times 0.1 + 0.2 \times 0.2 + 0.1 \times 0.3 + 0 \times 0.3 + (-0.1) \times 0.1$
$= 0.09 = 9\%$

$E(R_A^2) = 0.3^2 \times 0.1 + 0.2^2 \times 0.2 + 0.1^2 \times 0.3 + 0 \times 0.3 + (-0.1)^2 \times 0.1$
$= 0.021$

$D(R_A) = E(R_A^2) - E^2(R_A) = 0.021 - 0.09^2 = 0.0129$

$\sqrt{D(R_A)} = \sqrt{0.0129} = 0.1136 = 11.36\%$

(2) $E(R_B) = (-0.45) \times 0.1 + (-0.15) \times 0.2 + 0.15 \times 0.3 + 0.45 \times 0.3 + 0.75 \times 0.1$
$= 18\%$

$E(R_B^2) = (-0.45)^2 \times 0.1 + (-0.15)^2 \times 0.2 + 0.15^2 \times 0.3 + 0.45^2 \times 0.3 + (0.75)^2 \times 0.1$
$= 0.1485$

$D(R_B) = E(R_B^2) - E^2(R_B) = 0.1485 - (0.18)^2 = 0.1161$

$\sqrt{D(R_B)} = \sqrt{0.1161} = 0.2407 = 24.07\%$

即股票B的预期报酬率为18%,是股票A的2倍,但股票B报酬率的方差也比股票A大得多,购买股票A虽然预期报酬率比较高,但风险也比较大。

2. 性质

由数学期望的性质,当k、C、b为常数时,不难推证:

性质1 $D(C) = 0$。

性质2 $D(kX) = k^2 D(X)$。

性质3 $D(X + b) = D(X)$。

性质4 $D(kX + b) = k^2 D(X)$。

性质5 若X、Y相互独立,则有$D(X + Y) = D(X) + D(Y)$。

这里给出性质 4 的证明,其余的证明请读者自己完成。

证 已知
$$D(kX+b) = E[(kX+b)-E(kX+b)]^2 = E[(kX+b)^2] - E^2(kX+b)$$
$$= E(k^2X^2) + 2kbE(X) + E(b^2) - [kE(X)+b]^2$$
$$= k^2E(X^2) - k^2E^2(X) + b^2 - b^2 + 2kbE(X) - 2kbE(X)$$
$$= k^2[E(X^2)-E^2(X)] = k^2D(X)$$

与数学期望的性质一样,利用方差的这些性质将会简化计算,而且有助于一些抽样分布数量特征的导出。

三、常用分布的数学期望和方差

(一) 0—1 分布

已知随机变量 X 服从参数为 p 的 0—1 分布,则有:
$$E(X) = 1 \times p + 0 \times q = p$$
又因为
$$E(X^2) = 1^2 \times p + 0^2 \times q = p$$
所以
$$D(X) = E(X^2) - E^2(X) = p - p^2 = p(1-p) = pq$$

(二) 二项分布

若 $X \sim B(n,p)$,则有数学期望和方差如下:
$$E(X) = \sum_{x=0}^{n} xC_n^x p^x q^{n-x} = \sum_{x=1}^{n} \frac{xn!}{x!(n-x)!} p^x q^{n-x}$$
$$= \sum_{x=1}^{n} \frac{np(n-1)!}{(x-1)![(n-1)-(x-1)]!} p^{x-1} q^{(n-1)-(x-1)}$$
$$\xrightarrow{\diamondsuit x'=x-1} np \sum_{x'=0}^{n-1} \frac{(n-1)!}{x'![(n-1)-x']!} p^{x'} q^{(n-1)-x'}$$
$$= np(p+q)^{n-1} = np$$
$$E(X^2) = \sum_{x=0}^{n} x^2 C_n^x p^x q^{n-x} = \sum_{x=1}^{n} \frac{(x-1+1)n!}{(x-1)!(n-x)!} p^x q^{n-x}$$
$$= \sum_{x=2}^{n} \frac{(x-1)n(n-1)(n-2)!}{(x-1)!(n-x)!} p^2 p^{x-2} q^{(n-2)-(x-2)} + \sum_{x=1}^{n} \frac{xn!}{x(x-1)!(n-x)!} p^x q^{n-x}$$
$$\xrightarrow{\diamondsuit x'=x-2} \sum_{x'=0}^{n-2} \frac{[n(n-1)p^2](n-2)!}{x'![(n-2)-x']!} p^{x'} q^{(n-2)-x'} + E(X)$$
$$= n(n-1)p^2(p+q)^{n-2} + np = n(n-1)p^2 + np$$
$$D(X) = E(X^2) - E^2(X) = n(n-1)p^2 + np - (np)^2$$
$$= n^2p^2 - np^2 + np - n^2p^2 = np(1-p) = npq$$

(三) 泊松分布

若随机变量 $X \sim P(\lambda)$,则其数学期望和方差为:
$$E(X) = \sum_{x=0}^{\infty} x \times \frac{\lambda^x}{x!} e^{-\lambda} = e^{-\lambda} \sum_{x=0}^{\infty} \frac{\lambda^{x-1}}{(x-1)!} \lambda = \lambda e^{-\lambda} e^{\lambda} = \lambda$$

$$E(X^2) = \sum_{x=0}^{\infty} x^2 \frac{\lambda^x}{x!} e^{-\lambda} = \sum_{x=0}^{\infty} [x(x-1) + x] \frac{\lambda^x}{x!} e^{-\lambda}$$

$$= \sum_{x=2}^{\infty} x(x-1) \frac{\lambda^x}{x!} e^{-\lambda} + \sum_{x=0}^{\infty} x \frac{\lambda^x}{x!} e^{-\lambda} = \sum_{x=2}^{\infty} \frac{e^{-\lambda} \lambda^{x-2} \lambda^2}{(x-2)!} + \lambda$$

$$\xrightarrow{\diamondsuit x' = x-2} \lambda^2 \sum_{x'=0}^{\infty} \frac{\lambda^{x'}}{x'!} e^{-\lambda} + \lambda = \lambda^2 + \lambda$$

$$D(X) = E(X^2) - E^2(X) = \lambda^2 + \lambda - \lambda^2 = \lambda$$

即泊松分布的数学期望和方差是一样的。

(四) 超几何分布

已知 $X \sim H(n, M, N)$,则 $P(X = k) = \frac{C_M^k \times C_{N-M}^{n-k}}{C_N^n}$。运用组合公式

$$k C_M^k = M C_{N-M}^{n-k} \quad \text{和} \quad \sum_{k=0}^{m} C_M^k \times C_{N-M}^{n-k} = C_N^n$$

得到: $\quad E(X) = \frac{nM}{N}, \quad E(X^2) = \frac{nM(nM - N - M + N)}{N(N-1)}$

从而得到: $\quad D(X) = \frac{nM(N-M)(N-n)}{N^2(N-1)}$

(五) 负二项分布

已知 X 服从负二项分布,则 $P(X = x; k, p) = C_{x+k-1}^{k-1}(1-p)^x p^k$。

$$E(X) = \sum_{x=0}^{n} x C_{x+k-1}^{k-1}(1-p)^x p^k = \sum_{x=0}^{n} x \frac{(x+k-1)!}{x!(k-1)!}(1-p)^x p^k$$

$$\xrightarrow{\diamondsuit x' = x-1} \frac{k(1-p)}{p} \sum_{x'=0}^{n} \frac{(x'+k)!}{x'!k!}(1-p)^{x'-1} p^{k+1} = \frac{k(1-p)}{p}$$

同理可得: $\quad E(X^2) = \frac{k(1-p)(1 + k(1-p))}{p^2}$

所以 $\quad D(X) = \frac{k(1-p)}{p^2}$

(六) 均匀分布

如果随机变量 $X \sim U[a, b]$,我们可以求出其数学期望和方差为:

$$E(X) = \int_{-\infty}^{+\infty} x f(x) dx = \int_a^b x \frac{1}{b-a} dx = \frac{1}{b-a} \times \frac{x^2}{2} \bigg|_a^b = \frac{a+b}{2}$$

$$E(X^2) = \int_{-\infty}^{+\infty} x^2 f(x) dx = \int_a^b x^2 \frac{1}{b-a} dx = \frac{b^3 - a^3}{3(b-a)} = \frac{1}{3}(b^2 + ab + a^2)$$

$$D(X) = E(X^2) - E^2(X) = \frac{1}{3}(b^2 + ab + a^2) - \frac{1}{4}(b^2 + 2ab + a^2)$$

$$= \frac{1}{12}(b^2 - 2ab + a^2) = \frac{1}{12}(b-a)^2$$

(七) 指数分布

设随机变量 X 服从参数为 $\lambda > 0$ 的指数分布,则其数学期望和方差为:

$$E(X) = \int_{-\infty}^{+\infty} xf(x)\mathrm{d}x = \int_{0}^{+\infty} x\lambda e^{-\lambda x}\mathrm{d}x$$

$$\xrightarrow{\diamondsuit\ t = \lambda x} \frac{1}{\lambda}\int_{0}^{\infty} te^{-t}\mathrm{d}t = \frac{1}{\lambda}\left[-te^{-t} - e^{-t} \right]_{0}^{\infty} = \frac{1}{\lambda}$$

$$E(X^2) = \lambda\int_{0}^{+\infty} x^2 e^{-\lambda x}\mathrm{d}x \xrightarrow{\diamondsuit\ t = \lambda x} \frac{1}{\lambda^2}\int_{0}^{+\infty} t^2 e^{-t}\mathrm{d}t = \frac{2}{\lambda^2}$$

$$D(X) = E(X^2) - E^2(X) = \frac{2}{\lambda^2} - \frac{1}{\lambda^2} = \frac{1}{\lambda^2}$$

(八) 伽玛分布

若随机变量 X 服从伽玛分布,即 $X \sim \Gamma(\alpha,\beta)$,有 $E(X) = \alpha\beta$,$D(X) = \alpha\beta^2$,

$$E(X) = \int_{0}^{+\infty} x \frac{1}{\beta^\alpha \Gamma(\alpha)} x^{\alpha-1} e^{-x/\beta}$$

$$\xrightarrow{\diamondsuit\ t = x/\beta} \frac{1}{\Gamma(\alpha)/\beta}\int_{0}^{+\infty} t^\alpha e^{-t}\mathrm{d}t = \frac{\Gamma(\alpha+1)}{\Gamma(\alpha)}\beta = \alpha\beta$$

同理可得: $E(X^2) = \alpha(\alpha+1)\beta^2$

所以 $D(X) = E(X^2) - E^2(X) = \alpha\beta^2$

第五节 正 态 分 布

一、正态分布的历史

人们对正态分布的认识始于对测量误差的研究,因此最初的正态分布被称为"误差的法则"(law of errors)。在对正态分布研究的历史过程中,有几个重要人物做出了关键性的贡献。首先是德国数学家和天文学家棣莫弗,他在 1733 年私下里出版了一本小册子《机会论》,在这本小册子里他第一次提到,独立的离散随机变量可以近似地用一个指数函数来描述。随后,法国数学家和天文学拉普拉斯通过对测量误差性态的长期研究,证明了几乎所有独立同分布的随机变量都会随着样本的增加迅速收敛于一个指数分布,即正态分布。1809 年,德国数学家和天文学高斯(Gauss)发表了其数学和天体力学的名著《绕日天体运动的理论》,在此书末尾,他第一个建立了两参数的指数函数,来描述天文观测中的误差分布,所以正态分布也常称为"高斯分布"。1924 年,英国统计学家皮尔逊偶然发现,棣莫弗在 1733 年就已经写出了正态分布的概率密度的数学表达式。

正态分布反映了这样一种极普通的情况:天下形形色色的事物中,"两头小,中间大"的居多,如人的身高,太高太矮的都不多,而居于中间者占多数——当然,这只是一个极粗略的描述,要作出准确的描述,须动用高等数学的知识。正是其数学上的特性成为它被广泛应用的根据。

正态分布在数理统计学中占有极重要的地位,现今仍在常用的许多统计方法就是建立在"所研究的量具有或近似地具有正态分布"这个假设的基础上,而经验和理论(概率论中的"中心极限定理")都表明这个假设的现实性,现实世界许多现象看来是杂乱无章的,如不同的人有不同的身高和体重。大批生产的产品,其质量指标各有差异。看来毫无规则,但它们在总体上服从正态分布。这一点,显示在纷乱中有一种秩序存在,提出正态分布的高斯,一生在多个领域里面有不少重大的贡献,但德国10马克的有高斯图像的钞票上画出了正态曲线,以此可以看出人们对他的这一贡献评价之高。

二、正态分布的概率密度函数

1. 定义

如果随机变量 X 的概率密度为:

$$f(x) = \frac{1}{\sqrt{2\pi}\sigma} e^{-\frac{1}{2\sigma^2}(x-\mu)^2} \quad (-\infty < x < +\infty, \sigma > 0)$$

则称 X 服从正态分布,记为:$X \sim N(\mu, \sigma^2)$,其分布函数为:

$$F(x) = \frac{1}{\sqrt{2\pi}\sigma} \int_{-\infty}^{x} e^{-\frac{(x-\mu)^2}{2\sigma^2}} dx$$

下面,证明正态分布的概率密度满足概率的基本性质。

(1) 显然,$f(x) > 0$

(2) $\displaystyle\int_{-\infty}^{+\infty} f(x) dx = \int_{-\infty}^{+\infty} \frac{1}{\sqrt{2\pi}\sigma} e^{-\frac{1}{2\sigma^2}(x-\mu)^2} dx \left(\text{作变量替换},令 t = \frac{x-\mu}{\sigma}\right)$

$$\xrightarrow{t = \frac{x-\mu}{\sigma}} \int_{-\infty}^{+\infty} \frac{1}{\sqrt{2\pi}} e^{-\frac{t^2}{2}} dt$$

$$= \sqrt{\frac{2}{\pi}} \int_{-\infty}^{+\infty} \frac{1}{2} e^{-\frac{t^2}{2}} dt \left(\text{作变量替换},令 u = \frac{t^2}{2}\right)$$

$$\xrightarrow{u = \frac{t^2}{2}} \sqrt{1/\pi} \int_{0}^{\infty} u^{-\frac{1}{2}} e^{-u} du = \frac{1}{\sqrt{\pi}} \Gamma\left(\frac{1}{2}\right) = \frac{1}{\sqrt{\pi}} \sqrt{\pi} = 1$$

2. 正态分布的数字特征

若随机变量 $X \sim N(\mu, \sigma^2)$,则可求得其数学期望和方差为:

$$E(X) = \frac{1}{\sqrt{2\pi}\sigma} \int_{-\infty}^{+\infty} x e^{-\frac{1}{2\sigma^2}(x-\mu)^2} dx \xrightarrow{令 t = x-\mu} \frac{1}{\sqrt{2\pi}\sigma} \int_{-\infty}^{+\infty} (t+\mu) e^{-\frac{t^2}{2\sigma^2}} dt$$

$$= \frac{1}{\sqrt{2\pi}\sigma} \int_{-\infty}^{+\infty} t e^{-\frac{t^2}{2\sigma^2}} dt + \frac{\mu}{\sqrt{2\pi}\sigma} \int_{-\infty}^{+\infty} e^{-\frac{t^2}{2\sigma^2}} dt$$

上式等号右端第一项被积函数为奇函数,因此积分为零;第二项为 μ 乘以标准正态分布在定义域内的积分,所以有:

$$E(X) = \mu$$

$$D(X) = E(X-\mu)^2 = \int_{-\infty}^{+\infty} (x-\mu)^2 \frac{1}{\sqrt{2\pi}\sigma} e^{-\frac{1}{2\sigma^2}(x-\mu)^2} dx$$

$$\xrightarrow{令 t = \frac{x-\mu}{\sigma}} \frac{\sigma^2}{\sqrt{2\pi}} \int_{-\infty}^{+\infty} t^2 e^{-\frac{t^2}{2}} dt = \frac{-\sigma^2}{\sqrt{2\pi}} \int_{-\infty}^{+\infty} t d(e^{-\frac{t^2}{2}})$$

$$= \frac{-\sigma^2}{\sqrt{2\pi}} \left[(te^{-\frac{t^2}{2}})\big|_{-\infty}^{+\infty} - \int_{-\infty}^{+\infty} e^{-\frac{t^2}{2}} dt \right] = \frac{\sigma^2}{\sqrt{2\pi}} \int_{-\infty}^{+\infty} e^{-\frac{t^2}{2}} dt = \sigma^2$$

3. 正态分布概率密度的性质

正态分布的概率密度具有下列性质：

性质1 在直角坐标系中 $f(x)$ 图形以直线 $x = \mu$ 为对称轴呈钟形对称曲线, 如图 5.12(a) 所示, 并且在 $x = \mu$ 处达到最大值, 即 $f(x) = \dfrac{1}{\sqrt{2\pi}\sigma}$。

性质2 在 $x = \mu \pm \sigma$ 处有拐点。

性质3 当 $x \to \pm \infty$ 时, 曲线以 x 轴为渐进线。

性质4 σ 大时, 曲线平缓, σ 小时, 曲线陡峭, 如图 5.12(b) 所示。

性质5 如果 σ 固定, 改变 μ 的值, 则 $f(x)$ 的图形沿着 x 轴平行移动, 但不改变形状, 如图 5.12(c) 所示。

可见, $f(x)$ 图形的形状完全由 σ 决定, 而位置完全由 μ 决定。

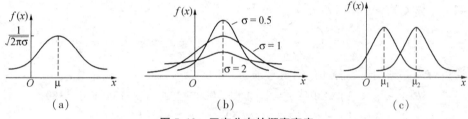

图 5.12 正态分布的概率密度

正态分布的概率密度函数看起来有些复杂, 但正态分布却是连续型随机变量中最常用、最重要的分布。这是因为, 首先, 在客观世界中大量的现象服从或近似服从正态分布。例如, 人的身高和体重、测量误差、农作物的收获量, 等等。一般来说, 当影响某一随机变量的因素很多, 而且其中每个因素独自都不能起决定性作用时, 该随机变量就服从或近似服从正态分布。其次, 正态分布有许多良好的数学性质, 长期以来人们对它进行了大量研究, 对它有了比较成熟的认识, 应用起来比较方便。最后, 一些随机变量的分布以正态分布为极限分布, 又有一些分布由正态分布导出, 并且由于正态分布所具有的良好数学性质, 使得任何样本均值都以正态分布为极限分布。

为什么正态分布会如此广泛地存在, 从而在概率论中占有如此重要的地位? 应该如何解释大量随机现象中的这一客观规律? 中心极限定理可以做出解释, 概率论中有关论证随机变量之和的极限分布为正态分布的定理称为中心极限定理, 我们将在稍后给出中心极限定理的数学表达式。该定理的主要内容是, 若被研究的随机变量可以表示为大量独立随机变量之和, 且每个随机变量对总和只起微小的作用, 则可以认为此随机变量服从正态分布。

例如, 进行某种观测时, 不可避免地有许多客观的和人为的随机因素影响着我们的观测结果。这些因素中的每一个都可能使观测结果产生很小的误差, 然而由于所有这些误差共同影响着观测结果, 于是我们得到的是一个"总的"误差。所以, 实际观测得到的误差可以看作一个随机变量, 它是很多数值微小的独立随机变量的总和, 根据中心极限定理, 这个随机变量应该服从正态分布。

三、标准正态分布

(一) 标准正态分布的定义

如前所述,μ 和 σ 是正态分布的两个参数,当 $\mu=0$,$\sigma=1$ 时的正态分布称为标准正态分布,它的概率密度函数为:

$$f(x) = \frac{1}{\sqrt{2\pi}} e^{-\frac{x^2}{2}} \quad (-\infty < x < +\infty)$$

标准正态分布也简称为 Z 分布。标准正态分布的分布函数记为:

$$\Phi(x) = \frac{1}{\sqrt{2\pi}} \int_{-\infty}^{x} e^{-\frac{t^2}{2}} dt$$

标准正态分布的密度函数形式简单,计算起来就容易多了。特别是,$\Phi(x)$ 的值都已经计算好,编制成表,见书后"附表一 正态分布表"。

例5.53 设 $X \sim N(0,1)$,求 $P(1<x<2)$ 和 $P(-1<x<1)$。

解 由定义知:

$$P(1<x<2) = \int_1^2 \frac{1}{\sqrt{2\pi}} e^{-\frac{t^2}{2}} dt = \int_{-\infty}^{2} \frac{1}{\sqrt{2\pi}} e^{-\frac{t^2}{2}} dt - \int_{-\infty}^{1} \frac{1}{\sqrt{2\pi}} e^{-\frac{t^2}{2}} dt$$

通过查表并利用正态分布的对称性质,可得:

$$P(1<x<2) = \Phi(2) - \Phi(1) = 0.97725 - 0.84134 = 0.13591$$

$$P(-1<x<1) = \Phi(1) - \Phi(-1) = \Phi(1) - [1 - \Phi(1)]$$

$$= 2\Phi(1) - 1 = 2 \times 0.84134 - 1 = 0.68268$$

(二) 正态分布的标准化

先来看一个例子。

例5.54 设 $X \sim N(\mu, \sigma^2)$,求 $P(a<x<b)$。

解

$$P(a<x<b) = \int_a^b \frac{1}{\sqrt{2\pi}\sigma} e^{-\frac{1}{2\sigma^2}(x-\mu)^2} dx$$

令 $z = \dfrac{x-\mu}{\sigma}$,则有:

$$P(a<x<b) = \int_{\frac{a-\mu}{\sigma}}^{\frac{b-\mu}{\sigma}} \frac{1}{\sqrt{2\pi}} e^{-\frac{z^2}{2}} dz = \Phi\left(\frac{b-\mu}{\sigma}\right) - \Phi\left(\frac{a-\mu}{\sigma}\right)$$

通过查表就可以求出这个概率值。

这个例子说明,对于服从一般形式的正态分布 $N(\mu, \sigma^2)$ 的随机变量 X,只要通过作一个 $z = \dfrac{x-\mu}{\sigma}$ 的变量替换就可以化为标准正态分布随机变量,从而大大简化了计算。也就是说,一般正态分布与标准正态分布存在下面的关系,如图5.13所示。

$$Z = \frac{X-\mu}{\sigma} \sim N(0,1)$$

容易求出:

$$P(\mu - \sigma < X < \mu + \sigma) = \Phi(1) - \Phi(-1) = 0.68268$$

$$P(\mu-2\sigma < X < \mu+2\sigma) = \Phi(2) - \Phi(-2) = 0.9545$$
$$P(\mu-3\sigma < X < \mu+3\sigma) = \Phi(3) - \Phi(-3) = 0.9973$$

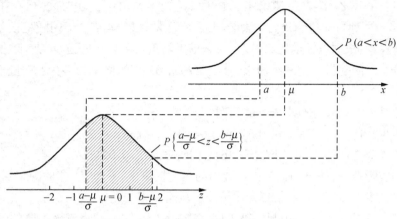

图5.13 一般正态分布与标准正态分布

由上面的计算结果看出,服从正态分布 $N(\mu,\sigma^2)$ 的随机变量 X 的值基本落在区间 $(\mu-2\sigma,\mu+2\sigma)$ 之内,而 X 几乎不在 $(\mu-3\sigma,\mu+3\sigma)$ 之外取值。

四、通过 Excel 计算正态分布的概率

(一) 正态分布函数 NORM. DIST($X \leqslant x$)

正态分布函数 NORM. DIST 用于计算给定均值与标准差的正态分布的密度函数值和概率分布值。语法结构为:NORM. DIST(x,μ,σ,cumulative)。

其中,X 为需要计算其分布的数值,μ 为分布的均值,σ 为分布的标准差,cumulative 为一逻辑值,指明函数的形式。

如果 cumulative 为 TRUE,函数 NORM. DIST 返回累积分布函数;如果为 FALSE,返回概率密度函数。

(二) 标准正态分布函数 NORM. S. DIST

标准正态分布函数 NORM. S. DIST 用于计算标准正态分布的累积函数,该分布的均值为0,标准偏差为1。语法结构为:NORM. S. DIST(z, cumulative)。

其中,z 为需要计算其分布的数值。

(三) 正态分布函数的反函数 NORM. INV

正态分布函数的反函数 NORM. INV 能够根据已知概率等参数确定正态分布随机变量值。其语法结构为:NORM. INV(probability,μ,σ)。

(四) 标准正态分布函数的反函数 NORM. S. INV

标准正态分布函数的反函数 NORM. S. INV 能够根据概率确定标准正态分布随机变量的取值。其语法结构为:NORM. S. INV(probability)。

例5.55 设 $Z \sim N(0,1)$,求:

(1) $P(Z \geqslant -0.09) = 1 - $ NORM. S. DIST(-0.09) $= 0.535856456$

(2) $P(|Z|\leq 1.96) = P(-1.96\leq Z\leq 1.96)$
$= \text{NORM.S.DIST}(1.96) - \text{NORM.S.DIST}(-1.96) = 0.95$

(3) $P(2.15 < Z < 6.7) = \text{NORM.S.DIST}(6.7) - \text{NORM.S.DIST}(2.15) = 0.0158$

例 5.56 一种自动包装机向袋中装糖果,标准是每袋 64 克。但因随机误差,每袋的具体重量有波动,根据以往的资料显示,一袋糖果的重量服从均值为 64 克、标准差为 1.5 克的正态分布。问随机抽出一袋糖果,其重量超过 65 克的概率为多少? 重量不足 62 克的概率为多少?

解 这是一个已知分布求概率的问题。

(1) $P(X>65) = 1 - \text{NORM.DIST}(65, 64, 1.5, \text{true}) = 0.2525$

(2) $P(X<62) = \text{NORM.DIST}(62, 64, 1.5, \text{true}) = 0.0912$

结果的实际意义:该自动包装机包装出的大批糖果中,平均有 9% 的糖果的实际重量比标准重量至少差 2 克,而又有 25% 比标准重量至少多 1 克。

例 5.57 某企业对生产中某关键工序调查后发现,工人们完成该工序的时间(以分钟计)近似服从正态分布 $N(20, 3^2)$。问:

(1) 从该工序生产工人中任选一人,其完成该工序时间少于 17 分钟的概率是多少?

(2) 要求以 95% 的概率保证该工序生产时间不多于 25 分钟,这一要求能否满足?

(3) 为鼓励先进,拟奖励该工序生产时间用得最少的 10% 的工人,奖励标准应定在什么时间范围内?

解 已知 $X \sim N(20, 3^2)$,

(1) $P(X<17) = \text{NORM.DIST}(17, 20, 3, \text{true}) = 0.1587$

从该工序生产工人中任选一人,其完成该工序时间少于 17 分钟的概率为 15.87%。

(2) $P(X\leq 25) = \text{NORM.DIST}(25, 20, 3, \text{true}) = 0.9525$

即有 95.25% 的概率保证该工序生产时间不多于 25 分钟,显然,已经满足了 95% 的概率保证要求。

(3) 这是一个概率求 x 值的问题,需要用到正态分布的反函数。

设奖励标准的时间为 x,有:

$$P(X < x) = 0.1$$
$$x = \text{NORM.INV}(0.1, 20, 3) = 16.16$$

即应奖励生产时间少于 16.16 分钟的工人,这样就能保证只有 10% 的人能得奖。

五、正态分布与二项分布

在求解二项分布的问题时,如果试验次数 n 较大,计算起来比较麻烦,若用泊松分布近似又要求 p 比较小,所以需要寻找其他途径。数学家们已经证明了正态分布是泊松分布的极限分布(当 $n \to \infty$ 时)。下面我们不加证明地引进棣莫弗-拉普拉斯中心极限定理。

定理 5.8(棣莫弗-拉普拉斯中心极限定理) 若随机变量 $X_n(n = 1, 2, \cdots)$ 服从二项分布, $X_n \sim B(n, p)$,则:

$$\lim_{n\to\infty} P\left\{\frac{X_n - np}{\sqrt{npq}} \leq x\right\} = \frac{1}{\sqrt{2\pi}}\int_{-\infty}^{x} e^{-\frac{t^2}{2}} dt$$

即 $\dfrac{X_n - np}{\sqrt{npq}}$ 依分布收敛于标准正态分布。

因此,根据中心极限定理,当 n 很大,p 不大不小(即 p 值不要太靠近 0 或 1),经验上要求 $np > 5$ 且 $nq > 5$ 时,就可以把二项分布问题转化为正态分布求解,以 np 替换 μ,$\sqrt{npq}$ 替换 σ。

例 5.58 设有一批种子,其中良种占 1/6。试估计在任选的 6 000 粒种子中,良种比例与 1/6 比较上下不超过 1% 的概率。

解 设 X 表示 6 000 粒种子中的良种数,则 $X \sim B(6\,000, 1/6)$,由棣莫弗-拉普拉斯中心极限定理,有:

$$X \overset{近似}{\sim} N\left(1\,000, \dfrac{5\,000}{6}\right)$$

$$P\left(\left|\dfrac{X}{6\,000} - \dfrac{1}{6}\right| \leq 0.01\right) = P(|X - 1\,000| \leq 60)$$

$$= P\left(\dfrac{|X - 1\,000|}{\sqrt{5\,000/6}} \leq \dfrac{60}{\sqrt{5\,000/6}}\right)$$

$$= P(|Z| \leq 2.078\,5) = 0.962\,4$$

得到良种比例与 1/6 比较上下不超过 1% 的概率为 0.962 4。对本例,我们可以比较一下几种不同分布下的计算结果如下表所示。

二项分布(精确结果)	$P\left(\left|\dfrac{X}{6\,000} - \dfrac{1}{6}\right| \leq 0.01\right) \approx 0.959\,0$
	(= BINON. DIST (1 060, 6 000, 1/6, 1) - BINOM. DIST (939, 6 000, 1/6, 1))
中心极限定理	$P\left(\left|\dfrac{X}{6\,000} - \dfrac{1}{6}\right| \leq 0.01\right) \approx 0.962\,4$
泊松分布	$P\left(\left|\dfrac{X}{6\,000} - \dfrac{1}{6}\right| \leq 0.01\right) \approx 0.942\,2$
	(= POISSON. DIST (1 060, 6 000, 1/6, 1) - POISSON. DIST (939, 1 000, 1))
切比雪夫不等式	$P\left(\left|\dfrac{X}{6\,000} - \dfrac{1}{6}\right| \leq 0.01\right) \geq 0.768\,5$

此外,由于二项分布是离散型分布,而正态分布是连续型分布,对于连续型分布求解 $X = x$ 的概率 $P(X = x)$ 是没有意义的。所以,在将二项分布转化为正态分布时,还要对变量进行连续性修正。方法是用 $X = x \pm 0.5$ 来修正 $X = x$,变求 $P(X = x)$ 为求 $P(x - 0.5 < X < x + 0.5)$。关于连续性修正,人们已归纳出下列几种情况:

设 $X \sim B(n, p)$,$np \geq 5$ 且 $nq \geq 5$,以 Z 表示正态分布随机变量,则下列近似式是合理的:

(1) $P(X \leq a) \approx P\left(Z < \dfrac{a + 0.5 - np}{\sqrt{npq}}\right)$

(2) $P(X \geq c) \approx P\left(Z > \dfrac{c - 0.5 - np}{\sqrt{npq}}\right)$

(3) $P(c \leq X \leq a) \approx P\left(\dfrac{c - 0.5 - np}{\sqrt{npq}} < Z < \dfrac{a + 0.5 - np}{\sqrt{npq}}\right)$

例 5.59 某市人口中大约 20% 为 14 岁以下的少年儿童。从该市人口中随机抽选 100 人,问:(1) 少年儿童人数为 22 人的概率;(2) 少年儿童人数不少于 16 人的概率。

解 以 X 代表"少年儿童人数",$X \sim B(100,0.2)$。因为 $n=100, p=0.2, np=20>5$ 且 $nq=20>5$,所以可以用正态分布来近似求解,其中 $\mu = np = 20, \sigma = \sqrt{npq} = 4$,则:

(1) $P(X=22)$ 经连续修正后,化为求解:

$$P(21.5 < Z < 22.5) = \Phi\left(\frac{22.5-20}{4}\right) - \Phi\left(\frac{21.5-20}{4}\right) = \Phi(0.625) - \Phi(0.375)$$

$$= 0.73405 - 0.64615 = 0.0879$$

(2) $P(X \geq 16) = P\left(Z > \frac{16-0.5-20}{4}\right) = 1 - P(Z)$

$$= 1 - \Phi\left(\frac{15.5-20}{4}\right) = 1 - \Phi(-1.125) = 0.8697$$

例 5.60 设申请投保的人中提供真实情报者的比例为 $p=0.7$,共审核投保案 $n=50$ 件,试求其中至少有 30 件是真实的情报的概率。

解 已知各投保人是否提供真实情报为独立事件,令 X 为提供真实情报的件数,由题意知 $X \sim B(50,0.7)$。因为 $n=50, np=35>5, nq=15>5, \sqrt{npq} = \sqrt{50 \times 0.7 \times 0.3} = 3.24$,所以有:

$$P(X \geq 30) \cong P\left(Z \geq \frac{30-0.5-35}{3.24}\right) = 1 - \Phi\left(\frac{29.5-35}{3.24}\right) = \Phi(1.698) = 0.9553$$

第六节 联合概率分布

一、联合概率分布

(一) 联合概率分布的含义

前述各节中对随机变量及其概率分布的讨论,均限于一维样本空间,即试验结果只要用一个随机变量描述就足够了。然而,实际中我们常常会遇到需要将几个随机变量结合起来进行研究的情况。例如,考察某班级学生的学习成绩,必须同时考察各科的成绩,而非仅仅某一单科成绩,如果有三个考试科目,则可定义出三个随机变量 A、B、C,其所有可能结果则构成一个 (a_i, b_j, c_k) 的三维样本空间。又如,考察企业的经营状况,需要用销售额、利润率、劳动生产率等多个指标来综合反映,因此就需要设置多维随机变量。而同时考虑两个及两个以上随机变量的概率分布,即为联合概率分布。我们将主要讨论两个随机变量及其概率分布的情形,其概念和方法是多维随机变量分析的基础。

首先,给出联合分布函数的概念。

定义 设 X、Y 是两个随机变量,则称

$$F(x,y) = P(X \leq x, Y \leq y) \quad (-\infty < x < +\infty, -\infty < y < +\infty)$$

为 (X,Y) 的联合分布函数。

与一维随机变量的情况相同,二维随机变量也可以分为离散型和连续型两种。

(二) 二维离散型随机变量及其联合概率分布律

定义 如果二维随机变量 (X,Y) 只能取有限对或可数对值 $(x_i, y_j)(i,j=1,2,\cdots)$,则称它是离散型随机变量,称

$$p_{ij} = P\{X = x_i, Y = y_j\} \quad (i,j = 1,2,\cdots)$$

为 X 与 Y 的联合分布律,其联合分布表如表 5.5 所示。

表 5.5 X 与 Y 的联合概率分布

X \ Y	y_1	y_2	...	y_j	...
x_1	p_{11}	p_{12}	...	p_{1j}	...
x_2	p_{21}	p_{22}	...	p_{2j}	...
⋮	⋮	⋮		⋮	
x_i	p_{i1}	p_{i2}	...	p_{ij}	...
⋮	⋮	⋮		⋮	

作为概率分布,p_{ij} 具有下述性质:

性质 1 $p_{ij} \geq 0$。

性质 2 $\sum_{i=1}^{\infty} \sum_{j=1}^{\infty} p_{ij} = 1$。

性质 3 $F(x,y) = \sum_{x_i \leq x} \sum_{y_j \leq y} p_{ij}$。

例 5.61 从一个装有 3 个蓝色小球、2 个红色小球和 3 个绿色小球的纸盒里随机抽出 2 个小球。令 X 代表抽到的蓝色小球个数,Y 代表抽到的红色小球个数,求 X 与 Y 的联合分布。

解 (X,Y) 出现的可能成对值为 (0,0)、(0,1)、(0,2)、(1,0)、(1,1)、(2,0),用 $f(0,2)$ 表示抽出 2 个都是红球的概率,有:

$$f(0,2) = \frac{C_2^2 \times C_3^0 \times C_3^0}{C_8^2} = \frac{1}{28}$$

类似地,可求得其他概率值,列表如下:

X \ Y	0	1	2
0	3/28	3/14	1/28
1	9/28	3/14	
2	3/28		

(三) 二维连续随机变量及其联合分布

定义 如果存在非负函数 $f(x,y)$,使

$$F(x,y) = \int_{-\infty}^{y} \int_{-\infty}^{x} f(u,v) \, du \, dv$$

则称 (X,Y) 是二维连续型随机变量,函数 $f(x,y)$ 称为二维随机变量 (X,Y) 的联合概率密度。

作为概率密度函数,$f(x,y)$ 具有下列性质:

性质 1 $f(x,y) \geq 0$。

性质 2 $\int_{-\infty}^{+\infty} \int_{-\infty}^{+\infty} f(x,y) \, dx \, dy = 1$。

性质 3 若 $f(x,y)$ 在点 (x,y) 连续，则：
$$\frac{\partial^2 F(x,y)}{\partial x \partial y} = f(x,y)$$

性质 4 设 D 为 xy 平面上的一个区域，则：
$$P\{(X,Y) \in D\} = \iint_D f(x,y)\,dxdy$$

从性质 4 可以看出，二维随机变量 (X,Y) 落在平面上任一区域 D 上的概率，就等于对联合密度函数 $f(x,y)$ 在 D 上的积分，这就把概率的计算转化为二重积分的计算。它的几何意义是求解以曲面 $z = f(x,y)$ 为顶、以平面区域 D 为底的曲顶柱体的体积。

例 5.62 设二维随机变量的密度函数为：
$$f(x,y) = \begin{cases} Ce^{-(x+Y)}, & x \geq 0, y \geq 0 \\ 0, & \text{其他} \end{cases}$$

求：(1) 常数 C；(2) $P(0 < x < 1, 0 < y < 1)$。

解 (1) 因为 $\int_{-\infty}^{+\infty}\int_{-\infty}^{+\infty} f(x,y)\,dxdy = \int_0^{+\infty}\int_0^{+\infty} Ce^{-(x+y)}\,dxdy$
$$= C\int_0^{+\infty} e^{-x}dx \int_0^{+\infty} e^{-y}dy = C = 1$$

所以 $C = 1$。

(2) $P(0 < x < 1, 0 < y < 1) = \iint_D e^{-(x+y)}\,dxdy = \int_0^1 e^{-x}dx \int_0^1 e^{-y}dy = (1 - e^{-1})^2$

二、边际概率分布

对于二维随机变量 (X,Y)，分量 X 的概率分布称为 (X,Y) 关于 X 的边际分布；分量 Y 的概率分布称为 (X,Y) 关于 Y 的边际分布。

由于 X 与 Y 的联合概率分布已全面反映了二维随机变量 (X,Y) 的取值情况，因此由联合概率分布可以很容易地求出边际分布。易知事件 $\{X \leq x\}$ 就是事件 $\{X \leq x, Y < +\infty\}$，事件 $\{Y \leq y\}$ 就是事件 $\{X < +\infty, Y \leq y\}$，于是有：

若二维离散型随机变量的联合分布律为：
$$p_{ij} = P\{X = x_i, Y = y_j\} \quad (i,j = 1,2,\cdots)$$

则：
$$P\{X = x_i\} = \sum_j P\{X = x_i, Y = y_j\} = \sum_j p_{ij}$$

是关于 X 的边际概率分布，常记为 $p_{i\cdot}$，即有：
$$p_{i\cdot} = \sum_j p_{ij}$$

类似地，有关于 Y 的边际概率分布为：
$$P\{Y = y_j\} = \sum_i P\{X = x_i, Y = y_j\} = \sum_i p_{ij}$$

记作：
$$p_{\cdot j} = \sum_i p_{ij}$$

表 5.6 中的各行和各列的合计栏就分别是关于 X 和 Y 的边际分布。

表 5.6 X 与 Y 的联合分布与边际分布

X \ Y	y_1	y_2	...	y_j	...	$p_{i\cdot} = \sum_j p_{ij}$
x_1	p_{11}	p_{12}	...	p_{1j}	...	$p_{1\cdot}$
x_2	p_{21}	p_{22}	...	p_{2j}	...	$p_{2\cdot}$
⋮	⋮	⋮	⋮	⋮	⋮	⋮
x_i	p_{i1}	p_{i2}	...	p_{ij}	...	$p_{i\cdot}$
⋮	⋮	⋮	⋮	⋮	⋮	⋮
$p_{\cdot j} = \sum_i p_{ij}$	$p_{\cdot 1}$	$p_{\cdot 2}$	...	$p_{\cdot j}$	...	

若二维连续型随机变量 X 与 Y 有密度函数 $f(x,y)$,称

$$f_X(x) = \int_{-\infty}^{+\infty} f(x,y)\,dy$$

为 X 的边际概率密度函数;称

$$f_Y(y) = \int_{-\infty}^{+\infty} f(x,y)\,dx$$

为 Y 的边际概率密度函数。

例 5.63 求例 5.61 中关于 X 与 Y 的边际分布。

解 将 X 与 Y 的边际概率分布列表如下:

X \ Y	0	1	2	$p_{i\cdot}$
0	3/28	3/14	1/28	5/14
1	9/28	3/14	0	15/28
2	3/28	0	0	3/28
$p_{\cdot j}$	15/28	3/7	1/28	

例 5.64 设连续随机变量 X 与 Y 的联合概率密度函数为:

$$f(x,y) = \begin{cases} e^{-(x+y)}, & x \geq 0, y \geq 0 \\ 0, & \text{其他} \end{cases}$$

求 $f_X(x)$ 和 $f_Y(y)$。

解 根据边际分布的定义,我们有:

因为 $f_X(x) = \int_{-\infty}^{+\infty} f(x,y)\,dxdy = \int_0^{+\infty} e^{-(x+y)}\,dy = e^{-x}\int_0^{+\infty} e^{-y}\,dy = e^{-x}$

$f_Y(y) = \int_{-\infty}^{+\infty} f(x,y)\,dxdy = \int_0^{+\infty} e^{-(x+y)}\,dx = e^{-y}\int_0^{+\infty} e^{-x}\,dx = e^{y}$

所以

$$f_X(x) = \begin{cases} e^{-x}, & x \geq 0 \\ 0, & x < 0 \end{cases}$$

$$f_Y(y) = \begin{cases} e^{-y}, & y \geq 0 \\ 0, & y < 0 \end{cases}$$

最重要也是最常见的二维随机变量是二维正态随机变量,其联合概率密度为:

$$f(x,y) = \frac{1}{2\pi\sigma_1\sigma_2\sqrt{1-\rho^2}} \times e^{-\frac{1}{2(1-\rho^2)}\left[\frac{(x-\mu_1)^2}{\sigma_1^2} - 2\rho\frac{(x-\mu_1)(y-\mu_2)}{\sigma_1\sigma_2} + \frac{(y-\mu_2)^2}{\sigma_2^2}\right]}$$

其中,μ_1、μ_2、σ_1、σ_2、ρ 为常数,且 $\sigma_1>0$,$\sigma_2>0$,$|\rho|<1$。

三、条件概率分布与独立性

与前面所讨论的事件的条件概率一样,用同样的思路可以建立条件概率分布的概念。

设有 X 与 Y 两个随机变量的联合概率分布密度为 $f(x,y)$,且其边际概率分布密度分别为 $f_X(x)$ 和 $f_Y(y)$;则在给定 $X=x$ 的条件下,Y 的条件概率分布为:

$$f(y/x) = \frac{f(x,y)}{f_X(x)}, \quad f_X(x) > 0$$

同理,在给定 $Y=y$ 的条件下,X 的条件概率分布为:

$$f(x/y) = \frac{f(x,y)}{f_Y(y)}, \quad f_Y(y) > 0$$

条件概率分布满足概率分布的所有性质。

对于离散型二维随机变量的条件概率分布,则可以下式表达:

$$P\{X = x_i/Y = y_j\} = \frac{P\{X=x_i,Y=y_j\}}{P\{Y=y_j\}} = \frac{p_{ij}}{p_{\cdot j}}(i=1,2,\cdots)$$

$$P\{Y = y_j/X = x_i\} = \frac{P\{X=x_i,Y=y_j\}}{P\{X=x_i\}} = \frac{p_{ij}}{p_{i\cdot}}(j=1,2,\cdots)$$

例 5.65 对例 5.52 求 $P(X=x/Y=1)$ 的条件概率分布。

解 已知:$P\{Y=1\} = p_{\cdot 1} = \frac{3}{7}$,则:

$$P(X = x/Y = 1) = \frac{p_{i1}}{p_{\cdot 1}} = \frac{7}{3}p_{i1}(x=0,1,2)$$

于是得到:

$$P(X = 0/Y = 1) = \frac{7}{3}P(X=0,Y=1) = \frac{7}{3} \times \frac{3}{14} = \frac{1}{2}$$

$$P(X = 1/Y = 1) = \frac{7}{3}P(X=1,Y=1) = \frac{7}{3} \times \frac{3}{14} = \frac{1}{2}$$

$$P(X = 2/Y = 1) = \frac{7}{3}P(X=2,Y=1) = \frac{7}{3} \times 0 = 0$$

例 5.66 若有连续随机变量 X、Y 的联合概率密度为 $f(x,y) = 8xy, 0<x<1, 0<y<x$,求 $f(y/x)$。

解 因为 $f_X(x) = \int_{-\infty}^{+\infty} f(x,y)\mathrm{d}y = 8x\int_0^x y\mathrm{d}y = 4xy^2\big]_0^x = 4x^3$

所以 $f(y/x) = \frac{f(x,y)}{f_X(x)} = \frac{8xy}{4x^3} = \frac{2y}{x^2}(0<x<1, 0<y<x)$

下面我们进一步引出独立性的概念。如果 $f(x/y)$ 并不依赖于 y,即 $f(x/y) = f_X(x)$,或 $f(y/x)$ 并不依赖于 x,即 $f(y/x) = f_Y(y)$,则称 X 与 Y 相互独立。根据条件分布的定义 $f(y/x) = \frac{f(x,y)}{f_X(x)}$,当 X、Y 相互独立时,$f(y/x) = f_Y(y)$,因此有关于独立性的充分必要条件如下:

定理 5.9 设 X、Y 分别有分布密度 $f_X(x)$、$f_Y(y)$,则 X 与 Y 相互独立的充要条件是:

$$f(x,y) = f_X(x)f_Y(y)$$

随机变量的独立性是统计学中一个十分重要的概念。前面讨论联合概率分布与边际概率分布时我们知道,联合分布决定了边际概率分布,但一般情况下,却不能从边际分布推出联合分布。不过,在 X、Y 相互独立的情况下,我们则可以通过两个独立随机变量的边际概率分布求出联合分布。

例 5.67 若 (X,Y) 服从 $G = \{(x,y):a \leq x \leq b, c \leq y \leq d\}$ 上的均匀分布,即其联合密度函数为:

$$p(x,y) = \begin{cases} \dfrac{1}{(b-a)(c-d)}, & a \leq x \leq b, c \leq y \leq d \\ 0, & \text{其他} \end{cases}$$

则 $X \sim U[a,b]$,$Y \sim U[c,d]$,(此处 $U[a,b]$ 表示区间 $[a,b]$ 上的均匀分布),且它们相互独立。反之,若 X 与 Y 相互独立,且 $X \sim U[a,b]$,$Y \sim U[c,d]$,则 (X,Y) 服从 G 上的均匀分布。

四、数字特征

(一) 数学期望和方差

与一维随机变量相似,数学期望和方差是二维随机变量重要的数字特征。我们可以通过类似于求一维随机变量数学期望和方差的方法来求出二维随机变量的数学期望和方差。

设二维连续随机变量 X、Y 的联合分布密度及边际分布密度函数分别为 $f(x,y)$、$f_X(x)$ 和 $f_Y(y)$,则有:

$$E(X) = \int_{-\infty}^{+\infty} x f_X(x) \, dx; \qquad E(Y) = \int_{-\infty}^{+\infty} y f_Y(y) \, dy$$

$$D(X) = \int_{-\infty}^{+\infty} [x - E(X)]^2 f_X(x) \, dx; \qquad D(Y) = \int_{-\infty}^{+\infty} [y - E(Y)]^2 f_Y(y) \, dy$$

对于离散型的二维随机变量 X、Y,若其联合概率分布及边际概率分布分别是 p_{ij}、$p_{i\cdot}$、$p_{\cdot j}$,则有:

$$E(X) = \sum_i x_i p_{i\cdot}; \qquad E(Y) = \sum_j y_j p_{\cdot j}$$

$$D(X) = \sum_i [x_i - E(X)]^2 p_{i\cdot}; \qquad D(Y) = \sum_j [y_j - E(Y)]^2 p_{\cdot j}$$

除了以上方法以外,也可以通过联合概率分布直接求数学期望和方差。有如下公式:

$$E(X) = \int_{-\infty}^{+\infty}\int_{-\infty}^{+\infty} x f(x,y) \, dx dy; \qquad E(Y) = \int_{-\infty}^{+\infty}\int_{-\infty}^{+\infty} y f(x,y) \, dx dy$$

$$D(X) = \int_{-\infty}^{+\infty}\int_{-\infty}^{+\infty} [x - E(X)]^2 f(x,y) \, dx dy; \qquad D(Y) = \int_{-\infty}^{+\infty}\int_{-\infty}^{+\infty} [y - E(Y)]^2 f(x,y) \, dx dy$$

对于离散型二维随机变量也有与上式相应的结果。以上结果也可以推广到 n 维随机变量的情况。

例 5.68 证明下式:

(1) $E(X+Y) = E(X) + E(Y)$。

(2) 当 X、Y 独立时，$E(X \cdot Y) = E(X)E(Y)$。

(3) 当 X、Y 独立时，$D(X + Y) = D(X) + D(Y)$。

证 (1) $E(X + Y) = \int_{-\infty}^{+\infty} \int_{-\infty}^{+\infty} (x + y) f(x,y) \mathrm{d}x\mathrm{d}y$

$= \int_{-\infty}^{+\infty} \int_{-\infty}^{+\infty} x f(x,y) \mathrm{d}x\mathrm{d}y + \int_{-\infty}^{+\infty} \int_{-\infty}^{+\infty} y f(x,y) \mathrm{d}x\mathrm{d}y = E(X) + E(Y)$

(2) $E(X \cdot Y) = \int_{-\infty}^{+\infty} \int_{-\infty}^{+\infty} xy f(x,y) \mathrm{d}x\mathrm{d}y = \int_{-\infty}^{+\infty} \int_{-\infty}^{+\infty} xy f_X(x) f_Y(y) \mathrm{d}x\mathrm{d}y$（因为 X、Y 独立）

$= \left[\int_{-\infty}^{+\infty} x f_X(x) \mathrm{d}x\right] \cdot \left[\int_{-\infty}^{+\infty} y f_Y(y) \mathrm{d}y\right] = E(X)E(Y)$

(3) $D(X + Y) = E[(X + Y) - E(X + Y)]^2$

$= E\{[X - E(X)] + [Y - E(Y)]\}^2$（由证明(1)得）

$= E\{[X - E(X)]^2 + [Y - E(Y)]^2 + 2[X - E(X)][Y - E(Y)]\}$

$= E[X - E(X)]^2 + E[Y - E(Y)]^2 + 2E\{[X - E(X)][Y - E(Y)]\}$

$= D(X) + D(Y)$

根据独立性的性质，$E\{[X - E(X)][Y - E(Y)]\} = E[X - E(X)]E[Y - E(Y)] = 0$。

(二) 协方差与相关系数

对于二维随机变量，除了期望和方差外，还有两个描述随机变量之间相互联系状况的重要数字特征：协方差和相关系数。

定义 设 X 与 Y 是二维随机变量，若

$$E\{[X - E(X)][Y - E(Y)]\}$$

存在，则称其为 X 和 Y 的协方差，记作 $\mathrm{Cov}(X,Y)$。又若 $D(X) \neq 0$，$D(Y) \neq 0$，则称

$$\rho_{XY} = \frac{\mathrm{Cov}(X,Y)}{\sqrt{D(X)} \times \sqrt{D(Y)}}$$

为 X 与 Y 的相关系数。

$\mathrm{Cov}(X,Y)$ 也常常简记为 σ_{XY}，与此对应，$D(X)$ 与 $D(Y)$ 也常分别记为 σ_{XX} 和 σ_{YY}。

从协方差的定义可以看出，协方差反映随机变量 X 与 Y 之间的关系。若当 X 增大时，Y 也随之增大，当 X 减少时，Y 也随之减少，则协方差为正；若当 X 增大时，Y 随之减少，X 减少时，Y 随之增大，则协方差为负。并且可以证明，当 X 与 Y 相互独立时，协方差为零，但其逆定理不成立，即协方差为零，X 与 Y 并不必然相互独立。

可以看出，相关系数与协方差实际上只是相差了一个常数倍数，所以相关系数也是描述随机变量 X 与 Y 之间关系的数量。前面我们谈到的二维正态随机变量的联合概率密度，其中有一个参数 ρ 就是 X 与 Y 的相关系数。已经证明，对于二维正态分布，$\rho = 0$ 是 X 与 Y 相互独立的充分必要条件，而这时，$\rho = 0$ 与 $\mathrm{Cov}(X,Y) = 0$ 是等价的，所以，对于服从正态分布的二维随机变量，其协方差为零不仅是独立的必要条件，而且是充分条件。

协方差与数学期望之间具有下列关系：

$$\mathrm{Cov}(X,Y) = E(XY) - E(X)E(Y)$$

下面给出证明：

$\mathrm{Cov}(X,Y) = E\{[X - E(X)][Y - E(Y)]\}$

$= E\{XY - XE(Y) - YE(X) + E(X)E(Y)\}$

$$= E(XY) - E(X)E(Y) - E(Y)E(X) + E(X)E(Y)$$
$$= E(XY) - E(X)E(Y)$$

当 X 与 Y 相互独立时,则因 $E(XY) = E(X)E(Y)$,所以协方差为零。

协方差具有以下性质:

性质 1 $\text{Cov}(X,Y) = \text{Cov}(Y,X)$。

性质 2 $\text{Cov}(aX + b, kY + d) = ak\text{Cov}(X,Y)$,其中 a,b,k,d 均为常数。

性质 3 $\text{Cov}(X_1 + X_2, Y) = \text{Cov}(X_1, Y) + \text{Cov}(X_2, Y)$。

性质 4 $|\text{Cov}(X,Y)|^2 \leq D(X)D(Y)$。

关于相关系数则有以下定理:

定理 5.10 设 ρ_{XY} 是随机变量 X 与 Y 的相关系数,则有:

(1) $|\rho_{XY}| \leq 1$。

(2) $|\rho_{XY}| = 1$ 的充分必要条件是 X 与 Y 以概率为 1 线性相关,即 $P\{Y = aX + b\} = 1$,其中 a、b 为常数且 $a \neq 0$。

上述定理进一步说明了相关系数描述的是 X 与 Y 之间的线性相关关系。当相关系数为零时,人们称 X 与 Y 不相关,实际上是指 X 与 Y 之间不存在线性相关关系。相关系数的绝对值越接近 1,说明 X 与 Y 间的线性相关关系越强,相关系数值的正或负则说明 X 与 Y 之间相互关系的方向。这里有必要提醒读者注意,不相关并不等价于相互独立,当 X 与 Y 相互独立时,X 与 Y 必不相关,但反之则不一定成立。

五、对独立和不相关的进一步说明

(一) 独立

定义 随机变量 X 与 Y 相互独立,当且仅当
$$f(x,y) = f_X(x)f_Y(y)$$

$f(x,y) = f_X(x)f_Y(y)$ 等价于 $g_1(x|y) = \dfrac{f(x,y)}{f_Y(y)} = f_X(x)$

或者
$$g_2(y|x) = f_Y(y)$$

推论 1 如果 X 与 Y 相互独立,则:
$$E(X|Y) = \int_{-\infty}^{+\infty} x g_1(x|y) \, dx = \int_{-\infty}^{+\infty} x f_X(x) \, dx = E(X)$$

所以,如果 X 与 Y 相互独立,可以推出 $E(X|Y) = E(X)$,反之不一定成立。

推论 2 如果 X 与 Y 相互独立,$E(XY) = E(X)E(Y)$,反之不一定成立。

(二) 不相关

从前面的内容,我们已经了解,两个变量不相关定义为它们之间的协方差或相关系数为零,即:
$$\text{Cov}(X,Y) = E(XY) - E(X)E(Y) = 0$$

所以,如果 X 与 Y 相互独立,根据推论 2,可知 $E(XY) = E(X)E(Y)$,从而推出 X 与 Y 不相关。同时,如果 X 与 Y 相关,可以推出 X 与 Y 不独立。

但是,如果已知 X 与 Y 不相关,我们无法推出 $f(x,y) = f_X(x)f_Y(y)$,即 X 与 Y 相互独

立。下面,我们进一步来讨论两个随机变量之间的独立与不相关的关系。

(三) 独立与不相关的关系

(1) 若 X 和 Y 相互独立,则 X 与 Y 不相关。

(2) 若 X 和 Y 不相关,则 X 与 Y 不一定相互独立。

来看下面的这个例子。已知 $X \sim N(0,1)$,$Y = X^2$,则 X 与 Y 不相关,也不相互独立。可以证明:

$$\mathrm{Cov}(X,Y) = E(XY) - E(X)E(Y) = E(X \cdot X^2) - 0 = \int_{-\infty}^{+\infty} x^3 \frac{1}{\sqrt{2\pi}} e^{-\frac{x^2}{2}} \mathrm{d}x = 0$$

即它们相关系数为零,不相关,但是,由于 $Y = X^2$,X 与 Y 不相互独立。

(3) 若 X 与 Y 相关,则 X 与 Y 一定不相互独立。

(4) 若 X 与 Y 不相互独立,则 X 与 Y 不一定不相关。

(5) 若 (X,Y) 是二维正态随机向量,或者当随机变量 X 与 Y 均服从两点分布时,则 X 与 Y 独立等价于 X 与 Y 不相关。

从以上讨论我们知道,随机变量 X 与 Y 之间的关系可分为三类:

第一类:X 与 Y 相互独立,则它们也必不相关,这时 (X,Y) 的联合密度可由它们的边缘分布唯一确定;也就是随机向量 (X,Y) 的整体性质可由分量 X 与 Y 的个别性质确定。

第二类:X 与 Y 不相关,但也不独立。这时 X 与 Y 之间没有线性关系,但可能有其他非线性关系,如前面的例子。这时仅由 X 和 Y 的个别性质仍不能完全确立随机向量 (X,Y) 的整体性质。

第三类:X 与 Y 相关,这时 X 与 Y 之间有程度不同的线性关系,或者有其他的相关关系。

▌关键术语▐

随机试验　样本空间　随机事件　随机变量　概率分布　概率密度函数　分布函数
数学期望　二项分布　正态分布　指数分布　泊松分布　几何分布　联合概率分布
边际分布

习题 ▶

1. 写出下列随机试验的样本空间,并用样本点组成的集合表示给出的随机事件。

(1) 从一个装有 5 个外形相同,编号分别为 1、2、3、4、5 的小球的口袋里任取 3 个球。A = "球的最小编号为 1",B = "球的编号全部为奇数",B = "球的编号全部为偶数"。

(2) 在 1、2、3、4 四个数中可重复地取两个数。A = "一个数是另一个数的 2 倍"。

(3) 一个小组有 A、B、C、D、E 五人,要选正副组长各一人(一人不能兼两职)。X = "A 当选",Y = "A 不当选"。

2. 在 11 张卡片上分别写上 p、r、o、b、a、b、i、l、i、t、y 这 11 个字母,从中任意连抽

7张,求其排列结果为 ability 的概率。

3. 某市有50%的住户订日报,有60%的住户订晚报,有85%的住户至少订这两种报纸中的一种,求同时订这两种报纸的住户的百分比。

4. 在对200家公司的最新调查中,发现40%的公司在大力研究广告效果,50%的公司在进行短期销售预测,而30%的公司同时从事这两种研究。假设从这200家公司中任选一家,定义事件 A 为"该公司在研究广告效果",事件 B 为"该公司在进行短期销售预测"。试求 $P(A)$、$P(B)$、$P(AB)$、$P(A+B)$、$P(A/B)$ 及 $P(B/A)$。

5. 一个人乘公共汽车或地铁上班的概率分别是0.4和0.6。当他乘公共汽车时,有30%的日子迟到;当他乘地铁时,有20%的日子迟到。问此人上班迟到的概率是多少?若此人在某一天迟到了,求其是乘地铁上班的概率是多少?

6. 两台机床加工同样的零件,第一台出废品的概率是0.03,第二台出废品的概率是0.02,加工出来的零件放在一起,并且知第一台加工的零件是第二台的2倍,求任取一个零件是合格品的概率;又,如果取出的零件经检查是废品,求它是由第二台机床加工的概率。

7. 一家公司在某地区钻探石油。根据地质资料在该地区钻探的油井中仅有30%是产油井。该公司的财力只够负担10口油井的钻探,问:(1) 10口井皆产油的概率;(2) 10口井皆无油的概率;(3) 要使公司的投资有利可图,至少需要有2口井产油,则该公司赢利的概率是多少?

8. 某会计师事务所根据以往经验预计,某公司的应收账款余额有1%是错误的,今抽取100笔账加以查核,问:(1) 抽查的账款中没有错误的概率是多少? (2) 抽查的账款中,恰有2笔错误的概率是多少? (3) 至少有3笔错误的概率是多少?

9. 某打字员平均打一页有0.04个错误,若打100页,发现错误不超过3个的概率是多少?

10. 某射手每次击中目标的概率是0.8,现在连续向一目标射击,直到第一次击中目标为止。求射击次数的分布律。

11. 已知一电话交换台每分钟接到呼唤次数服从参数为4的泊松分布。求:(1) 每分钟恰有8次呼唤的概率;(2) 每分钟呼唤次数大于8的概率。

12. 经验表明某商店平均每天销售250瓶酸奶,标准差为25瓶,且销售的酸奶瓶数近似服从正态分布,问:(1) 在某一天中,购进300瓶酸奶,全部售出的概率是多少? (2) 如果该商店希望以99%的概率保证不脱销,假设前一天的酸奶已全部售完,那么当天应该购进多少瓶酸奶?

13. 设有两种型号的灯泡(A和B)。A的使用寿命服从均值为100(小时)、方差16 的正态分布。B的使用寿命服从均值为110(小时)、方差为30 的正态分布。问:(1) A型号灯泡的使用寿命超过110小时的概率为多少? (2) 如果灯泡A与灯泡B同时点亮,那么A持续的时间多于B的概率为多少? (3)两种型号灯泡的使用寿命都超过105小时的概率为多少?

14. 已知每天访问某个药品专卖店的顾客人数服从 $\lambda=40$ 的泊松分布,每个顾客购买药品的概率 $p=0.55$,且他们的购买行为是相互独立的。试求该专卖店一天卖出30盒药的概率。

15. 已知民众对某项政策的支持率为30%。在一项民意调查中,要找到10名对该政策的支持者,需要调查至少50位群众的概率为多少?需要调查不足30位群众的概率为多少?

16. 某知名火锅店就餐可同时容纳200人就餐。每天中午11点半开始,平均每分钟就会有4位客人到达。问12点去该火锅店就餐不需要等座的概率有多少?12点半需要等座的概率为多少?

17. 设由自动线加工的某种零件的内径$X(mm) \sim N(\mu, 1)$。已知销售每个零件的利润T(元)与销售零件的内径X有如下的关系:

$$T = \begin{cases} -1, & X < 10 \\ 20, & 10 \leq X \leq 12 \\ -5, & X > 12 \end{cases}$$

问平均直径μ为何值时,销售一个零件的平均利润最大?

18. 设顾客在某银行窗口等待服务的时间X(以分计)服从指数分布,其概率密度为:

$$f(x) = \begin{cases} \dfrac{1}{5} e^{-\frac{x}{5}}, & x > 0 \\ 0, & \text{其他} \end{cases}$$

某顾客在窗口等待服务,若超过10分钟他就离开,他一个月要到银行5次,以Y表示他未等到服务而离开窗口的次数,试写出Y的分布,并求$P(Y \geq 1)$。

19. 已知X的密度函数为:

$$f(x) = \begin{cases} Ax^2 + Bx, & 0 < x < 1 \\ 0, & \text{其他} \end{cases}$$

其中,A和B是常数,且$E(X) = 0.5$。试求A和B的取值。

第六章　　参数估计

统计学研究的基本问题之一是根据样本所提供的信息,对总体的分布及分布的数字特征作出统计推断。统计推断的基本内容包括两大部分:一是参数估计;二是假设检验及非参数统计。这一章主要讨论参数估计的理论和方法。参数估计的主要内容是研究如何通过样本提供的信息估计总体的数字特征,由于在统计推断中往往称总体分布的数字特征为总体参数,因此这部分内容称为参数估计。

本章主要讨论以下问题:

1. 样本与总体; 2. 样本统计量与抽样分布; 3. 参数的点估计法; 4. 参数的区间估计法; 5. 样本容量的确定; 6. 抽样的基本组织方式。

第一节　样本及其分布

一、总体和样本

通过前面的学习,我们看到现实中很多不确定现象都可以用随机变量描述,而应用中一个十分重要的问题是找到随机变量的分布或其数字特征。例如,某贸易进出口公司进口了10万台微型计算器,按规定,使用寿命小于4 000小时即为次品,且次品率高于1%就不接受这批产品。如何得知这批产品的次品率?是否要测量每一台计算器?显然,这是不现实的。解决这个问题的一个好办法是随机抽样,然后根据抽样检验得到的次品率来估计整批产品的次品率。之所以能够从局部的结果推断总体的情况,其根据在于,既然局部是整体的一部分,那么局部的特性必然在一定程度上反映整体的特性。虽然局部并不能完全准确无误地反映整体特性,也正因如此,我们才需要按照随机的原则抽取样本,以使抽出来的样本尽可能地相似于总体,从而使推断的误差尽可能小。由此,就产生了两个贯穿于整个统计推断过程的十分重要的概念:总体和样本。

直观地,我们把被观察对象的全体称为总体,把从总体中按照随机原则抽出的个体组成的小群体称为样本,而样本中所包含的个体数称为样本容量。如上例中10万台计算器是一个总体,若从中随机抽取100台检验,则这100台就构成样本,样本容量为100。

对于这批计算器,我们关心的是它的使用寿命的分布情况,即使用寿命低于4 000小时的比例是多少。设X表示"任一台计算器的使用寿命",是一个随机变量,我们可以用它来表示10万台计算器这一个总体。之所以可以这样表示,是因为X的概率分布与该总体使用寿命的频率分布完全一致。同时,我们还可以把从总体中抽出的容量为100的样本看作100个随机变量$X_1, X_2, \cdots, X_{100}$,因为在抽样之前我们无法预知这100个计算器的使用寿命,每一台计算器的使用寿命都是一个随机变量,而一旦测试完毕,测试的结果则是 100 个观测值 $x_1, x_2, \cdots, x_{100}$。统计推断的任务就是根据测试结果 $x_1, x_2, \cdots, x_{100}$ 来估计总体 X 的分布情况。为了使样本观测值尽可能有代表性,用统计的术语说就是要求 $X_1, X_2, \cdots, X_{100}$ 相互独立且与总体 X 具有相同的分布。具有独立同分布特点的样本叫作简单随机样本。如何才能得到简单随机样本?当我们按照重复抽样的方式随机抽取样本时,所得到的样本就是简单随机样本。当然,当总体容量很大,而样本容量相对于总体规模而言很小时,可以把不重复随机抽样看作重复随机抽样。

将以上的内容概括如下:设 X 是一个随机变量,$X_1, X_2, \cdots, X_n$ 是一组相互独立且与 X 具有相同分布的随机变量,称 X 为总体,$X_1, X_2, \cdots, X_n$ 为来自总体的简单随机样本,简称样本,n 为样本容量,称样本观测值为样本值。由于按随机原则取样,在试验之前,人们无法预言试验的结果,因此 $X_1, X_2, \cdots, X_n$ 是一组随机变量,而在试验之后,得到 $X_1, X_2, \cdots, X_n$ 的一组观测值 $x_1, x_2, \cdots, x_n$,它们则是一组确定的数值,是随机变量 $X_1, X_2, \cdots, X_n$ 在抽样试验中的实现。

二、样本统计量与抽样分布

如前所述,总体可以用一个随机变量 X 来表示。而随机变量都具有一定的概率分布和分布的数字特征,那么,随机变量的概率分布与总体分布就存在天然的联系,这种联系表现为总体分布与代表总体的随机变量的概率分布是一样的,总体分布的数字特征同样也是概率分布函数中的参数(如正态分布的数学期望和方差就是密度函数中的参数 μ 和 σ;二项分布的数学期望和方差就是参数 np 和 npq,泊松分布的数学期望和方差就是参数 λ)。因此,当我们根据样本信息来估计总体数字特征的时候,就转化为估计代表总体的随机变量的概率分布的参数,这就是参数估计。在进行参数估计时,我们并不是直接用一个个的具体样本值来估计、推测总体参数,而是根据全部的样本值构造出一些特定的量,用这些特定的量来估计总体参数。这些根据样本值构造的特定量就称为统计量。用数学术语说,统计量就是样本的函数,它只依赖于样本,不包含任何未知参数。例如,根据样本 $X_1, X_2, \cdots, X_n$,可以计算样本均值 $\bar{X}$ 和样本方差 S^2,有:

$$\bar{X} = \frac{1}{n} \sum_{i=1}^{n} X_i, \quad S^2 = \frac{1}{n-1} \sum_{i=1}^{n} (X_i - \bar{X})^2$$

样本均值 $\bar{X}$ 和样本 S^2 都是统计量,因为它们都是样本的函数,且不含有未知的参数。

样本统计量是随着样本不同而变化的量,由于样本是随机样本,因此,样本统计量也是一个随机变量。例如,有 5 位学生的数学成绩分别是 80、85、90、92、96。从中任取两个学生的成绩为一个样本,并据此计算样本均值,显然,样本均值 $\bar{X}$ 随着抽取的样本不同而改变,是一个随机变量。既然是随机变量就有一定的概率分布。我们把样本统计量的分布称为抽样分布。

例 6.1 已知一个盒子里放了 8 个球,每个球的重量分别为 $1\,g, 2\,g, \cdots, 8\,g$。现从中简单随机(即放回重复抽取)抽取 2 个球,求样本平均重量 $\bar{X}$ 的概率分布。

解 下表列出了第一个球和第二个球重量的所有可能性,以及它们的平均重量结果。

	两个球的平均重量	第二个球的重量							
		1	2	3	4	5	6	7	8
第一个球的重量	1	1.0	1.5	2.0	2.5	3.0	3.5	4.0	4.5
	2	1.5	2.0	2.5	3.0	3.5	4.0	4.5	5.0
	3	2.0	2.5	3.0	3.5	4.0	4.5	5.0	5.5
	4	2.5	3.0	3.5	4.0	4.5	5.0	5.5	6.0
	5	3.0	3.5	4.0	4.5	5.0	5.5	6.0	6.5
	6	3.5	4.0	4.5	5.0	5.5	6.0	6.5	7.0
	7	4.0	4.5	5.0	5.5	6.0	6.5	7.0	7.5
	8	4.5	5.0	5.5	6.0	6.5	7.0	7.5	8.0

根据上表,我们可以计算 $\bar{X}$ 的概率分布:

$\bar{X}$	1.0	1.5	2.0	2.5	3.0	3.5	4.0	4.5	5.0	5.5	6.0	6.5	7.0	7.5	8.0
p	1/64	2/64	3/64	4/64	5/64	6/64	7/64	8/64	7/64	6/64	5/64	4/64	3/64	2/64	1/64

绘制总体分布图和样本均值分布图如图 6.1 和图 6.2 所示。

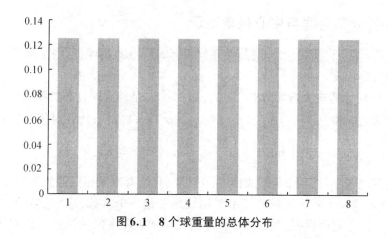

图 6.1　8 个球重量的总体分布

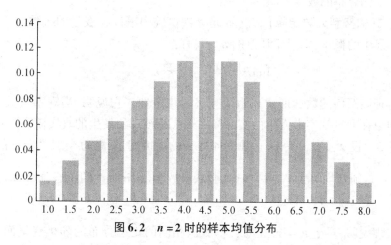

图 6.2　$n=2$ 时的样本均值分布

通过上面的例子可以看出,样本均值的分布和总体分布有很大的差异。在这个例子中,我们讨论的是当样本容量 n 为 2 时样本均值的分布情况,当 n 变化时,样本均值的分布也会随之发生变化。图 6.3 就是当 $n=3$ 时,我们从 8 个球中抽样所得到的样本均值的分布。

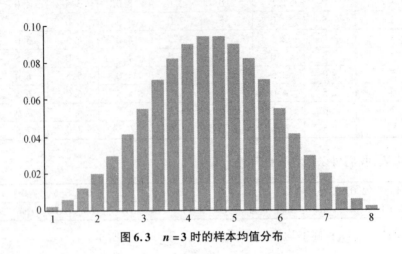

图 6.3 $n=3$ 时的样本均值分布

三、抽样分布定理与中心极限定理

下面我们不加证明地给出一些与抽样分布有关的重要定理,这些定理都与我们将要讨论的参数估计有关。

定理 6.1(切比雪夫大数定律) 设 $X_1, X_2, \cdots, X_n$ 是独立同分布的随机变量且具有有限相同的数学期望和方差: $E(X_i) = \mu$, $D(X_i) = \sigma^2 (i = 1, 2, \cdots)$,则对任意的 $\varepsilon > 0$,有:

$$\lim_{n \to \infty} P\left\{ \left| \frac{1}{n} \sum_{i=1}^{n} X_i - \mu \right| < \varepsilon \right\} = 1$$

这个定理说明,n 个随机变量,如果相互独立,且具有有限相同的数学期望和方差,那么当 n 很大时,这 n 个随机变量的算术平均数几乎是一个常数,这个常数就是它们共同的数学期望。这个定理说明,从总体中抽取的简单随机样本的统计量 $\bar{X}$ 以总体分布的数学期望为其抽样分布的数学期望。

定理 6.2(伯努利大数定律) 设 m 是 n 次试验中事件 A 发生的次数,p 是事件 A 在每次试验中发生的概率,则对于任意的 $\varepsilon > 0$,有:

$$\lim_{n \to \infty} P\left\{ \left| \frac{m}{n} - p \right| < \varepsilon \right\} = 1$$

这个定理以严格的数学形式证明了频率的稳定性。它说明,当观察次数 n 很大时,用某随机现象在大量观察中发生的实际频率来代替该现象发生的真实概率差别很小。

定理 6.3 设 $X_1, X_2, \cdots, X_n$ 是独立同分布的随机变量,且每个随机变量都服从正态分布 $N(\mu, \sigma^2)$,则其均值 $\bar{X} = \frac{1}{n} \sum_{i=1}^{n} X_i$,服从参数为 $(\mu, \sigma^2/n)$ 的正态分布,即 $\bar{X} \sim N(\mu, \sigma^2/n)$。

这个定理说明,对于 n 个独立的且都服从相同的正态分布的随机变量而言,它们的均值仍然服从正态分布,所改变的只是分布的参数。这也就是说,从服从正态分布的总体中抽取的简单随机样本的样本平均数这个统计量仍然服从正态分布,其参数为 $(\mu, \sigma^2/n)$。

定理 6.3 直观上比较容易理解和证明。首先，n 个独立的正态分布随机变量之和仍然是一个正态分布随机变量，乘以一个常数 $1/n$ 并不改变其特性，根据数学期望和方差的性质，有：

$$E(\bar{X}) = E\left(\frac{1}{n}\sum_{i=1}^{n}X_i\right) = \frac{1}{n}E\left(\sum_{i=1}^{n}X_i\right) = \frac{1}{n}\sum_{i=1}^{n}E(X_i) = \frac{1}{n}\sum_{i=1}^{n}\mu = \mu$$

$$D(\bar{X}) = D\left(\frac{1}{n}\sum_{i=1}^{n}X_i\right) = \frac{1}{n^2}D\left(\sum_{i=1}^{n}X_i\right) = \frac{1}{n^2}\sum_{i=1}^{n}D(X_i) = \frac{n\sigma^2}{n^2} = \frac{\sigma^2}{n}$$

在与抽样分布有关的定理中，中心极限定理是最重要的一个。我们知道，在随机变量的一切可能的分布律中，正态分布占有特殊重要的地位，这是因为实践中经常遇到的大量的随机变量都是服从正态分布的。为什么正态分布会如此广泛地存在，从而在概率论中占有如此重要的地位？应该如何解释大量随机现象中的这一客观规律？中心极限定理可以给出这些问题的答案。

概率论中有关论证随机变量之和的极限分布为正态分布的定理称为中心极限定理。中心极限定理证明，若被研究的随机变量可以表示为大量独立随机变量之和，且每个随机变量对总和只起微小的作用，则可以认为此随机变量服从正态分布。法国数学家棣莫弗在 1733 年最早发现当 n 增大时，正态分布可以作为二项分布的极限，后来拉普拉斯改进了棣莫弗的证明并把二项分布推广为更一般的分布。之后 1900 年，俄国数学家李雅普诺夫 (Liapunov) 给出了中心极限定理一个更一般的形式，1922 年，林德伯格 (Lindeberg) 给出了中心极限定理的独立随机变量序列情形下最终形式。从最初发现整整经过二百年，1933 年，德国数学家费勒 (Feller) 给出了该定理必要条件的证明。第五章的定理 5.6 我们介绍过了棣莫弗-拉普拉斯中心极限定理，这一定理是中心极限定理的最初版本，讨论了服从二项分布的随机变量序列。它指出，参数为 n, p 的二项分布以 np 为均值、$np(1-p)$ 为方差的正态分布为极限分布。下面我们继续介绍林德伯格-列维中心极限定理。

定理 6.4 (林德伯格-列维中心极限定理) 设 $X_1, X_2, \cdots, X_n, \cdots$ 是独立同分布的随机变量，而且 $E(X_i) = \mu, D(X_i) = \sigma^2 \neq 0$ 存在，则对一切 x，有：

$$\lim_{n\to\infty}P\left\{\frac{\sum_i X_i - n\mu}{\sqrt{n}\sigma} < x\right\} = \lim_{n\to\infty}P\left\{\frac{\frac{1}{n}\sum_i X_i - \mu}{\sigma/\sqrt{n}} < x\right\} = \int_{-\infty}^{x}\frac{1}{\sqrt{2\pi}}e^{-\frac{t^2}{2}}dt$$

这个定理说明，只要 n 充分大，随机变量 $Y = \dfrac{\bar{X}-\mu}{\sigma/\sqrt{n}}$ 就近似服从标准正态分布，也就是说 $\bar{X}$ 近似服从参数为 $(\mu, \sigma^2/n)$ 的正态分布，即：$\bar{X} \sim N(\mu, \sigma^2/n)$。更进一步解释，在抽样分布中，由于样本均值是由 n 个来自同一个总体的独立的随机变量的和，因此，运用中心极限定理，我们可以得到下面的结论：

推论 当我们从均值为 μ、方差为 σ^2 的总体中随机抽样时，如果 n 充分大，那么样本均值 $\bar{X}$ 近似服从参数为 μ 和 σ^2/n 的正态分布。即对于充分大的 n，若样本容量 n 足够大，无论总体的分布形态如何，总有：

$$\bar{X} \sim N(\mu, \sigma^2/n)$$

通常 $n \geq 30$ 时可认为是大样本。

我们在理解中心极限定理时,需要把握三个要点:① 当样本足够大时,$\bar{X}$ 的样本分布为正态分布。(注意:当总体是正态分布时,无论样本大小,$\bar{X}$ 的样本分布均为正态分布。)② $\bar{X}$ 的期望为 μ,即 $E(\bar{X}) = \mu$。③ $\bar{X}$ 的方差为 σ^2/n,即 $D(\bar{X}) = \sigma^2/n$;或 $\bar{X}$ 的标准差为 $\sigma/\sqrt{n}$,即 $Se(\bar{X}) = \sigma/\sqrt{n}$。

图 6.4 表述的是,从正态分布、均匀分布和偏态分布的总体中进行抽样,当样本容量分别为 2、10 和 30 时样本均值的分布密度曲线。可以看出,随着样本容量的增大,即使总体分布为非正态分布(如均匀分布和偏态分布),当样本容量达到 30 时,样本均值仍近似呈现出正态分布的形式。

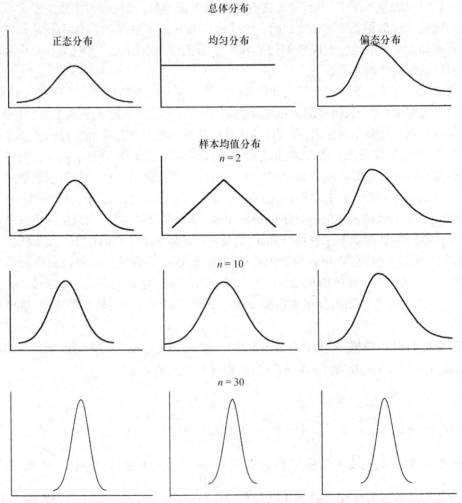

图 6.4　样本均值随 n 的增大,趋于正态分布

下面我们通过 Excel 的实验模拟来对中心极限定理进行观察。我们从 $\lambda = 1/2$ 的指数分布总体中进行抽样,样本容量分别为 3、15、30、50,模拟次数为 2 000 次,总体均值为 2。

注意:这次我们不能直接使用随机数发生器,而是采用函数" = − 2 ∗ ln(1 − rand())"来产生服从参数 $\lambda = 1/2$ 的指数分布的随机数,该函数为指数分布的累积分布函数的反函数,其中累积概率由随机函数 RAND( ) 来生成。

从图 6.5 可以看到,指数分布总体为明显的左偏分布,但随着样本容量的增大,样本均值的分布逐渐由左偏趋于对称,当 $n=30$ 和 $n=50$ 时,样本均值呈现出正态分布的形状。模拟的具体步骤可参见本章课件"中心极限定理"。

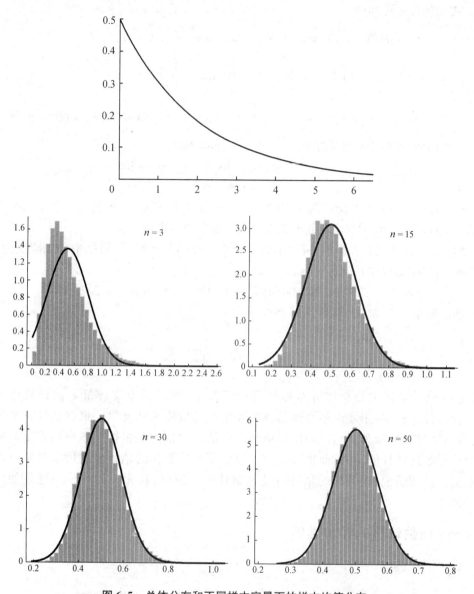

图 6.5　总体分布和不同样本容量下的样本均值分布

例 6.2　从股市中随机选取 16 只股票。假设该日股市波动幅度服从以均值为 1.5%、标准差为 2% 的正态分布。试问所选取的 16 只股票的平均价格上涨的概率是多少?

解　令 $\bar{X}$ 为 16 只股票的平均波动幅度,由于总体假设为正态总体,则:
$$\bar{X} \sim N(1.5, 2^2/16)$$
即: $\quad P(\bar{X} > 0) = 1 - \text{NORMDIST}(0, 1.5\%, 0.5\%, \text{true}) = 99.87\%$
所选取的 16 只股票的平均价格上涨的概率是 99.87%。

例 6.3　售报员在报摊上卖报,已知每个过路人在报摊上买报的概率为 1/3。令 X

为出售了 100 份报时过路人的数目,求 $P(280 \leq X \leq 320)$。

解 令 X_i 为售出了第 $i-1$ 份报纸后到售出第 i 份报纸时的过路人数,$i=1,2,\cdots,100$。由几何分布可知:

$$P(X_i = k) = p(1-p)^{k-1}, \quad p = \frac{1}{3}, \quad k = 1,2,\cdots$$

并有:

$$E(X_i) = \frac{1}{p} = 3, \quad D(X_i) = \frac{1-p}{p^2} = 6$$

因为 $X_1, X_2, \cdots, X_{100}$ 相互独立,$X = \sum_{k=1}^{100} X_k$,得到 $E(X) = 300, D(X) = 600$。由独立同分布林德伯格-列维中心极限定理可知,$X \sim N(300, 600)$,所以

$$P(280 \leq X \leq 320) \approx \Phi\left(\frac{320-300}{\sqrt{600}}\right) - \Phi\left(\frac{280-300}{\sqrt{600}}\right) \approx 0.5878$$

例 6.4 已知一批发动机的平均功率为 220 马力,标准差为 15 马力。一位购买商随机抽取 100 台。试问样本均值低于 217 马力的概率为多少?

解 100 台意味着大样本,所以尽管不知道总体的分布形式,根据中心极限定理,可知 $\bar{X} \sim N(220, 15^2/100)$,则:

$$P(\bar{X} < 217) = \text{NORMDIST}(217, 220, 1.5, \text{true}) = 2.28\%$$

样本均值低于 217 马力的概率为 2.28%。

第二节 点 估 计

参数估计是在未知总体分布参数值的情况下,利用样本统计量来估计总体的参数。在估计过程中,用来推估总体参数的样本统计量称为估计量。根据估计方法的不同,参数估计可以分为点估计和区间估计。点估计的目的是根据样本资料求出非常接近总体参数的估计值,并以此推知总体参数。那么什么样的估计量之值非常接近总体参数值?换句话说,什么样的估计量才是最优的?所以,首先要讨论的问题是如何评价估计量。

一、点估计量的评价准则

(一) 无偏性

设总体参数为 θ,其估计量为 $\hat{\theta}$。若点估计量 $\hat{\theta}$ 的抽样分布的期望值等于总体参数 θ,即 $E(\hat{\theta}) = \theta$,则称估计量 $\hat{\theta}$ 为参数 θ 的无偏估计量。

估计量无偏性的意义如图 6.6 所示。

图 6.6 中,由于 $E(\hat{\theta}_1) = \theta$,而 $E(\hat{\theta}_2) \neq \theta$,故 $\hat{\theta}_1$ 为 θ 的无偏估计量,$\hat{\theta}_2$ 则为 θ 的有偏估计量。有偏估计量的期望值与总体参数的差异为偏误(bias),可用下式表示:$\text{Bias}(\hat{\theta}) = E(\hat{\theta}) - \theta$。在图 6.6 中,由于 $E(\hat{\theta}_2)$ 大于 θ,故以 $\hat{\theta}_2$ 估计 θ 将造成偏高的趋向。

以无偏性来评判估计量是很合理的。因为期望值具有长期或大量平均的意义,所以,一个好的估计量就某一个具体估计值而言,可能不等于总体参数值,但大量地看(多次重复抽样),其平均值应该等于总体参数值。

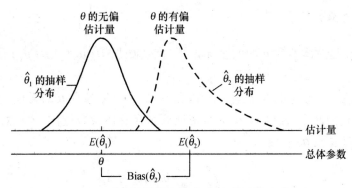

图 6.6 θ 的无偏估计量 $\hat{\theta}_1$ 与有偏估计量 $\hat{\theta}_2$

下面我们看看简单随机样本的均值和方差是否为总体数学期望与方差的无偏估计量。

记样本均值为 $\bar{X}$，样本方差为 S^2，并设 $\bar{X} = \dfrac{\sum\limits_{i=1}^{n} X_i}{n}, S^2 = \dfrac{1}{n-1}\sum\limits_{i=1}^{n}(X_i - \bar{X})^2$。则可作证明如下：

证明
$$E(\bar{X}) = E\left(\dfrac{\sum\limits_{i=1}^{n} X_i}{n}\right) = \dfrac{1}{n}\sum_{i=1}^{n} E(X_i) = \dfrac{1}{n} n E(X) = E(X)$$

$$E(S^2) = E\left[\dfrac{1}{n-1}\sum_{i=1}^{n}(X_i - \bar{X})^2\right] = \dfrac{1}{n-1}\left[E\sum_{i=1}^{n}(X_i - \bar{X})^2\right]$$

$$E\left[\sum_{i=1}^{n}(X_i - \bar{X})^2\right] = E\left[\sum_{i=1}^{n}(X_i^2 - 2X_i\bar{X} - \bar{X}^2)\right] = E\left(\sum_{i=1}^{n} X_i^2 - n\bar{X}^2\right)$$

$$= \sum_{i=1}^{n} E(X_i^2) - nE(\bar{X}^2)$$

因为 $E(X_i^2) = D(X_i) + E^2(X_i)$，$E(\bar{X}) = E(X)$，$D(\bar{X}) = D(X)/n$，所以

$$E\left[\sum_{i=1}^{n}(X_i - \bar{X})^2\right] = n[D(X) + E^2(X)] - n[D(\bar{X}) + E^2(\bar{X})]$$

$$= n[D(X) - D(X)/n + E^2(X) - E^2(X)] = (n-1)D(X)$$

即：
$$E(S^2) = D(X) = \sigma^2$$

可见，简单随机样本的样本均值 $\bar{X}$ 和样本方差 S^2 是总体期望与方差的无偏估计量。通过以上证明我们还看到，如果将样本方差定义为：

$$S_n^2 = \dfrac{1}{n}\sum_{i=1}^{n}(X_i - \bar{X})^2$$

则：
$$E(S_n^2) \neq D(X)$$

估计量 S_n^2 的期望值 $E(S_n^2)$ 与 $D(X)$ 相差一个系数 $n/(n-1)$。

以无偏性来评价估计量当然是一个很好的准则，但仅此是不够的，因为有很多估计量都具有无偏性的特点。例如，可以证明样本中位数的期望值也等于总体期望值。所以还需要其他的评价准则。

(二) 有效性

设 $\hat{\theta}_1$ 和 $\hat{\theta}_2$ 是总体参数 θ 的两个无偏估计量,如果 $D(\hat{\theta}_1) < D(\hat{\theta}_2)$,则称 $\hat{\theta}_1$ 比 $\hat{\theta}_2$ 有效。

有效性的意义可参考图 6.7。图中 $\hat{\theta}_1$ 和 $\hat{\theta}_2$ 都是总体参数 θ 的无偏估计量,但由于 $D(\hat{\theta}_1) < D(\hat{\theta}_2)$,因此 $\hat{\theta}_1$ 相对于 $\hat{\theta}_2$ 更紧密地分布在总体参数周围。显然,用 $\hat{\theta}_1$ 作为总体参数的估计量要比 $\hat{\theta}_2$ 有效。

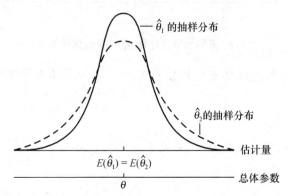

图 6.7 $\hat{\theta}_1$ 和 $\hat{\theta}_2$ 皆为 θ 的无偏估计量,但 $\hat{\theta}_1$ 比 $\hat{\theta}_2$ 有效

例如,已知样本平均数 $\bar{X}$ 与样本中位数 Md 都是总体数学期望的无偏估计量,且有:

$$D(\bar{X}) = D(X)/n, \quad D(Md) = (\pi/2) \times [D(X)/n]$$

则:
$$D(\bar{X}) = D(X)/n < D(Md) = (\pi/2) \times [D(X)/n]$$

所以 $\bar{X}$ 比 Md 有效。

(三) 最小均方误差

无偏性考虑估计量的期望值,有效性考虑在无偏性成立的前提下进一步比较估计量的方差。如果估计量 $\hat{\theta}_1$ 和 $\hat{\theta}_2$ 的情况为:$E(\hat{\theta}_1) = \theta, E(\hat{\theta}_1) \neq \theta$,但 $D(\hat{\theta}_1) > D(\hat{\theta}_2)$,此时何者为优?显然,较好的办法是既考虑估计量的变异程度(方差),又兼顾偏误(估计量的期望值与总体参数的差异)的情况。这时以估计量的均方误差(mean square error)为评价准则较好。记均方误差为 MSE,有:

$$\text{MSE}(\hat{\theta}) = E[(\hat{\theta} - \theta)^2]$$

依上述定义,可以推导出下列结果:

$$\begin{aligned}
\text{MSE}(\hat{\theta}) &= E[(\hat{\theta} - \theta)^2] = E\{[\hat{\theta} - E(\hat{\theta})] + [E(\hat{\theta}) - \theta]\}^2 \\
&= D(\hat{\theta}) + 2[E(\hat{\theta}) - E(\hat{\theta})][E(\hat{\theta}) - \theta] + [E(\hat{\theta}) - \theta]^2 \\
&= D(\hat{\theta}) + [\text{Bias}(\hat{\theta})]^2
\end{aligned}$$

从以上推导结果看出,用 MSE 来判断估计量是否优良,同时考虑了估计量的变异程度和与被估参数间的偏误,具有最小的均方误差的估计量显然是最优估计量。图 6.6 显示了三个估计量 $\hat{\theta}_1$、$\hat{\theta}_2$ 和 $\hat{\theta}_3$ 的抽样分布,其中 $\hat{\theta}_1$ 为无偏估计量,但方差 $D(\hat{\theta}_1)$ 最大;$\hat{\theta}_2$ 为有偏估计量,但偏误不是很大,且方差 $D(\hat{\theta}_2)$ 较小;$\hat{\theta}_3$ 也是有偏估计量,且偏误很大,但其方差很小,是三个估计量中最小的。

从图 6.8 中容易看出，$\hat{\theta}_2$ 是被估参数 θ 的最优估计量，这时若以均方误差 MSE 来衡量，则 $\text{MSE}(\hat{\theta}_2)$ 是最小的。

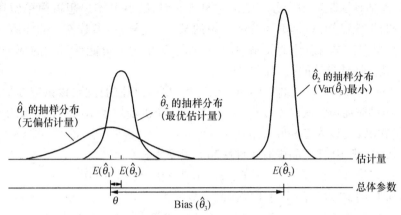

图 6.8 $\hat{\theta}_1$ 为无偏估计量，$\hat{\theta}_3$ 的方差最小，但 $\text{MSE}(\hat{\theta}_2)$ 最小

（四）一致性

当样本容量趋于无穷大时，若估计量 $\hat{\theta}$ 依概率收敛于待估参数 θ，即对任意 $\varepsilon > 0$，有：

$$\lim_{n \to \infty} P\{|\hat{\theta} - \theta| < \varepsilon\} = 1$$

则称 $\hat{\theta}$ 为 θ 的一致估计量。

切比雪夫大数定律已经证明了样本均值 $\bar{X}$ 是总体数学期望 $E(X)$ 的一致估计量。可以证明样本方差也是总体方差 $D(X)$ 的一致估计量。

一致性是大样本所呈现的性质。若某个估计量是待估参数的一致估计量，意味着样本容量很大时，估计量与待估参数很接近的可能性非常大。而当样本容量不大时，无偏性是基本的要求，保证估计量除了随机误差外，不会有系统误差。随机误差是由于偶然性原因引起的，不具有倾向性，估计值可能夸大，也可能缩小，但平均来看，可以互相抵消。而系统误差则具有倾向性，使估计值在量上偏向某一方。当然这也不是绝对的，正如我们在均方误差中所讨论的，有时候为了使均方误差最小而宁愿选择一个有偏的估计量。

二、点估计方法

如果在参数的估计中直接用样本估计量的数值作为待估总体参数的估计值，就是参数的点估计。例如，通过抽取某市 50 户家庭得到人均食品月支出额 400 元，则以此作为该市居民人均食品月支出额的估计值。又如，为了了解顾客对某种新产品的态度，随机抽取 30 人调查意见，其中有 60% 的人表示满意，则推估该产品所有的消费者中有 60% 是满意的。

点估计的方法有很多，如极大似然估计法、矩估计法、最小二乘估计法、贝叶斯估计法等，这一章只简要介绍两种常用的方法——极大似然估计法和矩估计法，最小二乘估计法将在后面的有关章节中讨论。

(一) 极大似然估计法

极大似然估计法是应用十分广泛的一种点估计法,其基本思想可简单叙述如下:假设总体的分布形式已知,只是不知总体分布的某个(或某些)参数 θ_i。抽样后,可以得到一组样本值,根据样本与总体的关系,找出使样本值出现的可能性最大的那个参数估计值 $\hat{\theta}_i$,则 $\hat{\theta}_i$ 就是待估参数的极大似然估计值。

例如,甲企业收到某供应商提供的一批货物,根据以往的经验,该供应商的产品次品率为 10%,而供应商声称次品率仅为 5%。若从中随机抽取了 10 件检验,结果有 4 件次品。记 X 为次品数,显然 $X \sim B(n,p)$。

若 $p=0.05$,则 10 件产品中有 4 件次品的概率为:

$$P(X=4) = C_{10}^4 \times 0.05^4 \times 0.95^6 = 0.001$$

若 $p=0.1$,则 10 件产品中有 4 件次品的概率为:

$$P(X=4) = C_{10}^4 \times 0.1^4 \times 0.90^6 = 0.0112$$

计算结果表明,在次品率为 0.1 时,10 件产品中有 4 件次品的概率大,这说明该批产品次品率为 0.1 的可能性大。由于样本来自总体,样本应能很好地反映总体的特征,能够使样本观测值出现可能性最大的参数估计值自然是比较接近总体真实参数值的估计值。极大似然估计原理正是以此为出发点的。

下面我们给出极大似然估计的数学表述。

设连续型的总体 X,有密度函数 $f(x;\theta_1,\theta_2,\cdots,\theta_k)$,其中,$\theta_1,\theta_2,\cdots,\theta_k$ 是待估参数。另有 X 的一个简单随机样本 $X_1,X_2,\cdots,X_n$,由于 $X_1,X_2,\cdots,X_n$ 独立且与总体同分布,因此有 $X_1,X_2,\cdots,X_n$ 的联合概率密度为:

$$\prod_{i=1}^{n} f(x_i;\theta_1,\theta_2,\cdots,\theta_k)$$

对于给定的一组样本值 $x_1,x_2,\cdots,x_n$,我们把

$$L(x_1,x_2,\cdots,x_n;\theta_1,\theta_2,\cdots,\theta_k) = \prod_{i=1}^{n} f(x_i;\theta_1,\theta_2,\cdots,\theta_k)$$

称为样本的似然函数。

对于离散型的总体 X,设其分布律为 $P\{X=x\} = p\{x;\theta_1,\theta_2,\cdots,\theta_k\}$,对于给定的一组样本值 $x_1,x_2,\cdots,x_n$,我们把

$$L(x_1,x_2,\cdots,x_n;\theta_1,\theta_2,\cdots,\theta_k) = \prod_{i=1}^{n} p(x_i;\theta_1,\theta_2,\cdots,\theta_k)$$

称为样本的似然函数。

从似然函数的定义可以看出,似然函数是待估参数 $\theta_1,\theta_2,\cdots,\theta_k$ 的函数,而 $x_1,x_2,\cdots,x_n$ 在似然函数中相当于常数。根据经验,概率大的事件比概率小的事件易于发生。所以,我们将选择使得似然函数 L 达到最大值的参数值 $\hat{\theta}_1,\hat{\theta}_2,\cdots,\hat{\theta}_k$ 作为总体参数 $\theta_1,\theta_2,\cdots,\theta_k$ 的估计值。而要使得似然函数达到最大就要对似然函数求极值,即 $\hat{\theta}_1,\hat{\theta}_2,\cdots,\hat{\theta}_k$ 必须满足下述方程组:

$$\begin{cases} \dfrac{\partial}{\partial \theta_1} L = 0 \\ \dfrac{\partial}{\partial \theta_2} L = 0 \\ \vdots \\ \dfrac{\partial}{\partial \theta_k} L = 0 \end{cases}$$

解 以上方程组可以得到一组估计值 $\hat{\theta}_1, \hat{\theta}_2, \cdots, \hat{\theta}_k$，这组估计值 $\hat{\theta}_1, \hat{\theta}_2, \cdots, \hat{\theta}_k$ 即待估参数 $\theta_1, \theta_2, \cdots, \theta_k$ 的极大似然估计值，而这种求估计值的方法即极大似然估计法。

由于 $\ln L$ 与 L 同时达到最大值，为使计算方便，可以用下述方程(组)求极值。

$$\frac{\partial \ln L}{\partial \theta_i} = 0, \quad i = 1, 2, \cdots, k$$

例 6.5 设有一批产品，其废品率为 $p(0 < p < 1)$，现从中随机抽出 100 个，发现其中有 10 个废品，试用极大似然法估计总体参数 p。

解 若正品用"0"表示，废品用"1"表示，则总体 X 的分布为：

$$P(X = x) = p^x q^{1-x}, \quad x = 0, 1; q = 1 - p$$

则样本观测值的联合分布(似然函数)为：

$$L(x_1, x_2, \cdots, x_{100}; p) = (p^{x_1} q^{1-x_1})(p^{x_2} q^{1-x_2}) \cdots (p^{x_{100}} q^{1-x_{100}}) = p^{10} q^{90}, \quad q = 1 - p$$

$$\ln L(x_1, x_2, \cdots, x_{100}; p) = 10\ln p + 90\ln(1 - p)$$

令 $\dfrac{\partial \ln L}{\partial \theta_i} = \dfrac{10}{p} - \dfrac{90}{1-p} = 0$，解得：

$$\hat{p} = 10/100 = 0.1$$

例 6.6 设 $x_1, x_2, \cdots, x_n$ 是抽自总体 X 的一组样本观测值，已知 $X \sim N(\mu, \sigma^2)$，求 μ、σ^2 的极大似然估计值。

解 样本观测值的联合概率密度，即似然函数为：

$$L(x_1, x_2, \cdots, x_n; \mu, \sigma^2) = \prod_{i=1}^{n} \frac{1}{\sqrt{2\pi}\sigma} e^{-\frac{1}{2\sigma^2}(x_i-\mu)^2} = \left(\frac{1}{\sqrt{2\pi}\sigma}\right)^n e^{-\frac{1}{2\sigma^2} \sum_{i=1}^{n}(x_i-\mu)^2}$$

$$\ln L(x_1, x_2, \cdots, x_n; \mu, \sigma^2) = -n\ln\sqrt{2\pi} - \frac{n}{2}\ln\sigma^2 - \frac{1}{2\sigma^2} \sum_{i=1}^{n}(x_i - \mu)^2$$

对上式中的两个未知参数分别求偏导，并令其为零，即：

$$\begin{cases} \dfrac{\partial}{\partial \mu} \ln L = -\dfrac{1}{2\sigma^2} \times (-2) \sum_{i=1}^{n}(x_i - \mu) = 0 \\ \dfrac{\partial}{\partial \sigma^2} \ln L = -\dfrac{n}{2} \times \dfrac{1}{\sigma^2} + \dfrac{1}{2} \times \dfrac{1}{\sigma^4} \sum_{i=1}^{n}(x_i - \mu)^2 = 0 \end{cases}$$

解以上方程组，得到：

$$\begin{cases} \hat{\mu} = \dfrac{1}{n} \sum_{i=1}^{n} x_i = \bar{x} \\ \hat{\sigma}^2 = \dfrac{1}{n} \sum_{i=1}^{n}(x_i - \mu)^2 \end{cases}$$

计算结果表明，样本均值和样本方差 $\bar{X}$、S_n^2 分别是正态总体参数 μ、σ^2 的极大似然估计值。但从 $\hat{\sigma}^2$ 可以看出,极大似然估计量不一定是无偏的。

(二) 矩估计法

矩估计法是一种古老的估计方法。矩的概念我们在第四章中已经有过一些讨论,知道它描述的是随机变量的数字特征。这里不妨再将这一概念作一个概括性叙述:设 X 为随机变量,对任意正整数 k,称 $E(X^k)$ 为随机变量 X 的 k 阶原点矩,称 $E[X - E(X)]^k$ 为以 $E(X)$ 为中心的 k 阶中心矩。由矩的定义易知,$E(X)$ 和 $D(X)$ 分别是总体的一阶原点矩与二阶中心矩。由于样本矩在一定程度上反映了总体矩的特征(可以证明样本矩收敛于总体矩),因此,只要总体矩存在,我们就自然想到用样本矩估计总体矩。矩估计法的基本思想和方法如下:

设总体 X 的分布函数为 $F(x;\theta_1,\theta_2,\cdots,\theta_k)$,如果总体分布的 k 阶原点矩存在,则总体分布的 v 阶原点矩也是 $\theta_1,\theta_2,\cdots,\theta_k$ 的函数,有:

$$g_v(\theta_1,\theta_2,\cdots,\theta_k) = \int_{-\infty}^{+\infty} x^v \mathrm{d}F(x;\theta_1,\theta_2,\cdots,\theta_k), \quad 1 \leq v \leq k$$

又设 $x_1,x_2,\cdots,x_n$ 是来自总体 X 的样本值,其 v 阶原点矩为:

$$m_v = \frac{1}{n}\sum_{i=1}^{n} x_i^v, \quad 1 \leq v \leq k$$

现在我们用样本矩作为总体矩的估计,即令:

$$g_v(\theta_1,\theta_2,\cdots,\theta_k) = m_v = \frac{1}{n}\sum_{i=1}^{n} x_i^v, \quad v = 1,2,\cdots,k$$

这样,上式就确定了包含 k 个未知参数 $\theta_1,\theta_2,\cdots,\theta_k$ 的 k 个方程式,即:

$$\begin{cases} g_1(\theta_1,\theta_2,\cdots,\theta_k) = m_1 = \dfrac{1}{n}\sum_{i=1}^{n} x_i^1 \\ g_2(\theta_1,\theta_2,\cdots,\theta_k) = m_2 = \dfrac{1}{n}\sum_{i=1}^{n} x_i^2 \\ \quad\vdots \\ g_k(\theta_1,\theta_2,\cdots,\theta_k) = m_k = \dfrac{1}{n}\sum_{i=1}^{n} x_i^k \end{cases}$$

解以上方程组,就可以得到 $\theta_1,\theta_2,\cdots,\theta_k$ 的一组解 $\hat{\theta}_1,\hat{\theta}_2,\cdots,\hat{\theta}_k$,这组解称为总体参数 $\theta_1,\theta_2,\cdots,\theta_k$ 的矩估计量。

例 6.7 求总体数学期望和方差的矩估计量。

设总体的二阶原点矩存在,而 $x_1,x_2,\cdots,x_n$ 是来自总体的一组样本值,因为

$$D(X) = E(X^2) - E^2(X)$$

所以,总体的二阶原点矩为:

$$g_2 = D(X) + E^2(X)$$

于是,用矩估计法可得到方程组:

$$\begin{cases} \hat{E}(X) = \dfrac{1}{n}\sum_{i=1}^{n} x_i \\ \hat{D}(X) + \hat{E}^2(X) = \dfrac{1}{n}\sum_{i=1}^{n} x_i^2 \end{cases}$$

解以上方程组得：

$$\begin{cases} \hat{E}(X) = \dfrac{1}{n}\sum_{i=1}^{n} x_i = \bar{x} \\ \hat{D}(X) = \dfrac{1}{n}\sum_{i=1}^{n} x_i^2 - \left(\dfrac{1}{n}\sum_{i=1}^{n} x_i\right)^2 = S_n^2 \end{cases}$$

这里，S_n^2 不是 $D(X)$ 的无偏估计。可见，矩估计量不一定都是总体参数的无偏估计量。

例6.8 设 $x_1, x_2, \cdots, x_n$ 取自均匀分布总体，即：

$$f(x;\theta) = \begin{cases} 1/\theta, & 0 < x < \theta \\ 0, & \text{其他} \end{cases}$$

试求 θ 的矩估计值。

解 因为

$$E(X) = \int_{-\infty}^{+\infty} x f(x;\theta)\mathrm{d}x = \frac{1}{\theta}\int_0^{+\infty} x \mathrm{d}x = \frac{\theta}{2}$$

由矩估计法，令：

$$\frac{\hat{\theta}}{2} = \hat{E}(X) = \bar{x}$$

则有 $\hat{\theta} = 2\bar{x}$。

第三节 参数的区间估计

点估计法是用估计量的一个具体数值作为待估参数的估计值，如果一个估计量是无偏的，只是说明这个估计量平均来说没有偏差，并不等于根据任一个样本算出的估计值与总体参数的真值之间都没有偏差，点估计方法没有给出估计值 $\hat{\theta}$ 的可靠程度。为了回答估计值的可靠程度，需要运用参数估计的另一种方法——区间估计法。

区间估计的基本方法是，首先求待估参数 θ 的估计值 $\hat{\theta}$，然后以 $\hat{\theta}$ 为基础估计出一个区间 $(\hat{\theta}_1, \hat{\theta}_2)$，并提供总体参数落入该区间的概率。

一、区间估计的含义

（一）问题的提出

我们考虑下面的一个问题：

已知来自正态总体的样本均值 $\bar{X} \sim N(\mu, \sigma^2/n)$，问：如果我们进行大量的重复抽样，那么 95% 的 $\bar{X}$ 会落在一个什么样的关于 μ 的对称区间中？

根据 $P(|\bar{X} - \mu| \leq r) = 95\%$，求出 $r = \text{NORMINV}\left(97.5\%, \mu, \dfrac{\sigma}{\sqrt{n}}\right) - \mu$。因此，当 μ 已知时，有 $P(\mu - r \leq \bar{X} \leq \mu + r) = 95\%$；这个结果表明：$\bar{X}$ 有 95% 的概率落在区间 $(\mu - r, \mu + r)$ 中。

我们再反过来思考一下：一次抽样后，我们得到一个来自正态总体的样本均值 $\bar{X}$，它有 95% 的可能性落在区间 $(\mu - r, \mu + r)$ 内。但是 μ 我们现在不知道，如何根据 $\bar{X}$ 求 μ 的区间？

当 $\bar{X}$ 已知、μ 未知时，把 μ 作为未知数求解，得到：
$$P(\bar{X} - r \leq \mu \leq \bar{X} + r) = 95\%$$

上式的结果表明：随机区间 $(\bar{X} - r, \bar{X} + r)$ 有 95% 的概率包含真实的参数 μ。（注意：μ 不是随机变量。）我们把这个区间称为总体均值 μ 置信度为 95% 的置信区间，我们有 95% 的把握保证该区间包含真实的 μ，如图 6.9 所示。

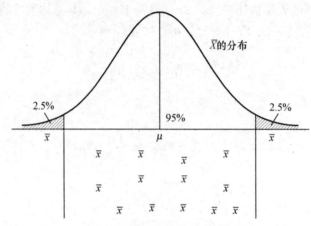

图 6.9　95% 的 $\bar{X}$ 的分布区间

（二）区间估计的定义

在区间估计中，由于对不同的样本计算出的估计值不同，因此以估计值为基础计算的区间 $(\hat{\theta}_1, \hat{\theta}_2)$ 是一个随样本不同而不同的随机区间。既然是随机区间，则必然有些区间包含总体参数值，有些区间不包含总体参数值，我们只能以一定的概率保证总体参数会落入某一区间。因此，在区间估计中称以一定概率保证的总体参数可能落入的区间为置信区间，称置信区间的两个界限值为置信下限和置信上限，其含义是：

如果 $P(\hat{\theta}_1 < \theta < \hat{\theta}_2) = 1 - \alpha$，则称 $(\hat{\theta}_1, \hat{\theta}_2)$ 为总体参数 θ 的置信区间，其中，$1 - \alpha$ 为置信度或置信水平，α 为显著水平。区间估计是通过概率术语说明估计结果与未知总体参数的接近程度。

例如，根据要求 $\alpha = 0.05$，则 $1 - \alpha = 0.95 = 95\%$，这时的置信区间 $(\hat{\theta}_1, \hat{\theta}_2)$ 以 95% 的概率包含总体参数 θ。或者说，在随机区间的 100 个观测值中，有 95 个区间包含总体参数 θ 的真值。

既然置信区间与一定概率相联系，则置信区间的大小就与置信度的大小相关。样本容量一样的情况下，置信度大，置信区间也大；置信度小，置信区间也小。那么，到底如何找出置信区间？下面我们就来讨论这个具体过程。

二、区间估计的基本步骤

设 $X \sim N(\mu, \sigma^2)$，$X_1, X_2, \cdots, X_n$ 是一个样本。根据定理 6.3，有：
$$Z = \frac{\bar{X} - \mu}{\sqrt{\sigma^2/n}} \sim N(0,1)$$

如果令 $\alpha = 0.05$，即要求以 95% 的概率估计总体参数 μ 的置信区间，记 $Z_{\frac{\alpha}{2}}$ 为右侧百

分位点,这里 $Z_{\frac{\alpha}{2}} = 1.96$,则根据以上定理有:

$$P\left\{\left|\frac{\bar{X} - \mu}{\sqrt{\sigma^2/n}}\right| \leq 1.96\right\} = 1 - 0.05$$

即有:

$$P\left\{-1.96\frac{\sigma}{\sqrt{n}} \leq \bar{X} - \mu \leq +1.96\frac{\sigma}{\sqrt{n}}\right\} = 0.95$$

$$P\left\{\bar{X} - 1.96\frac{\sigma}{\sqrt{n}} \leq \mu \leq \bar{X} + 1.96\frac{\sigma}{\sqrt{n}}\right\} = 0.95$$

这样,我们就得到以样本均值 $\bar{X}$ 构造的一个置信区间 $[\bar{X} - 1.96\sigma/\sqrt{n}, \bar{X} - 1.96\sigma/\sqrt{n}]$,这个区间以 95% 的概率包含总体均值 μ。也就是说,若进行 100 次抽样,每次抽 n 个样品,并依以上方法算出 100 个置信区间,则有 95 个估计的置信区间将包含总体均值 μ。当然,上面所估计的置信区间可能并不包含总体均值。此时,我们就犯了错误,不过犯错误的概率较小,约有 5%。如果希望进一步缩小犯错误的概率,则置信度扩大,置信区间也随之扩大,估计的精确程度下降。图 6.10 给出了置信区间与置信度、显著水平之间的关系。

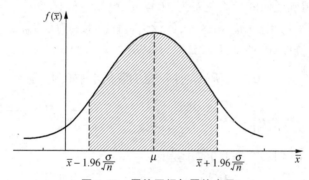

图 6.10 置信区间与置信水平

至此,可以将区间估计的基本步骤概括如下:

第一步:确定待估参数和置信水平(置信度)。置信水平由 $1 - \alpha$ 给出,α 称为显著性水平。置信度越高,置信区间越大。

第二步:确定估计量,并找出估计量的抽样分布。估计量的方差越小,在相同的置信水平下,置信区间就越小,精确度就越高。

第三步:利用估计量的抽样分布给出置信区间。

下面我们通过 Excel 模拟,来对置信区间进行观察。我们从一个均值为 5、标准差为 3 的正态总体中抽出 1 000 个容量为 10 的样本。(现在 Excel 有 16 000 多列。)我们选择"变量个数"为 10,"随机数个数"为 1 000,以每一行的 10 个随机数为一个样本。现在每个样本的均值已知。假设总体均值未知,但总体方差已知。对于这 1 000 个样本和不同的置信水平 90%、95%、99%,分别求出 1 000 个置信区间,然后运用逻辑函数 AND(5 < 上限,5 > 下限),来判断置信区间是否包含真实的总体均值 3。最后统计 AND 函数结果为 TRUE 的比例。具体步骤参见本章课件"置信区间"。该课件的模拟结果如下表所示。

90%置信水平		95%置信水平		99%置信水平	
包含总体均值的区间个数	包含总体均值的比例	包含总体均值的区间个数	包含总体均值的比例	包含总体均值的区间个数	包含总体均值的比例
911	91.1%	954	95.4%	990	99%

第四节 总体期望值的区间估计

在进行总体均值的区间估计时,为了确定估计量的抽样分布,首先要考虑的问题是总体的分布形式;其次是总体方差是否已知;最后,对于非正态总体还要考虑样本容量的大小。

一、单个正态总体

(一) 当 σ^2 已知时,求 μ 的置信区间

例 6.9 某小型超市的顾客的花费金额服从正态分布,结账处随机抽取了 9 位顾客的支付情况,计算得到他们的平均花费为 21.4 元,已知总体标准差为 $\sigma = 0.15$ 元,试建立该超市每位顾客平均花费的置信区间,假设给定置信水平为 0.95。

解 已知 $X \sim N(\mu, 0.15^2)$, $\bar{x} = 21.4$, $n = 9$, $1 - \alpha = 0.95$

因为 $Z = \dfrac{\bar{X} - \mu}{\sqrt{\sigma^2/n}} \sim N(0,1)$,所以对于给定的置信水平 0.95,有:

$$P\left\{ -Z_{\alpha/2} < \dfrac{\bar{X} - \mu}{\sqrt{\sigma^2/n}} < +Z_{\alpha/2} \right\} = 0.95$$

已知:当 $\alpha = 0.05$ 时,$Z_{\alpha/2} = 1.96$,于是有:

$$P\left\{ 21.4 - 1.96 \dfrac{0.15}{\sqrt{9}} < \mu < 21.4 + 1.96 \dfrac{0.15}{\sqrt{9}} \right\} = 0.95$$

即总体均值的置信区间为[21.302, 21.495],有 95% 的概率保证每位顾客的平均花费在 21.302—21.495 元。

在区间估计中,计算置信区间的半径是关键,当样本均值为正态分布时,置信度为 $1 - \alpha$ 的区间半径 $r = |\bar{X} - \mu| = Z_{\alpha/2} \times \sigma/\sqrt{n}$。我们还可以运用 Excel 中的 CONFIDENCE 函数,直接求置信区间的半径,其语法结构为:CONFIDENCE.NORM(α, σ, n)。使用这个函数时,应该已知样本均值服从正态分布。

例 6.10 某保险公司从投保人中随机抽取 36 人,计算出平均年龄 $\bar{x} = 39.5$ 岁,已知投保人的年龄分布近似正态分布,标准差为 7.2 岁,试求所有投保人平均年龄 99% 的置信区间。

解 已知,$X \sim N(\mu, 7.2^2)$, $\bar{x} = 39.5$ 岁,$n = 36$, $1 - \alpha = 0.99$,则当 $\alpha = 0.01$ 时,

$$\gamma = \text{CONFIDENCE.NORM}(0.01, 7.2, 36) = 3.09$$

所以总体均值的置信区间为:

$$[39.5 - 3.09, 39.5 + 3.09] = [36.41, 42.59]$$

即有 99% 的把握保证投保人的平均年龄在 36.41—42.59 岁。

注意:在上面的估计中,我们都假设样本为简单随机样本,即为放回随机抽样得到的,此时样本均值的标准差为 $\sigma_{\bar{X}} = \sqrt{\frac{\sigma^2}{n}}$。而在不放回抽样的时候,样本均值的标准差则为 $\sigma_{\bar{X}} = \sqrt{\frac{\sigma^2}{n} \times \left(\frac{N-n}{N-1}\right)}$,$\sqrt{\frac{N-n}{N-1}}$ 称为有限总体修正系数,其中 N 为总体单位数,n 为样本容量。这时,$r = z_{\alpha/2} \times \frac{\sigma}{\sqrt{n}} \times \sqrt{\frac{N-n}{N-1}}$。有限总体修正系数主要适用于当 n 占 N 比例很大时的不放回抽样。

例 6.11 一个拥有 50 位员工的公司的管理层想了解员工每天上网的时间,抽样记录了 10 位员工,结果平均数为 60 分钟。已知该公司员工上网的时间为正态分布,标准差为 20 分钟,求总体均值 90% 的置信区间。如果希望误差不超过 5 分钟,应该选取多少人?

解 (1) $r = z_{\alpha/2} \times \frac{\sigma}{\sqrt{n}} \times \sqrt{\frac{N-n}{N-1}} = \text{CONFIDENCE.NORM}(\alpha, \text{standard\_dev}, \text{size}) \times \sqrt{\frac{N-n}{N-1}}$

$= \text{CONFIDENCE.NORM}(0.1, 20, 10) \times (40/49)^{0.5} = 9.4$

所以总体均值 90% 的置信区间为 (50.6, 69.4)。

如果不考虑有限总体修正系数,得到的置信区间为 (49.6, 70.4),区间变大。

(2) 根据 $r = Z_{\alpha/2} \times \frac{\sigma}{\sqrt{n}} \times \sqrt{\frac{N-n}{N-1}}$ 可知:

$$n = \frac{N(z_{\alpha/2})^2 \sigma^2}{(N-1)r^2 + (z_{\alpha/2})^2 \sigma^2} = 23.5$$

(二) 当 σ^2 未知时,求 μ 的置信区间

1. t 分布的定义和性质

不知道总体方差时,人们会很自然地想到用样本方差来代替。这时,需要考虑的问题是,用样本方差代替总体方差后,统计量 $T = \frac{\bar{X} - \mu}{s/\sqrt{n}}$ 服从的是什么分布。定理 6.5 给出了统计量 T 的分布形式。

定理 6.5 设 $X_1, X_2, \cdots, X_n (n \geq 2)$ 是来自总体 $N(\mu, \sigma^2)$ 的一个样本,则:

$$T = \frac{\bar{X} - \mu}{s/\sqrt{n}} \sim t(n-1)$$

1908 年,英格兰科学家 W.S. 戈塞特(W.S. Gossett)以笔名 Student 发表论文《平均数的规律误差》,首次阐述了 t 分布的统计特征,因此 t 分布又称为 Student 分布。

t 分布具有如下特性:

(1) t 分布与标准正态分布相似,是以 $x = 0$ 为对称轴的钟形对称分布,取值范围是 $(-\infty, +\infty)$。但是 t 分布的方差大于 1,比标准正态分布的方差大,所以从分布曲线看,t 分布的曲线较标准正态分布平缓。在图 6.11 中,四条分布曲线图从上往下依次为标准正态分布、自由度为 120 的 t 分布、自由度为 8 的 t 分布、自由度为 2 的 t 分布。可以看出,随着自由度的增大,t 分布越来越趋近于标准正态分布。

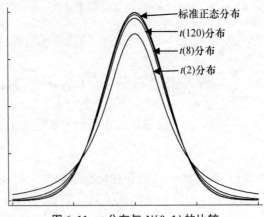

图 6.11　t 分布与 $N(0,1)$ 的比较

(2) t 分布的密度函数为：

$$f(x) = \frac{\Gamma\left(\frac{n+1}{2}\right)}{\Gamma\left(\frac{n}{2}\right)\sqrt{n\pi}} \left(1 + \frac{x^2}{n}\right)^{-\frac{n+1}{2}}, \quad -\infty < x < +\infty$$

t 分布的密度函数中只有一个参数，称为自由度。如果随机变量 X 具有以上形式的分布密度，则称 X 服从 n 个自由度的 t 分布，记为 $X \sim t(n)$。随着自由度的增大，t 分布的变异程度逐渐减小，其方差逐渐接近 1，当 $n \to \infty$ 时，t 分布成为正态分布。

(3) 随机变量 X 落在某一区域内的概率，等于 t 分布曲线下相应区域的面积。对于不同的 n，同样的区域下的概率不同，见书后"附表二　t 分布双侧百分位数表"。当 $n=10$ 时，X 落入区间 $[-1.372, +1.372]$ 的概率为 0.8；当 $n=20$ 时，概率为 0.8 所对应的区间为 $[-1.325, +1.325]$；当 $n=30$ 时，概率为 0.8 所对应的区间为 $[-1.31, +1.31]$。

2. 用 Excel 求 t 分布的分布值

(1) t 分布函数 T.DIST，T.DIST.2T，T.DIST.RT。

t 分布函数用于在一定的自由度和变量值 t 分布的概率。Excel 中有三个 t 分布函数，其语法结构分别为：

$$\text{T.DIST}(x, \text{df}, \text{cumulative})$$

其中，x 为需要计算分布的数值；df 为自由度；cumulative 指明返回结果是累积分布值还是密度分布值。

$$\text{T.DIST.2T}(x, \text{df})$$

该函数返回 t 分布双尾分布值。

$$\text{T.DIST.RT}(x, \text{df})$$

该函数返回 t 分布右尾分布值。

图 6.12 给出了这三个函数的输出结果说明。图 6.12(a) 中 x 左侧 t 分布曲线下方的面积为 T.DIST$(x, \text{df}, 1)$ 的输出结果，右侧阴影部分面积为 T.DIST.RT(x, df) 的输出结果；图 6.12(b) 中 x 与 $-x$ 双侧的阴影部分面积为 T.DIST.2T(x, df) 的输出结果。

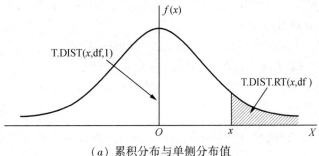

(a) 累积分布与单侧分布值

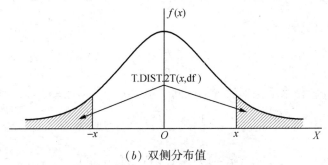

(b) 双侧分布值

图 6.12 t 分布函数

例 6.12 某位股评家预测某只股票平均收益率在 15% 以上。一位股民为验证其说法,随机选择了该只股票在 15 天中的表现进行观察,结果发现,这 15 天的平均收益率为 10%,标准差为 6%。假设该股票的市场表现服从正态分布,请问股评家预测正确的可能性为多大?

解 该股民所选取的样本为来自正态总体的小样本,所以

$$T = \frac{\bar{X} - \mu}{s/\sqrt{n}} \sim t(n-1)$$

如果股评家预测正确,即 $\mu > 15\%$,那么此时有:

$$T = \frac{\bar{X} - \mu}{s/\sqrt{n}} < \frac{0.1 - 0.15}{0.06/\sqrt{15}} = -3.227486122$$

则: $P(T < -3.22749) = \text{T.DIST}(-3.22749, 14, 1) = 0.003039454$

所以股评家的预测毫不可信。

(2) t 分布反函数 T.INV 与 T.INV.2T。

t 分布反函数用于在一定的自由度和概率水平下得出 t 分布的随机变量取值。Excel 中的 t 分布反函数有两种形式,其语法结构分别为:

$$\text{T.INV(probability, df)}$$

该函数返回 t 分布左侧分布值为 probability 的 T 值。

$$\text{T.INV.2T(probability, df)}$$

该函数返回 t 分布双侧概率值为 probability 的 T 值,该 T 值是正值。T.INV.2T 是一个更常用的 t 分布反函数。

我们记 $\text{T.INV.2T}(\alpha, \text{df}) = t_\alpha(\text{df})$,$t_\alpha(\text{df})$ 表示双侧分布面积之和为 α 所对应的 T 值。这一点和 $Z_\alpha(\text{df})$ 的含义有所不同,Z_α 表示单侧分布面积为 α 所对应的正态分布的 Z 值。

例6.13 已知统计量 T 服从自由度为 25 的 t 分布,试求分布曲线右侧面积分别为 1%、2.5%、5%时分别对应的 T 值。

解 $t_{0.01}(25) = \text{T.INV.2T}(0.02, 25) = 2.485103323$

$t_{0.025}(25) = \text{T.INV.2T}(0.05, 25) = 2.05953711$

$t_{0.05}(25) = \text{T.INV.2T}(0.1, 25) = 1.708140189$

3. 应用 t 分布求解置信区间

讨论完 t 分布的特性,现在回到如何应用 t 分布求解置信区间的问题。既然定理 6.5 已经证明了统计量 $\left(\dfrac{\bar{X}-\mu}{s/\sqrt{n}}\right)$ 服从 $n-1$ 个自由度的 t 分布,则对于给定的显著性水平 α,不难找出 $t_\alpha(n-1)$,使得:

$$P\left\{-t_\alpha(n-1) \leq \frac{\bar{X}-\mu}{s/\sqrt{n}} \leq t_\alpha(n-1)\right\} = 1-\alpha$$

于是得到以 $1-\alpha$ 置信水平保证的置信区间半径为 $r = |\bar{X}-\mu| = t_\alpha(n-1) \times s/\sqrt{n}$,置信区间为 $[\bar{X} - t_\alpha(n-1) \times s/\sqrt{n}, \bar{X} + t_\alpha(n-1) \times s/\sqrt{n}]$

在 Excel 中,

$$t_\alpha(n-1) = \text{T.INV.2T}(\alpha, df)$$

同时,我们还可以直接运用 Excel 中的 CONFIDENCE.T 函数,直接求统计量 $\left(\dfrac{\bar{X}-\mu}{s/\sqrt{n}}\right)$ 服从 t 分布时置信区间的半径,其语法结构为 CONFIDENCE.T(α, S, n)。这个函数与前面介绍的 CONFIDENCE.NORM 函数相似。

例6.14 某研究机构进行了一项调查来估计吸烟者一个月花在抽烟上的平均支出。假设吸烟者买烟的月支出近似服从正态分布。该机构随机抽取了容量为 26 的样本进行调查,得到样本平均数为 80 元,样本标准差为 20 元。试以 95% 的把握估计全部吸烟者月均烟钱支出的置信区间。

解 已知 $\bar{x}=80, s=20, n=26, 1-\alpha=0.95$

由于不知道总体方差,因此用样本方差代替。因为

$$T = \frac{\bar{X}-\mu}{s/\sqrt{n}} \sim t(n-1), \quad \frac{s}{\sqrt{n}} = \frac{20}{\sqrt{26}} = 3.92$$

根据 $\alpha=0.05$,查阅 t 分布双侧百分位数表得,$t_{0.05}(25) = 2.06$。(注意:由于书后所附 t 分布表所给出的是 t 分布的双侧百分位点,因此只要直接查阅 $t_\alpha(n-1)$ 就可以了。)

或者,运用 Excel 得到:

$$t_{0.05}(25) = \text{T.INV.2T}(0.05, 25) = 2.06$$

所以有:

$$P\left\{\bar{x} - t_{0.05}(25)\frac{s}{\sqrt{25}} < \mu < \bar{x} + t_{0.05}(25)\frac{s}{\sqrt{25}}\right\}$$

$$= P\{80 - 2.06(3.92) < \mu < 80 + 2.06(3.92)\} = 0.95$$

即总体 95% 的置信区间为 $[71.92, 88.08]$。

或者直接计算置信区间的半径 $r = \text{CONFIDENCE.T}(0.05, 20, 26) = 8.078$

有 95% 的把握认为吸烟者月均烟钱支出在 71.92—88.08 元。

例 6.15 从某大学本科生中随机抽选 100 人,调查到他们平均每天参加体育锻炼的时间为 35 分钟,样本标准差为 6 分钟。根据以往的调查记录,学生参加体育锻炼的时间近似服从正态分布,试以 99% 的概率估计该校本科生平均参加体育锻炼的时间。

解 已知 X 服从正态分布,且 $\bar{x}=35, s=6, n=100, 1-\alpha=0.99$,不知总体方差,因此用样本方差代替,所以统计量服从 $t(n-1)$ 分布。

运用 Excel,$t_{0.01}(99)=$ T.inv.2t$(0.01,99)=2.6264$,则有总体均值的置信区间为:

$$[\bar{X}-t_\alpha(n-1)\sqrt{s^2/n}, \bar{X}+t_\alpha(n-1)\sqrt{s^2/n}]$$
$$=[35-2.6264\times 6/10, 35+2.6264\times 6/10]=[33.424, 36.576]$$

或者直接计算置信区间的半径 $r=$ CONFIDENCE.T$(0.01, 6, 100)=1.576$

有 99% 的把握认为该校全体本科生平均每天参加体育锻炼的时间在 33.424—36.576 分钟。

在该例中,样本容量为 100,属大样本情形,t 分布非常接近正态分布,所以可考虑样本均值近似服从正态分布,此时可用样本方差代替总体方差。置信区间的半径为:

$$\text{CONFIDENCE.NORM}(0.01, 6, 100)=1.5455$$

与根据 t 分布计算的置信区间半径 1.5758 非常接近。

二、单个非正态总体或总体分布未知

当总体为非正态分布,或不知总体的分布形式时,只要知道总体方差,则根据林德伯格-列维中心极限定理,当 n 很大时,统计量 $\eta=\dfrac{\bar{X}-E(X_1)}{\sqrt{D(X_1)/n}}$ 就近似服从标准正态分布。经验上,$n>30$ 就可以认为是大样本了。

例 6.16 设某金融机构共有 8 042 张应收账款单,根据过去的记录,所有应收账款的标准差为 3 033.4 元。现随机抽查了 250 张应收账款单,得平均应收款为 3 319 元,求 98% 置信水平的平均应收款。

解 已知 $\bar{x}=3\,319$ 元,$n=250>30, 1-\alpha=0.98, \sigma=3\,033.4$

因为 $\bar{x}$ 近似服从标准正态分布,则总体均值的置信区间半径为:

$$r=\text{CONFIDENCE.NORM}(0.02, 3\,033.4, 250)=446.31$$

则总体均值的置信区间为:

$$[3\,319-446.31, 3\,319+446.31]=[2\,872.69, 3\,765.31]$$

根据调查结果,有 98% 的把握认为全部账单的平均金额至少为 2 872.69 元,至多为 3 765.31 元。

以上例题虽然不知总体分布形式,但总体的方差是已知的,而在实际中往往并不知道总体的方差。在实际应用中,只要是大样本,则仍然可以用样本方差代替统计量 η 中的总体方差,并以标准正态分布近似作为统计量 η 的抽样分布。

例 6.17 某地区抽查了 400 户农民家庭的人均化纤布的消费量,得到平均值为 3.3 米,标准差为 0.98 米,试以 95% 的置信水平估计该地区农民家庭人均化纤布的消费量。

解 因为 $n=400$ 是大样本,可以认为 $\bar{X}$ 近似服从参数为 (μ, S^2) 的正态分布,其中样本标准差 $S=0.98$,则有置信区间半径为:

$$r=\text{CONFIDENCE.NORM}(0.05, 0.98, 400)=0.0960$$

所以,所求的置信区间为:
$$[3.3 \pm 0.096] = [3.204, 3.396]$$
即有 95% 的把握认为该地区农民化纤布的消费量在 3.204—3.396 米。

因为在这个例子中,总体方差未知,我们也可以运用 t 分布来求解置信区间:
$$r = \text{CONFIDENCE.T}(0.05, 0.98, 400) = 0.0963$$

这个结果与根据正态分布求得的结果几乎一样,这也说明当样本容量增大时,t 分布与正态分布非常接近。

例 6.18 某无线电广播公司要估计某市 65 岁以上的已退休的人中一天时间里收听广播的时间,随机抽取了一个容量为 200 的样本,得到样本平均数为 110 分钟,样本标准差为 30 分钟。试估计总体均值 95% 的置信区间。

解 因为 $\bar{x} = 110$ 分钟,$n = 200 > 30$,$1 - \alpha = 0.95$,$S = 30$,则有置信区间半径为:
$$r = \text{CONFIDENCE.NORM}(0.05, 30, 200) = 4.1577$$
得到总体均值的置信区间为:
$$[110 \pm 4.1577] = [105.8423, 114.1577]$$

有 95% 的把握认为该市 65 岁以上已退休的人每天收听无线电广播的时间在 105.8—114.2 分钟。

三、两个总体均值之差的估计

在实际中我们常常遇到需要估计两个总体均值之间差异程度的问题。例如,估计两地人均收入的差异,两个企业生产的同一种产品的某一质量指标的差异,等等。这时就需要对 $\mu_1 - \mu_2$ 进行区间估计。下面就以下几种情况分别进行讨论。

(一) 两个正态总体,且 σ_1^2, σ_2^2 已知

取 $\bar{X}_1 - \bar{X}_2$ 作为 $\mu_1 - \mu_2$ 的点估计量,有:
$$E(\bar{X}_1 - \bar{X}_2) = \mu_1 - \mu_2, \quad D(\bar{X}_1 - \bar{X}_2) = \frac{\sigma_1^2}{n_1} + \frac{\sigma_2^2}{n_2}$$

容易推得:
$$\frac{(\bar{X}_1 - \bar{X}_2) - (\mu_1 - \mu_2)}{\sqrt{\frac{\sigma_1^2}{n_1} + \frac{\sigma_2^2}{n_2}}} \sim N(0,1)$$

则有 $\mu_1 - \mu_2$ 的置信区间为:
$$\left(\bar{X}_1 - \bar{X}_2 - Z_{\alpha/2} \sqrt{\frac{\sigma_1^2}{n_1} + \frac{\sigma_2^2}{n_2}}, \bar{X}_1 - \bar{X}_2 + Z_{\alpha/2} \sqrt{\frac{\sigma_1^2}{n_1} + \frac{\sigma_2^2}{n_2}} \right)$$

例 6.19 一家袜厂的加弹尼龙原料来自甲乙两家工厂,为了估计甲乙两厂提供的产品的拉力强度的差异,从甲乙两厂分别随机抽取了 25 个样品和 16 个样品,测试结果,甲乙两厂产品的平均拉力强度分别为 22 千克和 20 千克,根据过去的记录,两厂产品的拉力强度的方差均为 10,要求以 95% 的把握对两厂产品拉力强度的差异情况做出判断。

解 已知 $\bar{x}_1 = 22, \bar{x}_2 = 20, \sigma_1^2 = \sigma_2^2 = 10, n_1 = 25, n_2 = 16, \alpha = 0.05$,因为统计量

$\dfrac{(\bar{X}_1 - \bar{X}_2) - (\mu_1 - \mu_2)}{\sqrt{\dfrac{\sigma_1^2}{n_1} + \dfrac{\sigma_2^2}{n_2}}}$ 服从标准正态分布,而当 $\alpha = 0.05$ 时,$Z_{\alpha/2} = 1.96$,于是可以得到置信区间:

$$\left(\bar{x}_1 - \bar{x}_2 - 1.96\sqrt{\dfrac{\sigma_1^2}{n_1} + \dfrac{\sigma_2^2}{n_2}},\ \bar{x}_1 - \bar{x}_2 + 1.96\sqrt{\dfrac{\sigma_1^2}{n_1} + \dfrac{\sigma_2^2}{n_2}} \right)$$

$$= \left(22 - 20 - 1.96\sqrt{\dfrac{10}{25} + \dfrac{10}{16}},\ 22 - 20 + 1.96\sqrt{\dfrac{10}{25} + \dfrac{10}{16}} \right) = (0.016, 3.984)$$

即有95%的把握推测两厂产品的拉力强度之差不超过4千克,在0.016—3.984千克。

（二）两个正态总体,未知总体方差,但已知 $\sigma_1^2 = \sigma_2^2$

仍取 $\bar{X}_1 - \bar{X}_2$ 作为 $\mu_1 - \mu_2$ 的点估计量,有定理已经证明:

$$\dfrac{(\bar{X}_1 - \bar{X}_2) - (\mu_1 - \mu_2)}{S_w \sqrt{\dfrac{1}{n_1} + \dfrac{1}{n_2}}} \sim t(n_1 + n_2 - 2)$$

其中, $S_w^2 = \dfrac{(n_1 - 1)S_1^2 + (n_2 - 1)S_2^2}{n_1 + n_2 - 2}$

由此可得 $\mu_1 - \mu_2$ 的置信区间为:

$$\left(\bar{X}_1 - \bar{X}_2 - t_{\alpha/2}(n_1 + n_2 - 2)S_w \sqrt{\dfrac{1}{n_1} + \dfrac{1}{n_2}},\ \bar{X}_1 - \bar{X}_2 + t_{\alpha/2}(n_1 + n_2 - 2)S_w \sqrt{\dfrac{1}{n_1} + \dfrac{1}{n_2}} \right)$$

例6.20 为检验两种化肥对某作物的作用,调查人员从施用1号化肥的试验基地中抽取了25个样本地块,从施用2号化肥的试验基地中抽取了12个样本地块。测试结果:施用1号化肥样本地块的平均产量为44.1千克,方差为36,施用2号化肥样本地块的平均产量为31.7千克,方差为44。根据技术人员的经验,两基地农作物产量近似服从正态分布,且两种化肥影响产量的波动基本是相等的,试以95%的可靠性估计两种化肥对农作物产量影响的差异。

解 已知,$\sigma_1^2 = \sigma_2^2$,所以,以 $\bar{X}_1 - \bar{X}_2$ 估计 $\mu_1 - \mu_2$,可以得到置信区间:

$$\left(\bar{X}_1 - \bar{X}_2 - t_{\alpha/2}(n_1 + n_2 - 2)S_w \sqrt{\dfrac{1}{n_1} + \dfrac{1}{n_2}},\ \bar{X}_1 - \bar{X}_2 + t_{\alpha/2}(n_1 + n_2 - 2)S_w \sqrt{\dfrac{1}{n_1} + \dfrac{1}{n_2}} \right)$$

因为 $\bar{x}_1 - \bar{x}_2 = 44.1 - 31.7 = 12.4$,查表得:

$$t_{0.05}(25 + 12 - 2) = 2.032$$

$$S_w^2 = \dfrac{(n_1 - 1)S_1^2 + (n_2 - 1)S_2^2}{n_1 + n_2 - 2} = \dfrac{(25 - 1)36 + (12 - 1)44}{25 + 12 - 2} = 38.51$$

于是可得置信区间:

$$\left(12.4 - 2.032 \times \sqrt{38.51} \times \sqrt{\dfrac{1}{25} + \dfrac{1}{12}},\ 12.4 + 2.032 \times \sqrt{38.51} \times \sqrt{\dfrac{1}{25} + \dfrac{1}{12}} \right)$$

$$= (7.97, 16.83)$$

即有95%的把握推测两种化肥对产量的影响差异在8—17千克。

(三) 任意两个总体,且未知总体方差

以上所讨论的两个总体均值之差的估计都以正态分布总体为前提,而在实际中遇到的大量问题往往是既不了解总体的分布形式,也不知总体的方差,为了解决这类问题,最好的办法是增大样本容量,因为当样本容量足够大时,统计量

$$Z = \frac{(\bar{X}_1 - \bar{X}_2) - (\mu_1 - \mu_2)}{\sqrt{\frac{S_1^2}{n_1} + \frac{S_2^2}{n_2}}}$$

近似服从标准正态分布。

例 6.21 为调查某市近郊区和远郊区农民的年末手存现金之间的差异,调查人员从近郊区和远郊区各自独立随机抽取了样本容量都是 50 的两个样本,得到近郊区农民平均每户手存现金为 650 元,标准差为 120 元;远郊区农民平均每户手存现金为 480 元,标准差为 106 元。试以 95% 的概率估计近郊区和远郊区农民平均每户手存现金间差异的置信区间。

解 虽然总体分布形式和总体方差均未知,但由于 $n_1 = n_2 = 50$ 都是大样本,因此可以用标准正态分布近似计算。

已知:$\bar{x}_1 - \bar{x}_2 = 650 - 480 = 170$(元),$\sqrt{\frac{S_1^2}{n_1} + \frac{S_2^2}{n_2}} = \sqrt{\frac{120^2}{50} + \frac{106^2}{50}} = 22.64$

而当 $\alpha = 0.05$ 时,$Z_{\frac{\alpha}{2}} = 1.96$,则有置信区间为:

$$\left(\bar{x}_1 - \bar{x}_2 - Z_{\alpha/2}\sqrt{\frac{S_1^2}{n_1} + \frac{S_2^2}{n_2}}, \bar{x}_1 - \bar{x}_2 + Z_{\alpha/2}\sqrt{\frac{S_1^2}{n_1} + \frac{S_2^2}{n_2}}\right)$$

$$= (170 - 1.96 \times 22.64, 170 + 1.96 \times 22.64) = (125.63, 214.37)$$

有 95% 的可靠性估计近郊区农民的平均每户手存现金比远郊区高 125.63—214.37 元。

第五节 总体比例的区间估计

在实际应用中,我们常常遇到估计总体比例的问题。这里的比例指总体中具有某特征的单位个数占总体单位个数的比例。例如,为了估计某地区高收入家庭占全部家庭的比例,随机抽取部分家庭为样本,计算样本中高收入家庭比例,进行推算;为了解消费者中对某种新产品持满意观点的比例,随机抽取部分消费者进行调查,计算样本比例来推算总体比例;为估计一批产品中合格品的比例,随机抽取部分产品进行检验,以求出合格品比例;等等。在总体比例的估计中,一般将总体比例记为 p,样本比例记为 $\hat{p}$。与总体均值的估计一样,总体比例的区间估计也是要根据一定的置信水平找出总体比例可能落入的置信区间。

一、样本比例的抽样分布

由于样本是随机抽取的,因此根据样本值计算的样本比例是一个统计量。我们首先要解决的问题是找出样本比例的抽样分布。

已知在 n 重伯努利试验中，X 表示某事件发生的次数，显然 X/n 就是某事件在 n 次试验中出现的频率，也即比例。又已知 X 服从二项分布，显然 X/n 也是服从二项分布的随机变量，所改变的只是分布的参数。根据数学期望和方差的性质，可以得到随机变量 X/n 的数学期望和方差如下（为了与 p 值的符号表示相区分，我们这里用 π 表示总体比例）：

$$E\left(\frac{X}{n}\right) = \frac{1}{n}E(X) = \frac{1}{n}n\pi = \pi$$

$$D\left(\frac{X}{n}\right) = \frac{1}{n^2}D(X) = \frac{1}{n^2}n\pi(1-\pi) = \frac{1}{n}\pi(1-\pi)$$

另外，我们知道，当 n 很大时，即 $n\pi > 5$ 且 $n(1-\pi) > 5$ 时，可以把二项分布问题变为正态分布近似求解，因而有：

$$\frac{X}{n} \sim N\left(\pi, \frac{1}{n}\pi(1-\pi)\right)$$

既然样本比例 $\hat{\pi}$ 是在 n 次试验中某事件发生的频率（容量为 n 的样本中某特征出现的频率），则当试验次数足够多时（样本容量足够大时），有：

$$Z = \frac{\hat{\pi} - \pi}{\sqrt{\frac{\pi(1-\pi)}{n}}} \sim N(0,1)$$

在现实中，如果样本容量 n 足够大，用正态分布代替二项分布的效果会很好。即使 n 不大，只要 π 接近 0.5，正态分布的代替效果也会很好。通常只要 $n\pi$ 和 $n(1-\pi)$ 都大于 5，就可以放心使用正态分布来代替二项分布。

二、单个总体比例的区间估计

根据样本比例的抽样分布，可以得到总体比例的置信区间为：

$$\left(\hat{\pi} - Z_{\alpha/2}\sqrt{\frac{\pi(1-\pi)}{n}}, \hat{\pi} + Z_{\alpha/2}\sqrt{\frac{\pi(1-\pi)}{n}}\right)$$

由于在估计总体比例时，如果总体比例 π 是未知数，可以用样本比例代替，经验表明，当 n 较大时，误差很小。

例 6.22 某电视台希望了解每日"晚间新闻"栏目的收视率，随机抽取了 400 人进行调查，结果表明有 71.2% 的人观看此节目。试估计该栏目收视率具有 90% 可靠性的置信区间。

解 因为 $n = 400 > 30$，$\hat{\pi} = 71.2\%$，$n\hat{\pi} = 288.4 > 5$，且 $n(1-\hat{\pi}) = 111.6 > 5$，所以有 P 的 90% 的置信区间为：

$$\left(\hat{\pi} - Z_{\alpha/2}\sqrt{\frac{\pi(1-\pi)}{n}}, \hat{\pi} + Z_{\alpha/2}\sqrt{\frac{\pi(1-\pi)}{n}}\right)$$

$$= \left(0.712 - 1.645\sqrt{\frac{0.712(1-0.712)}{400}}, 0.712 + 1.645\sqrt{\frac{0.712(1-0.712)}{400}}\right)$$

$$= (0.6748, 0.7492)$$

即有 90% 的把握认为该栏目收视率在 67.48%—74.92%。

三、两个总体比例之差的区间估计

如果两个样本分别独立地抽自两个独立的总体,根据两个样本将得到两个统计量 $\hat{\pi}_1$ 和 $\hat{\pi}_2$,为了能够利用来 $\hat{\pi}_1 - \hat{\pi}_2$ 估计总体比例的差异 $\pi_1 - \pi_2$,首先要找到统计量 $\hat{\pi}_1 - \hat{\pi}_2$ 的分布,根据数学期望和方差的性质,容易求出:

$$E(\hat{\pi}_1 - \hat{\pi}_2) = E(\hat{\pi}_1) - E(\hat{\pi}_2) = (\pi_1 - \pi_2)$$

$$D(\hat{\pi}_1 - \hat{\pi}_2) = D(\hat{\pi}_1) + D(\hat{\pi}_2) = \frac{\pi_1(1-\pi_1)}{n_1} + \frac{\pi_2(1-\pi_2)}{n_2}$$

而当样本为大样本时,即 $n_1\pi_1$、$n_1(1-\pi_1)$ 与 $n_2\pi_2$,$n_2(1-\pi_2)$ 均大于 5,$\hat{\pi}_1 - \hat{\pi}_2$ 的抽样分布接近于正态分布,即:

$$\hat{\pi}_1 - \hat{\pi}_2 \sim N\left((\pi_1 - \pi_2), \frac{\pi_1(1-\pi_1)}{n_1} + \frac{\pi_2(1-\pi_2)}{n_2}\right)$$

或

$$Z = \frac{(\hat{\pi}_1 - \hat{\pi}_2) - (\pi_1 - \pi_2)}{\sqrt{\frac{\pi_1(1-\pi_1)}{n_1} + \frac{\pi_2(1-\pi_2)}{n_2}}} \sim N(0,1)$$

于是有 $\pi_1 - \pi_2$ 的置信区间为:

$$\left(\hat{\pi}_1 - \hat{\pi}_2 - Z_{\alpha/2}\sqrt{\frac{\pi_1(1-\pi_1)}{n_1} + \frac{\pi_2(1-\pi_2)}{n_2}}, \hat{\pi}_1 - \hat{\pi}_2 + Z_{\alpha/2}\sqrt{\frac{\pi_1(1-\pi_1)}{n_1} + \frac{\pi_2(1-\pi_2)}{n_2}}\right)$$

例 6.23 为调查城市居民与近郊居民对政府所制定的某项政策的态度之间的差别,调查人员从城市随机抽选出 5 000 人,其中有 2 400 人赞成;从近郊随机抽选 2 000 人,其中有 1 200 人赞成。试求城市居民与近郊居民赞成此项政策人数比例之差异的 90% 的置信区间。

解 令 $\pi_1 - \pi_2$ 代表城市与近郊居民赞成比例之差;

已知:

$$\hat{\pi}_1 = 2\,400/5\,000 = 0.48, \quad \hat{\pi}_2 = 1\,200/2\,000 = 0.6$$

$$\hat{\pi}_1 - \hat{\pi}_2 = 0.48 - 0.6 = -0.12, \quad Z_{\alpha/2} = Z_{0.05} = 1.645$$

于是有 $\pi_1 - \pi_2$ 的 90% 的置信区间为:

$$\left(\hat{\pi}_1 - \hat{\pi}_2 - Z_{\alpha/2}\sqrt{\frac{\pi_1(1-\pi_1)}{n_1} + \frac{\pi_2(1-\pi_2)}{n_2}}, \hat{\pi}_1 - \hat{\pi}_2 + Z_{\alpha/2}\sqrt{\frac{\pi_1(1-\pi_1)}{n_1} + \frac{\pi_2(1-\pi_2)}{n_2}}\right)$$

由于不知 π_1 与 π_2,用 $\hat{\pi}_1$ 和 $\hat{\pi}_2$ 代替,于是有:

$$\sqrt{\frac{\hat{\pi}_1(1-\hat{\pi}_1)}{n_1} + \frac{\hat{\pi}_2(1-\hat{\pi}_2)}{n_2}} = \sqrt{\frac{(0.48)(0.52)}{5\,000} + \frac{0.6(0.4)}{2\,000}} = 0.013035$$

则有:

$$[-0.12 - 1.645(0.013035), -0.12 + 1.645(0.013035)] = [-0.1414, -0.0986]$$

由于置信区间的上下限皆为负值,故我们可知近郊居民赞成此政策的比例大于城市居民的比例,高出 9.86%—14.14%,此估计结果有 90% 的可靠性。

第六节 总体方差的区间估计

在参数估计中,除了总体均值和比例的估计外,还需要估计总体的方差,因为总体的变异性也是总体分布的一个重要特征。已知样本方差是总体方差的无偏一致估计量,具有较好的数学性质,但要用样本方差对总体方差进行区间估计,首先要找出样本方差的抽样分布。

一、样本方差的抽样分布

(一)χ^2 分布

1. χ^2 分布的定义和性质

首先需要了解一种与样本方差分布有关的分布形式——χ^2 分布,又称为卡方分布。

定理 6.6 设 $X_1, X_2, \cdots, X_n$ 相互独立,且都服从 $N(0,1)$,则 $\sum_{i=1}^{n} X_i^2$ 服从 n 个自由度的 χ^2 分布,记作:

$$\sum_{i=1}^{n} X_i^2 \sim \chi^2(n)$$

χ^2 是 Γ 分布的一种特殊形式,具有如下主要特性:

(1)χ^2 分布的密度函数只有一个参数 n,它的密度函数为:

$$f(x) = \begin{cases} \dfrac{1}{2^{\frac{n}{2}} \Gamma\left(\dfrac{n}{2}\right)} x^{\frac{n}{2}-1} e^{-\frac{x}{2}}, & x > 0 \\ 0, & x \leq 0 \end{cases}$$

(2)χ^2 分布是一种不对称的分布,一般表现为正偏分布。其定义域为 $(0, +\infty)$。χ^2 分布的数学期望就是自由度 n,方差则是 $2n$。χ^2 分布曲线的形状取决于 n 值。随着 n 的增大,分布的方差增大,曲线的最高点逐渐下降并向右移动,并逐渐趋向对称。如图 6.13 所示,其中 χ^2 分布的自由度分别为 5、10、20、30。

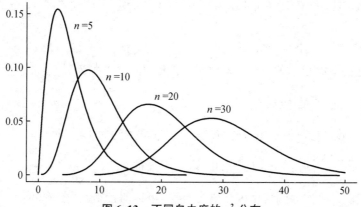

图 6.13 不同自由度的 χ^2 分布

2. χ^2分布值的计算

本书"附表三 χ^2分布上侧百分位数表"列出了服从χ^2分布随机变量取值与相应的概率,如图6.14所示。

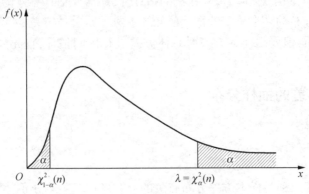

图6.14 χ^2分布的密度曲线与概率

一般地,若$P\{\chi^2(n) > \lambda\} = \alpha$,则称$\lambda$为$n$个自由度的$\chi^2$分布的上侧百分位点,记作$\chi^2_\alpha(n)$。因此根据给定的$\alpha$,就可以查到:

$$\chi^2_{0.05}(6) = 12.592, \quad \chi^2_{0.05}(10) = 18.371, \quad \chi^2_{0.975}(12) = 4.402$$

以上三个等式分别说明服从$\chi^2(6)$分布的随机变量X取值$(0,12.592)$的概率为0.95;服从$\chi^2(10)$分布的随机变量取值$(0,18.371)$的概率为0.95;服从$\chi^2(12)$的随机变量取值$(0,4.402)$的概率为0.025。

在Excel中,关于χ^2分布的函数有四个:

(1) 函数CHISQ.DIST(x,df,commulative)给出x值所对应的χ^2分布的概率值或密度值。

(2) 函数CHISQ.DIST.RT(x,df)给出χ^2分布右侧尾部的概率值,例如:

$$\text{CHISQ.DIST.RT}(12.592,6) = \text{PROB}(\chi^2 > 12.592; \text{df} = 6) = 0.05$$

(3) 函数CHI.INV(probability, df)给出给定χ^2分布左侧单尾概率的χ^2值,例如:

$$\text{CHISQ.INV}(0.05, 6) = \chi^2_{0.05}(6) = 1.635$$

(4) 函数CHI.INV.RT(probability, df)给出给定χ^2分布右侧单尾概率的χ^2值,例如:

$$\text{CHISQ.INV.RT}(0.05, 6) = \chi^2_{0.95}(6) = 12.592$$

由定义,在$\chi^2_\alpha(n)$的右侧,密度函数曲线下面的面积正好为α。

(二) 样本方差的抽样分布

定理6.7 设$X_1, X_2, \cdots, X_n$是抽自正态分布总体的简单随机样本,已知总体方差为σ^2,则统计量$\dfrac{(n-1)S^2}{\sigma^2}$服从$n-1$个自由度的$\chi^2$分布,即有$\dfrac{(n-1)S^2}{\sigma^2} \sim \chi^2(n-1)$。

在这里我们又一次遇到自由度的概念,至此可以对此概念作一些简要的说明了。为什么$\sum_{i=1}^{n} X_i^2$服从n个自由度的χ^2分布,而$\dfrac{(n-1)S^2}{\sigma^2}$服从$n-1$个自由度的$\chi^2$分布?这是

因为在 $\sum_{i=1}^{n} X_i^2$ 中,n 个随机变量 $X_1, X_2, \cdots, X_n$ 是完全自由的,所以有 n 个自由度。而对于 $\frac{(n-1)S^2}{\sigma^2}$,$S^2$ 中的 $\sum_{i=1}^{n} (X_i - \bar{X})^2$ 虽然也有 n 个量:$(X_1 - \bar{X}), (X_2 - \bar{X}) \cdots (X_n - \bar{X})$,但这 n 个量并不是完全自由的,其中有一个约束条件:$(X_1 - \bar{X}) + (X_2 - \bar{X}) + \cdots + (X_n - \bar{X}) = 0$,因此,$n$ 个量只有 $n-1$ 个是自由的,自由度为 $n-1$。

根据前面章节对于样本方差无偏性的讨论,可得 S^2 的数学期望为 $E(S^2) = \sigma^2$,又根据以上定理得 $\frac{(n-1)S^2}{\sigma^2}$ 的方差为 $2(n-1)$,于是有:

$$D\left(\frac{(n-1)S^2}{\sigma^2}\right) = \frac{(n-1)^2}{\sigma^4} D(S^2) = 2(n-1)$$

因此得到:

$$D(S^2) = \frac{2\sigma^4}{n-1}$$

二、正态分布总体方差 σ^2 的区间估计

已知统计量 $\frac{(n-1)S^2}{\sigma^2} \sim \chi^2(n-1)$,则对于给定的置信度 $1-\alpha$,有:

$$P\left\{\chi^2_{1-\frac{\alpha}{2}}(n-1) < \frac{(n-1)S^2}{\sigma^2} < \chi^2_{\frac{\alpha}{2}}(n-1)\right\} = 1 - \alpha$$

如图 6.15 所示。

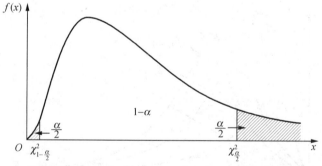

图 6.15　$P\{\chi^2_{1-\frac{\alpha}{2}}(n-1) < \chi^2 < \chi^2_{\frac{\alpha}{2}}(n-1)\} = 1 - \alpha$

进一步可以得到总体方差可能落入的置信区间及相应的置信水平如下:

$$P\left\{\frac{(n-1)S^2}{\chi^2_{\alpha/2}} < \sigma^2 < \frac{(n-1)S^2}{\chi^2_{1-\alpha/2}}\right\} = 1 - \alpha$$

例 6.24　某食品商加工了一批罐头,担心罐头的重量差异太大,随机抽出 15 个罐头称其重量(克),得样本方差 $S^2 = 1.65^2$。假设总体呈正态分布,试求罐头重量方差的 90% 的置信区间。

解　已知 $n = 15, 1 - \alpha = 0.9$,查表得:

$$\chi^2_{\alpha/2}(14) = \chi^2_{0.05}(14) = 23.685, \quad \chi^2_{1-\alpha/2}(14) = \chi^2_{0.95}(14) = 6.571$$

或者运用 Excel 可得:

$$\chi^2_{0.05}(14) = \text{CHISQ.INV}(0.05, 14) = 23.685$$

$$\chi^2_{0.95}(14) = \text{CHISQ.INV.RT}(0.05, 14) = 6.571$$

于是有总体方差的90%的置信区间：

$$\left(\frac{(n-1)S^2}{\chi^2_{\alpha/2}}, \frac{(n-1)S^2}{\chi^2_{1-\alpha/2}}\right) = \left(\frac{14 \times 1.65^2}{23.685}, \frac{14 \times 1.65^2}{6.571}\right) = (1.61, 5.8)$$

三、两个正态分布总体方差比 $\dfrac{\sigma_1^2}{\sigma_2^2}$ 的区间估计

统计学上关于两个总体方差的比较也是一个重要的内容，为了了解样本方差比的抽样分布，必须首先了解 F 分布。

（一）F 分布的定义与性质

若随机变量 X 的密度函数为：

$$f(x) = \begin{cases} \dfrac{\Gamma\left(\dfrac{n_1+n_2}{2}\right)}{\Gamma\left(\dfrac{n_1}{2}\right)\Gamma\left(\dfrac{n_2}{2}\right)}\left(\dfrac{n_1}{n_2}\right)^{\frac{n_1}{2}} x^{\frac{n_2}{2}-1}\left(1+\dfrac{n_1}{n_2}x\right)^{-\frac{n_1+n_2}{2}}, & x > 0 \\ 0, & x \leq 0 \end{cases}$$

则称 X 服从自由度为 n_1 和 n_2 的 F 分布，其中 n_1 称为第一自由度，n_2 称为第二自由度，记为 $X \sim F(n_1, n_2)$，为方便也往往用 $F(n_1, n_2)$ 表示这样的随机变量。

F 分布的图形有些像 χ^2 分布，是一种非对称的正偏分布，值域为 $(0, \infty)$，但它有两个参数 n_1 和 n_2，分布曲线随着 n_1 和 n_2 的不同组合而不同，如图6.16所示。

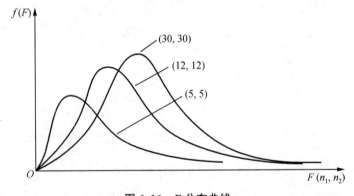

图 6.16　F 分布曲线

F 分布应用上的重要意义在于，它是两个独立的 χ^2 分布随机变量各自除以自己的自由度后的比值的分布形式，也就是说，两个独立的 χ^2 分布变量可以构成一个服从 F 分布的随机变量。下面介绍与 F 分布有关的定理。

定理 6.8 设 ξ 与 η 相互独立，且 $\xi \sim \chi^2(n_1)$，$\eta \sim \chi^2(n_2)$，则随机变量

$$F = \frac{\xi/n_1}{\eta/n_2} \sim F(n_1, n_2)$$

（二）F 分布值的计算

关于 F 分布值及其相应的概率值，已经编制成表，见书后"附表四　F 分布上侧百分

位数表"。附表四中给出的概率是 F 值大于某一数值 α 时的概率,即 $P\{F<\lambda\}=\alpha$,这里 λ 称为 F 分布的上侧 α 百分位点,如图 6.17 所示。

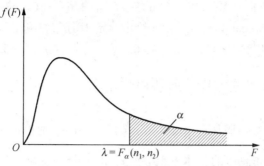

图 6.17　F 分布的上侧 α 百分位点

例如,$F_{0.05}(6,4)=6.16$,$F_{0.025}(15,3)=14.25$,$F_{0.01}(3,7)=8.45$。

由于 F 分布不是对称分布,而 F 分布表又只给出上侧 α 百分位点,如果要求 $P\{F<\lambda\}=\alpha$,如何才能找出 λ 值?这个问题不难解决。

首先,$P\{F<\lambda\}=P\left\{\dfrac{1}{F}>\dfrac{1}{\lambda}\right\}$,而 $\dfrac{1}{F}=\dfrac{\chi^2(n_2)/n_2}{\chi^2(n_1)/n_1}$,所以 $\dfrac{1}{F}$ 是服从第一自由度为 n_2、第二自由度为 n_1 的 F 分布。其次,通过查表可得 $F_\alpha(n_2,n_1)=\lambda_0$,它满足 $P\left\{\dfrac{1}{F}>\lambda_0\right\}=\alpha$。最后,通过 $\dfrac{1}{\lambda}=\lambda_0$ 就可得到 λ 值。

注意:求解 $P\{F<\lambda\}=\alpha$ 中的 λ 值,等价于求解 F 分布中的下侧 α 百分位点,如图 6.18 所示,也就是求 $F_{1-\alpha}(n_1,n_2)$,则根据以上求解过程,可以得到如下等式:

$$F_{1-\alpha}(n_1,n_2)=\dfrac{1}{F_\alpha(n_2,n_1)}$$

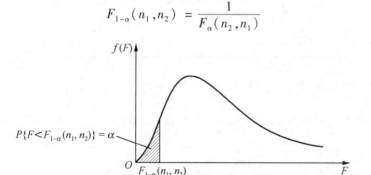

图 6.18　F 分布的下侧 α 百分位点

例如,求 λ 使得 $P\{F(6,4)<\lambda\}=0.05$。查 F 分布表得,$F_{0.05}(4,6)=4.53$,于是有:

$$\lambda=\dfrac{1}{F_{0.05}(4,6)}=\dfrac{1}{4.53}=0.221$$

在 Excel 中,有关 F 分布的函数有四个,其语法结构与 χ^2 分布函数非常类似:

(1) F.DIST(x, n_1, n_2, cumulative) = PROB($F<x$) 给出 F 分布左侧概率分布值或密度值,例如:

F.DIST(4.53, 4, 6, 1) = PROB($F<4.53$, $n_1=4$, $n_2=6$) = 0.95

(2) F.DIST.RT(x, n_1, n_2) = PROB($F>x$) 给出 F 分布右侧的概率值,例如:

$$F.\text{DIST.RT}(4.53, 4, 6) = \text{PROB}(F > 4.53, n_1 = 4, n_2 = 6) = 0.05$$

(3) F.INV(probability, n_1, n_2) 给出给定 F 分布左侧尾部概率下的 F 值, 例如:
$$F.\text{INV}(0.05, 4, 6) = F_{0.05}(4,6) = 0.162$$

(4) F.INV.RT(probability, n_1, n_2) 给出给定 F 分布右侧尾部概率下的 F 值, 例如:
$$F.\text{INV.RT}(0.05, 4, 6) = F_{0.95}(4,6) = 4.53$$

(三) 两正态总体方差比 $\dfrac{\sigma_1^2}{\sigma_2^2}$ 的区间估计

已知统计量 $\dfrac{(n-1)S^2}{\sigma^2}$ 服从自由度为 $n-1$ 的 χ^2 分布, 则根据 F 分布的特性, 若有来自独立的两个正态分布总体的总体方差 σ_1^2、σ_2^2 和样本方差 S_1^2、S_2^2, 则可构造一个服从 F 分布的统计量如下:

$$F = \frac{\left[\dfrac{(n_1-1)s_1^2}{\sigma_1^2}\right]/(n_1-1)}{\left[\dfrac{(n_2-1)s_2^2}{\sigma_2^2}\right]/(n_2-1)} = \frac{\sigma_2^2}{\sigma_1^2} \times \frac{s_1^2}{s_2^2}$$

显然, 统计量 F 服从第一自由度为 n_1-1、第二自由度为 n_2-1 的 F 分布。由此, 可以推导出在给定的 α 下, 统计量 F 落入某一区间的概率, 如图 6.19 所示。

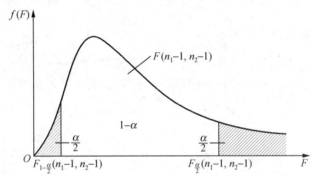

图 6.19 $P\{F_{1-\alpha/2}(n_1-1, n_2-1) < Y < F_{\alpha/2}(n_1-1, n_2-1)\} = 1-\alpha$

$$P\{F_{1-\alpha/2}(n_1-1, n_2-1) < F < F_{\alpha/2}(n_1-1, n_2-1)\} = 1-\alpha$$

因为

$$P\left\{F_{1-\alpha/2}(n_1-1, n_2-1) < \frac{\sigma_2^2}{\sigma_1^2} \cdot \frac{s_1^2}{s_2^2} < F_{\alpha/2}(n_1-1, n_2-1)\right\}$$

$$= P\left\{\frac{s_1^2}{s_2^2} \frac{1}{F_{\alpha/2}(n_1-1, n_2-1)} < \frac{\sigma_1^2}{\sigma_2^2} < \frac{s_1^2}{s_2^2} \frac{1}{F_{1-\alpha/2}(n_1-1, n_2-1)}\right\} = 1-\alpha$$

于是得到总体方差比 $\dfrac{\sigma_1^2}{\sigma_2^2}$ 的置信区间为:

$$\left(\frac{s_1^2}{s_2^2} \frac{1}{F_{\alpha/2}(n_1-1, n_2-1)}, \frac{s_1^2}{s_2^2} \frac{1}{F_{1-\alpha/2}(n_1-1, n_2-1)}\right)$$

由于 $\dfrac{1}{F_{1-\alpha/2}(n_1-1, n_2-1)} = F_{\alpha/2}(n_2-1, n_1-1)$, 因此 $\dfrac{\sigma_1^2}{\sigma_2^2}$ 的置信区间为:

$$\left[\frac{s_1^2}{s_2^2}\frac{1}{F_{\alpha/2}(n_1-1,n_2-1)},\frac{s_1^2}{s_2^2}F_{\alpha/2}(n_2-1,n_1-1)\right]$$

例6.25 对25位男同学与16位女同学进行统计学考试。考试结果:男生平均成绩为82分,标准差为3分;女生平均成绩为78分,标准差为7分。设所有学生的成绩呈正态分布,试求出$\frac{\sigma_1^2}{\sigma_2^2}$与$\frac{\sigma_1}{\sigma_2}$的98%的置信区间。

解 已知$n_1=25,n_2=16$,且$S_1^2=64,S_2^2=49,\alpha=0.02$,运用Excel得:

$F_{\alpha/2}(n_1-1,n_2-1)=F_{0.99}(24,15)=$ F.INV.RT$(0.01,24,15)=3.29$

$F_{\alpha/2}(n_2-1,n_1-1)=F_{0.01}(15,24)=$ F.INV$(0.01,15,24)=2.89$

可以得到$\frac{s_1^2}{s_2^2}$的98%的置信区间为:

$$\frac{1}{F_{\alpha/2}(n_1-1,n_2-1)}<\frac{\sigma_1^2}{\sigma_2^2}<\frac{s_1^2}{s_2^2}F_{\alpha/2}(n_2-1,n_1-1)$$

$$=[64/49(1/3.29),64/49(2.89)]=[0.397,3.775]$$

将上面的不等式开平方,即可求得$\frac{\sigma_1}{\sigma_2}$的98%的置信区间为$[0.630,1.943]$。

第七节 样本容量的确定

一、样本容量与抽样误差

从参数区间估计的讨论中,我们看到估计值$\hat{\theta}$与总体参数θ之间存在一定的差异:$|\hat{\theta}-\theta|$,这种差异是由样本的随机性引起的,称为抽样误差。在确定的样本容量下,若要使估计的可靠性增加,就需要扩大置信区间,增加抽样误差;若要减少抽样误差,就必然降低可靠性。若要在不降低可靠性的前提下,缩小置信区间,减少抽样误差,就只有增大样本容量。在其他条件不变的情况下,样本容量越大,估计的结果越精确,毋庸置疑,当样本容量与总体单位数目一致时,抽样误差就不存在了。但是,增大样本容量要受到人力、物力、时间、总体条件等因素限制,所以要根据需要与可能恰当地确定样本容量。

二、决定样本容量的因素

(一) 总体变异程度

在其他条件相同的情况下,具有较大方差的总体需要较大容量的样本,具有较小方差的总体则可选择较小容量的样本。这个道理从直观上很容易理解,从估计的公式中也可以看出。例如,在正态总体均值的估计中,样本均值的方差为$\sigma/\sqrt{n}$,显然,要保持估计的精确度和可靠性不变,总体方差大,样本容量也相应要大;总体方差小,样本容量则可相应小些。

(二) 允许误差大小

允许误差指允许的抽样误差,即用绝对值表示的估计值与总体参数之差,记为$\Delta=$

$|\hat{\theta} - \theta|$。例如,样本均值与总体均值之间的允许误差可以表示为:

$$\Delta_{\bar{x}} = |\bar{x} - \mu|$$

由于在确定样本容量时,抽样误差都是根据研究目的所需的精确度给定的,因此称为允许误差。另外,由于允许误差以绝对值的形式表现抽样误差的可能范围,因此又称为极限误差。

在其他因素固定的前提下,允许误差的大小取决于研究目的。如果要求估计的精确度高,允许误差就小,那么,样本容量就要大些;如果要求估计的精确度不高,允许误差大些,则样本容量就可以小些。

(三) 可靠性高低

如果要求估计的结果具有较高的可靠性,则在其他条件不变的情况下,要增加样本容量;反之,则可相应减少样本容量。

除了以上三个因素外,样本容量还与抽样的方式有关。例如重复抽样与不重复抽样,由于根据这两种方法抽取的样本计算出的样本统计量具有不同的抽样分布,因此两种方法估计结果的误差不同,需要的样本容量也就不同。此外,抽样还有其他的组织方式,这些方式的选择都会影响样本容量的确定。

三、简单随机抽样样本容量的确定

下面,我们以简单随机样本为例讨论样本容量确定的一般方法。

(一) 估计总体均值时的样本容量

设 $\Delta_{\bar{x}} = |\bar{X} - \mu|$ 为样本均值与总体参数间的允许抽样误差,则在已知总体方差时,$1-\alpha$ 置信度下的置信区间应为:

$$\bar{X} - Z_{\alpha/2}\frac{\sigma}{\sqrt{n}} < \mu < \bar{X} + Z_{\alpha/2}\frac{\sigma}{\sqrt{n}}$$

于是有:
$$\Delta_{\bar{x}} = |\bar{X} - \mu| = Z_{\alpha/2}\frac{\sigma}{\sqrt{n}}$$

解以上方程可得:

$$n = \left(\frac{Z_{\alpha/2}\sigma}{\Delta_{\bar{x}}}\right)^2 = \frac{Z_{\alpha/2}^2 \sigma^2}{\Delta_{\bar{x}}^2}$$

根据以上等式就可以确定样本容量。

例 6.26 假如需要了解某企业工人月平均奖金额,已知工人月奖金额的标准差为 10 元,要求估计的允许误差不超过 3 元,置信水平为 95%,问应抽取多少人为样本?

解 已知 $\sigma = 10, \Delta_{\bar{x}} = 3, 1-\alpha = 95\%, Z_{\alpha/2} = Z_{0.025} = 1.96$,则:

$$n = \frac{Z_{\alpha/2}^2 \sigma^2}{\Delta_{\bar{x}}^2} = \frac{1.96^2 \times 10^2}{3^2} = 42.68 \approx 43$$

即需要抽取 43 人进行调查。

在计算样本容量时,有一个前提条件是必须知道总体方差,而实际中在抽样前,往往不知道总体方差,在实际操作时,往往是采用过去记录,或是进行一次小规模试验,计算出样本方差来替代。

在上面的这个例子中,我们假设抽样方式为放回随机抽样。如果知道总体单位数,在不放回随机抽样的形式下,样本容量的确定还需要考虑一个"修正因子"——$\sqrt{\dfrac{N-n}{N-1}}$。

已知不放回随机抽样时的总体均值区间估计的极限误差为:

$$r = Z_{\alpha/2} \times \dfrac{\sigma}{\sqrt{n}} \times \sqrt{\dfrac{N-n}{N-1}}$$

因此样本容量为:

$$n = \dfrac{N(Z_{\alpha/2})^2 \sigma^2}{(N-1)r^2 + (Z_{\alpha/2})^2 \sigma^2}$$

再次考虑上面的例子,假设该企业的工人总数为200人,同样的条件下,不放回随机抽样所需要的样本数为35.32,即应该抽取36个人。可以看到,不放回随机抽样所需要的样本数要少一些。计算过程可参见本章课件"参数估计"。

(二) 估计总体比例时的样本容量

估计总体比例时样本容量的确定,其方法与估计总体均值时一样。设 $\Delta_{\hat{p}} = |\hat{p} - P|$ 为允许误差,则在置信水平 $1-\alpha$ 下,有:

$$\Delta_{\hat{p}} = |\hat{p} - P| = Z_{\alpha/2} \sqrt{\dfrac{P(1-P)}{n}}$$

于是有样本容量为:

$$n = \dfrac{Z_{\alpha/2}^2 P(1-P)}{\Delta_P^2}$$

由于公式中的 P 正是抽样所要估计的参数,实际中往往通过试点调查求得样本比例来代替,或根据以往经验提出一个比例上限。例如调查农民家庭安装电话的户数比例,根据经验,不超过30%,则以此最高限代入公式计算。如果什么资料也没有,可以令 $P = 0.5$,因为 $P = 0.5$ 时,$P(1-P)$ 达到最大,从而由此估计出的样本数目也就比较大,保证了估计的可靠性要求。

例 6.27 为检查某企业生产的显像管的合格率,首先需确定样本容量。根据以往的经验,合格率为91.76%,要求估计的允许误差不超过0.0275,置信水平为95.45%。求应抽取多少只显像管?

解 已知:$P = 0.9176, 1-\alpha = 0.9545, \Delta_{\hat{p}} = |\hat{p} - P| = 0.0275, z_{\alpha/2} = 2$,则:

$$n = \dfrac{Z_{\alpha/2}^2 P(1-P)}{\Delta_P^2} = \dfrac{2^2 \cdot 0.9176(1-0.9176)}{0.0275^2} = 399.92 \approx 400$$

即应抽取400只显像管进行检验。

关键术语

总体　样本　总体参数　样本统计量　抽样分布　点估计　区间估计　无偏估计量
一致估计量　最小均方误差　极大似然估计　矩估计　置信区间　置信度　显著性水平

习题

1. 一位市场调研员发现，在 $n=20$ 位顾客的一个样本中，对新上市的某一产品有兴趣者有 1 人，试用极大似然法估计对新产品感兴趣的顾客比例 P。

2. 设总体 X 服从参数 $\lambda > 0$ 的泊松分布，其概率分布律为：
$$P\{X=x\} = \frac{\lambda^x e^{-\lambda}}{x!}, \quad x=0,1,2,\cdots$$
试求参数 λ 的极大似然估计量。

3. 设 $x_1, x_2, \cdots, x_n$ 是抽自 $N(\mu, \sigma^2)$ 的随机样本，请用矩估计法估计总体参数的变异系数 $c = \dfrac{\sigma}{|\mu|}$。

4. 设总体 X 的分布密度为：
$$f(x) = \begin{cases} \theta x^{\theta-1}, & 0 < x < 1, \theta > 0 \\ 0, & \text{其他} \end{cases}$$
$x_1, x_2, \cdots, x_n$ 是一组样本值，求 θ 的极大似然估计量。

5. 假设从已知总体方差的正态总体中抽取随机样本如下，试按给定的可靠性求总体均值的置信区间。
   （1）$n=9, \bar{x}=20, \sigma^2=9$，置信水平为 90%；
   （2）$n=16, \bar{x}=52, \sigma^2=64$，置信水平为 98%；
   （3）$n=25, \bar{x}=120, \sigma^2=400$，置信水平为 95%。

6. 从未知总体方差的正态总体中随机抽取样本，测得结果如下：
$$6 \quad 15 \quad 3 \quad 12 \quad 6 \quad 21 \quad 15 \quad 18 \quad 12$$
试以 95% 的可靠性估计总体均值的置信区间。

7. 从某城市随机抽出 1 000 个家庭，其中 788 个有家用电脑。试以 98% 的可靠性估计该城市拥有家用电脑的家庭所占比例。

8. 仓库保管员发现第 8 仓库储存的小钢轴有一些生了锈，在出售这些小钢轴之前必须清锈。为了得到需要清锈的小钢轴的近似值，他随机抽取了 200 个小钢轴作为样本，发现其中有 80 个小钢轴需要清锈。试求需清锈的小钢轴比例的 90% 的置信区间。

9. 某大型企业准备执行某种改革措施，分别在男工和女工中调查征求意见，其结果如下表所示。

	调查人数	赞成人数	比例
男工	200	128	0.64
女工	225	90	0.40

试以 95% 的可靠性估计男工和女工中赞成这一改革措施的比例相差多少。

10. 某钟表制造商希望了解其产品的变异程度，从一批手表中随机抽取了 10 只，测定其准确性，得到 $\bar{x} = 0.7$ 秒，$S = 0.4$ 秒，假设此观测值近似服从正态分布，试求出 σ 的 95% 的置信区间。

11. 某食品公司所制造的某一种食品罐头的重量呈正态分布，从中随机抽取 12

个罐头,得出其重量如下(单位:盎司):

 12.2 11.9 12.0 12.2 11.7 11.6 11.9 12.0 12.1 12.3 11.8 11.9

试分别求出总体方差和标准差的 95% 的置信区间。

12. 为检查某种新型家用热水器的效率,随机抽取 10 户,求得样本均值和标准差分别为 73.2 与 2.74,设总体为正态分布。试分别求出总体均值和标准差的 95% 的置信区间。

13. 对两种方法生产的显像管进行寿命试验,甲方法样本容量为 16,方差为 1 200,乙方法样本容量为 21,方差为 800。试以 95% 的可靠性估计两种方法方差比值的置信区间。

14. 估计某城镇有多少夫妻不是双职工,从一次试点调查中得知有 20% 的家庭为非双职工家庭,要求估计的可靠性为 95.45%,抽样误差不超过 0.025,应抽取多少个家庭作为样本?

15. 调查日光灯的平均寿命,根据过去的经验,其寿命的标准差为 53.36 小时,要求估计误差不超过 5.336,且必须保证估计的可靠性为 98%,应抽取的样本数目为多少?

16. 你毕业之后在某公司的人力资源部工作,你计划在员工中进行调查以求出他们的平均医疗支出。你希望有 95% 的置信度使得样本均值的误差在 50 元以内。前期研究表明总体标准差约为 400 元。你需要多大的样本容量?如果已知该公司共有员工 200 人,在不放回随机抽样的情况下,需要多大的样本容量?

17. 1990 年 1 月,调查人员从某城市湖泊各处抽取 85 组湖水样品进行化学分析,测量水中含氯量。1996 年 1 月,调查人员从该湖的各处再度抽取 110 组水样品,分析其含氯量。经统计结果如下表所示。

	含氯量	
	1990 年	1996 年
均值	18.3	17.8
标准差	1.2	1.8

根据这些资料以 95% 的置信水平估计 1990 年与 1996 年平均含氯量之差的置信区间。

18. 下面的数据是对某品牌轮胎使用寿命的观测结果(单位:万千米):

  32 33 28 37 29 30 26 40 31 24
  36 37 20 22 35 28 40 41 23 27

假设轮胎的使用寿命服从正态分布。如果轮胎制造商声称他所生产的轮胎平均使用寿命为 33 万—36 万千米,他的话可信度有多大?

19. 银行为支付某日即将到期的债券须准备一笔现金,已知这批债券共发放了 500 张,每张须付本息 1 000 元,设持券人(一人一券)到期日到银行领取本息的概率为 0.4,问银行于该日应准备多少现金才能以 99.9% 的把握满足客户的兑换?

20. 假设从均匀分布的区间 [0, 3] 中总体中抽取 50 个值,那么样本均值 $\bar{X}$ 服从什么分布?它介于 0.5 ± 0.05 的概率为多少?如果样本容量为 500 呢?

21. 某供电站供应本地区 1 万户居民用电,已知每户每天用电量(单位:度)均匀分布于区间 $[0,12]$ 中。现要求以 99% 的概率保证本地区居民的正常用电,供电站每天至少要向居民供应多少度电?

22. 请你运用 Excel,从一个非正态总体中进行抽样模拟,来验证一下中心极限定理,并记录下你的模拟过程和结果。

23. 某工厂想检验一批灯泡的质量,抽取 10 个样本对其耐用小时进行检测,结果如下:

  1 326 1 336 1 351 1 365 1 209 1 343 1 259 1 365 1 308 1 349

假设灯泡质量服从正态分布,试以 95% 的置信度估计这批灯泡的平均耐用小时。

24. 请你调查本班约 20 位同学对自己统计学总评成绩的期望。计算样本平均数和方差,并分别以 90%、95% 和 99% 的置信度估计全班同学预期成绩的平均数。请说明在你做这个估计时需要哪些假设。

25. 一条生产线生产的产品成箱包装,每箱的重量是随机的,假设每箱平均重 50 千克,标准差为 5 千克。若用最大载重 5 000 千克的汽车承运,试利用中心极限定理说明每辆车最多可装多少箱,才能保障不超载的概率大于 0.98。

26. 某保险公司经多年的资料统计表明,在索赔户中被盗户占 20%,在随意抽查的 100 家索赔户中被盗的索赔数为随机变量。求被盗的索赔户数不少于 14 户且不多于 30 户的概率近似值。

第七章　参数的假设检验

第六章讨论了如何用样本统计量估计总体参数,这一章则要讨论如何用样本统计量来检验对总体参数所做的设想是否正确。

本章主要讨论以下问题:

1. 假设检验的基本原理和步骤;2. 总体均值的检验;3. 总体比例的检验;4. 总体方差的检验。

第一节　假设检验的基本原理和步骤

一、什么是假设检验

在实际工作或生活中,我们常常会遇到需要对总体的某种假设进行判断的情况。

例如,某工厂一位信息员告诉生产部门经理,某地区需要购买该厂产品的人数比例占总人口的50%以上。如果这个说法成立,则该厂还要新增一条生产线,方可满足市场需求。显然,这个说法成立与否对该公司的生产发展决策影响重大。如何判断这个信息员的提议是否正确呢?

又如,某公司进口一批钢筋,根据要求,钢筋的平均拉力强度不能低于2 000千克,而供货商则一再强调其产品的平均拉力强度已达到了这一要求。这时需要进口商做出供货商提供的数据是否真实的判断。

类似的例子可以举出很多,而解决问题却可以用一个共同的方法,就是搜集样本数据,然后利用样本所提供的信息判断各种"说法"的真伪。参数假设检验从对总体参数所做的一个假设开始,然后搜集样本数据,进而运用样本统计量判断假设的真伪,最后决定是否接受该假设。

二、假设检验的基本思想

首先讨论一个例题。

例7.1　某旅游机构根据过去的资料对国内旅游者的旅游费用进行分析,发现在10日的旅游时间中,旅游者用在坐车、住宿、膳食、购买纪念品等方面的费用是一个近似服从正态分布的随机变量,其平均值为1 010元,标准差为205元。而某研究所抽取了样本容量为400的样本,做了同样内容的调查,得到样本平均数为1 250元。若把旅游机构的分析结果看作对总体参数的一种假设,这种假设能否接受?

解　为了判断该假设是否真实,首先假设它成立,故而将其作为一个假设提出,然后看看在假设成立的条件下,会不会产生不合理的现象。令 H_0 代表所提出的假设,H_1 代表与此对立的假设,于是有:

$$H_0: \mu = 1\,010, \quad H_1: \mu \neq 1\,010$$

如果 H_0 为真,则从 $X \sim N(1\,010, 205^2)$ 的总体中抽取了一个容量为 400 的样本,其样本统计量 $\bar{X} \sim N(1\,010, 205^2/400)$,我们现在用三种方法来检验旅游机构的分析是不是可以接受。

(1) 首先看一下总体均值 μ 的置信区间。根据 $\alpha = 0.05$,当 $\bar{X} = 1\,250$、$n = 400$ 时,μ 的置信区间为 $[\bar{X} \pm Z_{\alpha/2} \sigma/\sqrt{n}]$。运用 Excel 计算区间半径 $r = $ CONFIDENCE.NORM$(0.05, 205, 400) = 20.09$,所以 μ 的置信区间为 $[1\,229.91, 1\,270.09]$。因为旅游机构所声称的 $\mu = 1\,010 < 1\,229.91$,不在 95% 的置信区间内,所以我们有 95% 的把握可以拒绝 $H_0: \mu = 28$。做出这样的结论并不是 100% 正确,但犯错误的可能性不会高于 $\alpha = 0.05$,如图 7.1 所示。

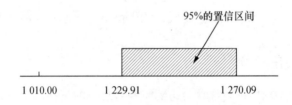

图 7.1　旅游消费费用 95% 的置信区间

(2) 再来看一下相关的概率。如果 $H_0: \mu = 1\,010$ 成立的话,已知总体标准差 $\sigma = 205$,那么我们随机调查的结果为 $\bar{X} = 1\,250$ 的可能性为多大?计算 $P(\bar{X} > 1\,250) = 1 - $ NORM.DIST$(1\,250, 1\,010, 205/400^{\wedge}0.5, 1) = 0$,这个概率结果称为 p 值。为什么计算 $\bar{X} > 1\,250$ 的概率?是因为 $1\,250 > 1\,010$,我们要看右侧尾部的面积,这个面积越大,说明样本均值越靠近总体均值;而如果这个面积小于 $\alpha/2$,就表明 $1\,250$ 的出现为小概率事件,如图 7.2 所示。

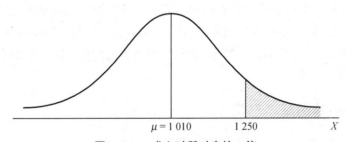

图 7.2　H_0 成立时所对应的 p 值

这表明,如果原假设成立,那么出现研究所上述随机调查结果的概率几乎为零,而一个零概率的事件在一次试验中居然发生了,这是我们不能接受的,所以我们只能拒绝原假设 $H_0: \mu = 1\,010$。

(3) 最后看一下相关的统计量。因为 $Z = \dfrac{\bar{X} - 1\,010}{205/\sqrt{400}} \sim N(0, 1)$,于是有:

$$Z = \frac{1\,250 - 1\,010}{205/\sqrt{400}} = 23.4$$

取 $\alpha = 0.05$，则 $Z_{\alpha/2} = 1.96$。如果 $H_0: \mu = 1\,010$ 成立，则统计量 Z 的值落在区间 $(-1.96, +1.96)$ 以外的概率不到 5%，这是一个很小的概率，这种小概率事件在一次试验中几乎不可能发生。而现在 $Z = 23.4 > 1.96$，统计量落在 1.96 的右端，小概率事件在一次试验中居然发生了，因此我们有理由怀疑 $H_0: \mu = 1\,010$，可以认为平均费用不是 1 010 元。

从例 7.1 的讨论中可以看到，我们用了三种不同的方法，得到的却是一致的结论。在对置信区间的考察中，如果根据样本所计算的置信区间没有包含所假设的总体参数值，我们就可以在给定的显著水平下拒绝原假设；如果置信区间包含所假设的总体参数值，我们就不能拒绝原假设。在对出现样本结果的概率考察中，我们首先假设原假设成立，然后在给定的总体参数大小下，计算出现样本结果的概率，如果该概率小于事先指定的显著水平，我们就可以拒绝原假设；反之，则不能拒绝。在对样本统计量的考察中，我们同样还是假设原假设成立，然后将实际的样本统计量结果与该统计量的临界水平进行比较，如果实际结果超出了临界水平，就说明小概率事件发生了，我们可以拒绝原假设，否则，就不能拒绝原假设。

后面的两种方法是我们在假设检验中常用的，它们都体现了假设检验的基本思想，即"概率性质的反证法思想"。为了检验一个假设是否成立，先假设这个假设是成立的，然后看由此会产生什么结果。如果这个假设导致了一个不合理的现象，就表明有理由拒绝该假设，反之，则不能拒绝。这里所谓的不合理，并不是形式逻辑中的绝对矛盾，而是根据小概率原理，即发生概率很小的随机事件在一次试验中几乎不可能发生。通常把概率不超过 0.05 的事件当作小概率事件。同时，我们可以看出，第二种方法即考察样本结果的概率——p 值，更是直接反映了假设检验的基本思想，并且，通过计算 p 值，我们还可以知道，如果我们拒绝原假设，犯错误的可能性是多大。因此，在本书中，凡是涉及假设检验的内容，我们都主要直接通过考察 p 值来做出结论。同时，需要说明的是，考察 p 值的结果与置信区间和考察统计量的结果一致。

三、假设检验中的否定域和接受域

在假设检验中，我们称所要检验的假设 H_0 为原假设或零假设，称 H_1 为对立假设或备择假设。若原假设被拒绝，备择假设就被接受。拒绝原假设的区域称为拒绝域或否定域，否定域之外的区域即接受域。若根据样本值计算的统计量的值落入拒绝域，则认为原假设不成立，称为在显著性水平 α 下拒绝 H_0；否则认为 H_0 成立，称为在显著性水平 α 下接受 H_0。我们在界定拒绝域的位置时，要根据对立假设 H_1 的内容而定。也就是说，拒绝域的方向取决于备择假设的内容。

拒绝域的大小与显著水平 α 值的大小相关。对于同一组样本值，在不同的显著性水平下，可能得出截然相反的结论。可见 α 的选择十分重要。当然，选择的 α 首先要满足小概率的要求。图 7.3 就说明了这一点。如果 p 值 $= 0.06$，那么当 $\alpha = 0.10$ 时，我们拒绝原假设；当 $\alpha = 0.05$ 时，我们则会接受原假设。

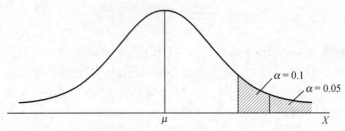

图 7.3 拒绝域的大小与显著性水平 α 值的大小相关

在这里,我们再继续解释一下 p 值的含义。首先,p 值是一个概率值,如果我们假设原假设为真,p 值是样本统计量不同于(大于或小于,依情况而定)实测值的概率;同时,p 值还被称为观察到的(或实测的)样本值的显著性水平,是 H_0 能被拒绝的最小显著水平值。

四、假设检验中的两类错误

虽然小概率事件在一次试验中发生的可能性很小,但依然有可能出现,如果小概率事件出现了,而我们却拒绝了原假设,很显然我们就犯了"以真为假"的错误,也就是说犯了"弃真"的错误,犯这种错误的可能性或概率就是 α。统计上称"以真为假"的错误为第一类错误。

那么,如果我们没有以真为假,换句话说如果接受了原假设,是否就没有犯错误的可能了? 回答是否。当我们接受了原假设时,有可能"以假为真",若"以假为真",那就犯了取伪的错误,统计上称之为第二类错误,记为 β。在一定的样本容量下,要想降低第一类错误的概率 α,就必然增加第二类错误的概率 β,两类错误不可能同时减小。若要两全其美,就只有增大样本容量。通常人们只对犯第一类错误的概率 α 加以限制,而不考虑犯第二类错误的概率 β,这种假设检验称为显著性检验。当人们宁愿"以真为假",而不愿"以假为真"时,则把 α 取得很小,反之,则可把 α 取大些。如在药品的毒性检验中,必须严格控制指标值在规定范围内,若原假设代表药品合格(无毒),我们宁愿把合格品(无毒)当不合格品(有毒),也不能把不合格品当合格品,就应当把 α 定得很小。当然,不管在什么情况下,都要保证 α 是小概率。

我们把 $1-\beta$ 称作统计检验力,降低第二类错误发生的概率,意味着提高检验力。我们将在第六节中,对第二类错误的统计检验力作详细介绍。

五、假设检验的一般步骤

(一)根据研究问题的需要提出原假设 H_0 和备择假设 H_1

1. 备择假设的提法与拒绝域

备择假设的提法一般可分为三种,以前面讨论过的总体均值的检验为例,对应于原假设 $H_0: \mu = \mu_0$,可以有三种备择假设的提法如下:

(1) $H_1: \mu \neq \mu_0$。

(2) $H_1: \mu > \mu_0$。

(3) $H_1: \mu < \mu_0$。

对于(1),拒绝域在分布曲线的两侧,称为双尾或双侧检验。这时,在做出检验决策的时候,需要用 p 值与 $\alpha/2$ 比较,如图 7.4 所示。

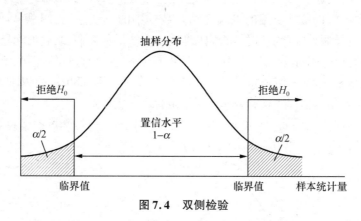

图 7.4 双侧检验

对于(2)和(3),拒绝域在分布曲线的单侧,称为单尾或单侧检验。这时,在做出检验决策的时候,需要用 p 值与 α 比较,如图 7.5 所示。

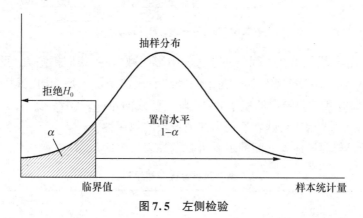

图 7.5 左侧检验

2. 双侧检验与单侧检验的应用

双侧检验适用于检验无方向性的研究假设,这种假设表明的是群体之间的差异性,但没有明确差异的方向性。例如,城市人的收入水平与农村人的收入水平有差异;私营企业主对经济改革的评价与工人不同。这两个研究假设是无方向性的,它们只说明了这两个群体在收入或社会态度方面有差异,但没有说明差异的性质。

单侧检验适用于检验有方向性的研究假设,这种假设不仅表明了群体之间的差异性,而且明确了差异的方向性。例如,城市人的收入水平比农村人的收入水平高;私营企业主对经济改革的评价高于工人。这两个研究假设是有方向性的,它们说明两个群体之间存在差异,而且是一个群体的收入或社会态度高于另一个群体。

3. α 一定的情况下,单尾检验的统计检验力要高于双尾检验

在 α 一定的情况下,运用同一个样本,双尾检验需要比较 p 值与 $\alpha/2$ 的大小,因此不易拒绝原假设,更容易接受无方向性的研究假设,从而增大了犯第二类错误的概率,降低了检验力。

4. 原假设、备择假设与两类错误

在单尾检验中,原假设和备择假设可以互换,那么,究竟应该以哪一个为原假设? 一般情况下,考虑到假设检验所用的推理方法是数学中的反证法,我们总是把希望证明是对的假设作为备择假设,因为此时若否定原假设,就接受备择假设,这时可能犯错误的概率为 α。如果把希望证明的假设作为原假设,则接受原假设时,可能犯第二类错误,犯第二类错误的概率是 β,而 β 值通常是我们不知道的。所以我们在接受 H_0 时的确切含义是,根据样本统计量之值尚不能推翻 H_0,但不能保证 H_0 为真。

关于两类错误的关系如图 7.6 所示。该图描述了一个很特殊的检验,零假设和备择假设都是一个特定的点,即 $H_0: \mu = \mu_0$,$H_1: \mu = \mu_1$。

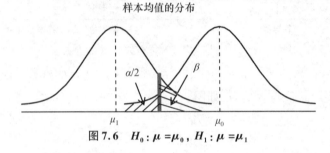

图 7.6　$H_0: \mu = \mu_0$,$H_1: \mu = \mu_1$

当 $\mu = \mu_0$,样本均值落在中间竖线左边的阴影区域内时,我们拒绝 H_0,此时我们犯错误的概率为 α;当 $\mu = \mu_1$,样本均值落在中间竖线右边的阴影区域内时,其概率为 β,我们不能拒绝 H_0,此时我们犯错误的概率为 β。随着竖线向左移动,$\alpha/2$ 变小,β 变大;竖线向右移动,则相反。可以看出,两者呈现出此消彼长的规律性。

对两类错误与假设检验之间的关系可归纳如表 7.1 所示。

表 7.1　两类错误与假设检验

	接受 H_0	拒绝 H_0
若 H_0 为真	判断正确 $(1-\alpha)$	弃真 (α)
若 H_0 为假	取伪 (β)	判断正确 $(1-\beta)$

通过以上图表不难看到,当我们把希望证实的假设作为备择假设时,若原假设为真,备择假设为假,而我们拒绝了原假设,选择了备择假设,则显然犯了取伪的错误,我们很清楚犯这种错误的概率是 α。若我们把希望证实的假设作为原假设,当它为假时,而我们接受了它,则犯了取伪的错误,而犯这种错误的概率是我们还不知道的 β 值(虽然通过一定的方法,β 值也是能够测算出来的)。这就是人们在单侧检验时常常把所希望证实假设的反面作为零假设提出的原因。需要强调的是,在假设检验中,我们得到拒绝原假设的结论是有信息量的,而对于不能拒绝原假设的检验结果,并不意味着原假设一定是对的,只是表明目前的证据无法证明它是错的,需要提供更多的证据或数据进行进一步的研究。

所以我们在建立检验假设时应该遵循一个原则,即将样本观测结果所支持的结论作为备择假设 H_1。例如,观察到样本均值 $\bar{x} = 100$,可以建立的假设检验有:

$$H_0: \mu = 103, \quad H_1: \mu \neq 103 (\text{或 } \mu < 103)$$

或
$$H_0: \mu \geq 103, \quad H_1: \mu < 103$$

应该注意的是,不论采用哪一种提出原假设的方法,对任一假设检验问题,它的所有可能结果均应包括在 H_0 和 H_1 中,除此之外,不可能有其他结果。因此,原假设与对立假设总有一个也只能有一个成立。

(二) 找出检验统计量及其分布

假设确定以后,要决定是接受还是拒绝,都要根据所选择的统计量的数值,从概率意义上来作出判断。

(三) 确定显著性水平 α

显著性水平 α 确定以后,拒绝域也就确定了。显著性水平的大小则应根据研究问题所需要的精确度和可靠性程度而定。

(四) 根据样本值计算检验 p 值或统计量的值

例如,在例 7.1 中,根据样本值得到样本均值 $\bar{X} = 1\,250$,再根据样本均值计算 p 值或统计量 Z 的数值。

在 Excel 中,如果面对的是样本数据的汇总结果,可以根据样本统计量的分布,直接运用 NORM.DIST、T.DIST、F.DIST、CHISQ.DIST 函数计算 p 值;如果面对的是样本调查的原始数据,可以直接运用 Z.TEST、T.TEST、F.TEST、CHISQ.TEST 等函数进行假设检验。我们将在后面通过例子来讲述具体做法。

(五) 作出判断或决策

如果检验统计量落入拒绝域,则拒绝原假设,接受备择假设;如果检验统计量落入接受域,则不能拒绝原假设,要拒绝备择假设。

双侧检验时,$p > \alpha/2$,不能拒绝原假设;$p < \alpha/2$,拒绝原假设。单侧检验时,$p > \alpha$,不能拒绝原假设;$p < \alpha$,拒绝原假设。

我们特别要说明一下,在假设检验中"接受零假设"的说法是不妥当的,如果说"接受零假设",那么就应该负责任地提供接受零假设时可能犯第二类错误的概率,但这个概率是较难计算的。而"不能拒绝零假设",仅仅说明根据所使用的检验方法(或检验统计量)和当前的数据没有足够证据拒绝这些假设而已,这个说法更严谨一些。

第二节 单个总体均值的假设检验

与区间估计类似,总体均值的假设检验也要根据总体分布形式、总体方差是否已知、样本容量是大是小来决定检验的统计量及其分布形式。

一、正态总体,已知总体方差 σ^2

如果要检验的总体服从正态分布,则样本均值服从 $N(\mu, \sigma^2/n)$,这时所选择的检验统计量为 Z 统计量。

例 7.2 某厂商声称其新开发的合成钓鱼线的强度服从正态分布,且平均强度为 8 千克,标准差为 0.5 千克。现从中随机抽出 50 条钓鱼线,测试结果为平均强度为 7.8 千克。问:能否接受该厂商的声称($\alpha = 0.01$)?

解 (1)考察统计量。依题意知此为双侧检验,且检验统计量为 Z 统计量,有 $z_{\alpha/2} = z_{0.005} = 2.575$。

$$H_0 : \mu = 8, \quad H_1 : \mu \neq 8$$

因为 $\bar{X} = 7.8, \sigma = 0.5, n = 50$,所以

$$Z = \frac{\bar{X} - \mu}{\sigma/\sqrt{n}} = \frac{7.8 - 8}{\sqrt{0.5/50}} = -2.829$$

因为 $Z = -2.829 < -Z_{0.005} = -2.575$,落入拒绝域,所以拒绝原假设,接受备择假设。即新合成钓鱼线的平均强度并不似厂商所声称的那样,它不等于 8 千克。

(2) 考察 p 值。$p = P(\bar{X} < 7.8) = $ NORM.DIST(7.8, 8, 0.5/50^0.5, 1) $= 0.0023 < 0.005$。因为 p 值小于 $\alpha/2$,所以表明小概率事件发生,我们应该拒绝原假设,认为厂商所声称的新合成钓鱼线的平均强度等于 8 千克是不可信的。

至此,我们不难看出,假设检验与区间估计有十分密切的联系。对于同一分布,同一样本,同一统计量可以由区间估计问题转化为参数假设检验问题,这种互相转换就形成了检验和估计的对偶性。而在了解了区间估计的理论和方法后,再来讨论假设检验问题,就容易多了。

当我们面对的是原始数据时,可以运用 Excel 中的 Z.TEST 函数,直接得到 Z 检验的单尾 p 值。其语法结构为:

$$Z.TEST(array, X, sigma) = 1 - NORM.S.DIST\left(\frac{\bar{x} - \mu}{\sigma/\sqrt{n}}\right)$$

其中,array 为用来检验总体参数的数据区域;X 为被检验的总体参数值;sigma 为已知的总体的标准差,如果省略,则使用样本标准偏差。需要特别注意的是,当样本均值 $\bar{X}$ 大于所假设的总体均值 μ 时,作 Z 检验时,可以直接使用 Z.TEST 函数来计算 p 值;当 $\bar{X} < \mu$ 时,Z 检验的 p 值等于 1 减去 Z.TEST 的结果。

例 7.3 十年前的一项研究指出,1 岁男婴的身高为正态分布 $N(78, 25)$,单位为厘米。现在随着生活条件的改变,很可能平均身高会和过去不同了。现随机抽样 200 位 1 岁男婴,调查数据见本章课件"身高"。请问,根据这组调查数据,是否可以认为男婴的平均身高增加了($\alpha = 0.05$)?

解 通过计算,得到该样本 200 位 1 岁男婴的平均身高为 79.87 厘米,大于十年前的平均身高 78 厘米,因此将 $\mu > 78$ 作为备择假设,建立如下检验假设:

$$H_0 : \mu = 78, \quad H_1 : \mu > 78$$

因为拒绝域在右侧,所以这是一个右侧检验。

已知:$\bar{X} = 79.87, \sigma = 5$,给定 $\alpha = 0.01$,由于 $\bar{X} > \mu$,可以直接使用 Z.TEST 函数来计算 p 值:

$$Z.TEST(A2:A201, 78, 5) = 6.1567E-08$$

上面的结果与我们通过公式计算的 p 值结果一致:

$$p = 1 - NORM.DIST(C2, 78, 5/200^0.5, 1) = 6.1567E-08$$

其中, $\qquad$ C2 = AVERAGE(A2:A201) = 样本均值

由于 p 值远远小于显著水平 0.05，因此，我们可以拒绝 H_0，即认为男婴的平均身高比十年前增加了。

二、正态总体，未知总体方差 σ^2

在总体均值的假设检验中，如果样本来自正态分布总体，但总体的方差不知，用样本方差代替，这时取

$$T = \frac{\bar{X} - \mu}{s/\sqrt{n}}$$

为检验统计量，当 H_0 成立时，$T \sim t(n-1)$。

例 7.4 某乡统计员报告，其所在乡平均每个农户的家庭年收入为 5 000 元。为核实其说法，县统计局从该乡随机抽取了 25 户农户，得到平均年收入为 4 650 元，标准差为 150 元，假设农户的年收入服从正态分布。试检验乡统计员的说法是否正确（$\alpha = 0.05$）。

解 依题意，这是双尾检验问题。已知：

$$\bar{X} = 4\,650, \quad s = 150, \quad n = 25, \quad \alpha = 0.05$$

统计量 $T = \dfrac{\bar{X} - \mu}{S/\sqrt{n}} \sim t(n-1)$

则：

$$p = P(\bar{X} < 4\,650) = P\left(T < \frac{4\,650 - 5\,000}{150/5} = -11.67\right)$$

$$= \text{T.DIST}(-11.67, 24, 1) = 0 < 0.025$$

所以拒绝原假设，乡统计员的说法不正确，该乡农户平均年收入不等于 5 000 元，从样本均值看，很可能不到 5 000 元。

例 7.5 食品质量技术监督部门在市场上随机抽查了 50 袋标识重量为 1 000 克的速冻水饺，数据参见本章课件"速冻水饺"。假设速冻水饺的包装重量为正态分布，请问是否可以认为市场上的速冻水饺普遍存在分量不足的现象？

解 通过计算，得到样本均值为 996.874，样本方差为 11.6365。

（1）提出假设。由于每袋速冻水饺的标明重量为 1 000 克，因此零假设为总体均值等于 1 000 克（被怀疑对象总是放在零假设）；而且由于样本均值少于 1 000 克（这是怀疑的根据），把备择假设定为总体均值少于 1 000 克，建立如下检验假设：

$$H_0: \mu = 1\,000, \quad H_1: \mu < 1\,000$$

因为拒绝域在左侧，所以该检验是单侧检验，需计算样本统计量单侧尾部的分布值。

（2）确立统计量。由于总体方差未知，因此采用 T 统计量：

$$T = \frac{\bar{X} - \mu}{s/\sqrt{n}} \sim t(n-1)$$

（3）计算 p 值。

$$p = \text{T.DIST}(-(D2 - 1000)/D3 \times 50^{\wedge}0.5, 49, 1) = 0.0317$$

（4）做出结论。在 5% 的显著水平下，由于 p 值小于 5%，应当拒绝原假设，认为厂家缺斤少两的现象是普遍的；但如果 $\alpha = 1\%$，p 值大于 1%，则不能拒绝原假设，也就是说没有显著的证据表明厂家缺斤少两，要得到更加可靠的结论，监督部门需要做进一步的调查。

三、非正态分布或未知总体分布形式

在检验总体均值时,我们遇到的更多的是非正态分布问题或根本不知总体的分布形式,并且也不知总体的方差的情况。正如在区间估计中讨论过的,这时只要是大样本,我们可以用 Z 统计量作为检验统计量。

例 7.6 一个食品加工者关心 500 克的切片菠萝罐头是否装得太满。质量部门随机抽取了一个容量为 50 的随机样本,发现平均重量是 510 克,样本标准差是 8 克。试检验切片菠萝罐头是否装得太满($\alpha = 0.05$)。

解 由于样本均值 510 克大于所假设的总体均值 500 克,所以备择假设为 $\mu > 500$,建立如下检验假设:

$$H_0: \mu \leq 500, \quad H_1: \mu > 500$$

虽然不知总体分布形式,但 $n = 50$ 是大样本,所以近似有 Z 统计量如下:

$$Z = \frac{\bar{X} - \mu}{s / \sqrt{n}} \sim N(0, 1)$$

$$p = 1 - \text{NORM.DIST}(510, 500, 8/50^{\wedge}0.5, 1) = 0$$

所以拒绝 H_0,接受 H_1,即根据样本资料,在 5% 的显著水平下,可以认为罐头的平均重量大于原定标准。

例 7.7 我们来考察例 7.5 中的问题,但去掉速冻水饺的包装重量为正态分布的假设。

解 尽管总体分布形式未知,但 $n = 50$ 是大样本,所以可以使用 Z.TEST 函数来计算 p 值。

同时由于总体方差未知,在 Z.TEST 函数中,不需要输入总体方差,Excel 自动用样本方差来代替总体方差。

注意到在本题中,样本均值 $\bar{X}$ 小于所假设的总体均值 μ,Z 检验的 p 值应该等于 1 减去 Z.TEST 的结果,即:

$$p = 1 - \text{Z.TEST}(A2:A51, 1\,000) = 0.0287$$

我们的结论是拒绝原假设,即有显著的证据认为厂家普遍缺斤少两。

第三节 两个总体均值之差的假设检验

一、独立总体和相关总体

在现实中,我们经常会遇到对两个总体的平均水平进行比较的问题。根据所比较的两个总体的关系不同,我们所用到的检验工具会有所差异。一般而言,两个总体之间的关系可以分为两类:相互独立和相互关联。

对两个相互独立总体的平均水平差异进行研究的例子有很多。例如,大学里文科生与理科生所购买的手机价格平均水平的比较;中国和印度的人均受教育水平的比较;校园里两个食堂就餐的平均消费水平的比较;两个不同品牌的电脑的消费者平均评价水平的比较。这些例子具有一个共同的特点,即用于计算总体平均水平的观察对象不同,从

而数据来源不同,且不同总体之间相互独立,不相关。

对于相关总体平均水平差异的研究,一般要依靠两次观察结果或试验结果。例如,对同一组学生学过统计学之前与之后的平均分析能力的比较;对同一个企业的人员在改革之前和之后的平均生产效率和工资水平的比较;对同一个商店在周末和工作日平均销售额的比较;对同一块地在两种不同的耕种方式下的平均产量的比较;同一个家庭的丈夫和妻子的收入的比较;同一个群体的收入和消费水平的比较。这类问题具有一个共同的特点,即对两个总体进行观察的对象是一致的,即数据的来源是一致的,两组数据存在对应关系,因而对相关总体观察的数据又称为成对数据。

二、两个独立总体均值之差的抽样分布

已知两个总体 1 和 2 相互独立,从总体 1 中抽取一个随机样本,容量为 n_1,从总体 2 中抽取另一个随机样本,容量为 n_2。记这两个样本的均值之差为 $\bar{X}_1 - \bar{X}_2$。可知:

$$E(\bar{X}_i) = \mu_i, \quad E(\bar{X}_1 - \bar{X}_2) = \mu_1 - \mu_2$$

$$\mathrm{Var}(\bar{X}_i) = \frac{\sigma_i^2}{n_i}, \quad \mathrm{Var}(\bar{X}_1 - \bar{X}_2) = \frac{\sigma_1^2}{n_1} + \frac{\sigma_2^2}{n_2}, \quad i = 1,2$$

下面分几种情况来讨论两个独立总体均值之差的抽样分布。

(1) 两个正态总体,且两个总体方差 σ_1^2 和 σ_2^2 已知,则:

$$(\bar{X}_1 - \bar{X}_2) \sim N\left(\mu_1 - \mu_2, \frac{\sigma_1^2}{n_1} + \frac{\sigma_2^2}{n_2}\right)$$

如果总体方差 σ_1^2 和 σ_2^2 未知,但是为大样本情况,则近似有:

$$(\bar{X}_1 - \bar{X}_2) \sim N\left(\mu_1 - \mu_2, \frac{S_1^2}{n_1} + \frac{S_2^2}{n_2}\right)$$

对于假设检验:$H_0: \mu_1 \geq \mu_2; H_1: \mu_1 \geq \mu_2$,其检验步骤和方法与单个总体均值的假设检验类似。

例 7.8 装配一种小部件可采用两种不同的生产工序,据称装配时间服从正态分布,且根据过去的经验可知,工序 1 的标准差为 2 分钟,工序 2 的标准差为 3 分钟。为了研究两种工序的装配时间是否有差异,各抽 10 个样本进行试验,检查结果为 $\bar{x}_1 = 5$ 分钟,$\bar{x}_2 = 7$ 分钟。试以 $\alpha = 0.05$ 进行显著性检验。

解 依题意,提出假设:

$$H_0: \mu_1 - \mu_2 = 0, \quad H_1: \mu_1 - \mu_2 \neq 0$$

有:
$$Z = \frac{(\bar{X}_1 - \bar{X}_2) - (\mu_1 - \mu_2)}{\sqrt{\frac{\sigma_1^2}{n_1} + \frac{\sigma_2^2}{n_2}}} = \frac{5 - 7 - 0}{\sqrt{\frac{4}{10} + \frac{9}{10}}} = -1.754$$

根据所提假设,这是个双尾检验问题,因为

$$\mathrm{NORM.S.DIST}(-1.754) = 0.0397 > 0.025$$

所以没有理由拒绝 H_0,即没有理由认为两种工序在装配时间之间有显著差异。

例 7.9 某公司为了解两个训练中心在教育质量方面的差异,对两个训练中心的受训者实施一项标准测验,测验结果如下:

训练中心 1	训练中心 2
$n_1 = 30$	$n_2 = 40$
$\bar{x}_1 = 82.5$	$\bar{x}_2 = 79$
$s_1 = 8$	$s_2 = 10$

已知两个训练中心的训练质量均服从正态分布,试检验两训练中心的教育质量有无差异($\alpha = 0.05$)。

解 依题意可建立假设检验如下:

$$H_0: \mu_1 - \mu_2 = 0, \quad H_1: \mu_1 - \mu_2 \neq 0$$

且有检验统计量:

$$T = \frac{(\bar{X}_1 - \bar{X}_2) - (\mu_1 - \mu_2)}{\sqrt{\frac{S_1^2}{n_1} + \frac{S_2^2}{n_2}}} = \frac{82.5 - 79 - 0}{\sqrt{\frac{8^2}{30} + \frac{10^2}{40}}} = 1.626$$

由于是大样本情形,可以考虑用正态分布来近似。由于 $z_{\alpha/2} = z_{0.025} = 1.96 > 1.626$,检验统计量落入接受域,没有理由拒绝原假设。也就是说,由样本所显示的结果可以得出,这两个训练中心在教育质量上并无显著差异。

(2) 两个正态总体,未知总体方差,但知 $\sigma_1^2 = \sigma_2^2$,则:

$$T = \frac{(\bar{X}_1 - \bar{X}_2) - (\mu_1 - \mu_2)}{S_w \sqrt{\frac{1}{n_1} + \frac{1}{n_2}}} \sim t(n_1 + n_2 - 2)$$

其中,$S_w^2 = \dfrac{(n_1 - 1)S_1^2 + (n_2 - 1)S_2^2}{n_1 + n_2 - 2}$,即按照每个样本自由度加权的样本方差均值。

例 7.10 为比较两种牧草对乳牛的饲养效果,随机从乳牛群中选出 12 头喂以脱水牧草,另选出 13 头喂以枯萎牧草。根据一个月的观察,得到食用枯萎牧草的乳牛平均日产乳量 $\bar{x}_1 = 45.15$ 磅,$s_1^2 = 63.97$;食用脱水牧草的乳牛平均日产乳量 $\bar{x}_2 = 42.25$ 磅,$s_2^2 = 76.39$。问这些资料是否足以证明食用枯萎牧草的乳牛的平均牛乳产量大于食用脱水牧草的乳牛?假设两种乳牛的日产乳量方差相等,试以 $\alpha = 0.05$ 进行显著性检验。

解 依题意,建立如下假设:

$$H_0: \mu_1 - \mu_2 \leq 0, \quad H_1: \mu_1 - \mu_2 > 0$$

根据已知条件可以计算得到:

$$S_w^2 = \frac{(n_1 - 1)S_1^2 + (n_2 - 1)S_2^2}{n_1 + n_2 - 2} = \frac{(13 - 1)63.97 + (12 - 1)76.39}{13 + 12 - 2} = 69.91$$

$$T = \frac{(\bar{X}_1 - \bar{X}_2) - (\mu_1 - \mu_2)}{S_w \sqrt{\frac{1}{n_1} + \frac{1}{n_2}}} = \frac{45.15 - 42.45 - 0}{8.63 \sqrt{\frac{1}{13} + \frac{1}{12}}} = 0.84$$

右尾检验,由 T.DIST.RT$(0.84, 23) = 0.205 > 0.05$,落入接受域,所以在 $\alpha = 0.05$ 下,不能拒绝原假设。

(3) 两个正态总体,总体方差未知,且方差不相等,则:

$$T = \frac{(\bar{X}_1 - \bar{X}_2) - (\mu_1 - \mu_2)}{S_w \sqrt{\frac{1}{n_1} + \frac{1}{n_2}}} \sim t(\text{df})$$

df 的大小与两个样本容量和样本方差有关。

三、Excel 独立总体双样本检验分析工具

（一）z 检验：双样本平均差检验

适用于两个正态总体，且两个总体方差 σ_1^2 和 σ_2^2 已知，但在实际中用得比较少。

（二）t 检验：双样本等方差假设

适用于两个正态总体，未知总体方差，但知 $\sigma_1^2 = \sigma_2^2$ 的情形。

例 7.11 为了评估统计学课程的学习对学生今后数量分析课程的帮助，现从某高校经济学院随机抽取选修统计学与没有选修统计学的四年级学生各 15 名，调查他们在三年级计量经济学课程上的成绩，数据参见本章课件"计量经济学成绩"。试以 $\alpha = 0.05$ 判断修过统计学的学生分数是否高于没有修过的学生。

解 本题要检验的是修过统计学的学生分数是否高于没有修过的学生，所以是一个单侧检验。

观察到 $\bar{x}_1 > \bar{x}_2$，所以备择假设应是 $H_1:\mu_1 > \mu_2$，即两个均值之差大于零：$H_1:\mu_1 - \mu_2 > 0$。建立假设检验：

$$H_0:\mu_1 \leq \mu_2 (\text{或 } H_0:\mu_1 = \mu_2), \quad H_1:\mu_1 > \mu_2$$

这是一个拒绝域在右侧的单尾检验。

原假设是修过统计学学生的计量经济学分数小于等于没有修过的学生的分数，即两个均值之差小于零；或两类学生的成绩相同，没有显著的差别，即两个均值之差为零。现假设两个总体的方差相等。

Excel 中"t 检验：双样本等方差假设"操作程序：

选择"数据"—"数据分析"—"t 检验：双样本等方差假设"，然后分别输入"数据 1"和"数据 2"的区域，如果数据区域包含标志，则需要在"标志"的复选框内打钩。在"假设平均差"中，根据零假设输入所假设的总体均值之差，该平均差要求大于等于零。如果遇到小于零的情况，则把零假设中 μ_1 和 μ_2 的顺序进行一下变换就可以了。下面我们就该题的输出结果进行解释。输出结果：

t 检验：双样本等方差假设

	修过统计学	没有修过统计学
平均	85.16206	81.62343
方差	38.08324	22.72901
观测值	15	15
合并方差	30.40613	
假设平均差	0	

(续表)

	修过统计学	没有修过统计学
df	28	
t-Stat	1.757456	
P(T<=t) 单尾	0.044885	
t 单尾临界	1.701131	
P(T<=t) 双尾	0.08977	
t 双尾临界	2.048407	

解释：

（1）平均、方差分别指样本均值和样本方差。

（2）合并方差：按照每个样本自由度加权的样本方差均值，即：

$$S_w^2 = \frac{(n_1 - 1)S_1^2 + (n_1 - 1)S_2^2}{n_1 + n_2 - 2}$$

（3）假设平均差，即检验假设，在本题中，因为 $H_0: \mu_1 - \mu_2 \leq (或 =)0$，所以所假设的平均差为零。在实际研究中，平均差可以取任意值。

（4）df 为自由度，即 $n_1 + n_2 - 2$。

（5）t-Stat：t 统计量 $\frac{(\bar{X}_1 - \bar{X}_2) - (\mu_1 - \mu_2)}{S_w\sqrt{\frac{1}{n_1} + \frac{1}{n_2}}} \sim t(n_1 + n_2 - 2)$。

（6）$P(T \leq t)$ 单尾：单侧 p 值，用于单侧检验中与显著水平相比。如果 t 为正，单侧 p 值为 $P(T \geq t)$，如果 t 为负，单侧 p 值为 $P(T \leq t)$。在本题中，$t = 1.7575 > 0$，所以单侧 p 值为 $P(T \geq t)$。运用于单侧检验的判断。注意：Excel 的输出结果包括"$P(T \leq t)$ 单尾"和"$P(T \leq t)$ 双尾"，当 $t > 0$ 时，应该为"$P(T \geq t)$ 单尾"和"$P(T \geq t)$ 双尾"。做题的时候，需要进行一下判断。

（7）t 单尾临界：单侧尾部面积为 5% 所对应的 T 值。

（8）$P(T \geq t)$ 双尾：双侧 p 值，单侧 p 值的 2 倍，用于双侧检验中与显著水平相比。

（9）t 双尾临界：两侧尾部面积为 5% 所对应的 T 值，即单侧尾部面积为 2.5% 所对应的 T 值。

结论：因为 $P(T \geq t) = 0.0449 < 0.05$，所以不能接受原假设，我们接受备择假设，认为修过统计学学生的计量经济学分数高于没有修过的学生。

（三）t 检验：双样本不等方差假设

适用于两个总体方差未知且方差不等的情形。

例 7.12 某供应电脑显示器的公司正考虑采用一种耐用时间更长的新灯泡。公司有以前灯泡样本的检验数据，也有最近得到的新灯泡样本检验数据。根据这些数据，该公司能够在显著性水平为 0.05 的情况下认定新灯泡的平均寿命比旧灯泡长吗？数据参见本章课件"灯泡"。

解 用 1 表示旧灯泡，2 表示新灯泡。

观察到 $\bar{x}_1 < \bar{x}_2$，所以备择假设应是：

即两个均值之差小于零:

$$H_1:\mu_1 - \mu_2 < 0$$

建立的检验假设为:

$$H_0:\mu_1 \geq \mu_2(或 H_0:\mu_1 = \mu_2), \quad H_1:\mu_1 < \mu_2$$

拒绝域在左侧的单尾检验。

检验结果:方差相等的假设下,单侧 p 值是 0.051746,比显著性水平 0.05 稍大一点。因此不能拒绝原假设,也就是说,在 0.05 的显著性水平下没有证据说明新灯泡比旧灯泡更耐用。

在方差不等的假设下,单侧 p 值是 0.02578,比显著性水平 0.05 小,因此拒绝原假设,结论是在 0.05 的显著性水平下新灯泡明显比旧灯泡更耐用。

现在的问题是哪一个结论更合理。显然答案取决于新旧灯泡这两个总体的方差是否相等。在进行总体均值之差的假设检验时,如果不能确定总体方差的情况,我们可以先对两个总体的方差是否相等进行一下检验。

四、成对样本均值之差抽样分布及其推断

(一) 成对样本均值之差抽样分布

我们在前面提到,当试验或观察是以一个样本的每一变量与另一样本的一个特定变量配对的方式进行的,我们就会得到两个并不相互独立的样本,它们代表了两个相互关联的总体。

通常假设,这两个总体均服从正态分布,对两个正态总体的均值相等的假设:$\mu_1 = \mu_2$,等价于检验假设 $H_0:\mu_1 - \mu_2 = 0$。现在来研究一下总体均值之差的抽样分布。

令 $d = x - y$,则样本之差 $D_i = x_i - y_i(i = 1, 2, \cdots, n)$ 为来自正态总体 D 的随机样本。令 D 的期望为 μ,则统计量:

$$T = \frac{\overline{D} - \mu}{S/\sqrt{n}} \sim t(n-1)$$

其中,$\overline{D} = \frac{\sum D_i}{n}$,为样本均值;$S = \sqrt{\frac{\sum (D_i - \overline{D})^2}{n-1}}$,为样本标准差。

(二) Excel 中的成对样本检验工具:t 检验:平均值的成对二样本分析

例 7.13 随机调查了 50 个家庭的丈夫和妻子的月收入状况,数据参见本章课件"家庭收入"。请你根据该数据资料判断一下在家庭收入中,丈夫的收入是否要高于妻子的。

解 下表给出了这 50 个家庭的丈夫和妻子的平均收入状况:

	丈夫月收入(元)	妻子月收入(元)	收入差额(元)
平均	964.4	888.6	75.8

令丈夫的平均月收入为 μ_1,妻子的平均月收入为 μ_2,我们可以建立检验假设:$H_0:\mu_1 \leq \mu_2$(或 $H_0:\mu_1 = \mu_2$),$H_1:\mu_1 > \mu_2$,该检验为拒绝域在左侧的单尾检验。

下表为 Excel "t 检验：平均值的成对二样本分析" 的输出结果。

t 检验：成对双样本均值分析

	丈夫月收入	妻子月收入
平均	964.4	888.6
方差	160 670.04	124 616.3673
观测值	50	50
泊松相关系数	0.874858	
假设平均差	0	
df	49	
t-Stat	2.760385	
$P(T \leqslant t)$ 单尾	0.0040499	
t 单尾临界	1.6765512	
$P(T \leqslant t)$ 双尾	0.0080997	
t 双尾临界	2.009574	

因为单侧 p 值 $P(T \geqslant t) = 0.0040499 < 0.05$，所以不能接受原假设，我们接受备择假设 $H_1: \mu_1 < \mu_2$，即可以认为丈夫的月收入高于妻子。在该输出结果中，我们注意到多了一个"泊松相关系数"，就是两个随机变量的简单相关系数，表明两个变量之间的相关程度，数值大小介于 -1 和 1 之间，绝对值越大，相关程度越大；系数的正负号则表明相关的正负方向。在本例中，丈夫和妻子的月收入相关系数达到了 0.87，表明他们之间存在很高的正相关，即丈夫的收入越高，妻子的收入也会越高。

最后，需要补充的是，在 Excel 中提供了一个两个总体均值检验的函数 T.TEST。其语法结构为：

$$\text{T.TEST}(\text{array1}, \text{array2}, \text{tails}, \text{type})$$

其中，array1 和 array2 分别为来自第一个和第二个总体的样本，tails 指示是计算单尾 p 值还是双尾 p 值，tails = 1 为单尾，tails = 2 为双尾。type 指示 t 检验的类型，type = 1 进行成对双样本检验，type = 2 进行等方差双样本检验，type = 3 为异方差双样本检验。

第四节 总体比例的假设检验

一、单个总体比例的假设检验

在第六章第三节，我们对样本比例的抽样分布进行过讨论。已知在 n 重伯努利试验中，X 为某事件发生的次数，π 为某事件发生的可能性（为了与 p 值的符号表示相区分，这里用 π 表示总体比例），显然 X/n 就是某事件在 n 次试验中出现的频率，也即样本比例，我们记作 $\hat{\pi}$。又已知 X 服从二项分布，显然 X/n 也是服从二项分布的随机变量。因此，对于单个总体比例的假设检验，我们可以通过计算二项分布的累积概率来进行。不过，在样本容量足够大时，即 $n\pi > 5$ 且 $n(1-\pi) > 5$ 时，根据棣莫弗-拉普拉斯中心极限定理，可以把二项分布问题变为正态分布近似求解，因而有：

$$\frac{X}{n} \sim N\left(\pi, \frac{1}{n}\pi(1-\pi)\right)$$

即：
$$Z = \frac{\hat{\pi} - \pi}{\sqrt{\frac{\pi(1-\pi)}{n}}} \sim N(0,1)$$

因此,可以使用 Z 检验。

例 7.14 某机构声称五年来各种新发行债券的承销价高于面值的比率没有超过 50%。为检验此说法,随机抽选了 60 只新发行债券,其中有 24 只的承销价高于面值。试以 $\alpha = 0.10$ 进行检验。

解 依题意,可建立如下假设：
$$H_0: \pi \geq 50\%, \quad H_1: \pi < 50\%$$

已知：$n = 60$ 为大样本,$\hat{\pi} = 24/60 = 0.4$,于是有：
$$Z = \frac{\hat{\pi} - \pi}{\sqrt{\frac{\pi(1-\pi)}{n}}} = \frac{0.4 - 0.5}{\sqrt{\frac{0.5(1-0.5)}{60}}} = -1.55$$

计算 p 值：
$$P(Z < -1.55) = \text{NORM.S.DIST}(-1.55) = 0.0606 < 0.10$$

所以拒绝原假设,即没有理由怀疑该机构的估计。

对于此题,如果采用二项分布的话,那么：
$$P(X \leq 24) = \sum_{x=1}^{24} P(x; n = 60, \pi = 0.5) = \text{BINOMDIST}(24, 60, 0.5, 1)$$
$$= 0.0775 < 0.10$$

通过二项分布计算的 p 值与通过正态分布计算的 p 值比较接近,但是,前者更加精确。对于单个总体比例的假设检验,如果遇到的是小样本或者当可以很方便使用 Excel 时,用二项分布计算 p 值显然是合适的。

二、两个总体比例的假设检验

如果两个样本独立地抽自两个独立的总体,根据两个样本比例 $\hat{\pi}_1$ 和 $\hat{\pi}_2$ 就可以检验总体比例 π_1 与 π_2 是否相等,在两个样本都是大样本的前提下,有：

$$Z = \frac{(\hat{\pi}_1 - \hat{\pi}_2) - (\pi_1 - \pi_2)}{\sqrt{\frac{\pi_1(1-\pi_1)}{n_1} + \frac{\pi_2(1-\pi_2)}{n_2}}} \sim N(0,1)$$

在上面的公式计算中,通常用样本比例代替未知的总体比例。该检验也适用于总体比例差与某个常数之间关系的假设检验。

例 7.15 一保险机构称,对于新出台的某一险种,沿海地区的人们的喜爱程度要高于内地的人们。为了进一步了解事实,进行了一次抽样调查,了解两地喜爱该险种的人数比例,调查结果如下表所示。试以 $\alpha = 0.01$ 进行检验。

沿海地区	内地
$p_1 = 0.65$	$p_2 = 0.55$
$n_1 = 300$	$n_2 = 400$

解 依题意,可建立如下假设：
$$H_0: \pi_1 - \pi_2 < 0, \quad H_1: \pi_1 - \pi_2 > 0$$

因为
$$Z = \frac{(\hat{\pi}_1 - \hat{\pi}_2) - (\pi_1 - \pi_2)}{\sqrt{\frac{\pi_1(1-\pi_1)}{n_1} + \frac{\pi_2(1-\pi_2)}{n_2}}} = \frac{0.65 - 0.55 - 0}{\sqrt{\frac{0.65(0.35)}{300} + \frac{0.55(0.45)}{400}}} = 2.695$$

所以计算 p 值：
$$P(Z > 2.695) = 1 - \text{NORM.S.DIST}(2.695, 1) = 0.0035 < 0.01$$

所以拒绝原假设，接受备择假设，即可以认为沿海地区消费者更偏好该险种。

在本题中，由于 $H_0: \pi_1 - \pi_2 \leq 0$，最佳的估计可以采用以下方式：令 $\hat{\pi}$ 为 $\pi_1 - \pi_2 = 0$ 成立时的混合样本比例：
$$\hat{\pi} = \frac{x_1 + x_2}{n_1 + n_2} = \frac{\hat{\pi}_1 n_1 + \hat{\pi}_2 n_2}{n_1 + n_2}$$

则：
$$Z = \frac{p_1 - p_2}{\sqrt{\hat{\pi}(1-\hat{\pi})\left(\frac{1}{n_1} + \frac{1}{n_2}\right)}}$$

由数据计算得到：
$$Z = \frac{0.65 - 0.55}{\sqrt{0.539(1-0.593)\left(\frac{1}{300} + \frac{1}{400}\right)}} = 2.665$$

$$P(Z > 2.695) = 1 - \text{NORM.S.DIST}(2.665, 1) = 0.0039 < 0.01$$

第五节　总体方差的假设检验

一、一个正态总体方差的假设检验

设 $X \sim N(\mu, \sigma^2)$，若要检验总体方差是否等于某一数值 σ_0^2，则可建立如下假设：
$$H_0: \sigma^2 = \sigma_0^2, \quad H_1: \sigma^2 \neq \sigma_0^2$$

取检验统计量 $\chi^2 = \frac{(n-1)s^2}{\sigma^2} \sim \chi^2(n-1)$，在给定的显著水平 α 下，可查 χ^2 分布表或使用 Excel 中的 CHISQ.INV 和 CHISQ.INV.RT 函数，得到两个临界值 $\chi^2_{\alpha/2}(n-1)$ 和 $\chi^2_{1-\alpha/2}(n-1)$，若 $\chi^2_{1-\alpha/2}(n-1) \leq \chi^2 \leq \chi^2_{\alpha/2}(n-1)$，则检验统计量 χ^2 落入接受域，这时不能推翻原假设；若检验统计量 χ^2 落入上述区域之外，即落入了拒绝域，这时应拒绝原假设，接受备择假设。也可以使用 Excel 中的 CHISQ.DIST 或者 CHISQ.DIST.RT 函数来计算 p 值，将其与显著水平 α 进行比较，作出判断。

例 7.16　某车间生产铜丝，生产一向比较稳定。现从中随机抽取 10 根，测得铜丝折断力均值为 575.2，方差为 75.73。问：是否可以相信该车间生产的铜丝的折断力的方差依然是 64（要求 $\alpha = 0.05$，并且已知铜丝折断力服从正态分布）？

解　依题意建立假设：
$$H_0: \sigma^2 = 64, \quad H_1: \sigma^2 \neq 64$$

根据样本数据计算得到：
$$\chi^2 = \frac{(n-1)s^2}{\sigma^2} = 9(75.73/64) = 10.65$$

根据给定显著水平 $\alpha = 0.05$，查 χ^2 分布表得：
$$\chi^2_{1-\alpha/2}(n-1) = \chi^2_{0.975}(9) = 2.7, \quad \chi^2_{\alpha/2}(n-1) = \chi^2_{0.025}(9) = 19$$
现在，$2.7 < \chi^2 = 10.65 < 19$，落入接受域，所以不能拒绝原假设。或者计算 p 值：
$$p = \text{CHISQ.DIST.RT}(10.65, 9) = 0.3 > \alpha/2 = 0.025$$
不能拒绝原假设，即没有显著的证据认为该车间生产的铜丝的折断力的方差不是64。

例 7.17 某电工器材厂生产一种保险丝，保险丝的融化时间服从正态分布。按规定，融化时间的方差不得超过 400。现从一批产品中随机抽取 25 个样品，测得融化时间的方差为 410。问在显著水平 $\alpha = 0.05$ 条件下，能认为这批产品的方差显著偏大吗？

解 依题意建立假设：
$$H_0: \sigma^2 \le 400, \quad H_1: \sigma^2 > 400$$
根据样本数据得：
$$\chi^2 = \frac{(n-1)s^2}{\sigma^2} = 24(410/400) = 24.6$$
因为当 $H_0: \sigma^2 \le \sigma_0^2$ 成立时，
$$\frac{(n-1)s^2}{\sigma_0^2} \le \frac{(n-1)s^2}{\sigma^2}$$
所以如果 $\frac{(n-1)s^2}{\sigma_0^2} > \chi^2_\alpha(n-1)$，则必有：
$$\frac{(n-1)s^2}{\sigma^2} > \chi^2_\alpha(n-1)$$
而如果：
$$P\left\{\frac{(n-1)s^2}{\sigma^2} > \chi^2_\alpha(n-1)\right\} = \alpha$$
则有：
$$P\left\{\frac{(n-1)s^2}{\sigma_0^2} > \chi^2_\alpha(n-1)\right\} \le \alpha$$
于是我们得到否定域
$$\frac{(n-1)s^2}{\sigma_0^2} > \chi^2_\alpha(n-1)$$
于是根据 $\alpha = 0.05$，查表可得 $\chi^2_\alpha(n-1) = \chi^2_{0.05}(24) = 36.42$，因为 $\chi^2 = 24.6 < 36.42$，落入接受域。

或者计算 p 值：
$$p = \text{CHISQ.DIST.RT}(24.6, 24) = 0.42 > \alpha = 0.05$$
故我们没有理由认为这批产品的方差显著偏大。

根据以上例题类似地讨论 $H_0: \sigma^2 \ge \sigma_0^2$，可得到其否定域为 $\frac{(n-1)s^2}{\sigma_0^2} < \chi^2_{1-\alpha}(n-1)$。

二、两个正态总体方差比 $\dfrac{\sigma_1^2}{\sigma_2^2}$ 的假设检验

若要检验两个独立的正态分布总体的方差是否相等，则可建立假设：
$$H_0: \sigma_1^2 = \sigma_2^2 \left(\text{或} \frac{\sigma_1^2}{\sigma_2^2} = 1\right), \quad H_1: \sigma_1^2 \ne \sigma_2^2 \left(\text{或} \frac{\sigma_1^2}{\sigma_2^2} \ne 1\right)$$

当 $H_0: \sigma_1^2 = \sigma_2^2$ 成立时，由定理 6.8 可知：

$$F = \frac{S_1^2/\sigma_1^2}{S_2^2/\sigma_2^2} = \frac{S_1^2}{S_2^2} \sim F(n_1-1, n_2-1)$$

则对给定的显著水平 α，有：

$$P\{F < F_{1-\alpha/2}(n_1-1, n_2-1)\} = \frac{\alpha}{2}$$

$$P\{F > F_{\alpha/2}(n_1-1, n_2-1)\} = \frac{\alpha}{2}$$

则可得到否定域 $F < F_{1-\alpha/2}(n_1-1, n_2-1)$ 或 $F > F_{\alpha/2}(n_1-1, n_2-1)$。

在 Excel 中，可以运用 F.DIST 和 F.DIST.RT 函数来计算 p 值，其语法结构为：

$$\text{F.DIST}(x, n_1, n_2, 1) = \text{PROB}(F < x)$$
$$\text{F.DIST.RT}(x, n_1, n_2) = \text{PROB}(F > x)$$

当我们面对的是原始数据时，可以运用 Excel 中的 F.TEST 函数，可以直接得到 F 检验的双尾 p 值（2 倍的单尾 p 值），其语法结构为：

$$\text{F.TEST}(\text{array1}, \text{array2})$$

其中，array1 和 array2 分别是第一个数组和第二个数组区域。

例 7.18 某种脱脂乳制品在处理前后分别取样分析其含脂率，得到数据如下表所示。

处理前	处理后
$n_1 = 10$	$n_2 = 0.005$
$s_1^2 = 11$	$s_2^2 = 0.00477$

假设处理前后含脂率都服从正态分布，问处理前后含脂率的方差是否不变（$\alpha = 0.05$）？

解 依题意，建立假设：

$$H_0: \sigma_1^2 = \sigma_2^2, \quad H_1: \sigma_1^2 \neq \sigma_2^2$$

取统计量：$F = S_1^2/S_2^2 = 0.005/0.00477 = 1.06$

查表 $\alpha = 0.05$，有：

$$F_{1-\alpha/2}(n_1-1, n_2-1) = \frac{1}{F_{\alpha/2}(n_2-1, n_1-1)} = \frac{1}{F_{0.025}(10,9)} = \frac{1}{3.96} = 0.253$$

$$F_{\alpha/2}(n_1-1, n_2-1) = F_{0.025}(9,10) = 3.78$$

即有否定域 $F < 0.253, F > 3.78$。

因为样本统计量 $F = 1.06$，未落入拒绝域，所以接受原假设，即认为处理前后方差没有显著变化。

在此例中，因为 $F = 1.06 > 1$，所以该检验的拒绝域在右侧。$p = \text{F.DIST.RT}(1.06, 9, 10) = 0.4606 > \alpha/2 = 0.025$。

例 7.19 某位社会学家从一所大学中随机抽取了 25 位男生和 16 位女生，对他们进行了同样题目的测试。测试结果参见本章课件"男女生成绩"。试问：根据这组数据，这位社会学家对于男女生的成绩能得出什么样的结论？假设 $\alpha = 0.02$，并假设男女生成绩都是服从正态分布的。

解 本题我们可以对男女生成绩的均值和方差是否相同进行检验。要检验两个总体均值是否相等,首先要对两总体方差是否相等进行检验。

(1) $H_0:\sigma_1^2=\sigma_2^2, H_1:\sigma_1^2\neq\sigma_2^2$。

$$双尾\ p\ 值 = F.TEST(A2:A26,B2:B17) = 0.1276 > \alpha = 0.02$$

所以不能拒绝原假设,即社会学家会得出男女生之间学习成绩的方差并无显著差异的结论。下一步采用等方差假设下的两个独立总体均值的 t 检验。

(2) $H_0:\mu_1=\mu_2, H_1:\mu_1\neq\mu_2$,该检验为拒绝域在双侧的双尾检验。

$$单尾\ p\ 值 = T.TEST(A2:A26,B2:B17,1,2) = 0.4723 > \alpha/2 = 0.01$$

所以不能拒绝原假设,即社会学家会得出男女生之间学习成绩的均值并无显著差异的结论。

现在考察方差比检验中的单侧检验。建立的零假设和备择假设如下:

$$H_0:\sigma_1^2\geq\sigma_2^2,\quad H_1:\sigma_1^2<\sigma_2^2$$

已知统计量 $F=\dfrac{S_1^2/\sigma_1^2}{S_2^2/\sigma_2^2}\sim F(n_1-1,n_2-1)$。当 H_0 成立时,有 $F\leq S_1^2/S_2^2$。这样,如果 $S_1^2/S_2^2\leq F_c$,则一定有 $F\leq F_c$。

由于 σ_1^2 和 σ_2^2 未知,现在考虑零假设中的一种情况 $\sigma_1^2=\sigma_2^2$ 成立,此时可以采用 F 统计量 S_1^2/S_2^2 对此进行检验。如果在 $\sigma_2^2=\sigma_2^2$ 假设下得到一个小概率事件,那么在 $\sigma_2^1\geq\sigma_2^2$ 假设下,将得到一个更小的 F 值,即 $\sigma_2^1\geq\sigma_2^2$ 假设下得到的事件概率更小。当备择假设 $H_1:\sigma_2^1<\sigma_2^2$ 成立时,有 $E(S_1)=\sigma_2^1<E(S_2)=\sigma_2^2$,对于统计量 S_2^1/S_2^2,这是一个拒绝域在左侧的单尾检验。

因此,在方差比的单尾检验中,我们仍然可以采用 F 统计量 S_1^1/S_2^2 进行检验。

最后,将所讨论过的假设检验方法小结于表 7.2、表 7.3 和表 7.4。

表 7.2 单个总体均值和方差的假设检验

前提条件	假设	检验统计量及其分布	H_0 的拒绝域
正态总体 σ^2 已知	$H_0:\mu=\mu_0$ $H_0:\mu\geq\mu_0$ $H_0:\mu\leq\mu_0$	$Z=\dfrac{\bar{X}-\mu}{\sigma/\sqrt{n}}\sim N(0,1)$	$\|Z\|\geq Z_{\alpha/2}$ $Z\leq -Z_\alpha$ $Z\geq Z_\alpha$
正态总体 σ^2 未知	$H_0:\mu=\mu_0$ $H_0:\mu\geq\mu_0$ $H_0:\mu\leq\mu_0$	$T=\dfrac{\bar{X}-\mu_0}{s/\sqrt{n}}\sim t(n-1)$	$\|T\|\geq t_{\alpha/2}(n-1)$ $T\leq -t_\alpha$ $T\geq t_\alpha$
未知总体分布或方差大样本	$H_0:\mu=\mu_0$ $H_0:\mu\geq\mu_0$ $H_0:\mu\leq\mu_0$	$Z=\dfrac{\bar{X}-\mu}{s/\sqrt{n}}\sim N(0,1)$(近似)	$\|Z\|\geq Z_{\alpha/2}$ $Z\leq -Z_\alpha$ $Z\geq Z_\alpha$
正态总体	$H_0:\sigma^2=\sigma_0^2$ $H_0:\sigma^2\leq\sigma_0^2$ $H_0:\sigma^2\geq\sigma_0^2$	$\chi^2=\dfrac{(n-1)s^2}{\sigma_0^2}$	$\chi^2<\chi_{1-\alpha/2}^2(n-1)$ 或 $\chi^2>\chi_{\alpha/2}^2(n-1)$ $\chi^2>\chi_\alpha^2(n-1)$ $\chi^2<\chi_{1-\alpha}^2(n-1)$

表7.3 两个总体均值和方差的假设检验

前提条件	假设	检验统计量及其分布	H_0 的拒绝域
已知方差 σ_1^2 和 σ_2^2	$H_0:\mu_1=\mu_2$ $H_0:\mu_1\leq\mu_2$ $H_0:\mu_1\geq\mu_2$	$Z=\dfrac{\bar{X}_1-\bar{X}_2-(\mu_1-\mu_2)}{\sqrt{\dfrac{\sigma_1^2}{n_1}+\dfrac{\sigma_2^2}{n_2}}}\sim N(0,1)$	$\|Z\|\geq Z_{\alpha/2}$ $Z\geq Z_\alpha$ $Z\leq -Z_\alpha$
未知方差但已知 $\sigma_1^2=\sigma_2^2$	$H_0:\mu_1=\mu_2$ $H_0:\mu_1\leq\mu_2$ $H_0:\mu_1\geq\mu_2$	$T=\dfrac{(\bar{X}_1-\bar{X}_2)-(\mu_1-\mu_2)}{S_w\sqrt{\dfrac{1}{n_1}+\dfrac{1}{n_2}}}$ $\sim t(n_1+n_2-2)$ 其中,$S_w^2=\dfrac{(n_1-1)S_1^2+(n_2-1)S_2^2}{n_1+n_2-2}$	$\|t\|\geq t_{\alpha/2}(n_1+n_2-2)$ $t\geq t_\alpha(n_1+n_2-2)$ $t\leq -t_\alpha(n_1+n_2-2)$
未知总体分布和方差 $\sigma_1^2\neq\sigma_2^2$ 大样本	$H_0:\mu_1=\mu_2$ $H_0:\mu_1\leq\mu_2$ $H_0:\mu_1\geq\mu_2$	$\dfrac{(\bar{X}_1-\bar{X}_2)-(\mu_1-\mu_2)}{\sqrt{\dfrac{S_1^2}{n_1}+\dfrac{S_2^2}{n_2}}}\sim N(0,1)$(近似)	$\|Z\|\geq Z_{\alpha/2}$ $Z\geq Z_\alpha$ $Z\leq -Z_\alpha$
正态总体	$H_0:\sigma_1^2=\sigma_2^2$ $H_0:\sigma_1^2\leq\sigma_2^2$ $H_0:\sigma_1^2\geq\sigma_2^2$	$F=\dfrac{s_1^2}{s_2^2}\sim F(n_1-1,n_2-1)$	$F<\dfrac{1}{F_{\alpha/2}(n_2-1,n_1-1)}$ 或 $F>F_{\alpha/2}(n_1-1,n_2-1)$ $F>F_\alpha(n_1-1,n_2-1)$ $F<\dfrac{1}{F_\alpha(n_2-1,n_1-1)}$

表7.4 总体比例的假设检验

前提条件	假设	检验统计量及其分布	H_0 的拒绝域
一个总体大样本	$H_0:\pi=\pi_0$ $H_0:\pi\geq\pi_0$ $H_0:\pi\leq\pi_0$	$Z=\dfrac{\hat{\pi}-\pi}{\sqrt{\dfrac{\pi(1-\pi)}{n}}}\sim N(0,1)$(近似)	$\|Z\|\geq Z_{\alpha/2}$ $Z\leq -Z_\alpha$ $Z\geq Z_\alpha$
两个总体都是大样本	$H_0:\pi_1=\pi_2$ $H_0:\pi_1\geq\pi_2$ $H_0:\pi_1\leq\pi_2$	$Z=\dfrac{(\hat{\pi}_1-\hat{\pi}_2)-(\pi_1-\pi_2)}{\sqrt{\dfrac{\pi_1(1-\pi_1)}{n_1}+\dfrac{\pi_2(1-\pi_2)}{n_2}}}\sim N(0,1)$(近似)	$\|Z\|\geq Z_{\alpha/2}$ $Z\leq -Z_\alpha$ $Z\geq Z_\alpha$

第六节 统计检验力

一、对第二类错误的描述

推断假设的第二类错误(type Ⅱ error),是说在原假设为假的情况下,接受原假设的概率。过去,人们对于第二类错误的控制并不是很重视。但随着对统计学研究的深入,如何控制第二类错误成为一个越来越重要的研究内容。人们研究第二类错误的基本目的有两个,一是控制以假为真的概率,二是在接受原假设时使我们的理由更充分。

通常我们用 β 值代表犯第二类错误的概率。先来看一个对均值假设检验的例子,我们假设真实的均值 μ 为 μ_1,但原假设认为 μ 为 μ_0,因此原假设是错误的。在给定 α 的显著水平下,可以很容易地估计出第二类错误的概率。如图 7.7 所示,当我们进行单侧检验时,以 μ_1 为均值的 H_1 分布曲线左边阴影部分的面积就是犯第二类错误的概率 β。

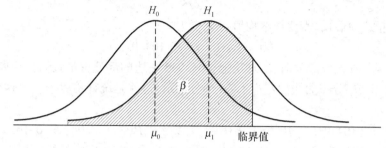

图 7.7　犯第二类错误的概率

下面我们通过一个例子来解释犯第二类错误的概率。假设我们从一个均值为 50、标准差为 10 的正态总体中进行抽样,样本容量为 9。我们假设零假设 H_0 为 $\mu=45$,备择假设 H_1 为 $\mu=50$。在显著水平为 0.05 的单侧检验下,当样本均值小于 50.5 时,我们就会接受原假设,认为 $\mu=45$。因此在备择假设为真的情况下,我们接受原假设而犯错误的概率为

$$P(\bar{X}<50.5)=P\left(\frac{\bar{X}-50}{10/3}<\frac{50.5-50}{10/3}\right)=P(Z<0.15)=0.559$$

这意味着在 1 000 次抽样调查中,理论上有 559 次不能拒绝原假设 $H_0:\mu=45$。但我们知道,真实的总体均值 μ 等于 50,因此,这也意味着,在这 1 000 次抽样调查中,我们会有 559 次犯了第二类错误。

我们可以用 Excel 来模拟一下上面所阐述的第二类错误发生的概率。具体做法:我们通过"数据"—"分析"—"随机数发生器",生成 1 000 组样本容量为 9,来自均值为 50、标准差为 10 的正态分布总体的随机数。然后分别计算每个样本的平均值,将其与 50.5 进行比较。当样本均值小于 50.5 时,我们将认为总体均值为 45,可以通过 COUNTIF 函数统计出错误地接受原假设的次数,这个次数应该与 559 非常接近。

二、统计检验力

在以上的步骤中,我们通常只能对真实的情况进行假设,然后才能对第二类错误进行估计。我们并不确切地知道真实的情况,否则就不用再进行假设检验了。基于对真实情况的不确定性,我们需要对第二类错误有一个定性的认识,在此就要引入检验统计力的概念。

检验统计力(statistical power of test)是一个条件概率,是在原假设错误的情况下能够否定原假设的概率,其表达式就为 $1-\beta$。我们先来看一个例子,然后再谈论其性质。

假设有厂商新发明了一种药,宣称它能够有效地提高人的 IQ,为了检验厂商的话是否可信,我们需要进行假设检验。假设随机抽取了 25 个人来做试验,已知人类的 IQ 均值为 100,方差为 25。用药后,测量其新的 IQ,同时我们假设用药并不会改变人类 IQ 的离散情况,因此假设方差不变。这样,原假设就为 $\mu\leqslant100$,备择假设为 $\mu>100$。

假设我们认为 102 是一个可以接受的最小改变量，那么作为一个精确的估计，我们就会以 $\mu = 102$ 作为备择假设，即认为用药后 IQ 会提高到 102。进行 $\alpha = 0.05$ 的单侧检验。已知，以 $\mu = 100$ 和 $\mu = 102$ 为期望的样本均值分布曲线的标准差都为：

$$\sigma_{\bar{X}} = \frac{15}{\sqrt{25}} = 3$$

这样要拒绝原假设，需要样本均值 $\bar{X}$ 至少为：

$$100 + 1.645 \times 3 = 104.935$$

这就意味着当备择假设成立时，在理论上，104.935 右边的部分将是我们拒绝原假设的概率，如图 7.8 中 H_1 分布曲线的左边 $1-\beta$ 部分所示，这就是统计检验力。在这个例子中，可以计算出：

$$Z = (104.935 - 102)/3 = 0.98 \quad 以及 \quad P(Z > 0.98) = 0.1635$$

因此，我们认为如果药品确实能使 IQ 提高 2 个点的话，就有 16% 的机会拒绝原假设，当然如果药品能够带来更大的提高，我们的检验力也会大于 16%。统计检验力就是以一个直观的数字告诉你，当原假设错误时，你有多大可能拒绝它。显然 16% 不是一个能让人信服的数字，我们需要更高的精度。这需要对其性质加以研究。

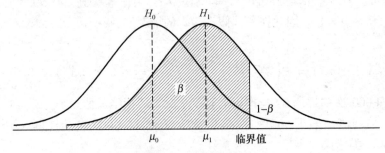

图 7.8　统计检验力

哪些因素会影响统计检验力？首先，在其他情况不变的情况下，单侧检验比双侧检验有更高的统计检验力，因此如果能够很好地预测实验结果的方向的话，统计推断将更有说服力。

其次，就是原假设和备择假设之间距离的大小。一般而言，它们之间的差别越大，统计力也会越大。这个证明只需要把上面的 H_1 曲线向右边移动一下，就可以很清晰地得到结论了。

最后，样本数量和总体的方差，它们都是通过改变分布曲线的方差来增加统计检验力的。举个例子，假设样本量增加到 100，那么 $\sigma_{\bar{X}} = \frac{15}{\sqrt{100}} = 1.5$，因此拒绝原假设需要 $\bar{X}$ 至少为 $100 + 1.96 \times 1.5 = 102.94$，这样有：

$$Z = (102.94 - 102)/1.5 = 0.6267, \quad P(Z > 0.6267) = 0.2676$$

用本章第二节例 7.2 来看一下具体怎样计算统计检验力。此例中我们认为合成钓鱼线真实的平均强度为样本均值 7.8 千克，方差不变。由于这是双侧检验，根据题目的解答可以知道，在 $\alpha = 0.01$ 时，拒绝域的临界值为：

$$8 \pm \frac{0.5}{\sqrt{50}} \times 2.575$$

分别为 8.182 和 7.818。这样在 $\mu = 7.8$ 的情况下,可以得到:

$$P(\bar{X} < 7.8) = P\left(\frac{\bar{X} - 7.8}{0.5/\sqrt{50}} < \frac{7.818 - 7.8}{0.5/\sqrt{50}}\right) = P(Z < 0.255) = 0.6006$$

而 $$P(\bar{X} < 8.182) = P\left(\frac{\bar{X} - 7.8}{0.5/\sqrt{50}} < \frac{8.182 - 7.8}{0.5/\sqrt{50}}\right) = P(Z > 5.40) = 0.0000$$

因此,在这个例题中得到的统计检验力为 0.6006,即在原假设错误的情况下,我们有 60% 的把握否定原假设。

三、统计检验力的作用

前面的分析使我们认识到,要增加检验力并不是一件容易的事情,因为我们并不知道真实的改变量。因此,统计检验力最重要的用途可能只是在于帮助我们确定所需要抽样的样本数,避免盲目增加样本导致成本增加却不一定能够得到更加精确的结果。

由于我们愿意接受的第一类错误的概率为 0.05,因此很合理的一个假设也可以认为我们应该将第二类错误控制在 0.05 之内。在这种情况下,当我们估计一个能够接受的改变量之后,就可以写出一个关于样本量的方程,从而解出我们所需要的样本量。

显然这个办法相对来说比较麻烦,更简便的方法是利用 Cohen(1988)[①]准则,直接查表得到所需要的样本量,这个方法需要先估计一下改变量的大小。有关最低样本容量要求的计算表见"附表七 统计检验力与 δ 和 α 的关系"。

我们定义 $d = \left|\frac{\mu_1 - \mu_0}{\sigma}\right|$,$\mu_0$ 和 μ_1 分别为零假设与备择假设中所假设的总体均值,σ 为总体标准差。定义 $\delta = d\sqrt{n}$,而 Cohen 表格正好建立了 δ 与 $1 - \beta$ 的关系,从而使得求 n 更加方便。

将例 7.2 稍做一下更改:某厂生产的一种金属线,其抗拉强度均值为 10 620 千克,标准差为 81 千克,技术改进后工程人员相信抗拉强度理论上提高到了 10 631 千克,因此他们想通过抽样来检验自己的判断,我们可以用上面两种方法来粗略估计一下样本容量。原假设为 $m = \mu_0 = 10\,620$,备择假设现在精确为 $m = \mu_1 = 10\,631$,为单侧检验,$\alpha = 0.05$ 时,标准正态分布的临界值为 1.65,记为 η。在原假设成立的情况下,要拒绝原假设,至少需要的样本均值为 $\mu_0 + \frac{\sigma}{\sqrt{n}} \times \eta$,记为 $\bar{X}_{\min}$。因此在备择假设成立的情况下,要使得统计检验力至少为 0.95,则要求 $\frac{\bar{X}_{\min} - \mu_1}{\sigma/\sqrt{n}} \leqslant -1.65$,因此代入数字可以算得:

$$n = [(1.65 + 1.65) \times \sigma/(\mu_1 - \mu_0)]^2 = 590.49$$

即所需要的样本容量 n 至少为 591。

现在用 Cohen 法则再算一次。根据 Cohen 法则,$d = 0.136$,查阅 Cohen 表得到在统计检验力为 0.95、$\alpha = 0.05$ 的情况下,所需要的 δ 为 3.3,由此计算因此算得的 $n = (\delta/d)^2 = (3.3/0.136)^2 = 588.78$,即 n 值为 589,忽略一下小数上的误差,两种方法得到的结果相同。

[①] Cohen, J. *Statistical Power Analysis For The Behavioral Sciences* (2nd edition). Hillsdale, NJ: Erlbaum, 1988.

关键术语

小概率事件　第一类错误　第二类错误　零假设　原假设　备择假设　接受域
拒绝域　单尾检验　双尾检验　弃真　取伪　显著性检验　临界值

习题

1. 要求一种电子元件使用寿命不得低于 1 000 小时。现从一批该元件中随机抽取 25 件，测得其平均寿命为 950 小时。已知元件寿命服从指数分布，试在显著性水平 0.05 下确定这批元件是否合格。如果已知元件寿命服从标准差为 100 小时的正态分布，检验的结果怎样？（提示：来自参数为 λ 的指数分布总体的样本均值，服从参数为 $(n, 1/(n\lambda))$ 的伽玛分布。）

2. 某旅馆的经理认为其客人每天的平均花费至少为 1 000 元。假如抽取了一组 50 张账单作为样本资料，样本平均数为 900 元，且已知总体标准差为 200 元，试以 5% 的显著水平检验该经理的说法。

3. 某厂家在广告中声称，该厂生产的汽车轮胎在正常行驶条件下的平均寿命高于 25 000 千米。对一个由 15 个轮胎组成的随机样本做了试验，得到其均值与标准差分别为 23 000 千米和 5 000 千米。假设轮胎寿命服从正态分布。问：该厂家的广告是否真实（$\alpha = 0.05$）？如果得到的均值与标准差分别为 27 000 千米和 5 000 千米，你的结论又是什么？你能否从假设检验第二类错误的角度，对这两个结论作一个解释？

4. 从正态总体中放回抽取 9 个样本，样本均值为 20，如果已知总体方差为 9，现在对总体均值进行假设检验，已知 $H_0: \mu = 22$，$H_1: \mu = 16$，如果拒绝 H_0，则犯第一类错误的概率为多少？如果接受 H_0，则犯第二类错误的概率为多少？

5. 已知总体为正态总体，总体方差未知，进行大样本取样。我们同时用 t 检验和 Z 检验对总体均值进行检验，问：

（1）如果 t 检验拒绝了原假设，那么 Z 检验的结果会是怎样？

（2）什么时候会出现两种检验结论不一致的情形？这时，你将如何作出判断？（提示：通过画出 t 分布图与 Z 分布图进行分析。）

6. 过去的一年里，某公司的生意有 30% 是赊账交易，70% 是现金交易。最近的一个含有 100 笔交易的样本显示有 40 笔是赊账交易。问：该公司的赊账交易政策是否有所变化（$\alpha = 0.05$）？

7. 一项调查结果声称某市老年人口比重为 14.7%，该市老龄人口研究会为了检验该项调查是否可靠，随机抽取了 400 名居民，发现其中有 57 人年龄在 65 岁以上。问：调查结果是否支持该市老年人口比重是 14.7% 的看法（$\alpha = 0.05$）？

8. A、B 两厂生产同样的材料，已知其抗压强度均服从正态分布，且 $\sigma_A^2 = 63^2$，$\sigma_B^2 = 57^2$。从 A 厂生产的材料中随机抽取了 81 个样品，测得 $\bar{x}_A = 1\,070$ 千克/平方厘米；从 B 厂生产的材料中随机抽取 64 个样品，测得 $\bar{x}_B = 1\,020$ 千克/平方厘米。根据以上结果能否认为 A、B 两厂生产的材料的平均抗压强度相同（$\alpha = 0.01$）？

9. 调查了 339 名 50 岁以上的人，吸烟者 205 名，其中有 43 人患慢性气管炎；134 名不吸烟者，其中有 13 人患慢性气管炎；试问吸烟者与不吸烟者慢性气管炎的患病率是否有所不同($\alpha = 0.01$)?

10. 从两台机器加工的同种零件中,随机抽取若干件测量其尺寸(单位:厘米),得:

第一台机器:6.2、5.7、6.5、6.0、6.3、5.8、5.7、6.0、6.0、5.8、6.0

第二台机器:5.6、5.9、5.6、5.7、5.8、6.0、5.5、5.7、5.5

已知两台机器加工的零件长度服从正态分布,当 $\alpha = 0.05$,且已知 $\sigma_1^2 = \sigma_2^2$,试检验 $\mu_1 = \mu_2$。

11. 某家汽车保险公司对于单身男士和已婚男士的保险客户进行抽样调查,并记录他们在过去三年曾要求过保险赔偿的人数:

	单身客户	已婚客户
抽样人数	400	900
要求赔偿人数	76	90

问:在 $\alpha = 0.05$ 下,单身男士和已婚男士投保客户的赔偿比例是否有差异?

12. 假设某项试验中进行两种处理方法的比较,共进行了141次试验,分别用两种方法进行处理,其结果如下表所示。

	处理1	处理2
平均数	109	128
标准差	46.2	53.4

就此两种处理效果的平均数之差是否相等进行显著性检验($\alpha = 0.05$)。

13. 设某种导线,要求其电阻的标准差不得超过 0.005 欧姆。今在生产的一批导线中取样品9根,测得 $S = 0.007$ 欧姆。设总体为正态分布,问:在 $\alpha = 0.05$ 下能否认为这批导线的标准差明显偏大?

14. 就以下资料,以 $\alpha = 0.05$ 检验

$$H_0: \sigma^2 \leq 10^2; n = 25, \sum_{i=1}^{n}(x_i - \bar{x})^2 = 4\,016$$

15. 下列分组资料是测验9个已婚女性与9个未婚女性的成绩记录。

未婚女性:88、68、77、82、63、80、78、71、72

已婚女性:73、77、67、74、74、64、71、71、72

假设上述资料是来自两正态分布总体的独立样本,以 $\alpha = 0.05$ 检验已婚女子总体方差是否小于未婚女性总体的方差。

16. 测得两批电子器材电阻(欧姆)的观测值为:

A批:0.14、0.138、0.143、0.142、0.144、0.137

B批:0.135、0.140、0.142、0.136、0.138、0.140

设这两批器材的电阻分别服从正态分布 $N(\mu_1, \sigma_1^2)$ 和 $N(\mu_2, \sigma_2^2)$。

(1) 检验 $H_0: \sigma_1^2 = \sigma_2^2$ ($\alpha = 0.05$)。

(2) 检验 $H_0: \mu_1 = \mu_2$ ($\alpha = 0.05$)。

17. 某超市为增加销售额,对营销方式、管理人员等进行了一系列调整,调整后随机抽查了9天的日销售额(单位:万元),经计算知 $X = 54.5, S^2 = 11.13$。据统计调

整前的日平均销售额为 51.2 万元,假设日销售额服从正态分布。问:调整措施的效果是否显著?

18. 近来的研究表明,企业要增强国际竞争力,必须建立起全球的合作伙伴关系。一家投资银行为了证实该结论的可靠性,随机选择了 15 家半年前吸纳外资股份的企业,对它们的收益率进行了观察,结果如下表所示。

企业编号 收益率(%)	1	2	3	4	5	6	7	8	9	10	11	12	13	14	15
吸纳外资前	10	12	14	12	17	9	15	8.5	11	7	9.5	15	7.5	13	8
吸纳外资后	11	14	15	11	16	10	10	13	10.5	9	12	15	9	12.5	10.5

该投资银行会得出怎样的结论?请你对这一结论进行解释和评论。

19. 由于技术进步,显像管的寿命比从前有了很大的增长。在原来的工艺的情况下,显像管的平均寿命为 1 000 小时,方差为 16。运用新的技术后,对显像管进行了样本数为 100 的抽样调查,假设技术人员理论上预测显像管的平均寿命会变为 1 100 小时,方差不变。试用一般方法和 Cohen 法则分别得出统计检验力。如果我们要求统计检验力为 0.95,所需要的样本容量是多少?两种方法得到的结果是否有差异?

第八章 方差分析

在实际应用中,我们常常会遇到需要对两个以及以上总体均值是否相等进行检验的问题,从而判断某一种因素对我们所研究的对象是否产生了显著的影响。解决这类问题的一个很好的方法就是方差分析法。

本章主要讨论以下问题:

1. 方差分析的概念;2. 单因素方差分析的数学模型和假设检验;3. 有交互作用双因素的方差分析法;4. 无交互作用双因素的方差分析法。

第一节 方差分析的概念

一、问题的提出

请考虑下列问题:

例8.1 某公司为了研究商品包装对商品的销售量是否有显著影响,对产品的包装分别采用了甲、乙、丙、丁四种设计。之后,在该产品20个销售量比较接近的销售点进行为期一周的试销,即每种包装方式的产品有5个销售点。如果装潢这个因素对销售量没有影响,则这20个销售点之间一周的平均销售量应该没有显著的差异。也就是说,如果这20个销售点之间一周的平均销售量出现了显著的差异,那么可以认为,包装这个因素对销售量产生了影响。

例8.2 某种作物产量受到选种、施肥、灌溉三个因素的影响。为了研究这三个因素对作物产量的影响是否有差异,选择不同的种子、施肥量以及灌溉量进行试验。如果三个因素对作物的影响没有显著差异,则各种情况下农作物的产量应该是不相上下的。

上面两个例子都是通过样本均值检验总体均值之间是否相同的问题,并且它们具有一个共同之处,即总体的个数超过了2个。在例8.1中,总体数为4;在例8.2中,总体数取决于选种、施肥、灌溉三个因素的不同水平组合个数。

如果按照前一章所学的假设检验的方法,在例8.1中,每两两进行一次比较,4种包装法要做6次假设检验,至于例8.2的比较进行起来就更加困难。并且如果按照两个总体的检验方法,建立$H_0: \mu_i = \mu_j$,则要进行联合检验,当$r=5$时,我们需要进行10次对比。而在10次检验中,我们很难控制"5个总体均值相等,却被拒绝"的(第一类错误)概率。因为每次检验的统计量不全是相互独立的。例如,$\bar{X}_1 - \bar{X}_2$ 与 $\bar{X}_3 - \bar{X}_2$ 就相关。利用方差分析则可使问题容易解决得多。

方差分析由英国统计学家罗纳德·A.费希尔(Ronald. A. Fisher)于1928年首先提出,为纪念Fisher,方差分析又称为F检验。

二、方差分析的基本思想

方差分析将一组样本数据所发生的总变差,依可能引发变差的来源分解为数个部分,即总变差的每一部分都可归因于某种原因,这些原因分为几种因素的影响和随机误差的影响。通过测度这些不同原因所导致的变差是否具有显著性,来判断总体均值之间是否存在显著差异。

在方差分析中,人们把需要考察的引起数据变动的主要原因称为因素或因子,把因素的不同状态称为水平或处理。如果在分析中只涉及一个因素,称为单因素方差分析;若涉及两个因素,称为双因素方差分析;若涉及两个以上因素,称为多因素方差分析。如例8.1中,只考虑一个因素商品包装对消售量的影响,所以为单因素方差分析,另外,由于商品包装有4种设计,所以有4个水平;而例8.2需要考察种子、施肥量及灌溉量三个因素对产量的影响,所以是多因素的方差分析。

三、方差分析的前提条件和一般步骤

进行方差分析要有一定的前提条件,这些条件可以归结如下:

(1)因素的每个水平是可以严格控制的。若因素 A 有 r 个水平,在水平 A_i 下进行试验,其所有的可能结果为随机变量 X_i。我们一共可以得到 r 个这样的随机变量,这 r 个随机变量代表 r 个相互独立的总体,且服从同方差的正态分布: $X_i \sim N(\mu_i, \sigma^2)$。

(2)同一个因素水平下的试验结果相互独立。在水平 A_i 下进行 n_i 次试验,得到 n_i 个试验结果 $X_{ij},(i=1,2,\cdots,r;j=1,2,\cdots,n_i)$。$X_{ij}$ 可以看作来自总体 X_i、容量为 n_i 的样本。所以有 $X_{ij} \sim N(\mu_i, \sigma^2)$。

方差分析的一般步骤是:① 建立方差分析模型;② 检查方差分析的前提条件是否成立;③ 建立检验的原假设和备择假设;④ 根据样本值计算检验统计量 F;⑤ 作出方差分析表;⑥ 根据 F 检验结果做出决策。

第二节　单因素方差分析

一、数学模型

首先分析以下案例。

例8.3 某服装制造公司的培训科长想对过去几年中使用的培训工人的三种方法进行评估,随机挑选了15位工人分成3组,分别按3种方法进行培训后,观察他们的日产量,得到数据如表8.1所示。

表8.1　三种训练方法下工人的日产量

	工人日产量					合计	均值
	1	2	3	4	5		
训练方法1	15	18	19	22	11	85	17
训练方法2	22	27	18	21	17	105	21
训练方法3	18	24	16	22	15	95	19

问:能否根据以上资料判断不同的训练方法对工人日产量是否有影响?

为了判断不同的训练方法对工人日产量是否有影响,首先必须能够判断不同训练方法下,工人日产量的不同究竟是由什么原因造成的。

通过对上述资料的分析可以得到以下两点结论:

(1) 不同的训练方法下,工人的日产量不相等。这可能是由于训练方法不同造成的,也可能是由于随机因素造成的。

(2) 即使在同一训练方法下,工人的日产量也是不相等的。假如工人的个体素质没有大的差异,则同一训练方法下日产量间的差异可看作由随机因素引起的。

为此,我们不妨假设这3组工人的日产量是来自3个不同总体的3个样本,这样,就可以把判断3组工人日产量不同究竟是由训练方法不同引起还是由随机因素引起的问题转化为判断3个总体是否同分布的问题。如果3个总体是同分布的,则说明3组样本观测值之间的差异完全是随机因素造成的。遵照方差分析关于正态分布总体前提的假设,若3个样本来自同分布的正态总体,则有 $X_i \sim N(\mu, \sigma^2)$;若3个样本来自不同分布的正态总体,则有 $X_i \sim N(\mu_i, \sigma^2)$,这样就把问题进一步归结为判断 μ_1、μ_2、μ_3 是否相等的问题,即检验3个总体均值是否相等的问题。将这个例子一般化,就可以推导出方差分析的数学模型。

设在单因素试验中,所考察的因素为 A,A 有 r 个水平,故有:$A_1, A_2, \cdots, A_r$,在水平 A_i 下,总体 X_i 服从 $N(\mu_i, \sigma^2)(i=1,2,\cdots,r)$,其中 μ_i, σ^2 之值均未知,但已知这 r 个总体 $X_1, X_2, \cdots, X_r$ 的方差相等。这是方差分析的前提假设。

设在水平 A_i 下,取简单随机样本 $X_{i1}, X_{i2}, \cdots, X_{in_i}$,则可得到 r 组互相独立的样本,有 $X_{ij} \sim N(\mu_i, \sigma^2)(i=1,2,\cdots,r; j=1,2,\cdots,n_i)$。

记样本的总容量为: $n = n_1 + n_2 + \cdots + n_r$

记总体均值的总平均值为: $\mu = \dfrac{1}{n} \sum\limits_{i=1}^{r} n_i \mu_i$

令 $a_i = \mu_i - \mu$,称 a_i 为水平 A_i 的效应,它反映了水平 A_i 对总体的影响。

显然,
$$n_1 a_1 + n_2 a_2 + \cdots + n_r a_r = n_1(\mu_1 - \mu) + n_2(\mu_2 - \mu) + \cdots + n_r(\mu_r - \mu)$$
$$= \sum_{i=1}^{r} n_i \mu_i - \sum_{i=1}^{r} n_i \mu = n\mu - n\mu = 0$$

于是,可以引入下述线性模型来描述样本观测值:
$$X_{ij} = \mu + a_i + \varepsilon_{ij} \tag{8.1}$$
$$\varepsilon_{ij} \sim N(0, \sigma^2)(i=1,2,\cdots,r; j=1,2,\cdots,n_i)$$

ε_{ij} 相互独立,由试验中无法控制的各种随机因素引起,称作随机误差。

(8.1)式表明任一观测值或试验的结果 X_{ij} 都可以分解为总平均水平、水平 A_i 的效应 a_i 和随机误差 ε_{ij} 三个部分。若水平 A_i 对总体的影响不显著,则在各水平 $A_1, A_2, \cdots, A_r$ 下的均值都相等,也即所有的效应值 $a_1, a_2, \cdots, a_r$ 都为零,否则必有一些效应值不为零。因此,若要检验各因素水平是否对 X_{ij} 有影响,可等价地建立如下假设:

$$H_0: a_1 = a_2 = \cdots = a_r = 0, \quad H_1: a_1, a_2, \cdots, a_r \text{ 不全为 } 0$$

或 $H_0:\mu_1 = \mu_2 = \cdots = \mu_r$, $H_1:\mu_1,\mu_2,\cdots,\mu_r$ 不全相等

接下来的任务就是寻找适当的统计量,对以上假设进行检验。

二、参数估计

为了分析方便,将表 8.1 概括为如表 8.2 所示的一般形式。

表 8.2 单因素方差分析的数据结构

因素水平	观测值					行总和	行平均
	1	2	$\cdots$	j	$\cdots$	n_i	$T_i.$	$\bar{x}_i.$
1	x_{11}	x_{12}	$\cdots$	x_{1j}	$\cdots$	x_{1n_1}	$T_1.$	$\bar{x}_1.$
2	x_{21}	x_{22}	$\cdots$	x_{2j}	$\cdots$	x_{2n_2}	$T_2.$	$\bar{x}_2.$
$\vdots$	$\vdots$	$\vdots$		$\vdots$		$\vdots$	$\vdots$	$\vdots$
i	x_{i1}	x_{i2}	$\cdots$	x_{ij}	$\cdots$	x_{in_i}	$T_i.$	$\bar{x}_i.$
$\vdots$	$\vdots$	$\vdots$		$\vdots$		$\vdots$	$\vdots$	$\vdots$
r	x_{r1}	x_{r2}	$\cdots$	x_{rj}	$\cdots$	x_{rn_r}	$T_r.$	$\bar{x}_r.$

首先找出 μ、μ_i 和 a_i 的无偏估计量。

记:$\bar{x}_i. = \frac{1}{n_i}\sum_{j=1}^{n_i} x_{ij}, i = 1,2,\cdots,r; \bar{x} = \frac{1}{n}\sum_{i=1}^{r}\sum_{j=1}^{n_i} x_{ij}$

则有:

$$E(\bar{x}_i.) = \frac{1}{n_i}\sum_{j=1}^{n_i} E(x_{ij}) = \frac{1}{n_i}\sum_{j=1}^{n_i}\mu_i = \mu_i$$

$$E(\bar{x}) = \frac{1}{n}\sum_{i=1}^{r}\sum_{j=1}^{n_i} E(x_{ij}) = \frac{1}{n}\sum_{i=1}^{r}\sum_{j=1}^{n_i}\mu_i = \frac{1}{n}\sum_{i=1}^{r} n_i\mu_i = \mu$$

$$E(\bar{x}_i. - \bar{x}) = \mu_i - \mu = a_i$$

因此 $\bar{x}_i.$、$\bar{x}$ 和 $(\bar{x}_i. - \bar{x})$ 分别是 μ、μ_i 和 a_i 的无偏估计量。

三、显著性检验

要对原假设进行显著性检验,首先必须找出检验统计量。

记:$SST = \sum_{i=1}^{r}\sum_{j=1}^{n_i}(x_{ij} - \bar{x})^2$,称作总离差平方和;

$SSB = \sum_{i=1}^{r}\sum_{j=1}^{n_i}(\bar{x}_i. - \bar{x})^2 = \sum_{i=1}^{r} n_i(\bar{x}_i. - \bar{x})^2$,称作组间离差平方和;

$SSE = \sum_{i=1}^{r}\sum_{j=1}^{n_i}(x_{ij} - \bar{x}_i.)^2$,称作误差(残差)平方和。

总离差平方和 SST 是所有观测值与总平均值之间的离差平方和,描述了所有观测值的离散程度;组间离差平方和 SSB 是各组均值与总平均值之间的离差平方和,反映了来自各总体的样本均值之间的差异程度,即不同因素水平 A_i 下观测值之间的差异,因此它可以反映水平 A_i 对总体的影响;残差平方和是各组观测值与组平均值之间的离差平方和,反映的是在同一水平 A_i 下,由于随机因素引起的观测值之间的差异,故也称其为组内

平方和。不难证明，以上三种离差平方和具有如下关系：
$$SST = SSB + SSE$$

证　$SST = \sum_{i=1}^{r} \sum_{j=1}^{n_i} (x_{ij} - \bar{x})^2 = \sum_{i=1}^{r} \sum_{j=1}^{n_i} [(x_{ij} - \bar{x}_{i\cdot}) + (\bar{x}_{i\cdot} - \bar{x})]^2$

$= \sum_{i=1}^{r} \sum_{j=1}^{n_i} [(x_{ij} - \bar{x}_{i\cdot})^2 + (\bar{x}_{i\cdot} - \bar{x})^2 + 2(x_{ij} - \bar{x}_{i\cdot})(\bar{x}_{i\cdot} - \bar{x})]$

$= \sum_{i=1}^{r} \sum_{j=1}^{n_i} (x_{ij} - \bar{x}_{i\cdot})^2 + \sum_{i=1}^{r} \sum_{j=1}^{n_i} (\bar{x}_{i\cdot} - \bar{x})^2 + 2 \sum_{i=1}^{r} \sum_{j=1}^{n_i} (x_{ij} - \bar{x}_{i\cdot})(\bar{x}_{i\cdot} - \bar{x})$

$= SSE + SSB$

因为

$\sum_{i=1}^{r} \sum_{j=1}^{n_i} (x_{ij} - \bar{x}_{i\cdot})(\bar{x}_{i\cdot} - \bar{x}) = \sum_{i=1}^{r} (\bar{x}_{i\cdot} - \bar{x}) [\sum_{j=1}^{n_i} (x_{ij} - \bar{x}_{i\cdot})]$

$= \sum_{i=1}^{r} (\bar{x}_{i\cdot} - \bar{x}) (\sum_{j=1}^{n_i} x_{ij} - n_i \bar{x}_{i\cdot})$

$= \sum_{i=1}^{r} (\bar{x}_{i\cdot} - \bar{x})(n_i \bar{x}_{i\cdot} - n_i \bar{x}_{i\cdot}) = 0$

以上总离差平方和的分解公式说明，观测值总的变差可以由两种原因引起，一种是随机因素，另一种是水平效应。利用方差分析的数学模型及随机误差项可以更清楚地看出这种含义。

记：
$$\bar{\varepsilon} = \frac{1}{n} \sum_{i=1}^{r} \sum_{j=1}^{n_i} \varepsilon_{ij}, \quad \bar{\varepsilon}_{i\cdot} = \frac{1}{n_i} \sum_{j=1}^{n_i} \varepsilon_{ij} \quad (i = 1,2,\cdots,r)$$

$\bar{\varepsilon}$ 是随机误差的总均值，$\bar{\varepsilon}_{i\cdot}$ 是在水平 A_i 下的随机误差的均值，由数学模型 8.1 式有：

$\bar{x} = \frac{1}{n} \sum_{i=1}^{r} \sum_{j=1}^{n_i} x_{ij} = \frac{1}{n} \sum_{i=1}^{r} \sum_{j=1}^{n_i} (\mu + a_i + \varepsilon_{ij}) = \mu + \frac{1}{n} \sum_{i=1}^{r} n_i a_i + \frac{1}{n} \sum_{i=1}^{r} \sum_{i=1}^{n_i} \varepsilon_{ij}$

$\bar{x}_{i\cdot} = \frac{1}{n_i} \sum_{j=1}^{n_i} x_{ij} = \frac{1}{n_i} \sum_{j=1}^{n_i} (\mu + a_i + \varepsilon_{ij}) = \mu + \frac{1}{n_i} \sum_{j=1}^{n_i} a_i + \frac{1}{n_i} \sum_{j=1}^{n_i} \varepsilon_{ij}$

于是得到：
$$\bar{x} = \mu + \bar{\varepsilon}, \quad \bar{x}_{i\cdot} = \mu + a_i + \bar{\varepsilon}_{i\cdot}$$

则：
$$SSB = \sum_{i=1}^{r} n_i (\bar{x}_{i\cdot} - \bar{x})^2 = \sum_{i=1}^{r} n_i (a_i + \bar{\varepsilon}_{i\cdot} - \bar{\varepsilon})^2$$

$$SSE = \sum_{i=1}^{r} \sum_{j=1}^{n_i} (x_{ij} - \bar{x}_{i\cdot})^2 = \sum_{i=1}^{r} \sum_{j=1}^{n_i} (\varepsilon_{ij} - \bar{\varepsilon}_{i\cdot})^2$$

这就非常清楚地说明了 SSE 完全是由随机因素引起的，SSB 则除了随机因素外，还含有水平 A_i 的效应 a_i。即当水平 A_i 对总体没有影响时，a_i 为零，这时 SSB 只剩下随机波动；而当 a_i 不全为零时，SSB 就不仅含有随机误差，而且含有系统误差，系统误差就是水平 A_i 所引起的。所以直观上看，当 H_0 成立时，各水平效应为零，这时，SSB 与 SSE 都只含有随机误差，因而 SSB 与 SSE 比较不应太大。

因为当 H_0 成立时，$X_{ij} \sim N(\mu, \sigma^2)$，且相互独立，则有：

$$\frac{SSB}{\sigma^2} \sim \chi^2(r-1), \quad \frac{SSE}{\sigma^2} \sim \chi^2(n-r)$$

于是有统计量：

$$F = \frac{\text{SSB}/(r-1)}{\text{SSE}/(n-r)} = \frac{(n-r)\text{SSB}}{(r-1)\text{SSE}} \sim F(r-1, n-r)$$

显然，我们可以选 F 统计量为检验统计量，当 H_0 成立时，SSB 与 SSE 的比率 F 不应该太大，则对于给定的显著水平 α，否定域为：

$$F > F_\alpha(r-1, n-r)$$

同时，我们还可以通过计算 F 统计量右侧的 p 值，做出检验的结论。当 p 值小于 α 时，则拒绝原假设，认为不同的因素水平所对应的总体均值不全相等，因素的影响是显著的。

在进行方差分析时，通常将上述分析结果归纳为一张方差分析表，如表 8.3 所示。

表 8.3 单因素方差分析表

方差来源	平方和	自由度	F 值	F 临界值	p 值
组间（因素）	SSB	$r-1$	$F = \dfrac{(n-r)\text{SSB}}{(r-1)\text{SSE}}$	$F_\alpha(r-1, n-r)$	
组内（误差）	SSE	$n-r$			
总和	SST	$n-1$	—	—	

当 $F > F_{0.05}(r-1, n-r)$ 或 $p < 0.05$ 时，称因素具有显著的影响，记为 *；当 $F > F_{0.01}(r-1, n-r)$ 或 $p < 0.01$ 时称因素具有高度显著的影响，记为 **；当 $F > F_{0.1}(r-1, n-r)$ 或 $p < 0.1$ 时，称因素具有一定的影响；当 $F < F_{0.1}(r-1, n-r)$ 或 $p > 0.1$ 时，称因素不具有显著的影响。

为了简化平方和的计算，我们可以利用以下公式：

记：$\displaystyle T = \sum_{i=1}^{r}\sum_{j=1}^{n_i} x_{ij} = n\bar{x}, \quad T_{i\cdot} = \sum_{j=1}^{n_i} x_{ij} = n_i \bar{x}_{i\cdot}, (i=1,2,\cdots,r)$

则有：

$$\text{SST} = \sum_{i=1}^{r}\sum_{j=1}^{n_i}(x_{ij}-\bar{x})^2 = \sum_{i=1}^{r}\sum_{j=1}^{n_i} x_{ij}^2 - 2\bar{x}\sum_{i=1}^{r}\sum_{j=1}^{n_i} x_{ij} + n\bar{x}^2$$

$$= \sum_{i=1}^{r}\sum_{j=1}^{n_i} x_{ij}^2 - \frac{1}{n}\Big(\sum_{i=1}^{r}\sum_{j=1}^{n_i} x_{ij}\Big)^2 = \sum_{i=1}^{r}\sum_{j=1}^{n_i} x_{ij}^2 - \frac{T^2}{n}$$

$$\text{SSB} = \sum_{i=1}^{r}\sum_{j=1}^{n_i}(\bar{x}_{i\cdot}-\bar{x})^2 = \sum_{i=1}^{r}\sum_{j=1}^{n_i} \bar{x}_{i\cdot}^2 - \frac{1}{n}\Big(\sum_{i=1}^{r}\sum_{j=1}^{n_i} \bar{x}_{i\cdot}\Big)^2$$

$$= \sum_{i=1}^{r} n_i \Big(\frac{T_{i\cdot}}{n_i}\Big)^2 - \frac{1}{n}\Big(\sum_{i=1}^{r} T_{i\cdot}\Big)^2 = \sum_{i=1}^{r} \frac{T_{i\cdot}^2}{n_i} - \frac{T^2}{n}$$

$$\text{SSE} = \text{SST} - \text{SSB}$$

四、Excel 中的单因素方差分析工具

Excel 的数据分析工具库中提供了三种基本类型的方差分析：单因素方差分析、双因素无重复试验和可重复试验的方差分析，我们首先介绍一下单因素方差分析工具。

在进行单因素方差分析之前，须先将试验所得的数据按一定的格式输入工作表中，其中每种水平的试验数据可以放在一行或一列内。数据输入完成以后，操作"工具"—

"数据分析",选择数据分析工具对话框内的"单因素方差分析",出现一个对话框,对话框的内容如下:

(1) 输入区域:选择分析数据所在区域。
(2) 分组方式:提供列与行的选择,当同一水平的数据位于同一行时选择行,位于同一列时选择列。
(3) 如果在选取数据时包含水平标志,则在"标志位于第一行(列)"的复选框内打勾。
(4) α:显著性水平,一般输入 0.05,即 95% 的置信度。
(5) 输出选项:按需求选择适当的分析结果存储位置。

Excel 所输出的单因素方差分析表如下表所示。

差异源	SS	df	MS	F	p-value	F crit
组间						
组内						
总计						

对表中的内容作一下解释。"差异源"表示变差来源,"组间"表示由于因素的不同水平所导致的变差,"组内"表示组内变差,即由随机原因所导致的变差,"SS"为离差平方和,"df"为自由度,"MS"为经过自由度平均后的均方和,即 SS/df,"F"和"p-value"分别表示 F 值和 p 值,"F crit"表示在所设置的临界水平对应的 F 临界值。

五、具体案例分析

例 8.4 就例 8.3 的资料检验训练方法对工人日产量有否显著影响($\alpha = 0.05$)。

解 分别以 μ_1、μ_2、μ_3 代表不同训练方法下工人日产量的总体均值,则依题意,建立如下假设:

$$H_0: \mu_1 = \mu_2 = \mu_3, \quad H_1: \mu_1, \mu_2, \mu_3 \text{ 不全相等}$$

根据表 8.1 的数据进一步计算得:

$$SST = \sum_{i=1}^{r} \sum_{j=1}^{n_i} x_{ij}^2 - \frac{1}{n} \left(\sum_{i=1}^{r} \sum_{j=1}^{n_i} x_{ij} \right)^2$$

$$= (15^2 + 18^2 + 19^2 + \cdots + 22^2 + 15^2) - \frac{(85 + 105 + 95)^2}{15}$$

$$= 5647 - 5415 = 232$$

$$SSB = \sum_{i=1}^{r} \frac{T_{i\cdot}^2}{n_i} - \frac{T^2}{n}$$

$$= \frac{(85^2 + 105^2 + 95^2)}{5} - \frac{(85 + 105 + 95)^2}{15} = 5455 - 5415 = 40$$

$$SSE = SST - SSB = 232 - 40 = 192$$

$$F = \frac{SSB/(r-1)}{SSE/(n-r)} = \frac{40/2}{192/12} = 1.22$$

查 F 分布表,当 $\alpha = 0.05$ 时有 $F_{0.05}(2,12) = 3.89$。

由于 $F = 1.22 < F_{0.05}(2,12) = 3.89$,落入接受域,因此,三种训练方法对工人日产量

没有显著的影响。

将以上计算结果整理到方差分析表中,如表 8.4 所示。

表 8.4 方差分析表

方差来源	平方和	自由度	F 值	临界值
组间	40	2	$\hat{F} = \dfrac{40/2}{192/12} = 1.22$	$F_{0.05}(2,12) = 3.89$
误差	192	12		
总和	232	14	—	—

将原始数据经过整理,按照下面的格式输入到 Excel 中。

	工人日产量				
训练方法 1	15	18	19	22	11
训练方法 2	22	27	18	21	17
训练方法 3	18	24	16	22	15

运用 Excel 的方差分析工具,在"分组方式"中选择"行",并在"标志位于第一列"的复选框内打钩,得到分析结果如下表所示。

方差分析:单因素方差分析

SUMMARY				
组	计数	求和	平均	方差
训练方法 1	5	85	17	17.5
训练方法 2	5	105	21	15.5
训练方法 3	5	95	19	15

方差分析					
差异源	SS	df	MS	F	p-value	F crit
组间	40	2	20	1.25	0.321277	3.88529
组内	192	12	16			
总计	232	14				

Excel 的 F 值计算结果为 1.25,这和我们运用公式计算的结果 1.22 很接近。Excel 输入结果中的 p 值为 0.32,远远大于 0.05 的临界水平,所以我们无法拒绝原假设,认为训练方法对于工人的日产量没有显著的影响。

例 8.5 某软件公司打算分析广告内容对某种杀毒软件销售的影响。第一种广告强调价格优势,第二种强调服务优势,第三种强调功能优势。下面的订购量根据客户对不同广告内容的认可进行了分类。请你分析一下广告内容对软件销售是否存在影响。

	第一季度	第二季度	第三季度	第四季度	均值
价格优	163	176	170	185	173.5
服务好	184	198	179	190	187.75
性能良	206	191	218	224	209.75

解 方差分析表如下：

方差来源	平方和	自由度	均方差	F 值	p 值
组间	2 668.167	2	1 334.083	10.93013	0.003907
组内（误差）	1 098.5	9	122.0556		
总方差	3 766.667	11			

$p = 0.003907 < 0.01$，所以广告内容对销售量具有高度显著的影响。

六、后续分析

（一）多重比较

如果方差分析的结果拒绝了 $H_0:\mu_1 = \mu_2 = \cdots = \mu_r$，认为多组总体均值不全相等时，并不意味着每一对不同因素水平下的总体均值都不相等，而只是表明至少有一对 $\mu_l \neq \mu_k$，$l \neq k$。如果我们需要知道究竟哪些组之间的均值水平差异显著，哪些不显著，就要对多组样本平均数进行两两比较，这就是多重比较的问题。

对于多水平的情况，采用两两比较进行 t 检验的方法，往往会导致错误的结论。这是因为在 t 检验中，第一类错误率将增大，此时易将无差别的两组均值错判为有差别。例如，在三个组之间进行两两比较，每次犯第一类错误的概率为 0.05，那么在进行三次两两比较中，犯第一类错误的概率为 $1 - (1 - 0.05)^3 = 0.143$，远远大于 0.05。

两两比较的检验方法有很多种，在这里我们来介绍一种方法：最小显著差（the least significance difference，LSD）t 检验。在该检验中，检验假设为：

$$H_0:\mu_i = \mu_k, \quad H_1:\mu_i \neq \mu_k (i, k = 1, 2 \cdots, r; i \neq k)$$

LSD-t 检验的基本思想是，如果两组样本均值的差超过了 LSD，那么就可以拒绝零假设，否则不可以拒绝。即如果

$$\frac{\bar{X}_k - \bar{X}_i}{SE_{d(ik)}} \geq t_\alpha(\mathrm{df})$$

可以认为 k 和 i 组之间均值存在显著的差异，其中，$SE_{d(ik)}$ 为 $\bar{X}_k - \bar{X}_i$ 的样本标准差，即

$$SE_{d(ki)} = \sqrt{MS\left(\frac{1}{n_k} + \frac{1}{n_i}\right)}，\text{MS 为组内均方和。此时，有：}$$

$$LSD = t_\alpha(\mathrm{df}) \times \sqrt{MS\left(\frac{1}{n_k} + \frac{1}{n_i}\right)}$$

下面我们通过例 8.5 进行多重比较，来讲解如何进行 LSD-t 检验。

例 8.6 在例 8.5 中，我们发现广告内容对销售量具有高度显著的影响。现在我们研究一下，究竟是哪两种广告内容对销售量的影响之间存在显著差异。

解 三种广告的订购量的均值如下表所示。

	1	2	3
组别	价格优	服务好	性能良
均值	173.5	187.75	209.75

根据前面方差分析的结果可知,组内均方和为122.056,对应自由度为9,取 $\alpha = 0.05$,计算得:

$$\text{LSD} = t_\alpha(df) \times \sqrt{\text{MS}\left(\frac{1}{n_k} + \frac{1}{n_i}\right)} = t_{0.05}(9) \times \sqrt{122.056\left(\frac{1}{4} + \frac{1}{4}\right)} = 22.793$$

于是有:

$|\bar{X}_1 - \bar{X}_2| = 14.25 < dS,\quad |\bar{X}_1 - \bar{X}_3| = 36.25 > dS,\quad |\bar{X}_3 - \bar{X}_2| = 22 < dS$

所以第一种广告与第三种广告的影响有显著的差异。

(二) 对正态分布与方差齐性的讨论

方差分析模型拥有三个基本条件:① 被检验的各个总体都服从正态分布;② 各个总体的方差相等,即方差齐性;③ 各次试验是独立的。

试验的独立性一般容易做到,但正态分布与方差齐性的假设是否满足则需要进行检验。如果假设得不到满足的话,方差分析的结论可靠性就会降低。

1. 对正态分布的检验:观察偏斜度与峰度

如果偏斜度与峰度接近于零(Excel 中的计算结果),可以认为试验总体近似服从正态分布。或者,我们还可以采用卡方检验来检验试验总体是否服从正态分布。

2. 方差齐性检验:Bartlett 检验

检验步骤如下:

H_0:各总体方差相同,H_1:各总体方差不齐。检验统计量为:

$$\chi^2 = \frac{1}{C}\left[(N-k)\ln S_C^2 - \sum_{i=1}^{k}(n_i - 1)\ln S_i^2\right]$$

其中, $S_C^2 = \sum_{i=1}^{k}\left[\sum_{j=1}^{n_i}(X_{ij} - \bar{X}_i)^2\right] \Big/ \sum_{i=1}^{k}(n_i - 1) = \text{MS}$,即误差均方和;

$$C = 1 + \frac{1}{3(k-1)}\left[\sum_{i=1}^{k}\frac{1}{(n_i - 1)} - \frac{1}{N-k}\right]$$

其中,k 为组数,n_i 为各组试验次数,N 为总次数,S_i^2 为各组样本方差。统计量 χ^2 服从以 $k-1$ 为自由度的 χ^2 分布。若 χ^2 值较大,或者说 p 值较小,则拒绝 H_0,尚不能认为方差满足齐同要求;可认为方差不齐。

3. 如何改进数据的正态性和方差齐性

首先,如果我们察觉到总体的正态性和方差齐性假设没有满足,可以考虑通过增加试验的次数;对每个不同因素水平进行等重复试验,即 $n_1 = n_2 = \cdots = n_r$,来尽可能降低非正态性和方差非齐性所带来的偏差。其次,可以根据总体的实际分布形式,对样本数据进行度量尺度的转换,达到近似服从正态分布和方差齐性的目的。记原始数据为 Y,转换数据为 X,数据转换的方法有:

(1) 平方根反正弦变换——适用于二项分布率(比例)数据,在二项分布中,随机变量的方差 $np(1-p)$ 会随均值 p 的大小而变,通过平方根反正弦变换,可以接近方差齐次和分布对称的目的:

$$X = \sin^{-1}\sqrt{Y} \quad \text{或} \quad X = \left(\frac{\pi}{180}\right)\sin^{-1}\sqrt{Y}$$

（2）平方根变换——适用于计数资料,在这类资料中,均值与方差成比例,通过平方根变换后,方差会相对稳定,偏斜度也会减少:

$$X = \sqrt{Y}$$

（3）对数变换——适用于样本标准差与样本均值成比例的数据资料,或者明显右偏分布的数据资料,令:

$$X = \log_{10}(Y)$$

（4）倒数转换——适用于右侧尾部存在极端值的情况。通过倒数转换,可以大大地减少那些极端值的影响:

$$X = \frac{1}{Y}$$

除此之外,当正态性和方差齐性假设没有满足时,我们还可以采用随机区组设计的方法,该方法将在本章最后进行介绍。

第三节 有交互作用的双因素方差分析

在第二节中,我们讨论了单因素方差分析的方法,而在实际分析问题时,我们常常要同时考虑多个因素的影响。如在例 8.6 中,除了考虑广告内容的影响,还要考虑销售价格、包装的影响等。这时就要进行多因素的方差分析。如果只分析销售价格和广告这两个因素对销售量的影响,则为双因素方差分析。

在双因素方差分析中,除了每个因素的影响之外,还有两个因素搭配产生的影响,这样就产生一个新问题:不同内容的广告和不同的销售价格对销售量的影响是否正好是它们各自分别对销售量影响的简单相加？还是两者的结合会使销售量增加（或减少）幅度大于两者分别导致销售量增加之和,即产生 1+1>2 的效应？如果两个因素的影响正好是各自影响的简单相加,统计上称为无交互作用；如果两个因素不仅各自有影响,而且它们的搭配方式也有影响,这种由搭配方式产生的影响称作两个因素的交互作用。在两个因素有交互作用的情况下,不仅要检验两因素各自的作用,还要检验它们的交互作用。

一、含交互作用的双因素方差分析数学模型

当两个因素之间存在交互作用时,例如因素 A 的第 i 个水平和因素 B 的第 j 个水平配合时,会出现均值特别高或特别低的结果。如果这时我们仍然只对每个因素的组合 (i,j) 只观察一次,将无法将交互作用与随机误差区分开来。所以,在有交互作用的双因素方差分析中,必须对每一因素组合进行多次观察（试验）。这是因为即使某一组合有最好（或最不好）的效果,由于存在抽样误差,未必每次都产生同样好的效果,故需从多次观察中平均出交互作用来。对于这种多次重复观察的试验,我们称之为等重复试验。

（一）数学模型

设有 A、B 两因素,因素 A 有 k 个水平,因素 B 有 r 个水平,在每一水平组合 (A_i,B_j) 下做 $t(t \geq 2)$ 次试验,试验结果为 x_{ijs}。设在 (A_i,B_j) 下的试验结果相互独立,且都服从 $N(\mu_{ij}, \sigma^2)$。

记：

$$\mu = \frac{1}{kr} \sum_{i=1}^{k} \sum_{j=1}^{r} \mu_{ij}$$

$$\mu_{i\cdot} = \frac{1}{r} \sum_{j=1}^{r} \mu_{ij} \quad (i = 1,2,\cdots,k)$$

$$\mu_{\cdot j} = \frac{1}{k} \sum_{i=1}^{k} \mu_{ij} \quad (j = 1,2,\cdots,r)$$

$$a_i = \mu_{i\cdot} - \mu \quad (i = 1,2,\cdots,k)$$

$$b_j = \mu_{\cdot j} - \mu \quad (j = 1,2,\cdots,r)$$

$$(ab)_{ij} = \mu_{ij} - \mu - a_i - b_j \quad (i = 1,2,\cdots,k, j = 1,2,\cdots,r)$$

其中,μ 是总均值,a_i 是水平 A_i 的效应,b_j 是水平 B_j 的效应,$(ab)_{ij}$ 是水平 A_i 和 B_j 的交互作用 $A_i \times B_j$ 的效应。

显然有：

$$\sum_{i=1}^{k} a_i = 0, \quad \sum_{j=1}^{r} b_j = 0, \quad \sum_{i=1}^{k} (ab)_{ij} = 0, \quad \sum_{j=1}^{r} (ab)_{ij} = 0$$

$$\mu_{ij} = \mu + a_i + b_j + (ab)_{ij}$$

于是有数学模型如下：

$$x_{ijs} = \mu + a_i + b_j + (ab)_{ij} + \varepsilon_{ijs} \quad (i = 1,2,\cdots,k; j = 1,2,\cdots,r; s = 1,2,\cdots,t)$$

其中, $\varepsilon_{ijs} \sim N(0,\sigma^2)$ 是随机误差。

因此可建立的假设为：

$$H_{01}: a_1 = a_2 = \cdots = a_k = 0$$
$$H_{02}: b_1 = b_2 = \cdots = b_r = 0 \quad (i = 1,2,\cdots,k; j = 1,2,\cdots,r)$$
$$H_{03}: (ab)_{ij} = 0$$

(二) 显著性检验

令：

$$\bar{x} = \frac{1}{krt} \sum_{i=1}^{k} \sum_{j=1}^{r} \sum_{s=1}^{t} x_{ijs}$$

$$\bar{x}_{i\cdot\cdot} = \frac{1}{rt} \sum_{j=1}^{r} \sum_{s=1}^{t} x_{ijs} \quad (i = 1,2,\cdots,k)$$

$$\bar{x}_{\cdot j\cdot} = \frac{1}{kt} \sum_{i=1}^{k} \sum_{s=1}^{t} x_{ijs} \quad (j = 1,2,\cdots,r)$$

$$\bar{x}_{ij\cdot} = \frac{1}{t} \sum_{s=1}^{t} x_{ijs} \quad (i = 1,2,\cdots,k; j = 1,2,\cdots,r)$$

不难验证, $\bar{x}$、$\bar{x}_{i\cdot\cdot}$、$\bar{x}_{\cdot j\cdot}$、$\bar{x}_{ij\cdot}$ 分别是 μ、$\mu_{i\cdot}$、$\mu_{\cdot j}$、μ_{ij} 的无偏估计量。

令总离差平方和为：

$$SST = \sum_{i=1}^{k} \sum_{Jj=1}^{r} \sum_{s=1}^{t} (x_{ijk} - \bar{x})^2$$

则不难求出总离差平方和的分解式如下：

$$\sum_{i=1}^{k} \sum_{Jj=1}^{r} \sum_{s=1}^{t} (x_{ijk} - \bar{x})^2 = rt \sum_{i=1}^{k} (\bar{x}_{i\cdot\cdot} - \bar{x})^2 + kt \sum_{j=1}^{r} (\bar{x}_{\cdot j\cdot} - \bar{x})^2 + \sum_{i=1}^{k} \sum_{j=1}^{r} \sum_{s=1}^{t} (x_{ijs} - \bar{x}_{ij\cdot})^2$$

$$+ t \sum_{i=1}^{k} \sum_{j=1}^{r} (\bar{x}_{ij\cdot} - \bar{x}_{i\cdot\cdot} - \bar{x}_{\cdot j\cdot} + \bar{x})^2$$
$$= \text{SSA} + \text{SSB} + \text{SSE} + \text{SSAB}$$

SSA 和 SSB 分别是 A 与 B 的离差平方和,SSE 是误差平方和,SSAB 则是 $A \times B$ 的离差平方和。

可以证明:
$$\frac{\text{SSE}}{\sigma^2} \sim \chi^2(kr(t-1))$$

当 H_{01} 成立时,
$$\frac{\text{SSA}}{\sigma^2} \sim \chi^2(k-1)$$
$$F_A = \frac{\text{SSA}/(k-1)}{\text{SSE}/[kr(t-1)]} \sim F(k-1, kr(t-1))$$

当 H_{02} 成立时,
$$\frac{\text{SSB}}{\sigma^2} \sim \chi^2(r-1)$$
$$F_B = \frac{\text{SSB}/(r-1)}{\text{SSE}/[kr(t-1)]} \sim F(r-1, kr(t-1))$$

当 H_{03} 成立时,
$$\frac{\text{SSAB}}{\sigma^2} \sim \chi^2(k-1, r-1)$$
$$F_{A \times B} = \frac{\text{SSAB}/(k-1)(r-1)}{\text{SSE}/kr(t-1)} \sim F((k-1)(r-1), kr(t-1))$$

在给定的显著水平 α 下,H_{01}、H_{02}、H_{03} 的否定域分别为:
$$F_A \geq F_\alpha(k-1, kr(t-1))$$
$$F_B \geq F_\alpha(r-1, kr(t-1))$$
$$F_{A \times B} \geq F_\alpha((k-1)(r-1), kr(t-1))$$

(三) 方差分析表

根据以上分析和计算,可整理出方差分析表如表 8.5 所示。

表 8.5 有交互作用的双因素方差分析表

方差来源	平方和	自由度	F 值	临界值
因素 A	SSA	$k-1$	$F_A = \dfrac{\text{SSA}/k-1}{\text{SSE}/kr(t-1)}$	$F_\alpha(k-1, kr(t-1))$
因素 B	SSB	$r-1$	$F_B = \dfrac{\text{SSB}/r-1}{\text{SSE}/kr(t-1)}$	$F_\alpha(r-1, kr(t-1))$
交互作用 $A \times B$	SSAB	$(k-1) \times (r-1)$	$F_{A \times B} = \dfrac{\text{SSAB}/(k-1)(r-1)}{\text{SSE}/kr(t-1)}$	$F_\alpha((k-1)(r-1), kr(t-1))$
误差	SSE	$rk(t-1)$		
总和	SST	$Krt-1$		

(四) Excel 中可重复双因素分析

输入数据后,选择"工具"—"数据分析"—"方差分析:可重复双因素分析",就可以运用 Excel 进行含交互作用的双因素方差分析了。需要注意的是,在"每一样本的行数"的对话框中,要求输入的是每一组因素水平组合下重复试验的次数 t。这个对话框意味着,我们在输入数据时,同一组因素水平组合下重复试验的结果要以列的形式输入,同时"数据区域"还要包括行标志和列标志。下面我们来看一个例子。

例 8.7 为了研究三种不同的工艺方法和三种不同的灯丝配方对灯泡寿命的影响,对每种水平组合进行了两次试验,得到数据如表 8.6 所示。试分析工艺方法和灯丝配方对灯泡寿命是否有显著影响。

表 8.6 灯泡寿命数据(单位:百小时)

		灯丝配方					
		B_1		B_2		B_3	
工艺方法	A_1	13.2	15.0	16.1	17.3	18.0	17.0
	A_2	14.4	15.6	13.7	14.3	14.5	15.7
	A_3	14.0	13.6	16.3	17.1	17.1	16.1

解 工艺和配方之间可能有交互作用,试验重复做了 2 次,因而可以进行有交互作用的方差分析。

设工艺方法的水平效应为 a_i,灯丝配方的水平效应为 b_j,工艺和灯丝配方的交互作用为 $(ab)_{ij}$,并建立如下假设:

$$H_{01}: a_1 = a_2 = a_3 = 0$$
$$H_{02}: b_1 = b_2 = b_3 = 0$$
$$H_{03}: (ab)_{ij} = 0 \quad (i = 1,2,3; j = 1,2,3)$$

(1) 将数据按照以下格式输入到 Excel 中。

	B_1	B_2	B_3
A_1	13.2	16.1	18.0
	15.0	17.3	17.0
A_2	14.4	13.7	14.5
	15.6	14.3	15.7
A_3	14.0	16.3	17.1
	13.6	17.1	16.1

在数据的"输入区域"对话框中,输入上面表格的全部区域,包括行和列的标志,"每一样本的行数"输入"2",即重复试验的次数。

（2）Excel 输出结果如下表所示。

方差分析：可重复双因素分析

SUMMARY	$B1$	$B2$	$B3$
$A1$			
计数	2	2	2
求和	28.2	33.4	35
平均	14.1	16.7	17.5
方差	1.62	0.72	0.5
$A2$			
计数	2	2	2
求和	30	28	30.2
平均	15	14	15.1
方差	0.72	0.18	0.72
$A3$			
计数	2	2	2
求和	27.6	33.4	33.2
平均	13.8	16.7	16.6
方差	0.08	0.32	0.5
总计			
计数	6	6	6
求和	85.8	94.8	98.4
平均	14.3	15.8	16.4
方差	0.796	2.188	1.52

方差分析

差异源	SS	df	MS	p-value	F crit
样本	6.24	2	3.12	0.030987	4.256492
列	14.04	2	7.02	0.003063	4.256492
交互	10.92	4	2.73	0.027093	3.63309
内部	5.36	9	0.5955556		
总计	36.56	17			

（3）结果解释和结论：在可重复双因素方差分析输出结果中，前半部分是对每组因素水平组合重复试验结果的均值统计结果，后半部分是方差分析的结果。其中，"样本"指的是行因素工艺方法，"列"指的是列因素灯丝配方，"内部"指的是随机影响。根据 p 值，我们看到，不论是行因素、列因素还是交互作用，所对应的 F 值的 p 值都小于 0.05，所以我们有 95% 的把握可以断定工艺方法和灯丝配方对灯泡寿命的影响是显著的，特别是灯丝配方的影响是高度显著的，工艺和配方之间也存在交互作用。

例8.8 一家赛车俱乐部对三种轮胎(A)和四种引擎设计(B)进行测试,每种轮胎和引擎组合都进行 12 次试验。得到的结果如下:SSA = 9 430,SSB = 8 560,SSAB = 7 750,SSE = 11 360(单位:千米)。请你写出方差分析表,并对结果做出完整的解释。

解 由题意得:SST = SSA + SSB + SSAB + SSE = 37 100,$k = 3$,$r = 4$,$t = 12$,经计算得方差分析表如下:

方差来源	平方和	自由度	均方差	F 值	p 值
因素 A	9 430	$k - 1 = 2$	4 715	54.78697	4.74869E-18
因素 B	8 560	$r - 1 = 3$	2 853.333	33.15493	4.86842E-16
交互作用	7 750	$(k-1)(r-1) = 6$	1 291.667	15.0088	4.83494E-13
随机误差	11 360	$kr(t-1) = 132$	86.06061		
总方差	SST = 37 100	$n - 1 = 143$	259.4406		

因为 p 值都接近于零,所以可以做出结论:汽车的轮胎、引擎设计以及它们之间的交互影响对于汽车的里程行驶都具有高度显著的影响。

第四节 无交互作用的双因素方差分析

一、问题的提出

当我们进行含交互作用的双因素分析时,如果发现:

$$\frac{SSAB}{(r-1)(s-1)} < \frac{SSE}{rs(t-1)}$$

即 $F_{AB} < 1$,我们由此可以判断,两个因素的交互作用很不显著,从而接受 $H_{03}:(ab)_{ij} = 0$。

由于两个因素的交互作用不存在,SSAB 成为不可解释的偏差,因此应当成为 SSE 的一部分。此时,我们需要采用无交互作用的双因素方差分析的方法。

二、无交互作用的双因素方差分析数学模型

在无交互作用的双因素方差分析中,我们假设两种因素各自独立地发生作用,而不考虑两个因素之间的相互作用,即$(ab)_{ij} = 0$,所以对于无交互作用的双因素方差分析,我们在各种因素水平的组合下只进行一次试验或观察就可以了,这种试验称为无重复试验。我们先来看一个例子。

例8.9 某企业希望了解生产同种产品的不同牌号的机器及工人的操作技能对日产量的影响。随机抽选了 3 台机器(A_1, A_2, A_3)和 4 个除生产技能外其他条件相似的工人(B_1, B_2, B_3, B_4),让 4 个工人在 3 台机器上各操作一天,其日产量如表 8.7 所示。

表 8.7 4 个工人和 3 台机器配合的日产量

	B_1	B_2	B_3	B_4
A_1	50	47	47	53
A_2	63	54	57	58
A_3	52	42	41	48

我们看到工人的日产量各不相同,这一方面是由于机器和工人这两个主要因素的作用,另一方面也是由于许许多多次要的随机因素的作用。我们把以上例题扩展,假如有 k 个不同牌号的机器,r 个工人,可得到 kr 个组合,每个组合产生一个数据,则可得到 kr 个数据,于是得到无交互作用双因素方差分析的数据结构如表 8.8 所示。

表 8.8 双因素方差分析的数据结构

		因素 B						行总和	行均值
		B_1	B_2	$\cdots$	B_j	$\cdots$	B_r	$T_{i\cdot}$	$\bar{x}_{i\cdot}$
因素 A	A_1	x_{11}	x_{12}	$\cdots$	x_{1j}	$\cdots$	x_{1r}	$T_{1\cdot}$	$\bar{x}_{1\cdot}$
	A_2	x_{21}	x_{22}	$\cdots$	x_{2j}	$\cdots$	x_{2r}	$T_{2\cdot}$	$\bar{x}_{2\cdot}$
	$\vdots$	$\vdots$	$\vdots$	$\vdots$	$\vdots$	$\vdots$	$\vdots$	$\vdots$	$\vdots$
	A_i	x_{i1}	x_{i2}	$\cdots$	x_{ij}	$\cdots$	x_{ir}	$T_{i\cdot}$	$\bar{x}_{i\cdot}$
	$\vdots$	$\vdots$	$\vdots$	$\vdots$	$\vdots$	$\vdots$	$\vdots$	$\vdots$	$\vdots$
	A_k	x_{k1}	x_{k2}	$\cdots$	x_{kj}	$\cdots$	x_{kr}	$T_{k\cdot}$	$\bar{x}_{k\cdot}$
列总和 $T_{\cdot j}$		$T_{\cdot 1}$	$T_{\cdot 2}$	$\cdots$	$T_{\cdot j}$	$\cdots$	$T_{\cdot r}$	总和 T	总均值 $\bar{x}$
列均值 $\bar{x}_{\cdot j}$		$\bar{x}_{\cdot 1}$	$\bar{x}_{\cdot 2}$	$\cdots$	$\bar{x}_{\cdot j}$	$\cdots$	$\bar{x}_{\cdot r}$		

记 X_{ij} 为 A_i 与 B_j 组合下的试验结果以及样本,假设 X_{ij} 互相独立并服从具有相同方差的正态分布,即有:$X_{ij} \sim N(\mu_{ij}, \sigma^2)$。

记总体均值的总平均值为:

$$\mu = \frac{1}{kr} \sum_{i=1}^{k} \sum_{j=1}^{r} \mu_{ij} = \frac{1}{k} \sum_{i=1}^{k} \mu_{i\cdot} = \frac{1}{r} \sum_{j=1}^{r} \mu_{\cdot j}$$

令:$a_i = \mu_{i\cdot} - \mu$,称 a_i 为水平 A_i 的效应;$b_j = \mu_{\cdot j} - \mu$,称 b_j 为水平 B_j 的效应。

显然有:$\sum_{i=1}^{k} a_i = 0$;$\sum_{j=1}^{r} b_j = 0$。

证

$$\sum_{i=1}^{k} a_i = \sum_{i=1}^{k} (\mu_{i\cdot} - \mu) = \sum_{i=1}^{k} \mu_{i\cdot} - k\left(\frac{1}{k} \sum_{i=1}^{k} \mu_{i\cdot}\right) = 0$$

$$\sum_{j=1}^{r} b_j = \sum_{j=1}^{r} (\mu_{\cdot j} - \mu) = \sum_{j=1}^{r} \mu_{\cdot j} - r\left(\frac{1}{r} \sum_{j=1}^{r} \mu_{\cdot j}\right) = 0$$

在上述假设下,可得到以下数学模型:

$$x_{ij} = \mu + a_i + b_j + \varepsilon_{ij} \tag{8.2}$$

$\varepsilon_{ij} \sim N(0, \sigma^2)$,由试验中除因素 A 和因素 B 外的无法控制的随机因素引起。

(8.2)式表明,x_{ij} 一方面受 A、B 两因素的影响,另一方面也受许多随机因素的影响。如果水平 A_i 的影响不显著,则所有的效应值 $a_1, a_2, \cdots, a_k$ 都为零,否则必有一些效应值不为零;如果水平 B_j 对总体的影响不显著,则所有的效应值 $b_1, b_2, \cdots, b_r$ 都为零,否则必有一些效应值 b_j 不为零。因此,如果要检验因素 A 的作用,可建立假设:

$$H_{01}: a_1 = a_2 = \cdots = a_k = 0, \quad H'_{01}: a_1, a_2, \cdots, a_k \text{ 不全为零}$$

令:

$$\bar{x}_{i\cdot} = \frac{1}{r} \sum_{j=1}^{r} x_{ij}, \quad \bar{x}_{\cdot j} = \frac{1}{k} \sum_{i=1}^{k} x_{ij}, \quad \bar{x} = \frac{1}{rk} \sum_{i=1}^{k} \sum_{j=1}^{r} x_{ij}$$

有:

$$\text{SST} = \sum_{i=1}^{k} \sum_{j=1}^{r} (x_{ij} - \bar{x})^2 = \sum_{i=1}^{k} \sum_{j=1}^{r} [(\bar{x}_{i\cdot} - \bar{x}) + (\bar{x}_{\cdot j} - \bar{x}) + (x_{ij} - \bar{x}_{i\cdot} - \bar{x}_{\cdot j} + \bar{x})]^2$$

由于所有交叉乘积项之和为零，因此有：

$$SST = \sum_{i=1}^{k}\sum_{j=1}^{r}(\bar{x}_{i\cdot}-\bar{x})^2 + \sum_{i=1}^{k}\sum_{j=1}^{r}(\bar{x}_{\cdot j}-\bar{x})^2 + \sum_{i=1}^{k}\sum_{j=1}^{r}(x_{ij}-\bar{x}_{i\cdot}-\bar{x}_{\cdot j}-\bar{x})^2$$

$$= SSA + SSB + SSE$$

其中，SST 为总离差平方和，SSA 为因素 A 各水平组的组平均值与总平均值之间的离差平方和，SSB 是因素 B 的离差平方和，SSE 是误差平方和。

可以证明，SSA 与 SSE 是互相独立的，$SSE \sim \chi^2[(k-1)(r-1)]$，在 H_{01} 成立时，有：$SSA/\sigma^2 \sim \chi^2(k-1)$，从而比值：

$$F_A = \frac{SSA/(k-1)}{SSE/(k-1)(r-1)} \sim F[(k-1),(k-1)(r-1)]$$

容易知，当 H_{01} 不成立时，比值 F_A 有增大的趋势，因此在显著水平 α 下，若

$$F_A > F_\alpha[(k-1),(k-1)(r-1)]$$

则拒绝原假设 H_0。

同理，如果要检验因素 B 的作用，则可建立假设：

$$H_{02}: b_1 = b_2 = \cdots = b_r = 0, \quad H'_{02}: b_1, b_2, \cdots, b_r \text{ 不全为零}$$

则在 H_{02} 成立时，可以证明 $SSB \sim \chi^2(r-1)$，于是有：

$$F_B = \frac{SSB/(r-1)}{SSE/(k-1)(r-1)} \sim F[(r-1),(k-1)(r-1)]$$

在显著水平 α 下，若 $F_B > F_\alpha[(k-1),(k-1)(r-1)]$，则拒绝原假设 H_{02}。

将上述结果整理成方差分析表，如表 8.9 所示。

表 8.9　无交互作用的双因素方差分析表

方差来源	平方和	自由度	F 值	临界值
因素 A	SSA	$k-1$	$F_A = \dfrac{(r-1)SSA}{SSE}$	$F_\alpha[(k-1),(k-1)(r-1)]$
因素 B	SSB	$r-1$	$F_B = \dfrac{(k-1)SSB}{SSE}$	$F_\alpha[(k-1),(k-1)(r-1)]$
误差	SSE	$(k-1)(r-1)$		
总和	SST	$kr-1$	—	

我们可以运用 Excel 中的无重复双因素分析工具，来进行无交互作用的双因素方差分析。

例 8.10　就例 8.8 的资料可否认为工人和机器这两个因素对日产量的影响都是显著的？

解　设以 a_i 表示不同牌号的机器对日产量的效应，以 b_j 表示不同工人对日产量的效应，依题意，建立假设：

$$H_0: a_1 = a_2 = a_3 = a_4 = 0, \quad H_1: a_1, a_2, a_3, a_4 \text{ 不全为零}$$

$$H'_0: b_1 = b_2 = b_3 = 0, \quad H'_1: b_1, b_2, b_3 \text{ 不全为零}$$

将数据按照以下格式输入到 Excel 中。

	B_1	B_2	B_3	B_4
A_1	50	47	47	53
A_2	63	54	57	58
A_3	52	42	41	48

注意，在无重复双因素分析工具中，数据的"输入区域"对话框中，输入上面表格的全部区域，包括行和列的标志。

无重复双因素分析结果如下表所示。

方差分析：无重复双因素分析

SUMMARY	计数	求和	平均	方差
A1	4	197	49.25	8.25
A2	4	232	58	14
A3	4	183	45.75	26.91667
B1	3	165	55	49
B2	3	143	47.66666667	36.33333
B3	3	145	48.33333333	65.33333
B4	3	159	53	25

方差分析

差异源	SS	df	MS	F	p-value	F crit
行	318.5	2	159.25	29.10152	0.000816	5.143249
列	114.6667	3	38.22222222	6.984772	0.022015	4.757055
误差	32.83333	6	5.472222222			
总计	466	11				

根据 p 值，我们可以做出拒绝原假设的结论，即检验结果说明，不同牌号机器上生产的日产量有高度显著的差别，而不同工人的日产量只有显著的差别。

三、一个应用：随机区组设计

（一）单因素方差分析的缺陷

在单因素方差分析中，我们只考虑一个因素的影响，也就是说，在试验的过程中，其他影响因素对于试验对象是一样的。例如，我们来考察营销课程的培训对于销售人员的业绩是否有显著的帮助。表 8.10 给出了随机选出的 15 个销售人员在课程 A、课程 B 和无课程培训后的销售情况。如果这 15 个销售人员的经验、受教育水平等各个方面没有区别，我们完全可以采取单因素的方差分析，来检验课程的培训是否有明显的帮助。但是，上述假设并不现实，由于试验对象有时不可能完全同质，而不可能完全同质常常是由于无法实施完全的随机选择造成的，从而单因素方差分析会产生较大的误差。也就是说，如果在接受课程 A、课程 B 和无课程培训后的销售人员的素质，存在系统性的差异时，我们很可能会将人员素质所带来的销售业绩的不同，归结于课程培训的效果。

表 8.10　课程培训与销售业绩

课程 A	课程 B	无课程培训
2 058.0	3 339.0	2 228.0
2 176.0	2 777.0	2 578.0
3 449.0	3 020.0	1 227.0
2 517.0	2 437.0	2 044.0
944.0	3 067.0	1 681.0

（二）随机区组设计

随机区组设计(randoruized block design)是对单因素方差分析的一个改进。在随机区组设计中,我们研究的对象仍然是一个因素,该因素称为处理因素,但是在试验中,我们需要引入另一个其他的因素,称为非处理因素。具体做法是,先按影响试验结果的非处理因素(如性别、体重、年龄、职业、病情、病程等)将受试对象配成区组(block),再分别将各区组内的受试对象随机分配到各处理或对照组。

我们仍然继续课程培训对于销售业绩的影响的例子。一般认为,销售经验对于销售业绩有非常显著的影响,因此在随机区组设计中我们将选择销售经验有很大不同的销售人员,按照工作时间的长短分为销售经验丰富、一般和欠缺三组,从而在方差分析中多了一个销售经验的因素。这样,我们可以借助于无交互作用的双因素分析来探究主要因素——课程培训的影响。

所谓随机区组设计就是,将试验对象尽可能分成同质的组,每组中的试验对象按照随机次序参与不同试验水平下的被试,每一个这样的试验称为随机区组试验,从而达到减少试验误差的目的。它具有以下两个特点：

(1) 随机分配的次数要重复多次,每次随机分配都对同一个区组内的受试对象进行,且各个处理组受试对象数量相同,即要达到区组内均衡。

(2) 在进行统计分析时,将区组变异离均差平方和从完全随机设计的组内离均差平方和中分离出来,从而减小组内离均差平方和(误差平方和),提高了统计检验效率。

在课程培训对于销售业绩的影响的例子中,我们可以进行两种方式的随机区组设计。第一种随机化的区组分块设计,就是前面提到的将销售经验引入到分析中来。表 8.11 给出了试验设计的框架。

表 8.11　课程培训与销售业绩的随机化试验设计 1

	课程 A	课程 B	无课程培训
经验丰富(3 人)			
经验一般(3 人)			
经验欠缺(3 人)			

第二种随机区组设计,就是让每个试验人员都经历三种课程培训,每个人培训课程的顺序都是随机的。在这种试验设计中,我们所引入的另一个因素就是销售人员个人的差异。我们仍然可以采用无交互作用的双因素方差分析。表 8.12 给出了设计框架。

表 8.12　课程培训与销售业绩的随机化试验设计 2

	课程 A	课程 B	无课程培训
第 1 个销售人员			
第 2 个销售人员			
第 3 个销售人员			
⋮			
第 15 个销售人员			

（三）方差分析表

表 8.13 是随机区组设计下的方差分析表。需要注意的是，因为我们是借助无交互作用的双因素分析来进行对因素 A 的分析，所以，我们这里的方差分析表只需要给出因素 A 所对应的 F 值，对于引入的区组的影响，我们并不关心。

表 8.13　随机区组设计的方差分析表

方差来源	平方和	自由度	均方差	F 值	p 值
区组分块（非处理因素）	SSBL	$n-1$	MBL		
因素 A	SSA	$r-1$	MSA	$F_A = $ MSA/MSE	
随机误差	SSE	$(n-1)(r-1)$	MSE		
总方差	SST	$nr-1$			

注：n 为总的试验次数。

例 8.11　某高校教务部对某门必修课教师打分的公平性进行调研，这门课在同一个学期由两名不同的教师分两个班讲授。教务部在两个班里选择了 15 对学习态度和基础非常相近的学生共 30 名，并得到他们的期末考试成绩，成绩记录参见本章课件"教师打分"。请问这两位教师的打分存在显著差异吗？

解　运用 Excel 的无重复双因素分析工具，得到下面的分析结果：

方差分析

差异源	SS	df	MS	F	p-value	F crit
学生组	1 500.467	14	107.1762			
教师打分	34.13333	1	34.13333	9.77899045	0.00742129	4.600111
误差	48.86667	14	3.490476			
总计	1 583.467	29				

由于"教师打分"这个因素所对应的 F 统计量的 p 值为 $0.007 < 0.01$，因此可以认为，这两位老师的打分存在显著差异，学生得分的公平性受到了影响。

通过上面的例子可以看出，随机区组设计的关键是要确定区组中对试验结果有影响的非处理因素。区组内各试验对象应均衡，区组之间试验对象具有较大的差异为好，这样利用区组控制非处理因素的影响，并在方差分析时将区组间的变异从组内变异中分解出来。因此,当区组间差别有统计学意义时,这种设计的误差比完全随机设计小,试验效率得以提高。

关键术语

因素　水平　处理　水平效应　总离差平方和　组间方差平方和　组内方差平方和　误差平方和　残差　随机误差　有交互作用　无交互作用

习题

1. 为了确定对一批工人讲授安全生产原理的最有效的方法,尝试了 4 种方法:发给说明书,面授,电视教学,小组讨论。学期末,对这 4 组工人进行测验,最高可能得分是 10 分。从每组选 5 人作为一个样本,测验结果如下表所示。

	测验分数				
	1	2	3	4	5
说明书	6	7	6	5	6
面授	8	5	8	6	8
电视教学	7	9	6	8	5
小组讨论	8	5	6	6	5

以显著水平 $\alpha = 0.05$ 检验 4 种讲授方法之间有无显著差别。

2. 5 种不同的肥料处理应用于若干地块,不同地块的收获量如下表所示,问不同肥料处理的地块的收获量有无显著差异。

	收获量						
	1	2	3	4	5	6	7
处理 1	78.9	72.3	81.1	85.7			
处理 2	63.5	74.1	75.5	80.8	71.3	79.4	
处理 3	79.1	90.3	85.6	81.4	74.5	95.3	
处理 4	87.0	91.2	75.3	79.4	80.7	82.8	89.6
处理 5	75.9	77.2	81.5				

3. 金融理论认为,如果具有相似品质(例如产品市场中的商品质量)或属性(例如资产市场中的股票风险)的商品以同样的价格出售的话,那么这个市场就是有效的。1987 年,日内瓦一位石油业的统计分析员为了验证原油的现货市场是否有效,选择了荷兰的鹿特丹石油市场,随机记录了该市场来自四个产地同一级原油在二月份的价格(单位:美元/蒲尔),如下表所示。

英国	墨西哥	阿联酋	阿曼
17.8	18.01	18.1	18.05
18	17.75	17.92	18.01
17.98	18	18.01	17.94
18.2	17.77	17.88	18.23
18	18.01	18.3	18.2
17.99	18.01	18.22	18
18.1	18.12	18.56	17.84
17.9	18.2	18.1	18.11

请你回答以下问题：

(1) 你认为影响石油价格的因素有哪些？

(2) 在这个分析中，你认为主要的影响因素是什么？

(3) 在进行分析之前，该统计分析员应该做哪些假设？你认为这些假设在这个分析例子中能否满足？为什么？

(4) 该统计分析员应该依据什么统计结果来判断该石油市场是否有效？

(5) 你认为他应该得到怎样的结论？请写出你的统计推断过程。

4. 某公司分别在5个地区建立了某种小型车床的销售点，共记录了5个时期的销售量资料，如下表所示。试分析不同地区以及不同时期对销售量是否有显著影响。

		时期				
		1	2	3	4	5
地区	1	6.5	1.8	3.6	3.7	7.6
	2	14.2	7.1	10.8	8.9	12.6
	3	13.4	9.4	7.2	8.6	7.5
	4	2.4	1.5	1.7	2.3	2.8
	5	6.2	4.8	4.9	4.6	5.2

5. 为提高某种产品的合格率，考察原料用量和来源地对其是否有影响，试验数据如下表所示。试分析原料用量及来源地对产品合格率有无显著影响。

	原料用量		
	现用量	增加5%	增加8%
甲地	59	70	66
乙地	63	74	70
丙地	61	66	71

6. 在对国内三大著名的互联网站知名度的调查中，受访者按照年龄的高低分为3组，每组各50人，每个人都对这3个网站打分，得到的方差分析初步结果为：网站因素的偏差平方和 = 145，年龄因素的偏差平方和 = 160，随机误差平方和 = 6 200，总偏差平方和 = 6 745。请你写出方差分析表，并对结果作出完整的解释。

7. 对 4 个工人 3 部机器的每一组合各观察 2 次，得到日产量如下表所示。问产量的差异是否由不同机器或不同工人，或机器与工人的不同组合引起。

机器＼工人	1	2	3	4
A	(50,52)	(47,45)	(47,48)	(53,50)
B	(63,58)	(54,59)	(57,60)	(58,49)
C	(52,57)	(42,45)	(41,45)	(48,45)

8. 一个超级市场将一种商品采用三种不同的包装，放在三个不同的货架做销售试验。共搜集了三天的资料，数据如下表所示。问销售量的差异是否由不同的包装、不同的货架或包装与货架的不同组合引起？

	销售量		
	包装一	包装二	包装三
货架一	(5,6,4)	(6,8,7)	(4,3,5)
货架二	(7,8,9)	(5,5,6)	(3,6,4)
货架三	(3,2,4)	(6,6,5)	(4,9,6)

9. 有文章对期权的交易价格和到期时间对内在利率的影响进行了研究。① 文章所列出的方差分析表如下表所示。

方差来源	自由度	平方和	均方和	F 值
交易价格	2	2.866	1.433	0.420
到期时间	1	16.518	16.518	4.845
交互作用	2	1.315	0.658	0.193
被解释	5	20.699	4.140	1.214
残差	144	490.964	3.409	

请你回答以下问题：
(1) 表中的"被解释"是什么含义？它是如何计算出来的？
(2) 研究者将交易价格分为几个级别？
(3) 研究者将到期时间分为几个级别？
(4) 总的样本容量为多大？
(5) 假设这是一个等重复双因素方差分析表，每种组合下的样本容量为多大？
(6) 每种因素以及它们的交互作用是否显著？
(7) 在这项研究中，对于到期时间影响的检验，还可以用什么分布来进行？

10. 某公司在 5 个商场设有销售专柜，以下是 5 个月份的销售资料。请你分析不同时期及不同商场对销售量是否有显著影响，并解释为什么对该问题运用无交互作用的双因素方差分析模型是合适的。

---

① M. Brenner, and D. Galai, "Implied Interest Rates", *Journal of Business* 59, No. 3, 1986.

	1月	2月	3月	4月	5月
商场1	6.5	1.8	3.6	3.7	7.6
商场2	14.2	7.1	10.8	8.9	12.6
商场3	13.4	9.4	7.2	8.6	7.5
商场4	2.4	1.5	1.7	2.3	2.8
商场5	6.2	4.8	4.9	4.6	5.2

11. 某一医药管理权威部门对某一药品的进行疗效试验,实验随机挑选了30个患者,每个患者分别在三个月中服用一个月的试验药品,服用一个月的安慰剂,还有一个月不加以任何治疗,其次序为随机选择。

(1) 这个实验是什么试验?与单因素试验相比,这个试验有什么优点?

(2) 已知试验的结果如下:$SSA = 44\,572$,$SSBL = 38\,890$,$SSE = 112\,672$。请你写出方差分析表,并根据 p 值,给出完整的结论。

(3) 你认为该试验还存在什么缺陷?

12. 一个人的厨艺水平特别能反映他对生活的态度,从而会影响到他的生活方式。在2007年的某次校园调查中,我们得到了社会科学院系二年级男生有关"厨艺和体育锻炼时间"的数据。请你根据该数据进行一些分析。

(1) 厨艺(即生活态度)对他们的体育锻炼时间有影响吗?写出你的检验假设、选择的分析工具、检验结果,并对结论作一个简单的解释和说明。

(2) 在上题的检验中,你做了哪些假设?你认为这些假设在这个分析中能否满足?为什么?

(3) 请你通过多重比较,指出哪两组学生的平均锻炼时间存在显著差异。

13. 一家赛车俱乐部对三种轮胎(A)和四种引擎设计(B)进行测试,每种轮胎和引擎组合都进行12次试验。得到的结果如下:$SSA = 9\,430$,$SSB = 8\,560$,$SSAB = 7\,750$,$SSE = 11\,360$,请你写出方差分析表,并对结果作出完整的解释。

14. 一家餐馆在营业之前做了一个随机调查,让受访者为川菜、粤菜、湘菜和鲁菜打分,以了解附近居民口味的偏好,从而确定餐馆的主打菜系。如果居民的口味不存在特殊的偏好,则该餐馆打算经营西式快餐。调查的数据按照区组分块进行了整理,结果如下表所示。

区组	川菜	粤菜	湘菜	鲁菜
1	87	65	73	20
2	98	60	39	45
3	85	70	50	60
4	90	80	85	50
5	78	40	60	45
6	95	35	70	25
7	70	60	55	40
8	99	70	45	60

请你帮餐馆的老板拿一下主意。

第九章　分类资料分析
——卡方（X^2，Chi-square）检验

在社会科学的调查中,人们的特征、行为、态度、选择经常是以分类数据的形式展示出来的,卡方检验是对分类数据进行比较研究的常用方法。这个检验是建立在卡方分布的基础上的,属于非参数检验的范畴,主要是比较两个及两个以上样本构成比例,以及两个分类变量的关联性分析。基本思想就是在于比较理论频数和实际频数相吻合的程度。

本章主要讨论以下问题:

1. 卡方检验的基本原理；2. 卡方检验的应用。

第一节　卡方检验的基本原理

一、分类数据

(一) 分类数据的概念

分类数据(categorical data, qualitative data)又称为计数数据、类型数据、品质数据或类别数据,观测变量的取值以类别的形式出现,数据反映的是每种类别出现的次数。根据分类数据产生的原因,我们把分类数据分为以下三种:

(1) 原发性分类数据:即被观察的数据变量本身是名义性的属性,即品质变量,例如,性别、籍贯、单位、对事物的态度或看法、企业的所有制类别、所属行业,等等。

(2) 操作性分类数据:以人为操作的手段所获致的分类性数据,例如,在不同的实验水平设计下得到的分类的实验结果,按不同的地域划分所取得的观察数据,按照观察对象的属性划分所得到的加总数据,等等。

(3) 虚拟化分类数据:由其他类型的数据形态转换成类别形式的数据,例如,由连续型变量转换来的类别变项,收入的高、中、低水平,学习成绩的优、良、差,等等。

在"数据整理"一章,我们介绍过对分类数据的处理,即统计每种类别下或某个标志出现的次数与频率、编制次数与频率分配表,包括单变量表和双变量表。

(二) 分类数据的统计分析

1. 适合度检验

也称拟合度检验,其目的就是检验所观察到的次数或频率分配是否与理论上的或者所期望的分布一致。

例如,在某次大学校园的统计调查中,问卷收集了被调查的大学生是来自大城市、中小城市还是农村的信息,考虑下面的问题:

(1) 所收集的样本是否具有代表性?即样本中这三类学生的比重是否与该大学学生总体的频率分布有显著不同?

(2) 认为自己家庭条件较好的农村同学的比重是否偏高或偏低?即他们的比重是否与农村学生在样本中的比重或该大学学生总体的频率分布显著不同?

再如,大学生在考研的专业选择中,对人文科学、社会科学、理论科学和工程科学四类专业的偏好是否显著不同?

2. 独立性检验

独立性检验的目的就是通过样本得到的两个类别变量的观测值,来检验这两个类别变量之间是否具有相互的关联。例如,日常生活的计划性是否与学生的性别有关系?是否与学生的家庭情况有关系?是否与学生自己的专业有关系?

3. 同质性检验

又称为等价性检验,其目的在于检验在不同总体之间,对同一个变量的反应或次数分配情况是否具有显著差异。例如,党员和群众对同学借钱的态度是否一致?农村和城市居民对自己生活得是幸福、不幸福还是一般的评价是否一致?男生和女生认为统计学作业过难、过易、不难也不易的感受是否一致?

4. 改变的方向性检验

改变的方向性检验的目的在于检验同一个总体在某一项政策或事件的影响下,次数分配是否发生显著的变化。例如,做完第一次统计报告之后,全班同学对统计学兴趣是否发生显著变化?产品使用之后,消费者的购买意愿是否发生显著的变化?

二、卡方检验的统计原理

(一) 基本原理

(1) 卡方检验所检测的是样本观察次数(或百分比)与理论或期望总体次数(或百分)的差异性是否显著。

(2) 卡方统计量。设进行 n 次独立观测,得到第 j 组(类)样本观测值的次数为 O_j。假设该总体服从某一理论分布,则第 j 组(类)观测值的理论次数或期望次数应该为 E_j。卡尔·皮尔逊证明了,不论总体服从怎样的分布,当原假设成立、$n \to \infty$ 时,统计量

$$\chi^2 = \sum_{j}^{J} \frac{(O_j - E_j)^2}{E_j}$$

的上一行的分布趋于自由度为 $J-1$ 的 χ^2 分布。

(3) 卡方检验的统计原理。检验统计量 χ^2 值反映了实际次数与理论次数的吻合程度。将观测值与期望值进行比较,卡方值越大,代表统计量与理论值的差异越大,一旦卡方值大于某一个临界值,即可获得显著的统计结论。或者,可以考察卡方值所对应的 p 值,该 p 值表明当总体服从某一理论分布时,卡方统计量大于实际卡方值的概率。

(4) 说明。对应于不同的检验问题,卡方统计量中的理论次数将有不同的表述。我们将在后面详述。利用皮尔逊准则检验总体分布的假设时,要求样本容量 n 及观测值落在各个区间内的频数都相当大,一般要求 $n \geq 50$,期望次数 $E_j \geq 5$。若某些区间内的期望频数太小,可以扩大样本容量,重新进行抽样,或者把相邻的若干个区间合并,使合并后的区间内的期望频数足够大,但注意这样做就必然相应减少差异度的自由度,从而增大了犯第二类错误的可能性。

(二) 卡方分布

图 9.1 给出了自由度为 5、10、20、30 的卡方分布密度图,通过对该图的观察可以看出,卡方分布具有以下特点:① 卡方分布是非对称的右偏分布;② 随着自由度的增加,卡方分布的对称性随之增加;③ 随着自由度的增加,卡方分布的峰度随之降低。当自由度超过 30 时,卡方分布就近似于正态分布了。服从卡方分布的随机变量 χ^2 的均值等于其自由度,方差等于 2 倍的自由度。

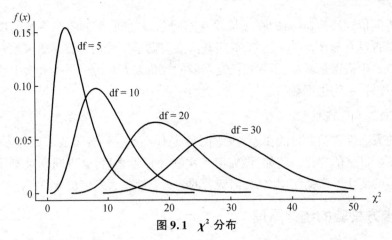

图 9.1 χ^2 分布

在 Excel 中,函数 CHISQ. DIST. RT(卡方值,df)给出卡方值右侧尾部的分布概率,函数 CHISQ. INV. RT(概率,df)给出卡方分布右尾概率对应的 χ^2 值。

(三) 检验假设

$H_0: p_1 = p_{1,0}, p_2 = p_{2,0}, \cdots, p_k = p_{k,0}$, H_1:以上等式至少有一个不成立

其中,$p_{k,0}$ 为总体分布的频率或理论上、期望上的频率。

(四) 检验结论

从直觉上看,观察到的分布次数与期望的分布次数越接近,我们越不能拒绝原假设;相反,当观察到的分布次数与期望的分布次数差别很大时,卡方值也会很大,这时我们就有很大的可能拒绝原假设。因此,卡方检验的拒绝域在分布曲线的右侧,如图 9.2 所示。

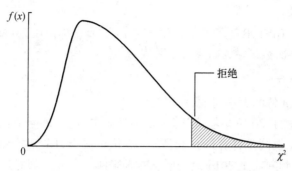

图 9.2 χ^2 检验的拒绝域

在进行卡方检验的时候,适合度检验要求每个组别的期望次数至少达到 10 个,其他检验则至少为 5 个。

(五) Excel 中的卡方检验

可以使用卡方函数 CHISQ.DIST.RT(卡方值,自由度) 求出 p 值,也可以直接运用函数 CHISQ.TEST(观察次数区域,期望次数区域)进行检验。

第二节 卡方检验的应用

一、适合度检验

(一) 适合度检验的特点

前面我们已经介绍过,适合度检验又称拟合度检验,其目的是检验所观察到的次数或频率分配是否与理论上的或者所期望的分布一致。该检验的特点在于检验的内容仅涉及一个变量,是一种单因子检验。

(二) 检验的步骤

1. 建立检验假设

观察到的次数分布等于期望分布,即:

$$H_0: p_1 = p_{1,0}, p_2 = p_{2,0}, \cdots, p_J = p_{J,0}, \quad H_1: 以上等式至少有一个不成立$$

2. 计算期望次数

根据零假设,计算每个组别或类别下应当出现的次数:

$$E_j = n \times p_j$$

其中,n 为样本容量,p_j 为 j 组期望或理论上的频率。

3. 根据公式,计算 χ^2 值

$$\chi^2 = \sum_j^J \frac{(O_j - E_j)^2}{E_j}$$

4. 计算 p 值

运用函数 CHISQ.DIST.RT(卡方值,df),df = J – 1 或直接使用 Excel 中的卡方检验函数 CHISQ.TEST(观察次数区域,期望次数区域)。

5. 做出结论

根据显著水平和 p 值的大小对比,作出检验结论。

例 9.1 随机调查了 80 位某经济学院 2014 级的本科生,询问他们对未来专业选择的初步想法。其中 22 位同学打算选择经济学,25 位金融学,16 位财政学,17 位保险学。请你根据样本对下面判断一下 2014 级的同学对未来四个专业的偏好是否显著不同。

解 (1) 建立检验假设。观察到的次数分布等于期望分布,即:

$$H_0: p_1 = p_2 = p_3 = p_4 = 0.25$$

即 2014 级的同学对未来四个专业的偏好是一样的,H_1:以上等式至少有一个不成立。

(2) 计算期望次数。根据零假设,计算样本中每个组别或类别应当出现的次数为:

$$E_j = 80 \times 0.25 = 20$$

制作摘要表如下:

	经济学	金融学	财政学	保险学
观察次数	22	25	16	17
期望次数	20	20	20	20

(3) 根据公式,计算 χ^2 值:

$$\chi^2 = \sum_j^4 \frac{(O_j - E_j)^2}{E_j}$$

$$= \frac{(22-20)^2}{20} + \frac{(25-20)^2}{20} + \frac{(16-20)^2}{20} + \frac{(17-20)^2}{20} = 2.7$$

计算过程可参见本章课件"专业选择",其中,我们用到函数 SUMXMY2,来计算两组对应数值之差的平方和。

(4) 计算 p 值:

CHISQ.DIST.RT(卡方值,df) = CHISQ.DIST.RT(4.35, 4 – 1) = 0.440

或直接运用卡方检验函数,得到:

CHISQ.TEST(B2:E2,B3:E3) = 0.440

其中,B2:E2 为所观察到的样本次数区域,B3:E3 为期望次数区域。

(5) 根据显著水平和 p 值的大小对比,得出检验结论。由于 $p > 0.05$,我们无法拒绝原假设,因此认为 2014 级的同学对未来五个专业的偏好没有显著不同。

例 9.2 某项调查显示,我国农村有 60% 的居民认为生活幸福,30% 认为生活一般,10% 认为不幸福。现随机抽查了 200 名城市居民,认为生活幸福、一般以及不幸福的比例分别为 55%、30% 和 15%。请问根据抽样结果,农村和城市居民的主观幸福感一样吗?如果样本数为 2 000,你的结论是否改变?

解 (1) 首先建立检验假设:农村和城市居民的主观幸福感一样,即他们认为生活幸福、一般以及不幸福的比例是一样的。

$$H_0: p_1 = 0.6, p_2 = 0.3, p_3 = 0.1, \quad H_1: \text{以上等式至少有一个不成立}$$

(2) 计算期望次数。根据零假设,计算城市样本中每个类别应当出现的次数,并制作摘要表如下:

		幸福	一般	不幸福
$n=200$	观察次数	110	60	30
	期望次数	120	60	20
$n=2\,000$	观察次数	1 100	600	300
	期望次数	1 200	600	200

(3) 运用 CHISQ. TEST 计算 p 值。当 $n=200$ 时,p 值 $=0.054$;当 $n=2\,000$ 时,p 值 $=0$。

(4) 根据显著水平和 p 值的大小对比,作出检验结论:当 $n=200$ 时,由于 $p>0.05$,我们无法拒绝原假设,此时认为农村和城市居民的主观幸福感没有显著的不同;当 $n=2\,000$ 时,由于 $p>0.05$,我们无法拒绝原假设,此时认为农村和城市居民的主观幸福感有显著的不同。

通过这道例题,我们看到卡方检验的结论与样本容量有着很大的关系。随着样本容量的增大,即使样本结构没有发生变化,零假设被拒绝的可能性也随之增大。因此,从样本容量的角度而言,卡方检验对于是否拒绝原假设的结论并没有太大的意义,因为只要样本足够多,总是可以拒绝原假设的。为了消除样本容量的影响,我们引入一个指标——Cramer's Phi,记作 ϕ_c,$\phi_c = \sqrt{\dfrac{\chi^2}{n(J-1)}}$,$\phi_c$ 的大小在 0 和 1 之间,它能够反映实际样本分布结构和理论期望分别结构之间的差别。ϕ_c 越大,两者之间的差别就越大。在上面的例题中,我们在两种样本容量的情况下,计算出来的 ϕ_c 值都为 0.12,这表明 ϕ_c 值的大小不受样本容量的影响,而且 0.12 的结果表明,实际样本分布结构和理论期望分布结构之间的差别并不大,农村和城市居民的主观幸福感应当是没有显著的不同。

Cramer's Phi 还可以衡量是统计检验中的效果值(effect size),这个值越大,表明零假设与备择假设之间的差别越大,从而统计检验力越大。通常以 0.2、0.5、0.8 为界,把效果值分为无效果、轻度、中度和重度。例如,当 Phi 值大于 0.8 时,检验的结果是拒绝零假设,说明样本和理论期望分布结构差别很大,拒绝的原因不是来自样本增加。当 Phi 值小于 0.2 时,如果检验的结果是不能拒绝零假设,那么意味着这时我们犯第二类错误的概率会很小;而拒绝原假设,其中的原因则来自样本容量的增大。在上面的例题中,当样本容量为 2 000 时,我们拒绝了原假设,但 Phi 值只有 0.12。因此,拒绝原假设的原因主要来自样本容量的增大。

(三) 适合度检验在总体分布拟合优度检验中的应用

在实际研究中,我们经常会遇到根据样本的分布情况,来判断总体是否服从某一种分布,例如正态分布。适合度检验可以用于对这类问题的分析。

设总体 $X \sim F(x)$,$F(x)$ 未知,$X_1, X_2, \cdots, X_n$ 为来自 X 的样本。总体分布拟合优度检验的检验假设为:

$$H_0: F(x) = F_0(x), \quad H_1: F(x) \neq F_0(x)$$

其中,$F_0(x)$ 为某种已知的分布律,该检验是检验总体是否服从具体的分布形式 $F_0(x)$。

如果 $F_0(x)$ 为离散型概率分布,那么可以运用卡方检验,检验在随机变量 X 每个可能的取值上,实际观察到的次数与理论上的概率是否接近。

如果 $F_0(x)$ 为连续型概率分布,我们将随机变量 X 的定义域分成 k 个互不相交的区间,$-\infty = t_0 < t_1 < t_2 < \cdots < t_i < \cdots < t_k = +\infty$。样本观测值 $x_1, x_2, \cdots, x_n$ 落入区间 $[t_{i-1}, t_i)$ 的频数记为 f_i,频率为 f_i/n,它们都是实际观察到的结果。当 H_0 为真时,$x_1, x_2, \cdots, x_n$ 落入区间 $[t_{i-1}, t_i)$ 的概率 $p_i = F_0(t_i) - F_0(t_{i-1})$,$p_i$ 是理论上的计算结果。运用卡方检验,可以通过检验频率为 f_i/n 与概率 p_i 是否一致,从而判断 $H_0: F(x) = F_0(x)$ 是否成立。

例 9.3 某研究人员在某地随机抽查了 150 户 3 口之家,结果全家无某疾病的有 112 户,家庭中 1 人患病的有 20 户,2 人患病的有 11 户,3 人全患病的有 7 户,问该病在该地是否有家族聚集性。

解 如果家庭成员之间的发病与否互不影响,则发病人数 X 符合二项分布(两种互斥结果、试验条件不变、各次试验独立),也就表明疾病不具有家族聚集性。其中,二项分布的参数 p 的估计结果为:

$$\hat{p} = \frac{0 \times 112 + 1 \times 20 + 2 \times 11 + 3 \times 7}{3 \times 150} = \frac{63}{450} = 0.14$$

每户家庭发病人数的理论概率为:

$$\Pr(X = k) = C_3^k (0.14)^k (1 - 0.14)^{3-k} \quad (k = 0, 1, 2, 3)$$

建立假设检验:H_0:该病发作服从二项分布,H_1:该病发作不服从二项分布。

计算得到下表:

每户发病人数	观察家庭数	理论概率	理论家庭数
0	112	0.6360	95.4084
1	20	0.3106	46.5948
2	11	0.0505	7.5852
3	7	0.0027	0.4116

运用 CHISQ.TEST 函数,计算得到卡方检验的 p 值为零,因此我们可以拒绝原假设,认为该病的发作不服从二项分布,具有家族聚集性。具体计算过程可参见本章课件"二项分布"。需要指出的是,在这个例子中,有两类理论家庭数没有达到适合度检验的最低要求 10,这在实际研究中应当避免,可以通过增大样本容量来解决。

例 9.3 是对离散型随机变量分布所进行的拟合优度检验,如果是对连续型随机变量分布,方法类似,只是需要对样本进行区间分组。需要注意的是,分组的不同会影响到检验的结果。

对总体正态性的检验是一个常见的问题,其基本思路是,首先根据抽样调查提供样本均值和样本方差的结果,对总体均值和方差进行估计。然后根据零假设,总体应当服从正态分布,计算出每一个分组区间应当出现的样本次数,以此为根据,求出卡方值。本章的习题就要求完成对一个总体的正态性检验。

二、独立性检验

(一) 独立性检验的特点

因为独立性检验是通过一个样本得到的两个类别变量的观测值,来检验这两个类别变量之间是否具有相互的关联,因此它检验的是同一个样本中的两个变量的关联情形。例如,参加出国外语考试与否是否与学生的性别有关系?是否与学生的家庭情况有关系?是否与学生自己的专业有关系?在一个样本中,我们可以同时观察到样本中的学生是否参加出国外语考试、性别、家庭状况、专业等信息。

(二) 独立性检验中的关联表

1. 关联表

在独立性检验中,需要用到关联表,它类似于描述统计分析中的双变量表和交叉表,即根据两个标志同时进行分类所得到的数据分组结果。表 9.1 给出了关联表的基本结构。

表 9.1　关联表的基本结构

		标志 2 分类			
		1	2	…	J
标志 1 分类	1				
	2				
	…			O_{ij}	
	I				

其中,根据标志 1 进行分组,共有 I 组;根据标志 2 进行分组,共有 J 组。我们把位于第 i 行和第 j 列那一组的分布次数记为 O_{ij}。

2. 关联表中的期望次数

关联表中的观察次数,可以直接通过对样本进行双变量分组得到。期望次数的计算则需要一些理论。

因为独立性检验考察的是两个变量的独立性。在概率论中,我们知道,如果 $P(A \times B) = P(A) \times P(B)$,即事件 A 和事件 B 同时发生的概率等于它们各自概率的乘积,那么事件 A 和事件 B 相互独立。那么当零假设成立时,即行变量与列变量相互独立时,第 i 行第 j 列单元格的期望频率 E_{ij}/n 等于第 i 行的总频率乘以第 j 列的总频率。即:

$$\frac{E_{ij}}{n} = \frac{O_i}{n} \times \frac{O_j}{n}$$

所以

$$E_{ij} = \frac{O_i \times O_j}{n}$$

(三) 卡方值的计算

与适合度检验类似,独立性检验的卡方值也是观察到的次数与期望次数差的平方除以期望次数之和:

$$\chi^2 = \sum_i^I \sum_j^J \frac{(O_{ij} - E_{ij})^2}{E_{ij}} \sim \chi^2((I-1) \times (J-1))$$

需要注意的是,在这里自由度 $df = (I-1) \times (J-1)$。

同样,当我们能够列出所有组别中的观察次数和期望次数时,仍然可以直接使用 CHISQ.TEST 函数进行卡方检验。

例 9.4 下面是某项市场调查对 286 位消费者进行的有关百事可乐和可口可乐选择的调查结果:

可口可乐	百事可乐		总计
	否	是	
否	84	32	116
是	48	122	170
总计	132	154	286

请你分析一下,消费者对这两种饮料的选择是独立的吗?

解 首先建立检验假设:

H_0: 消费者对这两种饮料的选择是独立的;

H_1: 消费者对这两种饮料的选择不是独立的。

然后计算每个组别中的期望次数:

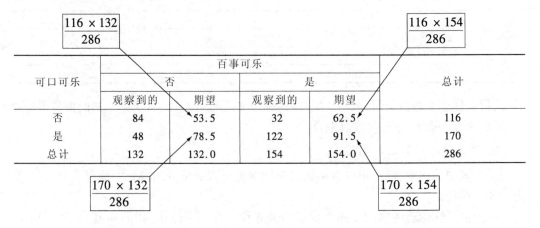

得到:

$$\chi^2 = \frac{(84 - 53.5)^2}{53.5} + \frac{(32 - 62.5)^2}{62.5} + \cdots + \frac{(122 - 91.5)^2}{91.5} = 60.82$$

$$df = (2-1)(2-1) = 1$$

p 值 = CHISQ.DIST.RT(60.82, 1) = CHISQ.TEST(C3:D4, C7:D8) = 1.85733E-13 ≪ 0.01。计算过程参见本章课件"卡方检验"。

所以有显著的证据可以拒绝零假设,认为消费者对这两种饮料的选择不是独立的,是有关联的。至于是正的关联还是负的关联,关联程度有多大,还需要进一步的统计分析。但是,通过对样本次数的初步观察,我们可以发现,同时购买两种饮料或同时不购买两种饮料的频数都比较高,所以消费者在这两种饮料的选择中,很可能存在正相关。

例 9.5 同学们很关心毕业出路和所学专业是否有关。根据某大学经济学院 2010 届本科毕业生的毕业去向统计(数据见下表),请作出你的判断。

观察次数	工作	国内深造	国外深造	总计
经济学	15	20	10	45
金融学	20	15	16	51
管理学	25	12	6	43
总计	60	47	32	139

解 H_0:专业与毕业去向是独立的,H_1:专业与毕业去向不是独立的。在零假设下计算期望次数,得到:

期望次数	工作	国内深造	国外深造	总计
经济学	19.42	15.22	10.36	45
金融学	22.01	17.24	11.74	51
管理学	18.56	14.54	9.90	43
总计	60.00	47.00	32.00	139

运用 CHISQ.TEST 函数,得到 $p=0.067>0.05$,因此根据该大学经济学院 2010 届本科毕业生的毕业去向样本,我们无法拒绝专业与毕业去向是独立的零假设,只能认为毕业去向与专业是独立的。

在独立性检验中,我们还可能关心两个变量之间的关联程度如何。关联系数 C 可以近似反映这种关联程度,$C = \sqrt{\dfrac{\chi^2}{\chi^2 + N}}$,$n$ 为样本容量。

C 也称为列联相关系数,消除了样本容量的影响,指示样本变量间真正关系的密切程度如何。但是对列联系数的显著程度没有可行的统计检测方法。C 值(列联系数)一般要大于 0.16 才认为有相关性。如果卡方值不显著也就没有必要计算列联系数了。

在适度性检验中介绍的 Cramer's Phi 也可以用来计算两个变量之间的相关程度。公式中的 K 则为行数和列数中的较小者。此时,$\phi_c = \sqrt{\dfrac{\chi^2}{n(K-1)}}$,称为 ϕ_c 相关系数。

三、同质性检验

(一) 同质性检验的特点

由于同质性检验是检验在不同的群体之间,对同一个变量的反应或次数分配情况是否具有显著差异;即这些群体是否来自同一个总体,具有同质性,因此该检验的内容涉及一个分组变量,但分组的总体为多个总体。例如,党员学生和群众学生对同学借钱的态度是否一致;农村居民和城市居民对自己生活得是幸福、一般还是不幸福的评价是否一致;男生和女生认为统计学作业过难、过易、一般的感受是否一致。

(二) 同质性检验中的关联表

1. 同质性检验中的关联表结构

		不同总体			
		1	2	...	J
标志分类	1				
	2				
	...			O_{ij}	
	I				

在同质性检验中,关联表的形式和独立性检验的关联表类似,但它们的结构是不同的。在同质性检验中,关联表是按照一个标志对多个(J个)总体进行分组的;而在独立性检验中,关联表是按两个标志对一个总体进行分组的。

2. 关联表中的期望次数

如果这 J 个总体具有同质性,即它们都来自同一个总体,那么在零假设下,E_{ij}/n 应该等于第 j 个群体在"总体"中所占的比重乘以第 i 个类别在"总体"中所占的比重,即:

$$\frac{E_{ij}}{n} = \frac{O_i}{n} \times \frac{O_j}{n}$$

所以 $E_{ij} = \frac{O_i \times O_j}{n}$,这个结果类似于我们独立性检验中的期望次数的计算方法。

例 9.6 下面的数据给出了某班男生和女生对于统计学课程难度的评价统计。问根据这个调查数据,能否判断男生和女生对于统计学课程难度的感受一样?

		性别				总计
		女		男		
课程难度	比较轻松	6	17.65%	6	28.57%	12
	没什么感觉	15	44.12%	10	47.62%	25
	有些吃力	13	38.24%	5	23.81%	18
	总计	34		21		55

解 这道题目要求判断两个不同的总体:男生和女生,对于同一个标志:统计学难度,感受是否一致。建立检验假设如下:

H_0:男生和女生对于统计学课程难度的感受一样;
H_1:男生和女生对于统计学课程难度的感受不一样。

制作摘要表:

(1) 观察到的次数分配:

	性别		总计
	女	男	
比较轻松	6	6	12
没什么感觉	15	10	25
有些吃力	13	5	18
总计	34	21	55

（2）期望的次数分配：

		性别		总计
		女	男	
课程难度	比较轻松	7.418182	4.581818	12
	没什么感觉	15.45455	9.54545	25
	有些吃力	11.12727	6.872727	18
	总计	34	21	55

$$\frac{18 \times 34}{55} \qquad \frac{12 \times 21}{55}$$

运用 CHISQ.TEST 函数，得到 $p = 0.46 > 0.1$，所以我们没有充分的证据可以拒绝原假设，认为男生和女生对统计学难度的感受没有显著的差别。

四、改变的方向性检验

卡方检验还可以用于检验某项措施、政策、项目对人群行为和态度是否产生改变效应。例如，下表给出了某项实验前后对某项政策赞成和反对的分布次数。

		实验前	
		赞成	反对
实验后	赞成	A	B
	反对	C	D

态度发生改变的总人数为 $B + C$，如果实验总的改变方向性是中性的，那么在实验前赞成和反对组中，应该有相同比例的人从反对变为赞成，由赞成变为反对。这个比例为：

$$\frac{B + C}{(A + C) + (B + D)} = \frac{B + C}{T}$$

T 为参加实验的总人数。从而得到卡方统计量：

$$\chi^2 = \sum_{j}^{2} \frac{(O_j - E_j)^2}{E_j}$$
$$= \frac{[B - (B + D) \times (B + C)/T]^2}{(B + D) \times (B + C)/T} + \frac{[C - (A + C) \times (B + C)/T]^2}{(A + C) \times (B + C)/T} \sim \chi^2(1)$$

改变的方向性检验的原理与前面基本一致，也是通过考察实际观测次数与理论期望次数之间的差异性，来判断改变效应是否存在。上面的公式适用于 2×2 矩阵的情形，即

人群的行为或态度只有两种取值;当取值情况多于2个时,卡方统计量为:

$$\chi^2 = \sum_j \frac{(n_{j.} - n_{.j})^2}{n_{j.} + n_{.j}} \sim \chi^2(J-1),$$

上述检验称为 Bickebӧller and Clerget-Darpoux 检验。

例9.7 2014年12月3日,辩论组织"智能平方"(Intelligence Squared)在纽约举办了一场辩论,主题是我们是否应该支持转基因食品。下表给出了辩论前后观众对转基因的态度的统计结果(%):

%		辩论前		
		支持	反对	无立场
辩论后	支持	0.29	0.09	0.22
	反对	0.02	0.18	0.11
	无立场	0.01	0.03	0.05

媒体没有公布参与活动的观众具体人数,现假定观众人数为100人。请检验一下这场辩论对人们的转基因态度是否产生了影响。

解 从上表中可以看到,有48%的观众改变了自己的态度。如果他们态度的改变不是因为辩论的原因,那么这种改变就是随机性的改变。将上表转换为如下频数分配表:

%		辩论前		
		支持	反对	无立场
辩论后	支持	29	9	22
	反对	2	18	11
	无立场	1	3	5

计算卡方统计量:

$$\chi^2 = \sum_j \frac{(n_{j.} - n_{.j})^2}{n_{j.} + n_{.j}}$$

$$= \frac{(9-2)^2}{11} + \frac{(22-1)^2}{23} + \frac{(11-3)^2}{14}$$

$$= 28.200$$

该卡方统计量的自由度为 $df = 3 - 1 = 2$。得到 p 值 $= 0$,所以可以认为这场辩论对于改变人们对于转基因的态度是有影响的。

五、卡方检验的其他问题

(一)标准化残差

当卡方检验拒绝了零假设时,我们可能很想知道,是哪些单元格的 $(O-E)^2/E$ 值过大,造成 χ^2 值超过了临界水平。在统计上,我们有两种方法对这个问题进行探察。

第一种方法是将每个单元格的 $(O-E)^2/E$ 值与自由度为1的卡方分布相比较,如果大于临界值,如 0.05 的临界水平对应的卡方值为 3.84,0.01 对应的是 6.63,就认为该单元格的观察次数与期望次数相去甚远。

第二种方法的数学原理来自标准正态分布的平方服从自由度为 1 的卡方分布。这种方法就是考察 $Z_{ij} = (O_{ij} - E_{ij})/\sqrt{E_{ij}}$。当零假设即观察次数与期望次数相同成立,且样本数很大的情况下,Z_{ij} 近似服从标准正态分布。因此可以将计算出的 z_{ij} 值与正态分布的临界值进行比较,如果超过临界值,可以认为该单元格的观察次数与期望次数相去甚远。我们把统计量 $Z_{ij} = (O_{ij} - E_{ij})/\sqrt{E_{ij}}$ 称为标准化残差。z_{ij} 值可以大于零,也可以小于零,取决于该单元格观察次数与期望次数的大小对比。z_{ij} 值的符号可以反映出在特定单元格中,两个变量的相关方向。

例 9.8　根据例 9.4,我们继续讨论消费者对可口可乐和百事可乐的选择,来判断一下哪些单元格的观察次数与期望次数显著不同。

解　下面我们计算出了每个单元格的 $(O-E)^2/E$ 值:

可口可乐	百事可乐					
	否			是		
	观察到的	期望	$\frac{(O-E)^2}{E}$	观察到的	期望	$\frac{(O-E)^2}{E}$
否	84	53.5	17.39	32	62.5	14.88
是	48	78.5	11.85	122	91.5	10.17

已知,在 $\alpha = 0.05$ 的显著水平下,对应的自由度为 1 的卡方值为 3.84。因此,每个单元格的标准化残差都超过了临界值,这些都成为导致零假设被拒绝的原因,即是否购买百事可乐与是否购买可口可乐存在相关关系。

(二) 样本量过小的问题

每个单元格的期望次数很大同时 $n \geq 40$ 时,用卡方检验是合适的。适合度检验要求每个单元格的次数要大于 10,独立性与同质性检验则要求 n 大于 5。当出现样本不足的时候,特别是当 $1 \leq E < 5$,且 $n \geq 40$ 时,可以使用卡方检验的 Yates 校正公式,对卡方值进行连续性校正,其公式如下:

$$\chi^2 = \sum \frac{(|O-E|-0.5)^2}{E}$$

采用此方法校正后,卡方统计量能较为接近卡方分布。

当 $E < 1$ 或 $n < 40$ 时,需用确切概率法(Fisher's exact probability test)对卡方值进行校正。前面我们讲到统计量 $\chi^2 = \sum \frac{(O-E)^2}{E}$ 在大样本情况下近似服从卡方分布,那么有没有精确的统计量对同样的问题进行检验? 答案是有的,这个统计量称为 Fisher 精确统计量,它不服从卡方分布,而是超几何分布;所对应的检验称为 Fisher 精确或确切概率检验,这个检验方法可以在高级的统计软件上实现。

既然有精确检验,为什么还要用近似的卡方检验? 这是因为当数目很大时,超几何分布计算相当缓慢(比近似计算会差很多倍的时间);而且在计算机速度不快时,根本无法计算,因此人们多用大样本近似的卡方统计量。但是,在样本很小的情况下,确切概率法的检验是容易实现的。

关键术语

分类数据　卡方分布　卡方检验　适合度检验　独立性检验　同质性检验

习题

1. 随机调查了50位男生和50位女生对学校选课方案的态度,结果如下表所示。

	支持	中立	反对
男生	20	15	15
女生	15	10	25

(1) 男女生对这项方案的态度是否一致?

(2) 如果男女生的支持、中立和反对的比例不变,但调查的人数变为200位男生和150位女生,男女生对这项方案的态度是否一致?

(3) 上述两个检验的结果一致吗?如果不一致,说明什么?还可以采用什么指标来说明男女生的态度差异?

2. 以下资料统计了不同收入水平的股民对不同风险股票的选择情况:

年收入(元)	股票风险水平			
	低	中	高	总计
0—19 999	5	4	1	10
20 000—24 999	6	3	0	9
25 000—29 999	22	30	11	63
30 000—34 999	11	20	20	51
35 000—39 999	8	10	4	22
40 000—44 999	2	0	10	12
45 000 以上	1	1	11	13
总计	55	68	57	180

请问股民的收入水平与其承担的风险水平存在关联吗?关联的程度如何?

3. 本章课件"习题"中的9.3数据是某个经济学院2013级同学的统计学成绩和专业信息。

(1) 请你按照下面的标准对学生成绩进行分组:

成绩(分)	人数
90—100	
85—90	
80—85	
75—80	
70—75	
70 以下	

(2) 该校教务处要求教员按照正态分布对学生的成绩进行调整。请你以样本均值和标准差为所假设的正态分布的均值和标准差,来检验:他们的统计学成绩服从正态分布吗?请写出你的检验过程,要求给出根据(1)分组的期望次数分布表。

(3) 请你以85分为界,将学生的成绩分为甲、乙两等,并按照专业,编制双向次数分布表。

(4) 请问2013级同学的统计学成绩与他们后来的专业选择有关联吗?请写出你的检验过程,并给出期望次数分布表。

(5) 请你通过标准化残差,解释一下2013级同学的统计学成绩与他们后来的专业选择具体有怎样的关联。

4. 在2008年的某次校园调查中,调查者研究了宿舍的学习氛围是否具有聚集性。现在筛选出所有女生的数据,并按照专业和年级统计了一下"爱学习"宿舍的分布情况,如下表所示。请你根据该表进行分析。

"爱学习"的女生宿舍分布次数

	大二		大二以上	
	爱学习的宿舍数	总宿舍数	爱学习的宿舍数	总宿舍数
人文科学	15	73	5	55
社会科学	17	94	29	134
理科	14	57	17	71

(1) 如果宿舍的学习氛围在年级和专业中没有聚集性,请你求出相应的期望次数分布表,要求写出计算思路,并将下表填写完整。

"爱学习"的女生宿舍期望次数分布

	大二	大二以上
人文科学		
社会科学		
理科		

(2) 宿舍的学习氛围是否具有聚集性?请问对这个问题你应该采用什么检验?写出你的检验假设,并分别给出 α 取5%和10%时的检验结果。

(3) 请你计算一下相应的Cramer's Phi,并对检验结果进行评论。

5. 有同学认为家庭的经济条件对宿舍人际关系的感受有一定的影响,我们筛选出2008年某次校园调查的男生相关数据,数据见本章课件"习题"。

(1) 家庭的经济条件对宿舍人际关系的感受有影响吗?要研究这个问题,我们需要用到什么具体的检验?

(2) 检验的结果是怎样的?写出你的检验假设和检验结果,并对结论作一个简单的解释和说明。

(3) 请你用两个指标来说明这两者之间的联系程度如何。

6. 请对例9.6进行标准化残差的后续分析。

7. 在一个独立性检验中,已知 $\chi^2=15$,样本容量为60,行变量和列变量的分类组数分别为3组和4组,请计算该卡方检验的 p 值与关联系数和 ϕ_c 相关系数。

8. 苏格兰西南部两个地区献血人员的血型记录如下表所示，请问两地的血型分布是否相同？

两个地区献血人员的血型分布

地区	血型				合计
	A	B	O	AB	
Eskdale	33	6	56	5	100
Annandale	54	14	52	5	125
合计	87	20	108	10	225

9. 下表给出了某统计学课期中课堂调查的统计结果。

		选课之初对统计学的兴趣		
		很有兴趣	兴趣一般	没兴趣
半个学期之后	很有兴趣	15	10	5
	兴趣一般	3	12	9
	没兴趣	2	3	10

请运用卡方检验对该课程的授课效果进行评价。

第十章 相关与回归分析

相关与回归分析是研究具有非确定性依存关系的现象之间相互关系的一种统计分析方法。相关和回归分析在内容和方法上都非常接近，从广义上说，相关分析包括回归分析，但就严格意义而言，两种方法是有区别的。回归分析主要研究如何用数学方程式描述具有非确定性依存关系的两个及两个以上变量之间的关系，相关分析则侧重于研究变量之间相互关系的紧密程度和相关方向。总的来说，相关分析与回归分析虽有区别，但两者不仅互相补充，而且是相辅相成的，两者都是应用十分广泛的统计分析方法。

本章主要讨论以下问题：

1. 变量之间的关系；2. 相关系数的测定和检验；3. 简单线性回归模型参数的估计和检验；4. 预测。

第一节 简单线性相关分析

一、变量之间的关系

用变量来代表不同的事物，则变量间的各种关系可以概括地分为两类：一类是确定性关系，另一类是非确定性关系。对于具有确定性关系的变量，可以用函数来描述它们之间的关系。例如，圆的半径和面积的关系，自由落体物体下落的距离与所需时间的关系，出租汽车费用与里程的关系，等等。它们共同的特点是，当其中一个变量值确定后，另一个变量值也就完全确定了。变量间的非确定性关系是指，给定了一个变量值，另一个变量值还可能在一定的范围内变化。如家庭的消费支出与家庭收入，一般而言，收入高，支出也多些，但同样收入的家庭，其支出却可能有很大的差异，这是因为家庭消费支出除了受收入高低的影响外，还有其他许多因素在起作用。我们把变量间的这种非确定性关系称为相关关系，变量间的相关关系是客观事物间普遍存在的关系。其实，即使是具有确定性关系的变量间，由于测量误差的存在，其表现形式也具有某种不确定性。相关分析就是测量事物间这种不确定相关关系的方法。简单线性相关分析是分析研究两个变量之间线性相关关系的方法，是相关分析的基础。

在 Excel 中，我们可以通过散点图来直观的观察可能的相关关系。例如，现有数据如表 10.1 所示，我们收集到包括在京农民工的受教育年限、年龄和月收入的数据，选择插入图表，做出 XY 散点图，得到图 10.1 和图 10.2。

表 10.1 在京农民工年龄、教育背景及收入统计表

编号	受教育年限(年)	年龄(岁)	月收入(元)
1	8	33	830
2	16	27	3 500
3	10	26	1 500
4	12	32	1 000
5	8	34	1 500
6	9	23	1 300
7	11	24	2 000
8	15	26	3 500
9	11	22	1 500
10	13	38	2 000
11	9	32	1 200
12	4	19	700
13	12	29	2 000
14	9	33	1 500
15	12	20	1 200
16	11	20	2 000
17	9	35	2 500
18	16	21	3 500
19	5	33	1 000
20	10	44	1 750
21	8	21	3 150
22	11	10	1 000
23	10	23	1 250
24	9	33	800

从图 10.1 我们可以看出,农民工的收入和年龄之间并没有明显的相关关系。因为年轻的农民工可能身体强壮却缺乏经验,这两种因素在相反方向上影响工资,所以年龄无法直接表现出与工资水平明显的相关关系。而从图 10.2 中不难发现,农民工的受教育年限与其工资水平有比较明显的相关关系。一般来说,更长时间的教育经历会积累人力资本,从而提高工作效率,工资也会更高。散点图是最简单、最直观观察变量间相关关系的工具。

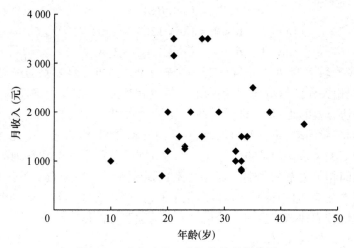

图 10.1　在京农民工收入和年龄相关图

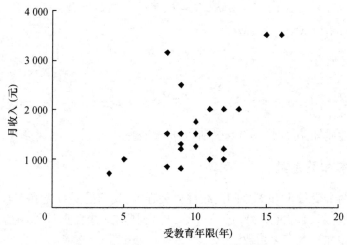

图 10.2　在京农民工收入和教育年限相关图

二、简单相关系数

两个变量之间线性相关程度及共同变化时的方向可以用简单相关系数来反映。一般以 ρ 表示总体的相关系数,以 r 表示样本的相关系数。

(一) 总体相关系数

我们知道,在统计上衡量两个随机变量 X 和 Y 取值间相互联系的程度和方向的量是协方差 $\mathrm{Cov}(X,Y)$ 与相关系数,有:

$$\mathrm{Cov}(X,Y) = \sigma_{XY} = E\{[X - E(X)][Y - E(Y)]\}$$

定义总体相关系数

$$\rho_{XY} = \frac{\sigma_{XY}}{\sqrt{\sigma_{XX}}\sqrt{\sigma_{YY}}} \tag{10.1}$$

其中,协方差具有以下性质:

$$\text{Cov}(A,B) = \text{Cov}(B,A)$$
$$\text{Cov}(A+B,C) = \text{Cov}(A,C) + \text{Cov}(B,C)$$
$$\text{Cov}(A-B,C) = \text{Cov}(A,C) - \text{Cov}(B,C)$$

显然,当 X 有较大变动,Y 也随之有一个较大的变动时,协方差的绝对值就较大,可见,X 与 Y 之间相关程度越高,协方差的绝对值也就越大,协方差正确反映了两个变量间的相关关系。协方差的正、负号则说明两个变量之间相互关系的方向,协方差为正,X、Y 同向变动,即同增或同减;协方差为负,X、Y 反向变动,即此增彼减。因此,协方差充分反映了变量间的相关关系。但是协方差也有一个弱点,即它是一个有量纲的量,不利于比较和判断变量间相关关系的强弱。而相关系数则弥补了这一缺点。虽然相关系数与协方差只差一个常数倍,但相关系数是标准化了的协方差,它有一个重要的性质:$|\rho_{XY}| \leq 1$,这就使得它在比较或判断变量间线性相关关系的强弱方面得天独厚。

证 对于任意实数 λ,有:

$$D(Y - \lambda X) = E[Y - \lambda X - E(Y - \lambda X)]^2 = E\{[Y - E(Y)] - \lambda[X - E(X)]\}^2$$
$$= E[Y - E(Y)]^2 + \lambda^2 E[X - E(X)]^2 - 2\lambda E\{[Y - E(Y)][X - E(X)]\}$$
$$= \sigma_{YY} + \lambda^2 \sigma_{XX} - 2\lambda \sigma_{XY}$$

令 $\lambda = \dfrac{\sigma_{XY}}{\sigma_{XX}}$,则有:

$$D\left(Y - \frac{\sigma_{XY}}{\sigma_{XX}} X\right) = \sigma_{YY} + \left(\frac{\sigma_{XY}}{\sigma_{XX}}\right)^2 \sigma_{XX} - 2\frac{\sigma_{XY}}{\sigma_{XX}} \sigma_{XY} = \sigma_{YY} - \frac{\sigma_{XY}^2}{\sigma_{XX}} = \sigma_{YY}(1 - \rho^2)$$

由方差的性质知,$\sigma_{YY}(1 - \rho^2) \geq 0$,所以 $|\rho| \leq 1$。

(二) 样本相关系数

为了了解两个变量 X 和 Y 之间的线性相关程度,我们需要对 X 和 Y 作 n 次观测以得到 n 对样本数值 $(X_1, Y_1), (X_2, Y_2), \cdots, (X_n, Y_n)$,利用这些数据计算的协方差和相关系数是样本协方差和样本相关系数。

记:$S_{XY} = \dfrac{1}{n-1} \sum\limits_{i=1}^{n} (X_i - \bar{X})(Y_i - \bar{Y})$,称为样本协方差。

记:
$$r = \frac{S_{XY}}{\sqrt{S_{XX}} \sqrt{S_{XY}}} \tag{10.2}$$

其中,$S_{XX} = \dfrac{\sum\limits_{i=1}^{n} (X_i - \bar{X})^2}{n-1}$, $S_{YY} = \dfrac{\sum\limits_{i=1}^{n} (Y_i - \bar{Y})^2}{n-1}$

r 称为样本相关系数,是样本协方差与两个随机变量 X 和 Y 的样本标准差乘积的比率,是标准化了的样本协方差。可以证明,样本相关系数 r 在 -1 和 $+1$ 之间变动。

若将观测到的 n 对样本数据绘制在直角坐标图上,可以得到有 n 个散点的散点图,如图 10.3 所示,这些图形形象地说明了样本相关系数在刻画变量间相互关系方面所起的作用。当 $|r| = 1$ 时,散点图中的全部点都落在一条直线上;当 $r = 0$ 时,散点图中的各点没有线性关系,r 越接近于零,相关程度越小,$|r|$ 越接近于 1,相关程度则越大。

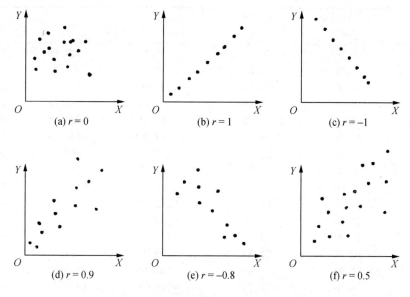

图 10.3 相关系数与散点图的几种情形

在计算相关系数时,为使计算简便,可利用以下公式:

$$r = \frac{n\sum_{i=1}^{n}x_iy_i - \sum_{i=1}^{n}x_i\sum_{i=1}^{n}y_i}{\sqrt{n\sum_{i=1}^{n}x_i^2 - (\sum_{i=1}^{n}x_i)^2}\sqrt{n\sum_{i=1}^{n}y_i^2 - (\sum_{i=1}^{n}y_i)^2}} \tag{10.3}$$

证 根据相关系数的定义有:

$$r = \frac{\sum_{i=1}^{n}(x_i - \bar{x})(y_i - \bar{y})}{\sqrt{\sum_{i=1}^{n}(x_i - \bar{x})^2}\sqrt{\sum_{i=1}^{n}(y_i - \bar{y})^2}} = \frac{\sum_{i=1}^{n}x_iy_i - \bar{y}\sum_{i=1}^{n}x_i - \bar{x}\sum_{i=1}^{n}y_i + n\bar{x}\bar{y}}{\sqrt{\sum_{i=1}^{n}x_i^2 - n\bar{x}^2}\sqrt{\sum_{i=1}^{n}y_i^2 - n\bar{y}^2}}$$

$$= \frac{\sum_{i=1}^{n}x_iy_i - n\bar{x}\bar{y}}{\sqrt{\sum_{i=1}^{n}x_i^2 - n\bar{x}^2}\sqrt{\sum_{i=1}^{n}y_i^2 - n\bar{y}^2}} = \frac{n\sum_{i=1}^{n}x_iy_i - \sum_{i=1}^{n}x_i\sum_{i=1}^{n}y_i}{\sqrt{n\sum_{i=1}^{n}x_i^2 - (\sum_{i=1}^{n}x_i)^2}\sqrt{n\sum_{i=1}^{n}y_i^2 - (\sum_{i=1}^{n}y_i)^2}}$$

在 Excel 中,可以直接通过 CORREL 函数实现,如果有多于两个变量,还可以通过"数据分析"中的"相关系数"来算出相关系数矩阵。

例 10.1 为研究股票收益率与风险之间的关系,抽选了美国 15 种股票,计算它们在 1956—1980 年间的平均收益率和标准差,如表 10.2 所示,试计算收益率与风险之间的相关系数。

表 10.2　美国 15 种股票(1956—1980 年)平均收益率与标准差

名称代号	平均收益率 μ_i	标准差 σ_i	μ_i^2	σ_i^2	$\mu_i \sigma_i$
1. ACD	8.20	30.40	67.24	924.16	249.28
2. DOW	11.40	27.60	129.96	761.76	314.64
3. UK	6.30	22.14	39.69	490.18	139.48
4. CVX	8.01	16.86	64.16	284.26	135.05
5. CWE	7.34	17.50	53.88	306.25	128.45
6. EPL	10.70	24.70	114.49	610.09	264.29
7. IK	11.50	26.30	132.25	691.69	302.45
8. RS	6.78	28.00	45.97	784.00	189.84
9. X	7.86	33.00	61.78	1 089.00	259.38
10. BGH	16.50	40.80	272.25	1 664.64	673.20
11. IBM	18.26	29.40	333.43	864.36	536.84
12. NCR	15.80	42.20	249.64	1 780.84	666.76
13. GF	10.15	22.84	103.02	521.67	231.83
14. NAB	11.90	25.10	141.64	630.01	298.69
15. DAT	15.10	33.20	228.08	1 102.24	501.32
总计	165.80	420.04	2 037.38	12 505.15	4 891.50

运用样本相关系数的公式,计算得:

$$r = \frac{15 \sum_{i=1}^{15} \mu_i \sigma_i - (\sum_{i=1}^{15} \mu_i)(\sum_{i=1}^{15} \sigma_i)}{\sqrt{15 \sum_{i=1}^{15} \mu_i^2 - (\sum_{i=1}^{15} \mu_i)^2} \sqrt{15 \sum_{i=1}^{15} \sigma_i^2 - (\sum_{i=1}^{15} \sigma_i)^2}}$$

$$= \frac{15 \times 4\,891.5 - 165.8 \times 420.04}{\sqrt{15(2\,037.38) - 165.8^2} \sqrt{15(12\,505.15) - 420.04^2}} = \frac{3\,729.86}{5\,850.14} = 0.6376$$

如果利用 Excel,我们键入 CORREL(B36:B50,E36:E50),这里 B36:B50 和 E36:E50 分别代表 Excel 里平均收益率和方差的序列,得到相关系数为 0.6376,与之前的结果一样。

计算结果说明收益与风险之间有正的相关系数 0.6376,证实了平均收益越大风险也越大的说法是有一定根据的。

一般当 $|r| \geq 0.8$ 时,视为高度相关,$0.5 \leq |r| \leq 0.8$ 视为中度相关,$0.3 \leq |r| \leq 0.5$ 视为低度相关,$|r| \leq 0.3$ 则认为关系极弱,可以看作不相关。

(三) 相关系数的显著性检验

由于样本相关系数是根据样本而得到的统计量,因此其数值的高低带有一定的随机性。样本容量越小,这种随机性越大。例如,当 X 与 Y 各只有两个样本数据时,相关系数总是为 1,但这时变量间并不一定完全相关。所以样本相关系数比较大时,并不一定说明总体相关系数也必然大,只有对样本相关系数进行检验后,才能下结论。

统计理论已经证明,样本相关系数是总体相关系数的一个无偏估计量。有:

$$E(r) = \rho, \quad D(r) = \frac{1-r^2}{n-2}$$

并且有：
$$\hat{t} = \frac{r\sqrt{n-2}}{\sqrt{1-r^2}} \sim t(n-2)$$

因此，我们可提出假设：
$$H_0: \rho = 0, \quad H_1: \rho \neq 0$$

并采用 $\hat{t}$ 作为检验统计量，对于给定的 α，若 $|\hat{t}| \geq t_{\alpha/2}(n-2)$，则表明 r 在统计上是显著的，即总体相关系数显著地不同于零；若 $|\hat{t}| \leq t_{\alpha/2}(n-2)$，则说明 r 在统计上不显著，即 X 与 Y 间并不存在线性相关关系。

例 10.2 对例 10.1 的相关系数进行检验（$\alpha = 0.05$）。

解 $H_0: \rho = 0, \quad H_1: \rho \neq 0$

已知：$r = 0.6376$，$n = 15$，则：
$$\hat{t} = \frac{r\sqrt{n-2}}{\sqrt{1-r^2}} = \frac{0.6376\sqrt{15-2}}{\sqrt{1-0.6376^2}} = 2.98$$

查 t 分布表，得：
$$t_{\frac{0.05}{2}}(13) = 2.16$$

$\hat{t} = 2.98 > 2.16$，所以，拒绝原假设，相关系数 r 是显著的。即检验结果表明，风险与收益间确实存在线性相关关系。

为了检验起来更方便，利用变量 t 与 r 之间的关系，可以得到以下等式：
$$r_\alpha = \frac{\dfrac{t_\alpha}{\sqrt{n-2}}}{\sqrt{1+\dfrac{t_\alpha^2}{n-2}}}$$

因此可以用 r_α 来代替 t_α 作为检验 r 的临界值，在给定 α 下，若 $r \geq r_\alpha$，就拒绝 $H_0: \rho = 0$。这样就可以直接用 r 值进行检验，而不必计算 $\hat{t}$ 了。关于 r_α 的值都已计算出来，并已编制成表（见书后"附表八　相关系数检验表"），应用起来很方便。如在例 10.1 中，查表得 $r_{0.05}(13) = 0.514$，将其作为临界值直接与计算得到的样本相关系数 0.6376 进行对比，由于 0.6376 大于 0.514，因此拒绝原假设，结论与 t 检验相同。

在 Excel 中，没有直接的工具来检验相关系数的显著性，不过我们可以通过它的运算功能算出 t 统计量和对应的概率分部值。通过前面的 CORREL 函数，我们已经求得 $r = 0.6376$，
$$\hat{t} = \frac{r\sqrt{n-2}}{\sqrt{1-r^2}}[\ = 0.6376 \times \text{sqrt}(15-2)/\text{sqrt}(1-0.6376^2)\ ]$$

[　] 内容为在 Excel 单元格中输入的公式。注：SQRT 函数表示开方，$x\hat{}y$ 表示 x 的 y 次幂。

（四）相关分析中应注意的问题

1. 相关系数不解释两变量间的因果关系

相关系数只是表明两个变量间互相影响的程度和方向，并不能说明两变量间是否有因果关系，以及何为因，何为果。即使是在相关系数非常大时，也并不意味着两变量间具

有显著的因果关系。通常来说,可以把相关性反映因果性的现象分为两类:一类是无法确定哪一种变量为因,另一类是有另一个变量同时影响我们考察的变量。

第一类的例子:据说,苏格兰以西的一个英属岛屿上的土著人的信条是,身上有虱子使人健康。因为几个世纪的观察告诉他们,健康的人通常有虱子,而生病的人却常常没有,观察的结果是准确真实的(如果计算相关系数一定是很高的,而且能够通过检验),但因果关系却是不正确的。事实是,由于卫生条件差,那里的人大部分都有虱子,而当生病发烧时(很可能就是这些虱子传染的),病人的体热使身上的虱子不舒服,于是它们就离开了。

因与果在很多情况下是可以互换的。如研究发现收入水平与股票的持有额正相关,并且可以用收入水平作为解释股票持有额的因素。但是否存在这样的情况,你赚的钱越多,买的股票也越多,而买的股票越多,赚的钱也就越多?何为因,何为果?众所周知,经济增长与人口增长相关,可是究竟是经济增长引起人口增长,还是人口增长引起经济增长?不能从相关系数中得出结论。

第二类是牵涉共同影响两变量的因素,在时间序列资料中往往就会出现这种情况。有人曾对教师薪金的提高和酒价的上涨作了相关分析,计算得到一个较大的相关系数。这是否表明教师薪金提高导致酒的消费量增加,从而导致酒价上涨?经分析,事实是由于经济繁荣导致教师薪金和酒价的上涨,而教师薪金增长和酒价之间并没有什么直接关系。

2. 警惕虚假相关导致的错误结论

第一,两个变量不相关并不代表两个变量之间毫无关系。相关系数表明的只是线性相关关系,如果两个变量之间是非线性关系,虽然相关系数为0,但是它们之间确实存在密切的联系。比如:

假设存在两个变量 u 和 v,$u = X + Y$,$v = X - Y$,其中已知 $\text{Var}(X) = \text{Var}(Y)$。现计算 u 和 v 的协方差:

$$\begin{aligned}\text{Cov}(u,v) &= \text{Cov}(X+Y, X-Y) = \text{Cov}(X, X-Y) + \text{Cov}(Y, X-Y) \\ &= \text{Cov}(X,X) - \text{Cov}(X,Y) + \text{Cov}(Y,X) - \text{Cov}(Y,Y) \\ &= \text{Var}(X) - \text{Cov}(X,Y) + \text{Cov}(X,Y) - \text{Var}(Y) = 0\end{aligned}$$

所以 $r_{u,v} = 0$

虽然 $X + Y$ 与 $X - Y$ 的相关系数为0,但是我们不能说这两个变量之间完全没有联系,也就不能说是相互独立的。

第二,原因的混杂可能导致错误的结论。如有人做过计算,发现在美国经济学学位越高的人,收入越低。笼统地计算学位与收入之间的相关系数会得到负值,但分别对大学、政府机构、企业各类别计算学位与收入之间的相关系数得到的则是正值,即对同一行业而言,学位高,收入也高。

另外,注意不要在相关关系据以成立的数据范围以外,推论这种相关关系仍然保持。雨下得多,农作物长得好,在缺水地区和干旱季节,雨是一种福音。但雨量太大,却可能损坏庄稼。正相关达到某个极限,就可能变成负相关。这个道理人人都明白,但在分析问题时却容易忽视。

第二节 一元线性回归分析

一、什么是回归分析

第一节中谈到了计算相关系数并不能表明变量之间的因果关系,要明确一个变量的变化能否由另一个变量的变化来解释,就要涉及回归的问题。

回归一词由英国生物学家 F. 高尔登(F. Galton)在研究人体身高的遗传问题时首先提出。根据遗传学的观点,子辈的身高受父辈影响。以 X 记父辈身高,Y 记子辈身高。虽然子辈身高一般受父辈影响,但同样身高的父亲,其子身高并不一致,因此,X 和 Y 之间存在一种相关关系。一般而言,父辈身高高者,其子辈身高也高,依此推论,祖祖辈辈遗传下来,身高必然向两极分化,而事实上并非如此,高个子人群子辈平均身高低于父辈平均身高;矮个子人群子辈平均身高高于父辈平均身高,有一种力量把个体身高拉向中心,即子辈的身高有向中心回归的特点。回归一词即源于此。虽然这种向中心回归的现象只是特定领域里的结论,并不具有普遍性,但从它所描述的关于 X 为自变量、Y 为不确定的因变量这种变量间的关系看,和我们现在的回归含义是相同的。不过,现代回归分析虽仍沿用了"回归"一词,但内容已有很大变化,它是一种广泛应用于许多领域的分析研究方法,在经济理论研究和实证研究中也发挥着重要的作用。

回归分析通过一个变量或一些变量的变化解释另一变量的变化,其主要内容和步骤是,首先根据理论和对问题的分析判断,区分自变量和因变量;其次,设法找出合适的数学方程式(即回归模型)描述变量间的关系;由于涉及的变量具有不确定性,接着还要对回归模型进行统计检验;统计检验通过后,最后是利用回归模型,根据解释变量去估计、预测因变量。

在回归分析中,必有一个因变量,又称为被解释变量或预测变量,一般以 Y 表示,另外还有一个或数个自变量,也称为解释变量。如果自变量只有一个,则称为简单回归;如果自变量有两个或两个以上,则称为复回归,又称为多元回归。根据回归方程式的特征,回归分析则可以分为线性回归和非线性回归。线性回归分析是回归分析的基础和主要内容。

二、一元线性回归模型的设定

(一) 总体回归模型

考虑家庭消费支出与可支配收入两变量间的关系。显然家庭消费支出依赖于可支配收入。因此可以以 X 代表可支配收入,以 Y 代表家庭消费支出。并且可以观察到,随着可支配收入变化,家庭消费支出也相应发生变化。但除了可支配收入外,诸如家庭成员数、年龄构成、消费习惯、地理位置、商品供应条件等因素都会影响家庭消费支出。因此,在给定 X 值的条件下,所观察到的 Y 值,只是围绕某些中心值而波动的数值,而 Y 的所有可能值就形成一个总体,假设有总体如表10.3所示。

表 10.3　每月可支配收入与消费支出的假设数据

	x_1	x_2	x_3	x_4	x_5	x_6	x_7	x_8	x_9	x_{10}
	80	100	120	140	160	180	200	220	240	260
y_1	55	65	79	80	102	110	120	135	137	150
y_2	60	70	84	93	107	115	136	137	145	152
y_3	65	74	90	95	110	120	140	140	155	175
y_4	70	80	94	103	116	130	144	152	165	178
y_5	75	85	98	108	118	135	145	157	175	180
y_6	…	88	…	113	125	140	…	160	189	185
y_7	…	…	…	115	…	…	…	162	…	191
合计	325	462	445	707	678	750	685	1 043	966	1 211
Y 的条件概率	1/5	1/6	1/5	1/7	1/6	1/6	1/5	1/7	1/6	1/7
Y 的条件均值	65	77	89	101	113	125	137	149	161	173

表 10.3 中的每一列为对应于给定的收入水平 X 条件下的消费支出 Y 的分布,即 Y 的条件分布。例如,X 取值为 80 时,Y 共有 5 个可能值,每个值出现的概率都是 1/5,即:

$$P\{y=55 \mid x=80\} = 1/5, \quad P\{y=70 \mid x=80\} = 1/5, \cdots$$

类似地,可以求出其他数据的条件概率,并且根据 Y 的条件概率分布可以计算出相应的条件均值,即条件期望值 $E(y_i \mid x_i)$,如表中最后一行所示。根据表 10.3 中的数据绘图,可以得到图 10.4。

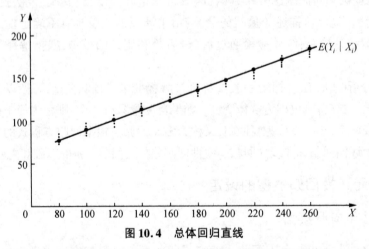

图 10.4　总体回归直线

图 10.4 中的每一列散点表示对应于一个给定的 X 值条件下的 Y 的条件分布,而根据这些点拟合的直线则表示因变量 Y 的条件均值或期望值的各点轨迹(在一元回归中,Y 对 X 的回归直线仅表示当 X 取某些特定值时,因变量 Y 的条件均值的各点轨迹)。图 10.4 清楚地表明,虽然每个家庭的消费支出存在差异,但平均来说,消费支出是随着可支配收入的递增而递增的,当 X 取某一给定值时,就有一个 Y 的总体分布及其条件均值,回归直线则反映了 Y 的条件均值与自变量 X 之间存在确定的线性函数关系。

从以上的讨论可以看出,Y 的条件均值 $E(Y_i \mid X_i)$ 是 X_i 函数,一般写成如下函数形式:

$$E(Y_i \mid X_i) = f(X_i) \tag{10.4}$$

(10.4)式称为一元总体回归函数,它仅仅说明 Y 的总体均值随着 X 值的变化而变化,两者之间可以建立某种确定的关系。至于总体回归函数究竟采用何种具体形式,则是一个重要的实践经验问题。如在例 10.3 中,从图 10.4 中明显看出,消费支出 Y 与 X 之间是一种线性关系,因此其总体回归直线方程可以写为:

$$E(Y_i \mid X_i) = \beta_0 + \beta_1 X_i \tag{10.5}$$

(10.5)式称为一元线性总体回归函数。由于 Y_i 的取值受各种随机因素的影响往往偏离直线,故如果进一步考虑其他各种随机因素的影响,并令 u_i 代表其他随机因素的影响,假设 u_i 是互相独立的,具有相同方差 σ^2 的随机变量(关于随机干扰项 u_i 的假设在估计模型时还要详细讨论),则可将(10.2)式写为:

$$Y_i = \beta_0 + \beta_1 X_i + u_i \tag{10.6}$$

(10.6)式的优点在于将随机干扰项列入模型,可以通过对随机干扰项的研究,更确切地说明所研究的经济变量之间的数量关系。

随机干扰项的主要内容有:
(1) 未具体列入模型但又共同影响因变量的种种因素。
(2) 变量的观测误差。
(3) 随机误差。
(4) 模型的设定误差。

(二) 线性回归模型的含义

线性回归模型是回归分析的基础,因此首先要明确回归分析中线性的含义。
在回归分析中线性有两个含义:
(1) 就变量而言,线性是指 Y 的条件期望是 X 的线性函数。例如,

$E(Y_i \mid X_i) = \beta_0 + \beta_1 X_i$ 一元线性函数

$E(Y_i \mid X_{1i}, X_{2i}) = \beta_0 + \beta_1 X_{1i} + \beta_2 X_{2i}$ 二元线性函数

$E(Y_i \mid X_{1i}, \cdots, X_{ni}) = \beta_0 + \beta_1 X_{1i} + \cdots + \beta_n X_{ni}$ 多元线性函数

$E(Y_i \mid X_i) = \beta_0 + \beta_1 X_i^2$ 非线性函数

(2) 就参数而言,线性是指 Y 的条件期望是参数 β_i 的线性函数。按照这个解释,则:

$$E(Y_i \mid X_i) = \beta_0 + \beta_1 X_i^2$$

就是一元线性回归函数,而

$$E(Y_i \mid X_i) = \beta_0 + \sqrt{\beta_1} X_i$$

就不是线性函数,因为参数的指数是 1/2。一般在回归分析中,都是就参数与 Y 的关系来判定是否为线性关系的。

(三) 样本回归模型

前面我们通过一个例子讨论了总体回归模型的设定,那是为了讨论问题方便所作的假设,事实上,总体 Y 是未知的,我们所能取得的只能是与给定 X 值相对应的 Y 的样本观测值,能做的是通过样本提供的信息来认识总体,找出总体回归模型的估计式。

仍以家庭消费支出为例。假设取得了可支配收入与消费支出的两个简单随机样本如下表所示。

		x_1	x_2	x_3	x_4	x_5	x_6	x_7	x_8	x_9	x_{10}
		80	100	120	140	160	180	200	220	240	260
样本1	y_{1i}	70	65	90	95	110	115	120	140	155	120
样本2	y_{2i}	55	88	90	80	118	120	145	135	145	175

以 * 代表样本 1 的散点，以 · 代表样本 2 的散点，将以上样本数据绘制散点图，如图 10.5 所示。

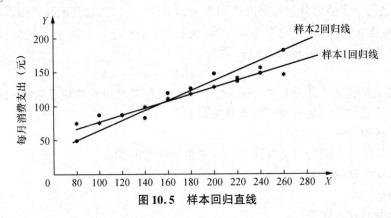

图 10.5 样本回归直线

从图 10.5 中两个样本的散布点分布的情况来看，可以对这些散点分别拟合两条直线即直线 1 和直线 2，由于图中的散点所代表的观测值是来自总体的样本值，因此据此拟合的直线 1 和直线 2 是总体回归线的估计线，由样本回归线方程计算得到的 $\hat{Y}_i$ 则为回归值，也称为预测值或估计值。由于无法得到总体数据，因此只能根据样本回归直线方程对总体回归直线方程进行推断和估计。样本回归线方程可以写为：

$$\hat{Y}_i = \hat{\beta}_0 + \hat{\beta}_1 X_i \tag{10.7}$$

其中，符号"^"表示总体真实参数的估计值，(10.7)式就是总体真实线性回归方程的估计式。同样，与考虑随机干扰项的总体回归模型相对应，样本回归模型可以写为：

$$Y_i = \hat{\beta}_0 + \hat{\beta}_1 X_i + e_i \tag{10.8}$$

其中，e_i 称为残差，是样本观测值 Y_i 与估计值 $\hat{Y}_i$ 之间的误差。

由于抽样的随机性，使样本回归线充其量只能近似地代表总体回归线，而不可能与总体回归线完全重合，从而不可避免地会出现样本回归函数高估或低估总体回归函数的情况，我们所能做的就是设法使样本回归函数尽可能接近总体回归函数，也就是说，要使回归方程参数的估计值 $\hat{\beta}_0$ 和 $\hat{\beta}_1$ 尽量接近总体真实参数 β_0 和 β_1。

三、回归直线的拟合

对样本观测值拟合直线也就是对回归方程中的参数求解。模型参数求解的方法很多，其中最通用的方法就是最小二乘法，也称最小平方法。

（一）简单线性回归模型的统计假设

应用最小平方法估计模型参数，首先涉及对随机干扰项或误差项的处理问题。

如前所述，在回归分析中，自变量 X 值是可以给定的，因此 X 是一个确定的变量，而

对应于每一给定的 X 值,因变量 Y 还要在一定的范围里变化,即 Y 是一个随机变量,它的取值除了受 X 因素的线性影响外,还受到随机因素的影响,这些随机因素在模型中称为随机干扰项或误差,记作 u_i。因此,为了估计模型中的参数,首先需要对随机干扰项的概率分布作出假设,在这些假设下,使最小平方法具有合乎需要的统计性质,从而成为回归分析中最通用而有效的方法。

假设 1   以给定的 X_i 为条件,u_i 服从条件期望值为零的正态分布。即有:
$$E(u_i \mid X_i) = 0$$
简记为:
$$E(u_i) = 0$$
上述假设可以用图直观地表示,如图 10.6 所示。

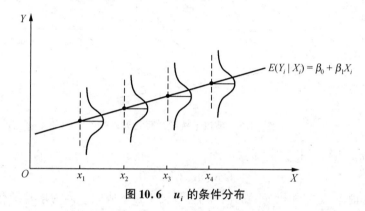

图 10.6 u_i 的条件分布

从图 10.6 中可以看出,当假设成立时,对于每一给定的 X_i,Y_i 的所有可能取值对称地分布在直线周围。这一假设意味着回归直线通过 Y 的条件均值。

假设 2   各个随机干扰项之间互不相关,即假设它们之间无序列相关或自相关。
$$\text{Cov}(u_i, u_j) = E[(u_i - E(u_i))(u_j - E(u_j))] = 0 \quad (i \neq j)$$

对于服从正态分布的随机变量而言,两个变量间的协方差为零意味着两变量之间是相互独立的。这里即意味着对应于不同观测值的随机干扰项之间互相独立,也就是说,不存在自相关或序列相关。

假设 3   对于每个给定的 X_i,u_i 的方差是一个常数,即各个 Y 总体具有相同方差。
$$D(u_i \mid X_i) = D(u_i) = \sigma^2$$
这个假设可用图直观表示,如图 10.7 所示。

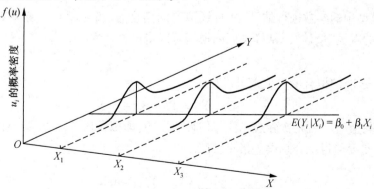

图 10.7   随机干扰项具有相同方差

图 10.7 表示,当 X_i 增加时,Y_i 亦随之增加,但对于所有的 X_i,Y_i 的方差保持不变。这就是所谓的同方差性。反之,就是异方差性。如当可支配收入增加时,消费支出也随之增加,但对应于所有的收入水平,消费支出的方差保持不变,说明随机干扰项具有同方差性质;如果消费支出的方差随着收入增加而增大,即具有较高收入的家庭其支出具有较大的变异性,这说明随机干扰项具有异方差性,如图 10.8 所示。记为:

$$D(u_i \mid X_i) = D(u_i) = \sigma_i^2$$

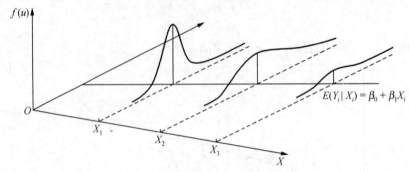

图 10.8 随机干扰项具有异方差性

假设 4 u_i 与 X_i 不相关。即:

$$\mathrm{Cov}(u_i, X_i) = 0$$

在解释变量 X_i 是非随机变量的前提下,假设 4 必然成立。因为这时必有:

$$\mathrm{Cov}(u_i, X_i) = E[u_i - E(u_i)][X_i - E(X_i)] = 0$$

满足以上四条假设的线性回归模型称为古典或普通线性回归模型,相应地,对于这类回归模型的参数估计所采用的最小平方法称作普通最小平方法(ordinary least square, OLS)。

(二) 简单线性回归模型的参数估计

1. 最小平方法

设样本线性回归模型如下:

$$\hat{Y}_i = \hat{\beta}_0 + \hat{\beta}_1 X_i$$

$$Y_i = \hat{\beta}_0 + \hat{\beta}_1 X_i + e_i$$

要对模型中的参数进行估计,从直线拟合的角度看,就是要求出样本观测点的拟合值,使拟合的直线"最佳"。从样本回归模型可以得出:

$$Y_i = \hat{Y}_i + e_i$$

其中,$\hat{Y}_i$ 就是 Y_i 的拟合值。上式可以写成:

$$e_i = Y_i - \hat{Y}_i = Y_i - \hat{\beta}_0 + \hat{\beta}_1 X_i$$

可见,剩余项 e_i 就是实际观测值与估计值之差,即拟合误差。显然,要使拟合的直线"最佳",就是要使得拟合总误差最小,即:

$$\sum_{i=1}^n e_i = \sum_{i=1}^n (Y_i - \hat{Y}_i) = \min$$

由于剩余项有正有负,正负相抵消总离差为零;若用绝对值处理又不易于数学处理。

所以,最好的办法是采用剩余平方和,即按照使剩余平方和最小的原则来选择参数,拟合线性方程。即:

$$\sum_{i=1}^n e_i^2 = \sum_{i=1}^n (Y_i - \hat{Y}_i)^2 = \sum_{i=1}^n (Y_i - \hat{\beta}_0 - \hat{\beta}_1)^2 = \min$$

上述准则称为最小平方准则。显然,使上式为零的必要条件就是 $\sum_{i=1}^n e_i^2$ 分别对 $\hat{\beta}_0$ 和 $\hat{\beta}_1$ 的一阶偏导数等于零,即:

$$\frac{\partial \sum_i e_i^2}{\partial \hat{\beta}_0} = -2 \sum_i (Y_i - \hat{\beta}_0 - \hat{\beta}_1 X_i) = 0 \tag{10.9}$$

$$\frac{\partial \sum_i e_i^2}{\partial \hat{\beta}_1} = -2 \sum_i (Y_i - \hat{\beta}_0 - \hat{\beta}_1 X_i) X_i = 0 \tag{10.10}$$

(10.9)式和(10.10)式经整理后可写为:

$$\begin{cases} \sum_i Y_i = n\hat{\beta}_0 + \hat{\beta}_1 \sum_i X_i & (10.11) \\ \sum_i Y_i X_i = \hat{\beta}_0 \sum_i X_i + \hat{\beta}_1 \sum_i X_i^2 & (10.12) \end{cases}$$

将(10.12)式乘以 n 再减去(10.11)式,整理后可得到求解 $\hat{\beta}_0$ 和 $\hat{\beta}_1$ 的公式如下:

$$\begin{cases} \hat{\beta}_1 = \dfrac{n\sum_i X_i Y_i - \sum_i X_i \sum_i Y_i}{n\sum_i X_i^2 - (\sum_i X_i)^2} = \dfrac{\sum_i (X_i - \bar{X})(Y_i - \bar{Y})}{\sum_i (X_i - \bar{X})^2} = \dfrac{\sum_i x_i y_i}{\sum_i x_i^2} & (10.13) \\ \hat{\beta}_0 = \dfrac{\sum_i X_i^2 \sum_i Y_i - \sum_i X_i \sum_i X_i Y_i}{n\sum_i X_i^2 - (\sum_i X_i)^2} = \bar{Y} - \hat{\beta}_1 \bar{X} & (10.14) \end{cases}$$

(10.13)式中用的 x 和 y 分别代表 X 的离差及 Y 的离差,主要是为了公式书写起来简便。

根据上述方法求出的参数就称为最小平方解,其求解过程就称为最小平方法,而由此得出的直线能够使得拟合的误差平方和达到最小。

而在 Excel 里,参数估计的计算过程直接由计算机完成。但我们以下还是先介绍传统方法,再介绍 Excel 得出的结果。

例 10.3 为研究家庭收入和食品支出的关系,随机抽取了 10 个家庭的样本,得到数据,如表 10.4 所示。试根据这些数据建立收入和支出之间的回归方程,并解释结果。

表 10.4 10 个家庭的月收入额与食品支出额数据(百元)

家庭	1	2	3	4	5	6	7	8	9	10
收入	20	30	33	40	15	13	26	38	35	43
支出	7	9	9	11	5	4	8	10	9	10

解 设收入为自变量 X,支出为因变量 Y,将例中样本数据绘制散点图,如图 10.9 所示。

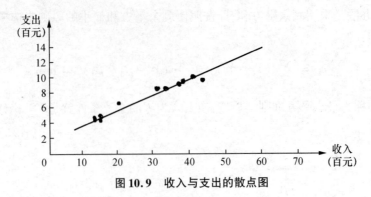

图 10.9 收入与支出的散点图

从散点图可以看出,家庭收入与食品支出的关系近似线性关系,因此,设收入与支出有关系:

$$\hat{Y}_i = \hat{\beta}_0 + \hat{\beta}_1 X_i$$

根据样本资料计算出所需数据,如表 10.5 所示。

表 10.5 家庭收入与食品支出回归计算表

家庭	收入 x_i	支出 y_i	x_i^2	y_i^2	$x_i y_i$	估计值 $\hat{y}_i$ *	残差 e_i **
1	20	7	400	49	140	6.2136	0.7814
2	30	9	900	81	270	8.2416	0.7584
3	33	8	1 089	64	264	8.8485	−0.8485
4	40	11	1 600	121	440	10.2646	0.7354
5	15	5	225	25	75	5.2071	−0.2071
6	13	4	169	16	52	4.8025	−0.8025
7	26	8	676	64	208	7.4324	−0.5678
8	38	10	1 444	100	380	9.8600	0.1400
9	35	9	1 225	81	315	9.2531	−0.2531
10	43	10	1 849	100	430	10.8715	−0.8715
合计	293	81	9 577	701	2 574	80.9999	0.0001

注:* 这一栏数值是在求出回归方程以后,根据回归方程计算的。
    ** 这一栏数值是 Y 的观测值与回归估计值之差。

根据计算表 10.5 中的计算结果,有:

$$\hat{\beta}_1 = \frac{10 \times 2\,574 - 293 \times 81}{10 \times 9\,577 - 293^2} = 0.2023$$

$$\hat{\beta}_0 = \bar{Y} - \hat{\beta}_1 \bar{X} = 8.1 - 0.2023 \times 29.3 = 2.1726$$

于是,得到收入与支出的一元线性回归方程为:

$$\hat{Y}_i = 2.1726 + 0.2023 X_i$$

以上回归方程说明,当收入为零时,也必须有 217.26 元的食品支出,这部分支出可视为基本支出或固定支出水平;收入每增加 100 元,支出就增加 20.23 元。

利用 Excel,操作"数据"—"数据分析"—"回归",分别键入"Y 值输入区域"和"X 值输入区域",并可以勾选其他选项,包括残差、残差图、标准残差和线性拟合图。得到结果如表 10.6 至表 10.9、图 10.10 及图 10.11 所示。

表 10.6　回归统计的拟合结果

Multiple R	0.950925
R Square	0.904259
Adjusted R Square	0.892292
标准误差	0.733038
观测值	10

表 10.7　方差分析结果统计表

方差分析	df	SS	MS	F	Significance F
回归分析	1	40.60198	40.60198	75.5734	2.39E-05
残差	8	4.29802	0.537345		
总计	9	44.9			

表 10.8　回归参数估计结果

	Coef.	标准误差	t-Stat	p-value	Lower 95%	Upper 95%
Intercept	2.1726	0.7202	3.0167	0.0166	0.5118	3.8335
X Variable	0.2023	0.0233	8.6925	0.0000	0.1486	0.2560

表 10.9　回归的预测值和残差值表

观测值	预测 Y	残差	标准残差
1	6.218627	0.781373	1.130597
2	8.241609	0.758391	1.097344
3	8.848503	-0.8485	-1.22773
4	10.26459	0.73541	1.064092
5	5.207136	-0.20714	-0.29971
6	4.80254	-0.80254	-1.16122
7	7.432416	0.567584	0.821258
8	9.859994	0.140006	0.20258
9	9.253099	-0.2531	-0.36622
10	10.87148	-0.87148	-1.26098

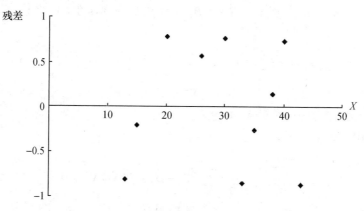

图 10.10　回归残差

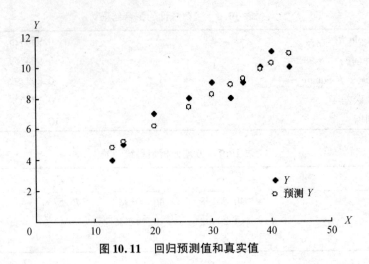

图 10.11　回归预测值和真实值

最终结果也为：

$$\hat{Y}_i = 2.1726 + 0.2023 X_i$$

(三) 最小平方估计线和估计量的性质

利用最小平方法求解的参数估计量和回归方程具有许多优良性质。

(1) 剩余残差之和为零，即：$\sum_i e_i = 0$。

由(10.9)式

$$\frac{\partial \sum_i e_i^2}{\partial \hat{\beta}_0} = -2 \sum_i (Y_i - \hat{\beta}_0 - \hat{\beta}_1 X_i) = 0$$

直接可得：$\sum_i e_i = 0$，也即：$\bar{e} = 0$。

(2) 所拟合的直线通过均值点 $(\bar{X}, \bar{Y})$，即通过样本散点图的重心，因而预测值 $\hat{Y}_i$ 的均值等于观测值的均值。

$$\bar{Y} = \frac{1}{n} \sum_i Y_i = \frac{1}{n} \sum_i (\hat{\beta}_0 + \hat{\beta}_1 X_i + e_i) = \hat{\beta}_0 + \hat{\beta}_1 \bar{X}$$

因为

$$\hat{Y}_i = \hat{\beta}_0 + \hat{\beta}_1 X_i = (\bar{Y} - \hat{\beta}_1 \bar{X}) + \hat{\beta}_1 X_i = \bar{Y} + \hat{\beta}_1 (X_i - \bar{X})$$

所以

$$\frac{1}{n} \sum_i \hat{Y}_i = \frac{1}{n} \sum_i [\bar{Y} + \hat{\beta}_1 (X_i - \bar{X})] = \bar{Y} + \hat{\beta}_1 \sum_i (X_i - \bar{X})$$

于是有：

$$\overline{\hat{Y}_i} = \bar{Y}$$

(3) 剩余项 e_i 与解释变量 X_i 不相关。

由(10.10)式

$$\frac{\partial \sum_i e_i^2}{\partial \hat{\beta}_1} = -2 \sum_i (Y_i - \hat{\beta}_0 - \hat{\beta}_1 X_i) X_i = 0$$

得：

$$\sum_i e_i X_i = 0$$

又由于 e_i 与解释变量 X_i 的协方差为：
$$\sum_i (e_i - \bar{e})(X_i - \bar{X}) = \sum_i e_i X_i$$
这就意味 e_i 与解释变量 X_i 的相关系数为零，所以两变量不相关。

（4）$\hat{\beta}_0, \hat{\beta}_1$ 分别是总体回归参数的无偏估计量。

$$E(\hat{\beta}_1) = E\left(\frac{n\sum_i X_i Y_i - \sum_i X_i \sum_i Y_i}{\sum_i (X_i - \bar{X})^2}\right)$$

$$= \frac{1}{\sum_i x_i^2} E\left[n\sum_i X_i Y_i - \sum_i X_i \sum_i Y_i\right]$$

$$= \frac{1}{\sum_i x_i^2} \left[n\sum_i X_i E(Y_i) - \sum_i X_i \sum_i E(Y_i)\right]$$

$$= \frac{1}{\sum_i x_i^2} \left[n\sum_i X_i (\beta_0 + \beta_1 X_i) - \sum_i X_i \left(\sum_i (\beta_0 + \beta_1 X_i)\right)\right]$$

$$= \frac{1}{\sum_i x_i^2} \left[n\beta_0 \sum_i X_i + n\beta_1 \sum_i X_i^2 - n\beta_0 \sum_i X_i - \beta_1 \left(\sum_i X_i\right)^2\right]$$

$$= \frac{\beta_1 \left[n\sum_i X_i^2 - \left(\sum_i X_i\right)^2\right]}{n\sum_i X_i^2 - \left(\sum_i X_i\right)^2} = \beta_1$$

$$E(\hat{\beta}_0) = E(\bar{Y} - \hat{\beta}_1 \bar{X}) = E(\bar{Y}) - \bar{X} E(\hat{\beta}_1)$$

$$= \frac{1}{n} \sum_i E(Y_i) - \beta_1 \bar{X} = \frac{1}{n} \sum_i (\beta_0 + \beta_1 X_i) - \beta_1 \bar{X}$$

$$= \beta_0 + \beta_1 \bar{X} - \beta_1 \bar{X} = \beta_0$$

（5）$\hat{\beta}_0, \hat{\beta}_1$ 都是服从正态分布的随机变量，有：

$$\hat{\beta}_1 \sim N\left(\beta_1, \frac{\sigma^2}{\sum_i (X_i - \bar{X})^2}\right)$$

$$\hat{\beta}_0 \sim N\left(\beta_0, \frac{\sigma^2 \sum_i X_i^2}{\sum_i (X_i - \bar{X})^2}\right)$$

在随机误差项为正态分布的假设下，由于 $\hat{\beta}_0$ 和 $\hat{\beta}_1$ 都是 Y_i 的线性组合，因此 $\hat{\beta}_0$ 和 $\hat{\beta}_1$ 的分布也表现为正态分布。

显然，参数估计量 $\hat{\beta}_0$ 和 $\hat{\beta}_1$ 的标准差是衡量估计量 $\hat{\beta}_0$ 和 $\hat{\beta}_1$ 是否接近总体参数 β_0 和 β_1 的重要参数。如果 $\hat{\beta}_0$ 和 $\hat{\beta}_1$ 的标准差很大，那么就不能对 β_0 和 β_1 作出可靠的估计。这里的问题是，在 $\hat{\beta}_0$ 和 $\hat{\beta}_1$ 的方差中都涉及随机干扰项 u_i 的方差 σ^2，而 u_i 是一个不可观测的量，不能直接计算其方差 σ^2，因此，只能设法得到其估计量 $\hat{\sigma}^2$。

令：$\hat{\sigma}^2 = \dfrac{\sum_i e_i^2}{n-2}$，有：

$$E(\hat{\sigma}^2) = \sigma^2$$

证 在前面的讨论中，为了公式书写方便，我们记：$y_i = Y_i - \bar{Y}$；$x_i = X_i - \bar{X}$，现在再令：$\hat{y}_i = \hat{Y}_i - \bar{\hat{Y}}_i$。

对回归模型 $Y_i = \beta_0 + \beta_1 X_i + u_i$ 求 n 项和再除以 n，得 $\bar{Y} = \beta_0 + \beta_1 \bar{X} + \bar{u}$，然后将得到的这两个方程式相减，得：

$$y_i = \beta_1 x_i + (u_i - \bar{u})$$

因为 $\quad \hat{y}_i = \hat{Y}_i - \bar{\hat{Y}} = \hat{\beta}_0 + \hat{\beta}_1 X_i - \hat{\beta}_0 - \hat{\beta}_1 \bar{X} = \hat{\beta}_1 x_i$

所以 $\quad e_i = Y_i - \hat{Y}_i = Y_i - \bar{Y} - \hat{Y}_i + \bar{Y} = y_i - \hat{y}_i = (u_i - \bar{u}) - (\hat{\beta}_1 - \beta_1) x_i$

对 n 个样本观测值求剩余平方和，得：

$$\sum_i e_i^2 = \sum_i (u_i - \bar{u})^2 + (\hat{\beta}_1 - \beta_1)^2 \sum_i x_i^2 - 2(\hat{\beta}_1 - \beta_1) \sum_i x_i (u_i - \bar{u})$$

取期望值，得：

$$E\Big(\sum_i e_i^2\Big) = E\Big[\sum_i (u_i - \bar{u})^2\Big] + E\Big[(\hat{\beta}_1 - \beta_1)^2 \sum_i x_i^2\Big] - 2E\Big[(\hat{\beta}_1 - \beta_1) \sum_i x_i (u_i - \bar{u})\Big]$$

首先，我们分析以上等式中右边第一项：

$$E\Big[\sum_i (u_i - \bar{u})^2\Big] = E\Big(\sum_i u_i^2\Big) + E\Big(\sum_i \bar{u}^2\Big) - 2E\Big(\bar{u} \sum_i u_i\Big)$$

$$= \sum_i E(u_i^2) + \sum_i E\bar{u}^2 - 2E(n\bar{u}^2)$$

$$= n\sigma^2 + n\Big(\dfrac{\sigma^2}{n}\Big) - 2n\Big(\dfrac{\sigma^2}{n}\Big) = (n-1)\sigma^2$$

其次，考虑等式右边第二项：

因为 $D(\hat{\beta}_1) = \dfrac{\sigma^2}{\sum_i x_i^2}$，于是有：

$$\sum_i x_i^2 E(\hat{\beta}_1 - \beta_1)^2 = \sum_i x_i^2 \left(\dfrac{\sigma^2}{\sum_i x_i^2}\right) = \sigma^2$$

最后，考察等式右边第三项：

因为

$$\hat{\beta}_1 = \dfrac{\sum_i (X_i - \bar{X})(Y_i - \bar{Y})}{\sum_i (X_i - \bar{X})^2} = \dfrac{\sum_i x_i Y_i - \bar{Y} \sum_i x_i}{\sum_i x_i^2}$$

$$= \dfrac{\sum_i x_i (\beta_0 + \beta_1 X_i + u_i)}{\sum_i x_i^2} = \beta_1 + \dfrac{\sum_i x_i u_i}{\sum_i x_i^2}$$

其中，(1) $\beta_0 \sum_i x_i = 0$；

(2) $\beta_1 \sum_i x_i X_i = \beta_1 \sum_i x_i (x_i + \bar{X}) = \beta_1 \Big[\sum_i x_i^2 + \bar{X} \sum_i x_i\Big] = \beta_1 \sum_i x_i^2$。

所以

$$\hat{\beta}_1 - \beta_1 = \frac{\sum_i x_i u_i}{\sum_i x_i^2}$$

于是有：

$$2E\left[(\hat{\beta}_1 - \beta_1)\sum_i x_i(u_i - \bar{u})\right] = 2E\left[\frac{\sum_i x_i u_i}{\sum_i x_i^2}\left(\sum_i x_i u_i - \bar{u}\sum_i x_i\right)\right] = 2E\left[\frac{(\sum_i x_i u_i)^2}{\sum_i x_i^2}\right]$$

$$= 2E\frac{(\sum_i x_i u_i)^2 \cdot \sum_i x_i^2}{(\sum_i x_i^2)^2} = 2E\left[(\hat{\beta}_1 - \beta_1)^2 \sum_i x_i^2\right]$$

$$= 2\sum_i x_i^2 \left(\frac{\sigma^2}{\sum_i x_i^2}\right) = 2\sigma^2$$

将(1)、(2)、(3)的计算结果代入剩余平方和的数学期望公式的右边,得到：

$$E\left(\sum_i e_i^2\right) = (n-1)\sigma^2 + \sigma^2 - 2\sigma^2 = (n-2)\sigma^2$$

于是得到：

$$E\left(\frac{\sum_i e_i^2}{n-2}\right) = \frac{(n-2)\sigma^2}{n-2} = \sigma^2$$

这就证实了 $\hat{\sigma}^2$ 是总体真实方差 σ^2 的无偏估计量。

由于剩余平方和反映的是样本观测值与回归估计值之间的总误差平方和,因此常常将 $\sqrt{\hat{\sigma}^2} = \sqrt{\frac{\sum_i e_i^2}{n-2}}$ 称作回归标准误差,记作 S_y,用以说明观测值与回归方程的估计值间的平均误差。

四、回归模型的检验

(一) 拟合优度

一条回归线拟合得好不好是一个比较直观的问题,如果它能较好地解释 Y 的变化,就说明拟合得较好。问题是要找到一个合理的度量方法。回归分析中用判定系数来说明拟合的优度。

1. 判定系数

首先看图 10.12。

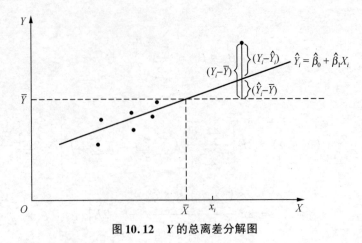

图 10.12　Y 的总离差分解图

如图 10.12 所示,变量 Y 的任一观测值 Y_i 与其均值 $\bar{Y}$ 的离差 $Y_i - \bar{Y}$ 可以被分解为两部分:一部分是回归估计值或预测值 $\hat{Y}_i$ 与 $\bar{Y}$ 的离差 $\hat{Y}_i - \bar{Y}$,其变动可以由回归线解释;另一部分是观测值 Y_i 与回归估计值之间的离差 $Y_i - \hat{Y}_i$,即残差 e_i,这一部分变差回归线无法解释。令 $\text{SST} = \sum_i (Y_i - \bar{Y})^2$,$\text{SSR} = \sum_i (\hat{Y}_i - \bar{Y})^2$,$\text{SSE} = \sum_i (Y_i - \hat{Y}_i)^2$,称 SST 为总离差平方和,SSR 为回归离差平方和,SSE 为剩余平方和,有:

$$\text{SST} = \text{SSR} + \text{SSE}^{①}$$

证　$\text{SST} = \sum_i (Y_i - \bar{Y})^2 = \sum_i [(\hat{Y}_i - \bar{Y}) + (Y_i - \hat{Y}_i)]^2$

$= \sum_i (\hat{Y}_i - \bar{Y})^2 + \sum_i (Y_i - \hat{Y}_i)^2 - 2\sum_i (\hat{Y}_i - \bar{Y})(Y_i - \hat{Y}_i)$

因为

$$\sum_i (\hat{Y}_i - \bar{Y})(Y_i - \hat{Y}_i) = \sum_i (\hat{\beta}_0 + \hat{\beta}_1 X_i - \bar{Y}) e_i$$

$$= (\hat{\beta}_0 - \bar{Y}) \sum_i e_i + \hat{\beta}_1 \sum_i X_i e_i = 0$$

所以　　$\sum_i (Y_i - \bar{Y})^2 = \sum_i (\hat{Y}_i - \bar{Y})^2 + \sum_i (Y_i - \hat{Y}_i)^2$

显然,如果在总离差平方和中,可以由回归线解释的部分 SSR 占的比例越大,表明各观测值点与回归线越靠近,则回归线对观测点拟合得越好。于是定义:

$$r^2 = \frac{\text{SSR}}{\text{SST}} = 1 - \frac{\text{SSE}}{\text{SST}}$$

称作判定系数(也称作可决系数),$0 \leq r^2 \leq 1$。判定系数 r^2 可用于判断回归方程的拟合优度。

若全部观测值都落在回归直线上,则 $r^2 = 1$,Y 的变动全部都可以由 X 来解释;若 X 完全无助于解释 Y 的变动,则 $r^2 = 0$;r^2 越接近 1,表明回归平方和占总离差平方和的比例越大,用 X 的变动来解释 Y 值变动的部分就越多,回归线的拟合优度就越高。

---

① 此处,SST:Sum Square of Total, SSR:Sum Square of Regression, SSE:Sum Square of Error,在其他著作可能用另一种表达方法,TSS: Total Sum of Square, ESS: Explained Sum of Square, RSS: Residual Sum of Square。请读者注意区分。

在计算判定系数时,采用下述公式较为简便:

$$r^2 = \hat{\beta}_1^2 \frac{n\sum_i X_i^2 - (\sum_i X_i)^2}{n\sum_i Y_i^2 - (\sum_i Y_i)^2} \quad (10.15)$$

证

$$r^2 = \frac{\sum_i (\hat{Y}_i - \bar{Y})^2}{\sum_i (Y_i - \bar{Y})^2} = \frac{\sum_i (\hat{\beta}_0 + \hat{\beta}_1 X_i - \hat{\beta}_0 - \hat{\beta}_1 \bar{X})^2}{\sum_i (Y_i - \bar{Y})^2}$$

$$= \frac{\hat{\beta}_1^2 \sum_i (X_i - \bar{X})^2}{\sum_i (Y_i - \bar{Y})^2} = \hat{\beta}_1^2 \frac{n\sum_i X_i^2 - (\sum_i X_i)^2}{n\sum_i Y_i^2 - (\sum_i Y_i)^2}$$

例 10.4 测定例 10.3 中回归方程的拟合程度。

解 根据例 10.3 的计算结果,得到的回归直线方程为:

$$\hat{Y}_i = 2.1726 + 0.2023 X_i$$

从表 10.5 得:

$$n = 10, \quad \sum_i X_i^2 = 9\,577, \quad \sum_i X_i = 293, \quad \sum_i Y_i^2 = 701, \quad \sum_i Y_i = 81$$

则:

$$r^2 = 0.2023^2 \frac{10 \times 9\,577 - 293^2}{10 \times 701 - 81^2} = 0.9043$$

而由 Excel 的结果输出,也可以直接得到 R Square = 0.904259。

计算结果表明,家庭支出的变动有 90.43% 的部分可以用家庭收入的变动来解释,且支出和收入之间存在很强的线性关系。

2. 判定系数与样本相关系数

对于同一样本数据进行回归分析和相关分析,分别得到的判定系数 r^2 和相关系数 r 之间具有直接的数量联系。

$$r = \frac{\sum_i x_i y_i}{\sqrt{\sum_i x_i^2}\sqrt{\sum_i y_i^2}} \quad (10.16)$$

显然,判定系数的平方根就是相关系数,若由判定系数开平方来求相关系数,可以通过回归系数 $\hat{\beta}_1$ 来判断相关系数的符号,回归系数与相关系数正负号相同。虽然判断系数与相关系数在数量上关系密切,但要注意它们在概念上是不同的。判定系数说明样本各观测值的总离差平方和中有多大的比例可以用回归直线来解释,反映了回归方程的拟合优度。由于若 X 与 Y 之间关系越密切,则可用回归方程解释的比重就越大,因此判定系数也能间接反映两个变量间线性关系的密切程度。相关系数只反映变量间线性相关关系的强弱和共同变动的方向,不能说明观测值总变动中有多大比例的部分可以由 X 来解释。

(二)回归系数的显著性检验

在回归分析中,人们最关心的是因变量 Y 和自变量 X 间到底有没有真正的关系,即需要对总体参数 β_1 做出某种假设,以便利用样本估计量 $\hat{\beta}_1$ 来判断这种假设能否接受,从

而判断 Y 与 X 之间是否存在真正的关系。

已知：
$$\hat{\beta}_1 \sim N\left(\beta_1, \frac{\sigma^2}{\sum_i (X_i - \bar{X})^2}\right)$$

因此有检验统计量：
$$t = \frac{\hat{\beta}_1 - \beta_1}{\sqrt{\frac{\hat{\sigma}^2}{\sum_i x_i^2}}} \sim t(n-2)$$

于是可按如下程序进行回归系数的显著性检验：

(1) 建立原假设：$H_0: \beta_1 = 0, H_1: \beta_1 \neq 0$。
(2) 计算检验统计量 t。
(3) 根据给定的显著水平 α，若 $|t| > t_{\frac{\alpha}{2}}(n-2)$，则拒绝原假设，即总体回归系数 $\beta_1 = 0$ 的可能性小于 5%，即 X 作为 Y 的解释变量作用是显著的；若 $|t| \leq t_{\frac{\alpha}{2}}(n-2)$，则不能拒绝原假设，即 X 作为 Y 的解释变量作用尚不明显。

而在 Excel 中，在回归结果输出表里(见表 10.10)，有两列分别为 "t-Stat" "p-value"，代表 t 检验统计量的值，和假设 X 对 Y 解释作用为零成立的概率大小。如果 p-value 很小，意味着 X 没有解释作用是小概率事件，我们可以认为 X 对 Y 的解释作用就是显著的。

表 10.10 回归参数估计结果表

	Coefficients	标准误差	t-Stat	p-value	Lower 95%	Upper 95%
Intercept	2.1727	0.7202	3.0167	0.0166	0.5118	3.8335
X Variable	0.2023	0.0233	8.6925	0.0000	0.1486	0.2560

例 10.5 以 $\alpha = 0.05$ 对上例中的回归系数进行检验。

查表，当 $\alpha = 0.05$ 时，$t_{0.05}(8) = 2.306$，$t = 8.6824 > t_{0.05}(8) = 2.306$，所以拒绝原假设。另外，通过观察 p-value < 0.05，也可拒绝原假设，即回归系数显著不同于零，所以家庭收入作为消费支出的解释变量作用是明显的。

(三) 回归方程的显著性检验

变量 X 与 Y 之间是否存在线性关系，还可以利用方差分析的方法进行 F 检验，如表 10.11 所示。

表 10.11 回归方程检验的方差分析表

方差来源	平方和	自由度	F 值	临界值
回归	$SSR = \sum_i (\hat{Y}_i - \bar{Y})^2$	1	$F = \dfrac{\frac{SSR}{1}}{\frac{SSE}{n-2}}$	$F_\alpha(1, n-2)$
残差	$SSE = \sum_i (Y_i - \hat{Y}_i)^2$	$n-2$		
总变差	$SST = \sum_i (Y_i - \bar{Y})^2$	$n-1$		

例 10.6 以 $\alpha = 0.05$ 对例 10.3 中的回归方程的解释能力进行检验。

解 H_0：回归方程不显著，H_1：回归方程显著。方差分析表如表 10.12 所示。

表 10.12 收入与支出线性回归的方差分析表

方差来源	平方和	自由度	F 值	临界值	显著性
回归	SSR = 40.60198	1	$F = 75.5734$	$F_{0.05}(1,8) = 5.32$	**
残差	SSE = 4.29802	8		$F_{0.01}(1,8) = 11.3$	
总离差	SST = 44.9	9			

$$F = \frac{SSR/1}{SSE/(n-2)} = \frac{40.60198}{4.29802/8} = \frac{40.60198}{0.5372525} = 75.5734$$

根据计算结果，拒绝原假设，即回归方程的解释能力是明显的。

在 Excel 中，回归的输出结果直接给出，如表 10-13 所示，最终也拒绝原假设。

表 10.13 收入与支出线性回归的方差分析 Excel 输出表

方差分析	df	SS	MS	F	Significance F
回归分析	1	40.60198	40.60198	75.5734	2.39E-05
残差	8	4.29802	0.537345		
总计	9	44.9			

由于在一元线性回归中，自变量只有一个，因此回归方程的显著性检验与回归系数的显著性检验实质是一样的，只要 F 检验显著，t 检验的结果也一定显著。但是，在多元回归分析中，自变量不止一个，回归方程的显著性检验的结果就可能与回归系数的检验结果不一致。回归方程显著性检验结果说明的是自变量的全体和因变量之间的关系是否显著，即回归方程的解释能力，而回归系数的显著性检验是检验每一个自变量和因变量之间的关系是否显著。因此，有可能 F 检验的结果是显著的，t 检验的所有结果不一定都显著，也可能有不显著的回归系数存在，即可能存在没有什么解释能力的自变量。

五、回归分析的预测和推断

如果回归方程通过了各项检验，就可以利用回归模型进行预测，这是估计模型的主要目的之一。所谓预测，就是利用模型已包含的过去和现在的样本信息，对模型进行外推，对变量的可能值作出定量估计。预测有点值预测和区间预测之分。点值预测是将给定的 X_0 代入回归方程，求出 Y_0 的预测值 $\hat{Y}_0$；区间预测是在一定的概率下，给出 Y_0 的一个取值范围。

（一）总体均值的预测和推断

如前所述，如果所设定总体的回归模型和样本回归模型分别为：

$$Y_i = \beta_0 + \beta_1 X_i + u_i$$
$$\hat{Y}_i = \hat{\beta}_0 + \hat{\beta}_1 X_i + e_i$$

而用 OLS 法求出的样本回归线为：
$$\hat{Y}_i = \hat{\beta}_0 + \hat{\beta}_1 X_i$$

如果样本回归直线通过检验，则意味着样本回归线是总体回归线的无偏估计，即：
$$E(\hat{Y}_i) = \beta_0 + \beta_1 X_i$$

因此，如果给定 $X = X_0$，就可以求出总体回归函数值 $E(Y_0/X_0)$ 的一个点估计值 $\hat{Y}_0$，有：
$$\hat{Y}_0 = \hat{\beta}_0 + \hat{\beta}_1 X_0$$

若要获得给定置信水平 $1-\alpha$ 条件下总体回归函数值 $E(Y_0/X_0)$ 可能取值的区间，就需要知道 $\hat{Y}_0$ 的分布。由于 $\hat{Y}_0$ 是由样本回归函数确定的估计量，因此是个随机变量，服从一定的概率分布。

由于 $\hat{Y}_0$ 是 $\hat{\beta}_0$ 和 $\hat{\beta}_1$ 的线性函数，而 $\hat{\beta}_0$ 和 $\hat{\beta}_1$ 是服从正态分布的随机变量，因此 $\hat{Y}_0$ 也是服从正态分布的随机变量，其数学期望和方差分别为：

$$E(\hat{Y}_0) = \beta_0 + \beta_1 X_0$$

$$D(\hat{Y}_0) = D(\hat{\beta}_0 + \hat{\beta}_1 X_0) = D[(\bar{Y} - \hat{\beta}_1 \bar{X}) + \hat{\beta}_1 X_0]$$
$$= D[\bar{Y} + \hat{\beta}_1 (X_0 - \bar{X})] = D(\bar{Y}) + (X_0 - \bar{X})^2 D(\hat{\beta}_1)$$
$$= \frac{\sigma^2}{n} + (X_0 - \bar{X})^2 \frac{\sigma^2}{\sum_i (X_i - \bar{X})^2} = \left(\frac{1}{n} + \frac{(X_0 - \bar{X})^2}{\sum_i (X_i - \bar{X})^2}\right)\sigma^2 \quad (10.17)$$

即：
$$\hat{Y}_0 \sim N\left(\beta_0 + \beta_1 X_0, \left(\frac{1}{n} + \frac{(X_0 - \bar{X})^2}{\sum_i (X_i - \bar{X})^2}\right)\sigma^2\right)$$

用 $\hat{\sigma}^2 = \dfrac{\sum_i e_i^2}{n-2}$ 代替 σ^2，可以得到 t 统计量，有：

$$t = \frac{\hat{Y}_0 - E(Y_0/X_0)}{\hat{\sigma}\sqrt{\dfrac{1}{n} + \dfrac{(X_0 - \bar{X})^2}{\sum_i (X_i - \bar{X})^2}}} \sim t(n-2)$$

于是，在给定的置信水平 $(1-\alpha)$ 下，总体均值的预测区间为：

$$\left[\hat{Y}_0 - t_{\frac{\alpha}{2}}(n-2)\hat{\sigma}\sqrt{\frac{1}{n} + \frac{(X_0 - \bar{X})^2}{\sum_i (X_i - \bar{X})^2}},\ \hat{Y}_0 + t_{\frac{\alpha}{2}}(n-2)\hat{\sigma}\sqrt{\frac{1}{n} + \frac{(X_0 - \bar{X})^2}{\sum_i (X_i - \bar{X})^2}}\right]$$

从置信区间的计算公式可以看出总体均值预测区间的一个重要特点，即给定的 X_0 值越接近其均值 $\bar{X}$ 时，$(X_0 - \bar{X})^2 / \sum (X_i - \bar{X})^2$ 就越小，则预测区间也就越小。特别是当 $X_0 = \bar{X}$ 时，$(X_0 - \bar{X})^2 / \sum (X_i - \bar{X})^2$ 等于零，这时的预测区间为最小。反之，离 $\bar{X}$ 越远的点，预测区间就越大。在一定置信水平下的预测区间的形状可用图形直观地表示出来，如图 10.13 所示。

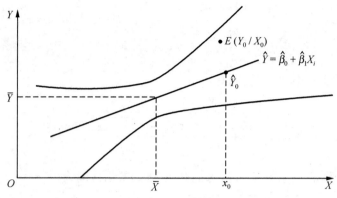

图 10.13　一定置信水平下的预测区间示意图

在 Excel 中,对总体均值预测没有特定的工具,不过我们同样可以手动算出总体均值的置信区间。

例 10.7　试根据例 10.3 的回归方程,以 95% 的置信水平估计当家庭收入为 4 200 元时,平均的食品支出额的置信区间。

解　已知:$\hat{\sigma} = \sqrt{0.5373} = 0.733, n = 10, \sum_i X_i = 293, \sum_i X_i^2 = 9\,577$,

因为　　　　　　　$\hat{Y}_0 = 2.1726 + 0.2023 \times 42 = 10.6692$(百元)

$$\sqrt{\frac{1}{n} + \frac{(X_0 - \bar{X})^2}{\sum_i (X_i - \bar{X})^2}} = \sqrt{\frac{1}{10} + \frac{(42 - 29.3)^2}{9\,577 - 293^2/10}} = \sqrt{0.262574} = 0.51242$$

如果想求当 $\alpha = 0.05$ 时, $t_{0.05}(8)$ 的双侧分位数,可以在 Excel 的单元格中输入" = T.INV.2T(0.05,8)",得到结果为 2.306。

则区间为:$(10.6692 - 2.306 \times 0.733 \times 0.51242, 10.6692 + 2.306 \times 0.733 \times 0.51242)$

于是得到食品支出的 95% 置信度的置信区间为:$(9.8031, 11.5353)$。即有 95% 的把握估计出当家庭收入为 4 200 元时,平均食品支出额在 980.31—1 153.53 元。

(二) 总体特定值或个别值的预测

对应于给定的 $X = X_0$,如果要预测总体的个别值 Y_0 的取值区间,这时要考虑 e_0 的分布。

已知 $e_0 = Y_0 - \hat{Y}_0$,则:

$$D(e_0) = D(Y_0) + D(\hat{Y}_0) = \sigma^2 + \left(\frac{1}{n} + \frac{(X_0 - \bar{X})^2}{\sum_i (X_i - \bar{X})^2}\right)\sigma^2$$

$$= \sigma^2\left(1 + \frac{1}{n} + \frac{(X_0 - \bar{X})^2}{\sum_i (X_i - \bar{X})^2}\right) \qquad (10.18)$$

并且既然 $\hat{Y}_0$ 与 Y_0 都服从正态分布,则 e_0 也服从正态分布,因此有:

$$\frac{(Y_0 - \hat{Y}_0) - \bar{e}_0}{\sigma \sqrt{1 + \frac{1}{n} + \frac{(X_0 - \bar{X})^2}{\sum_i (X_i - \bar{X})^2}}} \sim N(0,1)$$

当用 $\hat{\sigma}$ 代替上式中的 σ 后,则有:

$$t = \frac{Y_0 - \hat{Y}_0}{\hat{\sigma} \sqrt{1 + \frac{1}{n} + \frac{(X_0 - \bar{X})^2}{\sum_i (X_i - \bar{X})^2}}} \sim t(n-2)$$

于是得到个别值 Y_0 在给定置信水平 $1-\alpha$ 下的置信区间为:

$$\left[\hat{Y}_0 - t_{\frac{\alpha}{2}}(n-2)\hat{\sigma} \sqrt{1 + \frac{1}{n} + \frac{(X_0 - \bar{X})^2}{\sum_i (X_i - \bar{X})^2}},\ \hat{Y}_0 + t_{\frac{\alpha}{2}}(n-2)\hat{\sigma} \sqrt{1 + \frac{1}{n} + \frac{(X_0 - \bar{X})^2}{\sum_i (X_i - \bar{X})^2}} \right]$$

总体个别值的预测区间说明它具有与总体均值预测区间同样的特点,即在一定的置信水平下,越接近 $\bar{X}$ 的点,其预测区间越小,越远离 $\bar{X}$ 的点,其预测区间越大,形状与总体均值的预测区间形状相同,如图 10.14 所示。但对比总体均值与总体个别值的预测区间的计算公式,我们看到,由于在总体个别值的方差中多了一项 1,因此在其他条件相同的情况下,总体个别值的预测区间要比总体均值的预测区间大。

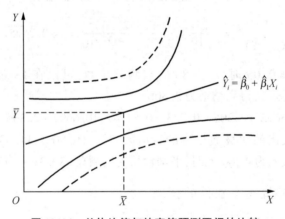

图 10.14　总体均值与特定值预测区间的比较

从图 10.14 中可以看到,总体均值和特定值的预测区间的上下限都对称地落在样本回归线 $\hat{Y}_i = \hat{\beta}_0 + \hat{\beta}_1 X_i$ 的两侧,呈喇叭形。显然,X_0 是可以在一定范围内任意给定的。如果给定的 X_0 是在样本点 $X_1, X_2, \cdots, X_n$ 以内,其预测过程称为内插预测;如果给定的 X_0 是在样本点以外,则其预测过程就称为外推预测。当 X_0 与样本均值 $\bar{X}$ 距离较远时,样本回归线的预测能力下降,取得的结果也较不可靠。其原因在于,所构造的模型仅仅反映样本的状况,对总体只是一种近似描述。如果所要预测的特定值离样本点很远,显然原来的样本已不能近似反映,则根据由原来的样本拟合的回归方程来预测其可信程度必然下降。所以,在利用回归方程进行预测时,一般局限于原来观测数据的变动范围,不得随意外推,尤其是远距离的外推,除非有充分的依据证明样本回归模型仍然具有代表性。

例 10.8 根据例 10.3 的直线回归方程,以 95% 的置信水平估计若一个家庭的收入为 4 200 元时,其食品支出的置信区间。

解 已知 $\hat{\sigma} = \sqrt{0.5373} = 0.733$,$n = 10$,$\hat{\sigma} = \sqrt{0.5373} = 0.733$

$$\sqrt{\frac{1}{n} + \frac{(X_0 - \bar{X})^2}{\sum_i (X_i - \bar{X})^2}} = \sqrt{0.262574}$$

$$\hat{Y}_0 = 2.1726 + 0.2023 \times 42 = 10.6692(百元)$$

查表或用 Excel 计算得:当 $\alpha = 0.05$ 时,

$$t_{0.05}(8) = 2.306$$

则区间为:

$$[10.6692 - 2.306 \times 0.733 \sqrt{1 + 0.262574},\ 10.6692 + 2.306 \times 0.733 \sqrt{1 + 0.262574}]$$

于是得到食品支出的 95% 置信度的置信区间为:[8.7699,12.5685]。

即有 95% 的把握估计出自家庭收入为 4 200 元时,食品支出额在 876.99—1 256.85 元。

在 Excel 中,我们有两种方法可以对特定值进行预测:添加趋势线和利用 FORECAST 函数。

以下我们将用另一个例子来说明如何利用这两种方法对个别值进行预测。

例 10.9 表 10.14 是某大学生前六个学期 GPA 成绩和每周课外学习时间的统计表。在第七学期和第八学期,表格列出的是他的计划每周课外学习时间。我们想通过对该同学在前六学期学习时间和 GPA 关系的回归,预测他后两学期的 GPA 成绩。

表 10.14 某学生学习时间和学期 GPA 统计表

学期	每周课外平均学习时间	该学期 GPA
第一学期	30	3.76
第二学期	21	3.55
第三学期	22	3.52
第四学期	27	3.61
第五学期	18	3.45
第六学期	28	3.78
第七学期	23	?
第八学期	26	?

1. 添加趋势线

添加趋势线的方法比较直观,我们还是利用在"图表"菜单上,单击"添加趋势线",在对话框中的"类型"选项卡上,单击"趋势预测/回归分析类型"下的"线性"。单击"选项"选项卡,在"趋势预测"的"前推"的"倒推"框中,键入想要扩大的推测范围,选中"显示 R 平方值"复选框。R 平方值就显示在图 10.15 中。如果趋势线类型为"线性",该值为 0.8654,接近 1。通过以上趋势线,我们可以大概估计出,如果后两学期的每周学习时间在 25 小时左右,GPA 可能就保持在 3.6 左右。

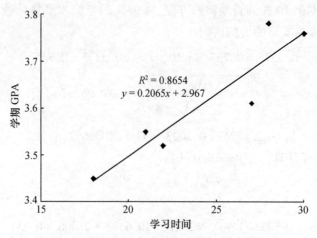

图 10.15　某学生学习时间和学期 GPA 趋势预测

2. 利用 FORECAST 函数

FORECAST 函数的功能是根据给定的数据计算或预测未来值。此预测值为基于一系列已知的 x 值推导出的 y 值。以数组或数据区域的形式给定 x 值和 y 值后,返回基于 x 的线性回归预测值。

FORECAST 函数的公式为:= FORECAST(x, known_y's, known_x's)。其中,x 为需要进行预测的数据点。

需要说明的是:如果 x 为非数值型,函数 FORECAST 返回错误值#VALUE!。如果 known_y's 和 known_x's 为空或含有不同数目的数据点,函数 FORECAST 返回错误值#N/A。如果 known_x's 的方差为零,函数 FORECAST 返回错误值#DIV/0!。

在本例中,

$$\text{FORECAST}(23, C2:C7, B2:B7) = 3.576341$$
$$\text{FORECAST}(26, C2:C7, B2:B7) = 3.655823$$

可以看出,FORECAST 函数能够给出更精确的预测结果。

在本节最后我们通过一个例子对一元线性回归分析作一个总结。

例 10.10　随机抽查了生产同种产品的 10 个企业,得到它们的产量和生产费用的数据如表 10.15 所示。

表 10.15　10 个企业的生产费用与产量数据

企业编号	1	2	3	4	5	6	7	8	9	10
产量 X_i(千件)	40	42	48	55	65	79	88	100	120	140
生产费用 Y_i(千元)	150	140	160	170	150	162	185	165	190	185

(1) 建立生产费用对产量的回归方程。

(2) 预测当产量为 80 千件时,该类企业平均的生产费用的置信区间($\alpha = 0.05$)。

(3) 预测其产量为 80 千件的某企业的生产费用的置信水平为 95% 的置信区间。

解　(1) 作 X 与 Y 的散点图。从图 10.16 中可以看出生产费用与产量之间的关系近似为线性。

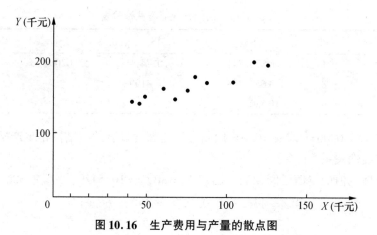

图 10.16　生产费用与产量的散点图

（2）估计回归方程 $\hat{Y}_i = \hat{\beta}_0 + \hat{\beta}_1 X_i$。根据样本数据计算得到表 10.16。

表 10.16　回归参数估计表

	Coefficients
$\hat{\beta}_0$	134.79
$\hat{\beta}_1$	0.3978

（3）检验。

① 拟合优度检验，如表 10.17 所示。

表 10.17　拟合优度 Excel 统计输出表

回归统计	
Multiple R	0.807766
R Square	0.652486
Adjusted R Square	0.609047
标准误差	21.38738
观测值	10

检验结果说明生产费用的变动有 65.2% 可以由产量的变动解释。

② 回归系数检验：$H_0:\beta_1 = 0, H_1:\beta_1 \neq 0$，如表 10.18 所示。

表 10.18　参数估计和 t 检验结果输出表

	Coefficients	标准误差	t-Stat	p-value
Intercept	-194.072	70.4485	-2.75481	0.024873
X Variable	1.640147	0.423193	3.875647	0.004704

因为 p-Value < 0.05，因此，拒绝原假设，即统计检验结果显著，生产费用与产量存在线性关系。

③ 回归方程检验，如表 10.19 所示。

表 10.19　回归方程显著性检验表

方差分析	df	SS	MS	F	Significance F
回归分析	1	6 870.741	6 870.741	15.02064	0.004704
残差	8	3 659.359	457.4199		
总计	9	10 530.1			

因为 $F=15.02064$，取 $\alpha=0.01$，回归方程是高度显著的。结论是生产费用与产量之间确实存在线性关系。

（4）总体均值的置信区间预测。已知 $X_0=80$，$\hat{\sigma}=10.5429$，$t_{\frac{0.05}{2}}=2.306$，则：

$$\hat{Y}_0 = 134.79 + 0.3978 \times 80 = 166.614$$

有：

$$\hat{Y}_0 \pm t_{\frac{\alpha}{2}}(n-2)\hat{\sigma}\sqrt{\frac{1}{n} + \frac{(X_0-\bar{X})^2}{\sum_i (X_i-\bar{X})^2}}$$

即有：

$$166.614 \pm 2.306(10.5429)\sqrt{0.1 + \frac{(80-77.7)^2}{70\,903 - 10 \times 77.7^2}} = 66.614 \pm 7.707$$

即总体均值的 95% 置信水平下的置信区间为：(158.844, 174.321)。

这说明当企业的产量为 80 千件时，生产费用平均为 158 844—174 321 元，其可信度为 95%。

（5）总体个别值的置信区间预测。因为

$$\sqrt{1 + \frac{1}{n} + \frac{(X_0-\bar{X})^2}{\sum_i (X_i-\bar{X})^2}} = \sqrt{1 + 0.1 + \frac{(80-77.7)^2}{70\,903 - 10 \times 77.7^2}} = 1.049$$

$$\hat{Y}_0 \pm t_{\frac{\alpha}{2}}(n-2)\hat{\sigma}\sqrt{1 + \frac{1}{n} + \frac{(X_0-\bar{X})^2}{\sum_i (X_i-\bar{X})^2}}$$

所以有：　　　$166.614 \pm 2.306 \times 10.5429 \times 1.049 = 166.14 \pm 25.503$

于是得到置信区间：(140.637, 191.643)。

即对于产量为 80 千件的某个企业而言，其生产费用在 140 637—191 643 元，这种可能性为 95%。

第三节　多元线性回归与复相关分析

在很多情况下，回归模型必须包含两个或多个自变量，方能适当地描述复杂的经济现象之间的联系。虽然单元回归的理论和方法对多元回归基本适用，但在多元回归中有新的概念和问题有待讨论。

一、多元线性回归模型及其假设

在本章第一节的开头，我们举了受教育年限、年龄和农民工收入水平的关系，但那时，我们每次都只考虑一个自变量（受教育年限或年龄）对因变量（月收入）的关系，这是一元（也称为简单）回归。如果我们把两种因素都考虑进来，也就是同时把受教育年限和年龄都作为自变量,那么,我们现在的模型就可以说是一个多元回归模型。特别地,如果我们假设自变量和因变量之间的关系是线性的,就得到了一个多元线性回归模型。

在这个例子里,多元线性回归模型可以表示为:

$$Y_i = \beta_0 + \beta_1 X_{i1} + \beta_2 X_{i2} + u_i$$

其中,Y_i 是第 i 个农民工的月收入,X_{i1} 是他的受教育年限,X_{i2} 是他的年龄。表 10.1 给出了在京农民工年龄、教育背景及收入统计表,下面是该表的部分信息:

编号	受教育年限(年)	年龄	月收入(元)
1	8	33	830
2	16	27	3 500
3	10	26	1 500
4	12	32	1 000
…	…	…	…

如果我们把自变量的个数扩展开来,考虑两个以上的自变量,那么就可以得到多元线性总体回归模型的一般形式:

$$Y_i = \beta_0 + \beta_1 X_{i1} + \beta_2 X_{i2} + \cdots + \beta_k X_{ik} + u_i \tag{10.19}$$

其中,$\beta_0, \beta_1, \beta_2, \cdots, \beta_k$ 称为偏回归系数。

多元线性回归模型还有一些重要假设:

假设1 $E(u_i) = 0$。

假设2 $\mathrm{Cov}(u_i, u_j) = 0$。

假设3 $D(u_i) = \sigma^2$。

假设4 解释变量 $X_1, X_2, \cdots, X_k$ 不是随机变量,因此它们与随机误差项 u_i 不相关。

假设5 解释变量 $X_1, X_2, \cdots, X_k$ 之间不存在精确的线性关系,亦即没有多重共线性。

根据以上假设和设定的总体回归模型,可以设定样本回归模型的一般形式:

$$Y_i = \hat{\beta}_0 + \hat{\beta}_1 X_{i1} + \hat{\beta}_2 X_{i2} + \cdots + \hat{\beta}_k X_{ik} + e_i \tag{10.20}$$

利用变量 Y 与 X 的样本数据,可以得到总体回归系数 $\beta_0, \beta_1, \beta_2, \cdots, \beta_k$ 的估计值 $\hat{\beta}_0, \hat{\beta}_1, \cdots, \hat{\beta}_k$ 及样本回归方程

$$\hat{Y}_i = \hat{\beta}_0 + \hat{\beta}_1 X_{i1} + \hat{\beta}_2 X_{i2} + \cdots + \hat{\beta}_k X_{ik} \tag{10.21}$$

二、多元线性回归模型的参数估计

类似一元线性回归模型的参数求解方法,按照最小平方方法求解多元线性样本回归模型中的参数,有:

$$\begin{cases} \dfrac{\partial \sum_i e_i^2}{\partial \hat{\beta}_0} = -2 \sum_i (Y_i - \hat{Y}_i) = 0 & (10.22) \\[2ex] \dfrac{\partial \sum_i e_i^2}{\partial \hat{\beta}_j} = -2 \sum_i (Y_i - \hat{Y}_i) X_{ji} = 0 & (10.23) \end{cases}$$

其中，$i = 1, 2, \cdots, n$，$j = 1, 2, \cdots, k$。

将上述 $k+1$ 个偏微分方程整理成以下形式的正规方程组：

$$\begin{cases} \sum_i Y_i = n\hat{\beta}_0 + \hat{\beta}_1 \sum_i X_{i1} + \cdots + \hat{\beta}_k \sum_i X_{ik} \\ \sum_i X_{i1} Y_i = \hat{\beta}_0 \sum_i X_{i1} + \hat{\beta}_1 \sum_i X_{i1}^2 + \cdots + \hat{\beta}_k \sum_i X_{ik} X_{i1} \\ \vdots \\ \sum_i X_{ik} Y_i = \hat{\beta}_0 \sum_i X_{ik} + \hat{\beta}_1 \sum_i X_{i1} X_{ik} + \cdots + \hat{\beta}_k \sum_i X_{ik}^2 \end{cases} \quad (10.24)$$

由 (10.21) 式可以求出回归方程中的 $k+1$ 个未知数 $\hat{\beta}_0, \hat{\beta}_1, \cdots, \hat{\beta}_k$。

当回归模型中的解释变量较多时，用矩阵的方法表述和计算较为简便。令：

$$Y' = (Y_1, Y_2, \cdots Y_n), \quad B' = (\hat{\beta}_0, \hat{\beta}_1, \cdots, \hat{\beta}_k), \quad e' = (e_1, e_2, \cdots, e_k)$$

$$X = \begin{bmatrix} 1 & x_{11} & x_{12} & \cdots & x_{1k} \\ 1 & x_{21} & x_{22} & \cdots & x_{2k} \\ \vdots & \vdots & \vdots & & \vdots \\ 1 & x_{n1} & x_{n2} & \cdots & x_{nk} \end{bmatrix}$$

于是回归方程的矩阵表达式为：

$$Y = XB + e$$

求解回归系数的矩阵为：$B = (X'X)^{-1} X'Y$，其中，$(X'X)^{-1}$ 是 $(X'X)$ 的逆阵。

由最小平方法得到的回归系数 $\hat{\beta}_j (j = 1, 2, \cdots, k)$ 表示在其他变量保持不变的情况下，自变量 $X_j (j = 1, 2, \cdots, k)$ 每变动一个单位所引起的因变量的平均变动量。

在 Excel 中，不需要相对比较复杂的矩阵运算，Excel 有自带的多元线性回归模型可以直接计算出相关系数。我们不妨拿本节开头的例子做示范，原始数据如表 10.1 所示，进行一个多元回归分析。

例 10.11 运用在京农民工的数据，分析一下受教育年限和年龄对农民工收入的影响。

解 通过数据分析的回归功能，可以通过 Excel 方便地得出结果。我们根据表 10.1 选择"工具"—"数据分析"—"回归"，结果如表 10.20 所示，我们可以看出受教育年限和年龄对收入的影响系数分别为 197.6773 和 2.126823。

表 10.20 多元线性回归结果

	Coefficients	标准误差	t-Stat	p-value
Intercept	−343.476	794.6223	−0.43225	0.669966
受教育年限(年)	197.6773	49.81592	3.968155	0.000701
年龄	2.126823	19.3505	0.10991	0.913524

三、回归模型的检验

与一元线性回归分析相同，在多元线性回归分析中也要对回归模型进行多方面的检验。

(一) 方差分析

在多元回归分析中，Y 的总离差平方和与简单线性回归分析一样，依然可以分解为两部分，一部分为可以由回归方程解释的离差平方和，另一部分为不能由回归方程解释的离差平方和，即随机误差，因此，对于多元线性回归也可以进行方差分析，其方差分析表如表 10.21 所示。

表 10.21　多元线性回归方差分析

方差来源	平方和	自由度	均方
回归	$\text{SSR} = \sum_i (\hat{Y}_i - \bar{Y})^2$	k	SSR/k
误差	$\text{SSE} = \sum_i (Y_i - \hat{Y}_i)^2$	$n-k-1$	$\text{SSE}/(n-k-1)$
总离差	$\text{SST} = \sum_i (Y_i - \bar{Y})^2$	$n-1$	

(二) 拟合优度

与一元线性回归分析相同，在多元回归分析中也是用判定系数说明回归方程对样本数值的拟合优度的，称作多重判定系数，定义为：

$$R^2 = \frac{\text{SSR}}{\text{SST}} = 1 - \frac{\text{SSE}}{\text{SST}}$$

由于 R^2 的大小受回归方程中自变量数目多少的影响，自变量数目越多，R^2 就会越接近 1。为消除自变量数目的影响，常采用调整的 R^2 来判断拟合优度，调整的办法是用自由度进行修正，调整的判定系数定义为：

$$\tilde{R}^2 = 1 - \frac{\text{SSE}/(n-k-1)}{\text{SST}/(n-1)}$$

(三) 回归方程的显著性检验

当我们利用最小平方法建立起了 Y 对多个自变量 X 的回归方程后，并不能保证变量 Y 与诸自变量间存在线性关系，因此需要对回归方程进行显著性检验结果。多元线性回归方程的显著性检验与一元线性回归方程的检验相同，也是利用方差分析法，进行 F 检验。检验程序如下：

(1) 建立假设。

$$H_0 : \beta_1 = \beta_2 = \cdots = \beta_k = 0, \quad H_1 : \beta_j \text{ 不同时为零} (j = 1, 2, \cdots, k)$$

这种形式的假设称为联合假设，对这种联合假设进行检验，即检验 Y 是否与各个解释变量都有线性关系。如果通不过检验则说明 Y 与所有解释变量间不存在线性关系。

(2) 计算检验统计量。

$$F = \frac{\text{SSR}/k}{\text{SSE}/(n-k-1)}$$

(3) 根据给定的显著水平 α，若 $F > F_\alpha(k, n-k-1)$，则拒绝 H_0，可以认为回归方程有显著意义，回归效果显著；若 $F < F_\alpha(k, n-k-1)$，则不能拒绝 H_0，即回归方程无显著

意义。

在 Excel 中，我们在回归结果中，除了得到系数和标准差的结果，还可以得到回归统计的结果和方差分析的结果。从表 10.22 中可以看出，回归的 R^2 的值为 0.430566，调整后的 R^2 的值为 0.376334，这些结果都是 Excel 自动算出的。另外在方差分析表（表 10.23）中，df 指的是自由度，SS 指的是各项误差平方和，MS 指的是均方差，F 就是 F 统计量的值，最后的 F 值显著性水平如果小于 α，我们就可以认为回归模型在 α 显著性水平下是显著的。

表 10.22　回归统计

Multiple R	0.656175
R Square	0.430566
Adjusted R Square	0.376334
标准误差	694.8383
观测值	24

表 10.23　方差分析

	df	SS	MS	F	Significance F
回归分析	2	7 666 243	3 833 122	7.939352	0.002705
残差	21	10 138 807	482 800.3		
总计	23	17 805 050			

（四）回归系数的显著性检验

在多元回归中回归方程检验通过了，只能说明 Y 与诸自变量 X 间线性关系显著，但并不意味着每一个自变量对因变量的影响都是重要的。增加一个自变量将会增加许多工作，而且会使分析变得更加复杂。因此，需要对每个回归系数进行显著性检验，经过一个个的检验，将那些与通不过检验的回归系数相对应的自变量从模型中剔除，只保留那些对因变量的解释作用明显的自变量。不过，回归系数通不过检验，可能是由于相应的解释变量对因变量的影响不明显，也可能与自变量间的多重共线性有关。多重共线性是指多个解释变量之间存在相关性，这是多元回归分析中不可忽视的重要问题。如果自变量间确实存在多重共线性，那么就违背了回归分析的基本假设，其最小平方解也就不可靠，因此，首先要消除共线性。

多元回归分析中对回归系数的检验方法与程序基本上与简单线性回归相同，所不同的一是查 t 分布表时用的自由度，在一元线性回归中，自由度是 $n-2$，而在多元线性回归中是 $n-k-1$；二是回归系数的方差的计算。

例如，在有两个自变量的情况下，$\hat{\beta}_1$、$\hat{\beta}_2$ 的方差为：

$$D(\hat{\beta}_1) = \frac{\sum_i (X_{i2} - \bar{X}_2)^2}{\sum_i (X_{i2} - \bar{X}_2)^2 \sum_i (X_{i1} - \bar{X}_1)^2 - \left(\sum_i (X_{i2} - \bar{X}_2)(X_{i1} - \bar{X}_1)\right)^2} \sigma^2$$

$$= \frac{\sum_i x_{i2}^2}{\sum_i x_{i2}^2 \sum_i x_{i1}^2 - \left(\sum_i x_{i2} x_{i1}\right)^2} \sigma^2$$

$$D(\hat{\beta}_2) = \frac{\sum_i (X_{i1} - \bar{X}_1)^2}{\sum_i (X_{i2} - \bar{X}_2)^2 \sum_i (X_{i1} - \bar{X}_1)^2 - \left(\sum_i (X_{i2} - \bar{X}_2)(X_{i1} - \bar{X}_1)\right)^2} \sigma^2$$

$$= \frac{\sum_i x_{i1}^2}{\sum_i x_{i2}^2 \sum_i x_{i1}^2 - \left(\sum_i x_{i2} x_{i1}\right)^2} \sigma^2$$

其中,σ^2 的估计量为:

$$\hat{\sigma}^2 = \frac{\sum_i e_i^2}{n-3}$$

从上述公式看到,虽然这里只比一元回归多了一个自变量,但计算公式却复杂了许多,在自变量比较多的情况下可用矩阵表述计算公式,并利用计算机求解。在应用统计软件中,凡有回归分析程序的,一般都具有多元线性回归的功能,可得到各种检验结果。在 Excel 中,回归结果同时给出了被估计参数的 t 分布值和 p-value 值,如表 10.24 所示,我们据此就可以直接检验出显著性。可以看出,受教育年限对于农民工的收入有着显著的正向影响,而年龄则没有明显的影响。

表 10.24   多元线性回归结果

	Coefficients	标准误差	t-Stat	p-value
Intercept	-343.476	794.6223	-0.43225	0.669966
受教育年限(年)	197.6773	49.81592	3.968155	0.000701
年龄	2.126823	19.3505	0.10991	0.913524

四、复相关系数与偏相关系数

复相关分析的目的是分析多个变量之间关系的密切程度。复相关分析的数学模型从形式上看与多元回归分析同样,都设定为:

$$Y_i = \beta_0 + \beta_1 X_{i1} + \beta_2 X_{i2} + \cdots + \beta_k X_k$$

但是实质上两种分析的模型是不同的。在回归分析中,X 是自变量,Y 是因变量;而在复相关分析中并不区分自变量和因变量,只考虑各变量间的联系程度,因此假设所有的变量都是随机的,且它们的联合分布是正态分布。

(一) 复相关系数

衡量变量 Y 与所有的 k 个变量 X 间关系密切程度的指标称为复相关系数。一般定义样本复相关系数为:

$$R = \sqrt{R^2} = \sqrt{\frac{\text{SSR}}{\text{SST}}} = \sqrt{\frac{\sum_i (\hat{Y}_i - \bar{Y})^2}{\sum_i (Y_i - \bar{Y})^2}}$$

根据样本复相关系数推断总体复相关系数是否显著,可以用 F 检验。其过程如下:

(1) 建立假设。

$$H_0: \rho = 0, \quad H_1: \rho \neq 0$$

(2) 计算检验统计量 F。

$$F = \frac{R^2/k}{(1 - R^2)/(n - k - 1)}$$

(3) 当 $F > F_\alpha(k, n-k-1)$ 时拒绝 H_0,说明这些变量间复相关系数是显著的;当 $F \leq F_\alpha(k, n-k-1)$ 时,则接受 H_0,说明变量间相关关系不显著。

(二) 偏相关系数

在多变量的情况下,变量之间的相关关系是很复杂的,任意两个变量之间都可能存在相关关系,但是,这时两变量间的关系中夹杂了其他变量的影响,因此简单相关系数已不能反映两个变量间的纯相关关系。例如,农产量与雨量、气温的关系。高温对产量有利,两者为正相关,但高温与雨量、雨量与产量间均为负相关,当高温对产量产生有利影响时,却又伴随着少雨对产量的不利影响。因此,要单纯反映高温对产量的影响,就要将雨量这个变量固定在一定水平下。即必须在排除其他变量影响的条件下,计算仅仅反映这两个变量之间相关程度的相关系数,这种相关系数称为偏相关系数,仍然记为 r,不过要加下标以示区别。例如,当有三个变量时,Y 与 X_1 在排除 X_2 的影响后的相关系数记为 $r_{y1\cdot 2}$,称为 Y 与 X_1 对 X_2 的偏相关系数;而 $r_{y2\cdot 1}$ 指 Y 与 X_2 在排除 X_1 影响后的 Y 与 X_2 对 X_1 偏相关系数。其计算公式为:

$$r_{y2\cdot 1} = \sqrt{\frac{R_{y\cdot 12}^2 - r_{y1}^2}{1 - r_{y1}^2}}$$

其中,$R_{y\cdot 12}^2$ 指包括两个自变量的判定系数;r_{y1}^2 指因变量与第一个自变量间的判定系数,即回归模型在还未加入第二个自变量时的可以解释的离差平方和占总离差平方和的比例。

与简单相关系数一样,对偏相关系数也要进行显著性检验,也是计算 t 统计量进行 t 检验,所不同的只是查表时所用的自由度不一样,其自由度为样本容量减变量个数。

如当检验三个变量中两个变量的偏相关系数时检验程序为:

(1) 建立假设。

$$H_0: \rho_{y1\cdot 2} = 0, \quad H_1: \rho_{y1\cdot 2} \neq 0$$

(2) 计算检验统计量。

$$t = \frac{r_{y1\cdot 2}\sqrt{n-3}}{\sqrt{1 - r_{y1\cdot 2}^2}}$$

(3) 给定显著水平 α,若 $|t| > t_{\frac{\alpha}{2}}(n-3)$,拒绝 H_0,说明偏相关系数显著;若 $|t| \leq t_{\frac{\alpha}{2}}(n-3)$,则不能拒绝 H_0,说明偏相关系数不显著。

在这里,我们举一个二元线性回归在 Excel 中的计算复相关和偏相关系数的例子。

例 10.12 设某企业会计部门在长期的工作实践中发现,企业的月管理费(单位:百元)与工人的劳动日数(单位:千人日)及机器的开工台数(单位:千台日)相关,故搜集了 10 个月的数据,如表 10.25 所示,试就表中资料建立月管理费对工人劳动日数 X_1 和机器开工台数 X_2 的回归方程,并进行各种检验和相关分析。

表 10.25 某企业 10 个月的月管理费与工人劳动日数和机器开工台数资料

管理费 Y	29	24	27	25	26	28	30	28	28	27
工人劳动日数 X_1	45	42	44	45	43	46	44	45	44	43
机器开工台数 X_2	16	14	15	13	13	14	16	16	15	15

解 (1) 估计回归方程。设所要建立的回归方程为:
$$\hat{Y}_i = \hat{\beta}_0 + \hat{\beta}_1 X_{i3} + \hat{\beta}_2 X_{i2}$$
经计算得到二元线性回归方程:
$$\hat{Y}_i = -13.8196 + 0.56366 X_{i1} + 1.09947 X_{i2}$$
和判定系数 $R^2 = 0.72892322$,所以复相关系数
$$R = \sqrt{R^2} = \sqrt{0.7289} = 0.8539$$
模型 F 值为 9.4114, $F\text{-Value} = 0.01 < 0.05$,故需求量与价格和消费者收入这两个变量之间的相关关系高度显著。

(2) 偏相关系数。首先求出两两变量间的简单相关系数(工具/数据分析/相关系数):
$$r_{12} = 0.1841, \quad r_{1y} = 0.5015, \quad r_{2y} = 0.7715$$
则管理费与劳动日数之间的偏相关系数为:
$$r_{y1 \cdot 2} = \frac{r_{y1} - r_{y2} r_{12}}{\sqrt{(1 - r_{y2}^2)(1 - r_{12}^2)}} = \frac{0.5015 - (0.7715)(0.1841)}{\sqrt{(1 - 0.7715^2)(1 - 0.1841^2)}} = 0.5748$$
管理费与机器开工台数之间的偏相关系数为:
$$r_{y2 \cdot 1} = \frac{r_{y2} - r_{y1} r_{12}}{\sqrt{(1 - r_{y1}^2)(1 - r_{12}^2)}} = \frac{0.7715 - (0.5015)(0.1841)}{\sqrt{(1 - 0.5015^2)(1 - 0.1841^2)}} = 0.7987$$
进一步对偏相关系数进行检验,得到:
$$t_{y1} = \frac{r_{y1 \cdot 2} \sqrt{n-3}}{\sqrt{1 - r_{y1 \cdot 2}^2}} = \frac{0.5748 \sqrt{7}}{\sqrt{1 - 0.5748^2}} = 1.86$$
$$t_{y2} = \frac{r_{y2 \cdot 1} \sqrt{n-3}}{\sqrt{1 - r_{y2 \cdot 1}^2}} = \frac{0.7987 \sqrt{7}}{\sqrt{1 - 0.7987^2}} = 3.51$$

在 Excel 中,输入 [= T. DIST. RT(1.86,7,1)],得到 $T\text{-Value} = 0.0526 > 0.05$,同理 [= T. DIST. RT(3.51,7,1)] = 0.00493 < 0.05,说明工人劳动日数与管理费之间的偏相关系数不显著,机器开工台数与管理费之间的偏相关系数则是显著的。

最后,我们以某地区玫瑰销售量的数据为例来对多元回归分析做一个总结。

例 10.13 表 10.26 给出了某地区在某个时间段内,玫瑰销售量、玫瑰价格、石竹价格以及家庭平均可支配收入的数据。请你通过多元分析,研究一下后三个变量对玫瑰销售数量的影响。

表 10.26 某地区玫瑰销售量数据

时间 Obs	玫瑰销售量 Y	玫瑰价格 $X2$	石竹价格 $X3$	家庭平均可支配收入 $X4$
1971.3	11 484	2.26	3.49	158.11
1971.4	9 348	2.54	2.85	173.36
1972.1	8 429	3.07	4.06	165.26
1972.2	10 079	2.91	3.64	172.92
1972.3	9 240	2.73	3.21	178.46
1972.4	8 862	2.77	3.66	198.62
1973.1	6 216	3.59	3.76	186.28
1973.2	8 253	3.23	3.49	188.98
1973.3	8 038	2.6	3.13	180.49
1973.4	7 476	2.89	3.2	183.33
1974.1	5 911	3.77	3.65	181.87
1974.2	7 950	3.64	3.6	185
1974.3	6 134	2.82	2.94	184
1974.4	5 868	2.96	3.12	188.2
1975.1	3 160	4.24	3.58	175.67
1975.2	5 872	3.69	3.53	188

解 (1) 估计回归方程。设所要建立的回归方程为:
$$\hat{Y}_i = \hat{\beta}_0 + \hat{\beta}_2 X_{i2} + \hat{\beta}_3 X_{i3} + \hat{\beta}_4 X_{i4}$$

经 Excel 回归统计得到:

$\hat{\beta}_0 = 13\,354.60163$, $\hat{\beta}_2 = -3\,628.186$, $\hat{\beta}_3 = 2\,633.755$, $\hat{\beta}_4 = -19.254$

于是得到二元线性回归方程:

$$\hat{Y}_i = 13\,354.602 - 3\,628.186 X_{i2} + 2\,633.755 X_{i3} - 19.2534 X_{i4}$$

(2) 检验回归方程。回归统计结果和方差分析结果分别如表 10.27 和表 10.28 所示。

表 10.27 回归统计结果

Multiple R	0.882003
R Square	0.777929
Adjusted R Square	0.722411
标准误差	1 076.291
观测值	16

表 10.28　方差分析结果

	df	SS	MS	F	Significance F
回归分析	3	48 695 532	16 231 844	14.01227	0.000316
残差	12	13 900 824	1 158 402		
总计	15	62 596 356			

从表 10.27 和表 10.28 可以得到：

① $R^2 = 0.777929$，$\tilde{R}^2 = 0.722411$。

② $F = 14.01227$，$F\text{-Value} = 0.000316 < 0.05$。

从判定系数的数值和回归方程的显著性检验结果看，回归方程拟合的程度是较好的。

（3）检验回归系数。多元线性回归参数估计结果如表 10.29 所示。

表 10.29　多元线性回归参数估计结果

	Coefficients	标准误差	t-Stat	p-value
Intercept	13 354.6	6 485.419	2.059173	0.061861
X_2	−3 628.19	635.6282	−5.70803	9.79E−05
X_3	2 633.755	1 012.637	2.600888	0.023188
X_4	−19.2539	30.69465	−0.62727	0.542231

$$T\text{-Value}(X_2) \ll 0.05$$

$$T\text{-Value}(X_3) = 0.023 < 0.05$$

$$T\text{-Value}(X_4) = 0.542 > 0.05$$

所以统计结论为 $\hat{\beta}_4$ 不显著，$\hat{\beta}_2$ 和 $\hat{\beta}_3$ 显著。从检验结果看，玫瑰价格和石竹价格作为解释变量对于玫瑰售出量的影响比较显著，但家庭平均可支配收入对因变量的影响并不显著，当然究竟是何原因还有待于进一步的检验后才能下结论。

（4）复相关系数和偏相关系数。依据前面介绍的复相关系数和偏相关系数的算法，我们也不难求出复相关系数和偏相关系数，在此不赘述。

第四节　变量间非线性关系的回归

以上讨论的都是当 Y 是变量 X 的线性函数时的回归问题，但是在很多问题中，变量 Y 并不是变量 X 的线性函数，这时，上面介绍的方法当然不再适用。不过，在很多情况下，有可能通过变量适当的变换，把非线性函数化为线性函数，从而把问题转化为线性回归问题。

例 10.14　设有某种电器生产成本与月产量的数据资料如表 10.30 所示。

表 10.30　生产成本与月产量

时间	生产成本（元/件）	月产量（件）	时间	生产成本（元/件）	月产量（件）
1996.1	346.23	4 300	1996.9	310.82	6 024
1996.2	343.34	4 004	1996.10	306.83	6 194
1996.3	327.46	4 300	1996.11	305.11	7 558
1996.4	313.27	5 013	1996.12	300.71	7 381
1996.5	310.75	5 511	1997.1	306.84	6 950
1996.6	307.61	5 648	1997.2	303.44	6 471
1996.7	314.56	5 876	1997.3	298.03	6 354
1996.8	305.72	6 651	1997.4	296.21	8 000

试分析生产成本与月产量之间的关系,并建立成本对产量的回归方程。

解　从生产实际分析,单位成本与产量之间成比例变动。将表中数据绘制成散点图,如图 10.17 所示。

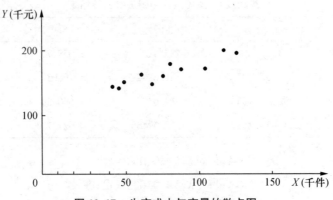

图 10.17　生产成本与产量的散点图

根据散点图的形状,可以考虑建立回归函数。

$$\hat{Y}_i = \hat{\beta}_0 + \hat{\beta}_1 \frac{1}{X_i}$$

令 $X' = \frac{1}{X}$,则有:

$$\hat{Y}'_i = \hat{\beta}_0 + \hat{\beta}_1 X'$$

并可以得到变换后的数据 X',如表 10.31 所示。

表 10.31　变换后数据表

时间	1996.1	1996.2	1996.3	1996.4	1996.5	1996.6	1996.7	1996.8
X'	0.00023	0.00025	0.00023	0.0002	0.00018	0.00018	0.00017	0.00015
时间	1996.9	1996.10	1996.11	1996.12	1997.1	1997.2	1997.3	1997.4
X'	0.00017	0.00016	0.00013	0.00014	0.00014	0.00015	0.00016	0.00013

根据变换后的数据 X' 绘制的散点图如图 10.18 所示,由图可见,X' 与 Y 之间基本呈直线形。

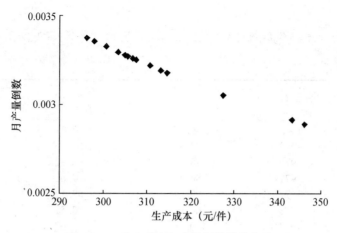

图 10.18　生产成本与产量倒数的散点图

根据数据 X' 与 Y 用最小平方法估计参数,得到回归直线：
$$\hat{Y}'_i = 250.7848 + 355457.05 X'$$
于是所求生产成本对产量的回归方程为：
$$\hat{Y}_i = 250.7848 + 355457.05 \frac{1}{X}$$

下面给出一些常用的可化为线性方程的函数类型：

（1）双曲线 $\frac{1}{Y} = a + \frac{b}{X}$。令 $Y' = \frac{1}{Y}, X' = \frac{1}{X}$,则有：
$$Y' = a + bX'$$

（2）幂函数 $Y = aX^b$。令 $Y' = \lg Y, X' = \lg X, c = \lg a$,则有：
$$Y' = c + bX'$$

（3）指数函数 $Y = ae^{bX}$。令 $Y' = \ln Y, c = \ln a$,则有：
$$Y' = c + bX$$

（4）指数函数 $Y = ae^{\frac{b}{X}}$。令 $Y' = \ln Y, c = \ln a, X' = \frac{1}{X}$,则有：
$$Y' = c + bX'$$

（5）对数曲线 $Y = a + b\ln X$。令 $X' = \ln X$,则有：
$$Y = a + bX'$$

（6）多项式 $Y = b_0 + b_1 X + b_2 X^2 + \cdots + b_k X^k$。令 $X_1 = X, X_2 = X^2, \cdots, X_k = X^k$,则有：
$$Y = b_0 + b_1 X_1 + b_2 X_2 + \cdots + b_k X_k$$

关键术语

相关　回归　相关系数　线性相关　非线性相关　最小平方估计法　总体回归模型　样本回归模型　被解释变量　解释变量　自变量　因变量　残差　回归系数　判定系数　回归离差平方和　残差平方和　偏相关系数　复相关系数　剩余项　预测值

习题

1. 根据下表提供的统计数字,分别研究社会商品零售总额、居民收入、全市总人口之间的关系。

时序	年份	零售总额 (百万元)	居民收入 (百万元)	全市总人口 (万人)
1	1968	66.52	65.11	78.04
2	1969	73.85	66.15	80.94
3	1970	78.88	68.97	82.96
4	1971	86.18	77.66	85.05
5	1972	99.54	89.12	86.80
6	1973	107.94	93.51	88.58
7	1974	110.66	92.07	89.94
8	1975	109.04	91.42	91.05
9	1976	111.39	87.88	92.06
10	1977	115.30	87.56	92.99
11	1978	132.43	106.08	94.20
12	1979	174.19	155.36	95.10
13	1980	207.61	184.82	95.80
14	1981	229.37	193.98	96.57
15	1982	251.24	233.43	97.69

2. 钢材消费量和国民收入的统计数据如下表所示。试建立钢材消费量(Y)对国民收入(X)的回归方程,并进行检验。

编号	钢材消费量 (万吨)	国民收入 (亿元)	编号	钢材消费量 (万吨)	国民收入 (亿元)
1	549	910	9	1 025	1 555
2	429	851	10	1 316	1 917
3	538	942	11	1 539	2 051
4	698	1 097	12	1 561	2 111
5	972	1 284	13	1 785	2 286
6	988	1 502	14	1 762	2 311
7	807	1 394	15	1 960	2 003
8	738	1 303	16	1 902	2 435

3. 根据第 2 题的计算结果预测当国民收入为 3 000 亿元时,钢材的消费量的 95% 的置信区间。

4. 根据第 1 题提供的数据,建立市社会商品零售总额对居民收入和总人口的回归方程,并进行各种回归检验。

5. 某市人民银行为了了解该市居民每年收入与储蓄的关系,以便制订发展存款业务计划,对年收入在 50 000—200 000 元的居民 100 户进行了调查,设每户年收入为 X 元,储蓄金额为 Y 元,经初步整理和计算,结果如下:

$$\sum_{i=1}^{100} X_i = 123\,900, \quad \sum_{i=1}^{100} Y = 87\,900, \quad \sum_{i=1}^{100} X_i Y_i = 114\,300\,000, \quad \sum_{i=1}^{100} X_i^2 = 173\,220\,000$$

求以储蓄金额为因变量的回归方程,并解释斜率的意义。

6. 下面是一个企业的广告费支出与销售额资料：

广告费(元)	600	400	800	200	500
销售额(元)	5 000	4 000	7 000	3 000	6 000

(1) 求销售额与广告费间的回归方程。
(2) 以 $\alpha=0.05$ 进行各种检验。
(3) 估计当广告费为 700 元时，销售额均值的 95% 的预测区间。
(4) 估计当广告费为 700 元时，销售额的 95% 的预测区间。

7. 某市 10 家百货商店的商品流转费用率和利润率指标如下表所示。

编号	1	2	3	4	5	6	7	8	9	10
商品流转费率(%)	2.8	3.3	1.8	7.0	3.9	2.1	2.9	4.1	4.2	2.5
利润率(%)	12.6	10.4	18.5	3.0	8.1	16.3	12.3	6.2	6.6	16.8

(1) 建立利润率对商品流转费用的回归方程并以 $\alpha=0.05$ 的显著性水平检验。
(2) 以 95% 的置信水平预测当商品流转费率为 1% 时该市百货商店平均的利润率。
(3) 以 95% 的置信水平预测若某一商店商品流转费率为 1%，则其利润率为多少？

8. 设有 X 与 Y 的成对数据如下表所示。

X	2	3	4	5	7	10	11	14	15	16	18	19
Y	106.42	108.2	109.58	109.5	110.0	109.93	110.49	110.59	110.60	110.90	110.76	111.0

(注：末列 111.2)

(1) 试用双曲线拟合 Y 与 X 间的关系。
(2) 试用对数曲线 $Y=a+b\lg X$ 及幂函数曲线 $Y=a+b\sqrt{X}$ 拟合关系。
(3) 说明哪个曲线拟合得更好。

9. 某洗涤用品公司为预测推销员的能力，打算建立一个回归模型，以金额 Y 表示因变量，工作年限为自变量 X_1，文化程度为 X_2（X_2 取值：大学文化程度为 3，中学文化程度为 2，小学文化程度为 1），随机抽选了三个推销员，取得数据如下表所示。

推销员	1	2	3	4	5	6	7	8
销售额(千元)	9	6	4	3	3	5	8	2
工作年限	6	5	3	1	4	3	6	2
文化程度	3	2	2	1	1	3	3	1

试建立回归方程并检验回归方程的显著性。

10. 下表是 2007 年随机抽取的北京市 10 个小区的住宅商品房均价和物业管理费价格水平。请你利用 Excel 的散点图探索商品房均价和物业管理费的关系，并根据本节介绍的内容进行相关分析。

楼盘名称	楼盘均价(元/平方米)	物业管理费(元/平方米/月)
当代城市家园	6 300	2.2
世纪东方城	14 000	2.25
阳光上东	20 000	4.98
HIGH HOUSE 高巢	6 400	2.56
天和人家	6 160	2.28
翡翠城	9 900	2.6
上第 MOMA	16 000	3.5
富锦嘉园	9 500	1.1
北一街 8 号	7 500	2.2
万科四季花城	7 500	1.8

11. 下表给出的是登在 1984 年 3 月 1 日《华尔街日报》的记录 1983 年 12 月美国 21 家企业的广告预算和产品的潜在顾客每周保留的印象次数数据表。你认为广告支出和消费者印象之间有什么关系？请你根据本节内容，对你认为的因变量进行回归分析，并预测佳洁士和卡夫食品的印象数。

公司	印象数 (百万次)	广告支出 (1983 年百万美元)
美乐	32.1	50.1
百事	99.6	74.1
金鹰	11.7	19.3
联邦快递	21.9	22.9
汉堡王	60.8	82.4
可口可乐	78.6	40.1
麦当劳	92.4	185.9
前世通公司	50.7	26.9
健怡可乐	21.4	20.4
福特	40.1	166.2
利维	40.8	27.0
百威	10.4	45.6
贝尔	88.9	154.9
CK	12.0	5.0
温迪快餐	29.2	49.7
宝丽莱	38.0	26.9
Shasta	10.0	5.7
Meow Mix	12.3	7.6
卡夫食品	23.4	9.2
佳洁士	71.1	32.4
Kibbles' N Bits	4.4	6.1

第十一章　　时间序列分析

按一定时间顺序对现象进行观测并记录下来的数值,称为时间序列,例如逐日的股票价格,逐月进、出口总额,各年的国民生产总值,各月的物价指数,各年的经济增长率等。经济学理论认为,现实的经济系统不断地经历着一个"均衡—非均衡—新的均衡"的过程。人们不仅需要研究均衡状态中各种变量的均衡值及各种变量间的关系,还需要研究原来的均衡值如何走向新的均衡这一变化过程,这就要对反映变化过程的时间序列进行分析。

本章主要讨论以下问题:

1. 时间序列的长期趋势和季节波动分析;2. 时间序列的自相关分析;3. 时间序列的动态分析指标的计算;4. 景气循环波动分析。

第一节　时间序列分解

一、时间序列分解的概念

一个经济变量时间序列(如价格、需求量等)的形成受到许多因素的共同影响,为了分析其成因及变动规律,就需要对其进行分解。对于一个较长期的时间序列,一般将其分解为长期趋势、季节波动、循环波动和随机波动四个构成部分。

长期趋势(T)是指时间序列在长期过程中的均匀连续变动,频繁、骤然的变动或重演的变动都不属于长期趋势。长期趋势的形成一般认为是由各种固定的因素作用于同一方向而形成的。例如,人口的自然增长促进了经济的增长,再加上科学技术与管理等方面的进步和变革,便形成一种经济发展的长期趋势。

季节波动(S)是时间序列由于受季节性因素影响而出现的周期性波动。按日、周、月、季记录的时间序列常常反映季节的波动,如各类服装的月销售量。季节属于自然现象,其周期变化规律很明显。在按年记录的时间序列中,季节波动不会出现。

循环波动(C)是指时间序列中所出现的周期在一年以上的周期性的波动。循环波动的周期和波动的幅度可以很不规则,如商业循环,经济循环,周期可以是2—3年,也可以是8—9年。

不规则变动(I)是时间序列除去长期趋势、季节波动和循环变动后余下的变动。这种变动由许多无法确切解释也无须解释的不重要因素引起。当然,有些强有力的突发性变动也属于不规则变动,如政治动荡、大的自然灾害所产生的影响,但它与那些经常起作用的严格意义上的随机波动是不同的。

二、时间序列分析模型

为了对时间序列进行具体分析计算,还要对时间序列各构成部分是如何结合及相互作用的作出假设。通常有两种假设：

一种是假设各构成部分对时间序列的影响是可加的，并且是相互独立的。比如说，季节的影响无论处在循环周期的哪一个阶段都是相同的，这样就可把时间序列 Y 表示为：

$$Y = T + S + C + I$$

这种模型称为叠加模型，反映了时间序列的发展变化是由四种因素叠加而成的。

另一种是假设各个构成部分对时间序列的影响均按比例而变化。比如循环波动较大时，同样大小的季节变化所产生的影响也较大，这种假设下的时间序列模型可表示为：

$$Y = T \times S \times C \times I$$

这种模型称为乘积模型。在乘积模型中，T 的度量单位与 Y 相同，而 C、S 和 I 均以百分比表示。

第二节 长期趋势分析

按照时间序列分解的设想，进行时间序列分析可以将不同成分从序列中分解出来。从时间序列中分解出趋势成分的目的有两个，一是作趋势预测，二是分析序列中余下的其他成分。长期趋势测定的方法主要有两种，一种是数学曲线拟合法，另一种是移动平均法。

一、数学曲线拟合法

假设有一个多年的数据序列，为了算出逐年的趋势值，可以考虑对原始数据拟合一条数学曲线。例如，假如趋势是线性的，就可用最小平方法拟合直线方程；如果趋势是指数曲线型的，则可考虑拟合指数曲线方程。在用数学曲线拟合法测定趋势值时，首先要解决的问题是曲线方程的选择。选择曲线方程有两个途径：一是在以时间 t 为横轴、变量 Y 为纵轴的直角坐标图上作时间序列数值的散点图，根据散点的分布形状来确定应拟合的曲线方程；二是对时间序列的数值作一些分析，根据分析的结果来确定应选择的曲线方程。下面我们结合一些典型、常用的趋势曲线来讨论曲线方程的选择和拟合。

（一）直线趋势的拟合

根据线性函数的特性：

$$\Delta Y_t = Y_{t+1} - Y_t = a + b(t+1) - a - bt = b$$

如果一个多年的数据序列，其相邻两年数据的一阶差近似为一常数，就可以配合一条直线：$Y = a + bt$。然后用最小平方法来求解参数 a 和 b。

例 11.1 试为表 11.1 的资料配合长期趋势曲线。

表 11.1 某企业 1998—2004 年某产品销售量（万件）

年份	1998	1999	2000	2001	2002	2003	2004
销售量	21.2	23.8	24.81	26.2	27.5	29.2	31.1
拟合值	21.63	23.17	24.72	26.26	27.80	29.34	30.89

解 由于各年产品销售量的增长比较接近,因此可以考虑配合直线方程。设直线方程为:

$$Y = a + bt$$

根据表 11.1 的数据计算得:

$$\sum t = 28, \quad \sum t^2 = 140, \quad \sum Y = 183.81, \quad \sum tY = 778.43$$

则:

$$b = \frac{n\sum tY - \sum t \sum Y}{n\sum t^2 - (\sum t)^2} = \frac{7 \times 778.43 - 28 \times 183.81}{7 \times 140 - 28^2} = 1.5425$$

$$a = \bar{Y} - b\bar{t} = \frac{183.81}{7} - 1.5425 \frac{28}{7} = 20.09$$

于是得到趋势直线方程:

$$Y = 20.09 + 1.5425t$$

Excel 中直线拟合使用"LINEST 线性拟合函数"。

线性拟合函数的语法结构为:LINEST(known_y's,known_x's,const,stats)。其中,known_y's 为因变量值;known_x's 为自变量值;const 为回归常数的选取项;stats 为一个逻辑值,指明是否返回附加回归统计值。如果 stats 为 FALSE 或省略,函数 LINEST 只返回系数 b 和常数项 a;如果 stats 为 TRUE,函数 LINEST 将返回各附加回归统计值。结果如下:

$$b = 1.5425, \quad a = 20.08857, \quad R^2 = 0.988904, \quad F = 445.6162$$

该方程的判决系数约为 0.988904,说明时间变量可以解释销售量总变差的 98.89%;F 统计量远远大于查表所得的 F 值,故该回归模型非常显著。

可根据上面的方程计算拟合值,使用"TREND 线性预测函数",也可以使用 FORECAST 预测函数进行计算。

TREND 函数的语法结构为:TREND(known_y's,known_x's, new_x's,const)。其中,known_y's 为因变量值;known_x's 为自变量值;new_x's 为用于预测趋势值的一组新 x 值,const 为回归常数的选取项。由于不需预测,忽略 new_x's;保留常数项,忽略 const。得到的拟合值见表 11.1。

最后,我们将结果作图,如图 11.1 所示。

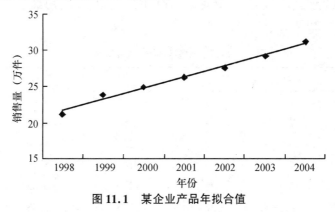

图 11.1 某企业产品年拟合值

由于时间序列趋势方程中的自变量是时间变量,而时间变量可以用时间序号代入,因此会出现当时间序号选择不同时拟合出的方程不同的情况。但这并不影响趋势值的计算。只要在计算趋势值时仍然按照原先的排列顺序将时间变量值代入方程，则由不同的直线趋势方程所得到的同时期的趋势值将是相同的。

特别要提醒注意的是，这里的直线方程式 $Y = a + bt$，不涉及变量 t 与变量 Y 之间的任何因果关系，也没有考虑误差的任何性质，因此它仅仅是一个直线拟合公式，并不是什么回归模型。还需要指出的是，作为较长期的一种趋势，利用所拟合的数学方程式进行预测时，必须假设趋势变化的因素在预测年份仍然起作用。如例 11.1 中，预测 2004 年以后的销售量，就是假设 2004 年以后销售量仍按原来的速度直线上升。如预测 2008 年的销售量，则有：

$$Y = 20.09 + 1.5425 \times 11 = 37.056（万件）$$

注意：由于例题中只是为了说明分析计算的方法，因此为简便起见，一般选用的数据都比较少，实际应用时，数据应丰富些方能反映长期趋势，如 20 年的或更多一些数据。

（二）指数趋势线的拟合

由于指数曲线具有如下特性：

$$Y = Y_t = ab^t, \quad Y_{t+1} = ab^{t+1}, \quad \frac{Y_{t+1}}{Y_t} = \frac{ab^{t+1}}{ab^t} = b$$

因此，当时间序列的各期数值大致按某一相同比率增长时，可以考虑配合指数方程。联系常用的复利公式：$P_n = P_0 (1 + r)^n$，令 $Y_t = P_t, a = P_0, b = 1 + r, n = r$，则复利公式与指数方程完全一致。可见指数曲线是一种常用的典型趋势线。

例 11.2 某企业 2001—2006 年的某产品产量如表 11.2 所示，试求该企业生产量的长期趋势。

解 由于这个时间序列的环比序列为：

$$\frac{Y_2}{Y_1} = \frac{72}{53} = 1.54, \cdots$$

即各年产量几乎按同一比例增长，因此，可以考虑拟合指数函数：

$$Y = ab^t$$

首先将上式转换为直线方程，取对数 $\ln Y = \ln a + t \ln b$，然后用最小平方法求解参数。具体计算如表 11.2 所示。

表 11.2　指数趋势函数计算表

年份	序号 t	t^2	Y	$\ln Y$	$t \ln Y$
2001	1	1	56	4.03	4.03
2002	2	4	86	4.45	8.91
2003	3	9	110	4.70	14.10
2004	4	16	168	5.12	20.50
2005	5	25	210	5.35	26.74
2006	6	36	325	5.78	34.70
	21	91	955	29.44	108.97

根据以上计算结果解出：

$$\ln b = 0.3398, \quad \ln a = 3.716, \quad a = e^{3.716} = 41.1175$$

Excel 中指数形式拟合使用"LOGEST 拟合函数"。LOGEST 拟合函数的语法结构为：LOGEST(known_y's, known_x's, const, stats)。其中, known_y's 为因变量值; known_x's 为自变量值; const 为回归常数的选取项; stats 为一个逻辑值, 指明是否返回附加回归统计值。如果 stats 为 FALSE 或省略, 函数 LINEST 只返回系数 b 和常数项 a; 如果 stats 为 TRUE, 函数 LINEST 将返回各附加回归统计值。运算结果为：

$$b = 1.404712052, \quad a = 41.11745923, \quad R^2 = 0.993400763, \quad F = 602.1306696$$

指数形式的方程为 $Y = ab^t$, 该方程的线性变换为 $\ln Y = \ln a + t \ln b$。返回结果中的 R^2 和 F 是对线性变换方程的计算结果。

根据表 11.2 中的结果, 我们知估计方程为：

$$\hat{Y} = 41.1175 \times 1.4047^t$$

可以根据上面的指数曲线方程计算拟合值, 也可以根据"Growth 指数预测函数"计算。

最后, 我们利用 Excel 将结果作图, 如图 11.2 所示。

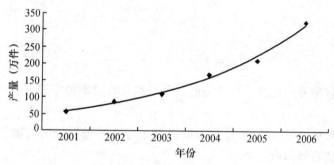

图 11.2　某企业年产量拟合值

（三）修正指数曲线

在指数方程右边增加一个常数 k, 即可得到修正指数方程：$Y = k + ab^t$, 取 $a < 0$、$0 < b < 1$ 时, 随着 t 的增加, Y 趋于 k。若 k 大于零, 该曲线可描述一种常见的成长现象。如某种产品投入市场, 初期迅速增长, 随后增长率逐渐降低, 最后接近最高限 k。该曲线图形如图 11.3 所示。

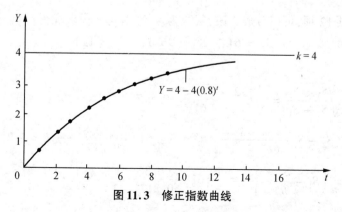

图 11.3　修正指数曲线

根据修正指数曲线的性质,若时间序列中相邻两个时期的数值的一阶差之比 Δ_t/Δ_{t-1} 接近于一个常数,则可对其拟合修正的指数曲线。

由于修正指数曲线不易转变为线性形式,因此不能用最小平方方法估计参数。可以考虑用下述方法:

第一步:将时间序列分成 3 个相等的部分,每部分包括 n 个数据。

第二步:求出每部分的和,于是可得到 S_1、S_2、S_3:

$$S_1 = \sum_{t=0}^{n-1} Y_t = \sum_{t=0}^{n-1} (k + ab^t) = nk + a\sum_{t=0}^{n-1} b^t$$

$$S_2 = \sum_{t=n}^{2n-1} Y_t = nk + a\sum_{t=n}^{2n-1} b^t$$

$$S_3 = \sum_{t=2n}^{3n-1} Y_t = nk + a\sum_{t=2n}^{3n-1} b^t$$

第三步:根据 S_1、S_2、S_3 的 3 个等式,就可以联立求出 3 个未知数 k、a 和 b:

$$\begin{cases} b^n = \dfrac{S_3 - S_2}{S_2 - S_1} \\ k = \dfrac{1}{n}\left(S_1 - \dfrac{S_2 - S_1}{b^n - 1}\right) \\ a = (S_2 - S_1)\dfrac{b - 1}{(b^n - 1)^2} \end{cases}$$

需要指出,这种方法是基于趋势值的 3 个局部总数分别等于原资料的 3 个局部总数而得到的。

例 11.3 表 11.3 中的数据是某大型机械企业的某种型号的机械产品 1991—2002 年销售量,试据此资料拟合趋势线。

表 11.3 某企业 1991—2002 年某产品销售量(百台)

年份	1991	1992	1993	1994	1995	1996	1997	1998	1999	2000	2001	2002
销售量	9.0	15.0	17.0	20.0	22.0	23.5	24.0	26.8	27.6	27.0	29.0	28.4

解 根据对表中数据的分析,其一阶差之比大致相似,可以考虑拟合修正的指数曲线。设所求趋势方程为:

$$Y_t = k + ab^t$$

原始数据共 12 项,可以分成 3 段,每段为 4 年,对每一段求和得:

$$S_1 = 61, \quad S_2 = 96.3, \quad S_3 = 112$$

则有:

$$b = \sqrt[4]{\dfrac{S_3 - S_2}{S_2 - S_1}} = \sqrt[4]{\dfrac{112 - 96.3}{96.3 - 61}} = 0.817$$

$$a = (S_2 - S_1)\dfrac{b - 1}{(b^n - 1)^2} = (96.3 - 61)\dfrac{0.817}{(0.817^4 - 1)^2} = -21.01$$

$$k = \dfrac{1}{n}\left(S_1 - \dfrac{S_2 - S_1}{b^n - 1}\right) = \dfrac{1}{4}\left(61 - \dfrac{96.3 - 61}{0.817^4 - 1}\right) = 31.17$$

于是得到趋势方程为：$Y_t = 31.17 - 21.01(0.817)^t$，所求趋势线与观测值如图11.4和表11.4所示。

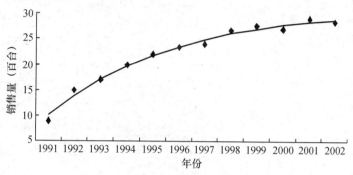

图 11.4　某企业产品销售量指数曲线拟合值

表 11.4　原始数据与趋势值的比较

年份	1991	1992	1993	1994	1995	1996	1997	1998	1999	2000	2001	2002
销售量（百台）	9.0	15.0	17.0	20.0	22.0	23.5	24.0	26.8	27.6	27.0	29.0	28.4
趋势值	10.16	14.00	17.15	19.71	21.81	23.52	24.92	26.07	27.00	27.76	28.39	28.90

（四）龚伯兹曲线

一般来说，一种新产品在试制阶段产量较少，增长较慢。待产品成熟后，产量迅速增长，经过一段时间，社会拥有量达到一定饱和状态时，产量增长速度又趋减缓，形成S形增长曲线。龚伯兹曲线可以描述这种趋势。龚伯兹曲线方程为：

$$Y_t = ka^{b^t}(0 < a < 1, 0 < b < 1)$$

对该方程两边取对数，有：

$$\ln Y_t = \ln k + b^t \ln a$$

再令 $Y_t' = k' + a'b^t$，$k' = \ln k$，$a' = \ln a$，则有：$Y_t' = k' + a'b^t$，成为一条修正指数曲线。于是，可以用修正指数曲线求解参数的方法来求出上述曲线的参数，最后再还原为龚伯兹曲线即可。

例 11.4　设有某公司1989—1997年的实际销售额资料如表11.5所示，试对此时间序列资料拟合趋势方程并预测1998年的销售额。

表 11.5　某公司 1989—1997 年销售额（万元）

年份	1989	1990	1991	1992	1993	1994	1995	1996	1997
销售额	4.94	6.21	7.18	7.74	8.38	8.45	8.73	9.42	10.24

解　根据对资料的初步分析，可以考虑拟合龚伯兹曲线：$Y_t = ka^{b^t}$，对曲线取对数有：

$$\lg Y_t = \lg k + b^t \lg a$$

龚伯兹曲线计算如表11.6所示。用三和法求参数 b、$\lg a$、$\lg k$。

表 11.6　龚伯兹曲线计算表

年份	时序	$\lg Y_t$
1989	0	0.6937
1990	1	0.7931
1991	2	0.8561
S_1	—	2.3429
1992	3	0.8887
1993	4	0.9232
1994	5	0.9269
S_2	—	2.7388
1995	6	0.9410
1996	7	0.9741
1997	8	1.0103
S_3	—	2.9254

$$b^3 = \frac{2.9254 - 2.7338}{2.7338 - 2.3429} = 0.4713$$

$$b = 0.7782$$

$$\lg a = (S_2 - S_1)\frac{b-1}{(b^n - 1)^2} = (2.7388 - 2.3429)\frac{0.7782 - 1}{(0.7782^3 - 1)^2} = -0.3141$$

$$a = 0.4852$$

$$\lg k = \frac{1}{3}\left(S_1 - \frac{S_2 - S_1}{b^3 - 1}\right) = \frac{1}{3}\left(2.3429 - \frac{2.7388 - 2.3429}{0.7782^3 - 1}\right) = 1.0306$$

$$k = 10.73$$

于是得到龚伯兹预测模型：

$$Y_t = 10.73 \times 0.4852^{0.7782^t}$$

预测 1998 年销售额为：

$$\hat{Y}_t(\alpha = 0.9)$$

$$\text{MSE} = \frac{1}{11}[(21-17)^2 + (19-20.6)^2 + \cdots + (15-20.16)^2 + (22-15.52)^2]$$

$$= \frac{163.407}{11} = 14.8552(万元)$$

从以上计算可以看出，该公司的销售额已接近饱和，增长的前景不大，并可能在某一时刻转入下降趋势。

一般而言，产品的产量受市场需求的决定总是要经过"初进入市场—增长缓慢—增长迅速—增长缓慢—维持—下降"这样几个阶段，龚伯兹曲线是描述及预测各种产品市场容量的一种很有价值的曲线。

（五）皮尔曲线

皮尔曲线方程的一般形式为：

$$Y_t = \frac{L}{1 + ae^{-bt}}$$

其中，L 为变量 Y_t 的极限值，a 和 b 为常数，t 为时间变量。

令 $\frac{1}{Y_t} = k + cd^t$，其中：

$$k = \frac{1}{L}, \quad c = \frac{a}{L}, \quad d = e^{-b}$$

再令 $Y' = \frac{1}{Y_t}$，则有：$Y' = k + cd^t$。可见皮尔曲线也是一种修正的指数曲线，它与龚伯兹曲线类似，都可用于描述产品的生产和销售状况，其曲线形状也是开始上升缓慢，然后增快，而后又缓慢，最后趋向饱和的 S 形。

二、移动平均法

确定趋势值的另一个简单而灵活的方法是移动平均法，它通过对原有时间序列修匀来测定长期趋势。

设有一时间序列数据如表 11.7 所示。为了得到该时间序列的趋势值，需要修匀数据中的起伏波动。由于平均数在修匀数据方面十分有效，因此可以考虑对时间序列数据计算平均数。设取项数为 3，从第一项开始，求出前 3 项数据的简单平均数，然后逐项向后移动，求出相继 3 项的平均数，计算过程见表 11.7，这样就可以得到新的一列数据，即一列移动平均数，如表 11.7 中的第 3 列。若取项数为 5，则可得到一列 5 年移动平均数，如表 11.7 中的第 4 列。

表 11.7　时间序列的移动平均数计算表

年 (1)	观测值 (2)	3 年移动平均 (3)	5 年移动平均 (4)
1	1	—	—
2	2	2.0	—
3	3	2.3	1.8
4	2	2.0	2.0
5	1	1.7	2.2
6	2	2.0	2.4
7	3	3.0	2.6
8	4	3.3	2.8
9	3	3.0	3.0
10	2	2.7	3.2
11	3	3.0	3.4
12	4	4.0	3.6
13	5	4.3	3.8

(续表)

年 (1)	观测值 (2)	3年移动平均 (3)	5年移动平均 (4)
14	4	4.0	4.0
15	3	3.7	4.2
16	4	4.0	4.4
17	5	5.0	4.6
18	6	5.3	4.8
19	5	5.0	—
20	4	—	

Excel 中移动平均使用"AVERAGE 均值函数"进行计算,也可以使用 Excel 中的移动平均分析工具,二者的函数形式一致。

分析表 11.7 中的各列数据,不难看出,通过移动平均所得到的移动平均数数列,要比原始数据序列匀滑,并且 5 项移动平均数数列又比 3 项移动平均数数列匀滑。一般而言,增加移动平均数所包括的项数,可以更好地消除不规则的波动,所以为了达到修匀的目的,可以适当增加移动的步长。但对于具有周期性波动的序列,移动的步长应尽可能与周期性波动的周期一致。例如,表 11.7 中的时间序列含有周期为 5 年的循环波动,所以要真正反映趋势,采用 5 年移动平均效果较好。又如,对于按月具有季节性波动的时间序列,要消除季节的影响,以 12 个月为移动平均的步长较为理想。

如果周期性波动的周期为偶数,以偶数为移动平均的步长,这时计算出的移动平均数须置于原时间序列的两个时期观测值之间,因此,还需要进行第二次移动平均,即对移动平均数数列再计算一次二项移动平均,得到的二次移动平均数方可与各时期对应。

简单移动平均在反映长期趋势直线时效果较佳,但反映曲线趋势时误差较大。为了弥补这个不足,对于具有曲线形状发展趋势的时间序列可考虑采取加权移动平均法。

所谓加权移动平均法即在计算移动平均法时对各期观测值赋予不同的权数,至于权数如何确定有很多方法,可视具体情况而定,原则上对近期的数据给予较大的权数。有一种以二项展开式的系数加权的方法可以帮助确定权数。若移动平均的期数为 n 期,则各期的权数为 $n-1$ 次二项展开式相应的系数与所有系数之和的比例。即:

$$\omega_j = \frac{C_{n-1}^j}{\sum_{j=0}^{n-1} C_{n-1}^j} = \frac{C_{n-1}^j}{2^{n-1}}$$

其中, ω_j 为第 j 期观测值的权数 ($j=0,1,\cdots,n-1$)。

例如,移动平均的期数为 5 期,则 5 个观测值相应的权数分别为:

$$\omega_0 = \frac{C_4^0}{\sum_{j=0}^{4} C_4^j} = \frac{1}{16}, \quad \omega_1 = \frac{C_4^1}{\sum_{j=0}^{4} C_4^j} = \frac{4}{16}, \quad \omega_2 = \frac{6}{16}, \quad \omega_3 = \frac{4}{16}, \quad \omega_4 = \frac{1}{16}$$

用移动平均法求长期趋势,方法简便、灵活,但也有局限。首先,从修匀的效果来看,移动的步长比较长较好,但步长越长,反映趋势的新数列中首尾两端舍去的项数就越多;其次,当经济变量的时间序列趋势为非直线时,简单移动平均容易产生误差,加权移动平均的权数又不易确定;最后,由于移动平均法没有得到反映现象发展变化规律的模型,因此无法进行外推预测。但从对时间序列的平滑作用和观察现象变化的方面来看,移动平均法仍不失为一种可用的方法。例如,在证券及期货市场上,移动平均法一直是反映各种证券和期货价格走势的重要方法之一。

三、一次指数平滑法

由于移动平均法具有需要舍去首尾若干项数据且又不适合于预测的缺点,为克服这两个缺点,在加权移动平均法的基础上产生了指数平滑法。指数平滑法通过对历史时间数列进行逐层平滑计算,从而消除随机因素的影响,识别经济现象的基本变化趋势,并以此预测未来。指数平滑法的基础仍然是移动平均法。

设有时间序列为 $Y_1,Y_2,\cdots,Y_t$,为了预测第 $t+1$ 期的数值 Y_{t+1},根据加权移动平均的思路,可以用 $Y_1,Y_2,\cdots,Y_t$ 的加权平均值代替,各期的权数 ω_t 可按近期的权数较大、远期的权数较小的原则确定。因此,$t+1$ 的预测值 $\hat{Y}_{t+1}$ 可以表示为:

$$\hat{Y}_{t+1} = \frac{Y_t + \omega Y_{t-1} + \omega^2 Y_{t-2} + \cdots + \omega^{t-1} Y_1}{1 + \omega + \omega^2 + \cdots + \omega^{t-1}}$$

因为 $0 < \omega < 1$,ω^t 随着 t 的增大而减少,又因为

$$\frac{1 - \omega^t}{1 - \omega} = 1 + \omega + \omega^2 + \cdots + \omega^{t-1}$$

则当 t 很大时,

$$1 + \omega + \omega^2 + \cdots + \omega^{t-1} = \frac{1}{1 - \omega}$$

所以,$\hat{Y}_{t+1}$ 可以写为:

$$\begin{aligned}\hat{Y}_{t+1} &= (1-\omega)(Y_t + \omega Y_{t-1} + \omega^2 Y_{t-2} + \cdots + \omega^{t-1} Y_1) \\ &= (1-\omega)Y_t + \omega(1-\omega)(Y_{t-1} + \omega Y_{t-2} + \cdots + \omega^{t-2} Y_1) \\ &= (1-\omega)Y_t + \omega \hat{Y}_t\end{aligned}$$

习惯上,令 $\alpha = (1-\omega)$,则:

$$\hat{Y}_{t+1} = \alpha Y_t + (1-\alpha)\hat{Y}_t$$

这就是一次指数平滑的公式,$\hat{Y}_{t+1}$ 表示第 $t+1$ 期的预测值;α 称为平滑指数,值域在 0—1,其大小决定了本次预测对前期预测误差的修正程度。Excel 称 $1-\alpha$ 的值为"阻尼因子",是人为确定的权数。一般说来,α 为 0.2 到 0.3 的数值比较合理。这些数值表明本次预测需要将前期预测值的误差调整 20%—30%。

对于初始预测值,可以指定,即令它等于前几期(如前 6 期或前 12 期等)实际值的平均数。

Excel 在进行指数平滑时,既可以直接手动输入公式,也可以使用自带的指数平滑工具。

例 11.5 某加油站 2005 年各月汽油销售额如表 11.8 所示。试以 $\alpha = 0.1$ 和 $\alpha = 0.9$ 对此资料用指数平滑法对各期销售额进行预测。

解 由于在第 1 期尚无可参考的预测值,因此从第 2 期开始预测,并以第 1 期的实测值为第 1 期的预测值(也可以取最初几期的平均值为初值)。计算结果如表 11.8 所示。

表 11.8　某商品月销售额及其指数匀滑预测值(百元)

时期	销售额 Y_t	指数匀滑预测值 $\hat{Y}_t(\alpha=0.1)$	指数匀滑预测值 $\hat{Y}_t(\alpha=0.9)$
1	17	17.00	17.00
2	21	17.00	17.00
3	19	17.40	20.60
4	23	17.56	19.16
5	18	18.10	22.62
6	16	18.09	18.46
7	20	17.88	16.25
8	18	18.10	19.62
9	22	18.09	18.16
10	20	18.48	21.62
11	15	18.63	20.16
12	22	18.27	15.52

于是,可以预测第 13 期的汽油销售额。

取 $\alpha=0.1$,有:

$$\hat{Y}_{13} = 0.1Y_{12} + 0.9\hat{Y}_{12} = 0.1 \times 22 + 0.9 \times 18.27 = 18.643(百元)$$

取 $\alpha=0.9$,有:

$$\hat{Y}_{13} = 0.9Y_{12} + 0.1\hat{Y}_{12} = 0.9 \times 22 + 0.1 \times 18.27 = 21.352(百元)$$

从一次指数平滑的计算公式及以上例题可以看出,指数平滑法只需要较少的数据量和计算量就可以进行预测。其初值确定有两种方法:一种方法是取第 1 期的实际值为初值;另一种方法是取最初几期的平均值为初值。

指数平滑法最主要的优点是能够对预测误差进行修正。这个优点可以通过下面的经过变换的指数平滑公式看出

$$\hat{Y}_{t+1} = \alpha Y_t + (1-\alpha)\hat{Y}_t$$

从上式可以看出,指数平滑法提供的预测值实际上是前一期的预测值加上前期预测值中产生误差的修正值。当选择的平滑系数 α 比较大特别是非常接近 1 时,新的预测值几乎包括前期预测值的所有预测误差;而当选择的平滑指数 α 比较小时,新的预测值则只包括很小部分预测误差的修正值。可见 α 实际上是起了预测错误纠正系数的作用,通过调整 α 就可以使预测更准确。因此,指数平滑法是进行时间序列预测的一种重要方法,尤其适用于短期预测。

一次指数平滑法比较简单,但也有问题,关键问题在于 α 的确定,必须找到最佳的 α 值,以使预测误差最小。

通常是预测误差的平方和的平方根(RMSPE)最小。如在例 11.5 中,

当 $\alpha=0.1$ 时,有:

$$\text{RMSPE} = \sqrt{\frac{1}{11}[(21-17)^2+(19-17.4)^2+\cdots+(15-18.63)^2+(22-18.27)^2]}$$

$$= \sqrt{\frac{101.6821}{11}} = 3.04$$

当 $\alpha = 0.9$ 时,有:

$$\text{RMSPE} = \sqrt{\frac{1}{11}[(21-17)^2+(19-20.6)^2+\cdots+(15-20.16)^2+(22-15.52)^2]}$$

$$= \sqrt{\frac{163.407}{11}} = 3.85$$

在 Excel 中,可以使用单变量求解的办法来寻求最小的 RMSPE,从而得到最佳的平滑系数,例 11.5 中最佳的平滑系数为 0.116。当 $\alpha = 0.116$ 时,指数匀滑图如图 11.5 所示。

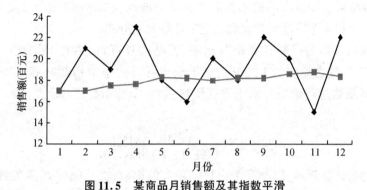

图 11.5　某商品月销售额及其指数平滑

第三节　季节变动分析

季节变动是影响时间序列波动的一个重要因素。进行季节变动分析有两个目的:一是通过分析了解季节因素的影响作用大小,掌握季节变动的规律;二是通过季节变动分析消除时间序列中的季节波动,使时间序列更明显地反映趋势及其他因素的影响。

分析季节变动的影响和规律,主要方法是测定季节指数。常用的测定季节指数的方法有简单平均法和移动平均趋势剔除法。

一、简单平均法

按简单平均法测定季节变动的步骤是,首先根据历年(至少要三年)同月(或同季)的数据,求出该月(或季)平均数;最后将各月(或季)的平均数除以总平均数,得到的就是季节指数。其计算公式可表示如下:

$$\text{季节指数} = \frac{\text{同月(或季)平均数}}{\text{总月(或季)平均数}}$$

例 11.6　试根据表 11.9 以有关数据测定销售额的季节变动。

解　利用表 11.9 所提供的资料,按简单平均法求季节指数,计算过程及计算结果如表 11.9 所示。

表 11.9 某产品 2000—2003 年销售额情况

年份	销售额(万元)				全年合计
	第一季度	第二季度	第三季度	第四季度	
2000	508	565.7	549.7	543.7	2 167.1
2001	507.3	561.7	545.3	557	2 171.3
2002	498.7	550.3	523.7	513.3	2 086
2003	485.7	526	477	457.3	1 946
合计	1 999.7	2 203.7	2 095.7	2 071.3	8 370.4
季平均	499.925	550.925	523.925	517.825	523.15
季节指数(%)	95.56055	105.3092	100.1481	98.98213	100

上述计算结果表明该产品的销售额存在季节波动。第一、第四季度是淡季,而第二季度是旺季。全年 4 个季度指数之和加起来正好是 400%。

也可以根据月份的资料计算季节比率,若是按月资料,则有 12 个季节指数,全年 12 个月的季节指数之和应为 1 200%,如果全年各月的季节指数之和不等于 1 200%,则应计算调整系数进行调整。对于季度资料,如果季节指数之和不是 400%,也应进行调整。

$$调整系数 = \frac{1\ 200(或\ 400)}{各月(季)指数之和}$$

简单平均法计算简单,但没有考虑长期趋势的影响,在时间序列存在明显的长期趋势的情况下,其计算结果不够准确。

二、移动平均趋势剔除法

移动平均趋势剔除法与简单平均法的主要区别在于,在计算季节指数之前先要用移动平均法剔除长期趋势。其计算步骤如下:

第一步:根据历年各月(或季)的资料,计算步长为 12 个月(或 4 季)的移动平均值,得到趋势值 T;

第二步:将实际数据 Y 除以相应的趋势值 T,得到已不包含趋势变动的数值 Y/T;

第三步:将计算得到的不包含趋势变动的 Y/T 值按时间顺序排列;

第四步:根据简单平均法的方法计算季节指数,这样得到的季节指数已剔除了长期趋势的影响。

例 11.7 表 11.10 第 2 列数据为某地区 2002—2005 年各季鲜鸡蛋的销售量,经初步分析发现该时间序列有较明显的长期趋势。为了测定季节指数,首先计算移动平均数以剔除趋势变动影响,计算过程和结果见表 11.10。

根据表 11.10 中最后一列的数据进一步计算季节指数,如表 11.11 所示。

表 11.10 某地区鲜蛋销量的 4 个季度移动平均计算(百吨)

时间 (1)	销售量 (2)	4 个季度移动平均 (3)	二次移动平均 (4)	Y/T (2)/(4)
2002.1	13.1	—		
2	13.9	—		
3	7.9	10.875	10.5875	0.746163
4	8.6	10.3	10	0.86
2003.1	10.8	9.7	9.925	1.088161
2	11.5	10.15	10.45	1.100478
3	9.7	10.75	11.225	0.864143
4	11	11.7	12.45	0.883534
2004.1	14.6	13.2	13.9875	1.043789
2	17.5	14.775	15.675	1.116427
3	16	16.575	17.05	0.938416
4	18.2	17.525	17.8375	1.020322
2005.1	18.4	18.15	18.2625	1.007529
2	20	18.375	18.35	1.089918
3	16.9	18.325	—	
4	18		—	

表 11.11 趋势影响剔除后的季节指数

年份	季度				全年合计
	第一季度	第二季度	第三季度	第四季度	
2002	—	—	0.746	0.860	
2003	1.088	1.100	0.864	0.884	
2004	1.044	1.116	0.938	1.020	
2005	1.008	1.090	—	—	
合计	3.139	3.307	2.549	2.764	11.759
季平均	1.046	1.102	0.850	0.921	0.980
季节指数	1.068	1.125	0.867	0.940	4.000

Excel 中可以使用雷达图来反映季节指数,如图 11.6 所示。

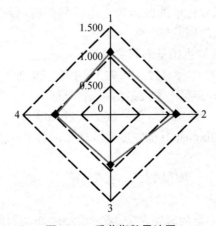

图 11.6 季节指数雷达图

季节指数既可以用来剔除时间序列中的季节波动,也可用来预测未来的季节影响。假如希望了解鲜蛋销量的长期趋势,考虑对此时间序列拟合数学曲线。由于该时间序列存在明显的季节波动,因此首先要剔除季节的影响。用季节指数除以时间序列的原始数据,可以得到剔除了季节影响的鲜蛋销量数据,如表 11.12 所示。

表 11.12　除季节影响的鲜蛋销量(百吨)

时间(1)	销量(2)	季节指数(3)	剔除季节影响的销量(2)/(3)	时间(1)	销量(2)	季节指数(3)	剔除季节影响的销量(2)/(3)
1	13.1	1.068	12.266	9	14.6	1.068	13.671
2	13.9	1.125	12.357	10	17.5	1.125	15.557
3	7.9	0.867	9.112	11	16	0.867	18.455
4	8.6	0.940	9.147	12	18.2	0.940	19.358
5	10.8	1.068	10.113	13	18.4	1.068	17.229
6	11.5	1.125	10.223	14	20	1.125	17.780
7	9.7	0.867	11.188	15	16.9	0.867	19.493
8	11	0.940	11.700	16	18	0.940	19.145

实际值与季节调整值如图 11.7 所示。

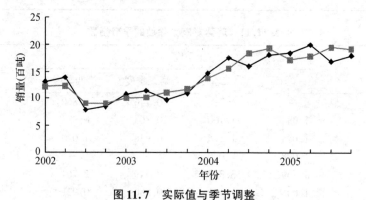

图 11.7　实际值与季节调整

根据表 11.12 中剔除了季节影响的鲜蛋销量的数据拟合长期趋势,得到趋势线为:
$$T = 8.112 + 0.713t$$
依此可预测 2005 年以后各季的鲜蛋销售量的趋势值,若要预测各季鲜蛋销量的实际可能值,则可用季节指数加以调整。

例如,2006 年第一季度鲜蛋销量的趋势值为:
$$T_{17} = 8.112 + 0.713 \times 17 = 20.238$$
考虑季节影响,则 2006 年第一季度的鲜蛋销售量为:
$$20.238 \times 1.068 = 21.614$$
同样的方法可以得到 2006 年其他季度或其他年份各季的预测值。

第四节　循环波动分析

循环波动与季节波动主要的区别在于,循环波动的变动周期在一年以上且周期长短不一,而季节波动是一年以内的有规律的周期波动,分析循环波动的主要目的在于探索循环波动的规律,或从时间序列中剔除循环波动的影响。

在测定循环波动的诸多方法中,最常用的是剩余法。剩余法是按照时间序列分解模型的假设,从中逐次消除长期趋势、季节变动和不规则变动,剩下的部分就是循环波动。

例如,按时间序列的乘法模型有:

$$Y = T \times S \times C \times I$$

其中,T 与 Y 的度量单位相同,其他变量均表现为相对数。

利用时间序列 Y,通过一定方法求出趋势值 T 和季节变动指数 S 后,可以求出剔除了趋势和季节因素影响的剩余:

$$C \times I = \frac{Y}{T \times S}$$

再对剩余 $C \times I$ 进行移动平均,进一步消除随机波动的影响,余下的就是循环波动。

例 11.8 试用剩余法对表 11.13 资料中的循环波动进行分析测定。

解 第一步:测定 15 年销售额的长期趋势,用数学曲线拟合法,得到趋势线方程为:

$$T = 34.17 + 3.17t$$

第二步:根据趋势线方程计算各年销售额的趋势值,计算结果见表 11.13 第 3 列;

第三步:由于年度资料没有季节影响,所以可直接计算剔除长期趋势后的销售额 $C \times I$,计算结果见表 11.13 第 4 列;

第四步:计算三年移动平均值,所得到的就是循环波动,见表 11.13 第 5 列。

表 11.13 某纺织品商店 15 年的销售额(千元)

年份	实际销售额 $Y = T \times C \times I$	长期趋势值 T	$C \times I = \frac{Y}{T}$	三年移动平均 C
1990	30.8	37.338	0.825	—
1991	38.8	40.506	0.958	0.919
1992	42.5	43.675	0.973	1.026
1993	58	50.553	1.147	1.057
1994	52.6	50.013	1.052	1.046
1995	49.9	53.182	0.938	1.001
1996	57.1	56.351	1.013	0.974
1997	57.8	59.520	0.971	0.963
1998	56.8	62.689	0.906	0.934
1999	61	65.858	0.926	0.997
2000	80	69.027	1.159	1.088
2001	85	72.196	1.177	1.108
2002	74.4	75.365	0.987	1.030
2003	72.6	78.534	0.924	0.945
2004	75.5	81.703	0.924	—

将上述结果绘图,如图 11.8 所示,可以看到在 1990—2004 年这 15 年间销售额经历了一个完整的循环和两个半截的循环。

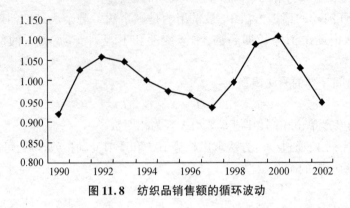

图 11.8 纺织品销售额的循环波动

第五节 时间序列的自相关分析

前面所讨论的时间序列分析和预测,都没有真正利用时间序列中的随机成分。时间序列的自相关分析是将时间序列看作一个随机过程来认识它的特性。

一、自相关系数

时间序列的自相关分析通过对时间序列求其本期与不同滞后期的一系列自相关系数和偏自相关系数,来识别时间序列的特性。

我们知道,相关分析中变量之间的相关系数说明两个不同变量之间的相关程度,而自相关系数则说明同一变量不同时期的数据之间的相关程度。

对于具有 n 个观测值的时间序列 Y_t,其滞后 1 期的数据所形成的序列可以表示为 Y_{t-1},其滞后 2 期数据所形成的序列可表示为 Y_{t-2},以此类推,其滞后 k 期数据所形成的序列可表示为 Y_{t-k}。记自相关系数为 r_k,其中 k 代表时滞,则相关系数 r_k 说明相差 k 个时期两项数据序列之间的相关程度,其计算公式为:

$$r_k = \frac{\sum_{t=k+1}^{n}(Y_t - \bar{Y})(Y_{t-k} - \bar{Y})}{\sum_{t=1}^{n}(Y_t - \bar{Y})^2}$$

其中,n 是时间序列 Y_t 的数据个数,$\bar{Y} = \frac{1}{n}\sum_{t=1}^{n}Y_t$,是时间序列所有观测值的总平均值。

与一般的相关系数相同,自相关系数的取值范围也是 $-1 < r_k < 1$,$|r_k|$ 越接近 1,时间序列的自相关程度越高。

例 11.9 试计算表 11.14 所提供的时间序列的自相关系数 r_1、r_2、r_3、r_4。

表 11.14 时间序列 Y 的观测值

t	1	2	3	4	5	6	7	8
Y_t	13	16	5	7	21	25	4	6

解 首先编制时间序列 Y_t 的各期滞后序列,如表 11.15 所示。

表 11.15　时间序列 Y_t 的各期滞后序列

t	Y_t	Y_{t-1}	Y_{t-2}	Y_{t-3}	Y_{t-4}
1	13	—	—	—	—
2	16	13	—	—	—
3	5	16	13	—	—
4	7	5	16	13	—
5	21	7	5	16	13
6	25	21	7	5	16
7	4	25	21	7	5
8	6	4	25	21	7

经计算得：

$$\bar{Y} = \frac{1}{8}\sum_{t=1}^{8} Y_t = \frac{97}{8} = 12.125$$

$$\sum_{t=1}^{8}(Y_t - \bar{Y})^2 = 1\,617 - 8 \times 12.125^2 = 440.875$$

于是有：

$$r_1 = \frac{\sum_{t=2}^{8}(Y_t - \bar{Y})(Y_{t-1} - \bar{Y})}{\sum_{t=1}^{8}(Y_t - \bar{Y})^2}$$

$$= [(16 - 12.125)(13 - 12.125) + (5 - 12.125)(16 - 12.125) + \cdots$$
$$+ (6 - 12.125)(4 - 12.125)]/440.85$$

$$= \frac{26.234375}{440.85} = 0.0595$$

$$r_2 = \frac{\sum_{t=3}^{8}(Y_t - \bar{Y})(Y_{t-2} - \bar{Y})}{\sum_{t=1}^{8}(Y_t - \bar{Y})^2} = \frac{-306.28125}{440.85} = -0.6948$$

$$r_3 = \frac{\sum_{t=4}^{8}(Y_t - \bar{Y})(Y_{t-3} - \bar{Y})}{\sum_{t=1}^{8}(Y_t - \bar{Y})^2} = \frac{-74.546875}{440.85} = -0.169$$

$$r_4 = \frac{\sum_{t=5}^{8}(Y_t - \bar{Y})(Y_{t-4} - \bar{Y})}{\sum_{t=1}^{8}(Y_t - \bar{Y})^2} = \frac{146.9375}{440.85} = 0.3333$$

从以上计算过程可以看出，即使我们对时间序列变量变化特性和模式毫不了解，也能够计算出自相关系数，而这些自相关系数却能够提供时间序列特性的重要信息。例如，对于一个纯随机序列，其自相关系数应该接近零或等于零，而具有明显上升或下降趋势的时间序列,或具有强烈季节变动或循环变动的时间序列,将会有高度的自相关。

从总体中随机抽取不同样本,计算得到的样本自相关系数,围绕着总体自相关系数 ρ_k 构成一定的分布。当时间序列诸项之间没有自相关时,样本自相关系数的抽样分布近似于以 0 为均值、以 $1/\sqrt{n}$ 为标准差的正态分布。

二、偏自相关系数

在复相关分析中,我们通过偏自相关系数反映在多个变量情况下,固定其他变量时两个变量之间的相关关系。同样,在时间序列分析中,由于 Y_t 与 Y_{t-k} 之间的相关关系总是与中间各项 $Y_{t-1}, Y_{t-2}, \cdots, Y_{t-k+1}$ 的相关结合在一起,因此,为了排除中间诸项的影响,就需要计算偏自相关。在时间序列中,偏自相关是时间序列 Y_t 在给定了 $Y_{t-1}, Y_{t-2}, \cdots, Y_{t-k+1}$ 的条件下, Y_t 与滞后 k 期时间序列之间的条件相关,说明在其他滞后期 $(1, 2, \cdots, k-1)$ 时间序列的影响作用已知的条件下 Y_t 与 Y_{t-k} 之间的相关程度,偏自相关系数则是反映这种相关程度的指标,记作 ϕ_{kk},其计算公式为:

$$\begin{cases} \phi_{11} = r_1, & k = 1 \\ \phi_{kk} = \dfrac{r_k - \sum\limits_{i=1}^{k-1} \phi_{k-1,i} \times r_{k-i}}{1 - \sum\limits_{i=1}^{k-1} \phi_{k-1,i} \times r_i}, & k = 2, 3, \cdots \end{cases}$$

其中,

$$\phi_{k,i} = \phi_{k-1,i} - \phi_{kk} \times \phi_{k-1,k-i}, i = 1, 2, \cdots, k-1$$

例 11.10 对例 11.9 表中的资料,计算偏自相关系数 ϕ_{11}、ϕ_{22}、ϕ_{33}、ϕ_{44}。

解 根据例 11.9 的计算结果,知:

$$r_1 = 0.0595, \quad r_2 = -0.6948, \quad r_3 = -0.169, \quad r_4 = 0.3333$$

则:

$$\phi_{22} = \frac{r_2 - \phi_{11} \times r_1}{1 - \phi_{11} \times r_1} = \frac{r_2 - r_1^2}{1 - r_1^2} = \frac{-0.6948 - 0.0595^2}{1 - 0.0595^2}$$

$$= \frac{-0.69834025}{0.99645975} = -0.7008$$

$$\phi_{21} = \phi_{11} - \phi_{22} \times \phi_{11} = 0.0595 - (-0.7008)(0.0595) = 0.1011976$$

$$\phi_{33} = \frac{r_3 - (\phi_{21} \times r_2 + \phi_{22} r_1)}{1 - (\phi_{21} \times r_1 + \phi_{22} r_2)}$$

$$= \frac{-0.169 - (0.1011976)(-0.6948) - (-0.7008)(0.0595)}{1 - (0.1011976)(0.0595) - (-0.7008)(-0.6948)}$$

$$= \frac{-0.056990307}{0.507062902} = -0.1124$$

$$\phi_{31} = \phi_{21} - \phi_{33} \times \phi_{22} = 0.1011976 - (-0.1124)(-0.7008) = 0.02243$$

$$\phi_{32} = \phi_{22} - \phi_{33} \times \phi_{21} = -0.7008 - (-0.1124)(0.1011976) = -0.6894$$

$$\phi_{44} = \frac{r_4 - (\phi_{31} \times r_3 + \phi_{32} \times r_2 + \phi_{33} \times r_1)}{1 - (\phi_{31} \times r_1 + \phi_{32} \times r_2 + \phi_{33} \times r_3)}$$

$$= 0.3333 - (0.02243)(-0.169) - (-0.6894)(-0.6948)$$
$$- (-0.1124)(0.0595)/1 - (0.02243)(0.0595) - (-0.6894)(-0.6948)$$
$$- (-0.1124)(-0.169)$$

$$= \frac{-0.13521665}{0.500674695} = -0.27$$

偏自相关系数的取值范围为$[-1,+1]$,ϕ_{kk}接近于1,表明序列Y_t与Y_{t-k}之间的相关程度强;ϕ_{kk}接近于0,表明序列Y_t与Y_{t-k}之间的相关程度弱。因此,在时间序列分析中,偏自相关系数可以用于自回归模型的识别。

三、自相关分析图

将时间序列的自相关系数绘制成图,并标出一定的置信区间,称为自相关分析图。

如前所述,已知样本自相关系数近似服从正态分布,其均值为0,标准差为$\frac{1}{\sqrt{n}}$,因此,根据给定的α,我们就可以建立时间序列自相关系数的随机区间$0 \pm Z_{\alpha/2}\frac{1}{\sqrt{n}}$。如$n=60$,$\alpha=0.05$,则有自相关系数的随机区间为$\pm 1.96\frac{1}{\sqrt{50}}$,即有随机区间$(-0.253,+0.253)$。

自相关分析图可以用来分析时间序列的特性,即时间序列的随机性、平稳性和季节性,分析时间序列的特性有助于对时间序列配合一个合适的模型。

若一个时间序列是完全随机的,那么序列各项之间就不会有任何相关关系,在时间序列分析中,将这样的时间序列称为纯随机序列。根据自相关系数的统计性质,如果时间序列的自相关系数均与零无显著不同,说明序列各项之间无明显相关关系,则可以认为序列之间是纯随机的;若有较多的时序自相关系数显著不为零,说明时序存在相关关系,序列为非纯随机序列。上述自相关系数的显著性检验可以利用自相关分析图进行。对于给定的α(一般选$\alpha=0.05$),可以构造一个置信区间,如图11.9所示,如果序列的自相关系数基本都落在这个区间内,就说明自相关系数与零无显著差异,序列为纯随机序列,如图11.9就是一个纯随机序列的自相关图;若序列的自相关系数大多数都落入随机区间之外,则时序为非纯随机序列。

既然纯随机时间序列不存在任何变化规律,因此如果经测定某序列为纯随机性序列,就不必考虑任何模型问题。在博克斯-詹金斯时间序列预测法中,利用自相关分析,通过对原始数据与预测模型之间误差序列的随机性测定,还可以判定所建立的模型是否适用于预测。

时间序列的平稳性是指时间序列的统计特性不随时间推移而变化。即如果时间序列满足条件:① 对于任意时间t,其均值恒为一常数。② 对于任意的时间t和k,其自相关系数只与时间间隔$t-k$有关,而与t和k的起始点无关;则称这样的时间序列为平稳的时间序列。直观地说,所谓稳定性,就是时间序列无明显的上升或下降趋势,各观测值围绕某一固定值上下波动。

自相关分析图可以帮助判定时间序列的稳定性。判断的准则是,若时间序列的自相

k	r_k	−1 −0.253 0 0.253 1
1	0.148	
2	−0.063	
3	0.004	
4	−0.047	
5	−0.031	
6	0.053	
7	−0.192	
8	0.219	
9	−0.051	
10	0.028	
11	−0.128	
12	0.063	
13	−0.060	
14	0.028	
15	0.056	
16	−0.033	
17	0.016	
18	0.002	
19	0.069	
20	−0.128	
21	−0.037	
22	0.145	
23	0.010	
24	−0.032	

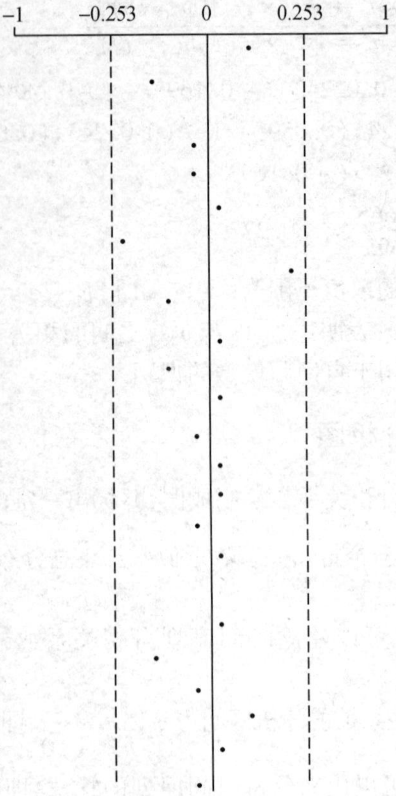

图 11.9　自相关分析

关系数在时滞 $k=2$ 或 $k=3$ 以后迅速趋于 0，则该序列具有平稳性；若当时滞 $k=2$ 或 $k=3$ 时，时间序列的自相关系数还有较多的落在置信区间外，则该序列不具有平稳性。图 11.10 所表现的就是一个平稳的时间序列。在博克斯-詹金斯时间序列预测法中，只有平稳的时间序列才能建立 ARMA 模型。在实际中，真正平稳的时间序列是很难找到的，这使得一些模型的应用受到限制。不过，有些非平稳的时间序列通过一些处理能够使其平稳化。

k	r_i	−1 −0.253 0 0.253 1
1	−0.377	
2	−0.356	
3	−0.194	
4	0.159	
5	0.081	
6	−0.077	
7	−0.063	
8	0.132	
9	−0.038	
10	0.236	
11	−0.033	
12	0.047	

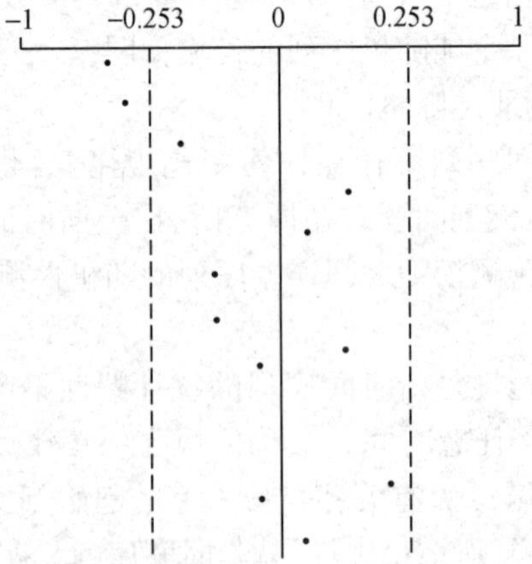

图 11.10　平稳时序自相关分析

时间序列的季节性是指在某一固定时间间隔上重复出现的某种特性。如某些商品的销售量、客运量、用电量等,其变化往往都由于受季节性因素影响有明显的周期性规律。

时间序列的季节性也可以通过自相关系数的显著性加以识别。显然,对于按月记录的数据,如果存在明显的季节影响,则其时滞为 12,24,36,… 时的自相关系数必显著地不同于零;如果时间序列不存在周期性的与零显著不同的自相关系数,则说明序列不包含季节性。

进行时间序列季节性分析要注意,当季节性与趋势性同时存在时,由于趋势性的影响很强,往往会掩盖季节性,从而导致自相关系数的虚假现象。因此,用自相关系数的显著性检验的方法不能识别序列的季节性,需要首先剔除趋势影响。

第六节 时间序列的动态分析指标

在对时间序列进行分析时,需要计算一系列动态分析指标。这些分析指标有增长量、发展速度、增长速度、平均发展水平、平均发展速度、平均增长速度等。

一、发展水平和平均发展水平

(一)发展水平

时间序列中按照时间顺序记录下的对现象的观测值就是发展水平,它可以是总量指标、相对指标或平均指标。根据各指标值在时间序列中所处的位置,通常把时间序列的第一个指标值称为最初水平,最后一个指标值称为最末水平。在对比时间序列中的两个发展水平时,把用作比较基础的数值称为基期发展水平,把要分析的那个时间上的指标数值称为报告(或比较期)发展水平。如果用符号 a 代表各期的发展水平,则 a_1, $a_2,\cdots,a_n$ 就代表序列各期的发展水平。

(二)平均发展水平

将时间序列各期发展水平加以平均得到的平均数即为平均发展水平,平均发展水平也称作序时平均数。序时平均数的计算原理与一般平均数一样,具体计算时则应根据时间序列数据资料的特点而有所区别。

1. 根据时期指标序列计算序时平均数

由于时期指标序列中的各期数值是可累积的,因此计算序时平均数可直接将各期指标值相加求平均。

$$\bar{a} = \frac{\sum_{t=1}^{n} a_t}{n}$$

例 11.11 就表 11.16 的资料计算我国 2000—2005 年间的年均国民生产总值。

表 11.16 我国 2000—2005 年国民生产总值(亿元)

年份	2000	2001	2002	2003	2004	2005
国民生产总值	99 214.6	109 655.2	120 332.7	135 822.8	159 878.3	183 084.8

资料来源:国家统计局,《中国统计年鉴》,2006 年。

解 国民生产总值是时期指标,可以累积,所以可以直接将6年的国民生产总值相加求平均,有:

$$\bar{a} = \frac{99\,214.6 + 109\,655.2 + \cdots + 183\,084.8}{6} = 134\,664.7333(亿元)$$

2. 根据时点指标序列求序时平均数

我们知道,时点指标的特点是不能累积,因此对时点指标求序时平均数的方法要根据所掌握的资料而有所区别。

(1) 如果取得的是连续时点(以日为间隔的资料)的数据,则可按时期指标求序时平均数的办法,直接将各时点指标值相加求平均。例如,有某企业某月各日出勤人数的数据,则该月每日平均出勤人数就等于各日出勤人数之和除以日数。

(2) 如果掌握的序列数据不连续,但间隔相等,则可用首末折半法求序时平均数。计算公式为:

$$\bar{a} = \frac{\frac{1}{2}a_1 + a_2 + a_3 + \cdots + a_{n-1} + \frac{1}{2}a_n}{n-1}$$

例11.12 就表11.17的资料计算序时平均数。

表11.17 某地区人口数(万人)

时间(年、月、日)	2000.1.1	4.1	7.1	10.1	2001.1.1
人口数	52	50	52	54	56

解 $\bar{a} = \dfrac{\frac{1}{2} \times 52 + 50 + 52 + 54 + \frac{1}{2} \times 56}{5-1} = 52.5(万人)$

即该地区2000年年平均人口数为52.5万人。

(3) 如果掌握的时点资料不连续且间隔不相等,这时需要以间隔长度为权数加权来计算序时平均数。计算公式为:

$$\bar{a} = \frac{\dfrac{a_1+a_2}{2}f_1 + \dfrac{a_2+a_3}{2}f_2 + \cdots + \dfrac{a_{n-1}+a_n}{2}f_{n-1}}{f_1 + f_2 + \cdots + f_{n-1}}$$

其中,$f_t(t=1,2,\cdots,n-1)$代表两个时点指标值a_{t-1}和a_t之间的时间间隔长度。

例11.13 就表11.18的资料计算序时平均数。

表11.18 某城市人口数(万人)

时间	2000.1.1	2000.6.1	2000.8.1	2001.1.1
人口数	21.3	21.35	21.36	21.5

解 $\bar{a} = \dfrac{\dfrac{21.3+21.35}{2} \times 5 + \dfrac{21.35+21.36}{2} \times 2 + \dfrac{21.36+21.50}{2} \times 5}{5+2+5} = 21.37(万人)$

即该城市2000年年平均人口数为21.37万人。

二、增长量和平均增长量

增长量是时间序列中两个不同时期发展水平之差。计算公式为:

$$增长量 = 报告期发展水平 - 基期发展水平$$

由于所采用的基期不同,增长量有逐期增长量和累积增长量之别。

逐期增长量是时间序列中各项分别以前一期为基期计算的增长量。即:

$$a_1 - a_0, a_2 - a_1, \cdots, a_n - a_{n-1}$$

累积增长量是报告期水平与某一固定时期水平之差。设 a_0 为固定期水平,累积增长量为:

$$a_1 - a_0, a_2 - a_0, \cdots, a_n - a_0$$

累积增长量等于相应各个时期逐期增长量之和:

$$a_n - a_0 = (a_1 - a_0) + (a_2 - a_1) + \cdots + (a_n - a_{n-1})$$

为了反映一定时期内平均每期增长的数量,可采用平均增长量指标,其计算公式为:

$$平均增长量 = \frac{逐期增长量之和}{逐期增长量个数} = \frac{累积增长量}{时间序列项数 - 1}$$

例 11.14 就表 11.16 的资料计算国民生产总值的逐期增长量、累积增长量和平均增长量。

解 逐期增长量和累积增长量的计算结果如表 11.19 所示。

表 11.19 我国 2000—2005 年国民生产总值增长量(亿元)

年份	2000	2001	2002	2003	2004	2005
国民生产总值	99 214.6	109 655.2	120 332.7	135 822.8	159 878.3	183 084.8
逐期	—	10 440.6	10 677.5	15 490.1	24 055.5	23 206.5
累积	—	10 440.6	21 118.1	36 608.2	60 663.7	83 870.2

$$平均每年国民生产总值的增长量 = \frac{83\,870.2}{5} = 16\,774.04(亿元)$$

三、发展速度和增长速度

(一) 发展速度

发展速度是说明现象发展程度的相对指标,是时间序列中两个时期发展水平相比的结果。计算公式为:

$$发展速度 = \frac{报告期发展水平}{基期发展水平}$$

根据所采用的基准期不同,发展速度又可以分为定基发展速度和环比发展速度。

定基发展速度是序列中各报告期水平与某一固定期水平之比,反映现象在较长时期内发展变化的程度。设固定期水平为 a_0,则定基发展速度可用公式表示为:

$$\frac{a_t}{a_0} \quad (t = 1, 2, \cdots, n)$$

环比发展速度是序列中各期水平与前期水平之比,反映现象逐期发展变化的程度。可用公式表示为:

$$\frac{a_t}{a_{t-1}} \quad (t = 1, 2, \cdots, n)$$

定基发展速度与环比发展速度的关系是,定基发展速度是相应的各个环比发展速度的连乘积。即有：

$$\frac{a_n}{a_0} = \frac{a_1}{a_0} \times \frac{a_2}{a_1} \times \cdots \times \frac{a_n}{a_{n-1}}$$

（二）增长速度

增长速度是说明现象增长程度的相对指标,是增长量与基准期发展水平之比。其一般公式为：

$$增长速度 = \frac{增长量}{基准期水平} = 发展速度 - 1$$

根据所采用的基准期不同,增长速度也分为环比增长速度和定基增长速度：

$$环比增长速度 = \frac{逐期增长量}{前期水平} = 环比发展速度 - 1$$

$$定基增长速度 = \frac{累积增长量}{固定期水平} = 定基发展速度 - 1$$

注意：定基增长速度不等于相应各期环比增长速度的连乘积。

例 11.15 就表 11.16 的资料计算我国国民生产总值的发展速度和增长速度。

解 根据表 11.16 的数据和相关公式可得计算结果,如表 11.20 所示。

表 11.20 我国国民生产总值发展速度和增长速度

年份		2000	2001	2002	2003	2004	2005
国民生产总值（亿元）		99 214.6	109 655.2	120 332.7	135 822.8	159 878.3	183 084.8
增长量（亿元）	逐期	—	10 440.6	10 677.5	15 490.1	24 055.5	23 206.5
	累积	—	10 440.6	21 118.1	36 608.2	60 663.7	83 870.2
发展速度（%）	环比	—	110.52	109.74	112.87	117.71	114.52
	定基	—	110.52	121.29	136.90	161.14	184.53
增长速度（%）	环比	—	10.52	9.74	12.87	17.71	14.52
	定基	—	10.52	21.29	36.90	61.14	84.53

四、平均发展速度和平均增长速度

平均发展速度是对各个时期环比发展速度求平均数,平均增长速度则是从增长的角度看较长时期内现象的平均变动程度。

由于一段时期内发展的总速度等于各期环比发展速度的连乘积,因此通常采用几何平均法计算平均发展速度。设 $\bar{X}$ 为平均发展速度,其计算公式为：

$$\bar{X} = \sqrt[n]{\frac{a_n}{a_0}} = \sqrt[n]{\frac{a_1}{a_0} \times \frac{a_2}{a_1} \times \cdots \times \frac{a_n}{a_{n-1}}}$$

平均增长速度可以通过平均发展速度来求得,即：

$$平均增长速度 = 平均发展速度 - 100\%$$

例如,就表 11.16 的资料可以计算我国 2000—2005 年国民生产总值年平均发展速度和平均增长速度分别为：

$$\bar{X} = \sqrt[5]{1.8453} = 1.13 = 113\%$$

$$平均增长速度 = 113\% - 100\% = 13\%$$

第七节 景气循环分析

一、景气循环的概念

景气是对经济发展状况的一种综合性描述,指经济活跃的程度,景气循环则指宏观经济运行过程中交替出现的扩张与收缩、繁荣与萧条、高涨与衰退现象,因此又称为经济周期。

景气循环通常把经济周期分为扩张期和收缩期两个时期,每个时期又可以分为两个阶段,因此共有四个阶段:复苏、高涨、衰退和萧条,每个阶段都有一个转折点,如图 11.11 所示。

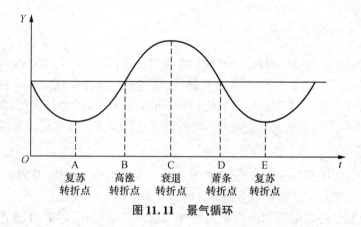

图 11.11 景气循环

一个完整的景气循环可以从一个高峰到另一个高峰,也可以从一个谷底到另一个谷底,一般习惯于将一个谷底到另一个谷底称为一个完整的周期。

经济周期有古典周期和现代周期之别。古典周期是指宏观经济活动绝对水平所出现的上升和下降交替的现象。此时,在扩张阶段,经济总量增长;在收缩阶段,经济总量负增长。现代周期的特点是宏观经济的相对水平出现上升和下降的交替,此时,在扩张阶段,经济总量的增长速度加快;在收缩阶段,经济总量增长速度迟缓或停滞,即表现为经济增长率的交替升降。

二、景气循环分析指标体系

景气循环分析的基本方法是将精心选择出来的具有较高灵敏度的重要经济指标划分为超前、同步和滞后三类,并以此为基础建立各种指数或模型来描述和预测宏观经济运行的状况。

(一)景气循环指标的选择

景气循环分析和预测是通过正确选择景气指标体系来实现的。这些指标要作为经济运行的"晴雨表""报警器",需要具有如下特征:

1. 重要性和代表性

这是指指标所反映的内容在宏观经济总量活动中居重要地位,并且具有同类指标的波动特征。

2. 可靠性和充分性

可靠性是指指标的数值必须准确可信,充分性是指指标样本要有足够的长度,能够满足分析的需要。

3. 一致性和稳定性

一致性是指宏观经济景气波动发生变动时,指标相应提前、同时或延迟一段时间表现出来,稳定性则是指指标总能以稳定的时滞发生这种变化。

4. 及时性和光滑性

及时性指指标能够被及时获取以满足分析的需要,光滑性指不规则波动因素较少的指标。

(二) 景气指标的分类

对于所选取出来的景气指标,需要按照指标在反映经济景气波动的时滞分为先行指标、同步指标和滞后指标。从经济意义上分析,所谓先行指标是指总体经济运行率先到达经济周期的峰和谷;同步指标指其到达峰和谷的时间与总体经济运行出现峰和谷的时间基本一致;滞后指标则指其出现峰和谷的时间比总体经济运行出现峰和谷要晚一些。

1. 基准循环

要对景气指标按照其时滞分类,首先要有一个标准作为判断时滞的参照,这个标准是经济循环的基准日期。确定基准循环日期的方法主要有:

(1) 以重要经济总量指标的周期为循环周期。如以 GNP、GDP、工业产值的时间序列为初始基准序列。

(2) 初选几项重要经济指标计算扩散指数,并以此确定经济循环的基准日期。

(3) 将计算结果交给专家,根据专家们的意见调整基准循环日期。

2. 指标的分类

将各项景气指标的时间序列与基准循环比较,其峰值至少领先 3 个月,且在最近的连续 3 次周期波动中,至少有 2 次保持领先 3 个月以上的指标可确定为先行指标;与基准循环比较,其峰值差别在 2 个月以内的可视为同步指标;与基准循环比较,其峰值至少滞后 3 个月的可确定为滞后指标。

例如,我国国家统计局统计科学研究所选择的景气指标为:

先行指标(10 项):外贸出口收汇、农副产品收购额、钢材原材料库存、水泥原材料库存、木材原材料库存、基本建设财政拨款、财政支出、工业贷款、农业贷款、一次能源生产总额。

同步指标(9 项):工业总产值、工业销售收入、国内商业纯购进、国内商业纯销售、社会商品零售额、货币供应量 M_1、银行现金工资性支出、铁路货运量、发电量。

滞后指标(5 项):国内商业库存、基本建设投资完成额、财政收入、财政存款、商业贷款。

又如,美国商务部经济分析局选择的景气指标为:

先行指标(12 项):制造业生产工人或非管理人员平均每周劳动小时数、平均每周初次申请失业保险人数、消费品和原材料的新订单、价格和单位劳动成本比率、企业数净增指数、厂房和设备的合同和订单、新建筑许可、工商业库存变动、工业材料价格变动、500种普通股股票价格指数、货币供应量 M_2、消费者分期付款信用变化。

同步指标(4项):非农业部门就业人数、扣除转移支付的个人收入、工业生产指数、制造业的商业销售额。

滞后指标(6项):周平均失业时间、制造业和商业存销比率、制造业单位产出劳动力成本指数、银行平均优惠利率、工商业未偿还贷款、消费者分歧付款占个人收入的比率。

三、扩散指数

扩散指数又称为扩散率,是一组景气循环指标中扩散指标数占的比例,记为 DI。

计算扩散指数可分以下三个步骤进行:

第一步:确定经过季节调整后的时间序列中各数值是处于"扩张"期状态还是处于"收缩"期状态。具体做法是求出每个序列各期的增长率,若增长率为正,则记为"+",若增长率为负,则记为"-",若增长率为零,则不予统计或记为"+0.5"。

第二步:计算每个时期扩张指标"符号为+的指标"占所有指标的比例。例如,一组先行指标共有 n 个,在 t 时期这 n 个指标中有 m 个处于扩张期状态,则扩散指数为:

$$\mathrm{DI}_t = \frac{m}{n} \times 100\%$$

第三步:将各时期扩散指数 DI_t 在坐标图中绘出散点,并将这些散点连成曲线,得到扩散指数曲线,如图 11.12 所示。

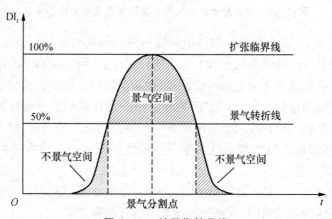

图 11.12 扩散指数曲线

显然,扩散指数的变化范围在 0 到 100%。根据扩散指数的变动可以将每一次循环分为四个阶段。

(1) 当 $0 < \mathrm{DI}_t < 50\%$ 时,上升指标数小于下降指标数,此阶段经济中扩张因素不断增加,收缩因素逐渐减少,经济向着扩张方向运行,因此,整个经济系统处于不景气的后期。

(2) 当 $50\% < \mathrm{DI}_t < 100\%$ 时,上升指标数大于下降指标数,经济运行于景气阶段。随着扩散指数 DI_t 向 100% 靠近,经济越来越热。

(3) 当 $100\% > \mathrm{DI}_t > 50\%$ 时,上升指标数仍然多于下降指标数,经济系统也仍然处于景气阶段,但是已开始降温,正在走下坡路。

(4) 当 50% > DI_t > 0 时,上升指标数已少于下降指标数,经济系统进入不景气阶段前期,整个经济全面收缩。

由于扩散指数始终围绕直线 DI_t = 50% 波动,因此这条直线称为景气转折线。

从上述分析可以看出,扩散指数与宏观经济运行过程的周期波动有内在的联系。特别是根据同步指标计算的扩散指数与宏观经济总量的周期波动之间存在如图 11.13 所示的关系。

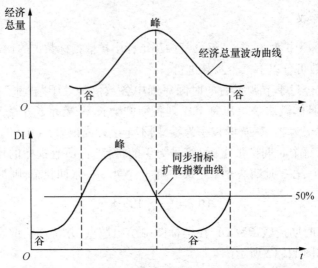

图 11.13 经济总量波动与同步指标扩散指数曲线的关系

如图 11.13 所示,同步指标扩散指数曲线的波动周期长度与经济总量基本相同,但其峰值比起经济总量的峰值平均先行 1/4 周期长度左右,而经济总量波动的峰值基本与同步指标扩散指数曲线的下降点相对应,谷底则基本与同步指标扩散指数曲线的上转点相对应。因此可以通过同步指标扩散指数确定经济循环周期的基准日期。即当同步指标扩散指数曲线从景气转折线的上方向下方穿过时的相交点的月份,就是基准循环的峰值日期,而当同步指标扩散指数曲线从景气转折线的下方向上方穿过时的相交点的月份,就是基准循环的谷底日期。

除了同步指标可以计算扩散指数,先行指标和滞后指标也都可以分别计算扩散指标用以预测经济系统的景气动向,判断景气或萧条的开始和结束。

四、合成指数

如前述,扩散指数的主要作用是判断景气和确定转折点,但扩散指数的大小并不意味着经济景气的程度强弱,因此不能说明经济总体扩张和收缩的程度。而合成指数正好弥补了这一缺陷。

合成指数又称为综合指数,在其编制过程中,不仅要考虑各个指标的波动形态是上升还是下降的,而且要考虑到指标的波动程度,即各时点的波动值,因此合成指数除了能够反映经济波动的转折点外,还能够反映景气循环波动的程度。综合指标也可以按先行、同步和滞后三类指标分别编制,其计算方法相对于扩散指数而言要复杂些。

具体步骤如下:
第一步:求单个指标的对称变化率 $C_i(t)$。
设原指标(经济增长的变化率)经过季节调整后的序列为 $d_i(t)$,记从 $t-1$ 期到 t 期的对称变化率为 $C_i(t)$,有:

$$C_i(t) = \frac{d_i(t) - d_i(t-1)}{2[d_i(t) + d_i(t-1)]} \times 100 = \frac{200[d_i(t) - d_i(t-1)]}{d_i(t) + d_i(t-1)}$$

当 $d_i(t)$ 为零或负值时,则有:

$$C_i(t) = d_i(t) - d_i(t-1)$$

这里的对称变化率实质上是序列一阶差分相对变化率,之所以称为对称变化率是因为相对于一般的变化率,其分母不是前期的指标值,而是前期和本期的指标值的平均值,这样做的目的是消除 $d_i(t)$ 在短期内的波动,使 $C_i(t)$ 更具有平稳、规则的特征,使循环波动的峰谷与落差表现得更加明显、直观。

第二步:求组内标准化的平均变化率 $S_i(t)$。
(1) 求第 i 序列对称变化率 $C_i(t)$ 的长期均值 A_i。

$$A_i = \frac{\sum_{t=1}^{N} |C_i(t)|}{N-1}$$

其中,N 为标准化期间所包含的期数,如月数。A_i 又称为标准化因子。
(2) 求平均变化率 $S_i(t)$。

$$S_i(t) = \frac{C_i(t)}{A_i}$$

经过组内标准化处理的变化率 $S_i(t)$ 的均值均为1,从而防止了那些指标数值大的序列在序列组中占支配地位,而指标数值小的序列的作用被弱化的倾向,避免计算结果出现偏差。经过标准化处理后,各组内(先行、同步、滞后组)的各指标间具有可比性。

第三步:求组间标准化的平均变化率 $V(t)$。
(1) 首先求 $S_i(t)$ 在 t 时点的组平均值 $R(t)$。

$$R(t) = \frac{\sum_{i=1}^{k} S_i(t)\omega_i}{\sum_{i=1}^{k} \omega_i}$$

其中,k 是组内的序列数;ω_i 是第 i 序列的权重,根据各指标在反映周期循环的代表性方面的作用确定。很多情况下,为简单起见,ω_i 均取值为1。
(2) 求组间标准化因子 F。

$$F = \frac{\sum_{t=2}^{N} |R(t)|/(N-1)}{\sum_{t=2}^{k} |P(t)|/(N-1)}$$

其中,$P(t)$ 是同步指标组的组平均值 $R(t)$,因此对于同步指标组来说,$R(t) = P(t)$,有 $F=1$。

(3) 求组间标准化的平均变化率 $V(t)$。

$$V(t) = \frac{R(t)}{F}$$

组间标准化的目的在于使各指标组的组平均值 $R(t)$ 的序时平均值相等,即领先、滞后指标组的月平均值与同步指标组的月平均值相等。这是因为就某一时点而言是不存在先行、同步和滞后的区别的,每一类指标都反映经济总体运动的某一个侧面,只有当它们的平均值相等时,各自所反映的循环波动才是一致的,才能成为一个统一的系统,共同反映经济总体的波动。

第四步:求初始综合指数 $I(t)$。

对各组令 $I(t) = 100$,有:

$$I(t) = \frac{I(t-1)[200 + V(t)]}{200 - V(t)}$$

由于 $V(t)$ 是对称变化率标准化的结果,而 $I(t)$ 代表原始序列上的标准化指数,则根据对称变化率公式,$V(t)$ 与 $I(t)$ 之间的关系为:

$$V(t) = \frac{I(t) - I(t-1)}{\frac{1}{2}[I(t) + I(t-1)]} \times 100 = \frac{200[I(t) - I(t-1)]}{I(t) + I(t-1)}$$

对上式整理移项,很容易得到 $I(t)$ 的计算公式。

第五步:求同步指标组的月平均增长率 G 和初始综合指数 $I(t)$ 的月平均增长率 T。

由于求出的初始综合指数的长期趋势可能与人们对总体经济增长形式的判断不一致,因此在求出最终的合成指数前还需要进行趋势调整。

(1) 求同步指标组的月平均增长率。

① 先求出该组内每个序列的趋势。

$$T = \left(\sqrt[m]{\frac{C_L}{C_I}} - 1\right) \times 100$$

其中,C_L 是基准循环日期中第一轮循环谷到谷(或峰到峰)的 $d_i(t)$ 的平均值;C_I 是基准循环日期中最后一轮循环谷到谷(峰到峰)的 $d_i(t)$ 的平均值。

② 在此基础上进一步求出各序列趋势值的平均值 G,G 就是同步指标组的月平均增长率。

(2) 对先行、同步和滞后初始综合指标分别用上述求趋势值的公式求出各自的趋势值 T。

第六步:求合成指数 CI。

令:$V'(t) = V(t) - V(G - T)$,有:

$$CI = \frac{I'(t)}{I_0} = \frac{I'(t-1)[200 + V'(t)]}{200 - V'(t)}$$

于是可以求得合成指数:

$$CI = \frac{I'(t)}{I_0}$$

其中,0 代表基年,一般选择总体经济形势比较稳定的年份或时间序列的中间年份为基年。这样求出的合成指数 CI 以基年为中心。

五、预警系统

在景气循环分析的基础上,为了恰当反映经济形势的冷热程度,在重大经济形势发生变化或转折之前及时发出预警信号,产生了预警系统。

预警系统是将一组敏感性指标所反映出的关于当前经济系统运行状况的信息,通过类似于交通管制信号灯的标识发出信号。

具体做法如下:

1. 选择指标

决定宏观预警系统是否有效的首要因素就是检测指标选择的好坏。预警系统指标选择原则与景气循环指标的选择一样,也是要求所选出来的指标在反映宏观经济运行方面具有一致性、敏感性、重要性、充分性、稳定性等特征,但指标数目不宜太多,一般是从反映宏观经济运行状况的先行、同步和滞后指标中精选出敏感性较高的指标组成预警系统指标体系。

2. 划分状态区域和确定临界点

状态区域划分指将宏观经济运行状态划分为几个判断区间,临界点是各区域的数量界限。

根据经济运行的轨迹,一般可将状态区域分为"过热""偏热(指基本正常)""正常""偏冷"和"过冷"五个区域,并对各个状态区域分别配以不同的信号灯。如"红灯"表示"过热","黄灯"表示"偏热","绿灯"表示"正常","浅蓝灯"表示"偏冷","蓝灯"表示"过冷"。

临界点的确定在编制预警信号系统中是一个关键的环节,是一项复杂细致的工作,需要确定每个指标变动率在每个状态区域的临界点值。

例如,对于工业总产值指标,根据长期历史数据的分析,认为其增长率为8%—13%时宏观经济运行正常,因此可将8%和13%分别作为"绿灯区"的上下临界点值;当工业总产值达到25%时,宏观经济形势已经过热,于是将25%作为"红灯区"的下临界点值;当工业总产值增长率为5%时,宏观经济很不景气,进入全面收缩阶段,因此5%就是"浅蓝灯区"的上限,"蓝灯区"的下限。同样的办法可以确定所有预警系统指标的临界点值。

3. 确定各区域分界线的综合分值

综合分值是各项指标分值之和。假设根据分析认为,对于预警系统的任一指标而言,处于"红""黄""绿""浅蓝"和"蓝"这五个信号灯区应赋予的分值分别为5分、4分、3分、2分和1分,则若预警系统由12个指标组成,那么按12个指标评分累计,综合分值在48分以上时为"红灯区",即经济运行处于"过热状态";综合分值在42—48分时为"黄灯区";综合分值为30—42分时为"绿灯区";综合分值为24—30分时为"浅蓝灯区"。综合分值在24分以下为"蓝灯区"。一般地,可以根据最高分的比例来确定各区域的综合分临界值。例如若预警系统由 N 个指标组成,满分为"$5N$"分,则可以满分的80%为"红灯区""黄灯区"区域的分界线,以满分的70%和50%为"绿灯区"的上下分界线,以满分的40%为"浅蓝灯区"与"蓝灯区"的分界线。

4. 根据各时期实际综合分值发出预警信号

按上述方法首先计算各时期预警系统指标体系中各指标值的变动率,观察其落入的灯区,再加总各个检测指标所落入的各灯区的分值,得到综合分值,综合分值所落入的区域就代表宏观经济运行的状况,据此可发出相应信号。

图 11.14 是由国家统计局中国经济景气监测中心发布的国民经济综合景气评分图。监测的指标共有 10 项,所以最高分是 50 分,最低分是 10 分。"红灯区"和"黄灯区"的分界线是 40 分,"绿灯区"的上下分界线分别是 35 分和 25 分,"浅蓝灯区"和"蓝灯区"的分界线是 20 分。由图中可以看出,从 1992 年下半年开始到 1993 年上半年约一年时间的宏观经济综合景气评分都大于 40 分,经济一直运行在"红灯区";之后虽有所下降,但仍在"黄灯区",且在 1994 年年中,又回升到"红灯区";此后,经济过热势头逐渐收敛,到 1997 年年底时,宏观经济综合景气评分已小于 25%,经济运行于"浅蓝灯区"。

图 11.14 国民经济综合景气评分图

资料来源:徐国祥,《统计预测和决策》(第一版)。上海:上海财经大学出版社,第 195 页。

关键术语

时间序列 长期趋势 季节变动 循环波动 自相关 纯随机时间序列 移动平均法 指数平滑法 季节指数 自相关系数 偏自相关系数 发展水平 定基发展速度 环比发展速度 定基增长速度 环比增长速度 序时平均数 平均发展速度 平均增长速度 景气循环 先行指标 同步指标 滞后指标 扩散指数 合成指数 宏观经济预警系统

习题

1. 根据以下资料计算该地区 1989 年的年平均人口。

时间	1988 年 12 月 31 日	1989 年 3 月 31 日	1989 年 6 月 30 日	1989 年 8 月 31 日	1989 年 12 月 31 日
人口数(万人)	140	144	143	145	147

2. 我国1978—1989年历年旅客周转量资料如下表所示。

年 份	旅客周转量(亿人千米)	年 份	旅客周转量(亿人千米)
1978	1 743	1984	3 621
1979	1 968	1985	4 437
1980	2 281	1986	4 897
1981	2 500	1987	5 416
1982	2 743	1988	6 207
1983	3 095	1989	6 073

试计算:(1) 各年逐期增减量、累积增减量和全时期平均增减量。

(2) 各年环比和定基发展速度及增长速度。

(3) 全时期平均发展速度和平均增长速度。

3. 某地区1988—1990年社会商品零售总额资料如下表所示。

	第一季度(万元)	第二季度(万元)	第三季度(万元)	第四季度(万元)
1988	497.0	444.6	436.8	534.7
1989	537.0	488.9	471.0	573.8
1990	600.4	533.9	516.1	642.7

(1) 试测定长期趋势、季节变动和循环波动。

(2) 计算1991年的社会零售商品总额(包含季节因素和不包含季节因素)。

4. 某种产品的销售量如下表所示。

年 份	1989	1990	1991	1992	1993	1994	1995	1996	1997
销售量(万件)	11.0	18.0	25.0	30.5	35.0	38.0	40.0	39.5	38.0

试配合二次曲线趋势模型并预测1998年的销售量。

5. 某省1962—1982年化肥产量如下表所示。

年 份	产量(万吨)	年 份	产量(万吨)
1965	19.98	1974	82.12
1966	29.65	1975	96.04
1967	20.96	1976	99.93
1968	12.84	1977	115.50
1969	31.95	1978	124.13
1970	36.16	1979	119.29
1971	43.76	1980	138.13
1972	56.86	1981	155.06
1973	75.06	1982	146.33

试对以上资料配合作出皮尔曲线。

6. 下表是我国1980年平板玻璃的月产量资料,试用一次指数平滑法对我国1981年1月的平板玻璃产量进行预测。分析当 $\alpha=0.3$、$\alpha=0.5$ 和 $\alpha=0.7$ 时的预测误差,从中选出一个作为预测时的平滑系数。

时间	1月	2月	3月	4月	5月	6月	7月	8月	9月	10月	11月	12月
产量（万标箱）	203.8	214.1	229.9	223.7	220.7	198.4	207.8	228.5	206.5	226.8	247.8	259.5

7. 下表是一时间序列,计算其自相关系数 r_1、r_2、r_3、r_4。

t	1	2	3	4	5	6	7	8	9	10
Y_t	13	8	15	4	4	12	11	7	14	12

8. 已知某时间序列的自相关系数分别为:$r_1 = 0.8674$,$r_2 = 0.7728$,$r_3 = 0.7157$,$r_4 = 0.6478$,计算偏相关系数 ϕ_{11}、ϕ_{22}、ϕ_{33}、ϕ_{44}。

9. 已知下表时间序列"+"表示经济扩张,"-"表示经济收缩。(1) 求扩散指数。(2) 画出扩散指数图。(3) 标出景气循环的峰点和谷点。(4) 求景气循环的周期长度。

t_1	1	2	3	4	5	6	7	8	9	10	11	12
Y_1	+	+	+	−	−	+	+	+	+	−	−	+
Y_2	+	+	−	+	+	+	−	−	+	+	−	−
Y_3	−	+	+	+	−	−	+	−	−	−	−	−
Y_4	+	+	−	−	−	+	+	+	+	+	+	+
Y_5	−	−	+	−	−	−	+	+	+	+	−	−

第十二章　　指数

统计指数描述社会经济现象动态上数量变动的程度,在社会经济生活中应用十分广泛。最常见的指数有价格指数、工农业生产指数、金融证券指数等。例如,人们最关心的消费价格指数,可以反映人们生活费用上货币购买力的变化,与人们的生活息息相关,是各国家制定宏观经济政策的重要依据,并由此影响到社会经济生活的各个方面。而如何编制能够客观、准确、及时地反映这种价格变化的指数,是统计部门的重要任务。

本章主要讨论以下问题:

1. 编制指数的基本方法;2. 消费价格指数的编制和应用;3. 指数基期的改换;4. 指数体系与因素分析。

第一节　指数的概念和类别

一、指数的概念

指数是一种反映经济变量在时间和空间上综合变动状况的相对数,最常见的是反映时间上的综合变动状况。指数的概念是从对物价变动的研究中产生的,并有一个逐渐扩展的过程。

从 1650 年英国人赖斯·沃恩(Rice Vaughan)首创物价指数,迄今已有三百多年的历史。最初的物价指数大都是由个人为研究目的而编制的。后来,各国政府为了经济管理的需要,也陆续开始编制物价指数。随着社会实践的需要,指数运用范围逐渐扩大为反映各种社会经济变量的动态变化,指数种类越来越多,其中最常用的有各种价格指数(零售价格指数、生活费用价格指数、股价指数等)、成本指数、工资指数、生产指数、劳动生产率指数等。随着指数运用范围的进一步扩大,指数内容则进一步由单纯反映各种经济变量的动态变化扩展到反映经济变量空间差异的对比,这种反映经济变量空间差异程度的指数称为地区指数。地区指数作为指数的扩展形式,其计算原理与传统的指数是一样的。但除非特别说明,一般说的指数都是指反映变量在时间上综合变动的相对数。

指数具有以下性质:① 指数是一个相对数,即它是两个总体或变量对比的结果。② 指数是一个综合值,即它反映的是两个总体综合情况的对比结果。③ 指数是一个平均值,即它反映的是社会现象总体在时间或空间上的平均变化率。④ 指数具有代表性。由于指数具有以上这些性质,因此指数可以综合地反映社会现象总体的变动方向和程度,并且可以帮助我们用来分析并测定现象变动中各个构成因素的变动以及对总变动的影响。

二、指数的种类

从不同的角度出发对指数分类,可以得到不同的指数类别。常用的分类有:

（1）按指数所反映现象的范围不同,指数可以区分为个体指数和总指数。

个体指数是指反映单个现象变动的相对数,如：

$$个体产量指数\ i_q = \frac{q_1}{q_0}$$

$$个体价格指数\ i_p = \frac{p_1}{p_0}$$

其中,i 代表个体指数;q 代表产量;p 代表价格;下标 1 代表比较期(也叫报告期),下标 0 代表对比的基准期(经常简称为基期)。如反映一个地区小麦产量或价格变动的指数,都属于个体指数。

总指数是指反映多个现象综合变动的相对数。例如,各种消费品价格的综合变动、各种工业产品产量的总变动等。如反映一个地区粮食(其中包括小麦、玉米等多种产品)价格或产量综合变动的指数就是总指数。

（2）按指数计算过程中所用的指标不同分类,指数有数量指标指数和质量指标指数之别。数量指标指数指指数计算时所用的指标是数量指标,反映的是现象总的规模水平的变动,如工业产量指数、农作物收获量指数等;质量指标指数指指数计算时所用的指标是质量指标,反映的是现象相对水平或平均水平的变动,如价格指数、劳动生产率指数等。

（3）在总指数中,按指数计算时是否加权又分为简单指数和加权指数。而在加权指数中又可以按照用什么方法加权分为加权综合指数和加权平均数指数。加权平均数指数又可以按照加权的方法分为加权算术平均数指数和加权调和平均数指数。

图 12.1 概要地说明了指数的各种类型。

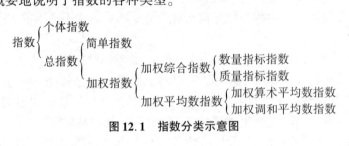

图 12.1 指数分类示意图

第二节 总指数的编制

总指数的编制方法是指数理论的核心问题。个体指数的编制比较容易,将反映某现象发展水平的两个时期的数值直接对比就可以得到个体指数。但在许多情况下,人们希望了解的并不仅是某一单个现象的变动状况,而且希望能够知道多种现象的总变动或综合。例如人们不仅想知道某种生活用品的价格上升或是下降的比率,而且想知道所有生活用品价格的总变动。而各种各样生活用品,有的价格上涨了,有的下降了,有的则没有变动。在价格变动的所有生活用品中,有的价格上升了 50%,有的只上升了 1%;有的价格降了 30%,有的则只降了 2%……总的来看到底变动了多少? 这就有一个如何综合如何计量,如何编制正确反映现象总的变动程度的总指数的问题。

一、简单指数

简单指数是指通过对个体指数简单平均得到的总指数,主要的类型有简单算术平均指数、简单几何平均指数和简单调和平均指数。

(一) 简单算术平均指数

对 n 个个体指数求简单算术平均数,得到的就是简单算术平均指数,其一般计算公式为:

$$\text{简单算术平均指数} = \frac{n \text{ 项个体指数之和}}{n}$$

例如,价格和产量的简单算术平均指数为:

$$I_p = \frac{\sum_{i=1}^{n}\left(\frac{p_1}{p_0}\right)_i}{n}, I_q = \frac{\sum_{i=1}^{n}\left(\frac{q_1}{q_0}\right)_i}{n}$$

例 12.1 某农贸市场几种蔬菜价格资料如表 12.1 所示,试计算这几种蔬菜价格的简单算术平均指数。

表 12.1 某农贸市场几种蔬菜的价格(元/斤)

	2011 年 12 月价格 (元/斤)	2010 年 12 月价格 (元/斤)
黄瓜	1.6	2.2
西红柿	1.8	2.0
大白菜	0.3	0.2
土豆	0.72	0.65

解 (1) 以 2010 年 12 月为基准期,计算得到的四种蔬菜的个体价格指数如下:

$$\text{黄瓜}: i_p = \frac{1.6}{2.2} = 72.73\% ; \quad \text{西红柿}: i_p = \frac{1.8}{2.0} = 90\%$$

$$\text{大白菜}: i_p = \frac{0.3}{0.2} = 150\% ; \quad \text{土豆}: i_p = \frac{0.72}{0.65} = 110.77\%$$

(2) 对上述个体指数简单平均,得到四种蔬菜的价格总指数如下:

$$I_p = \frac{\sum\left(\frac{p_1}{p_0}\right)}{4} = \frac{0.7273 + 0.9 + 1.5 + 1.1077}{4} = 105.875\%$$

(二) 简单几何平均指数

对 n 个个体指数求几何平均数,所得到的就是简单几何平均指数,其计算公式为:

$$\text{简单几何平均指数} = \sqrt[n]{n \text{ 项个体指数的连乘积}}$$

例如,价格和产量的简单几何平均指数分别为:

$$I_p = \sqrt[n]{\prod_{i=1}^{n}\left(\frac{p_1}{p_0}\right)_i}, I_q = \sqrt[n]{\prod_{i=1}^{n}\left(\frac{q_1}{q_0}\right)_i}$$

例 12.2 根据表 12.1 的资料,求四种蔬菜价格的简单几何平均指数。

解 根据例 12.1 的计算结果,已知四种蔬菜的个体指数为 72.73%、90%、150% 和 110.77%,据此,按简单几何平均指数公式,可以得到价格总指数为:

$$I_p = \sqrt[4]{\prod_{i=1}^{4}\left(\frac{p_1}{p_0}\right)_i} = \sqrt[4]{0.7273 \times 0.9 \times 1.5 \times 1.1077} = 102.12\%$$

(三) 简单调和平均指数

n 个个体指数的倒数求和之后求平均数,再算这个平均数的倒数,这样得到的结果叫作简单调和平均指数,其计算公式为:

$$\text{简单调和平均指数} = \frac{n}{n \text{ 项个体指数的倒数之和}}$$

例如,价格和产量的简单调和平均指数为:

$$I_p = \frac{n}{\sum_{i=1}^{n}\left(\frac{1}{p_1/p_0}\right)_i}, I_q = \frac{n}{\sum_{i=1}^{n}\left(\frac{1}{q_1/q_0}\right)_i}$$

例 12.3 根据表 12.1 的资料,计算四种蔬菜价格的简单调和平均指数。

解 因为

$$\sum_{i=1}^{4}\left(\frac{1}{p_1/p_0}\right) = \frac{1}{0.7273} + \frac{1}{0.9} + \frac{1}{1.5} + \frac{1}{1.1077} = 4.055498$$

于是有四种蔬菜的简单调和平均指数:

$$I_p = \frac{4}{\sum_{i=1}^{4}\left(\frac{1}{p_1/p_0}\right)_i} = \frac{4}{4.055498} = 0.9863$$

用上述三种方法计算的结果不同,简单算术平均数最高,简单几何平均数次之,简单调和平均数最低,说明使用不同的平均方法,所得出的结果将有所不同。上述按简单平均法求的三种总指数,没有考虑到各个个体指数在决定总指数中所起的作用是不同的,即把各个个体指数的重要性等同看待,如果不同的个体商品的销售量之间存在很大的差别(如在冬天,大白菜和西红柿的销售量),但在简单平均指数中,却把它们的重要性同等对待了,因此计算结果很可能偏离实际情况。

二、加权综合指数

(一) 质量指标综合指数

质量指标是反映经济、社会现象相对或平均水平的指标,通常以相对数或平均数来表示,如每件商品的价格、人均工资等都属于质量指数。以零售价格指数为例说明质量指标综合指数的编制方法。

1. 权数的选择

为了正确反映多种商品价格的总变动,首先需要考虑不同商品的重要性,并以这种重要性为权数计算这些商品总的价格指数。显然,销售量大的商品,其价格的变动对总指数所产生的影响大于销售量小的商品,因此,某种商品价格变动在价格总指数形成过程中的重要性究竟有多大,可以根据该种商品的销售量来确定。例如,某地区粮食销售量的资料如表12.2所示。

表12.2 某地区1980年和1982年粮食价格和销售情况

产品名称	1980年		1982年	
	价格(元/斤)	销售量(万斤)	价格(元/斤)	销售量(万斤)
小麦	0.2	500	0.23	450
大米	0.25	200	0.24	300
高粱	0.15	50	0.16	55

显然,在这个地区三种商品价格变动所产生的影响是不同的。小麦是销售量最大的商品,其重要性当然不能等同于高粱和大米。因此,在计算价格总指数时,以销售量为权数就能够对小麦、大米和高粱的价格区别看待,使计算出来的总指数真正反映三种粮食产品价格的总变动。

一般来说,在计算质量指标指数时,应选择数量指标为权数。如计算单位产品成本指数应以产量为权数;计算生活费用价格指数应以消费量为指数。

2. 指数的计算公式

以销售量为权数分别对不同时期各种商品价格进行加权,可以求得在特定权数下的商品销售额 $\sum p_1 q$ 和 $\sum p_0 q$,再将这两个销售额对比就可以得到价格指数 I_p,有:

$$I_p = \frac{\sum p_1 q}{\sum p_0 q}$$

为了单纯反映价格的变动,上式中分子和分母所用的销售量应该是同一时期的。由于所选用的权数的时期不同,产生了不同的加权综合指数计算公式。

(1)以基期的销售量为权数的综合指数计算公式。

$$I_p = \frac{\sum p_1 q_0}{\sum p_0 q_0}$$

这一公式是德国学者拉斯拜尔(Laspeyres)在1864年提出的,故又称为拉氏价格指数。

(2)以报告期的销售量为权数的综合价格指数计算公式。

$$I_p = \frac{\sum p_1 q_1}{\sum p_0 q_1}$$

这一公式是德国学者帕煦(Pacsche)在1874年提出的,故又称为帕氏价格指数。

(3)以某一特定时期销售量为权数的综合价格指数计算公式。

$$I_p = \frac{\sum p_1 q_n}{\sum p_0 q_n}$$

其中,q_n 代表特定时期的销售量。

3. 拉氏指数与帕氏指数的比较

例 12.4 试就表 12.2 的资料,分别计算拉氏综合价格指数和帕氏综合价格指数。

解 (1) 以 1980 年销售量为权数,得到拉氏综合价格指数。

$$I_p = \frac{\sum p_1 q_0}{\sum p_0 q_0} = \frac{0.23 \times 500 + 0.24 \times 200 + 0.16 \times 50}{0.2 \times 500 + 0.25 \times 200 + 0.15 \times 50} = 108.57\%$$

(2) 以 1982 年销售量为权数,得到帕氏综合价格指数。

$$I_p = \frac{\sum p_1 q_1}{\sum p_0 q_1} = \frac{0.23 \times 450 + 0.24 \times 300 + 0.16 \times 55}{0.2 \times 450 + 0.25 \times 300 + 0.15 \times 55} = 106.38\%$$

计算结果表明,此三种商品的价格总水平是上升的,但拉氏指数公式和帕氏指数公式得到的计算结果不一致。

除非每种商品的销售量都按同一比例变动(即每种商品的销售量增长或下降的幅度都一样),拉氏指数公式和帕氏指数公式将给出不同的计算结果。一般情况下,拉氏指数值大于帕氏指数值。这是因为,价格上升幅度大的商品,人们的购买量相对下降;而价格上升幅度小的商品,人们的购买量相对上升。因此,在物价上升时期,帕氏指数中价格上升幅度大的商品的权数与基期的权数比要低,价格上升幅度小的商品的权数与基期权数比要高,这样就使得上升幅度大的价格在总指数形成中的影响不如拉氏指数大,而上升幅度小的价格在总指数形成中的影响大于拉氏指数,从而导致拉氏计算结果大于帕氏。即使排除了商品之间一定的替代性,只要承认以上人们的购买行为特点,帕氏指数值就有偏小的倾向。反过来看,当一般物价下跌时,人们倾向于购买价格下跌较多的商品,从而导致帕氏公式中下降幅度大的价格具有较大的权数,其结果还是帕氏指数值低于拉氏指数值。但由于现实经济生活的复杂性,也可能出现某种商品的价格越上升人们的购买反而越踊跃的现象,当这种商品的权数足够大的时候,就可能出现相反的情况。不过,研究表明,当销售量的变动率(q_1/q_0)与价格的变动率(p_1/p_0)之间的相关程度比较小时,拉氏指数公式和帕氏指数公式的计算结果相差就很小。

拉氏指数由于作为权数的销售量固定在基期,因此能够单纯反映价格的变动;帕氏指数由于把权数固定在报告期,所反映的是报告期销售量结构下的价格总变动,其中包含销售量因素变动的影响。由于拉氏和帕氏之间的这种区别,历史上,人们对这两个公式进行过许多讨论。有的观点认为,价格指数应该单纯反映价格的变动,故应采用拉氏指数。但也有的观点认为价格指数应该注重现实经济意义,人们更关心在目前(报告期)销售量结构下价格的总变动程度,因此帕氏公式更为合理。也有一些人采取了居中的立场,其中比较有影响力的是英国学者马歇尔(Marshall)和埃奇沃思(Edgeworth),他们在这两个公式的基础上提出了折中公式:

$$I_p = \frac{\sum (p_1 q_0 + p_1 q_1)}{\sum (p_0 q_0 + p_0 q_1)}$$

美国学者费希尔则提出了著名的理想公式:

$$I_p = \sqrt{\frac{\sum p_1 q_0}{\sum p_0 q_0} \times \frac{\sum p_1 q_1}{\sum p_0 q_1}}$$

但在实际应用中,不但要考虑公式的合理性,还要考虑计算的简单性和数据资料获取的方便性。而基期的数量数据相对来说比较容易获得,从计算结果上看和帕氏指数公式通常又比较接近,所以经过多年的统计实践,拉氏指数公式在实际生活中的应用更加广泛。而要进行精密计算时,由于理想公式可以利用拉氏指数公式和帕氏指数公式的直接结果,有时仍然被使用。我国在编制各种价格指数时,出于及时性的考虑,大多数情况下是采用固定权数,但这种权数的确定要参照过去的情况,所以可以看成是拉氏指数公式在实际应用中的延伸或发展。

4. 以某一特定期销售量为权数的综合指数

无论是采用拉氏还是帕氏计算指数,作为权数的销售量都会随着报告期或基期的变化而变化,这样就不利于较长期内价格变动的比较。而以某一特定期的销售量为权数计算价格指数,则可以观察在某一特定的销售量结构下价格的综合变动,由于各期的价格指数都是以这个特定期的销售量为权数,不带有变动权数,因此有利于较长期的价格变动对比。观察以下数列可以很清楚地看到这一点。

拉氏指数数列: $\dfrac{\sum p_1 q_0}{\sum p_0 q_0}, \dfrac{\sum p_2 q_1}{\sum p_1 q_0}, \dfrac{\sum p_3 q_2}{\sum p_2 q_2}, \ldots$

帕氏指数数列: $\dfrac{\sum p_1 q_1}{\sum p_0 q_1}, \dfrac{\sum p_2 q_2}{\sum p_1 q_2}, \dfrac{\sum p_3 q_3}{\sum p_2 q_3}, \ldots$

特定期指数数列: $\dfrac{\sum p_1 q_n}{\sum p_0 q_n}, \dfrac{\sum p_2 q_n}{\sum p_1 q_n}, \dfrac{\sum p_3 q_n}{\sum p_2 q_n}, \ldots$

上述三个数列只有特定期指数数列满足循环检验准则,即数列中各指数具有类似于

$$\frac{\sum p_3 q_n}{\sum p_0 q_n} = \frac{\sum p_1 q_n}{\sum p_0 q_n} \times \frac{\sum p_2 q_n}{\sum p_1 q_n} \times \frac{\sum p_3 q_n}{\sum p_2 q_n}$$

的传递关系。

(二) 数量指标综合指数

数量指标指数是说明现象数量综合变化程度的指数,如产品产量指数、商品销售量指数等。对于各种不同种类的产品,为了正确反映它们从基期到报告期数量的综合变动,需要以价格为权数进行加权综合,使之成为价值量指标,然后再进行比较。因此有计算公式:

$$I_q = \frac{\sum q_1 p}{\sum q_0 p}$$

与质量指标综合指数一样,上式中权数必须固定。由于权数固定的时期不同,从而产生了不同的计算公式。

(1) 以基期价格为权数的综合指数计算公式:

$$I_q = \frac{\sum q_1 p_0}{\sum q_0 p_0}$$

这一公式也是德国学者拉斯拜尔在1864年提出的,故又称为拉氏数量指数。

（2）以报告期价格为权数的综合指数计算公式：

$$I_q = \frac{\sum q_1 p_n}{\sum q_0 p_n}$$

这一公式也是德国学者帕煦在1874年提出的,故又称为帕氏数量指数。

（3）以某一特定时期价格为权数的综合指数计算公式：

$$I_q = \frac{\sum q_1 p_n}{\sum q_0 p_n}$$

其中,n为特定时期,p_n为特定时期价格。

以上三式,从不同的角度说明现象数量的变动。以销售量为例,拉氏指数将价格固定在基期,说明的是在基准期价格水平的情况下销售量的变动幅度；帕氏指数将价格固定在报告期,说明的是价格已经从基期水平变为报告期水平状态下销售量的变动幅度,这样计算的指数值包含价格变动的影响。从理论上说,为单纯反映数量的变动,应该选用拉氏指数,把价格固定在基期较好。为了进行较长期的比较,避免权数变动造成的影响,需要将权数固定在某一特定时期来计算指数。

例12.5 试就表12.2的资料,分别用拉氏指数公式和帕氏指数公式计算粮食销售量的综合指数。

解 （1）以基期价格为权数。

$$I_q = \frac{\sum q_1 p_0}{\sum q_0 p_0} = \frac{450 \times 0.2 + 300 \times 0.25 + 55 \times 0.15}{500 \times 0.2 + 200 \times 0.25 + 50 \times 0.15} = \frac{173.25}{157.5} = 110\%$$

（2）以报告期价格为权数。

$$I_q = \frac{\sum q_1 p_1}{\sum q_0 p_0} = \frac{450 \times 0.23 + 300 \times 0.24 + 55 \times 0.16}{500 \times 0.23 + 200 \times 0.24 + 50 \times 0.16} = \frac{184.3}{171} = 107.78\%$$

与价格指数的计算结果一样,帕氏指数值低于拉氏指数值。只要每种商品价格的变动幅度不一致,拉氏指数公式与帕氏指数公式的计算结果就不一致。对这种现象的分析在价格指数计算中已有阐述。

例12.6 设有三种商品的销售量与价格资料如表12.3所示,试计算三种商品的销售量综合指数。

表12.3 三种商品的销售量与价格

商品名称	计量单位	销售量		单位商品价格(元)	
		基期	报告期	基期	报告期
甲	米	200	300	80	85
乙	件	150	210	100	120
丙	台	80	100	300	300

解 三种商品的个体指数如下：

$$甲: i_q = \frac{q_1}{q_0} = \frac{300}{200} = 150\%$$

$$乙: i_q = \frac{q_1}{q_0} = \frac{210}{150} = 140\%$$

$$丙: i_q = \frac{q_1}{q_0} = \frac{100}{80} = 125\%$$

三种商品销售量增长幅度不同,为了说明三种商品销售量的总的增长程度,进一步计算综合指数。

为了单纯反映销售量的变动,以基期价格为权数计算销售量指数,得到:

$$I_q = \frac{\sum q_1 p_0}{\sum q_0 p_0} = \frac{300 \times 80 + 210 \times 100 + 100 \times 300}{200 \times 80 + 150 \times 100 + 80 \times 300} = \frac{75\,000}{55\,000} = 136.36\%$$

销售量增长所引起的销售额的增加数额为:

$$\sum q_1 p_0 - \sum q_0 p_0 = 75\,000 - 55\,000 = 20\,000(元)$$

计算结果表明三种商品的销售量,报告期比基期总的增长了 36.36%,并因此而增加了销售额 20 000 元。

如果以报告期的价格为权数计算销售量综合指数,则有:

$$I_q = \frac{\sum q_1 p_1}{\sum q_0 p_0} = \frac{300 \times 85 + 210 \times 120 + 100 \times 300}{200 \times 85 + 150 \times 120 + 80 \times 300} = \frac{80\,700}{59\,000} = 136.78\%$$

这里没有出现帕氏指数值小于拉氏指数值的结果。这主要是因为在以上的例题中各种商品价格的增长比率与销售量的增长比率具有相同的趋势。既然涨价幅度大的商品购买量仍然增长较多,那么以报告期价格为权数计算的销售量指数自然要大于以基期价格为权数计算的销售量指数。

例 12.7 某厂生产甲、乙两种产品,表 12.4 所示是该厂 1985—1988 年的年产量,试编制以 1980 年不变价格计算的各年产量指数。

表 12.4 某厂两种产品产量

产品名称	计量单位	产量				1980 年价格(元)
		1985 年	1986 年	1987 年	1988 年	
甲	件	2 000	2 300	2 400	2 600	5
乙	台	100	90	110	130	800

解 设以 1980 年不变价格计算的各年的产量指数分别为 I_{86}、I_{87}、I_{88},则有:

$$I_{86} = \frac{\sum q_{86} p_{80}}{\sum q_{85} p_{80}} = \frac{2\,300 \times 5 + 90 \times 800}{2\,000 \times 5 + 100 \times 800} = \frac{83\,500}{90\,000} = 92.8\%$$

$$I_{87} = \frac{\sum q_{87} p_{80}}{\sum q_{86} p_{80}} = \frac{2\,400 \times 5 + 110 \times 800}{2\,300 \times 5 + 90 \times 800} = \frac{100\,000}{83\,500} = 119.8\%$$

$$I_{88} = \frac{\sum q_{88} p_{80}}{\sum q_{87} p_{80}} = \frac{2\,600 \times 5 + 130 \times 800}{2\,400 \times 5 + 110 \times 800} = \frac{117\,000}{100\,000} = 117\%$$

如果有更多年份的产量,则可以形成以不变权数加权的产量指数数列,可用以分析对比产量的长期变动趋势。

三、加权平均指数

加权平均指数是总指数的另一种重要形式,通过对个体指数加权平均来计算总指数,有加权算术平均指数和加权调和平均指数这两种基本形式。

(一)加权算术平均指数

将个体指数看作变量 x,对其按加权算术平均法计算所得到的结果就是加权算术平均指数。例如,某种商品的个体价格指数为 p_1/p_0,则用加权算术平均法求 n 种商品的价格总指数,其计算公式为:

$$I_p = \frac{\sum_i \left(\frac{p_1}{p_0}\right)_i f_i}{\sum_i f_i}$$

同理,若以 $\left(\frac{q_1}{q_0}\right)_i$ 代表某种商品的个体数量指数,则可得到 n 种商品销售量的加权算术平均指数,其计算公式为:

$$I_q = \frac{\sum_i \left(\frac{q_1}{q_0}\right)_i f_i}{\sum_i f_i}$$

其中,权数 f 一般选用与个体指数相对应的价值总额 pq,如销售额、支出额、产值等。

根据计算所用权数 pq 的时期不同,加权算术平均指数可以分为两类:

(1)以基期价值总额 $p_0 q_0$ 为权数的加权算术平均指数。若以基期价值总额 $p_0 q_0$ 为权数,则加权算术平均指数可看作拉氏综合指数的变形,这从计算公式容易看出:

$$I_p = \frac{\sum \frac{p_1}{p_0} p_0 q_0}{\sum p_0 q_0} = \frac{\sum p_1 q_0}{\sum p_0 q_0} = \text{拉氏综合价格指数}$$

$$I_q = \frac{\sum \frac{q_1}{q_0} p_0 q_0}{\sum p_0 q_0} = \frac{\sum q_1 p_0}{\sum q_0 p_0} = \text{拉氏综合数量指数}$$

例 12.8 假设对于例 12.6 中的三种商品,我们只掌握价格及基期销售额的资料如表 12.5 所示,试计算三种商品的价格总指数。

表 12.5 三种商品的价格及基期销售额

商品名称	基期销售额(元)	价格(元)	
		基期	报告期
甲	16 000	80	85
乙	15 000	100	120
丙	24 000	300	300

解 根据所给资料,可以计算价格的加权算术平均指数,即:

$$I_p = \frac{\sum \frac{p_1}{p_0} p_0 q_0}{\sum p_0 q_0} = \frac{\frac{85}{80} \times 16\,000 + \frac{120}{100} \times 15\,000 + \frac{300}{300} \times 24\,000}{16\,000 + 15\,000 + 24\,000}$$

$$= \frac{1.0625 \times 16\,000 + 1.2 \times 15\,000 + 1 \times 24\,000}{55\,000} = 107.27\%$$

计算结果表明三种商品价格总的上涨了 7.27%。

我们不妨利用表 12.3 计算三种商品的价格综合指数与上述计算结果作一个比较。

$$拉氏价格综合指数 = \frac{\sum p_1 q_0}{\sum p_0 q_0} = \frac{85 \times 200 + 120 \times 150 + 300 \times 80}{80 \times 200 + 100 \times 150 + 300 \times 80}$$

$$= \frac{59\,000}{55\,000} = 107.27\%$$

计算结果与加权算术平均指数一样。

(2) 用固定权数计算加权算术平均指数。当加权算术平均指数中的权数不是 $p_0 q_0$，而是一种固定权数 w 时，称为固定权数加权算术平均指数。w 是一种经过调整计算的不变权数，通常用比重表示。比如，我国每月的消费品零售物价总指数就是按照固定权数加权算术平均指数的方法编制的，其中的固定权数是根据上年各类消费品的零售额在全部零售总额中所占比重确定的。比重一经确定，至少在一年内不变。固定权数加权算术平均指数的计算公式为：

$$价格指数：I_p = \frac{\sum i_p w}{\sum w} = \frac{\sum \frac{p_1}{p_0} w}{\sum w}$$

$$数量指数：I_q = \frac{\sum i_q w}{\sum w} = \frac{\sum \frac{q_1}{q_0} w}{\sum w}$$

固定权数加权算术平均指数已不再是拉氏综合指数的变形了，两种方法的计算结果不会完全一致。但是固定权数的确定要参照基期及以往的实际情况，因此可以说是从拉氏计算公式发展而来的。以固定权数计算的加权算术平均指数应用方便，在国内外统计工作中得到广泛的应用。

例 12.9 现有 1985 年我国各类消费品价格指数及根据抽样调查得到的固定权数资料如表 12.6 所示，试计算 1985 年消费品价格总指数。

表 12.6 1985 年我国消费品价格类指数及固定权数

消费品类别	价格类指数(%) i_p	固定权数(%) w
食品类	113.0	59
衣着类	100.9	17
日用品类	102.7	12
文化娱乐用品类	101.5	9
医药类	103.8	1
燃料类	104.0	2
合计	—	100

解 根据表 12.6 的资料计算,得 1985 年消费品价格总指数为:

$$I_p = \frac{\sum \frac{p_1}{p_0} w}{\sum w}$$

$$= 113 \times 0.59 + 100.9 \times 0.17 + 102.7 \times 0.12 + 101.5 \times 0.09 + 103.8 \times 0.01 + 104 \times 0.02$$

$$= 108.4\%$$

本例说明的是编制居民消费者价格指数的一般方法。在此之后,我国居民消费价格指数的商品分类经过多次调整,2012 年的用途分类为八大类:食品,烟酒,衣着,家庭设备用品及维修服务,医疗保健和个人用品,交通和通信,娱乐教育文化用品及服务,居住。各类商品及服务的权数也在不断变化,如食品的权数由 1995 年的 44.0% 下降到 2004 年的 33.6%,其中,粮食的权数由 1995 年的 6.4% 下降到 2004 年的 3.1%。衣着的权数由 1995 年的 13.1% 下降到 2004 年的 9.0%。居住的权数由 1995 年的 7.8% 上升到 2004 年的 13.6%。娱乐教育文化用品及服务的权数由 1995 年的 10.6% 上升至 2004 年的 14.5%。但由于各种原因,目前只是公布分类指数的数值而未公布相应的权数,计算总指数时采用的方法和本例是一致的。

(二) 加权调和平均指数

将个体指数看作变量 x,对其按加权调和平均法计算所得到的结果就是加权调和平均指数。与加权算术平均指数类似,加权调和平均指数的权数也是与个体指数对应的价值总额,并且根据权数的不同,加权调和平均指数也有两种形式:

1. 以报告期价值总额 $p_1 q_1$ 为权数计算的加权调和平均指数

若以报告期价值总额 $p_1 q_1$ 为权数,则加权调和平均指数可看作帕氏综合指数的变形。

加权调和平均价格指数 $I_p = \dfrac{\sum p_1 q_1}{\sum \dfrac{1}{i_p} p_1 q_1} = \dfrac{\sum p_1 q_1}{\sum \dfrac{p_0}{p_1} p_1 q_1} = \dfrac{\sum p_1 q_1}{\sum p_0 q_1} = $ 帕氏综合价格指数

加权调和平均数量指数 $I_q = \dfrac{\sum p_1 q_1}{\sum \dfrac{1}{i_q} p_1 q_1} = \dfrac{\sum p_1 q_1}{\sum \dfrac{q_0}{q_1} p_1 q_1} = \dfrac{\sum p_1 q_1}{\sum p_0 q_0} = $ 帕氏综合数量指数

可见,用 $p_1 q_1$ 作权数,加权调和平均指数就是帕氏综合指数的变形。

例 12.10 如果对于例 12.6 所掌握的其他资料如表 12.7 所示,试计算价格总指数。

表 12.7 三种商品的价格及报告期销售额资料

商品名称	报告期销售额(元)	价格(元)		个体价格指数(%)
		基期	报告期	
甲	25 500	80	85	106.25
乙	25 200	100	120	120
丙	30 000	300	300	100

解 根据表12.7的资料计算得到加权调和平均价格指数为

$$I_p = \frac{\sum p_1 q_1}{\sum \frac{1}{i_p} p_1 q_1} = \frac{25\,500 + 25\,200 + 30\,000}{\frac{25\,500}{1.0625} + \frac{25\,200}{1.2} + \frac{30\,000}{1.0}} = \frac{80\,700}{75\,000} = 107.6\%$$

2. 用固定权数计算的加权调和平均指数

与固定权数加权算术平均指数类似,当权数不是 $p_1 q_1$,而是某一固定权数 w 时,所计算的加权调和平均指数不再是帕氏综合指数的变形,两种计算方法得到的结果不再一致。这时,加权调和平均指数公式为:

$$\text{价格指数}: I_p = \frac{\sum w}{\sum \frac{1}{i_p} w} = \frac{\sum w}{\sum \frac{p_0}{p_1} w}$$

$$\text{数量指数}: I_q = \frac{\sum w}{\sum \frac{1}{i_q} w} = \frac{\sum w}{\sum \frac{q_0}{q_1} w}$$

(三) 加权平均指数的特点

与加权综合指数比较,加权平均指数在实际中应用得更广泛,这主要是因为它具有如下两个特点:

(1) 编制综合指数需要两个时期所有商品价格和物量的全面资料,而加权平均指数既可以用全面资料,也可以只对少数具有代表性的个体指数加权平均,就可以得到总指数。因此它可以通过抽样调查等非全面调查的方法取得所需资料,应用起来更有现实意义。

(2) 加权平均指数的计算可以采用固定权数,这使得工作量大大简化,增强了时效性,运用起来更方便。

第三节 消费价格指数

世界各国的政府统计,基本上都是根据上述的指数方法原理编制各种各样的价格指数和数量指数。下面介绍经济研究和实践中常用的重要指数之一:消费价格指数(Consumer's Price Index, CPI)。它的编制方法也广泛应用于其他指数的编制中。

一、消费价格指数的编制

消费价格指数就是通常所说的生活费指数。编制消费价格指数的主要目的是反映与居民生活消费有关的商品和服务项目的价格总变动,是各国政府统计工作的一项重要内容。目前,多数国家的政府所公布的消费价格指数主要是采用加权算术平均指数的方法编制的。具体的做法是:

(1) 确定消费价格指数所包括的物品组合。编制消费价格指数时,不可能将所有的消费项目价格变动都包括在内,而只能从千千万万的消费项目中选择一定数量的消费项目作为代表品,俗话称"一篮子"商品。这"一篮子"商品一般按以下程序确定:首先将消费支出进行层层分类,如分为大类、中类和小类,然后再从每个小类中选择代表品。代表品的多少,由各国国情而定,少则几十种,多则几百种。如我国目前的居民消费价格指数,反映的是城乡居民所购买的生活消费品价格和服务项目价格的综合变动程度,消费价格指数的调查内容分为食品、烟酒、衣着、家庭设备用品及服务、医疗保健及个人用品、交通和通信、娱乐教育文化用品及服务、居住八大类,共 263 个基本分类(国际分类标准)。1991 年消费价格指数调查所选商品和服务项目为 382 项,到 2006 年,包含约 700 种商品和服务项目。这些代表品一旦确定后,就相对稳定,每年只是作一些增减或变换。

(2) 确定权数。权数根据各类别消费支出占总支出的比重确定。与代表品类似,一般情况下,权数一经确定就相对稳定。为了取得确定代表品和各类消费支出比重权数的资料,需要采用抽样调查的方法选出代表一定类别居民的一定数目的家庭,让这些家庭用记账的方法,记录一年内每日支出的每一项具体消费项目的数量和金额,并对这些家庭跟踪调查,一般 5—10 年一次。

我国消费价格指数权数的编制,是根据近 12 万户城乡居民家庭(城市近 5 万户,农村近 7 万户)的消费支出数据,并结合其他相关资料确定的。其中,调查范围涉及全国 31 个省(区、市)的 500 多个市县、50 000 多个调查网点。我国在确定每 5 年对产品分组目录及其权数进行全面更新的基础上,每年都根据居民消费支出变动情况对权数进行及时调整和修正。现行的 CPI 编制方法以 5 年为一个权数周期,每年略作调整,使指数能较好地反映城乡居民的最新消费模式,并提高居民消费价格指数的准确性和可比性。

(3) 选择指数计算公式,编制并定期公布消费价格指数值。消费价格指数一般采用加权算术平均法。首先,计算各代表品的个体指数,并用各代表品所代表的该类商品的消费支出额占小类支出的比重进行加权平均,得到各小类的类指数。其次,对各小类指数用各小类支出占中类支出比重进行加权平均,得到各中类的类指数;并继续对各中类指数用各中类消费支出占各大类支出比重加权平均,得到各大类的类指数。最后,对各大类指数用各大类消费支出占所有消费支出的比重加权平均,得到消费价格指数。

更具体地讲,消费价格指数一般采用固定权数加权算术平均指数,即:

$$I_p = \frac{\sum_i \left(\frac{p_1}{p_0}\right)_i w_i}{\sum_i w_i} = \sum_i \left(\frac{p_1}{p_0}\right)_i w_i$$

(4) 消费价格指数的计算步骤。首先求个体指数,即各个地区、各项商品和劳动费用的指数。其次求类指数,用居民基期或报告期购买某一类商品或劳务支出作为权数,分别求各类商品及劳务价格指数,例如,食品类包括粮食、肉禽及其制品、蛋、水产品、鲜菜、在外用餐六子类,其中,粮食包括大米、面粉等多种商品。最后求总指数,用各类商品及劳务支出在总消费支出的比重为权数。

二、消费价格指数的用途

消费价格指数除了计量商品和服务价格的变动程度外,还有很多用途。下面简要介绍一下。

(1) 说明实际收入的水平。将人们的货币收入除以消费价格指数就可以得到实际收入。假设某人在 2015 年的每月平均收入为 8 000 元,2014 年的收入为 7 000 元,如果 2015 年的消费价格比上一年上涨了 25%,则这个人的实际收入不仅没有增加,反而下降了。因为

$$\frac{实际收入}{货币收入消费价格指数} = \frac{8\ 000}{125\%} = 6\ 400(元)$$

即这个人 2015 年的 8 000 元只相当于 2014 年的 6 040 元。

(2) 确定货币购买力。货币购买力表明居民在一定时期内一单位货币实际能够买到的商品和服务的数量。如果说现在的消费价格指数是 125%(2014 年为基期),那么换句话说,今天的 1 元只相当于去年的 0.8 元,即货币购买力下降了 20%。

$$货币购买力 = \frac{1}{消费价格指数} = \frac{1}{125\%} = 80\%$$

(3) 是工资增长和福利支出的调整依据。实际工资是以实物计算的,反映能够买多少实物;货币工资则是以货币计算的工资水平。在美国有近千万雇员的工资是直接随消费价格指数的上升而调整的,成千上万领取政府社会福利金、食物券、军人和公务员年金的人的收入也都直接与消费价格指数挂钩。

(4) 反映通货膨胀程度和货币价值。通货膨胀是指所有商品和服务平均价格水平(即一般价格水平)的上升,这种上升是普遍和持续的,本质是货币贬值。

$$通货膨胀率 = 以上年为 100 的消费价格指数 - 100$$

(5) 校正其他经济序列。如工资、商品零售额、个人消费支出、国民收入等名义或以货币形式计量的经济变量,常常需要乘以缩减因子进行校正,消除价格的影响,从而反映动态上的实际增长。

$$缩减因子 = \frac{1}{消费价格指数}$$

例如,一个地区上一年的消费品的零售总额为 100 亿元,今年为 135 亿元,增长了 35%,这种增长属于名义增长,包含价格和物量两个方面的影响。而在经济分析中,我们经常需要扣除价格变动因素,来反映这些商品零售规模的实际变动,这就是常说的"实际"增长。假设这一年当中,消费价格指数为 105%,那么,这一地区消费品的实际增长率为:

$$\frac{135\%}{105\%} - 1 = 28.57\%$$

三、其他价格指数

随着经济发展,我国政府统计部门所编制的指数以及它们的细分类也在增加。居民消费价格指数还细分为城市居民消费价格指数和农村居民消费价格指数,在各个消费价格指数中,还有各种商品和服务的分类指数。此外,还分批发和零售环节编制了价格指数,目前比较常用的是商品零售价格指数。在世界各国的经济统计中,除了对消费领域编制消费价格指数来反映消费价格的变化外,还广泛地使用 PPI 即生产者价格指数,我国目前公布的是主要有工业生产者出厂价格指数和工业生产者购进价格指数,此外还编制固定资产投资价格指数。这些价格指数反映着不同方面商品或服务价格的变化,是政府进行宏观调控和管理、企业进行生产经营活动、研究人员进行经济研究以及人民群众了解市场变动的重要依据。虽然这些指数反映的是不同领域的情况,但是方法是相通

的。学习了消费价格指数的编制方法后，也就了解了政府统计部门和研究机构编制指数的一般方法。

第四节　指数基期的改换

在进行经济分析和研究中经常会遇到需要改换指数基期的情况。例如要比较两个指数数列，如果它们以同一年为基期，直接对比自然没有问题。表12.8 所列的是若干年份的我国零售产品中的消费品类别的价格指数与农业生产资料类别的价格指数。由于两列指数都是以1978 年为基期的，因此可以直接对比分析。从表中数值看到，城市居民消费价格的上涨幅度略高于全体居民的消费价格上涨，而一般商品零售价格的上涨幅度低于消费价格。

表12.8　1978—2010 年中国居民消费价格指数和商品零售价格指数

年份	居民消费价格指数	城市居民消费价格指数	商品零售价格指数
1978	100.0	100.0	100.0
1980	109.5	109.5	108.1
1985	131.1	134.2	128.1
1990	216.4	222.0	207.7
1995	396.9	429.6	356.1
2000	434.0	476.6	354.4
2005	464.0	503.1	359.3
2010	536.1	576.3	406.3

资料来源：《中国统计年鉴》，2012 年。

但是当两个指数数列的基期不同时，就不能直接进行比较。如表12.9 所列的两种价格指数就属于这种情况。

表12.9　美国农民所得价格指数和所付价格指数

年份	农民所得价格指数 （1910—1914 年=100）	农民所付价格指数 （1967 年=100）
1967	253	100.0
1970	280	114.9
1971	285	118.4
1972	317	122.2

资料来源：美国《商业概览》，1968 年12 月和1977 年12 月。

由于上述两个数列的价格指数对比基期不同，因此虽然农民所得价格指数远远高于农民所付价格指数，但说明不了什么问题，需要将指数基期都换到同一时期方可比较。假如将表12.9 中的两列指数都改换到以1970 年为基期，则改换的方法和结果如表12.10 所示。

表 12.10　改换基期方法

年份	农民所得价格指数		农民所付价格指数	
	1910—1914 年 = 100	1970 年 = 100	1967 年 = 100	1970 年 = 100
1967	253	90(253/280)	100	87(100/114.9)
1970	280	100(280/280)	114.9	100(114.9/114.9)
1971	285	101(285/280)	118.4	103(118.4/114.9)
1972	317	113(317/280)	122.2	106(122.2/114.9)

经过改换后的两个数列可以直接对比了。不难看出,1972 年以前农民出售的农产品价格的增长速度与所购买消费品价格的增长速度差别不大,但在 1972 年,农产品的价格上升幅度已明显高于消费品价格的上升幅度,说明农民生活状况有所改善。

严格地说,当指数带有变动权数时,应该在变换时将权数的时期调整过来。但在实践中这样做是比较困难的,而忽略这种调整对经济分析一般不会有太大影响,所以在操作中常对由此产生的误差忽略不计。

除了在两个指数数列进行对比时,会遇到需要改换指数基期的情况外,在进行指数数列拼接时,也往往需要作指数基期改换。

在编制指数时,为了便于长期对比,往往编制固定基期的指数。但是,固定基期不能永远固定在一个时期不变,因为基期距比较期太远就会与现实情况相距太大。因此一般固定期过了一段时期就要变动。而我们在分析问题时,却又常常需要较长时期的时间序列资料,这时就需要对时间序列进行拼接。

在美国的批发价格指数数列中(见表 12.11),1967 年以前的批发价格指数以 1957—1959 年的平均价格为基期,而 1967 年之后改为以 1967 年为基期。如果要进行以 1957—1959 年为基期的长期比较,就要将两个数列拼接起来。一般来说,政府统计机构公布的重要指数在改换基期后的头几年仍然会按原来的基期编制指数,如表 12.11 中,以 1957—1959 年为基期的批发价格指数到 1969 年才中断,这就为拼接打下了基础。即它使我们能够测定出两个数列之间的关系。具体方法是,将同时按两个基期计算指数的那些年份的指数加总起来,再将两个指数和对比以求得乘数,如此例中乘数为:

$$\frac{1.061 + 1.087 + 1.13}{1.0 + 1.025 + 1.065} = \frac{3.278}{3.09} = 1.061$$

表 12.11　美国以 1957—1969 年为基期和以 1967 年为基期的批发价格指数

年份	批发价格指数 1957—1959 年 = 100	批发价格指数 1967 年 = 100
1965	102.5	—
1966	105.9	—
1967	106.1	100.0
1968	108.7	102.5
1969	113.0	106.5
1970	—*	110.4
1971	—	113.9
1972	—	118.3

注:* 表示不再计算。
资料来源:《美国统计摘要》,1970 年和 1972 年。

然后用这个乘数去修正需要改换基期的指数数列,就使原数列和新数列拼接起来了。具体计算过程和结果如表 12.12 所示。

表 12.12 批发价格指数的拼接方法

年份	批发价格指数 1957—1959 年 = 100	批发价格指数 1967 年 = 100
1965	102.5	96.6(102.5 ÷ 1.061)
1966	105.9	99.8(105.9 ÷ 1.061)
1967	106.1	100.0
1968	108.7	102.5
1969	113.0	106.5
1970	117.1(1.061 × 110.4)	110.4
1971	120.8(1.061 × 113.9)	113.9
1972	125.5(1.061 × 118.3)	118.3

第五节　指数体系与因素分析

一、指数体系

由三个或三个以上具有内在联系的指数构成的有一定数量对等关系的整体叫作指数体系。指数体系的形式是由现象间客观存在的关系所决定的。例如,

$$商品销售额 = 商品销售量 \times 商品价格$$
$$产品产值 = 产品产量 \times 产品价格$$
$$原材料费用总额 = 产品产量 \times 单位原材料消耗量 \times 单位原材料价格$$

上述这些现象在数量上存在的关系表现在动态上,就形成指数体系,即有:

$$商品销售额指数 = 商品销售量指数 \times 商品价格指数$$
$$产品产值指数 = 产品产量指数 \times 产品价格指数$$
$$原材料费用总额指数 = 产品产量指数 \times 单位原材料消耗量指数 \times 单位原材料价格指数$$

一般来说,在一个指数体系中有两类指数:一类是反映各个因素总变动的指数,一般位于等式左边;另一类是只反映某一个因素变动的指数,这类指数在指数体系中可以有多个,都放在等式的右边。

借助指数体系可以分析现象发展变化过程中受各因素影响的情况,也可以根据指数体系,利用已知的某几个指数推算出未知的指数来。

二、总量指标变动的因素分析

(一) 两因素分析

以销售额为例。商品销售额是总量指标,包含价格和销售量两个因素。对销售额的变动进行因素分析就是要测定价格、销售量这两个因素各自对销售额变动的影响程度和影响的绝对量。因此,在测定其中一个因素的影响时,要将另一个因素固定住,即另一个因素应保持不变,并且还要保证指数体系数学关系的成立。

由于作为权数的因素所固定的时期可以有不同选择,因此就产生了两套指数体系:

(1) 销售量指数的权数固定在基期,价格指数的权数固定在报告期,其指数体系为:

$$\frac{\sum p_1 q_1}{\sum p_0 q_0} = \frac{\sum q_1 p_0}{\sum q_0 p_0} \times \frac{\sum p_1 q_1}{\sum p_0 q_1}$$

销售额指数 = 拉氏销售量指数 × 帕氏价格指数

销售额变动的绝对量则具有如下关系:

$$\sum p_1 q_1 - \sum p_0 q_0 = \left(\sum q_1 p_0 - \sum q_0 p_0\right) + \left(\sum p_1 q_1 - \sum p_0 q_1\right)$$

(2) 销售量指数的权数固定在报告期,价格指数的权数固定在基期,其指数体系为:

$$\frac{\sum p_1 q_1}{\sum p_0 q_0} = \frac{\sum q_1 p_1}{\sum q_0 p_1} \times \frac{\sum p_1 q_0}{\sum p_0 q_0}$$

销售额指数 = 帕氏销售量指数 × 拉氏价格指数

销售额变动的绝对量则具有如下关系:

$$\sum p_1 q_1 - \sum p_0 q_0 = \left(\sum q_1 p_1 - \sum q_0 p_1\right) + \left(\sum p_1 q_0 - \sum p_0 q_0\right)$$

在上面的两套指数体系中,为了能够单独分析某个因素的变动所产生的影响,也为了保证指数体系在数学上成立,当价格指数(或其他质量指标指数)采用拉氏指数计算公式计算时,销售量指数(或其他数量指标指数)就必须采用帕氏指数计算公式计算,反之亦然。不过,在我国统计理论和实践中主要采用第一个体系。当价格指数和销售量指数按加权平均法计算时,仍然可以根据上述原理建立指数体系。

例 12.11 试就表 12.3 的资料,分析三种商品的销售额变动中销售量和价格两个因素的作用。

解 为便于计算分析,将表 12.3 的数据及初步计算结果列表,如表 12.13 所示。

表 12.13 三种商品销售情况

商品名称	计量单位	销售量		单位商品价格(元)		销售额(元)		
		基期	报告期	基期	报告期	$p_0 q_0$	$p_1 q_1$	$p_0 q_1$
甲	米	200	300	80	85	16 000	25 500	24 000
乙	件	150	210	100	120	15 000	25 200	21 000
丙	—	80	100	300	300	24 000	30 000	30 000
合计	—	—	—	—	—	55 000	80 700	75 000

$$\text{销售额指数} = \frac{\sum p_1 q_1}{\sum p_0 q_0} = \frac{80\ 700}{55\ 000} = 146.72\%$$

$$\text{拉氏销售量指数} = \frac{\sum q_1 p_0}{\sum q_0 p_0} = \frac{75\ 000}{55\ 000} = 136.36\%$$

$$\text{帕氏价格指数} = \frac{\sum p_1 q_1}{\sum p_0 q_1} = \frac{80\ 700}{75\ 000} = 107.6\%$$

$$\text{销售额增量} = \sum p_1 q_1 - \sum p_0 q_0 = 80\ 700 - 55\ 000 = 25\ 700(\text{元})$$

由于销售量增加而引起的销售额增加量为:

$$\sum q_1 p_0 - \sum q_0 p_0 = 75\,000 - 55\,000 = 20\,000(元)$$

由于价格增加而引起的销售额增加量为：

$$\sum p_1 q_1 - \sum p_0 q_1 = 80\,700 - 75\,000 = 5\,700(元)$$

于是，销售额与销售量、价格之间数值变动的关系为：

$$146.72\% = 136.36\% \times 107.6\%$$
$$25\,700\,元 = 20\,000\,元 + 5\,700\,元$$

计算结果表明，三种商品销售额报告期比基期总的增长了 46.72%，绝对额增加 25 700 元，其中三种商品销售量总的增长了 36.36%，使销售额增加 20 000 元；价格总的上升了 7.6%，使销售额增加了 5 700 元。

（二）多因素分析

当一个总量指标指数可以表示为三个或三个以上因素指数的连乘积时，同样可以利用指数体系分析各因素变动对总量指标变动的影响，这种分析就是总量指标的多因素分析。总量指标多因素分析与总量指标两因素分析的基本原理是一样的，注意以下几个问题可避免因为因素多而造成的分析上的困难：

（1）测定一个因素的变动时，应将其他因素全部固定。

（2）因素固定的时期按照数量指标指数采用拉氏指数、质量指标指数采用帕氏指数的原则，但是数量指标和质量指标的区别要根据指标的内容与各因素间的联系具体判断。

（3）注意多因素的排列顺序。一般是先数量指标，后质量指标。分析第一个数量因素时，其他因素全部固定在基期。从第二个因素的分析开始，凡是分析过了的因素都固定在报告期，而还未分析过的因素则全部固定在基期，这样直到最后一个质量指标，这时所有的其他因素都固定在报告期。总之，要保证指数体系在数学上成立。

例如，分析原材料费用总额的变动，可以首先将原材料费用总额指数分解为原材料消耗总量指数和单位原材料价格指数，然后考虑将原材料消耗总量指数分解为产品产量指数和单位产品原材料消耗量指数。因此，指数体系为：

$$原材料费用总额指数 = 产品产量指数 \times 单位产品原材料消耗量指数 \\ \times 单位原材料价格指数$$

如果用 q 表示产量，p 表示价格，k 表示单位产品原材料消耗量，则总产值指数体系可表示为：

$$\frac{\sum q_1 k_1 p_1}{\sum q_0 k_0 p_0} = \frac{\sum q_1 k_0 p_0}{\sum q_0 k_0 p_0} \times \frac{\sum q_1 k_1 p_0}{\sum q_1 k_0 p_0} \times \frac{\sum q_1 k_1 p_1}{\sum q_1 k_1 p_0}$$

从变动的绝对量上看，则存在如下关系：

$$\sum q_1 k_1 p_1 - \sum q_0 k_0 p_0 = \left(\sum q_1 k_0 p_0 - \sum q_0 k_0 p_0\right) + \left(\sum q_1 k_1 p_0 - \sum q_1 k_0 p_0\right) \\ + \left(\sum q_1 k_1 p_1 - \sum q_1 k_1 p_0\right)$$

例 12.12 某地区粮食的播种面积、单位面积产量和粮食单价的资料如表 12.14 所示，试对产值变动的原因进行分析。

表 12.14　某地区粮食产值、播种面积和单位面积产量

粮食作物	播种面积(亩)		单位面积产量(公斤)		粮食单价(元)	
	基期 q_0	报告期 q_1	基期 m_0	报告期 m_1	基期 p_0	报告期 p_1
甲	1 000	1 200	400	500	2.0	3.0
乙	700	600	320	400	1.5	2.2
丙	500	300	250	300	1.0	1.6

解　首先建立指数体系：

$$\frac{\sum q_1 m_1 p_1}{\sum q_0 m_0 p_0} = \frac{\sum q_1 m_0 p_0}{\sum q_0 m_0 p_0} \times \frac{\sum q_1 m_1 p_0}{\sum q_1 m_0 p_0} \times \frac{\sum q_1 m_1 p_1}{\sum q_1 m_1 p_0}$$

粮食作物总产值指数 = 播种面积指数 × 单位面积产量指数 × 粮食单价指数

根据表 12.14 的资料计算指数体系公式中所需的数值，计算结果如表 12.15 所示。

表 12.15　粮食产值计算表(万元)

	$q_0 m_0 p_0$	$q_1 m_0 p_0$	$q_1 m_1 p_0$	$q_1 m_1 p_1$
甲	80.0	96.0	120.0	180.0
乙	33.6	28.8	36.0	52.8
丙	12.5	7.5	9.0	14.4
合计	126.1	132.3	165.0	247.2

根据表 12.15，可以得到：

$$\text{粮食总产值指数} = \frac{247.2}{126.1} = 196.03\%$$

$$\text{总产值增加的绝对额} = 247 - 126.1 = 121.1(\text{万元})$$

$$\text{播种面积指数} = \frac{132.3}{126.1} = 104.92\%$$

$$\text{播种面积增加而引起的产值增加额} = 132.3 - 126.1 = 6.2(\text{万元})$$

$$\text{单位面积产量指数} = \frac{165.0}{132.3} = 124.71\%$$

$$\text{单产增加引起的产值增加额} = 165 - 132.3 = 32.7(\text{万元})$$

$$\text{粮食价格指数} = \frac{247.2}{165.0} = 149.81\%$$

$$\text{粮食价格上升而引起的产值增加额} = 247.2 - 165 = 82.2(\text{万元})$$

产值、播种面积、单产和价格之间数值的变动关系如下：

$$196.03\% = 104.92\% \times 124.71\% \times 149.82\%$$

$$121.1 \text{万元} = 6.2 + 32.7 + 82.2$$

计算结果表明，此三种粮食作物产值报告期增长了几乎一倍，增加了 121.1 万元，这是由于：此三种作物播种面积总的增长了 4.92%，使产值增加了 6.2 万元；单位面积产量总的增长了 24.71%，使产值增加了 32.7 万元；粮食作物价格总的上升了 49.82%，使产值增加了 82.2 万元。可见，产值增长的主要原因是粮价的增长，其次是单位面积产量的提高。

三、平均指标变动的因素分析

由于现象的总平均水平一般都是在分组条件下,用加权算术平均法计算得到的,因此计算某个现象两个时期总平均水平的变动可以用以下公式:

$$\frac{\overline{x}_1}{\overline{x}_0} = \frac{\sum x_1 f_1}{\sum f_1} : \frac{\sum x_0 f_0}{\sum f_0}$$

我们看到上述平均指标指数受到两个因素变动的共同影响:① 各组平均水平 x 变动的影响。② 总体结构 $\frac{f}{\sum f}$ 变动的影响。称同时受两个因素影响的平均指标指数为可变构成指数。

为了了解上述两个因素各自对平均水平变动所产生影响的程度,可以根据因素分析的原理进行因素分析。

首先,计算单纯反映各组平均水平变动程度的指数,为此需要将总体结构固定在某一个时期。根据因素分析的通行原则,将总体结构固定在报告期,于是得到固定结构指数如下:

$$\text{固定结构指数} = \frac{\sum x_1 f_1}{\sum f_1} : \frac{\sum x_0 f_1}{\sum f_1}$$

其次,计算反映总体结构变化对总平均水平变动影响程度的指数,这时应将各组平均水平固定在基期,于是得到结构变动影响指数如下:

$$\text{结构变动影响指数} = \frac{\sum x_0 f_1}{\sum f_1} : \frac{\sum x_0 f_0}{\sum f_0}$$

可变构成指数、固定结构指数和结构变动影响指数这三个指数构成如下指数体系:

$$\frac{\sum x_1 f_1}{\sum f_1} : \frac{\sum x_0 f_0}{\sum f_0} = \left(\frac{\sum x_1 f_1}{\sum f_1} : \frac{\sum x_0 f_1}{\sum f_1} \right) \times \left(\frac{\sum x_0 f_1}{\sum f_1} : \frac{\sum x_0 f_0}{\sum f_0} \right)$$

可变构成指数 = 固定结构指数 × 结构变动影响指数

其绝对数变动的关系为:

$$\frac{\sum x_1 f_1}{\sum f_1} - \frac{\sum x_0 f_0}{\sum f_0} = \left(\frac{\sum x_1 f_1}{\sum f_1} - \frac{\sum x_0 f_1}{\sum f_1} \right) + \left(\frac{\sum x_0 f_1}{\sum f_1} - \frac{\sum x_0 f_0}{\sum f_0} \right)$$

例 12.13 表 12.16 所示是某企业工人月平均工资的资料,试计算并分析该企业总平均工资的变动。

表 12.16 某企业工人月平均工资资料

工人类别	工人数		平均工资(元)	
	基期	报告期	基期	报告期
技术工	300	400	700	750
辅助工	200	600	400	450
合计	500	1 000	—	—

解 根据表 12.16 的资料初步分析计算的结果如表 12.17 所示。

表 12.17 工人平均工资计算表

工人类别	工人结构(%)		平均工资(元)		平均工资指数%	工资总额(百元)			
	基期	报告期	基期 x_0	报告期 x_1	$\dfrac{x_1}{x_0}$	$x_0 f_0$	$x_1 f_1$	$x_0 f_1$	$x_1 f_0$
技术工	60	40	700	750	107.14	2 100	3 000	2 800	2 250
辅助工	40	60	400	450	112.5	800	2 700	2 400	900
合计	100	100	580	570	98.28	2 900	5 700	5 200	3 150

$$可变构成指数 = \frac{\sum x_1 f_1}{\sum f_1} : \frac{\sum x_0 f_0}{\sum f_0} = \frac{570}{580} = 98.28\%$$

$$总平均工资变动的绝对额 = 570 - 580 = -10(元)$$

从表 12.17 所列的计算结果看到,平均工资可变构成指数为 98.28%,报告期平均工资比基期减少了 10 元。但从两组工人的平均工资指数看却都是增长的,技术工人工资提高了 7.14%,辅助工人工资提高得更多,提高了 12.5%。总平均工资降低的原因是由于工人的结构发生了很大变化,辅助工人所占比例从基期的 40% 变为报告期的 60%。因此进一步根据表 12.17 的数据计算得到:

$$固定结构指数 = \frac{\sum x_1 f_1}{\sum f_1} : \frac{\sum x_0 f_1}{\sum f_1} = \frac{570\,000}{1\,000} : \frac{520\,000}{1\,000} = \frac{5.7}{5.2} = 109.62\%$$

由于各组平均工资提高使总平均工资增加的绝对额为:

$$\frac{\sum x_1 f_1}{\sum f_1} - \frac{\sum x_0 f_1}{\sum f_1} = 570 - 520 = 50(元)$$

$$结构变动影响指数 = \frac{\sum x_0 f_1}{\sum f_1} : \frac{\sum x_0 f_0}{\sum f_0} = \frac{520\,000}{1\,000} : \frac{290\,000}{500} = \frac{5.2}{5.8} = 89.66\%$$

由于结构变动影响而使得总平均工资减少的绝对额为

$$\frac{\sum x_0 f_1}{\sum f_1} - \frac{\sum x_0 f_0}{\sum f_0} = 520 - 580 = -60(元)$$

工人结构变动及各组工人平均工资变动与总平均工资变动间的数量关系为:

$$98.28\% = 109.62\% \times 89.66\%$$
$$-10\ 元 = 50 + (-60)$$

计算结果表明,按工资水平因素的作用,总平均工资应该提高 9.62%,但由于工人结构因素变动的作用,使得总平均工资下降了 10.34%,两者共同作用致使总平均工资下降了 1.72%。

关键术语

简单指数　综合指数　个体指数　总指数　数量指标指数　质量指标指数
拉氏综合指数　帕氏综合指数　加权算术平均指数　加权调和平均指数　指数体系
固定权数加权算术平均指数　固定结构指数结构　变动指数　可变构成指数

习题

1. 1996—1997 年某水果零售商店三种商品的销售资料如下表所示。

商品名称	销售量(千克)		单价(元/千克)	
	1996 年	1997 年	1996 年	1997 年
芦柑	1 500 000	3 600 000	8.4	9.0
龙眼	1 000 000	1 000 000	6.0	7.2
香蕉	7 000 000	8 000 000	3.0	3.6

(1) 分别按拉氏指数公式和帕氏指数公式计算三种商品的价格总指数和物量总指数。
(2) 对销售额指数进行因素分析。

2. 根据下表资料计算商品价格总指数。

商品名称	计量单位	商品销售额(万元)		1990 年价格比 1985 年价格增减(%)
		1985 年	1990 年	
甲	件	1 500	1 600	20
乙	盒	250	400	15
丙	个	400	700	−5

3. 根据指数之间的关系回答下列问题：
(1) 某商品价格下降 10%，销售额增加 5%，求销售量应增加多少。
(2) 价格上涨后，同样多的人民币只能购买原有商品的 60%，求物价指数。

4. 根据下列价格类指数和固定权数资料计算物价总指数。

商品类别	价格类指数(%)	固定权数(%)
粮食	100	23
副食	102.5	24
烟酒	110	6
其他食品	103	4
衣着	102	23
日杂	105	9
文化用品	100	3
医药	98	2
燃料	100	6

5. 近年来,蔬菜价格上涨较快,引起了大家的注意,下面是某市家计调查得到的数据。

	平均价格(元/千克)		人均消费量(千克)	
	1985 年	1990 年	1985 年	1990 年
细菜	1.2	2.10	20	42
大路菜	0.24	0.40	104	92

(1) 计算该市蔬菜平均价格指数。

(2) 用相对数和绝对数说明平均价格变动中两个因素的影响程度,并作简要分析。

6. 设有甲乙两企业某年某月的总产值、月平均人数、月工作日数、日工作时数和小时劳动生产率资料如下表所示。

企业		甲	乙
工人数(人)	基期	200	100
	报告期	220	94
工日数(日)	基期	25	26
	报告期	26	26.5
工时数(时)	基期	8	8
	报告期	7.5	7.5
小时劳动生产率(元/时)	基期	50	70
	报告期	52	80
总产值(万元)	基期	200	145.6
	报告期	223.08	155.4384

试就上表资料,从相对数和绝对数两个方面对总产值的变动过程中工人数、工日数、工时数和小时劳动生产率的影响进行分析。

7. 某管理局所属两个工厂在某年第一季度和第二季度的产值和工人人数资料如下表所示。

厂名	总产值(万元)		工人数(人)	
	第一季度	第二季度	第一季度	第二季度
一厂	60	88	600	800
二厂	24	12	400	200

试求:(1) 全管理局劳动生产率指数。

(2) 分析全局劳动生产率受各厂劳动生产率及工人结构变动的影响。

8. 以下为北京地区 1997—2000 年的消费价格指数资料。

	1997	1998	1999	2000
消费价格指数(上年 = 100)	105.3	102.4	100.6	103.5

(1) 请你计算一下这 5 年来北京地区的平均通货膨胀率。

(2) 请你将下表填写完整。

	1997	1998	1999	2000
消费价格指数(1997年=100)	100			
货币购买力指数(1997年=100)	100			

(3) 一位1997年毕业的大学生当时的月工资为1 200元,2000年他的表妹毕业时,月工资为1 500元,请问表妹的月工资比表哥1997年的水平实际高多少?

(4) 一个普通的北京居民家庭1997年的日常消费支出共计14 800元,2000年为22 500元,请你分析一下价格因素和消费量因素对该家庭消费支出的相对影响与绝对影响。

第十三章　　统计决策

"运筹帷幄之中,决胜千里之外",这是形容兵家才能的成语。而在当今充满激烈竞争的市场中,科学的统计决策方法正是提高管理者在"商战"中运筹帷幄能力的"兵法"。

本章主要讨论以下问题:

1. 统计决策的基本要素和程序；2. 风险型决策方法；3. 风险型决策的敏感性分析；4. 贝叶斯决策方法；5. 完全不确定型统计决策的方法。

第一节　统计决策的概念和程序

一、统计决策的概念

（一）什么是统计决策

统计决策是指为了实现特定的目标,在占有一定信息和经验的基础上,根据科学的方法,对影响目标实现的诸因素进行准确的计算和判断选优后,对未来行动做出决定。

统计决策有广义和狭义之分。广义的统计决策是指所有在决策过程中使用了统计方法的决策,狭义的统计决策特指不确定情况下的决策。

人们每天都在进行着各种各样的决策。有些问题的决策是简单的,例如,在天气多变的日子里,早上出门是否要带雨具？有些问题的决策则是复杂和困难的,例如,如何制订合适的产销计划？如何安排和配置现有的资源？未来的不确定导致决策具有风险性。科学的统计决策提供有事实根据的最优行动方案,因而可避免决策时因盲目性而遭受的重大损失。

（二）统计决策要素

可以说,统计决策是一个系统工程,组成决策系统的基本因素有以下四个:

1. 决策主体

决策的整个过程是由人主宰的,决策的目标、原则、方案等都是由人拟定、设计、计算和确定的,所以人是决策的主体,是决策的核心。决策主体可以是单个的个人,也可以是由若干人构成的组织。对于同样的问题,由于决策主体对未来形势的预测不同、个人的价值观念不同、性格不同等,就有可能做出不同的决策。成为决策主体的基本条件是,必须具有判断、选择和决断的能力,并能够承担决策后果的责任。

2. 决策目标

决策目标是决策的出发点和归宿。在统计决策中,目标往往被数量化为目标值,如实现利润最大、效用最大或亏损最小。在决策中,有的问题只有一个目标,有的则需要多个目标。

3. 决策环境

决策环境是不以决策者主观意志为转移的未来客观环境条件,在决策中称为自然状态,简称状态。自然状态一般在两种或两种以上,但它们不会同时出现。如夏季空调的销售问题,天气热,销售量增加;天气凉,销售量减少。天气热和天气凉为两种自然状态,二者不会同时出现。在决策中,不涉及改变自然状态的问题,只涉及如何表述自然状态及预测它们出现的概率的问题。

4. 行动方案

行动方案是根据各种可能出现的自然状态拟订的。它们可以定性表示,如"建大厂"或"扩建小厂";也可以定量表示,如订购"50台冰箱"或"100台冰箱"。凡能构成决策问题,总是存在至少两个行动方案。

(三) 统计决策的类型

1. 按决策问题所面临的自然情况分类,决策可分为确定型决策、不确定型决策和对抗型决策

未来的自然状态是确定的,可按既定的目标和评价准则选定行动方案的决策称为确定型决策。例如,甲、乙两种产品未来的价格、成本和市场需求量都是确定的,要决定生产量计划,可以有多种甲、乙产品生产量的组合方案,只要从中选出获利最大的方案,就是确定型决策。

对于比较直观、简单的确定型决策,可以用单纯选优法,根据所掌握的数据资料直接比较,择优选取。对于较为复杂的问题,需建立相应的数学模型才能做出决策。确定型决策较多采用运筹学方法,之所以把它作为统计决策的一种类型,是因为确定的自然状态可以看作不确定状态的一种极端情况,即在所有的自然状态中,某种状态出现的概率为1,其余为0。

不确定型决策是指未来的自然状态不确定条件下的决策。不确定型决策又可以进一步细分为两种:一种是已知各种自然状态出现的概率,因此可以结合概率作出判断、选择方案的决策,称为风险型决策。例如,已知某种产品未来市场需求量高或低的概率,因此可结合需求量高或低的状况及其概率来选择最优的生产量方案。另一种是不知未来各种自然状态出现的概率情况下的决策,称为完全不确定型决策。例如,在对未来市场需求状况一无所知的情况下,对某种产品的产量计划做出决策。统计决策的核心是不确定型决策。

对抗型决策的特点是包含两个人或多个人之间的竞争,决策人必须考虑到竞争对手的策略方可做出决策,而竞争对手的决策则是决策者无法控制的因素。例如,我国古代著名的田忌赛马的故事就是对抗型决策的一个生动例子。两方赛马,某方有三匹马,相对而言每一匹马都不如对方的马(即最好的不如对方最好的,中等的不如对方中等的,最次的也不如对方最次的)。考虑到对方比赛时马匹出场的次序,以最差的马与对方最好的马对抗,以中等的马与对方最差的马对抗,以最好的马对抗对方中等的马,最后以2比1获胜。对抗型决策已形成专门的数学分支——对策论。

2. 按决策目标的多少分类,决策可以分为单目标决策和多目标决策

决策要达到的目标只有一个情况的决策即为单目标决策。例如,是否扩大生产量只需要考虑获利最大这一目标。多目标决策则指决策要达到的目标不止一个。如企业技术改造决策,要求设备达到原材料耗费低、劳动生产率高、废品率低等多个目标值。

此外,按决策的整体构成,可以分为单阶段决策和多阶段决策;按决策过程是否运用数学模型,分为定性决策和定量决策;等等。总之,决策所要解决的问题是多种多样的,针对不同的问题,决策过程、准则及方法各不相同,因此,从不同的角度就有不同的分类。

二、统计决策的基本步骤

一个完整的统计决策过程,一般包括以下几个步骤:

(一) 确定决策目标

决策目标是在一定环境和条件下希望达到某种结果。合理的决策目标应能满足以下两条基本要求:

(1) 含义准确,易于评估。

(2) 既具有实现的可能性,又富于挑战性。

(二) 拟订行动方案

分析目标实现的可能途径,拟订行动方案是决策重要的一步。拟订行动方案是一个创新过程,必须广泛搜集与决策对象及环境有关的各种信息,拓展思路,从多角度预测各种可能达到目标的途径,定出新颖可行的多种不同行动方案以供比较和选择。

(三) 预测各种自然状态下每一种行动方案的可能得失

每种行动方案在不同的状态下都会有一定的价值得失,必须用货币或效用单位测量确定;否则难以对各行动方案作出评价和选择。

(四) 方案抉择

在完成了以上几个步骤后,根据预定的决策目标和所建立的价值标准,对各行动方案进行比较,从中选出最优的行动方案。

(五) 方案实施

方案确定后,就应当积极组织实施。在实施过程中,要加强监督,及时反馈信息,当发生偏差或出现与预测有较大出入的情况,应根据新情况及时修正或更换行动方案。

第二节 风险型决策分析的资料准备

为了顺利地完成统计决策,必须准备好决策分析的必要资料,虽然不同的决策问题所需要做的资料准备也有所不同,但以下三个方面的资料准备是风险型决策分析中一般都需要用到的。

一、付酬表的编制

付酬表即损益矩阵,是融合了方案、状态和得失量的矩阵。损益矩阵一般由三部分

组成:一是行动方案,二是自然状态及其发生的概率,三是各种行动方案在各种自然状态下可能发生的损益值。根据付酬表中对于价值得失的不同考虑,付酬表主要有收益表、亏损表、机会亏损表和效用付酬表四种具体形式。

(一) 收益表

收益表中的收益表示用货币量计量的价值得失。数值为正,表示收益值或利润额;数值为负,则表示亏损额。

例 13.1 某企业生产一种季节性产品,每箱的成本为 30 元,售价为 80 元。如果当天产品不能售出,则每箱损失 30 元。初步拟订了 4 种生产方案,即日产量为 100 箱、110 箱、120 箱和 130 箱。假设市场需求量也是这 4 种状态,试编制决策所需的付酬表。

解 根据题目所给的信息,可以编制融方案、自然状态及收益为一体的收益矩阵表,如表 13.1 所示。

表 13.1 某企业的收益表

收益值(元) \ 自然状态 \ 产量(箱)	市场需求量(箱)			
	100	110	120	130
100	5 000	5 000	5 000	5 000
110	4 700	5 500	5 500	5 000
120	4 400	5 200	6 000	6 000
130	4 100	4 900	5 700	6 500

例 13.2 某施工单位要决定下月是否开工。若开工,开工后天气好、按时完工,可获利 5 万元;开工后天气不好,不能按时完工,将损失 1 万元;若不开工,则无论天气好坏都将损失 0.1 万元。根据历年气象统计资料,天气不好的概率是 0.8,天气好的概率是 0.2。试编制决策所需的付酬表。

解 根据题意,可列出收益表,如表 13.2 所示。

表 13.2 某施工单位的收益表

收益(万元) \ 概率 \ 方案 \ 状态	天气好	天气坏
	0.2	0.8
开工	5	−1.0
不开工	−0.1	−0.1

(二) 亏损表

亏损表中的付酬额都是支付的费用,一般都是正值。

例 13.3 某公司的产品每 1 000 件装成一箱出售。已知每箱中不合格品率可能为 5%、10% 或 15%。该公司准备采取的行动方案是,或者产品出厂前检验整箱全部产品;或者装箱前不检验,顾客一旦购得不合格品即准予退换。如果检验产品,每件产品的检验费为 0.1 元,退换产品每件的损失是 1.25 元。试根据以上资料编制付酬表。

解 经计算可得该公司的亏损付酬表如表 13.3 所示。

表 13.3　某公司每箱产品付酬表

费用支出(元) \ 方案 \ 状态	不合格品率(%)		
	5	10	15
整箱检验	100	100	100
整箱不检验	62.5	125	187.5

(三) 机会亏损表

机会亏损表中所列数值表示在一定自然状态下,由于采取了错误的行动方案而失去了获取最大收益机会而造成的损失额,也称为后悔值。编制机会亏损表需要以收益表或亏损表为基础。

例 13.4　就例 13.1 和例 13.2 的资料与收益表编制机会亏损表。

(1) 根据表 13.1 的收益表,将表中各自然状态下的最高收益值减去该状态下的各收益值,就是各个自然状态下的机会损失。计算结果如表 13.4 所示。

表 13.4　某厂预计日产量的机会亏损表

后悔值(元) \ 产量(箱) \ 状态	市场需求量(箱)			
	100	110	120	130
100	0	500	1 000	1 500
110	300	0	500	1 000
120	600	300	0	500
130	900	600	300	0

(2) 根据表 13.2 的收益表,用上述同样方法得到的机会亏损表如表 13.5 所示。

表 13.5　某施工单位的机会亏损表

后悔值(元) \ 方案 \ 概率 \ 状态	天气好	天气坏
	0.2	0.8
开工	0	0.9
不开工	5.1	0

例 13.5　对例 13.3 的资料编制其机会亏损表。

解　根据表 13.3 的亏损表计算机会亏损值,将自然状态下的各付酬值减去该状态下的最低付酬值,就得到各状态下的机会亏损值。计算结果如表 13.6 所示。

表 13.6　某公司每箱产品的机会亏损值

后悔值(元) \ 方案 \ 状态	不合格品率(%)		
	5	10	15
整箱检验	37.5	0	0
整箱不检验	0	25	87.5

（四）效用付酬表

效用付酬值是人们对可能的价值得失的主观估计值。我们都知道同样数额的货币的价值在不同的决策者心目中可能具有不同的意义。当用货币付酬值不能很好地评价各方案所能造成的损益值时，就需要编制效用付酬表，用效用值衡量采纳各方案后的结果。效用测定的具体方法将在后面的"效用决策方法"中详细讨论。

二、状态概率的测算

（一）根据历史资料估计状态概率

根据历史资料估计概率是将多次观察得到的某状态发生的频率作为该状态未来发生概率的估计值。

例如，在例13.1中，可能的自然状态设为4种，即市场需求量为100箱、110箱、120箱和130箱。假如有过去90天的销售记录资料如表13.7所示，则可以估计出4种状态下的频率，见表13.7中的第3列数字。

表13.7 某产品过去90天的销售量

自然状态，日销售量(箱)	完成日销售量的天数(天)	频率
100	18	0.2
110	36	0.4
120	27	0.3
130	9	0.1
合计	90	1.0

在此例中，每日对销售量进行的统计记录就是一次观测试验，共进行了90次试验，观察到的销售量有4个数值，由此得到自然状态的4种可能情况，而每一自然状态在90次观察中出现的频率就是未来状态出现概率的估计值。

用历史数据估计概率是方便可行的方法，但这里有一个基本的假设，即现在的各种客观条件在未来依然存在或没有发生大的变化，因此可以用现在大量观察中在某自然状态发生的频率代表未来该状态发生的概率。但若实际情况不能满足这一假设，则上述方法不再适用。

（二）借助理论分布测算概率

如果要研究的对象可以用一个变量来描述，并且经过分析和凭借长期的经验能够判定出这一变量服从的分布类型，则可以通过其数学分布函数测算所需概率。

例如，假设根据经验和历史规律知某种商品的日销售量近似服从正态分布，平均日销售量为175件，标准差为30件，最低日销售量为50件，最高日销售量为275件。为了估计各种销售量状态下的概率，我们可以考虑将日销售量进行分组，然后利用正态概率分布表计算变量落在各区间的概率。假如把50—275等分为9组，则可得到各组的概率如表13.8所示。

表13.8 某商品日销售量的概率分布

日销售量分组(件)	组中值	上限 Z 值	上限以下累积概率	各组概率
50—75	62.5	-3.33	0.0004	0.0004
75—100	87.5	-2.5	0.0062	0.0058
100—125	112.5	-1.67	0.0475	0.0413
125—150	137.5	-0.83	0.2033	0.1558
150—175	162.5	0.00	0.5000	0.2967
175—200	187.5	0.83	0.7967	0.2967
200—225	212.5	1.67	0.9525	0.1558
225—250	237.5	2.50	0.9938	0.0413
250—275	262.5	2.50*		0.0062

注：*指最后一组计算特殊，直接求出下限以上的概率为该组概率。

(三) 主观累积概率估计

这是通过访问调查来获得概率分布曲线，从而估算出所需概率的一种概率测算方法。在没有任何历史资料和理论分布根据可利用的时候，用这种方法测算概率可以得到较为满意的结果。下面通过例子说明此法的基本原理和步骤。

例如，某公司试图预测未来市场对该公司一种新产品的需求量的概率分布，决定采用主观累积概率估计法。

第一步：向有经验的专家或专业人士了解对该种产品的最低需求量和最高需求量的预计。假如得到的回答是最少为50万件，但不超过300万件。于是得到产品需求量的变化区间[50,300]。

第二步：确定把变化区间分为等概率的两部分的中位数 x_d，即要通过询问得到 x_d，使得需求量落入区间 $[50, x_d]$ 和 $[x_d, 300]$ 的可能性相等。假如被调查者的估计是 x_d 为150万件，就得到两个概率均为1/2的等概区间[50,150]和[150,300]。

第三步：确定已求出的两个区间的各自的中位数。首先，征求被调查者的意见，得到区间[50,150]的等概率分割点，设得到的回答是125；然后，征求被调查者关于区间[150,300]的等概率分割点的预计，设得到的回答是220。这样，得到了3个分位数和4个概率区间。依此不断询问下去，直到得到足够确定一条累积概率分布曲线图所需的数据为止。

假如我们一共得到了7个分位数如表13.9所示，根据各分位数的含义，可以确定需求量落入每个分位数以下区域的累积概率。

表13.9 某产品需求量的累积概率分布

可能的需求量(万件)	需求量的累积概率
50	0
95	1/16(0.0625)
110	1/8(0.125)
125	1/4(0.25)
150	1/2(0.5)

(续表)

可能的需求量(万件)	需求量的累积概率
190	3/4(0.75)
220	7/8(0.875)
245	15/16(0.9375)
300	1

第四步:根据累积概率的计算结果绘出概率曲线。例如,根据表13.9的资料绘出需求量的主观概率曲线,如图13.1所示。

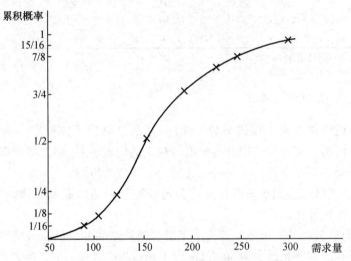

图 13.1 某产品需求量的主观累积概率曲线图

第五步:确定需求量的概率分布。由于主观累积概率的形式往往不够规范,因此还要进一步加工,整理成合乎规范的形式。为此,需要将需求量的整个变动区间进行等距分组,从主观累积概率分布图中查出各组上限值以下的累积概率,最后再根据各组累积概率求出各组的概率。这样最终得到的才是需求量的概率分布。例如,在上例中,将需求量以25万件为组距进行等距分组,共分10组,各组概率值的计算结果,如表13.10所示。

表 13.10 某产品需求量的主观概率计算表

需求量分组(万件)	组中值	上限以下累积概率	各组的概率
50—75	62.5	0.02	0.02
75—100	87.5	0.08	0.06
100—125	112.5	0.25	0.17
125—150	137.5	0.50	0.25
150—175	162.5	0.68	0.18
175—200	187.5	0.80	0.12
200—225	212.5	0.89	0.09
225—250	237.5	0.95	0.06
250—275	262.5	0.98	0.03
275—300	287.5	1.00	0.02

三、行动方案的初步筛选

为了使付酬表更加简洁,易于分析对比,需要在正式进行决策分析之前,审查付酬表,将那些处于明显劣势的行动方案淘汰。筛选的方法主要有两种:优势筛选法和满意水准筛选法。

(一)优势筛选法

即按优势原则淘汰那些处于明显劣势的行动方案。例如,表 13.11 是一个初步拟订的收益表。

表 13.11　初步拟订的收益表

收益　　状态　　方案	θ_1	θ_2	θ_3
a_1	3	6	1
a_2	4	4	8
a_3	4	1	8
a_4	5	4	7
a_5	1	2	3

对比表 13.11 中各方案的收益,我们发现方案 a_5 无论在哪一种状态下都不如方案 a_4,既然有了方案 a_4,方案 a_5 就没有必要保留,应淘汰。另外,方案 a_3 明显不如 a_2,应淘汰,于是收益表简化为表 13.12 的形式。

表 13.12　简化后的收益表

收益　　状态　　方案	θ_1	θ_2	θ_3
a_1	3	6	1
a_2	4	4	8
a_4	5	4	7

(二)满意水准筛选法

满意水准指的是决策者规定各个方案必须达到的限额,如规定收益应达到的最低限、亏损额不可超过的最高限,凡是达不到满意水准的方案都予淘汰。如上例中,规定最低收益为 3 万元,则方案 a_1、a_3、a_5 都应淘汰,只留下 a_2 和 a_4 进行分析比较,最后择优。

第三节　风险型决策方法

一、以期望值为准则的决策方法

决策的方法与所选择的决策准则直接相关,期望值准则是风险型决策最常用的准则。以期望值为准则进行决策的基本方法是,首先根据付酬表,计算各行动方案的期望值,然后从各期望值中选择期望收益最大(或期望损失最小)的方案为最优方案。各个方

案的期望值由以下公式计算得到:

$$E(A_i) = \sum_{j=1}^{m} X_{ij} P(\theta_j)$$

其中,$E(A_i)$ 为第 i 个方案的损益期望值,X_{ij} 为在第 i 个方案在第 j 种状态下的损益值, $P(\theta_j)$ 为第 j 种状态发生的概率,m 为总共可能发生的状态数目。

例 13.6 按期望值决策准则对例 13.2 进行决策。

解 根据表 13.2 所提供的资料,以 A_1 代表开工,A_2 代表不开工,计算得到两种方案的期望值如下:

$$E(A_1) = 5 \times 0.2 + (-1) \times 0.8 = 0.2(万元)$$
$$E(A_2) = -0.1 \times 0.2 + (-0.1) \times 0.8 = -0.1(万元)$$

按期望值准则,应选取期望收益最大者:$\max\{0.2, -0.1\} = 0.2$,所以,应选择开工的方案。

例 13.7 设根据历史记录有例 13.3 中各种不合格品率发生的概率资料,如表 13.13 所示,试用期望值决策准则进行决策。

表 13.13 某公司每箱产品付酬表

费用额(元) 方案	状态 概率	不合格品率(%)		
		5	10	15
		0.6	0.3	0.1
整箱检验		100	100	100
整箱不检验		62.5	125	187.5

解 根据表 13.13 提供的数据,设 A_1 为整箱检验,A_2 为整箱不检验,计算得到两种方案的期望支付额为:

$$E(A_1) = 100(元)$$
$$E(A_2) = 62.5 \times 0.6 + 125 \times 0.3 + 187.5 \times 0.1 = 93.75(元)$$

按期望值准则应选取期望支付额最小者

$$\min\{100, 93.75\} = 93.75$$

所以,应选择整箱不检验的方案。

在利用机会亏损表进行期望值决策时,要计算各种行动方案的期望机会亏损值,然后从中选出其期望机会亏损值最小的行动方案。

例 13.8 假如已知例 13.4 中的未来各种需求量发生的概率如表 13.14 所示,试就此资料进行期望机会亏损决策。

表 13.14 某厂预计日产量的机会亏损表

后悔值(元) 生产量(箱)	状态 概率	市场需求量(箱)			
		100	110	120	130
		0.2	0.4	0.3	0.1
100		0	500	1 000	1 500
110		300	0	500	1 000
120		600	300	0	500
130		900	600	300	0

解 设 A_1 为日产 100 箱，A_2 为日产 110 箱，A_3 为日产 120 箱，A_4 为日产 130 箱，则有：

$$E(A_1) = 0.2 \times 0 + 0.4 \times 500 + 0.3 \times 1000 + 0.1 \times 1500 = 650(元)$$
$$E(A_2) = 0.2 \times 300 + 0.4 \times 0 + 0.3 \times 500 + 0.1 \times 1000 = 310(元)$$
$$E(A_3) = 0.2 \times 600 + 0.4 \times 300 + 0.3 \times 0 + 0.1 \times 500 = 290(元)$$
$$E(A_4) = 0.2 \times 900 + 0.4 \times 600 + 0.3 \times 300 + 0.1 \times 0 = 510(元)$$
$$\min\{650, 310, 290, 510\} = 290$$

于是应选择日产 120 箱的方案。

对于同一资料，根据期望损益值进行抉择的结果与根据期望机会亏损值抉择的结果是一致的。如上例中，我们利用表 13.14 的收益值可以计算出期望收益，如表 13.15 所示，将它与期望机会亏损值比较，可以发现一个规律，即期望收益大时，期望机会亏损值必小，这就是说，一个方案若期望获利最大，那么执行该方案的后悔值必然最小。因此，按两种法则择优的结果必定相同。

表 13.15 期望收益与期望机会亏损的比较

	100	110	120	130	选中方案 日产 120 箱
期望收益	5 000	5 340	5 360	5 140	5 360
期望机会亏损	650	310	290	510	290
合计	5 650	5 650	5 650	5 650	5 650

采用期望值决策准则进行择优抉择，能够把各种自然状态对行动方案的影响结果都纳入计算分析，考虑问题比较全面，这是它的主要优点。但是它也存在一个最突出的缺点：容易掩盖风险，使得在一些情况下应用此准则的风险较大。

例如，有一个期望值决策的分析表，如表 13.16 所示。

表 13.16 期望值决策分析表

收益\方案	状态概率	θ_1 0.3	θ_2 0.4	θ_3 0.2	θ_4 0.1	期望收益 （万元）
a_1		80	40	−10	−50	33.0
a_2		30	40	30	10	32.0
a_3		20	30	40	15	27.5
a_4		5	10	30	30	4.5

按期望值准则对表 13.16 的资料进行抉择，方案 a_1 应是首选，这一方案隐含亏损 50 万元的风险和获利 80 万元的机会，这种风险和机会却在期望值中得不到体现。而方案 a_2 的期望收益仅比方案 a_1 少 1 万元，却没有任何亏损的危险，显然多数决策者都倾向于选方案 a_2，而不选方案 a_1。所以，这时的决策准则已不是期望收益值，而是人们对货币得失量的主观评价。可见在类似上述情况的决策问题中，采用期望值决策准则的效果不佳，采用效用决策标准的效果较好。

再如，考虑这样一个简单的典型例子。假设有一个射击比赛的游戏，允许射手射击

100次,每次射中目标得奖100元,射不中目标罚款100元。如果有一人,其射击的击中率为0.9,那么他是否应参加比赛?若采用期望值准则进行决策,显然可以参加比赛,因为其期望的奖金额是8 000元(100[100×0.9+(-100)×0.1]),虽然在一次比赛中,他有可能损失100元,但100次射击平均起来,损失的可能性很小。但是,如果比赛的规则是,只能射击一次,若击中得奖金1万元,若击不中罚款1万元,那么他是否还要参加比赛游戏?如果按照期望值准则进行抉择,显然仍值得一试,因为期望收益依然高达8 000元(10 000×0.9+(-10 000)×0.1)。但是,我们看到这里隐含很大的风险:虽然他射击技术很高超,但对于仅有的一次射击,要么射中,要么射不中,一旦射不中损失就大了。可见,在这种情况下,采用期望值决策效果很不好。此时,最好还是采用效用决策标准,根据个人对货币得失的评价来做抉择。

二、以最大可能性为准则的决策方法

当各种自然状态出现的概率相差较大,且有一种状态出现的概率明显高于其他自然状态的概率时,可以只考虑概率最大的那个自然状态下各行动方案的损益值,从中择优选取最佳方案,而这就是以最大可能性为准则的决策方法。

例如,目前市场上正流行羊绒服装,某服装厂打算在原有的基础上增加羊绒大衣的生产。现有两种方案:方案一,引进一条新的生产线进行大批量生产;方案二,利用原有设备挖掘潜力进行小批量试产。通过对市场的调查、分析、测算,得到的收益表如表13.17所示。

表13.17　某服装厂生产羊绒大衣的损益表

收益(万元)　概率　状态　方案	羊绒服装热升温　0.25	羊绒服装热降温　0.75	期望收益(万元)
引进新生产线	240	-50	22.5
不引进新生产线	50	10	20

虽然根据期望值准则,引进新生产线大批量生产的期望收益较高,但从一次性损益考虑,既然"羊绒服装热降温"的可能性很大,采用最大可能性准则进行择优较为合理。由于在自然状态"羊绒服装热降温"下,不引进新生产线的收益高于引进新生产线的收益,因此应选择小批量试产的方案。

三、决策树

无论是期望值准则决策法还是最大可能准则决策法,都是通过对损益矩阵的计算分析来选择方案。但是当各方案面临的自然状态不同,从而不能用损益矩阵来表列数据资料时,当所需要进行的决策一次不能完成,必须在前阶段决策基础上进行进一步的决策时,就需要用决策树的方法来表现决策所面临的各种状态、条件、方案和可能结果,以便从中择优抉择。

决策树是对决策局面的一种图解。顾名思义,它是一种类似于一棵树的图。

(一) 决策树的结构

决策树的图形如图 13.2 所示。

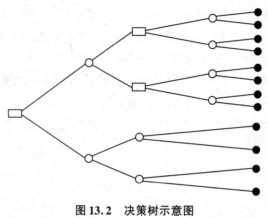

图 13.2　决策树示意图

从图 13.2 看到,决策树由以下几部分构成:

1. 决策点与方案枝

在决策树中,呈"□"状的图形称为决策点。由决策点向右侧引出的线条称为方案枝,每条线条都代表一个方案,方案枝上应标明方案内容。

2. 状态点与概率枝

在方案枝末端呈"○"状的图形称为状态点。由状态点向右侧引出的线条称为概率枝,每条线都代表一种状态。状态枝上应标明状态及其出现的概率。状态枝末端可以连接另一个机会点,也可以连接决策点或终点。为了分析、计算方便,可将各决策点和状态点依顺序编上号。

3. 终点与付酬值

在概率枝末端呈"●"状的图形称为终点。在终点右侧应标明付酬值,即相应状态下采用某种方案可能造成的损益值。如果整棵决策树上只有一个决策点,称为单级决策树;如果不止一个决策点,则称为多级决策树。图 13.2 是一个两级的多级决策树。

(二) 决策树制作及决策步骤

制作决策树时,应从决策点开始,按照从左向右的顺序逐步展开,在各条方案枝上标明方案内容,在各条概率枝上标明状态和概率,并在终点旁标明相应的付酬值。

利用决策树进行决策分析时,则应从终点开始,按照从右向左的顺序逐步分析、计算期望损益值(如果是按期望值决策准则决策),并将计算结果标明在相应的状态点旁,在分析比较各方案期望损益值后,只留下所选择的方案枝,其他方案枝都要画上记号"‖"表示该方案枝已被剪掉。

下面通过实例来说明如何利用决策树进行决策。

(三) 决策树应用实例

1. 单级决策树

例 13.9 某公司为生产某种新产品而设计了两种基本建设方案,一个方案是建大厂,另一个方案是建小厂,建大厂需投资 300 万元,建小厂需投资 140 万元,两者的使用期都是 10 年,无残值。估计在寿命期内产品销路好的概率是 0.7,产品销路差的概率是 0.3,两种方案的年度损益值如表 13.18 所示。试用决策树进行决策。

表 13.18　年度损益值

收益值(万元) 方案	状态 概率	销路好 0.7	销路差 0.3
建大厂		100	-20
建小厂		40	30

解　(1) 首先根据资料画出决策树,如图 13.3 所示。

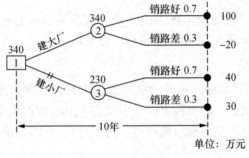

图 13.3　决策树 1

(2) 计算各状态点的期望收益值。

点 2:$[100 \times 0.7 + (-20) \times 0.3] \times 10 - 300 = 340$(万元)

点 3:$(40 \times 0.7 + 30 \times 0.3) \times 10 - 140 = 230$(万元)

将计算结果填入决策树中相应的状态点。

(3) 做出抉择。比较两个状态节点上的期望值,显然建大厂方案的期望值高于建小厂方案的期望值,因此应选择方案"建大厂",将选择结果画在决策树上,剪去被淘汰的方案枝(在方案枝上做记号"‖"),将所选择的方案可能带来的期望利润值填在决策点旁。

例 13.10　承前例,但分为前 3 年和后 7 年两个时期考虑。经市场预测,前 3 年销路好的概率为 0.7,若前 3 年销路好,则后 7 年销路也好的概率为 0.9;前 3 年销路差的概率为 0.3,若前 3 年销路差,则后 7 年销路也差的概率为 0.9。试用决策树进行决策。

解　(1) 画出决策树,如图 13.4 所示。

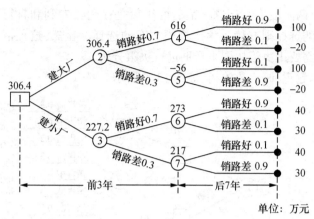

图 13.4　决策树 2

（2）计算各状态点的期望收益值。

点 4：$[100 \times 0.9 + (-20) \times 0.1] \times 7 = 616$（万元）

点 5：$[100 \times 0.1 + (-20) \times 0.9] \times 7 = -56$（万元）

点 2：$(100 \times 0.7 \times 3 + 616 \times 0.7) + [(-20) \times 0.3 \times 3 + (-56) \times 0.3] - 300 = 306.4$（万元）

点 6：$(40 \times 0.9 + 30 \times 0.1) \times 7 = 273$（万元）

点 7：$(40 \times 0.1 + 30 \times 0.9) \times 7 = 217$（万元）

点 3：$(40 \times 0.7 \times 3 + 273 \times 0.7) + (30 \times 0.3 \times 3 + 217 \times 0.3) - 140 = 227.2$（万元）

将计算结果填入各状态点。

（3）做出抉择。由于建大厂的期望利润高于建小厂，因此选择方案建大厂，将方案枝"建小厂"剪去，将建大厂可能获得的期望收益值填在决策点旁，表示所做的抉择，如图 13.4 所示。

2．多级决策树

多级决策树指包括两个及两个以上决策点的决策树。

例 13.11　某无线电厂主要生产收录机。目前该厂正着手制订改革工艺的计划，拟订了两个方案：方案 1 是向国外购买专利，估计谈判成功的可能性为 0.8；方案 2 是自行研制，估计成功的可能性是 0.6，自行研制的费用较购买专利便宜 10 万元。无论采用哪个方案，只要工艺改革成功，生产规模就可以扩大，扩大的程度可以自行选择，增加 1 倍产量或者增加 2 倍产量。工艺改革不成功，则只能维持原产量。根据市场预测，今后相当一段时间内，对该厂生产的收录机的需求量较高的可能性为 0.3，较低的可能性为 0.2，一般水平的可能性为 0.5。经测算，已得出各种情况下的利润值如表 13.19 所示。试对此问题做出决策。

表 13.19　利润表

方案		状态 概率 收益值（万元）	市场需求量高 0.3	市场需求量一般 0.5	市场需求量低 0.2
按原工艺生产			150	10	-100
购买专利成功	增产 1 倍		500	250	0
	增产 2 倍		700	400	-200
自行研制成功	增产 1 倍		500	100	0
	增产 2 倍		800	300	-200

解 这是一个两阶段决策问题。最后的决策是在购买专利和自行研制两方案中选择,而这两个方案的选择则有赖于生产规模方案的选择。显然,这种情况的决策问题用损益表不能解决,需要用决策树图来帮助进行决策分析。

(1) 首先根据题意,画出决策树,如图 13.5 所示。

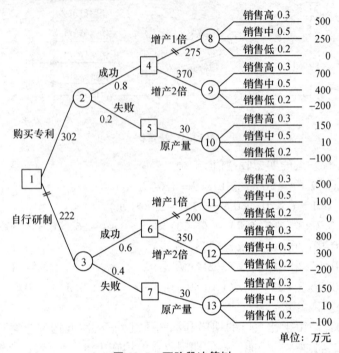

图 13.5 两阶段决策树

(2) 计算状态点 8、9、10、11、12、13 的期望利润值。

点 8:$500 \times 0.3 + 250 \times 0.5 + 0 \times 0.2 = 275$(万元)

点 9:$700 \times 0.3 + 400 \times 0.5 + (-200) \times 0.2 = 370$(万元)

点 10:$150 \times 0.3 + 10 \times 0.5 + (-100) \times 0.2 = 30$(万元)

点 11:$500 \times 0.3 + 100 \times 0.5 + 0 \times 0.2 = 200$(万元)

点 12:$800 \times 0.3 + 300 \times 0.5 + (-200) \times 0.2 = 350$(万元)

点 13:$150 \times 0.3 + 10 \times 0.5 + (-100) \times 0.2 = 30$(万元)

将计算结果填在各状态点旁。

(3) 根据以上计算结果,做出第一阶段的决策,在决策点 4、5、6 和 7 后各自的方案枝中选出期望值最大的方案枝,其他的方案枝则剪去。即,决策点 4 选方案"增产 2 倍",决策点 5 选方案"维持原产量",决策点 6 选方案"增产 2 倍",决策点 7 选方案"维持原产量"。

(4) 进一步计算状态点 2 和 3 的期望利润值,得:

点 2:$370 \times 0.8 + 30 \times 0.2 = 302$(万元)

点 3:$350 \times 0.6 + 30 \times 0.4 = 222$(万元)

(5) 进行最后阶段决策。

由于购买专利的期望利润高于自行研制,因此最后的选择是购买专利。

四、效用准则决策方法

(一) 效用的含义

在决策中,效用指决策者对于收益或损失的独特兴趣、感觉或者反应,是决策者对价值的一种主观测度,代表着决策者对于风险的态度。

效用值表示决策者对某一种行动方案期望损益的偏好程度。通常,最高的效用值为1,最低的效用值为0,对某一决策者来说,效用值越大,与它对应的收益值所代表的方案越可取;效用值越小,与它对应的收益值所代表的方案越不可取。

(二) 效用曲线

对于具有不同风险的相同期望损益,不同的决策者会给出不同的效用值。用横坐标表示期望损益值,纵坐标表示效用值,将各期望值与其相应的效用值在该坐标图上画点连线,就可以得到效用曲线。

求解效用曲线的一个常用的方法是 N-M 心理实验法。下面通过一个实例来说明这种方法的原理。

例 13.12 决策者面临两种方案:A_1:以 0.5 的概率获利 4000 元,以 0.5 的概率损失 2000 元;A_2:以 100% 的把握获利 500 元。试找出决策者的效用曲线。

解 (1) 首先找出各方案的最大收益值和最大亏损值,令最大收益值的效用值为1,最大损失值的效用值为0。

在该例中,最大收益值是 4000 元,则令 $U(4000)=1$,最大损失额是 2000 元,则令 $U(-2000)=0$。这样,我们得到了以损益值为横轴,效用值为纵轴的坐标图中的两个点:$(-2000,0),(4000,1)$。

(2) 接着,开始向决策者提问,寻找第一个平衡点,即一笔无风险的收益与有风险的期望收益效用值相等的点。

在此例中,方案 A_2 正好是一笔确定收益,因此问决策者 A_1、A_2 两方案选择哪一个?假如决策者选了 A_2,则说明 A_2 的效用高于 A_1 方案的期望值,未能等价。这时提问者需调整问题,例如,将确定收益降为 -200 元后请决策者选择。假如决策者选择了 A_1,依然未找到平衡点,因此还要调整问题,继续提问,直至找到平衡点。假如,当问题调整为确定收益为 0 元时,决策者认为选确定收益 0 元的方案与选 A_1 方案没有区别,任选其一即可,则 0 元就是平衡点的横坐标,其效用值与方案 A_1 的期望值效用相等,因此可利用这一关系求出平衡点的效用值。

$$U(0) = 0.5U(4000) + 0.5U(-2000) = 0.5 \times 1 + 0.5 \times 0 = 0.5$$

于是得到效用曲线的又一个点 $(0,0.5)$。

(3) 用第一个平衡点的收益值与其相邻的两个损益值组成两个新的风险决策方案,然后寻找这两个方案的平衡点。

在此例中,用 0 元与其相邻的收益值 4000 元组成一个新的风险决策方案,即以 0.5 的概率获得 0 元,0.5 概率获得 4000 元。然后,将这个新的方案与确定收益比较,请决策者选择,反复提问调整,直到找到平衡点。假如,当提出确定收益为 1500 元时,决策者认为选择 1500 元的确定收益与选择方案:以 0.5 的概率获利 0 元,以 0.5 的概率获利

4 000 元都一样,则得到又一个平衡点,并有:
$$U(1\,500) = 0.5U(0) + 0.5U(4\,000) = 0.5 \times 0.5 + 0.5 \times 1 = 0.75$$
因此得到效用曲线的又一个点(1 500,0.75)。

再将 0 元与相邻的损失额 –2 000 组成一个新的风险方案,用同样的办法找出与其等效用的确定收益值。假如为 –1 100,则得到第三个平衡点,有:
$$U(-1\,100) = 0.5U(0) + 0.5U(-2\,000) = 0.5 \times 0.5 + 0.5 \times 0 = 0.25$$
于是有效用曲线的又一个点(–1 100,0.25)。

至此已得到效用曲线的 5 个点,一般而言,连同端点有 5 个点,就可以描绘出一条效用曲线了。当然,如果想得到更精确的曲线,可以依上述方法继续提问,以求出更多的平衡点。提问时必须注意一点,在每次构成新的决策方案时,都要用与已知效用值的收益值相邻的收益值,不能跳跃式地组合,否则会出现前后矛盾的情况。

(4) 描点连线,画出效用曲线图。此例根据 5 个点绘出的效用曲线图,如图 13.6 所示。

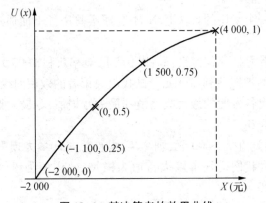

图 13.6　某决策者的效用曲线

效用曲线因人而异,但基本上可以归结为三种类型,三种类型的曲线如图 13.7 所示。

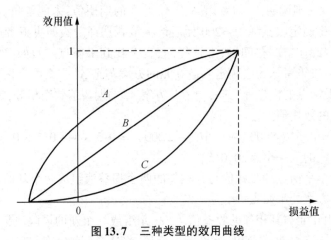

图 13.7　三种类型的效用曲线

曲线 A 是一条上凸曲线,反映决策者对损失反应特别敏感,对收益反应较不敏感,决策者是一种不求大利、小心谨慎、较为保守的人。曲线 C 是一条下凸曲线,反映决策者对收益反应特别敏感,对损失反应较为迟钝,属于为谋求高利益敢冒风险的积极进取型的人。曲线 B 是一条直线。此类决策者认为等额的确定收益值和有风险的期望值具有相同的效用,他们在决策时仅仅考虑收益的大小,而不考虑风险。这种效用曲线说明决策者是一种循规蹈矩、按常规办事的人。

(三) 效用准则决策方法

应用效用准则决策,就是通过对各行动方案期望效用值的比较,选出期望效用值最大的方案作为最优的方案。

例 13.13 假如某公司打算生产一种新产品,有两个备选方案:大批量生产和小批量生产。根据市场预测,未来市场销路好的可能性为 0.6,销路不好的可能性为 0.4。若销路好,大批量生产的年利润为 1 000 万元,小批量生产的年利润为 500 万元;若销路不好,大批量生产的年利润为 -500 万元,小批量生产的年利润为 0 元。问该公司应选择哪一种方案。

解 (1) 首先根据题目所给条件,按期望值准则进行决策,决策分析表如表 13.20 所示。

表 13.20　各方案在各种状态下的利润

利润额(万元)　　状态 方案　　概率	销路好 0.6	销路差 0.4	期望利润 (万元)
大批量生产	1 000	-500	400
小批量生产	500	0	300

大批量生产的期望利润比小批量生产多 100 万元,因此应选大批量生产。

(2) 按效用准则进行决策。首先,按 N-M 心理实验去找出效用曲线。该系统中最大收益为 1 000 万元,最小收益为 -500 万元,故令 $U(1\,000)=1$,$U(-500)=0$。假设根据提问结果,找出 -500 万元与 1 000 万元之间的若干个点,得到的效用曲线如图 13.8 所示。

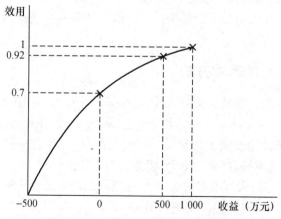

图 13.8　某公司决策者的效用曲线

接着,从效用曲线上找出决策系统中所有收益值对应的效用值,即:$U(1000)=1$, $U(-500)=0$, $U(500)=0.92$, $U(0)=0.7$。

最后,编制效用决策分析表,如表 13.21 所示。

表 13.21 期望效用决策分析表

方案 \ 效用值 \ 概率 \ 状态	销路好 0.6	销路差 0.4	期望效用
大批量生产	1	0	0.6
小批量生产	0.92	0.7	0.832

计算结果表明,采取大批量生产的期望效用值低于采用小批量生产的效用值,于是,选择小批量生产。

两种决策准则的选择结果正好相反。由图 13.8 的效用曲线可知,该公司的决策人员比较保守稳健,因而选择方案时力求降低风险。

第四节 风险决策的敏感性分析

一、敏感性分析的含义

风险决策的关键在于各种自然状态发生的概率是已知的。这些状态的概率或者是根据历史资料估计的,或者是根据主观判断确定的,因此根据这些概率估算的损益值,必然会随着状态概率的变化而变化。这也就是说,一旦状态概率值有了变化,据以确定的决策方案是否依然最优,就是一个值得重新考虑的问题。因此,在决策过程中,就有了解概率值变化对最优方案的选择究竟存在多大影响的必要,而对决策问题作出这样的分析就称为敏感性分析。

敏感性指决策方案中的状态概率发生变化时,原选择方案的期望损益值发生变动的程度,若变动程度大,就是敏感的,若变动程度不大,就是不敏感的。敏感性分析通过分析决策方案的敏感性,确定较为稳定的方案作为决策方案,以减少因自然状态与预期结果不同而造成的决策失误所带来的损失。由于敏感性分析是决策后的分析,因此也称为优化后分析。

二、敏感性分析的基本方法

例 13.14 某公路工程队正面临决定是否在下月开始一项工程建设的问题。如果下月开工,开工后天气好,则当月可顺利完工,获利润 15.2 万元;若天气不好,将造成 12 万元的损失。如果不开始此项工程建设,遇天气好可临时承包一些零星工程,利润估计可达 6.5 万元,若天气不好,什么也不干,将造成 1.2 万元的窝工损失。根据天气预报,下月天气好的概率为 0.65,天气不好的概率为 0.35。试帮助工程队领导做出正确决策。

解 根据已知资料,可画出决策图如图 13.9 所示。

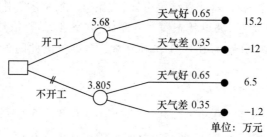

图 13.9　某工程队是否开工的决策树

由于开工的期望利润为 5.68 万元,不开工的期望利润为 3.805 万元,因此根据期望值准则应选方案"开工"。但是,考虑到天气预报经常不准,所以,需进一步进行敏感性分析。令天气好的概率为 0.5,则两个行动方案的数学期望分别为:

开工方案的期望利润值 = $15.2 \times 0.5 + (-12) \times 0.5 = 1.6$(万元)

不开工方案的期润利润值 = $6.5 \times 0.5 + (-1.2) \times 0.5 = 2.65$(万元)

计算结果表明,不开工的期望利润高于开工的,显然这种情况下,不开工是较明智的选择。这表明,开工这个方案对于状态概率的变化比较敏感,采用这一方案要慎重。为了进一步了解所选方案从优势转变为劣势的临界概率(也叫转折概率),令临界概率为 P,然后求解出当两个方案的期望利润值相等时的 P,就得到了临界概率值。即:

开工方案的期望利润值 = $15.2 \times P + (-12) \times (1-P) = 27.2P - 12$

不开工方案的期望利润值 = $6.5 \times P + (-1.2) \times (1-P) = 7.7P - 1.2$

令 $27.2P - 12 = 7.7P - 1.2$,解得 $P = 0.5538$。

即,当 $P > 0.5538$ 时,方案"开工"为可选方案,$P > 0.5538$ 为方案"开工"的优势区域,而 $P < 0.5538$ 是方案"不开工"的优势区域,当 $P < 0.5538$ 时,应选择"不开工"方案。

敏感性分析的主要目的就是找出转折概率及各方案的优势区域,然后将所选的最优方案与其优势区域比较,若最优方案期望值赖以计算的概率与转折概率相差较多,则该方案就是稳定的方案,否则就是敏感的。若所选方案是敏感的,则能否采用还需进一步分析。可以通过增加信息,如提高状态概率的预测精度等重新审定方案,以避免所冒风险太大。

例 13.15　某公司正考虑进行工艺技术改造,有三种方案可供选择,不论采用哪一种方案进行改造,改造成功后对产量提高的影响作用都是一样的。但各方案所需支付的费用不同。表 13.22 是三个方案在各种状态下支付的费用额,试进行决策并对决策的结果进行敏感性分析。

表 13.22　三种行动方案的费用额及期望费用额

费用额(万元)　　状态 　　　概率 方案	自然状态			期望 费用额 (万元)
	θ_1	θ_2	θ_3	
	0.35	0.30	0.35	
A_1	6.5	6.5	6.5	6.5
A_2	3.5	3.5	10.0	5.775
A_3	2.0	5.5	12.0	6.55

解 由表13.22中的资料及计算结果可知,方案A_2的期望费用额最低,因此按期望值准则应选用方案A_2。但是,如果状态概率有变化,方案A_2是否依然为最优?为证实这一点,不妨设θ_1、θ_2和θ_3分别为0.4、0.3和0.3。不难算出此时三个方案的期望费用额为:

$$E(A_1) = 6.5(万元)$$
$$E(A_2) = 3.5 \times 0.4 + 3.5 \times 0.3 + 10 \times 0.3 = 5.45(万元)$$
$$E(A_3) = 2.0 \times 0.4 + 5.5 \times 0.3 + 12 \times 0.3 = 6.05(万元)$$

计算结果仍然是方案A_2最优,但是可以看出,随着状态θ_1发生的概率增加,优势逐渐从方案A_2转向方案A_3。显然需要找出各方案的转折概率和优势区域来。

设P_1、P_2和P_3分别代表状态θ_1、θ_2和θ_3的概率,因为$P_1 + P_2 + P_3 = 1$,所以只要用P_1、P_3两个未知参数就可以了,而$P_2 = 1 - P_1 - P_3$。于是有:

$$E(A_1) = 6.5(万元)$$
$$E(A_2) = 3.5P_1 + 3.5(1 - P_1 - P_3) + 10P_3 = 3.5 + 6.5P_3$$
$$E(A_3) = 2.0P_1 + 5.5(1 - P_1 - P_3) + 12P_3 = 5.5 - 3.5P_1 + 6.5P_3$$

如果最优方案是A_2,则有:

$$\begin{cases} 3.5 + 6.5P_3 < 6.5 \\ 3.5 + 6.5P_3 < 5.5 - 3.5P_1 + 6.5P_3 \end{cases}$$

解上述方程组得:$P_1 < 0.571$,$P_3 < 0.462$。

如果最优方案是A_1,则有:

$$6.5 < 3.5 + 6.5P_3$$
$$6.5 < 5.5 - 3.5P_1 + 6.5P_3$$

解得:$P_3 > 0.462$。

如果最优方案是A_3,则有:

$$5.5 - 3.5P_1 + 6.5P_3 < 6.5$$
$$5.5 - 3.5P_1 + 6.5P_3 < 3.5 + 6.5P_3$$

解得:$P_1 > 0.571$。

因此,有A_1、A_2、A_3的优势区域如图13.10所示。

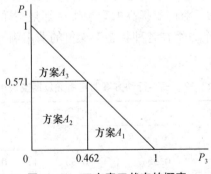

图13.10 三方案三状态的概率

由于所选方案A_2的概率是0.35和0.35,这和临界概率0.571和0.462还有一段距离,因此即使状态概率有些变化也不会影响决策的结果。方案A_2是比较稳定的。

第五节 贝叶斯决策

一、贝叶斯决策的概念

前面所讨论的各种风险决策方法中的状态概率都是根据历史资料或主观估计的方法得到的,都称作先验概率。如果能够通过调查、实验或统计分析取得新的信息,并根据新的信息计算出状态概率,显然能够提高所估计的状态概率的准确性,这种改进了的概率就是后验概率。利用后验概率进行的决策分析称为后验概率决策。由于后验概率的计算方法是著名的贝叶斯定理,因此后验概率决策一般称为贝叶斯决策。

在已经具备了先验概率的条件下,一个完整的贝叶斯决策要经历如下步骤:

(1) 进行后验预分析以决定是否值得搜集补充新资料。因为多数情况下为取得补充的新资料,都必须组织调查或实验活动,需耗费一定的人力、财力和时间,所以在调查前要权衡利弊得失。

(2) 如果后验预分析的结论是值得搜集补充资料,则应通过组织调查或其他方式取得所需资料,并利用贝叶斯定理计算出后验概率。

(3) 用后验概率重新进行决策。

二、后验预分析

后验预分析是在调查之前进行的一种分析,其目的有两个:一是预计调查的各种可能结果,在每种调查结果出现的情况下,选出最优方案;二是通过分析决定是否要进行调查以取得计算后验概率的补充信息。下面通过例题来说明后验预分析的方法。

例 13.16 某化工企业正研制一种新型营养护肤品,并考虑是否正式投产。如果投产获得成功将可获利 80 万元,如果失败则将损失 50 万元,经主观分析认为成功与失败的可能各占一半。根据企业曾组织的一次对新护肤品看法的小型抽样调查资料,假设在认为新护肤品好与不好的顾客中对新护肤品的未来销售前景都存在三种看法,即乐观、折中和悲观。令 Q_i 代表新产品好与不好,X_j 代表对新产品前景的看法,则小型抽样调查所获得的资料如表 13.23 所示。

表 13.23 抽样调查提供的条件概率

条件概率 $P(X_j/Q_i)$ 补充信息 X_j 自然状态 Q_i	调查结果		
	乐观态度 X_1	折中态度 X_2	悲观态度 X_3
新产品好 Q_1	0.8	0.1	0.1
新产品不好 Q_2	0.2	0.1	0.7

假设进行大型的调查费用为 10 万元,要求根据所给资料进行后验预分析。

解 (1) 首先根据已给资料进行先验概率决策分析,分析结果如表 13.24 所示。

表 13.24 先验概率决策分析表

收益(万元) \ 概率 \ 状态 \ 方案	新产品好 Q_1 0.5	新产品不好 Q_2 0.5	期望利润值（万元）
投产 A_1	80	-50	15
不投产 A_2	0	0	0

计算结果表明,应该投产。

（2）根据所给资料利用贝叶斯定理计算后验概率 $P(Q_i/X_j)$,计算过程及结果如表 13.25 所示。

表 13.25 后验概率计算表

X_j	先验概率 $P(Q_i)$	条件概率 $P(X_j/Q_i)$	联合概率 $P(Q_i) \times P(X_j/Q_i)$	边际概率 $P(X_j) = \sum P(Q_i) \times P(X_j/Q_i)$	后验概率 $P(Q_i/X_j)$
乐观	0.5	0.8	0.4	0.4 + 0.1 = 0.5	0.8
X_1	0.5	0.2	0.1		0.2
折中	0.5	0.1	0.05	0.05 + 0.05 = 0.1	0.5
X_2	0.5	0.1	0.05		0.5
悲观	0.5	0.1	0.05	0.05 + 0.35 = 0.4	0.125
X_3	0.5	0.7	0.35		0.875

（3）对各种可能的调查结果进行决策分析。

① 如果出现 X_1,即调查结果为持乐观态度,则进行投产的期望利润为：

$80 \times P(Q_1/X_1) + (-50) \times P(Q_2/X) = 80 \times 0.8 + (-50) \times 0.2 = 54$（万元）

不投产的期望利润为 0,因此决策选定的方案仍然是"投产",与先验概率决策的结论一致。

② 如果出现 X_2,即调查结果为折中态度,则投产的期望利润为：

$80 \times P(Q_1/X_2) + (-50) \times P(Q_2/X_2) = 80 \times 0.5 + (-50) \times 0.5 = 15$（万元）

不投产的期望利润为 0,因此决策的方案仍然是"投产"。

③ 如果出现 X_3,即调查结果为悲观态度,则投产的期望利润为：

$80 \times P(Q_1/X_3) + (-50) \times P(Q_2/X_3) = 80 \times 0.125 + (-50) \times 0.875 = -33.75$（万元）

不投产的期望利润为 0,因此此时应选择的方案是"不投产",预计利润为 0 元。

（4）权衡得失决定是否进行大规模的调查以取得上述补充信息。

首先,计算调查的期望收益,即调查所有可能选择的方案的期望收益的加权平均值,即：

$54 \times P(X_1) + 15 \times P(X_2) + 0 \times P(X_3) = 54 \times 0.5 + 15 \times 0.1 + 0 \times 0.4 = 28.5$（万元）

其次,将调查的期望收益与调查费用相减,得到的差额就是调查的期望净收益：

$$28.5 - 10 = 18.5（万元）$$

由于 18.5 万元高于不做调查的期望收益 15 万元,因此值得进行大规模的调查。

由于后验预分析层次、头绪较多,因此用决策树方法有助于达到廓清思路、辨明层次的效果。上例中整个后验预分析的过程可以用决策树表示,如图 13.11 所示。

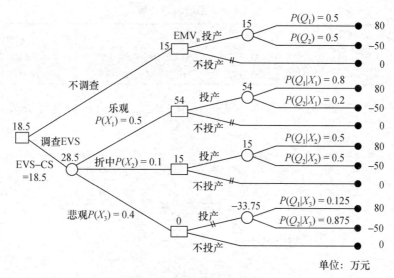

图 13.11 后验预分析决策树

例 13.17 某工厂研制开发了一种新型童车。经过市场分析认为:当新产品销路好时,投产新产品可获利 8 万元,继续生产老产品,将因其他竞争者开发新产品而使老产品滞销,估计将造成 4 万元的亏损;当新产品销路不好时,投产新产品将发生 3 万元的亏损,若不投产新产品,而是将更多的资金发展老产品可获利 10 万元。估计新产品销路好的概率为 0.6,销路差的概率为 0.4。根据过去市场调查的经验知道,市场调查的结果不是完全准确的,表 13.26 所列的是以真实自然状态为条件的各种调查结果的条件概率。例如,当真实自然状态是销路好时,调查结果是销路好的条件概率为 0.8;而真实自然状态是销路差时,调查结果是销路差的条件概率是 0.1;等等。具体各条件概率值请参见表 13.26,试帮助该企业领导进行是否要投产新型童车的后验预分析。

表 13.26 调查结果的条件概率 $P(x_j/Q_i)$

条件概率 $P(x_j/Q_i)$ 状态	调查结果	销路好 x_1	销路不好 x_2	不确定 x_3
销路好 Q_1		0.8	0.1	0.10
销路不好 Q_2		0.1	0.75	0.15

解 (1) 首先计算后验概率 $P(Q_i/x_j)$,如表 13.27 和表 13.28 所示,用以修正先验概率。

表 13.27 联合概率和边际概率计算

调查结果	x_1	x_2	x_3	$P(Q_i)$
$P(Q_1)P(x_j/Q_1)$	$0.8 \times 0.6 = 0.48$	$0.1 \times 0.6 = 0.06$	$0.1 \times 0.6 = 0.06$	0.6
$P(Q_2)P(x_j/Q_2)$	$0.1 \times 0.4 = 0.04$	$0.75 \times 0.4 = 0.3$	$0.15 \times 0.4 = 0.06$	0.4
$P(x_j)$	0.52	0.36	0.12	1.0

表 13.28　后验概率计算

调查结果	x_1	x_2	x_3
$P(Q_1/x_j)$	0.48/0.52 = 0.923	0.06/0.36 = 0.167	0.06/0.12 = 0.5
$P(Q_2/x_j)$	0.04/0.52 = 0.077	0.3/0.36 = 0.833	0.06/0.12 = 0.5

（2）根据表 13.28 的计算结果和题目原有的资料，用决策树进行决策分析，如图 13.12 所示。

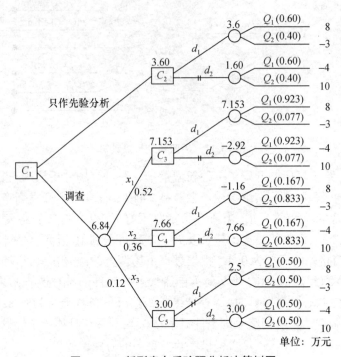

图 13.12　新型童车后验预分析决策树图

从决策树图上可以看出，如果只进行先验分析，按期望值准则应选择方案 d_1，该方案的期望利润值为 3.6 万元。如果进行后验预分析，则可能的期望利润为 6.84 万元，而进行后验预分析带来的净利润为：6.84 − 3.6 = 3.24（万元）。因此，只要调查费用小于 3.24 万元，就有必要进行调查以修正先验概率。

三、贝叶斯决策

如果根据后验预分析结果决定进行调查采集新的补充信息，那么，根据调查结果的新信息重新分析，计算各方案的期望损益值，选择最优行动方案的决策过程就称为贝叶斯决策。

例 13.18　某厂设计出一种新产品，有两种方案可供选择：一是进行批量生产，二是出售专利。这种新产品投放市场，估计有三种可能：畅销、平销、滞销，这三种情况发生的可能性依次估计为：0.2、0.5 和 0.3。不同方案在各种情况下的利润及期望利润如表 13.29 所示。

表 13.29 新产品利润表

利润(万元) 方案	状态 先验概率	畅销 θ_1 0.2	平销 θ_2 0.5	滞销 θ_3 0.3	期望利润 (万元)
批量生产 d_1		80	20	-5	24.5
出售专利 d_2		40	7	1	11.8

假设根据后验预分析决定进行市场前景调查,于是工厂委托专业的市场调查机构调查这种产品的销售前景。调查结果表明,该产品的未来销售状况属于中等。根据以往的资料可知,当真实市场销售状况为平销时,调查对销售前景的预测也是平销的概率为 0.8;当真实市场销售状况为畅销时,调查的预测结果是平销的概率为 0.1;当真实市场销售状况为滞销时,调查的预测结果是平销的概率为 0.2。试根据市场调查机构的调查结果对产品是否批量生产的问题重新进行选择。

解 根据先验概率,按照期望值决策准则做出的选择是批量生产。现在市场调查结果是未来的市场销售前景是平销,因此需利用新的信息重新进行决策分析。

首先计算后验概率如下:令 x_i 为调查的预测结果——"畅销""平销"和"滞销",已知: $P(\theta_1) = 0.2, P(x_2/\theta_1) = 0.1; P(\theta_2) = 0.5, P(x_2/\theta_2) = 0.8; P(\theta_3) = 0.3, P(x_2/\theta_3) = 0.2$,则可计算后验概率 $P(\theta_j/x_2)$ 如下:

$$P(\theta_1/x_2) = \frac{0.2 \times 0.1}{0.2 \times 0.1 + 0.5 \times 0.8 + 0.3 \times 0.2} = 0.042$$

$$P(\theta_2/x_2) = \frac{0.5 \times 0.8}{0.2 \times 0.1 + 0.5 \times 0.8 + 0.3 \times 0.2} = 0.833$$

$$P(\theta_3/x_2) = \frac{0.3 \times 0.2}{0.2 \times 0.1 + 0.5 \times 0.8 + 0.3 \times 0.2} = 0.125$$

于是,根据后验概率重新计算各方案的期望利润,进行决策,计算结果如表 13.30 所示。

表 13.30 后验概率决策分析

利润(万元) 方案	状态 后验概率	畅销 θ_1 0.042	平销 θ_2 0.833	滞销 θ_3 0.125	期望利润
批量生产 d_1		80	20	-5	19.395
出售专利 d_2		40	7	1	7.636

根据后验概率计算结果,仍以批量生产为最优方案。

从以上的例子可以看出,贝叶斯决策与后验预分析的主要不同之处在于,贝叶斯决策只需考虑调查后出现的某种确定的结果,而后验预分析则要考虑调查中所有可能出现的结果。

第六节 完全不确定型决策方法

当我们无法获得对于未来自然状态发生概率的估计值时,未知因素比风险型决策更多,这时可以说我们是在未来情况完全不确定的条件下进行决策,这类决策称为完全不确定型决策或概率未知情况下的决策。

不论面对的自然状态的概率是否已知,决策者都需要有一个从若干方案中做出某种选择的准则。不确定型决策有几种决策的准则,这些准则的应用取决于决策者的经验和性格。

一、乐观决策准则

这种决策准则以对客观情况的乐观估计为基础,决策者对前景充满信心,相信能够实现每一决策的最佳结果,因此其选择方案的标准是"大中取大收益,小中取小亏损"。也就是说,决策者总是假设未来是最理想的自然状态占优势,因此,先选出各自然状态下每个方案的最大收益值,然后再从这些最大收益值中选出最大者,与最大收益值对应的方案就是应选方案。如果方案的付酬值是用亏损额或支付额估计的,则先选出各自然状态下每个方案的最小亏损值,然后从这些最小亏损值中选出最小者,与最小亏损值对应的方案就是应选方案。

例 13.19 设某企业需对一种新产品是否投产进行决策。可供选择的方案、自然状态及可能获得的收益如表 13.31 所示。由于无法获得未来状态发生概率的估计值,试按乐观准则进行决策。

表 13.31 某企业新产品投产的收益表

收益(万元) 状态 方案	自然状态			
	畅销	尚好	较差	滞销
大量生产 a_1	80	40	-30	-70
中等批量 a_2	55	37	-15	-40
小批试产 a_3	31	31	9	-1

解 按"大中取大"准则,先选出每个方案在各自然状态下的最大收益值:

$$\max_{a_1}\{80, 40, -30, -70\} = 80(万元)$$

$$\max_{a_2}\{55, 37, -15, -40\} = 55(万元)$$

$$\max_{a_3}\{31, 31, 9, -1\} = 31(万元)$$

再从最大的收益中选出最大的收益值 80 万元,它所对应的方案是大批量生产,所以应选大批量生产方案为最优方案。

例 13.20 某商业股份有限公司打算改建其商业营业点,表 13.32 是有关的可选择方案、自然状态及相应的改建费用。试采用乐观准则选择最优方案。

表 13.32 某公司商业营业点改建费用

费用(万元) 状态 方案	θ_1	θ_2	θ_3	θ_4
a_1	11	8	8	5
a_2	9	10	7	11
a_3	6	12	10	9
a_4	7	6	9	10

解 按乐观准则先选出每个方案在各自然状态下的最小费用支出额：

$$\min_{a_1}\{11,8,8,5\} = 5(万元)$$

$$\min_{a_2}\{9,10,7,11\} = 7(万元)$$

$$\min_{a_3}\{6,12,10,9\} = 6(万元)$$

$$\min_{a_4}\{7,6,9,10\} = 6(万元)$$

再从最小费用支出额中选出最小的 5 万元,它所对应的方案是 a_1,因此应选择 a_1。

乐观决策准则虽然未考虑自然状态发生的概率,但决策中实际是以最理想状态必然发生为依据进行择优选择,所以实际上隐含了最理想状态发生概率为 1 的假设。当客观情况确实很乐观时,可以采用这一准则。但一旦其他状态发生,就可能发生重大损失。因此,应用乐观准则风险很大,需慎重采用。

二、悲观决策准则

悲观决策准则以对客观情况的保守估计为基础,决策者假设未来是最不理想的状态占优势,因此其选择方案的标准是"小中取大收益,大中取小亏损"。

例 13.21 以例 13.19 的资料采用悲观决策准则决策。

解 依照悲观准则,先选出每个方案在各自然状态下的最小收益值：

$$\min_{a_1}\{80,40,-30,-70\} = -70(万元)$$

$$\min_{a_2}\{55,37,-15,-40\} = -40(万元)$$

$$\min_{a_3}\{31,31,9,-1\} = -1(万元)$$

再从三个最小收益中选出最大者,即"-1",与亏损 1 万元对应的方案是小批量试产,所以选择方案"小批量试产"。

例 13.22 以例 13.20 的资料,采用悲观决策准则选择最优方案。

解 按悲观准则先选出各方案的最大费用支出：

$$\max_{a_1}\{11,8,8,5\} = 11(万元)$$

$$\max_{a_2}\{9,10,7,11\} = 11(万元)$$

$$\max_{a_3}\{6,12,10,9\} = 12(万元)$$

$$\max_{a_4}\{7,6,9,10\} = 10(万元)$$

再从最大的费用额中选出最小的费用额 10 万元,它所对应的方案 a_4 可认为是最优方案。

悲观准则虽未考虑各种自然状态发生的概率,但决策者以最不理想的状态必然发生为依据进行决策,因此隐含着最不理想状态发生概率为 1 的假设。当决策问题的保守性与安全性十分重要,决策者也感到做保守决策比较恰当时,采用悲观准则还是比较有意义的。悲观准则的风险性小,但不能积极地把握机会。

三、乐观系数决策准则

乐观系数决策准则是对乐观决策准则和悲观决策准则进行折中的一种决策准则。

决策者在决策时,既不持极端冒险的乐观态度,也不持极端保守的悲观态度,而是持一种折中的温和态度,这种折中态度通过对未来情况赋予一个乐观系数 α 来体现。α 代表决策者认为最大收益或最小损失会发生的可能性,α 取值区间为 $[0,1]$。具体的决策方法是,利用乐观系数 α 对每一方案的最大收益值和最小收益值进行加权,计算它们的加权平均值:

$$E(a_i) = \alpha \times \max_{a_i}(\nu_{ij}) + (1-\alpha)\min_{a_i}(\nu_{ij})$$

其中,a_i 为第 i 个方案,ν_{ij} 为第 i 个方案在第 j 种自然状态下的收益值,$E(a_i)$ 是各个方案的折中期望收益值。

再从各个 $E(a_i)$ 中选出数值最大者,与其相对应的方案就是决策应选方案。

如果各方案的付酬值是支出额或亏损值,则公式为:

$$E(a_i) = \alpha \times \min_{a_i}\nu_{ij} + (1-\alpha)\max_{a_i}\nu_{ij}$$

其中,ν_{ij} 为第 i 个方案在第 j 种自然状态下的亏损值。

例 13.23 以例 13.19 的资料,假设决策者认为未来市场状态是畅销的可能性较大,应选择乐观系数 0.6。试采用乐观系数准则进行决策。

解 已知 α=0.6,则可得到各方案的折中期望值如下:

$$E(a_1) = 0.6 \times 80 + 0.4 \times (-70) = 20(万元)$$
$$E(a_2) = 0.6 \times 55 + 0.4 \times (-40) = 17(万元)$$
$$E(a_3) = 0.6 \times 31 + 0.4 \times (-1) = 18.2(万元)$$

由于方案 a_1 的折中期望值最大,因此应选大批量生产方案。

例 13.24 以例 13.20 的资料,假设决策者认为乐观系数为 0.4,试采用乐观系数准则进行决策。

$$E(a_1) = 0.4 \times 5 + 0.6 \times 11 = 8.6(万元)$$
$$E(a_2) = 0.4 \times 7 + 0.6 \times 11 = 9.4(万元)$$
$$E(a_3) = 0.4 \times 6 + 0.6 \times 12 = 9.6(万元)$$
$$E(a_4) = 0.4 \times 6 + 0.6 \times 10 = 8.4(万元)$$

在以上各折中期望值中选出最小的,即 8.4 万元,它所对应的是方案 a_4,因此方案 a_4 中选。

四、等可能性决策准则

决策者在对未来事件发生的概率缺乏了解的情况下,没有理由认为哪一种自然状态出现的可能性大些或小些;因此应对各自然状态发生的概率赋予相等的数值,即若有 n 种自然状态,则各自然状态发生的概率均为 $1/n$;并依此计算期望损益值,根据期望值准则择优选择最佳方案,这就是等可能性准则决策方法。

例如,对例 13.19 的资料若按等可能性准则决策,首先要对各自然状态赋予相等的概率值 0.25,然后计算各方案的期望损益值:

$$E(a_1) = 0.25 \times 80 + 0.25 \times 40 + 0.25 \times (-30) + 0.25 \times (-70) = 5(万元)$$
$$E(a_2) = 0.25 \times (55 + 37 - 15 - 40) = 9.25(万元)$$
$$E(a_3) = 0.25 \times (31 + 31 + 9 - 1) = 17.5(万元)$$

最后比较各方案的期望值,按期望值准则抉择。由于在此例中方案 a_3 的期望值最大,因此应选小批试产的方案。

等可能性准则与前面几个准则的不同之处在于,它不仅考虑各种极端情况(最好或最坏)发生的可能,而且顾及中间状态的发生。但此原则假设各自然状态发生的可能性相等,理由并不充分,因而也被称为不充分理由准则。

五、最小的最大后悔值准则

最小的最大后悔值准则简称为后悔值准则。这种决策准则在思路上有些类似悲观决策准则,不过其借以分析比较的付酬值不是损益值,而是机会亏损值(后悔值)。即,从各方案的机会亏损值中选出最大的后悔值,再从中选出最小的后悔值。

例 13.25 试对例 13.19 的资料,按照最小的最大后悔值准则进行决策。

解 首先,根据原始资料编制机会亏损表,结果如表 13.33 所示。

表 13.33 某企业新产品投产的机会亏损表

后悔值(万元) \ 状态 \ 方案	自然状态			
	畅销	尚好	较差	滞销
大量生产 a_1	0	0	39	69
中等批量 a_2	25	3	24	39
小批试产 a_3	49	9	0	0

其次,找出各方案的最大后悔值:

$$\max_{a_1}\{0,0,39,69\} = 69(万元)$$

$$\max_{a_2}\{25,3,24,39\} = 39(万元)$$

$$\max_{a_3}\{49,9,0,0\} = 49(万元)$$

在最大的后悔值中,最小的后悔值所对应的方案是"中等批量生产",因此应选中等批量生产方案。

从例 13.25 的决策结果看到,按乐观准则决策应选大批量生产;按悲观准则决策应选小批量生产;而按后悔值准则决策,所选择的是中等批量生产。三种准则比较起来,后悔值准则更稳妥、不偏颇。

关键术语

决策目标　自然状态　行动方案　付酬表　收益值　亏损值　后悔值　损益矩阵
期望损益值　期望机会亏损值　期望值决策准则　效用决策准则　决策树　先验概率
后验概率　后验预分析　贝叶斯决策　条件概率　敏感性分析　风险型决策
不确定型决策　乐观决策准则　乐观系数决策准则　悲观决策准则
等可能性决策准则　后悔值决策准则

习题

1. 某机械厂拟对其生产的某种机器是否改型以及如何改型做出决策。有三个方案可供选择：方案 d_1，机芯、机壳同时改型；方案 d_2，机芯改型，机壳不改型；方案 d_3，机壳改型，机芯不改型。改型后的机器可能遇到三种自然状态：高需求、中需求和低需求，其费用损失矩阵如下表所示，试分别按照乐观决策准则、悲观决策准则和后悔值决策准则进行决策。

费用额(万元)　　状态　　方案	高需求 θ_1	中需求 θ_2	低需求 θ_3
d_1	0	16.5	21.5
d_2	22.5	0	13.5
d_3	27.5	17.5	0

2. 某企业打算生产一种新型童车，根据分析和估计，各种生产方案及未来各种情况下的收益值如下表所示。

收益值(万元)　　状态　　方案	销路好 θ_1	销路一般 θ_2	销路差 θ_3
大批生产 d_1	30	23	−15
中批量生产 d_2	25	20	0
小批量生产 d_3	12	12	12

（1）试分别用乐观决策准则、悲观决策准则及后悔值决策准则进行决策。

（2）若根据实际情况分析，决定取乐观系数为 0.6，试按乐观系数准则进行决策。

（3）试按等可能性准则进行决策。

3. 某公司对未来 5 年的市场需求作了预测，认为本公司生产的 A 产品市场需求高的概率为 0.3，需求中等的概率为 0.5，需求低的概率为 0.2，可以采用新建厂、扩建老厂或对老厂设备进行技术改造三个方案。有关收益值及投资额如下表所示，问公司采用哪个方案较好。

	高需求 0.3	中需求 0.5	低需求 0.2	投资额
新建	120	40	−30	100
扩建	100	50	0	50
改造	40	30	20	20

4. 某工厂为生产一种新产品而设计了两种建设方案：一个方案是建大厂，大工厂需要投资 500 万元，使用期为 10 年；另一个方案是先建小厂，如果销路好，3 年后再决定是否要扩建，建小厂需投资 300 万元，使用期也是 10 年，扩建需投资 240 万元，扩建后工厂可使用 7 年，扩建后的工厂每年的收益与大厂相同。据估计这种产品销路好的概率为 0.7，销路差的概率为 0.3。建大厂，如销路好，每年可获得利润 120 万元；如销路差，将赔本 50 万元；建小厂，如销路好，每年可获利润 60 万元，如销

路不好,每年获利 40 万元。试利用决策树进行决策。

5. 某建筑公司考虑安排一项工程的开工计划。假设影响工程的唯一因素是天气情况。如能安排开工并按期完工,可获利润 5 万元;但如遇开工后天气不好而拖延工期,则将亏损 1 万元。根据气象资料,估计最近天气好的概率是 0.2,天气不好的概率是 0.8。如果最近不安排开工,则将负担推迟开工的损失费 1 000 元。该公司的目标是获得最多利润,为了进一步分析,公司可以从气象咨询事务所购买气象情报,但这项情报索价 1 000 元。过去的经验表明,该事务所在天气好时预报天气好的可能性为 0.7;在天气坏时预报天气坏的可能性是 0.8。试通过决策分析,确定这项情报是否值得购买。

6. A 城市的报纸发行部门考虑在 B 城市发行报纸。经分析,发行利润主要受两个因素的影响:一是由 A 城到 B 城的运输方式,甲法是用火车运输,乙法是用汽车运输;二是 B 城 50 000 户居民对该报纸的订阅率。根据历史经验并进行分析,得到下表所示的先验概率和收益值。

B 城订户数	订阅率（自然状态）θ_i	先验概率 $P(\theta_i)$	每天利润(元)（策略）	
			甲法	乙法
20 000	0.4	0.3	900	1 200
25 000	0.5	0.5	1 500	1 500
30 000	0.6	0.2	2 200	1 800

为了了解 B 城实际订阅情况,从 B 城 50 000 户居民中随机抽取了 25 户,向他们提供了 A 城报纸样品,其中 14 户表示愿意订阅。试利用样本信息对先验概率进行修正并进行决策。

7. 某儿童玩具厂拟对一种新的玩具是否投产做出决策。第一阶段要考虑是否要试销,第二阶段要考虑是否要向全国推销。根据分析,如果试销,成功与失败的概率各占 0.5;如果不试销就直接向全国推销,成功的概率为 0.4,失败的概率为 0.6。在试销成功时,第二阶段在全国销售成功的概率为 0.8,失败的概率为 0.2;而在试销失败时,第二阶段在全国销售成功的概率仅为 0.1,失败的概率为 0.9。又如,如果在全国销售成功,可获利润 500 万元;如果失败,则亏损 100 万元。若放弃这个计划,不影响企业利润。若第一阶段试销,需投入 10 万元试销费用,请帮助进行决策。

8. 某决策问题由下表表示,试作敏感性分析。

决策方案	自然状态	
	θ_1	θ_2
d_1	80	50
d_2	65	85
d_3	30	100

附录　　Excel 2010 统计函数一览

Excel 2010 的统计工作表函数用于对数据区域进行统计分析。在此，主要列出一些常见的统计函数，详细的使用方法可以参考 Excel 帮助及相关书籍。

AVEDEV(number1,number2,…)
返回一组数据与其平均值的绝对偏差的平均值，该函数可以评测数据的离散度。

AVERAGE(number1,number2,…)
计算所有参数的算术平均值。

BETA.DIST(x,alpha,beta,A,B)
返回贝塔分布累积函数的函数值。

BETA.INV(probability,alpha,beta,A,B)
返回贝塔分布累积函数的逆函数值。

BINOM.DIST(number_s,trials,probability_s,cumulative)
返回二项式分布的累积概率值或概率密度值，如果 cumulative 为 TRUE，EXPONDIST 返回累积分布函数；如果 cumulative 为 FALSE，则返回概率密度函数。

BINOM.INV(trials,probability_s,alpha)
返回使累积二项式分布大于等于临界值的最小值。

CHISQ.DIST(x,deg_freedom,cumulative)
返回卡方分布的累积概率或概率密度值。

CHISQ.DIST.RT(x,degrees_freedom)
返回卡方分布的右尾概率。

CHIISQ.INV(probability,degrees_freedom)
返回卡方分布累积概率的逆函数。

CHIISQ.INV.RT(probability,degrees_freedom)
返回卡方分布右尾概率的逆函数。

CHISQ.TEST (actual_range,expected_range)
返回卡方检验的 p 值。

CONFIDENCE(alpha,standard_dev,size)
返回总体平均值的置信区间，是样本平均值任意一侧的区域。

CORREL(array1,array2)
返回单元格区域 array1 和 array2 之间的相关系数。

COUNT(value1,value2,…)
返回数字参数的个数，可以统计数组或单元格区域中含有数字的单元格个数。

COUNTBLANK(range)
计算某个单元格区域中空白单元格的数目。

COUNTIF(range,criteria)
计算区域中满足给定条件的单元格的个数。

COVARIANCE.P(array1,array2)
返回总体协方差,即每对数据点的偏差乘积的平均数。

COVARIANCE.S(array1,array2)
返回样本协方差,即每对数据点的偏差乘积的平均数。

DEVSQ(number1,number2,…)
返回数据点与各自样本平均值的偏差的平方和。

EXPON.DIST(x,lambda,cumulative)
返回指数分布的累积概率值或概率密度值。

F.DIST(x,deg_freedom1,deg_freedom2,cumulative)
返回 F 分布的累积概率值或概率密度值。

F.DIST.RT(x,degrees_freedom1,degrees_freedom2)
返回 F 分布的右尾 F 概率分布。

F.INV(probability,deg_freedom1,deg_freedom2)
返回左尾 F 概率分布的反函数。

F.INV.RT(probability,deg_freedom1,deg_freedom2)
返回右尾 F 概率分布的反函数。

FISHER(x)
返回点 x 的 Fisher 变换。该变换生成一个近似正态分布而非偏斜的函数,使用此函数可以完成相关系数的假设性检验。

FISHERINV(y)
返回 Fisher 变换的逆函数值。

FORECAST(x,known_y's,known_x's)
根据一条线性回归拟合线返回一个预测值。

FREQUENCY(data_array,bins_array)
以一列垂直数组返回某个区域中数据的频率分布,可以计算出在给定的值域和接收区间内,每个区间包含的数据个数。

F.TEST(array1,array2)
返回两个总体方差齐性 F 检验的结果。

GAMMA.DIST(x,alpha,beta,cumulative)
返回伽玛分布的累积概率值或概率密度值。

GAMMA.INV(probability,alpha,beta)
返回具有给定概率的伽玛分布的区间点,用来研究出现分布偏斜的变量。

GAMMALN(x)
返回伽玛函数的自然对数 $\Gamma(x)$。

GEOMEAN(number1,number2,…)
返回正数数组或数据区域的几何平均值。

GROWTH(known_y's,known_x's,new_x's,const)

给定的数据预测指数增长值。根据已知的 x 值和 y 值,函数 GROWTH 返回一组新的 x 值对应的 y 值。通常使用 GROWTH 函数拟合满足给定 x 值和 y 值的指数曲线。

HARMEAN(number1,number2,⋯)

返回数据集合的调和平均值。

HYPGEOM. DIST(sample_s,number_sample,population_s,number_pop,cumulative)

返回超几何分布的累积概率值或概率密度值。

INTERCEPT(known_y's,known_x's)

利用已知的 x 值和 y 值计算直线与 y 轴的截距。当已知自变量为零时,利用截距可以求得因变量的值。

KURT(number1,number2,⋯)

返回数据集的峰值。

LARGE(array,k)

返回某一数据集中的第 k 个最大值。

LINEST(known_y's,known_x's,const,stats)

使用最小平方方法对已知数据进行最佳直线拟合,并返回描述此直线的数组。

LOGEST(known_y's,known_x's,const,stats)

在回归分析中,计算最符合观测数据组的指数回归拟合曲线,并返回描述该曲线的数组。

LOGINV(probability,mean,standard_dev)

返回 x 的对数正态分布累积函数的逆函数。

LOGNORM. DIST(x,mean,standard_dev)

返回 x 的对数正态分布的累积函数,其中 $\ln(x)$ 是服从参数为 mean 和 standard_dev 的正态分布。使用此函数可以分析经过对数变换的数据。

LOGNORM. INV(probability, mean, standard_dev)

返回 x 的对数累积分布函数的反函数。

MAX(number1,number2,⋯)

返回数据集中的最大数值。

MEDIAN(number1,number2,⋯)

返回给定数值集合的中位数。

MIN(number1,number2,⋯)

返回给定参数表中的最小值。

MODE(number1,number2,⋯)

返回在某一数组或数据区域中的众数。

NEGBINOM. DIST(number_f, number_s, probability_s, cumulative)

返回负二项式分布的累积概率值或概率密度值。

NORM. DIST(x,mean,standard_dev,cumulative)

返回给定平均值和标准偏差的正态分布的累积概率值或密度值。

NORM. INV(probability, mean, standard_dev)
返回一般正态分布累积函数的逆函数。
NORM. S. DIST(z)
返回标准正态分布的累积函数,该分布的平均值为0,标准偏差为1。
NORM. S. INV(probability)
返回标准正态分布累积函数的逆函数,该分布的平均值为0,标准偏差为1。
PEARSON(array1, array2)
返回皮尔逊乘积矩相关系数 r。
PERCENTILE. EXC(array, k)
返回数值区域的 K 百分比数值点,其中 k 为0到1的值,不包含0和1。
PERCENTILE. INC(array, k)
返回数值区域的 K 百分比数值点,其中 k 为0到1的值,包含0和1。
PERCENTRANK. EXC(array, x, significance)
返回某个数值在一个数据集合中的百分比排位,百分比值的范围为0到1(不含0和1)。
PERCENTRANK. INC(array, x, significance)
返回某个数值在一个数据集合中的百分比排位,百分比值的范围为0到1(含0和1)。
PERMUT(number, number_chosen)
返回从给定数目的元素集合中选取的若干元素的排列数。
POISSON. DIST(x, mean, cumulative)
返回泊松分布的累积概率值或概率密度值。
PROB(x_range, prob_range, lower_limit, upper_limit)
返回一概率事件组中落在指定区域内的事件所对应的概率之和。
QUARTILE. EXC(array, quart)
根据0到1的百分点值(不包含0和1)返回数据集的四分位数。
QUARTILE. INC(array, quart)
根据0到1的百分点值(包含0和1)返回数据集的四分位数。
RANK. AVG(number, ref, [order])
返回一个数字在数字列表中的排位:数字的排位是其大小与列表中其他值的比值;如果多个值具有相同的排位,则将返回平均排位。
RANK. EQ(number, ref, [order])
返回一个数字在数字列表中的排位。其大小与列表中的其他值相关。如果多个值具有相同的排位,则返回该组数值的最高排位。
RSQ(known_y's, known_x's)
返回给定数据点的皮尔逊乘积矩相关系数的平方。
SKEW(number1, number2, …)
返回一个分布的不对称度,反映以平均值为中心的分布的不对称程度。

SLOPE(known_y's, known_x's)

返回经过给定数据点的线性回归拟合线方程的斜率。

SMALL(array, k)

返回数据集中第 k 个最小值,从而得到数据集中特定位置上的数值。

STANDARDIZE(x, mean, standard_dev)

返回以 mean 为平均值、以 standard-dev 为标准偏差的分布的正态化数值。

STDEV.P(number1, number2, …)

返回总体的标准偏差。

STDEV.S(number1, number2, …)

返回样本的标准偏差。

STEYX(known_y's, known_x's)

返回通过线性回归法计算 y 预测值时所产生的标准误差。

T.DIST(x, deg_freedom, cumulative)

返回学生 t 分布的累积概率或概率密度值。

T.DIST.2T(x, degrees_freedom)

返回学生 t 分布的双尾百分点(概率)。

T.DIST.RT(x, degrees_freedom)

返回学生 t 分布的右尾百分点(概率)。

T.INV(probability, degrees_freedom)

返回左尾概率和自由度函数的学生 t 分布的 T 值。

T.INV.2T(probability, degrees_freedom)

返回双尾概率和自由度函数的学生 t 分布的 T 值。

T.TEST(array1, array2, tails, type)

返回两个总体均值是否相等的 t 检验的双尾或单尾 p 值。

TREND(known_y's, known_x's, new_x's, const)

返回一条线性回归拟合线的一组纵坐标值(y 值)。

TRIMMEAN(array, percent)

返回数据集的内部平均值。

T.TEST(array1, array2, tails, type)

返回与学生 t 检验相关的概率。

VAR.S(number1, number2, …)

返回样本方差。

VAR.P(number1, number2, …)

返回总体方差。

WEIBULL.DIST(x, alpha, beta, cumulative)

返回韦伯分布的累积分布值或密度值。使用此函数可以进行可靠性分析,如设备的平均无故障时间。

Z.TEST(array, x, sigma)

返回 Z 检验的双尾 p 值。

附表

附表一　正态分布表

$$\Phi(x) = \frac{1}{\sqrt{2\pi}} \int_{-\infty}^{x} e^{-\frac{t^2}{2}} dt \quad (x \geq 0)$$

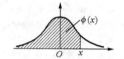

x	0.00	0.01	0.02	0.03	0.04	0.05	0.06	0.07	0.08	0.09	x
0.0	0.5000	0.5040	0.5080	0.5120	0.5160	0.5199	0.5239	0.5279	0.5319	0.5359	0.0
0.1	0.5398	0.5438	0.5478	0.5517	0.5557	0.5596	0.5636	0.5675	0.5714	0.5753	0.1
0.2	0.5793	0.5832	0.5871	0.5910	0.5948	0.5987	0.6026	0.6064	0.6103	0.6141	0.2
0.3	0.6179	0.6217	0.6255	0.6293	0.6331	0.6368	0.6406	0.6443	0.6480	0.6517	0.3
0.4	0.6554	0.6591	0.6628	0.6664	0.6700	0.6736	0.6772	0.6808	0.6844	0.6879	0.4
0.5	0.6915	0.6950	0.6985	0.7019	0.7054	0.7088	0.7123	0.7157	0.7190	0.7224	0.5
0.6	0.7257	0.7291	0.7324	0.7357	0.7389	0.7422	0.7454	0.7486	0.7517	0.7549	0.6
0.7	0.7580	0.7611	0.7642	0.7673	0.7703	0.7734	0.7764	0.7794	0.7823	0.7852	0.7
0.8	0.7881	0.7910	0.7939	0.7967	0.7995	0.8023	0.8051	0.8078	0.8106	0.8133	0.8
0.9	0.8159	0.8186	0.8212	0.8238	0.8264	0.8289	0.8315	0.8340	0.8365	0.8389	0.9
1.0	0.8413	0.8438	0.8461	0.8485	0.8508	0.8531	0.8554	0.8577	0.8599	0.8621	1.0
1.1	0.8643	0.8665	0.8686	0.8708	0.8729	0.8749	0.8770	0.8790	0.8810	0.8830	1.1
1.2	0.8849	0.8869	0.8888	0.8907	0.8925	0.8944	0.8962	0.8980	0.8997	0.90147	1.2
1.3	0.90320	0.90490	0.90658	0.90824	0.90988	0.91140	0.91309	0.91466	0.91621	0.91774	1.3
1.4	0.91924	0.92073	0.92220	0.92364	0.92507	0.92647	0.92785	0.92922	0.93056	0.93189	1.4
1.5	0.93319	0.93448	0.93574	0.93699	0.93822	0.93943	0.94062	0.94179	0.94295	0.94408	1.5
1.6	0.94520	0.94630	0.94738	0.94845	0.94950	0.95053	0.95154	0.95254	0.95352	0.95449	1.6
1.7	0.95543	0.95637	0.95728	0.95818	0.95907	0.95994	0.96080	0.96164	0.96246	0.96327	1.7
1.8	0.96407	0.96485	0.96562	0.96638	0.96712	0.96784	0.96856	0.96926	0.96995	0.97062	1.8
1.9	0.97128	0.97193	0.97257	0.97320	0.97381	0.97441	0.97500	0.97558	0.97615	0.97670	1.9
2.0	0.97725	0.97778	0.97831	0.97882	0.97932	0.97982	0.98030	0.98077	0.98124	0.98169	2.0
2.1	0.98214	0.98257	0.98300	0.98341	0.98382	0.98422	0.98461	0.98600	0.98537	0.98574	2.1
2.2	0.98610	0.98645	0.98679	0.98713	0.98745	0.98778	0.98809	0.98840	0.98870	0.98899	2.2
2.3	0.98928	0.98956	0.98988	0.99010	0.99036	0.99061	0.99086	0.99111	0.99134	0.99158	2.3
2.4	0.99180	0.99202	0.99224	0.99245	0.99266	0.99286	0.99305	0.99324	0.99343	0.99361	2.4
2.5	0.99379	0.99396	0.99413	0.99430	0.99446	0.99461	0.99477	0.99492	0.99506	0.99520	2.5
2.6	0.99534	0.99547	0.99560	0.99573	0.99586	0.99598	0.99609	0.99621	0.99632	0.99643	2.6
2.7	0.99653	0.99664	0.99674	0.99683	0.99693	0.99702	0.99711	0.99720	0.99728	0.99737	2.7
2.8	0.99745	0.99752	0.99760	0.99767	0.99774	0.99781	0.99788	0.99795	0.99801	0.99807	2.8
2.9	0.99813	0.99819	0.99825	0.99831	0.99836	0.99841	0.99846	0.99851	0.99856	0.99861	2.9
3.0	0.99865	0.99869	0.99874	0.99878	0.99882	0.99886	0.99889	0.99893	0.99897	0.99900	3.0
3.1	0.99903	0.99906	0.99910	0.99913	0.99916	0.99918	0.99921	0.99924	0.99926	0.99929	3.1
3.2	0.99931	0.99934	0.99936	0.99938	0.99940	0.99942	0.99944	0.99946	0.99948	0.99950	3.2

(续表)

x	0.00	0.01	0.02	0.03	0.04	0.05	0.06	0.07	0.08	0.09	x
3.3	0.99952	0.99953	0.99955	0.99957	0.99958	0.99960	0.99961	0.99962	0.99964	0.99965	3.3
3.4	0.99966	0.99968	0.99969	0.99970	0.99971	0.99972	0.99973	0.99974	0.99975	0.99976	3.4
3.5	0.99977	0.99978	0.99978	0.99979	0.99980	0.99981	0.99981	0.99982	0.99983	0.99983	3.5
3.6	0.99984	0.99985	0.99985	0.99986	0.99986	0.99987	0.99987	0.99988	0.99988	0.99989	3.6
3.7	0.99989	0.99990	0.99990	0.99990	0.99991	0.99991	0.99992	0.99992	0.99992	0.99992	3.7
3.8	0.99993	0.99993	0.99993	0.99994	0.99994	0.99994	0.99994	0.99995	0.99995	0.99995	3.8
3.9	0.99995	0.99995	0.99996	0.99996	0.99996	0.99996	0.99996	0.99996	0.99997	0.99997	3.9
4.0	0.99997	0.99997	0.99997	0.99997	0.99997	0.99997	0.99998	0.99998	0.99998	0.99998	4.0
4.1	0.99998	0.99998	0.99998	0.99998	0.99998	0.99998	0.99998	0.99998	0.99999	0.99999	4.1
4.2	0.99999	0.99999	0.99999	0.99999	0.99999	0.99999	0.99999	0.99999	0.99999	0.99999	4.1
4.3	0.99999	0.99999	0.99999	0.99999	0.99999	0.99999	0.99999	0.99999	0.99999	0.99999	4.2
4.4	0.99999	0.99999	1.00000	1.00000	1.00000	1.00000	1.00000	1.00000	1.00000	1.00000	4.4

附表二 t 分布双侧百分位数表

$$P[\,|t(n)| > t_\alpha(n)\,] = \alpha$$

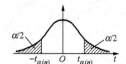

α\n	0.9	0.8	0.7	0.6	0.5	0.4	0.3	0.2	0.1	0.05	0.02	0.01	0.001	α\n
1	0.158	0.325	0.510	0.727	1.000	1.376	1.963	3.078	6.314	12.706	31.821	63.657	636.619	1
2	0.142	0.289	0.445	0.617	0.816	1.061	1.386	1.886	2.920	4.303	6.965	9.925	31.598	2
3	0.137	0.277	0.424	0.584	0.765	0.978	1.250	1.638	2.353	3.182	4.541	5.841	12.924	3
4	0.134	0.271	0.414	0.569	0.741	0.941	1.190	1.533	2.132	2.776	3.747	4.604	8.610	4
5	0.132	0.267	0.408	0.559	0.727	0.920	1.156	1.476	2.015	2.571	3.365	4.032	6.859	5
6	0.131	0.265	0.404	0.553	0.718	0.906	1.134	1.440	1.943	2.447	3.143	3.707	5.959	6
7	0.130	0.263	0.402	0.549	0.711	0.896	1.119	1.415	1.895	2.365	2.998	3.499	5.405	7
8	0.130	0.262	0.399	0.546	0.706	0.889	1.108	1.397	1.860	2.306	2.896	3.355	5.041	8
9	0.129	0.261	0.398	0.543	0.703	0.883	1.100	1.383	1.833	2.262	2.821	3.250	4.781	9
10	0.129	0.260	0.397	0.542	0.700	0.879	1.093	1.372	1.812	2.228	2.764	3.169	4.587	10
11	0.129	0.260	0.396	0.540	0.697	0.876	1.088	1.368	1.796	2.201	2.718	3.106	4.437	11
12	0.128	0.259	0.395	0.539	0.695	0.873	1.083	1.356	1.782	2.179	2.681	3.055	4.318	12
13	0.128	0.259	0.394	0.538	0.694	0.870	1.079	1.350	1.771	2.160	2.650	3.012	4.221	13
14	0.128	0.258	0.393	0.537	0.692	0.868	1.076	1.345	1.761	2.145	2.624	2.977	4.140	14
15	0.128	0.258	0.393	0.536	0.691	0.866	1.074	1.341	1.753	2.131	2.602	2.947	4.073	15
16	0.128	0.258	0.392	0.535	0.690	0.865	1.071	1.337	1.746	2.120	2.583	2.921	4.015	16
17	0.128	0.257	0.392	0.534	0.689	0.863	1.069	1.333	1.740	2.110	2.567	2.898	3.965	17
18	0.127	0.257	0.392	0.534	0.688	0.862	1.067	1.330	1.734	2.101	2.552	2.878	3.922	18
19	0.127	0.257	0.391	0.533	0.688	0.861	1.066	1.328	1.729	2.093	2.539	2.861	3.883	19
20	0.127	0.257	0.391	0.533	0.687	0.860	1.064	1.325	1.725	2.086	2.523	2.845	3.850	20
21	0.127	0.257	0.391	0.532	0.686	0.859	1.063	1.323	1.721	2.080	2.518	2.831	3.819	21
22	0.127	0.256	0.390	0.532	0.686	0.858	1.061	1.321	1.717	2.074	2.508	2.819	3.792	22
23	0.127	0.256	0.390	0.532	0.685	0.858	1.060	1.319	1.714	2.069	2.500	2.807	3.767	23
24	0.127	0.256	0.390	0.531	0.685	0.857	1.059	1.318	1.711	2.064	2.492	2.797	3.745	24
25	0.127	0.256	0.390	0.531	0.684	0.856	1.058	1.316	1.708	2.060	2.485	2.787	3.725	25
26	0.127	0.256	0.390	0.531	0.684	0.856	1.058	1.315	1.706	2.056	2.479	2.779	3.707	26
27	0.127	0.256	0.389	0.531	0.684	0.855	1.057	1.314	1.703	2.052	2.473	2.771	3.690	27
28	0.127	0.256	0.389	0.530	0.683	0.855	1.056	1.313	1.701	2.048	2.467	2.763	3.674	28
29	0.127	0.256	0.389	0.530	0.683	0.854	1.055	1.311	1.699	2.045	2.462	2.756	3.659	29
30	0.127	0.256	0.389	0.530	0.683	0.854	1.055	1.310	1.697	2.042	2.457	2.750	3.646	30
40	0.126	0.255	0.388	0.529	0.681	0.851	1.050	1.303	1.684	2.021	2.423	2.704	3.551	40
60	0.126	0.254	0.387	0.527	0.679	0.848	1.046	1.296	1.671	2.000	2.390	2.660	3.460	60
120	0.126	0.254	0.386	0.526	0.677	0.845	1.041	1.289	1.658	1.980	2.358	2.617	3.373	120
∞	0.126	0.253	0.385	0.524	0.674	0.842	1.036	1.282	1.645	1.960	2.326	2.576	3.291	∞

附表三 χ^2 分布上侧百分位数表

$$P[\chi^2(n) > \chi_\alpha^2(n)] = \alpha$$

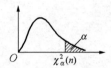

α \ n	0.995	0.99	0.975	0.95	0.90	0.80	0.20	0.10	0.05	0.025	0.01	0.005	0.001	α \ n
1	0.0000	0.0002	0.0010	0.0039	0.0158	0.0642	1.642	2.706	3.841	5.024	6.635	7.879	10.828	1
2	0.0100	0.0201	0.0506	0.103	0.211	0.446	3.219	4.605	5.991	7.378	9.210	10.597	13.816	2
3	0.072	0.115	0.216	0.352	0.584	1.005	4.642	6.251	7.815	9.348	11.345	12.838	16.266	3
4	0.207	0.297	0.484	0.711	1.064	1.649	5.989	7.779	9.488	11.143	12.277	14.860	18.467	4
5	0.412	0.554	0.831	1.145	1.610	2.343	7.289	9.236	11.070	12.833	15.068	16.750	20.515	5
6	0.676	0.872	1.237	1.635	2.204	3.070	8.558	10.645	12.592	14.449	16.812	18.548	22.458	6
7	0.989	1.239	1.690	2.167	2.833	3.822	9.803	12.017	14.067	16.013	18.475	20.278	24.322	7
8	1.344	1.646	2.180	2.733	3.490	4.594	11.030	13.362	15.507	17.535	20.090	21.955	26.125	8
9	1.735	2.088	2.700	3.325	4.168	5.380	12.242	14.684	16.919	19.023	21.666	23.589	27.877	9
10	2.156	2.558	3.247	3.940	4.865	6.479	13.442	15.987	18.307	20.483	23.209	25.188	29.588	10
11	2.603	3.053	3.816	4.575	5.578	6.989	14.631	17.275	19.675	21.920	24.725	26.757	31.264	11
12	3.074	3.571	4.404	5.226	6.304	7.807	15.812	18.549	21.026	23.337	26.217	28.299	32.909	12
13	3.565	4.107	5.009	5.892	7.042	8.634	16.985	19.812	22.362	24.736	27.688	29.819	34.528	13
14	4.075	4.660	5.629	6.571	7.790	9.467	18.151	21.064	23.685	26.119	29.141	31.319	36.123	14
15	4.601	5.229	6.262	7.261	8.547	10.307	19.311	22.307	24.996	27.488	30.578	32.801	37.697	15
16	5.142	5.812	6.908	7.962	9.312	11.152	20.465	23.542	26.296	28.845	32.000	34.267	39.252	16
17	5.697	6.408	7.564	8.672	10.085	12.002	21.615	24.769	27.587	30.191	33.409	35.718	40.790	17
18	6.265	7.015	8.231	9.390	10.865	12.857	22.760	25.989	28.869	31.526	34.805	37.156	42.312	18
19	6.844	7.633	8.907	10.117	11.651	13.716	23.900	27.204	30.114	32.852	36.191	38.582	43.820	19
20	7.434	8.260	9.591	10.851	12.443	14.578	25.038	28.412	31.410	34.170	37.566	39.997	45.315	20
21	8.034	8.897	10.283	11.591	13.240	15.445	29.171	29.615	32.671	35.479	38.932	41.401	46.797	21
22	8.643	9.542	10.982	12.338	14.041	16.314	27.301	30.813	33.924	36.781	40.289	42.796	48.268	22
23	9.260	10.196	11.689	13.091	14.848	17.187	28.429	32.007	35.172	38.076	41.638	44.181	49.728	13
24	9.886	10.856	12.401	13.848	15.659	18.062	29.553	33.196	36.415	39.364	42.980	45.559	51.179	24
25	10.520	11.524	13.120	14.611	16.473	18.940	30.675	34.382	37.652	40.646	44.314	46.928	52.618	25
26	11.160	12.198	13.844	15.379	17.292	19.820	31.795	35.563	38.885	41.923	45.642	48.290	54.052	26
27	11.808	12.879	14.573	16.151	18.114	20.703	32.912	36.741	40.113	43.194	46.963	49.645	55.476	27
28	12.461	13.565	15.308	16.928	18.939	21.588	34.027	37.916	41.337	44.461	48.278	50.993	56.893	28
29	13.121	14.256	16.047	17.708	19.768	22.475	35.139	39.087	42.557	45.722	49.588	52.336	58.301	29
30	13.787	14.953	16.791	18.493	20.599	23.364	36.250	40.256	43.773	46.979	50.892	53.672	59.703	30

附表四 F 分布上侧百分位数表

$$P\{F(n_1,n_2) > F_\alpha(n_1,n_2)\} = \alpha$$

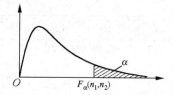

					$\alpha = 0.10$				
n_2 \ n_1	1	2	3	4	5	6	7	8	9
1	39.86	49.50	53.59	55.83	57.24	58.20	58.91	59.44	59.86
2	8.53	9.00	9.16	9.24	9.29	9.33	9.35	9.37	9.389
3	5.54	5.46	5.39	5.34	5.31	5.28	5.27	5.25	5.24
4	4.54	4.32	4.19	4.11	4.05	4.01	3.98	3.95	3.94
5	4.06	3.78	3.62	3.52	3.45	3.40	3.37	3.34	3.32
6	3.78	3.46	3.29	3.18	3.11	3.05	3.01	2.98	2.96
7	3.59	3.26	3.07	2.96	2.88	2.83	2.78	2.75	2.72
8	3.46	3.11	2.92	2.81	2.73	2.67	2.62	2.59	2.56
9	3.36	3.01	2.81	2.69	2.61	2.55	2.51	2.47	2.44
10	3.29	2.92	2.73	2.61	2.52	2.46	2.41	2.38	2.35
11	3.23	2.86	2.66	2.54	2.45	2.39	2.34	2.30	2.27
12	3.18	2.81	2.61	2.48	2.39	2.33	2.28	2.24	2.21
13	3.14	2.76	2.56	2.43	2.35	2.28	2.23	2.20	2.16
14	3.10	2.73	2.52	2.39	2.31	2.24	2.19	2.15	2.12
15	3.07	2.70	2.49	2.36	2.27	2.21	2.16	2.12	2.09
16	3.05	2.67	2.46	2.33	2.24	2.18	2.13	2.09	2.06
17	3.03	2.64	2.44	2.31	2.22	2.15	2.10	2.06	2.03
18	3.01	2.62	2.42	2.29	2.20	2.13	2.08	2.04	2.00
19	2.99	2.61	2.40	2.27	2.18	2.11	2.06	2.02	1.98
20	2.97	2.59	2.38	2.25	2.16	2.09	2.04	2.00	1.96
21	2.96	2.57	2.36	2.23	2.14	2.08	2.02	1.98	1.95
22	2.95	2.56	2.35	2.22	2.13	2.06	2.01	1.97	1.93
23	2.94	2.55	2.34	2.21	2.11	2.05	1.99	1.95	1.92
24	2.93	2.54	2.33	2.19	2.10	2.04	1.98	1.94	1.91
25	2.92	2.53	2.32	2.18	2.09	2.02	1.97	1.93	1.89
26	2.91	2.52	2.31	2.17	2.08	2.01	1.96	1.92	1.88
27	2.90	2.51	2.30	2.17	2.07	2.00	1.95	1.91	1.87
28	2.89	2.50	2.29	2.16	2.06	2.00	1.94	1.90	1.87
29	2.89	2.50	2.28	2.15	2.06	1.99	1.93	1.89	1.86
30	2.88	2.49	2.28	2.14	2.05	1.98	1.93	1.88	1.85
40	2.84	2.44	2.23	2.09	2.00	1.93	1.87	1.83	1.79
60	2.79	2.39	2.18	2.08	1.95	1.87	1.82	1.77	1.74
120	2.75	2.35	2.13	1.99	1.90	1.82	1.77	1.72	1.68
∞	2.71	2.30	2.08	1.94	1.85	1.77	1.72	1.67	1.63

(续表)

$\alpha = 0.10$

n_2 \ n_1	10	12	15	20	24	30	40	60	120	∞
1	60.19	60.71	61.22	61.74	62.00	62.26	62.53	62.79	63.06	63.33
2	9.39	9.41	9.42	9.44	9.45	9.46	9.47	9.47	9.48	9.49
3	5.23	5.22	5.20	5.18	5.18	5.17	5.16	5.15	5.14	5.13
4	3.92	3.90	3.87	3.84	3.83	3.82	3.80	3.70	3.78	3.76
5	3.30	3.27	3.24	3.21	3.19	3.17	3.16	3.14	3.12	3.10
6	2.94	2.90	2.87	2.84	2.82	2.80	2.78	2.76	2.74	2.72
7	2.70	2.67	2.63	2.59	2.58	2.56	2.54	2.51	2.49	2.47
8	2.54	2.50	2.46	2.42	2.40	2.38	2.36	2.34	2.32	2.29
9	2.42	2.38	2.34	2.30	2.28	2.25	2.23	2.21	2.18	2.16
10	2.32	2.28	2.24	2.20	2.18	2.16	2.13	2.11	2.08	2.06
11	2.25	2.21	2.17	2.12	2.10	2.08	2.05	2.03	2.00	1.97
12	2.19	2.15	2.10	2.06	2.04	2.01	1.99	1.96	1.93	1.90
13	2.14	2.10	2.05	2.01	1.98	1.96	1.93	1.90	1.88	1.85
14	2.10	2.05	2.01	1.96	1.94	1.91	1.89	1.86	1.83	1.80
15	2.06	2.02	1.97	1.92	1.90	1.87	1.85	1.82	1.79	1.76
16	2.03	1.99	1.94	1.89	1.87	1.84	1.81	1.78	1.75	1.72
17	2.00	1.96	1.91	1.86	1.84	1.81	1.78	1.75	1.72	1.69
18	1.98	1.93	1.89	1.84	1.81	1.78	1.75	1.72	1.69	1.66
19	1.96	1.91	1.86	1.81	1.79	1.76	1.73	1.70	1.67	1.63
20	1.94	1.89	1.84	1.79	1.77	1.74	1.71	1.68	1.64	1.61
21	1.92	1.87	1.83	1.78	1.75	1.72	1.69	1.66	1.62	1.59
22	1.90	1.86	1.81	1.76	1.73	1.70	1.67	1.64	1.60	1.57
23	1.89	1.84	1.80	1.74	1.72	1.69	1.66	1.62	1.59	1.55
24	1.88	1.83	1.78	1.73	1.70	1.67	1.64	1.61	1.57	1.53
25	1.87	1.82	1.77	1.72	1.69	1.66	1.63	1.59	1.56	1.52
26	1.86	1.81	1.76	1.71	1.68	1.65	1.61	1.58	1.54	1.50
27	1.85	1.80	1.75	1.70	1.67	1.64	1.60	1.57	1.53	1.49
28	1.84	1.79	1.74	1.69	1.66	1.63	1.59	1.56	1.52	1.48
29	1.83	1.78	1.73	1.68	1.65	1.62	1.58	1.55	1.51	1.57
30	1.82	1.77	1.72	1.67	1.64	1.61	1.57	1.54	1.50	1.46
40	1.76	1.71	1.66	1.61	1.57	1.54	1.51	1.57	1.42	1.38
60	1.71	1.66	1.60	1.54	1.51	1.48	1.44	1.40	1.35	1.29
120	1.65	1.60	1.55	1.48	1.45	1.41	1.37	1.32	1.26	1.19
∞	1.60	1.55	1.49	1.42	1.38	1.34	1.30	1.24	1.17	1.00

（续表）

n_2 \ n_1	\multicolumn{9}{c}{$\alpha = 0.05$}

n_2 \ n_1	1	2	3	4	5	6	7	8	9
1	161.4	199.5	215.7	224.6	230.2	234.0	236.8	238.9	240.5
2	18.51	19.00	19.16	19.25	19.30	19.33	19.35	19.37	19.38
3	10.13	9.55	9.28	9.12	9.01	8.94	8.89	8.85	8.81
4	7.71	6.94	6.59	6.39	6.26	6.16	6.09	6.04	6.00
5	6.61	5.79	5.41	5.19	5.05	4.95	4.88	4.82	4.77
6	5.99	5.14	4.76	4.53	4.39	4.28	4.21	4.15	4.10
7	5.59	4.74	4.35	4.12	3.97	3.87	3.79	3.73	3.68
8	5.32	4.46	4.07	3.84	3.69	3.58	3.50	3.44	3.39
9	5.12	4.26	3.86	3.63	3.48	3.37	3.29	3.23	3.18
10	4.96	4.10	3.71	3.48	3.33	3.22	3.14	3.07	3.02
11	4.84	3.98	3.59	3.36	3.20	3.09	3.01	2.95	2.90
12	4.75	3.89	3.49	3.26	3.11	3.00	2.91	2.85	2.80
13	4.67	3.81	3.41	3.18	3.03	2.92	2.83	2.77	2.71
14	4.60	3.74	3.34	3.11	2.96	2.85	2.76	2.70	2.65
15	4.54	3.68	3.29	3.06	2.90	2.79	2.71	2.64	2.59
16	4.49	3.63	3.24	3.01	2.85	2.74	2.66	2.59	2.54
17	4.45	3.59	3.20	2.96	2.81	2.70	2.61	2.55	2.49
18	4.41	3.55	3.16	2.93	2.77	2.66	2.58	2.51	2.46
19	4.38	3.52	3.13	2.90	2.74	2.63	2.54	2.48	2.42
20	4.35	3.49	3.10	2.87	2.71	2.60	2.51	2.45	2.39
21	4.32	3.47	3.07	2.84	2.68	2.57	2.49	2.42	2.37
22	4.30	3.44	3.05	2.82	2.66	2.55	2.46	2.40	2.34
23	4.28	3.42	3.03	2.80	2.64	2.53	2.44	2.37	2.32
24	4.26	3.40	3.01	2.78	2.62	2.51	2.42	2.36	2.30
25	4.24	3.39	2.99	2.76	2.60	2.49	2.40	2.34	2.28
26	4.23	3.37	2.98	2.74	2.59	2.47	2.39	2.32	2.27
27	4.21	3.35	2.96	2.73	2.57	2.46	2.37	2.31	2.25
28	4.20	3.34	2.95	2.71	2.56	2.45	2.36	2.29	2.24
29	4.18	3.33	2.93	2.70	2.55	2.43	2.35	2.28	2.22
30	4.17	3.32	2.92	2.69	2.53	2.42	2.33	2.27	2.21
40	4.08	3.23	2.84	2.61	2.45	2.34	2.25	2.18	2.12
60	4.06	3.15	2.76	2.53	2.37	2.25	2.17	2.10	2.04
120	3.92	3.07	2.68	2.45	2.29	2.17	2.09	2.02	1.96
∞	3.84	3.00	2.60	2.37	2.21	2.10	2.01	1.94	1.88

(续表)

$\alpha = 0.05$

n_2 \ n_1	10	12	15	20	24	30	40	60	120	∞
1	241.9	243.9	245.9	248.0	249.1	250.1	251.1	252.2	253.3	254.3
2	19.40	19.41	19.43	19.45	19.45	19.46	19.47	19.48	19.49	19.50
3	8.79	8.74	8.70	8.66	8.64	8.62	8.59	8.57	8.55	8.53
4	5.96	5.91	5.86	5.80	5.77	5.75	5.72	5.69	5.66	5.63
5	4.74	4.68	4.62	4.56	4.53	4.50	4.46	4.43	4.40	4.36
6	4.06	4.00	3.94	3.87	3.84	3.81	3.77	3.74	3.70	3.67
7	3.64	3.57	3.51	3.44	3.41	3.38	3.34	3.30	3.27	3.23
8	3.35	3.28	3.22	3.15	3.12	3.08	3.04	3.01	2.97	2.93
9	3.14	3.07	3.01	2.94	2.90	2.86	2.83	2.79	2.75	2.71
10	2.98	2.91	2.85	2.77	2.74	2.70	2.66	2.62	2.58	2.54
11	2.85	2.79	2.72	2.65	2.61	2.57	2.53	2.49	2.45	2.40
12	2.75	2.69	2.62	2.54	2.51	2.47	2.43	2.38	2.34	2.30
13	2.67	2.60	2.53	2.46	2.42	2.38	2.34	2.30	2.25	2.21
14	2.60	2.53	2.46	2.39	2.35	2.31	2.27	2.22	2.18	2.13
15	2.54	2.48	2.40	2.33	2.29	2.25	2.20	2.16	2.11	2.07
16	2.49	2.42	2.35	2.28	2.24	2.19	2.15	2.11	2.06	2.01
17	2.45	2.38	2.31	2.23	2.19	2.15	2.10	2.06	2.01	1.96
18	2.41	2.34	2.27	2.19	2.15	2.11	2.06	2.02	1.97	1.92
19	2.38	2.31	2.23	2.16	2.11	2.07	2.03	1.98	1.93	1.88
20	2.35	2.28	2.20	2.12	2.08	2.04	1.99	1.95	1.90	1.84
21	2.32	2.25	2.18	2.10	2.05	2.01	1.96	1.92	1.87	1.81
22	2.30	2.23	2.15	2.07	2.03	1.98	1.94	1.89	1.84	1.78
23	2.27	2.20	2.13	2.05	2.01	1.96	1.91	1.86	1.81	1.76
24	2.25	2.18	2.11	2.03	1.98	1.94	1.89	1.84	1.79	1.73
25	2.24	2.16	2.09	2.01	1.96	1.92	1.87	1.82	1.77	1.71
26	2.22	2.15	2.07	1.99	1.95	1.90	1.85	1.80	1.75	1.69
27	2.20	2.13	2.06	1.97	1.93	1.88	1.84	1.79	1.73	1.67
28	2.19	2.12	2.04	1.96	1.91	1.87	1.82	1.77	1.71	1.65
29	2.18	2.10	2.03	1.94	1.90	1.85	1.81	1.75	1.70	1.64
30	2.16	2.09	2.01	1.93	1.89	1.84	1.79	1.74	1.68	1.62
40	2.08	2.00	1.92	1.84	1.79	1.74	1.69	1.64	1.58	1.51
60	1.99	1.92	1.84	1.75	1.70	1.65	1.59	1.53	1.47	1.39
120	1.91	1.83	1.75	1.66	1.61	1.55	1.50	1.43	1.35	1.25
∞	1.83	1.75	1.67	1.57	1.52	1.46	1.39	1.32	1.22	1.00

(续表)

$\alpha = 0.01$

$n_2 \backslash n_1$	1	2	3	4	5	6	7	8	9
1	4 052	4 999.5	5 403	5 625	5 764	5 859	5 928	5 982	6 022
2	98.50	90.00	99.17	99.25	99.30	99.33	99.36	99.37	99.39
3	34.12	30.82	29.46	28.71	28.24	27.91	27.67	27.49	27.35
4	21.20	18.00	16.69	15.98	15.53	15.21	14.98	14.80	14.66
5	16.26	13.27	12.06	11.39	10.97	10.67	10.46	10.29	10.16
6	13.75	10.92	9.78	9.15	8.75	8.47	8.26	8.10	7.98
7	12.25	9.55	8.45	7.85	7.45	7.19	6.99	6.84	6.72
8	11.26	8.65	7.59	7.01	6.63	1.37	6.18	6.03	5.91
9	10.56	8.02	6.99	6.42	6.06	5.80	5.61	5.47	5.35
10	10.04	7.56	6.55	5.99	5.64	5.39	5.20	5.06	4.94
11	9.65	7.21	6.22	5.67	5.32	5.07	4.89	4.74	4.63
12	9.33	6.93	5.95	5.41	5.06	4.82	4.64	4.50	4.39
13	9.07	6.70	5.74	5.21	4.86	4.62	4.44	4.30	4.19
14	8.86	6.51	5.56	5.04	4.69	4.46	4.28	4.14	4.03
15	8.68	6.36	5.42	4.89	4.56	4.32	4.14	4.00	3.89
16	8.53	6.23	1.29	4.77	4.44	4.20	4.03	3.89	3.78
17	8.40	6.11	5.18	4.67	4.34	4.10	3.93	3.79	3.68
18	8.29	6.01	5.09	4.58	4.25	4.01	3.84	3.71	3.60
19	8.18	5.93	5.01	4.50	4.17	3.94	3.77	3.63	3.52
20	8.10	5.85	4.94	4.43	4.10	3.87	3.70	3.56	3.46
21	8.02	5.78	4.87	4.37	4.04	3.81	3.64	3.51	3.40
22	7.95	5.72	4.83	4.31	3.99	3.76	3.59	3.45	3.35
23	7.88	5.66	4.76	4.26	3.94	3.71	3.54	3.41	3.30
24	7.82	5.61	4.72	4.22	3.90	3.67	3.50	3.30	3.26
25	7.77	5.57	4.68	4.18	3.85	3.63	3.46	3.32	3.22
26	7.72	5.52	4.64	4.14	3.82	3.59	3.42	3.29	3.18
27	7.68	5.49	4.60	4.11	3.78	3.56	3.39	3.26	3.15
28	7.64	5.45	4.57	4.07	3.75	3.53	3.36	3.23	3.12
29	7.60	5.42	4.54	4.04	3.73	3.50	3.33	3.20	3.09
30	7.56	5.39	4.51	4.02	3.70	3.47	3.30	3.17	3.07
40	7.31	5.18	4.31	3.83	3.51	3.29	3.12	2.99	2.89
60	7.08	4.98	4.13	3.65	3.34	3.12	2.95	2.82	2.72
120	6.85	4.79	3.95	3.48	3.17	2.96	2.79	2.66	2.56
∞	6.63	4.61	3.78	3.32	3.02	2.80	2.64	2.51	2.41

（续表）

$\alpha = 0.01$

n_2 \ n_1	10	12	15	20	24	30	40	60	120	∞
1	6 056	6 106	6 157	6 200	6 235	6 261	6 287	6 313	6 339	6 366
2	99.40	99.42	99.43	99.45	99.46	99.47	99.47	99.48	99.49	99.50
3	27.23	27.05	26.87	26.69	26.60	26.50	26.41	26.32	26.22	26.13
4	14.55	14.37	14.20	14.02	13.93	13.84	13.75	13.65	13.56	13.46
5	10.05	9.89	9.72	9.55	9.47	9.38	9.29	9.20	9.11	9.02
6	7.87	7.72	7.56	7.40	7.31	7.23	7.14	7.06	6.97	6.88
7	6.62	6.47	6.31	6.16	6.07	5.99	5.91	5.82	5.74	5.65
8	5.81	5.67	5.52	5.36	5.28	5.20	5.12	5.03	4.95	4.86
9	5.26	5.11	4.96	4.81	4.73	4.65	4.57	4.48	4.40	4.31
10	4.85	4.71	4.56	4.41	4.33	4.25	4.17	4.08	4.00	3.91
11	4.54	4.40	4.25	4.10	4.02	3.94	3.86	3.78	3.69	3.60
12	4.30	4.16	4.01	3.86	3.78	3.70	3.62	3.54	3.45	3.36
13	4.10	3.96	3.82	3.66	3.59	3.51	3.43	3.34	3.25	3.17
14	3.94	3.80	3.66	3.51	3.43	3.35	3.27	3.18	3.09	3.00
15	3.80	3.67	3.52	3.37	3.29	3.21	3.13	3.05	2.96	2.87
16	3.69	3.55	3.41	3.26	3.18	3.10	3.02	2.93	2.84	2.75
17	3.59	3.46	3.31	3.16	3.08	3.00	2.92	2.83	2.75	2.65
18	3.51	3.37	3.23	3.08	3.00	2.92	2.84	2.75	2.66	2.57
19	3.43	3.30	3.15	3.00	2.92	2.84	2.76	2.67	2.58	2.49
20	3.37	3.23	3.09	2.94	2.86	2.78	2.69	2.61	2.52	2.42
21	3.31	3.17	3.03	2.88	2.80	2.72	2.64	2.55	2.46	2.36
22	3.26	3.12	2.98	2.83	2.75	2.67	2.53	2.50	2.40	2.31
23	3.21	3.07	2.93	2.78	2.70	2.62	2.54	2.45	2.35	2.26
24	3.17	3.03	2.89	2.74	2.66	2.58	2.49	2.40	2.31	2.21
25	3.13	2.99	2.85	2.70	2.62	2.54	2.45	2.36	2.27	2.17
26	3.09	2.96	2.81	2.66	2.58	2.50	2.42	2.33	2.23	2.13
27	3.06	2.93	2.78	2.63	2.55	2.47	2.38	2.29	2.20	2.10
28	3.03	2.90	2.75	2.60	2.52	2.44	2.35	2.26	2.17	2.06
29	3.00	2.87	2.73	2.57	2.49	2.41	2.33	2.23	2.14	2.03
30	2.98	2.84	2.70	2.55	2.47	2.39	2.30	2.21	2.11	2.01
40	2.80	2.66	2.52	2.37	2.29	2.20	2.11	2.02	1.92	1.80
60	2.63	2.50	2.35	2.20	2.12	2.03	1.94	1.84	1.73	1.60
120	2.47	2.34	2.19	2.03	1.95	1.86	1.76	1.66	1.53	1.38
∞	2.32	2.18	2.04	1.88	1.79	1.70	1.59	1.47	1.32	1.00

(续表)

$\alpha = 0.025$

n_2 \ n_1	1	2	3	4	5	6	7	8	9
1	647.8	799.5	864.2	899.6	921.8	937.1	948.2	956.7	963.3
2	38.51	39.00	39.17	39.25	39.30	39.33	39.36	39.37	39.39
3	17.44	16.04	15.44	15.10	14.88	14.73	14.62	14.54	14.47
4	12.22	10.65	9.98	9.60	9.36	9.20	9.07	8.98	8.90
5	10.01	8.43	7.76	7.39	7.15	6.98	6.85	6.76	6.68
6	8.81	7.26	6.60	6.23	5.99	5.82	5.70	5.60	5.52
7	8.07	6.54	5.89	5.52	5.29	5.12	4.99	4.90	4.82
8	7.57	6.06	5.42	5.05	4.82	4.65	4.53	4.43	4.36
9	7.21	5.71	5.03	4.72	4.48	4.32	4.20	4.10	4.03
10	6.94	5.46	4.83	4.47	4.24	4.07	3.95	3.85	3.78
11	6.72	5.26	4.63	4.28	4.04	3.88	3.76	3.66	3.59
12	6.55	5.10	4.42	4.12	3.89	3.73	3.61	3.51	3.44
13	6.41	4.97	4.35	4.00	3.77	3.60	3.48	3.39	3.31
14	6.30	4.86	4.24	3.89	3.66	3.50	3.38	3.29	3.21
15	6.20	4.77	4.15	3.80	3.58	3.41	3.29	3.20	3.12
16	6.12	4.69	4.08	3.73	3.50	3.34	3.22	3.12	3.05
17	6.01	4.62	4.01	3.66	3.44	3.28	3.16	3.06	2.98
18	5.98	4.56	3.95	3.61	3.38	3.22	3.10	3.01	2.93
19	5.92	4.51	3.90	3.56	3.33	3.17	3.05	2.96	2.88
20	5.87	4.46	3.86	3.51	3.29	3.13	3.01	2.91	2.84
21	5.83	4.42	3.82	3.48	3.25	3.09	2.97	2.87	2.80
22	5.79	4.38	3.78	3.44	3.22	3.05	2.93	2.84	2.76
23	5.75	4.35	3.75	3.41	3.18	3.02	2.90	2.81	2.73
24	5.72	4.32	3.72	3.38	3.15	2.99	2.87	2.78	2.70
25	5.69	4.29	3.69	3.35	3.13	2.97	2.85	2.75	2.68
26	5.66	4.27	3.67	3.33	3.10	2.94	2.82	2.73	2.65
27	5.63	4.24	3.65	3.31	3.08	2.92	2.80	2.71	2.63
28	5.61	4.22	3.63	3.29	3.06	2.90	2.78	2.69	2.61
29	5.59	4.20	3.61	3.27	3.04	2.88	2.76	2.67	2.59
30	5.57	4.18	3.59	3.25	3.03	2.87	2.75	2.65	2.57
40	5.42	4.05	3.46	3.13	2.90	2.74	2.62	2.53	2.45
60	5.29	3.93	3.34	3.01	2.79	2.63	2.51	2.41	2.33
120	5.15	3.80	3.23	2.89	2.67	2.52	2.39	2.30	2.22
∞	5.02	3.69	3.12	2.79	2.57	2.41	2.29	2.19	2.11

(续表)

$\alpha = 0.025$

n_2 \ n_1	10	12	15	20	24	30	40	60	120	∞
1	968.6	976.7	984.9	993.1	997.2	1 001	1 006	1 010	1 014	1 018
2	39.40	39.41	39.43	39.45	39.46	39.46	39.47	39.48	39.49	39.50
3	14.42	14.34	14.25	14.17	14.12	14.08	14.04	13.99	13.95	13.90
4	8.84	8.75	8.66	8.56	8.51	8.46	8.41	8.36	8.31	8.26
5	6.62	6.52	6.43	6.33	6.28	6.23	6.18	6.12	6.07	6.02
6	5.46	5.37	5.27	5.17	5.12	5.07	5.01	4.96	4.90	4.85
7	4.76	4.67	4.57	4.47	4.42	4.36	4.31	4.25	4.20	4.14
8	4.30	4.20	4.10	4.00	3.95	3.89	3.84	3.78	3.73	3.67
9	3.96	3.87	3.77	3.67	3.61	3.56	3.51	3.45	3.39	3.33
10	3.72	3.62	3.52	3.42	3.37	3.31	3.26	3.20	3.14	3.08
11	3.53	3.43	3.33	3.23	3.17	3.12	3.06	3.00	2.94	2.88
12	3.37	3.28	3.18	3.07	3.02	2.96	2.91	2.85	2.79	2.72
13	3.25	3.15	3.05	2.95	2.89	2.84	2.78	2.72	2.66	2.60
14	3.15	3.05	2.95	2.84	2.79	2.73	2.67	2.61	2.55	2.49
15	3.06	2.96	2.86	2.76	2.70	2.64	2.59	2.52	2.46	2.40
16	2.99	2.89	2.79	2.68	2.63	2.57	2.51	2.45	2.38	2.32
17	2.92	2.82	2.72	2.62	2.56	2.50	2.44	2.38	2.32	2.25
18	2.87	2.77	2.67	2.56	2.50	2.44	2.38	2.32	2.26	2.19
19	2.82	2.72	2.62	2.51	2.45	2.39	2.33	2.27	2.20	2.13
20	2.77	2.68	2.57	2.46	2.41	2.35	2.29	2.22	2.16	2.09
21	2.73	2.64	2.53	2.42	2.37	2.31	2.25	2.18	2.11	2.04
22	2.70	2.60	2.50	2.39	2.33	2.27	2.21	2.14	2.08	2.00
23	2.67	2.57	2.47	2.36	2.30	2.24	2.18	2.11	2.04	1.97
24	2.64	2.54	2.44	2.33	2.27	2.21	2.15	2.08	2.01	1.94
25	2.61	2.51	2.41	2.30	2.24	2.18	2.12	2.05	1.98	1.91
26	2.59	2.49	2.39	2.28	2.22	2.16	2.09	2.03	1.95	1.88
27	2.57	2.47	2.36	2.25	2.19	2.13	2.07	2.00	1.93	1.85
28	2.55	2.45	2.34	2.23	2.17	2.11	2.05	1.98	1.91	1.83
29	2.53	2.43	2.32	2.21	2.15	2.09	2.03	1.96	1.89	1.81
30	2.51	2.41	2.31	2.20	2.14	2.07	2.01	1.94	1.87	1.79
40	2.39	2.29	2.18	2.07	2.01	1.94	1.88	1.80	1.72	1.64
60	2.27	2.17	2.06	1.94	1.88	1.82	1.74	1.67	1.58	1.48
120	2.16	2.05	1.94	1.82	1.76	1.69	1.61	1.53	1.43	1.31
∞	2.05	1.94	1.83	1.71	1.64	1.57	1.48	1.39	1.27	1.00

附表五 泊松分布表

表中列出了 $\sum_{i=0}^{\kappa} \dfrac{\lambda^i e^{-\lambda}}{i!}$ 的值

κ \ λ	0.1	0.2	0.3	0.4	0.5	0.6	0.7	0.8
0	0.90484	0.81873	0.74082	0.67032	0.60653	0.54881	0.49659	0.44933
1	0.99532	0.98248	0.96306	0.93845	0.90980	0.87810	0.84420	0.80879
2	0.99985	0.99885	0.99640	0.99207	0.98561	0.97789	0.96586	0.95258
3	1.00000	0.99994	0.99972	0.99922	0.99825	0.99764	0.99425	0.99092
4		1.00000	0.99997	0.99994	0.99983	0.99961	0.99921	0.99859
5			1.00000	1.00000	0.99999	0.99996	0.99991	0.99982
6					1.00000	1.00000	0.99999	0.99998
7							1.00000	1.00000

κ \ λ	0.9	1.0	1.2	1.4	1.6	1.8	2.0
0	0.40657	0.36788	0.30119	0.24660	0.20190	0.16530	0.13534
1	0.77248	0.73576	0.66263	0.59183	0.52493	0.46284	0.40601
2	0.93714	0.91970	0.87949	0.83350	0.78336	0.73062	0.67668
3	0.98854	0.98101	0.96623	0.94627	0.92119	0.89129	0.85712
4	0.99766	0.99634	0.99225	0.98575	0.97632	0.96359	0.94735
5	0.99966	0.99941	0.99850	0.99680	0.99396	0.98962	0.98344
6	0.99996	0.99992	0.99975	0.99938	0.99866	0.99743	0.99547
7	1.00000	0.99999	0.99996	0.99989	0.99974	0.99944	0.99890
8		1.00000	0.99999	0.99998	0.99995	0.99989	0.99976
9			1.00000	1.00000	0.99999	0.99998	0.99995
10					1.00000	1.00000	0.99999
11							1.00000

κ \ λ	2.5	3.0	3.5	4.0	4.5	5.0
0	0.08208	0.04979	0.03020	0.01832	0.01111	0.00674
1	0.28730	0.19915	0.13589	0.09158	0.06110	0.04043
2	0.54381	0.42319	0.32085	0.23810	0.17358	0.12465
3	0.75758	0.64723	0.53663	0.43347	0.35230	0.26503
4	0.89118	0.81526	0.72544	0.62884	0.54210	0.44049
5	0.95798	0.91608	0.85761	0.78513	0.70293	0.61596
6	0.98581	0.96649	0.93471	0.88933	0.83105	0.76218
7	0.99575	0.98810	0.97326	0.94887	0.91341	0.86663
8	0.99886	0.99620	0.99013	0.97864	0.95974	0.93191
9	0.99972	0.99890	0.99668	0.99187	0.98291	0.96817
10	0.99994	0.99971	0.99898	0.99716	0.99333	0.98630
11	0.99999	0.99993	0.99971	0.99908	0.99760	0.99455
12	1.00000	0.99998	0.99992	0.99973	0.99919	0.99798
13		1.00000	0.99998	0.99992	0.99975	0.99930
14			1.00000	0.99998	0.99993	0.99977
15				1.00000	0.99998	0.99993
16					0.99999	0.99998
17					1.00000	0.99999
18						1.00000

附表六 二项分布表

$$P\{r\} = \frac{n!}{r!(n-r)!}p^r q^{n-r}$$

n	r	p=0.05	0.10	0.15	0.20	0.25	0.30	0.35	0.40	0.45	0.50
1	0	0.9500	0.9000	0.8500	0.8000	0.7500	0.7000	0.6500	0.6000	0.5500	0.5000
	1	0.0500	0.1000	0.1500	0.2000	0.2500	0.3000	0.3500	0.4000	0.4500	0.5000
2	0	0.9025	0.8100	0.7225	0.6400	0.5625	0.4900	0.4225	0.3600	0.3025	0.2500
	1	0.0950	0.1800	0.2550	0.3200	0.3750	0.4200	0.4550	0.4800	0.4950	0.5000
	2	0.0025	0.0100	0.0225	0.0400	0.0625	0.0900	0.1225	0.1600	0.2025	0.2500
3	0	0.8574	0.7290	0.6141	0.5120	0.4219	0.3430	0.2746	0.2160	0.1664	0.1250
	1	0.1354	0.2430	0.3251	0.3840	0.4219	0.4410	0.4436	0.4320	0.4084	0.3750
	2	0.0071	0.0270	0.0574	0.0960	0.1406	0.1890	0.2389	0.2880	0.3341	0.3750
	3	0.0001	0.0010	0.0034	0.0080	0.0156	0.0270	0.0429	0.0640	0.0911	0.1250
4	0	0.8145	0.6561	0.5220	0.4096	0.3164	0.2401	0.1785	0.1296	0.0915	0.0625
	1	0.1715	0.2916	0.3685	0.4096	0.4219	0.4116	0.3845	0.3456	0.2995	0.2500
	2	0.0135	0.0486	0.0975	0.1536	0.2109	0.2646	0.3105	0.3456	0.3675	0.3750
	3	0.0005	0.0036	0.0115	0.0256	0.0469	0.0756	0.1115	0.1536	0.2005	0.2500
	4	0.0000	0.0001	0.0005	0.0016	0.0039	0.0081	0.0150	0.0256	0.0410	0.0625
5	0	0.7738	0.5905	0.4437	0.3277	0.2373	0.1681	0.1160	0.0778	0.0503	0.0312
	1	0.2036	0.3280	0.3915	0.4096	0.3955	0.3602	0.3124	0.2592	0.2059	0.1562
	2	0.0214	0.0729	0.1382	0.2048	0.2637	0.3087	0.3364	0.3456	0.3369	0.3125
	3	0.0011	0.0081	0.0244	0.0512	0.0879	0.1323	0.1811	0.2304	0.2757	0.3125
	4	0.0000	0.0004	0.0022	0.0064	0.0146	0.0284	0.0488	0.0768	0.1128	0.1562
	5	0.0000	0.0000	0.0001	0.0003	0.0010	0.0024	0.0053	0.0102	0.0185	0.0312
6	0	0.7351	0.5314	0.3771	0.2621	0.1780	0.1176	0.0754	0.0467	0.0277	0.0156
	1	0.2321	0.3543	0.3993	0.3932	0.3560	0.3025	0.2437	0.1866	0.1359	0.0938
	2	0.0305	0.0984	0.1762	0.2458	0.2966	0.3241	0.3280	0.3110	0.2780	0.2344
	3	0.0021	0.0146	0.0415	0.0819	0.1318	0.1852	0.2355	0.2765	0.3032	0.3125
	4	0.0001	0.0012	0.0055	0.0154	0.0330	0.0595	0.0951	0.1382	0.1861	0.2344
	5	0.0000	0.0001	0.0004	0.0015	0.0044	0.0102	0.0205	0.0369	0.0609	0.0938
	6	0.0000	0.0000	0.0000	0.0001	0.0002	0.0007	0.0018	0.0041	0.0083	0.0156
7	0	0.6983	0.4783	0.3206	0.2097	0.1335	0.0824	0.0490	0.0280	0.0152	0.0078
	1	0.2573	0.3720	0.3960	0.3670	0.3115	0.2471	0.1848	0.1306	0.0872	0.0547
	2	0.0406	0.1240	0.2097	0.2753	0.3115	0.3177	0.2985	0.2613	0.2140	0.1641
	3	0.0036	0.0230	0.0617	0.1147	0.1730	0.2269	0.2679	0.2903	0.2918	0.2734
	4	0.0002	0.0026	0.0109	0.0287	0.0577	0.0972	0.1442	0.1935	0.2388	0.2734

（续表）

n	r	p									
		0.05	0.10	0.15	0.20	0.25	0.30	0.35	0.40	0.45	0.50
	5	0.0000	0.0002	0.0012	0.0043	0.0115	0.0250	0.0466	0.0774	0.1172	0.1641
	6	0.0000	0.0000	0.0001	0.0004	0.0013	0.0036	0.0084	0.0172	0.0320	0.0547
	7	0.0000	0.0000	0.0000	0.0000	0.0001	0.0002	0.0006	0.0016	0.0037	0.0078
8	0	0.6634	0.4305	0.2725	0.1678	0.1002	0.0576	0.0319	0.0168	0.0084	0.0039
	1	0.2793	0.3826	0.3847	0.3355	0.2670	0.1977	0.1373	0.0896	0.0548	0.0312
	2	0.0515	0.1488	0.2376	0.2936	0.3115	0.2065	0.2587	0.2090	0.1569	0.1094
	3	0.0054	0.0331	0.0839	0.1468	0.2076	0.2541	0.2786	0.2787	0.2568	0.2188
	4	0.0004	0.0046	0.0185	0.0459	0.0865	0.1361	0.1875	0.2322	0.2627	0.2734
	5	0.0000	0.0004	0.0026	0.0092	0.0231	0.0467	0.0808	0.12S9	0.1719	0.2188
	6	0.0000	0.0000	0.0002	0.0011	0.0038	0.0100	0.0217	0.0413	0.0403	0.1094
	7	0.0000	0.0000	0.0000	0.0001	0.0004	0.0012	0.0033	0.0079	0.0164	0.0312
	8	0.0000	0.0000	0.0000	0.0000	0.0000	0.0001	0.0002	0.0007	0.0017	0.0039
9	0	0.6302	0.3874	0.2316	0.1342	0.0751	0.0404	0.0207	0.0101	0.0046	0.0020
	1	0.2986	0.3874	0.3679	0.3020	0.2253	0.1556	0.1004	0.0605	0.0339	0.0176
	2	0.0629	0.1722	0.2597	0.3020	0.3003	0.2668	0.2162	0.1612	0.1110	0.0703
	3	0.0077	0.0446	0.1069	0.1762	0.2336	0.2668	0.2716	0.2508	0.2119	0.1641
	4	0.0006	0.0074	0.0283	0.0661	0.1168	0.1715	0.2194	0.2508	0.2600	0.2461
	5	0.0000	0.0008	0.0050	0.0165	0.0389	0.0735	0.1181	0.1672	0.2128	0.2461
	6	0.0000	0.0001	0.0006	0.0028	0.0087	0.0210	0.0424	0.0743	0.1160	0.1641
	7	0.0000	0.0000	0.0000	0.0003	0.0012	0.0039	0.0098	0.0212	0.0407	0.0703
	8	0.0000	0.0000	0.0000	0.0000	0.0001	0.0004	0.0013	0.0035	0.0083	0.0176
	9	0.0000	0.0000	0.0000	0.0000	0.0000	0.0000	0.0001	0.0003	0.0008	0.0020
10	0	0.5987	0.3487	0.1969	0.1074	0.0563	0.0282	0.0135	0.0060	0.0025	0.0010
	1	0.3151	0.3874	0.3474	0.2684	0.1877	0.1211	0.0725	0.0403	0.0207	0.0098
	2	0.0746	0.1937	0.2759	0.3020	0.2816	0.2335	0.1757	0.1209	0.0763	0.0439
	3	0.0105	0.0574	0.1298	0.2013	0.2503	0.2668	0.2522	0.2150	0.1665	0.1172
	4	0.0010	0.0112	0.0401	0.0881	0.1460	0.2001	0.2377	0.2508	0.2384	0.2051
	5	0.0001	0.0015	0.0085	0.0264	0.0584	0.1029	0.1536	0.2007	0.2340	0.2461
	6	0.0000	0.0001	0.0012	0.0055	0.0162	0.0368	0.0689	0.1115	0.1596	0.2051
	7	0.0000	0.0000	0.0001	0.0008	0.0031	0.0090	0.0212	0.0425	0.0746	0.1172
	8	0.0000	0.0000	0.0000	0.0001	0.0004	0.0014	0.0043	0.0106	0.0229	0.0439
	9	0.0000	0.0000	0.0000	0.0000	0.0000	0.0001	0.0005	0.0016	0.0042	0.0098
	10	0.0000	0.0000	0.0000	0.0000	0.0000	0.0000	0.0000	0.0001	0.0003	0.0010

(续表)

n	r	\\ p	0.05	0.10	0.15	0.20	0.25	0.30	0.35	0.40	0.45	0.50
11	0		0.5688	0.3138	0.1673	0.0859	0.0422	0.0198	0.0088	0.0036	0.0014	0.0005
	1		0.3293	0.3835	0.3248	0.2362	0.1549	0.0932	0.0518	0.0266	0.0125	0.0054
	2		0.0867	0.2131	0.2866	0.2953	0.2581	0.1998	0.1395	0.0887	0.0513	0.0269
	3		0.0187	0.0710	0.1517	0.2215	0.2581	0.2568	0.2254	0.1774	0.1259	0.0806
	4		0.0014	0.0158	0.0536	0.1107	0.1721	0.2201	0.2428	0.2365	0.2060	0.1611
	5		0.0001	0.0025	0.0132	0.0388	0.0803	0.1321	0.1830	0.2207	0.2360	0.2256
	6		0.0000	0.0003	0.0023	0.0097	0.0268	0.0566	0.0985	0.1471	0.1931	0.2256
	7		0.0000	0.0000	0.0003	0.0017	0.0064	0.0173	0.0379	0.0701	0.1128	0.1611
	8		0.0000	0.0000	0.0000	0.0002	0.0011	0.0037	0.0102	0.0234	0.0462	0.0806
	9		0.0000	0.0000	0.0000	0.0000	0.0001	0.0005	0.0018	0.0052	0.0126	0.0269
	10		0.0000	0.0000	0.0000	0.0000	0.0000	0.0000	0.0002	0.0007	0.0021	0.0054
	11		0.0000	0.0000	0.0000	0.0000	0.0000	0.0000	0.0000	0.0000	0.0002	0.0005
12	0		0.5404	0.2824	0.1422	0.0687	0.0317	0.0138	0.0057	0.0022	0.0008	0.0002
	1		0.3413	0.3766	0.3012	0.2062	0.1267	0.0712	0.0368	0.0174	0.0075	0.0029
	2		0.0988	0.2301	0.2924	0.2835	0.2323	0.1678	0.1088	0.0639	0.0339	0.0161
	3		0.0173	0.0852	0.1720	0.2362	0.2581	0.2397	0.1954	0.1419	0.0923	0.0537
	4		0.0021	0.0213	0.0683	0.1329	0.1936	0.2311	0.2367	0.2128	0.1700	0.1208
	5		0.0002	0.0038	0.0193	0.0532	0.1032	0.1585	0.2039	0.2270	0.2225	0.1934
	6		0.0000	0.0005	0.0040	0.0155	0.0401	0.0792	0.1281	0.1766	0.2124	0.2256
	7		0.0000	0.0000	0.0006	0.0033	0.0115	0.0291	0.0591	0.1009	0.1489	0.1934
	8		0.0000	0.0000	0.0001	0.0005	0.0024	0.0078	0.0199	0.0420	0.0762	0.1208
	9		0.0000	0.0000	0.0000	0.0001	0.0004	0.0015	0.0048	0.0125	0.0277	0.0537
	10		0.0000	0.0000	0.0000	0.0000	0.0000	0.0002	0.0008	0.0025	0.0068	0.0161
	11		0.0000	0.0000	0.0000	0.0000	0.0000	0.0000	0.0001	0.0003	0.0010	0.0029
	12		0.0000	0.0000	0.0000	0.0000	0.0000	0.0000	0.0000	0.0000	0.0001	0.0002
13	0		0.5133	0.2542	0.1209	0.0550	0.0238	0.0097	0.0037	0.0013	0.0004	0.0001
	1		0.3512	0.3672	0.2774	0.1787	0.1029	0.0540	0.0259	0.0113	0.0045	0.0016
	2		0.1109	0.2448	0.2937	0.2680	0.2059	0.1388	0.0836	0.0453	0.0220	0.0095
	3		0.0214	0.0997	0.1900	0.2457	0.2517	0.2181	0.1651	0.1107	0.0660	0.0349
	4		0.0028	0.0277	0.0838	0.1535	0.2097	0.2337	0.2222	0.1845	0.1350	0.0873
	5		0.0003	0.0055	0.0266	0.0691	0.1258	0.1803	0.2154	0.2214	0.1989	0.1571
	6		0.0000	0.0008	0.0063	0.0230	0.0559	0.1030	0.1546	0.1968	0.2169	0.2095
	7		0.0000	0.0001	0.0011	0.0058	0.0186	0.0442	0.0833	0.1312	0.1775	0.2095
	8		0.0000	0.0001	0.0001	0.0011	0.0047	0.0142	0.0336	0.0656	0.1089	0.1571
	9		0.0000	0.0000	0.0000	0.0001	0.0009	0.0034	0.0101	0.0243	0.0495	0.0873

（续表）

n	r	p									
		0.05	0.10	0.15	0.20	0.25	0.30	0.35	0.40	0.45	0.50
	10	0.0000	0.0000	0.0000	0.0000	0.0001	0.0006	0.0022	0.0065	0.0162	0.0349
	11	0.0000	0.0000	0.0000	0.0000	0.0000	0.0001	0.0003	0.0012	0.0036	0.0095
	12	0.0000	0.0000	0.0000	0.0000	0.0000	0.0000	0.0000	0.0001	0.0005	0.0016
	13	0.0000	0.0000	0.0000	0.0000	0.0000	0.0000	0.0000	0.0000	0.0000	0.0001
14	0	0.4877	0.2288	0.1028	0.0440	0.0178	0.0068	0.0024	0.0008	0.0002	0.0001
	1	0.3593	0.3559	0.2639	0.1539	0.0832	0.0407	0.0181	0.0073	0.0027	0.0009
	2	0.1229	0.2570	0.2912	0.2501	0.1802	0.1134	0.0634	0.0317	0.0141	0.0056
	3	0.0259	0.1142	0.2056	0.2501	0.2402	0.1943	0.1366	0.0845	0.0462	0.0222
	4	0.0037	0.0349	0.0998	0.1720	0.2202	0.2290	0.2022	0.1549	0.1040	0.0611
	5	0.0004	0.0078	0.0352	0.0860	0.1466	0.1963	0.2178	0.2066	0.1701	0.1222
	6	0.0000	0.0013	0.0093	0.0322	0.0734	0.1262	0.1759	0.2066	0.2088	0.1833
	7	0.0000	0.0002	0.0019	0.0092	0.0280	0.0618	0.1082	0.1574	0.1952	0.2095
	8	0.0000	0.0000	0.0003	0.0020	0.0082	0.0232	0.0510	0.0918	0.1398	0.1833
	9	0.0000	0.0000	0.0000	0.0003	0.0018	0.0066	0.0183	0.0408	0.0762	0.1222
	10	0.0000	0.0000	0.0000	0.0000	0.0003	0.0014	0.0049	0.0136	0.0312	0.0611
	11	0.0000	0.0000	0.0000	0.0000	0.0000	0.0002	0.0010	0.0033	0.0093	0.0222
	12	0.0000	0.0000	0.0000	0.0000	0.0000	0.0000	0.0001	0.0005	0.0019	0.0056
	13	0.0000	0.0000	0.0000	0.0000	0.0000	0.0000	0.0000	0.0001	0.0002	0.0009
	14	0.0000	0.0000	0.0000	0.0000	0.0000	0.0000	0.0000	0.0000	0.0000	0.0001
15	0	0.4633	0.2059	0.0874	0.0352	0.0134	0.0047	0.0016	0.0005	0.0001	0.0000
	1	0.3658	0.3432	0.2312	0.1319	0.0668	0.0305	0.0126	0.0047	0.0016	0.0005
	2	0.1348	0.2669	0.2856	0.2309	0.1559	0.0916	0.0476	0.0219	0.0090	0.0038
	3	0.0307	0.1285	0.2184	0.2501	0.2252	0.1700	0.1110	0.0634	0.0318	0.0139
	4	0.0049	0.0428	0.1156	0.1876	0.2252	0.2186	0.1792	0.1268	0.0780	0.0417
	5	0.0006	0.0105	0.0449	0.1032	0.1651	0.2061	0.2123	0.1859	0.1404	0.0916
	6	0.0000	0.0019	0.0132	0.0430	0.0917	0.1472	0.1906	0.2066	0.1914	0.1527
	7	0.0000	0.0003	0.0030	0.0138	0.0393	0.0811	0.1319	0.1771	0.2013	0.1964
	8	0.0000	0.0000	0.0009	0.0035	0.0131	0.0348	0.0710	0.1181	0.1647	0.1964
	9	0.0000	0.0000	0.0001	0.0007	0.0034	0.0116	0.0298	0.0612	0.1048	0.1527
	10	0.0000	0.0000	0.0000	0.0001	0.0007	0.0030	0.0096	0.0245	0.0515	0.0916
	11	0.0000	0.0000	0.0000	0.0000	0.0001	0.0006	0.0024	0.0074	0.0191	0.0417
	12	0.0000	0.0000	0.0000	0.0000	0.0000	0.0001	0.0004	0.0016	0.0052	0.0139
	13	0.0000	0.0000	0.0000	0.0000	0.0000	0.0000	0.0001	0.0003	0.0010	0.0032
	14	0.0000	0.0000	0.0000	0.0000	0.0000	0.0000	0.0000	0.0000	0.0001	0.0005
	15	0.0000	0.0000	0.0000	0.0000	0.0000	0.0000	0.0000	0.0000	0.0000	0.0000

(续表)

n	r	\\ p	0.05	0.10	0.15	0.20	0.25	0.30	0.35	0.40	0.45	0.50
16	0		0.4401	0.1853	0.0743	0.0281	0.0100	0.0033	0.0010	0.0003	0.0001	0.0000
	1		0.3706	0.3294	0.2097	0.1126	0.0535	0.0228	0.0087	0.0030	0.0009	0.0002
	2		0.1463	0.2745	0.2775	0.2111	0.1336	0.0732	0.0353	0.0150	0.0056	0.0018
	3		0.0359	0.1423	0.2285	0.2463	0.2079	0.1465	0.0888	0.0468	0.0215	0.0085
	4		0.0061	0.0514	0.1311	0.2001	0.2252	0.2040	0.1553	0.1014	0.0572	0.0278
	5		0.0008	0.0137	0.0555	0.1201	0.1802	0.2099	0.2008	0.1623	0.1123	0.0667
	6		0.0001	0.0028	0.0180	0.0550	0.1101	0.1649	0.1982	0.1983	0.1684	0.1222
	7		0.0000	0.0004	0.0045	0.0197	0.0524	0.1010	0.1524	0.1889	0.1969	0.1746
	8		0.0000	0.0001	0.0009	0.0055	0.0197	0.0487	0.0923	0.1417	0.1812	0.1964
	9		0.0000	0.0000	0.0001	0.0012	0.0058	0.0185	0.0442	0.0840	0.1318	0.1746
	10		0.0000	0.0000	0.0000	0.0002	0.0014	0.0056	0.0167	0.0392	0.0755	0.1222
	11		0.0000	0.0000	0.0000	0.0000	0.0002	0.0013	0.0049	0.0142	0.0337	0.0667
	12		0.0000	0.0000	0.0000	0.0000	0.0000	0.0002	0.0011	0.0040	0.0115	0.0278
	13		0.0000	0.0000	0.0000	0.0000	0.0000	0.0000	0.0002	0.0008	0.0029	0.0085
	14		0.0000	0.0000	0.0000	0.0000	0.0000	0.0000	0.0000	0.0001	0.0005	0.0018
	15		0.0000	0.0000	0.0000	0.0000	0.0000	0.0000	0.0000	0.0000	0.0001	0.0002
	16		0.0000	0.0000	0.0000	0.0000	0.0000	0.0000	0.0000	0.0000	0.0000	0.0000
17	0		0.4181	0.1668	0.0631	0.0225	0.0075	0.0023	0.0007	0.0002	0.0000	0.0000
	1		0.3741	0.3150	0.1893	0.0957	0.0426	0.0169	0.0060	0.0019	0.0005	0.0001
	2		0.1575	0.2800	0.2673	0.1914	0.1136	0.0581	0.0260	0.0102	0.0035	0.0010
	3		0.0415	0.1556	0.2359	0.2393	0.1893	0.1245	0.0701	0.0341	0.0144	0.0052
	4		0.0076	0.0605	0.1457	0.2093	0.2209	0.1868	0.1320	0.0796	0.0411	0.0182
	5		0.0010	0.0175	0.0668	0.1316	0.1914	0.2081	0.1849	0.1379	0.0875	0.0472
	6		0.0001	0.0039	0.0236	0.0680	0.1276	0.1784	0.1991	0.1839	0.1432	0.0944
	7		0.0000	0.0007	0.0065	0.0267	0.0668	0.1201	0.1685	0.1927	0.1841	0.1484
	8		0.0000	0.0001	0.0014	0.0084	0.0279	0.0644	0.1134	0.1606	0.1883	0.1855
	9		0.0000	0.0000	0.0003	0.0021	0.0093	0.0276	0.0611	0.1070	0.1540	0.1855
	10		0.0000	0.0000	0.0000	0.0004	0.0025	0.0095	0.0263	0.0571	0.1008	0.1484
	11		0.0000	0.0000	0.0000	0.0001	0.0005	0.0026	0.0090	0.0242	0.0525	0.0944
	12		0.0000	0.0000	0.0000	0.0000	0.0001	0.0006	0.0024	0.0081	0.0215	0.0472
	13		0.0000	0.0000	0.0000	0.0000	0.0000	0.0001	0.0005	0.0021	0.0068	0.0182
	14		0.0000	0.0000	0.0000	0.0000	0.0000	0.0000	0.0001	0.0004	0.0016	0.0052

（续表）

| n | r | \multicolumn{10}{c}{p} |
		0.05	0.10	0.15	0.20	0.25	0.30	0.35	0.40	0.45	0.50
	15	0.0000	0.0000	0.0000	0.0000	0.0000	0.0000	0.0000	0.0001	0.0003	0.0010
	16	0.0000	0.0000	0.0000	0.0000	0.0000	0.0000	0.0000	0.0000	0.0000	0.0001
	17	0.0000	0.0000	0.0000	0.0000	0.0000	0.0000	0.0000	0.0000	0.0000	0.0000
18	0	0.3972	0.1501	0.0536	0.0180	0.0056	0.0016	0.0004	0.0001	0.0000	0.0000
	1	0.3763	0.3002	0.1704	0.0811	0.0338	0.0126	0.0042	0.0012	0.0003	0.0001
	2	0.1683	0.2835	0.2556	0.1723	0.0958	0.0458	0.0190	0.0069	0.0022	0.0006
	3	0.0473	0.1680	0.2406	0.2297	0.1704	0.1046	0.0547	0.0246	0.0095	0.0031
	4	0.0093	0.0700	0.1592	0.2153	0.2130	0.1681	0.1104	0.0614	0.0291	0.0117
	5	0.0014	0.0218	0.0787	0.1507	0.1988	0.2017	0.1664	0.1146	0.0666	0.0327
	6	0.0002	0.0052	0.0301	0.0816	0.1436	0.1873	0.1941	0.1655	0.1181	0.0708
	7	0.0000	0.0010	0.0091	0.0350	0.0820	0.1376	0.1792	0.1892	0.1657	0.1214
	8	0.0000	0.0002	0.0022	0.0120	0.0376	0.0811	0.1327	0.1734	0.1864	0.1669
	9	0.0000	0.0000	0.0004	0.0033	0.0139	0.0386	0.0794	0.1284	0.1694	0.1855
	10	0.0000	0.0000	0.0001	0.0008	0.0042	0.0149	0.0385	0.0771	0.1248	0.1669
	11	0.0000	0.0000	0.0000	0.0001	0.0010	0.0046	0.0151	0.0374	0.0742	0.1214
	12	0.0000	0.0000	0.0000	0.0000	0.0002	0.0012	0.0047	0.0145	0.0354	0.0708
	13	0.0000	0.0000	0.0000	0.0000	0.0000	0.0002	0.0012	0.0045	0.0134	0.0327
	14	0.0000	0.0000	0.0000	0.0000	0.0000	0.0000	0.0002	0.0011	0.0039	0.0117
	15	0.0000	0.0000	0.0000	0.0000	0.0000	0.0000	0.0000	0.0002	0.0009	0.0031
	16	0.0000	0.0000	0.0000	0.0000	0.0000	0.0000	0.0000	0.0000	0.0001	0.0006
	17	0.0000	0.0000	0.0000	0.0000	0.0000	0.0000	0.0000	0.0000	0.0000	0.0001
	18	0.0000	0.0000	0.0000	0.0000	0.0000	0.0000	0.0000	0.0000	0.0000	0.0000
19	0	0.3774	0.1351	0.0456	0.0144	0.0042	0.0011	0.0003	0.0001	0.0000	0.0000
	1	0.3774	0.2852	0.1529	0.0685	0.0268	0.0093	0.0029	0.0008	0.0002	0.0000
	2	0.1787	0.2852	0.2428	0.1540	0.0803	0.0358	0.0138	0.0046	0.0013	0.0003
	3	0.0533	0.1796	0.2428	0.2182	0.1517	0.0869	0.0422	0.0175	0.0062	0.0018
	4	0.0112	0.0798	0.1714	0.2182	0.2023	0.1491	0.0909	0.0467	0.0203	0.0074
	5	0.0018	0.0266	0.0907	0.1636	0.2023	0.1916	0.1468	0.0933	0.0497	0.0222
	6	0.0002	0.0069	0.0374	0.0955	0.1574	0.1916	0.1844	0.1451	0.0949	0.0518
	7	0.0000	0.0014	0.0122	0.0443	0.0974	0.1525	0.1844	0.1797	0.1443	0.0961
	8	0.0000	0.0002	0.0032	0.0166	0.0487	0.0981	0.1489	0.1797	0.1771	0.1442
	9	0.0000	0.0000	0.0007	0.0051	0.0198	0.0514	0.0980	0.1464	0.1771	0.1762

(续表)

n	r	p									
		0.05	0.10	0.15	0.20	0.25	0.30	0.35	0.40	0.45	0.50
	10	0.0000	0.0000	0.0001	0.0013	0.0066	0.0220	0.0528	0.0976	0.1449	0.1762
	11	0.0000	0.0000	0.0000	0.0003	0.0018	0.0077	0.0233	0.0532	0.0970	0.1442
	12	0.0000	0.0000	0.0000	0.0000	0.0004	0.0022	0.0083	0.0237	0.0529	0.0961
	13	0.0000	0.0000	0.0000	0.0000	0.0001	0.0005	0.0024	0.0085	0.0233	0.0518
	14	0.0000	0.0000	0.0000	0.0000	0.0000	0.0001	0.0006	0.0024	0.0082	0.0222
	15	0.0000	0.0000	0.0000	0.0000	0.0000	0.0000	0.0001	0.0005	0.0022	0.0074
	16	0.0000	0.0000	0.0000	0.0000	0.0000	0.0000	0.0000	0.0001	0.0005	0.0018
	17	0.0000	0.0000	0.0000	0.0000	0.0000	0.0000	0.0000	0.0000	0.0001	0.0003
	18	0.0000	0.0000	0.0000	0.0000	0.0000	0.0000	0.0000	0.0000	0.0000	0.0000
	19	0.0000	0.0000	0.0000	0.0000	0.0000	0.0000	0.0000	0.0000	0.0000	0.0000
20	0	0.3585	0.1216	0.0388	0.0115	0.0032	0.0008	0.0002	0.0000	0.0000	0.0000
	1	0.3774	0.2702	0.1368	0.0576	0.0211	0.0068	0.0020	0.0005	0.0001	0.0000
	2	0.1887	0.2852	0.2293	0.1369	0.0669	0.0278	0.0100	0.0031	0.0008	0.0002
	3	0.0596	0.1901	0.2428	0.2054	0.1339	0.0718	0.0323	0.0123	0.0040	0.0011
	4	0.0133	0.0898	0.1821	0.2182	0.1897	0.1304	0.0738	0.0350	0.0139	0.0046
	5	0.0022	0.0319	0.1028	0.1746	0.2023	0.1789	0.1272	0.0746	0.0365	0.0148
	6	0.0003	0.0089	0.0454	0.1091	0.1686	0.1916	0.1712	0.1244	0.0746	0.0370
	7	0.0000	0.0020	0.0160	0.0545	0.1124	0.1643	0.1844	0.1659	0.1221	0.0739
	8	0.0000	0.0004	0.0046	0.0222	0.0609	0.1144	0.1614	0.1797	0.1623	0.1201
	9	0.0000	0.0001	0.0011	0.0074	0.0271	0.0654	0.1158	0.1597	0.1771	0.1602
	10	0.0000	0.0000	0.0002	0.0020	0.0099	0.0308	0.0686	0.1171	0.1593	0.1762
	11	0.0000	0.0000	0.0000	0.0005	0.0030	0.0120	0.0336	0.0710	0.1185	0.1602
	12	0.0000	0.0000	0.0000	0.0001	0.0008	0.0039	0.0136	0.0355	0.0727	0.1201
	13	0.0000	0.0000	0.0000	0.0000	0.0002	0.0010	0.0045	0.0146	0.0368	0.0739
	14	0.0000	0.0000	0.0000	0.0000	0.0000	0.0002	0.0012	0.0049	0.0150	0.0370
	15	0.0000	0.0000	0.0000	0.0000	0.0000	0.0000	0.0003	0.0013	0.0049	0.0148
	16	0.0000	0.0000	0.0000	0.0000	0.0000	0.0000	0.0000	0.0003	0.0013	0.0046
	17	0.0000	0.0000	0.0000	0.0000	0.0000	0.0000	0.0000	0.0000	0.0002	0.0011
	18	0.0000	0.0000	0.0000	0.0000	0.0000	0.0000	0.0000	0.0000	0.0000	0.0002
	19	0.0000	0.0000	0.0000	0.0000	0.0000	0.0000	0.0000	0.0000	0.0000	0.0000
	20	0.0000	0.0000	0.0000	0.0000	0.0000	0.0000	0.0000	0.0000	0.0000	0.0000

附表七　统计检验力与 δ 和 α 的关系

δ	双尾检验的 α 值			
	0.05	0.025	0.01	0.005
1.00	0.26	0.17	0.09	0.06
1.10	0.29	0.20	0.11	0.07
1.20	0.33	0.22	0.13	0.08
1.30	0.37	0.26	0.15	0.10
1.40	0.40	0.29	0.18	0.12
1.50	0.44	0.32	0.20	0.14
1.60	0.48	0.36	0.23	0.17
1.70	0.52	0.40	0.27	0.19
1.80	0.56	0.44	0.30	0.22
1.90	0.60	0.48	0.34	0.25
2.00	0.64	0.52	0.37	0.28
2.10	0.68	0.56	0.41	0.32
2.20	0.71	0.60	0.45	0.35
2.30	0.74	0.63	0.49	0.39
2.40	0.78	0.67	0.53	0.43
2.50	0.80	0.71	0.57	0.47
2.60	0.83	0.74	0.61	0.51
2.70	0.85	0.77	0.65	0.55
2.80	0.88	0.80	0.68	0.59
2.90	0.90	0.83	0.72	0.63
3.00	0.91	0.85	0.75	0.66
3.10	0.93	0.87	0.78	0.70
3.20	0.94	0.89	0.81	0.73
3.30	0.95	0.91	0.84	0.77
3.40	0.96	0.93	0.86	0.80
3.50	0.97	0.94	0.88	0.82
3.60	0.98	0.95	0.90	0.85
3.70	0.98	0.96	0.92	0.87
3.80	0.98	0.97	0.93	0.89
3.90	0.99	0.97	0.94	0.91
4.00	0.99	0.98	0.95	0.92
4.10	0.99	0.98	0.96	0.94
4.20	—	0.99	0.97	0.95
4.30	—	0.99	0.98	0.96
4.40	—	0.99	0.98	0.97
4.50	—	0.99	0.99	0.97
4.60	—	—	0.99	0.98
4.70	—	—	0.99	0.98
4.80	—	—	0.99	0.99
4.90	—	—	—	0.99
5.00	—	—	—	0.99

资料来源：Howell, David C. (1997), *Statistical Methods for Psychology* (4th ed). Belmont CA: Duxburg Press, p.679。

附表八　相关系数检验表

α \ $n-2$	0.05	0.01	α \ $n-2$	0.05	0.01
1	0.997	1.000	21	0.413	0.526
2	0.950	0.990	22	0.404	0.515
3	0.878	0.959	23	0.396	0.505
4	0.811	0.917	24	0.388	0.496
5	0.754	0.874	25	0.381	0.487
6	0.707	0.834	26	0.374	0.478
7	0.666	0.798	27	0.367	0.470
8	0.632	0.765	28	0.361	0.463
9	0.602	0.735	29	0.355	0.456
10	0.576	0.708	30	0.349	0.449
11	0.553	0.684	35	0.325	0.418
12	0.532	0.661	40	0.304	0.393
13	0.514	0.641	45	0.288	0.372
14	0.497	0.623	50	0.273	0.354
15	0.482	0.606	60	0.250	0.325
16	0.468	0.590	70	0.232	0.302
17	0.456	0.575	80	0.217	0.283
18	0.444	0.561	90	0.205	0.267
19	0.433	0.549	100	0.195	0.254
20	0.423	0.537	200	0.138	0.181

后 记

从1982年春至今,我在北京大学经济学院从事统计学教学和研究已经17年了。在这期间,统计学的内容不断发展,可谓"今非昔比"。作为财经类核心基础课程的统计学,应如何既能反映现代统计学发展的最新理论,又能适应中国经济改革中理论研究和实践应用的需要?如何能够既生动、深入浅出地讲授往往让初学者望而生畏的、"艰深枯燥"的统计学理论和方法,而又不失准确地进行严格规范的数学证明?这些问题一直是我在教学和研究中努力探索的重点,从而让我逐渐积累了一些体会,形成了自己的一些新的思路、观点和方法。在这个基础上,我又参阅了大量的文献资料,在概念的表述、例题的选择、体系的编排上,进行了反复的修改,终于完成了此书的写作。

在本书即将付梓之时,首先要感谢的是曾经给过我指导、帮助和支持的人。

感谢经济学院的领导和同事们的信任,给了我这次出版机会。

感谢我十分敬重的陈良琨教授给予我的热情鼓励。几年前,这位资深的统计学前辈在看过我早年出版的一本简明统计学教材后,曾经与我谈到对统计学教学的一些想法,并鼓励我在总结、借鉴已有研究成果的同时,应有所开拓和创新,写出一本有特色、较为系统的统计学教材。在我写作本书的整个过程中,他的鼓励始终在激励着我,给我以信心和力量。

感谢我的大学同学邱晓华在百忙之中为我作序,感谢他这位理论功底深厚、实践经验丰富的统计专家对我的热情鼓励和支持。

感谢责任编辑刘灵群先生对书稿的认真审核,他提出了许多很好的意见,使本书避免了许多可能出现的失误。

感谢我的家人的理解和支持。我11岁的儿子,为了能让我集中精力写作,毫无怨言地放弃了本来可以得到的许多关怀和童趣,对我的工作给予了他那个年龄的孩子所能给予的最大的理解和支持。我的丈夫始终是我最"尽职"的"电脑技师",并且作为我的大学同窗,无疑也给本书的内容提出了许多宝贵的意见。感谢我的父母,他们的殷切希望一直是我完成本书的重要动力。

最后,感谢所有以不同的方式给过我帮助和支持的前辈、老师和朋友们。

统计学是一门需要很强的理论功底和实践经验的学科,尽管自己在这两方面都做了很大的努力,付出了许多心血,但仍存在不足之处。因此,虽然本书是我殚精竭虑、几易其稿才完成的,然回眸审视,仍难免挂一漏万,敬请同行专家和读者批评指正。吾生有涯而知无涯,我将继续耕耘探索。

李心愉

1999年6月于北京大学

再版后记

现代信息社会对数据和数量分析以及信息资料管理能力的重视，使得统计方法的运用越来越多地渗透到科学研究、社会分析和生产实践的各个领域。与此同时，作为现代社会重要的分析工具和交叉科学的统计学自身，也经受着信息技术的变化所带来的冲击。不论是统计数据的收集、整理和分析，还是统计的理论、方法和技术，即使与十年前相比，也都发生了很大的变化。

统计学的发展历史是建立在数学的基础上的，而统计学也一直被认为是以数学为基础的概率推断学科。然而到了20世纪60年代，随着计算机硬件和软件的巨大改进，统计学课程逐渐增加了大量的应用色彩。计算和信息技术的日新月异，特别是易于操作的统计软件的出现，使得统计计算过程不再是统计学教学的重点和难点，以往烦琐冗长的计算瞬间变得简单易行。但如何理解计算机输出的统计结果及其蕴含的统计学思想，则成为统计学教学的重点和难点。

1999年，李心愉教授编著的《应用经济统计学》（第一版）出版，作为统计学课程的教材，该书一直受到广大读者和学生的欢迎。尽管如此，如何使教材内容更加适应现代计算技术和网络社会的变化，更加突出统计学作为数据分析的学科性质和应用特点，始终是本书编著者思考的问题，也是《应用经济统计学》进行修订的根本动因。在本次修订中，我们主要在以下几个方面进行了改动：

第一，借助Excel软件实现所有的计算和图示结果，并把统计思想和方法的讲解与Excel的操作训练结合起来。为做到这一点，我们不仅在每个章节、每个例题都补充了Excel的分析工具和统计函数操作，而且在统计学的理论内容上进行了调整。例如，在假设检验中采用p值法，放弃传统的拒绝域方法；强调统计推断的局限性；强调数据问题；淡化统计指标和统计分析的计算步骤；重点讲解输出结果的解释。

第二，本书中的很多统计分布、定理和性质的讲解都通过Excel模拟来进行，例如，主要分布的图像和性质、第一类错误和第二类错误的含义、中心极限定理等内容都附加了详细的模拟说明。通过数据或试验模拟，不仅可以使抽象难懂的统计学概念变得直观易懂，使读者自然而然地熟悉随机样本的产生过程，了解总体和样本的统计关系，认识各种分布的性质；而且将启发读者运用同样的手段，完成参数估计、假设检验等任务。

第三，增加了更多生动的案例分析。在每个章节中，新增的例题很大一部分都是以案例分析的形式出现的，这些案例的特点在于，具有很强的现实背景，同时拥有足够的数据容量。通过对这些案例的讲解，一方面，可以帮助读者迅速掌握重要、抽象的知识要点，透彻地了解统计的决策与分析功能；另一方面，丰富的数据还能够帮助读者充分体会Excel的强大统计功能。其中的很多案例直接取自校园生活，相信会提高学生读者对统计学的兴趣。

需要说明的是，在修订中，我们虽然增加了大量的Excel内容，但我们的出发点并不是来讲授Excel的统计功能，而是借助Excel的统计功能来更好地帮助读者理解和掌握更适应现代社会的统计方法和概念。因此，修订后的《应用经济统计学》既区别于传统的统计学教材，也区别于一般的介绍 Excel 功能的工具书。考虑到读者对 Excel 的熟悉过程，在本书的前半部分，我们对 Excel 的操作步骤介绍得比较详细，而在后半部分就较为简略。

统计学不仅要教给学生基本的统计思想和方法，而且要教会学生设计科学研究和社会调查的方案，保证试验或调查取得高质量的统计数据，采用恰当的方法来分析试验或调查数据，并以学术的语言表述调查研究的结果和观点。因此，如何帮助学生达到对数据和统计定理的直观与感性认识，从而帮助他们从根本上理解统计学的基本原理，并真正拥有统计数据处理和分析的能力，是我们在本书修订过程中着力突出的"亮点"。这并不是一项简单的工作，但幸运的是，我们每年都有一批优秀的学生加入统计学课程的学习中，他们对统计学的兴趣和热爱，对每个知识点的思考和见解，为我们教材的修订提供了诸多启发。尤其值得一提的是，自 2002 年以来，每年的统计学课程都会组织一次大型的校园调查，选课的学生每次都能很好地完成这项任务，修订版中的很多例题和习题的数据就来自他们的贡献，在此向我们的学生致谢。同时，我们还要特别感谢北京大学经济学院以下几位同学：杨楠（2001 级本科）、赵雪晖（2004 级本科）、夏小雨（2004 级本科）、党笑蕊（2004 级本科）、秦邱月（2005 级本科）、彭天（2005 级本科）、牛旭亮（2006 级硕士），他们不仅在统计学这门课上表现得非常优异，而且协助我们完成了本书的部分修订工作。

在本书的修订过程中，我们还得到了北京大学出版社教材建设项目和北京市高等教育精品教材建设项目的资助，对此表示感谢。北京大学经济学院资料室的王晓萍老师为我们教材的修订和写作提供了很多热忱的帮助，在此也表示我们衷心的谢意。

李心愉　袁　诚

2008 年春节前于北京大学经济学院资料室

第三版后记

六年前,本书进行了第二版修订。在修订中,我们增加了大量统计分析的实践操作内容,这些操作都是以 Excel 2003—2007 版本为分析软件进行的。到今天,Excel 软件的最新版本已经更新至 Excel 2013 版。而此前的 Excel 2010 版与 2003—2007 版相比,使用功能特别是统计分析功能已经出现了很多变化。正是在这个契机下,我们对《应用经济统计学》进行了第二次修订。

在本次修订中,我们选择统计功能更为稳定的 Excel 2010 版作为数据分析软件,对书中 Excel 操作部分的内容,特别是涉及的统计函数与分析工具全部进行了更新,大大增强了教材的实用性以及与 Excel 软件的同步性。这样的修订也是我们两位作者为了使统计学教学更加适应网络技术发展所做出的一分努力。

不仅如此,本次修订我们也对书中的理论部分,在数学符号表述更加一致、数学定理表述更加严谨、统计方法介绍更加完整等方面进行了部分的修改、增删和更正。例如,我们把第五章中"正态分布"的内容单列一节,并放在"随机变量的数字特征"之后,有利于读者更好地理解正态分布的内容;在两个独立正态总体方差比的检验内容中,我们对单侧检验的步骤给出了更严谨的说明;在卡方检验的内容中,我们补充了方向改变性的检验,以加深读者对这一检验工具的理解。

我们在北京大学经济学院一直采用本书作为本科生"统计学"课程的教材。自本书出版以来,学生们不仅仔细阅读教材,而且积极向我们反馈他们的思考和所发现的问题。他们对教材的厚爱以及对教材中疏漏的质疑与建议,成为我们进行第二次修订的主要动力。在本书的修订工作完成之际,我们向这些学生表示由衷的谢意!我们特别感谢北京大学经济学院 2010 级本科生黄佩媛、2012 级本科生李越、2014 级本科生樊思鸣和北京大学数学科学学院 2011 级本科生王昱杰,帮助我们完成了部分修订工作。同时我们也要感谢北京大学出版社对我们修订工作的支持,特别感谢兰慧编辑认真仔细的工作,感谢统计学教育的同行与读者对本书的关注和肯定,让我们的教材得以不断完善和改进。

李心愉　袁　诚

2014 年 12 月 25 日于北京大学经济学院

教辅申请说明

北京大学出版社本着"教材优先、学术为本"的出版宗旨,竭诚为广大高等院校师生服务。为更有针对性地提供服务,请您按照以下步骤通过**微信**提交教辅申请,我们会在 1~2 个工作日内将配套教辅资料发送到您的邮箱。

◎扫描下方二维码,或直接微信搜索公众号"北京大学经管书苑",进行关注;

◎点击菜单栏"在线申请"—"教辅申请",出现如右下界面:

◎将表格上的信息填写准确、完整后,点击提交;

◎信息核对无误后,教辅资源会及时发送给您;
如果填写有问题,工作人员会同您联系。

温馨提示:如果您不使用微信,则可以通过以下联系方式(任选其一),将您的姓名、院校、邮箱及教材使用信息反馈给我们,工作人员会同您进一步联系。

联系方式:

北京大学出版社经济与管理图书事业部
通信地址:北京市海淀区成府路 205 号,100871
电子邮箱:em@pup.cn
电　　话:010-62767312 /62757146
微　　信:北京大学经管书苑(pupembook)
网　　址:www.pup.cn